Für welche Geldanleger die Börse geeignet i

Die Geldanlage an der Börse ist riskant, das möchten wir in aller Deutlichkeit betonen. Ja, man könnte sogar sagen, weil das Investieren an der Börse so riskant ist, können überhaupt Gewinne erzielt werden. Sie sollten sich in dem hier genannten Profil eines Börsenanlegers wiederfinden oder vielleicht doch eher darüber nachdenken, Ihre Anlage einem Fachmann von der Bank oder einem unabhängigen Finanzberater zu überlassen:

✔ **Eigenverantwortung:** Sie wissen, dass Sie selbst die Verantwortung für Ihre Geldanlage übernehmen und schieben Verluste nicht auf die Tipps anderer.

✔ **Interesse:** Sie beobachten das wirtschaftliche Geschehen national und international regelmäßig und scheuen sich nicht, weitere Informationen gezielt nachzugehen und nach zu fragen.

✔ **Einsicht:** Sie sind gewohnt, einmal getroffene Entscheidungen auch wieder zurückzunehmen, wenn Sie erkennen, dass sie falsch waren.

✔ **Eigensinn:** Sie lassen sich nicht allzu leicht durch die Stimmung anderer anstecken und folgen niemals blindlings Empfehlungen, ohne sie selbst zu hinterfragen.

✔ **Vermögen:** Sie verfügen über genügend liquide Mittel neben Ihrer Anlage an der Börse, um auch unvorhergesehene Probleme lösen zu können, ohne sofort auf Ihr angelegtes Geld zurückgreifen zu müssen (Faustregel: zwei Monatsgehälter als Reserve).

Was es an der Börse so alles gibt

Dass an der Börse Aktien gehandelt werden, ist wohl so ziemlich jedem klar, dass es darüber hinaus noch eine Menge anderer Dinge gibt, die dort gekauft und verkauft werden, möchten wir hier kurz vorstellen. Hier also erst die Produkte:

✔ **Aktien,** also Beteiligungen an Unternehmen, bei denen Sie vor allem über Kursgewinne Ihre Rendite erzielen können, aber auch über (meist) regelmäßige Dividendenzahlungen Erträge erhalten.

✔ **Optionen,** also Rechte auf künftige Geschäfte, bei denen Sie darauf setzen, dass die Kurse steigen oder sinken und je nachdem eine bestimmte, vorher festgelegte Menge kaufen oder verkaufen.

✔ **Zertifikate,** so genannte innovative Finanzprodukte, mit denen Sie auf so ziemlich alles setzen können, was an der Börse gehandelt wird, mit vergleichsweise geringem Einsatz, hohen Gewinnmöglichkeiten und noch größerem Risiko.

✔ **Rentenpapiere** wie Bundeswertpapiere (Bundesschatzbriefe, -obligationen, -anleihen und Finanzierungsschätze), internationale Anleihen und Unternehmensanleihen, bei denen Sie von laufenden Zinsen und, allerdings eher geringen, Kursschwankungen profitieren können.

✔ **Fonds** in jeder Güte, Klasse und Währung erhalten Sie nicht nur über Banken und Investmentgesellschaften, sondern auch über die Börse.

Fünf Tipps zum Vermögensaufbau

Um an der Börse (und nicht nur an der Börse) ein Vermögen aufbauen zu können und nicht mutwillig zu verspielen, sollten Sie diese fünf Punkte auf jeden Fall immer beachten:

Investieren Sie

✔ **langfristig.** Nur bei einer langfristigen Geldanlage können Sie kurzfristige Korrektur- und Baisse-Phasen an der Börse wieder ausgleichen und insgesamt ein positives Ergebnis erzielen.

✔ **breit gestreut.** Nur wenn Sie in verschiedene Anlageklassen (Aktien, Rentenpapiere, Derivate, Zertifikate und Fonds) investieren und innerhalb der Anlageklassen wieder nach Branchen, Ländern und verschiedenen Unternehmen, können Sie sich gegen Verlustrisiken weitgehend absichern.

✔ **in erstklassige Werte.** Vertrauen Sie nicht auf scheinbar erstklassige Tipps aus erster Hand, sondern bauen Sie bei Aktien und Renten auf Papiere erster Güte. Die Klassifizierungen berufsmäßiger Ratingagenturen können Ihnen dabei genauso helfen wie Indizes als Qualitätsstandards.

✔ **nur in Produkte,** die Sie auch verstehen. Momentan herrscht ein wahrer Boom bei den so genannten innovativen Finanzprodukten mit immer neuen Zertifikaten mit höchstmöglichen (versprochenen) Gewinnchancen und (kaum nachvollziehbaren) Risiken aufgrund der komplizierten Konstruktion. In erster Linie verdienen die herausgebenden Banken daran, was ihre Fantasie ins Unerschöpfliche treibt. Konzentrieren Sie sich auf Papiere, deren Konstruktion leicht verständlich ist und wo Sie selbst die Entwicklung der jeweiligen Basiswerte, auf die sich die Produkte beziehen, überprüfen können.

✔ **kontinuierlich.** Wenn Sie etwa monatlich permanent eine kleine Summe investieren, können Sie ein richtiges Vermögen aufbauen und dabei etwa vom Cost-Average-Effekt profitieren: Sind die Kurse gefallen, erhalten Sie mehr Aktien fürs Geld, sind sie gestiegen, weniger, im Durchschnitt aber bekommen Sie immer mehr Aktien, als wenn Sie sofort eine Summe angelegt hätten.

Börse
für Dummies

Christine Bortenlänger und Ulrich Kirstein

Börse
für Dummies

3., überarbeitete und aktualisierte Auflage

WILEY-VCH Verlag GmbH & Co. KGaA

Bibliografische Information der Deutschen Nationalbibliothek
Die Deutsche Nationalbibliothek verzeichnet diese Publikation in
der Deutschen Nationalbibliografie detaillierte bibliografische Daten
sind im Internet über http://dnb.d-nb.de abrufbar.

3. Auflage 2011

2. Nachdruck 2011

Printed in Germany
Gedruckt auf säurefreiem Papier

Coverfoto: © Image Source/Corbis
Projektmanagement und Lektorat: Evelyn Boos, Schondorf am Ammersee
Korrektur: Petra Heubach-Erdmann und Jürgen Erdmann, Düsseldorf, Geesche Kieckbusch, Hamburg
Satz: Mitterweger und Partner, Plankstadt
Druck und Bindung: CPI – Ebner & Spiegel, Ulm

ISBN: 978-3-527-70734-8

Über die Autoren

Dr. Christine Bortenlänger, verheiratet, ein Kind:

Christine Bortenlänger, geboren in München, zog es nach dem Abitur am schönen Tegernsee zurück in die bayerische Metropole und mit Macht dahin, wo sie den größten Sachverstand im Umgang mit Geld erwarten konnte: zur Bank! Nach einer Banklehre bei der Bayerischen Vereinsbank studierte sie an der Ludwig-Maximilians-Universität in München Betriebswirtschaftslehre mit den Schwerpunkten Bankbetriebswirtschaftslehre und Systemforschung. Schon ihre Diplomarbeit erhielt eine Auszeichnung der Stadtsparkasse München und mit ihrer Doktorarbeit wandte sie sich endlich ihrem Steckenpferd zu, der Börse. Das Thema klang damals – 1996 – noch reichlich abstrakt, heute wird es längst praktiziert: »Börsenautomatisierung – Effizienzpotenziale und Durchsetzbarkeit«. Noch eine Zeit lang betrachtete die Autorin das Börsengeschehen aus dem Blickwinkel der Wissenschaft und leitete zum Beispiel ein Forschungsprojekt zum Themenkreis der »Elektronischen Märkte«. 1998 war es dann so weit und sie stieg bei der Bayerischen Börse als stellvertretende Geschäftsführerin, zuständig für Marketing und Öffentlichkeitsarbeit, ein. Und auf, denn seit 2000 leitet sie als Geschäftsführerin die Geschicke der öffentlich-rechtlichen Börse München und als Vorstand die Bayerische Börse AG – und leistete damit einen großen Beitrag in Sachen Frauenquote auf der Führungsebene deutscher Börsen. Auch als Autorin und Coautorin zahlreicher Fachbücher ging und geht es ihr vor allem um die Verbesserung einer breiten, finanziellen Allgemeinbildung in Sachen Börse und Finanzanlage. Mit Leidenschaft setzt sie sich für den Fortbestand der Regionalbörsen mit ihrem sehr viel direkteren Bezug zu den Anlegern, vor allem auch den Privatanlegern, ein. Damit könnte dieser Lebenslauf beendet werden, wenn denn ein Leben ausschließlich aus dem Beruf bestünde. Tut es aber auch nicht bei einer viel beschäftigten Börsen-Chefin. Vielleicht motiviert vom steten Auf und Ab der Kurse liebt sie das Bergwandern mit Familie und Hund und stellt ihr scharfes Auge samt ruhiger Hand beim Golfen unter Beweis.

Ulrich Kirstein, verheiratet, zwei Kinder:

Ulrich Kirstein, geboren in Augsburg, schloss nach dem Fachabitur ein Fachhochschulstudium der Betriebswirtschaftslehre mit Schwerpunkt Marketing und an den Universitäten Augsburg und Kiel ein Studium der Kunstgeschichte, Neueren deutschen Literaturwissenschaft und Geschichte ab. Die in Deutschland besonders streng gezogene Grenzlinie zwischen Kunst und Geld, Ökonomie und Kultur empfindet er so als schmerzliches Manko – für beide Seiten! Selbst gerne die Grenze überspringend arbeitete er unter anderem als Marketingassistent, Ausstellungskurator, Sachbuchautor, Vernissagenredner, Geschäftsführer einer Multimedia-Agentur und einige Jahre als Wirtschaftsredakteur bei einer überregionalen Wirtschaftszeitung in München. Seit April 2010 ist er Pressereferent der Bayerischen Börse AG – frei nach der Maxime, dass das moderne Berufsleben vordringlich im Wechseln der Berufe besteht! In seinen Veröffentlichungen und Aufsätzen zur Kunstgeschichte und Wirtschaft sowie in seiner täglichen Arbeit als Wirtschaftsredakteur geht es dem Autor vordringlich um die Vermittlung von Wissen, nicht ums Aufhäufeln fantastischer Theoriengebäude für den Eigengebrauch. Als Ausgleich zum täglichen Sitzen im Büro flieht auch er gerne in die Berge und treibt sich außerdem mit Sohn und Tochter auf Münchner Spielplätzen herum.

Cartoons im Überblick

von Rich Tennant

The 5th Wave — By Rich Tennant

Ermitteln Sie Ihre Risikobereitschaft mit dem Toast-Risiko-Toleranz-Test

niedriges Risiko — Sie warten darauf, dass der Toast herausspringt, obwohl er schon brennt.

gemäßigtes Risiko — Sie versuchen, den Toast mit einer Holzzange zu befreien.

hohes Risiko — Sie versuchen den Toast mit einem Metallmesser zu retten.

sehr hohes Risiko — Sie versuchen den Toast mit einem Metallmesser zu befreien und tragen dabei einen nassen Badeanzug und ein Metallsieb auf dem Kopf.

Seite 29

The 5th Wave — By Rich Tennant

»Ich denke, dies ist eine Strategie, die jeder verstehen kann. Sie steht für eine hohe Arbeitslosigkeit, eine hohe Inflation und einen hohen Anteil an Kohlehydraten.«

Seite 119

The 5th Wave — By Rich Tennant

»Consultans und Broker? Ausgeglichenheit? Markteffizien? Ich glaube, wir vergraben das Geld lieber irgendwo und verfüttern diesen Typen an die Haie.«

Seite 179

The 5th Wave — By Rich Tennant

Gefahr! Mine geschlossen.

»Hey Luke, ich habe gerade überlegt – sollten wir nicht etwas von dem Geld in Investmentfonds, Anleihen oder Immobilien investieren? ... ach Quatsch, was sage ich da? Wir stecken den Krempel wie üblich in die alte Mine.«

Seite 213

The 5th Wave — By Rich Tennant

»Also, mir gefallen die Zahlen dieser Firma. Sie beweisen Überzeugungsstärke.«

Seite 251

The 5th Wave — By Rich Tennant

»Die richtige Investmentstrategie zu wählen ist wie die richtige Kopfbedeckung auszusuchen. Sie finden die, die am besten zu Ihnen passt und bleiben dabei.«

Seite 345

Fax: 001-978-546-7747
Internet: www.the5thwave.com
E-Mail: richtennant@the5thwave.com

Inhaltsverzeichnis

Kapitel 2
Kurse in Bewegung

Teil II
Aktien, Derivate, Zertifikate & Co.   119

Kapitel 5
Aktien – Königsklasse des Kapitalmarkts   121

Kapitel 6
Derivate: Nur für Profis   153

Kapitel 7
Zertifikate: Im Hintergrund die Bank   165

Teil III
Festverzinsliche Wertpapiere – Kursschwankungen nicht ausgeschlossen

Kapitel 8
Das Geld zum »Leiharbeiter« machen

Kapitel 9
Steigende Zinsen, sinkende Kurse

Teil IV
Investmentfonds für jeden Anleger – Ein Kessel Buntes 213

Kapitel 10
Fonds: Das Rundumsorglos-Paket? 215

Kapitel 11
Strukturiert vorgehen, Kosten sparen, Rendite steigern   237

Teil V
Mit den richtigen Informationen zur erfolgreichen Strategie   251

Kapitel 12
Viele Informationen, viele Möglichkeiten   253

Kapitel 13
Alles drin: Indizes für Märkte, Branchen und Ideen 273

Teil VI
Der Top-Ten-Teil 345

Kapitel 16
Zehn Börsenweisheiten, die zwar oft, aber leider nicht immer stimmen 347

Kapitel 17
Zehn Psychofehler an der Börse, die Geld kosten können 351

Einführung

Schon wieder ein Buch über die Börse, fragen Sie vielleicht, wenn Sie dieses Buch in Händen halten. Und nicht irgendein Börsenbuch, sondern ein *Börse für Dummies*-Buch. Setzt das Handeln, Traden, Kaufen, Verkaufen, Spekulieren an der Börse aber nicht so viel Fachverstand voraus, dass es für Laien, sprich Privatanleger, viel zu gefährlich ist, sich auf diesem glatten Parkett zu bewegen? Steht nicht viel zu viel auf dem Spiel? Wenn wir die Börsenlandschaft in Deutschland betrachten, scheint dieses Denken tatsächlich bei den meisten vorzuherrschen: Wir sind kein Land der Aktionäre, das lässt sich aus allen veröffentlichten Statistiken eindeutig herauslesen.

Aber was wäre ein Land ohne Aktionäre? Ohne Aktiengesellschaften? Es wäre ganz einfach ein Land ohne Eisenbahnen, ohne Autos, ohne Flugzeuge, ohne Zeitung, denn es gäbe keine gigantischen Druckmaschinen, die diese über Nacht für Ihren Frühstückstisch produzieren. Computer? Fehlanzeige. Flachbildschirme, iPod, wer sollte sie herstellen, vertreiben, vermarkten? Jede bahnbrechende Erfindung, jede neue Entwicklung benötigt viel Geld, auch wenn die ersten Schritte noch in einer Garage vollzogen werden mögen, zur massenweisen Herstellung wird Kapital gebraucht. Kapital, das die Unternehmen von vielen Investoren, Anlegern, Aktionären einsammeln und für das sie Aktien ausgeben. Es ist eigentlich die demokratischste Art, in einer marktwirtschaftlichen Gesellschaft Einfluss auf Unternehmen auszuüben und gleichzeitig vom Erfolg guter Unternehmen zu profitieren: sich ganz einfach über eine Aktie daran zu beteiligen.

Über dieses Buch

Da aber nicht jedes Unternehmen einen Laden aufmachen kann, in dem es seine Aktien verkauft, braucht es jemanden, der die Übersicht behält, der auch überwacht, dass alles mit rechten Dingen zugeht, dass keine riesigen Luftnummern oder reine Scheingeschäfte vollzogen werden – was natürlich alles trotzdem vorkommt, aber höchst selten. Es braucht also einen gesicherten und geregelten Handelsplatz: Börsen. Über viele Jahre und Jahrzehnte galten sie jedoch ausschließlich als Tummelplatz für einige wenige, superreiche Spekulanten und berufsmäßige Investoren. Seit den 50er Jahren des letzten Jahrhunderts erhielten auch immer mehr Mitarbeiter großer Aktiengesellschaften Gratifikationen in Form von Aktien ausgeteilt und wurden so Mitinhaber »ihres Unternehmens«. Aber erst die explodierenden Kurse im Rahmen der Internetbegeisterung zur Jahrtausendwende, die Privatisierung großer Staatskonzerne mit dem Resultat ganz neuer Unternehmen wie der Telekom und der Deutschen Post World Net, wie das inzwischen weltumspannend agierende Unternehmen heute heißt, sorgten dafür, dass sich eine viel größere Anzahl an Privatleuten plötzlich aufs Parkett wagte.

Von 1997 bis 2001 stieg der Anteil von Aktien-, Fonds- und Zertifikate-Inhabern in Deutschland von 5,6 Millionen auf über 12,8 Millionen, so das Deutsche Aktieninstitut! Zum Glück, endlich verloren die Börsen einen Teil ihres Nimbus als Hort einiger weniger Erwählter, könnte man sagen, oder schade, denn viele der damaligen Anleger wurden hart bestraft oder sitzen noch immer auf einem Berg von auf niedrigem Kurs der allgemeinen Entwicklung hinterher humpelnden Telekom-Aktien. Tatsächlich nahm, seit dem Tiefflug der Kurse ab März 2001, die Zahl der Aktionäre rapide ab und rutschte von den erwähnten 12,8 Millionen im Jahr 2001 auf etwa 10,3 Millionen im Jahr 2006 – fast so rapide wie die Werte der Aktien in ihren Depots. So verpassten viele potenzielle Investoren den Wiedereinstieg, denn die Kurse hatten sich längst wieder gedreht und mit 2007 eine neue Hochphase erreicht, von der viele Deutsche, gerade auch die Privatanleger, jedoch kaum profitierten. Das half ihnen über die größte Krise, die seit dem Crash von 1929 die Finanzzentren der Welt nahezu lahm legte, einigermaßen hinweg. Und während noch einige spekulierten, wir bräuchten Jahrzehnte um die Krisenjahre 2008 und 2009 zu überstehen, dampfte die Wirtschaft in Deutschland 2010 schon wieder los. Die wichtigsten Indizes, die 2008 zweistellige Minusraten aufwiesen – kein einziges DAX-Unternehmen erlebte 2008 eine positive Performance –, drehten schon 2009 wieder satt ins Plus. Auf die Zahl der reinen Aktionäre (ohne Fonds und ohne Besitzer von Belegschaftsaktien) hatte das alles aber wenig Einfluss: Von 2,7 Millionen Aktionären 1996 kletterte diese Zahl auf bis zu 5,1 Millionen auf dem Höhepunkt der Aktien-Hausse im Jahr 2000 und fiel dann kontinuierlich Jahr für Jahr auf 2,6 Millionen im Jahr 2008. Seit diesem Tiefststand mehren sich die Aktionäre langsam wieder und erreichten im 1. Halbjahr 2010 die Marke von knapp 2,8 Millionen. Warum also dieses Buch? Wir wollen Mut machen und das Buch mit sieben Siegeln, das die Börse für viele noch immer – oder wieder – bedeutet, ein wenig entzaubern. Ohne wirkliche Angst, damit die Büchse der Pandora zu öffnen, vielmehr wollen wir Ihnen einen höchst spannenden, aber auch sehr komplexen und ganz wesentlichen Bereich unseres Wirtschaftslebens vorstellen und sozusagen zum Eintreten in das Gasthaus zur Börse auffordern. Wir werden Sie nicht an die Hand nehmen und Ihnen zeigen, wo Sie sich hinsetzen müssen, und sagen, was Sie essen sollen. Nein. Sie sind erwachsen. Sie wissen selbst, dass es nicht reicht, ein Buch über Klettern zu lesen und dann hurtig die Eiger-Nordwand zu besteigen. Wir versprechen Ihnen auch nicht, nach der Lektüre dieses Buches reich zu werden wie Warren Buffett – das kann nämlich niemand (versprechen und einlösen), auch wenn es manche mit reißerischen Buchtiteln immer wieder versuchen. Ziemlich klar, wer da reich werden will! Viele der berühmten Gurus an der Börse haben wohl mehr Geld mit ihren Ratschlägen verdient, als tatsächlich selbst an der Börse erhandelt.

Bleibt die letzte Frage zu klären: Warum schreiben die Chefin einer großen deutschen Börse und ein Wirtschaftsjournalist gemeinsam ein Buch über die Börse? Eine Börsenchefin, die mitten im arbeitsreichen Börsenalltag steckt und sich durchaus anderes vorstellen kann, als in der Freizeit auch noch darüber zu schreiben, und ein Wirtschaftsjournalist, der aus Gründen der Unabhängigkeit keine Aktien halten darf? Warum also haben wir dieses Buch geschrieben, gemeinsam?

Nun, es hat Spaß gemacht, gemeinsam zu arbeiten, die eine von innen, der andere von außen das merkwürdige Ding zu betrachten, was sich da Börse nennt und immer wieder neu fasziniert und lockt und schreckt. Denn bei allen hochkomplexen und finanzmathematischen Berechnungen von gegenwärtigen und zukünftigen Kursen, die Börse bleibt unberechenbar, lebt von Stimmungen, löst von Euphorie bis Panik ein breites emotionales Spektrum aus – nach neuesten Theorien der Hirnforschung führt der Kauf von Aktien sogar zu Hochgefühlen, die wir sonst nur beim Sex oder dem Gebrauch von Drogen erleben. Nun, so weit wollen wir nicht gehen, hoffen aber trotzdem, dass das Vergnügen, das wir beim Schreiben hatten, auch bei den Lesern ankommt!

Konventionen in diesem Buch

Wir wollten weder ein wissenschaftliches Buch schreiben – also erwarten Sie keine seitenlangen Zitate, einen seitenfressenden Fußnotenteil oder einen voluminösen Anhang –, noch eine allzu platte Anleitung zur richtigen Geldanlage hinwerfen, die morgen schon wieder obsolet ist. Wir sind uns darüber bewusst, dass dies immer eine schmale Gratwanderung bedeutet, das heißt, dass die Gefahr besteht und bestand, auf beiden Seiten abzustürzen. So mag vieles dem einen Leser viel zu detailliert erscheinen, wollte er sich doch bloß einmal einen ersten Überblick verschaffen, der zweite mag denken, dass ihm genau zu diesem Spezialthema viel zu wenig ausgesagt sei. Damit müssen wir leben.

Wir halten uns und dieses Buch nicht für unfehlbar – auch wenn in einem Kapitel viel über Gurus geschrieben wird – und wir vertrauen auf Ihren gesunden Menschenverstand, den Sie weder beim Lesen noch und vor allem beim Handeln an der Börse vergessen sollten. Um an der Börse wirklich Erfolg zu haben und um alle Instrumente voll nutzen zu können, braucht es sehr viel mehr als nur die Lektüre eines Buches: Geduld, Ausdauer, Erfahrung und sehr, sehr viel persönliche Beratung und Anleitung. Nutzen Sie die Möglichkeiten dazu, die auch in diesem Buch vorgestellt werden. Denn eines ist klar, nur wer weiß, was er sucht, der findet auch eine Lösung, und nur wer kennt, was es alles gibt, kann das Beste für sich auswählen. Das könnte als Motto über dem Buch stehen!

✔ Wenn wir einen Begriff einführen, schreiben wir das Wort *kursiv*.

✔ E-Mail-Adressen und Webadressen erkennen Sie daran, dass sie als Hyperlink gedruckt sind. So wissen Sie stets genau, was Sie tippen müssen.

Was Sie nicht lesen müssen

Jeder Autor wünscht sich, dass sein Buch von A bis Z, von Anfang bis Ende – oder, seien wir multikulturell, im Falle eines Falles auch von hinten nach vorne – gelesen wird. Aber die Welt ist schnelllebig, niemand hat mehr Zeit, richtig dicke Bücher werden nur noch in Form von Fantasy-Schnulzen oder über pubertierende Zauberlehrlinge gelesen. Deshalb ist dieses Buch modular aufgebaut, das heißt, Sie können sich auch einzelne Kapitel herausgreifen, die Sie besonders interessieren, ohne dass Sie die Kapitel davor verschlungen haben müssen, um überhaupt mitzukommen. Dem Leser, der das Buch tatsächlich von Anfang bis Ende und in einem Sitz liest und den unsere besondere Sympathie begleitet, mag so manches bekannt vorkommen, aber das ließ sich nicht vermeiden. Wir wollen hier lieber von Erinnerungen als von Wiederholungen sprechen!

Wenn Sie einen Kasten in diesem Buch finden, dann können Sie als eiliger und auf das Wesentliche konzentrierter Leser darüber hinwegsehen, denn hier werden vor allem historische Anekdoten oder auch Details vorgestellt, die nicht unbedingt nötig sind, um an der Börse als Anleger zu reüssieren!

Törichte Annahmen über den Leser

Der Leser hat immer Recht. So viel ist klar. Dann können wir ja erwähnen, wie wir uns den Leser dieses Buches vorstellen, töricht hin, weise her. Wann also sollten Sie dieses Buch lesen?

✔ Wenn Sie schon einmal mit dem Gedanken gespielt haben, Aktien zu kaufen, aber es Ihnen dann doch irgendwie mulmig wurde

✔ Wenn Sie zwar einen Investmentfonds für die Altersvorsorge besitzen, aber nicht recht wissen, ob das Geld wirklich gut angelegt ist und gerne mehr darüber erfahren würden

✔ Wenn es Sie nervt, dass die Laune vieler Ihrer Freunde vom Steigen und Sinken der Börsenkurse mehr beeinflusst wird als von Ihren Kochkünsten und Sie nach dem Essen nicht mitreden konnen

✔ Wenn Sie Ihrer Tageszeitung eine voluminöse Derivate-Beilage entnehmen und nicht im Mindesten wissen, um was es dabei geht, es Sie im Prinzip aber schon interessieren würde

✔ Wenn Sie zwar ein paar Aktien besitzen, Sie aber das Gefühl umtreibt, Ihr Geld eigentlich noch besser anlegen zu können, wenn Sie nur wüssten, wie

Wie dieses Buch aufgebaut ist

Dieses Buch geht vom Handelsplatz Börse aus und zeigt Ihnen dann, was dort eigentlich alles gehandelt wird, gibt Ihnen einen Überblick über die notwendigen Informationen zum Handeln und schließlich die möglichen Techniken und Strategien für Ihr Handeln an die Hand.

Teil I: Börse, Kurse und ich – eine Analyse zum Start

Bevor Sie sich Gedanken darüber machen können, in welche Investments Sie Ihr Geld anlegen wollen, ist es nützlich zu wissen, wie eine Börse überhaupt aufgebaut ist und was dort wer so alles treibt. Warum bewegen sich eigentlich überhaupt die Kurse an den Börsen, von welchen Dingen werden sie beeinflusst, wie kann man sich darauf einstellen? Und warum bewegen sich die Kurse plötzlich nach unten, verharren im Keller und die Wirtschaftsweisen sprechen plötzlich von Krise? Und zuletzt, nicht jeder Anleger ist gleichermaßen für jede, manchmal sehr riskante Form der Investition geeignet, insofern gilt es, sich Gedanken über das eigene Verhalten, die Beziehung zum Geld und die Lebenssituation, in der man sich gerade befindet, zu machen.

Teil II: Aktien, Derivate, Zertifikate & Co.

Der zweite Teil zeigt Ihnen die Investitionsmöglichkeiten, die Ihnen Börsen anbieten. Zuerst und vor allem natürlich Aktien, die Königsklasse des Kapitalmarktes. Aber auch hier gibt es große Unterschiede, Aktie ist nicht gleich Aktie, wo lauern Chancen, wo gilt es, Vorsicht anzumelden? *Nur für Fortgeschrittene* könnte über den Kapiteln zu Derivaten und Zertifikaten stehen, die zwar wie wild ins Kraut schießen und von den Banken als Herausgeber heftig beworben werden, die aber keinesfalls so harmlos sind, wie sie sich oftmals geben.

Teil III: Festverzinsliche Wertpapiere – Kursschwankungen nicht ausgeschlossen

Für Anleger mit höherem Sicherheitsbedarf bietet die Börse durchaus auch weniger riskante Anlagealternativen, die trotzdem nicht langweilig zu sein brauchen und auch auf der Renditeseite nicht zu verachten sind. Rentenpapier hört sich zwar nicht sehr sexy an, aber auch bei festverzinslichen Anleihen sind durchaus Kurssteigerungen möglich. Wie und warum und für welche Sie sich entscheiden könnten, behandelt dieser Teil.

Teil IV: Investmentfonds für jeden Anleger – ein Kessel Buntes

Wer nicht selbst mit Aktien jonglieren will und wem reine Rentenpapiere zu wenig Gewinn bringen, der sollte sich mit Investmentfonds als Sammelbecken der verschiedensten Aktien und Wertpapiere auseinandersetzen. Doch auch hier ist Vorsicht und manchmal auch Skepsis angebracht, so bunt die Prospekte der Fondsgesellschaften auch werben. Aber es gibt so viele verschiedene Fonds und so viele Möglichkeiten, damit Geld anzulegen, dass sich für jeden Anleger etwas findet.

Teil V: Mit den richtigen Informationen zur erfolgreichen Strategie

Heute ist es weniger schwierig, an Informationen heranzukommen, als vielmehr, den Überblick zu behalten, die richtigen aus der Fülle herauszufiltern. Wir geben Ihnen in diesem Teil ein paar Tipps dazu und stellen Ihnen dann die wichtigsten Analysemöglichkeiten vor, mit denen Sie künftige Entwicklungen an den Börsen der Welt besser einschätzen können. Ob's nur Kristallkugeln sind? Auf der Basis dieser Analysen und jeder Menge gesundem Menschenverstand können Sie dann Strategien entwickeln, wie Sie an der Börse vorgehen, um möglichst stabile Renditen zu erzielen.

Teil VI: Der Top-Ten-Teil

Der Top-Ten-Teil stellt noch einmal kurz und übersichtlich Börsenweisheiten vor, an die sich schon Generationen von Anlegern (nicht) gehalten haben, typische Psychofehler, die es zu vermeiden oder wenigstens zu erkennen gilt, die bekanntesten Gurus und schließlich ein paar Steuertipps, wenn sie der Gesetzgeber nicht mal auf die Schnelle wieder zurücknimmt, verändert, über den Haufen wirft.

Symbole, die in diesem Buch verwendet werden

Die Symbole sollen Ihnen auf einen Blick sagen: Hallo, hier gibt es einen weitergehenden Tipp, dieses gilt es besonders zu beachten, hier ist Vorsicht geboten und jenes ist nicht wirklich wichtig, aber ganz nett zu wissen.

 Hier geht es um Passagen, die für ganz Genaue (Juristen, Mathematiker, Zahnärzte?) noch einmal tiefer Schürfendes vorbringen, von eiligen Lesern aber auch gerne überlesen werden dürfen.

Gibt kleine Histörchen oder auch Aktualitäten wieder, die vielleicht auch einmal zum Schmunzeln anregen können, die Sie aber nicht benötigen, um auf dem Parkett Erfolg zu haben und Verluste möglichst zu meiden!

 Die Börse ist und bleibt ein gefährliches Terrain, das wollen wir gar nicht verschweigen. Insofern gilt es bei manchen Dingen besonders vorsichtig zu agieren und am besten noch den Rat eines Fachmannes hinzuzuziehen. Immer wenn Sie dieses Zeichen sehen, sollten Sie Vorsicht walten lassen.

 Börsen sind zwar gefährlich, bieten aber auch große Chancen. Wenn Sie dieses Symbol sehen, wollen wir Ihnen einen Tipp geben, wie Sie am besten handeln oder was Sie besser vermeiden sollten.

Wie es weitergeht

Wir müssen es zugeben: Das Buch ist schon ziemlich dick. Aber manche Themen sind so umfangreich, dass darüber selbst komplette Bücher geschrieben worden sind. Natürlich hoffen wir, dass Sie das Buch von vorn bis hinten lesen. Aber für eilige Leser haben wir extra ein detailliertes Inhaltsverzeichnis und einen ausführlichen Index angelegt. Wenn Sie sich also nur für ein bestimmtes Thema interessieren, dann schauen Sie in den Index und suchen Sie die Stellen, an denen dieser Punkt im Buch behandelt wird, und lesen Sie lediglich diese Stellen. Über das Inhaltsverzeichnis finden Sie schnell die Themen, über die Sie sich informieren wollen oder über die Sie schon immer mal etwas mehr wissen wollten.

Und jetzt bleibt uns nur noch, Ihnen viel Spaß beim Lesen und viel Erfolg beim Handeln zu wünschen.

Teil I

Börse, Kurse und ich –
eine Analyse zum Start

In diesem Teil ...

Bevor Sie darüber entscheiden, ob Sie Ihr ganzes Vermögen in Aktien investieren, mit Rohstoffen spekulieren oder doch lieber auf Nummer sicher gehen wollen, sind ein paar grundlegende Informationen über die Börse nötig. Schließlich können Sie dort nicht einfach einkaufen wie im Supermarkt. Wer dort was und wie treibt, erfahren Sie in diesem Teil und erhalten damit das Grundlagenwissen für Ihre Geldanlage.

Interessant ist für Sie sicherlich auch das Kapitel über die Finanzkrise: Wie kam es dazu? Und was können wir aus der Vergangenheit lernen?

Aber schließlich geht es um Ihre ganz persönliche Investition und deshalb ist es für Sie wichtig, sich selbst richtig einzuschätzen. Frei nach dem Motto: »Welches Risiko hätten Sie denn gerne?« Wir helfen Ihnen bei diesen Überlegungen zur Selbsteinschätzung, nicht nur über Ihr Risikoprofil, sondern auch über Ihre jeweilige Lebenssituation und damit über Ihren Anlagehorizont. Tenor von diesem Teil: Sind Sie bereit für die Börse?

Wo sich Angebot und Nachfrage begegnen

1

In diesem Kapitel

▶ Tulpenzwiebeln und Pfeffersäcke: Wie alles begann

▶ Hektik und Computer: Wie eine Börse heute funktioniert

▶ Schrott und dicke Luft: Was man an Börsen so alles handeln kann

▶ Rauf und Runter: Was der Index aussagt

*W*o und wann auch immer Menschen sich trafen, miteinander palaverten und dem einen gefiel, was der andere hatte, und umgekehrt, da entstanden Handelsplätze, Warentauschbörsen. Gehen wir gedanklich einen Schritt weiter und lassen die Waren einfach daheim und handeln nur noch mit Rechten an diesen Waren, dann sprechen wir von einer echten Börse. Weil die Waren am Handelsort ja nicht real vorhanden sind, müssen sich Käufer und Verkäufer darauf verlassen können, dass alles mit rechten Dingen zugeht, dass es eine unparteiische Aufsicht gibt. Außerdem brauchten Unternehmen für große Projekte und weitreichende Investitionen viel Geld, und so holten sie sich Aktionäre mit an Bord, die zahlten. Es entstanden die Aktiengesellschaften – früher oft Eisenbahnunternehmen oder Reedereien – und mit ihnen eine weitere Variante des Börsenhandels: Aktien für die private Wirtschaft, mit allen Risiken und Nebenwirkungen. Bis heute! Aber die Börsen haben sich in den vergangenen zehn Jahren stark verändert, an vielen Börsen herrscht kein reges und lautes Treiben vor großen Kurstafeln mehr, sondern die Elektronik und das Internet haben längst Einzug gehalten. Die Händler sitzen nun still vor ihren Bildschirmen. Und zwar längst nicht nur beim Handel mit Aktien, sondern auch bei Terminkontrakten, Schweinehälften oder Emissionsrechten. An den Börsen wie der New Yorker Wall Street oder in Frankfurt am Main existiert aber nach wie vor ein Handelssaal, in dem sich zahlreiche Händler tummeln und Geschäfte abschließen.

Wie alles begann: Börsen als Marktplätze

Als der Mensch noch alles, was er zum Essen und Leben brauchte, selbst erlegte und fing, benötigte er keine Börsen. Aber sobald die Menschen erkannten, dass es Vorteile hat, wenn jeder das herstellt, was er am besten kann, und man für die eigenen Produkte andere Güter eintauschen wollte, musste man sich treffen, miteinander sprechen, handeln. Börsenplätze entstanden, auch wenn noch keiner das Wort kannte. Plätze, an denen Angebot und Nachfrage direkt aufeinander treffen, Käufer und Verkäufer miteinander handeln. Der Preis der Produkte, egal ob mit Muscheln, Ringen oder in Dollars bezahlt, richtet sich nach dem Verhältnis von Angebot und Nachfrage.

Jeder Markt, auf dem ein Händler seine Produkte feilbietet und je nach Nachfrage mit den Preisen jongliert, stellt faktisch eine Börse dar. So verwenden wir das Wort ja auch, wenn wir etwa von einer Briefmarkenbörse oder Reklamebörse (wo alte Email-Reklameschilder gehandelt werden) sprechen und eher so eine Art Messe meinen. Aber, erst wenn die Ware nicht wirklich real am Ort des Handelns vorliegt, handelt es sich tatsächlich um eine Börse in der uns interessierenden Bedeutung. Das setzt aber voraus, dass die einzelnen Waren direkt vergleichbar sind, ob in Güteklassen sortiert (etwa bei Kaffee- oder Getreidebörsen, den so genannten Warenbörsen) oder per Papier (den Wertpapierbörsen) zertifiziert. Es braucht einen hohen Organisationsgrad, eine strikte Überwachung und ein von allen Parteien akzeptiertes Regelwerk, damit der Handel mit diesen nicht vor Ort befindlichen Objekten in geregelten Bahnen verlaufen kann.

Börsen, wie wir sie heute erleben, entwickelten sich erst im Laufe des 19. Jahrhunderts, vor allem als für langfristige Projekte ein hoher Geldbedarf gedeckt werden musste und dazu immer mehr Aktiengesellschaften gegründet wurden.

Von Tulpenzwiebeln zum Internet

Bereits 1409 errichtete die belgische Stadt Brügge die erste Börse. Hier trafen sich die damals wichtigsten Kaufleute – oftmals Italiener – zum Handel, denn damals war Brügge noch über den kleinen – inzwischen versandeten – Fluss Zwyn mit dem Meer verbunden und ein Zentrum des Welthandels. Das Beispiel machte Schule, aber es brauchte mehr als hundert Jahre, bis in Deutschland 1540 die Börsen in Augsburg und Nürnberg, 1585 auch in Frankfurt, folgten. Alle drei Städte waren bedeutende Handelsstädte dieser Zeit, man denke nur an die berühmte Familie Fugger in Augsburg. Gehandelt wurden jedoch keine Aktien, sondern Wechsel oder Kuxe, also Anteile an Bergwerksgesellschaften.

Doch die Stadt, die die wohl spektakulärste Börse – und gleich den ersten Börsencrash – erlebte, war Antwerpen. Antwerpen galt als ein Zentrum für Gewürze aus aller Welt. 1531 wurde hier ein schwunghafter Handel an der Börse begonnen: für Tulpenzwiebeln. Denn eine Zwiebel sieht mehr oder weniger wie die andere aus, es kommt schließlich darauf an, was dabei rauskommt! Tulpenzwiebeln waren damals der Renner, denn noch waren diese Blumen relativ selten. Jedermann fing plötzlich an, mit Tulpenzwiebeln zu spekulieren, ganz ähnlich, wie fünfhundert Jahre später am Neuen Markt in Deutschland mit Aktien von Unternehmen. Leider platzte schon damals die Spekulationsblase, denn wenn plötzlich jeder mit Tulpenzwiebeln handelt, aber keiner sie mehr kaufen möchte, dann ist es aus mit den hohen Preisen. 1637 kam es sozusagen zum ersten Tulpenzwiebelbörsencrash. Man schätzt, dass kurz vor dem Crash in heutiger Währung bis zu 50.000 Euro für eine einzelne seltene Knolle bezahlt wurden, das konnte auf Dauer nicht gut gehen!

 Die Grunddefinitionen einer Börse waren und sind einfach: ein organisierter Handelsplatz, an dem Kauf- und Verkaufaufträge abgewickelt werden, die Transaktionen. Ob es sich dabei um Wertpapiere, Aktien, Renten oder eben Tulpenzwiebeln handelt, ist egal, wichtig ist nur, dass die Produkte am Handelsplatz nicht physisch vorhanden sind und ausgetauscht werden.

Jacke wie Hose, Hauptsache Geld im Sack

Es existiert also ein festes Datum für den Beginn des Börsenzeitalters. Schwieriger zu beantworten ist die Frage, woher das Wort Börse eigentlich kommt. Die einen sagen, es leite sich vom lateinischen *bursa* über das griechische *byrsa* für Geldtasche her. Andere meinen jedoch, der Begriff rühre von einem alten, aus dem 14. Jahrhundert stammenden Gebäude in Brügge her, das den Namen *van den Beurse* trug und in dem sich Kaufleute getroffen hätten. Den Namen hatte das Gebäude von dem auf der Fassade prangenden Wappen, in dem drei Geldbeutel zu erkennen waren. Insofern ist es Jacke wie Hose, das Wort Börse hat auf jeden Fall mit Geldbeutel, oder vielleicht besser mit der Tatsache, dass man Geld im Sack hat, zu tun.

Von Pfeffersäcken oder der ersten Aktie

Die erste Aktiengesellschaft der Welt ging auf die Idee einiger »Pfeffersäcke« aus den Niederlanden zurück. Am 20. März 1602 schlossen sich niederländische Fernkaufleute zusammen, um den Pfefferhandel mit Ostindien zu betreiben. Sie gründeten die Vereinigte Ostindische Compagnie (VOC), die erste Aktiengesellschaft in der Geschichte. Die Besitzer an der Gesellschaft wurden in einem Aktienbuch erfasst. Die Vereinigte Ostindische Compagnie war nicht nur das größte Monopol der Zeit, sie war auch ihre eigene Börse. Schon nach 20 Jahren verzeichnete der Kurs der Aktien einen Zuwachs von 300 Prozent. 1720, an der Spitze der Spekulationsphase, lag er sogar bei 1200 Prozent. Wohl dem, der damals verkaufte, denn ab da ging es durch Missmanagement und Fehlkalkulationen stetig bergab, 1799 musste die Gesellschaft Konkurs anmelden. Aber: Die älteste Originalaktie der Welt, ein Anteilschein der Vereinigten Ostindischen Compagnie, ausgestellt am 27. September 1606, hängt in der Börse Amsterdam und ist mit einer Million Gulden versichert – heute etwa 450.000 Euro. In Privatbesitz befindet sich noch eine weitere VOC-Aktie von 1606.

Ohne Aktiengesellschaften war's langweilig

Jetzt wissen Sie, woher der Namen Börse kommen (könnte) und dass in Antwerpen mit Tulpen gehandelt wurde, aber was wurde denn an diesen alten Börsen überhaupt sonst so gehandelt? Tatsächlich gab es damals noch keine Aktiengesellschaften, die erste wurde erst 1602 zum Zwecke des Ostindienhandels gegründet. Haupthandelsgut der damaligen Börsen in den reichen Handelsstädten waren festverzinsliche Papiere von Unternehmungen, Staatsanleihen, die von den Herzögen, Königen und dem Kaiser ausgegeben wurden. Manchmal durchaus riskant, denn auch damals konnten ganze Königreiche hoch verschuldet in die Pleite schlittern.

Im Laufe des 19. Jahrhunderts begann die große Zeit der Aktiengesellschaften. Ausschlaggebend dafür waren die Industrialisierung und der Eisenbahnbau, denn um auf großem Fuße zu produzieren, genügend Kohle für die benötigte Dampfkraft herbeizuschaffen oder weite Bahnstrecken zu schlagen, brauchte es verdammt viel Geld. Geld, das ein Einzelner gar nicht mehr auftreiben konnte und das man daher von vielen Personen, den Aktionären, einsammelte. Geködert wurden die Aktionäre durch die Aussicht auf zukünftige Gewinne, da hat sich bis heute nichts geändert.

Die erste Aktie an der Frankfurter Börse wurde 1820 gehandelt (ausgerechnet ein Papier der Österreichischen Nationalbank). Um 1900 existierten in Deutschland mehr als 4.500 Aktiengesellschaften, noch vor dem Ersten Weltkrieg spülte der Gründerboom mehr als 500 weitere Unternehmen an die Börse.

 Durch eine Änderung des Börsengesetzes vom 28. Dezember 1921 durften erstmals auch Frauen die Börse aufsuchen!

Der schwunghafte Aktienhandel wurde durch den Ersten Weltkrieg nur kurz unterbrochen, danach begann der Boom der Goldenen Zwanziger Jahre. Nicht nur die Kultur erlebte eine Blütezeit, auch die Industrialisierung, insbesondere in den USA, schritt mit Siebenmeilenstiefeln voran. Das T-Modell von Ford lief vom Band und sollte jeden Bürger mit einem eigenen Auto versorgen. Doch wie immer, wenn alle von der Börse profitieren wollten, ging es auch dieses Mal schief, der Börsencrash von 1929, der wohl am längsten nachwirkende Zusammenbruch erst der amerikanischen, dann der europäischen Börsen, bereitete dem Kursrennen ein abruptes Ende.

Mehr als nur ein Schwarzer Freitag – der Crash von 1929

Nach dem Ersten Weltkrieg hatten sich die USA zu der weltweiten Wirtschaftsmacht etabliert. Hier entwickelte John Ford das erste Förderband, jeder sollte sein eigenes Auto bekommen, die Wirtschaft boomte wie nie. Die Kurse der Aktien an der Börse kletterten in Schwindel erregende Höhen, da jedermann dachte, alles wird besser, teurer, größer, schöner …

Immer mehr Amerikaner, gerade auch Kleinanleger, fingen an, wie wild zu spekulieren, und zwar oft auf Pump. Da damals nur etwa 20 Prozent der tatsächlichen Kurswerte bei den Maklern auch als Sicherheit hinterlegt werden mussten, war dies zuerst kein großes Problem. Am Vormittag des 24. Oktober schließlich geschah, was Pessimisten längst vorausgesagt hatten: Die Kurse an der Wall Street fielen, erst langsam, dann lawinenartig immer schneller. Es begann übrigens an einem Donnerstag, der berühmte »Schwarze Freitag« ließ die Kurse nur noch weiter absacken, vor allem an den Börsen in Europa. Nach einer nur kurzfristigen Erholung sanken die Aktienkurse in den USA – und im Gefolge weltweit – bis 1933 weiter ab, auf etwa 25 Prozent des Wertes von vor dem Crash!

Bis heute ist nicht wirklich klar, was der tatsächliche Auslöser für den plötzlichen Kurssturz war. Lassen wir den Börsen-Altmeister André Kostolany (1906–1999) kurz zu Wort kommen, denn er hat den unschätzbaren Vorteil, dass er damals dabei gewesen war: »Die Katastrophe platzte urplötzlich wie eine Naturkatastrophe mitten in eine Atmosphäre wirtschaftlicher Euphorie, die teilweise von der amerikanischen Regierung, Präsident Hoover, künstlich aufrechterhalten wurde.« Das kommt uns, eine weltweite Finanzkrise weiter, heute irgendwie bekannt vor.

Am eindringlichsten verdeutlichen ein paar ausgewählte Aktienkurse den tiefen Sturz von 1929: Das Papier der New York Central Eisenbahn fiel von 216 Dollar 1929 auf 5 Dollar 1932, General Motors fielen von 92 Dollar auf 4,5 Dollar – mussten damals aber nicht vom Staat aufgefangen werden –, Chrysler von 135 Dollar auf 5 Dollar und General Electric von 220 Dollar auf 20 Dollar.

Erholung und Wirtschaftswunder

Doch auch der tiefe Sturz von 1929 blieb Episode, die Börsen erholten sich wieder und nach den Schrecken des Zweiten Weltkrieges trat auch Deutschland wieder als ernst zu nehmender Finanzplatz in Erscheinung. Bis 1956 allerdings war in Deutschland der Kauf ausländischer Wertpapiere verboten, ab dann aber begann der sprunghafte Aufstieg der Börse Frankfurt am Main. Die Stadt entwickelte sich zum Kapitalzentrum des Wirtschaftwunderlandes Deutschland. Bis heute haben sich dennoch neben Frankfurt die Regionalbörsen und Börsen-Zusammenschlüsse Berlin, München, Stuttgart, Hamburg-Hannover und Düsseldorf behauptet.

Der revolutionärste Schritt an den Börsen war die Einführung des Computerhandels. Das heißt, heute sorgen nicht mehr nur die Börsenmakler – natürlich unterstützt von viel Computertechnologie – für die optimale Preisfindung der Aktien aus Angebot und Nachfrage, mancherorts tut dies der Computer auch alleine.

Organisation ist Trumpf

Börsen sind öffentlich-rechtliche Institutionen, die von ganz normalen, privatwirtschaftlich organisierten Unternehmen getragen werden. Deshalb müssen auch Börsen Gewinne erzielen und um ihre Kunden werben, also um Sie, den Anleger! Da es in Deutschland mehrere Börsen gibt, treten sie auch in direkte Konkurrenz miteinander, wieder sehr zum Vorteil für Sie als Anleger. Denn auch bei Börsen gilt: Es ist nicht egal, wo ich einkaufe.

Öffentlich-rechtliche Institutionen erfüllen auch hoheitliche Aufgaben, so vergeben Industrie- und Handelskammern oder die Handwerkskammern etwa Gesellenbriefe und Meistertitel. Im Falle der Börse sind das beispielsweise die Zulassung der Wertpapiere zum Handel oder die zeitweilige Aussetzung einer Aktie vom Handel, wenn ein Unternehmen etwa gerade verkauft wird oder ein Konkurs ansteht, oder auch die endgültige Einstellung des Handels mit einem Papier.

Zur Vereinfachung stellen Sie sich eine Börse als ein großes Gebäude mit vielen Säulen vor. Das vornehme *Piano Nobile*, das obere Stockwerk, übt die öffentlich-rechtlichen Funktionen aus. Ihre Säulen bestehen, um einmal die Organisation der Börse München als Beispiel zu nehmen, aus dem Börsenrat, der Geschäftsführung, der Handelsüberwachung und dem Sanktionsausschuss. Das Fundament aber, das Erdgeschoss, bildet der privatrechtliche Träger, heute eben meist eine Aktiengesellschaft. Als Sockel dienen, wie bei jeder anderen Aktiengesellschaft auch, die Hauptversammlung, der Aufsichtsrat, der Vorstand und die Mitarbeiter. Hier wird das Marketing gemacht, über neue Geschäftsfelder nachgedacht, an einer permanenten Verbesserung der Handelssysteme gefeilt, aber auch das Personal eingestellt und Investitionen getätigt. Einen anschaulichen Überblick über die Struktur der Börse München gibt Abbildung 1.1.

Bei der Deutschen Börse in Frankfurt fungiert als privatwirtschaftlicher Träger der Frankfurter Wertpapierbörse (FWB) die Deutsche Börse AG mit den Tochterunternehmen EUREX, die für abgeleitete Wertpapierformen wie Optionen und Futures, also den Terminhandel, zuständig ist (dieses Thema können Sie in den Kapiteln 5 und 6 vertiefen). Auch Clearstream, die Einheit für die Abwicklung der Wertpapiere und die Deutsche Börse Systems, die weltweit Computerhandelssysteme entwickelt und betreibt, gehören dazu genauso wie XETRA, das elektronische Handelssystem, das von der Deutsche Börse AG betrieben wird.

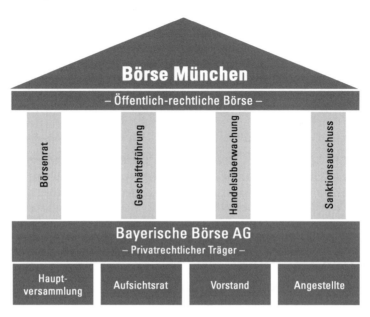

Abbildung 1.1: Die Struktur der Börse München

Wie Börsen heute funktionieren

Als es an den Börsen der Welt noch laut und hektisch zuging, war es eine spannende Angelegenheit, auf der Galerie als Zuschauer die vielen Makler und Händler zu beobachten. Eingezwängt zwischen Schulklassen, eifrigen Studenten und aktieninteressierten Pensionären konnte man da hautnah mitfiebern, wenn einer mit hochrotem Kopf und Schweißperlen auf der Stirn quer durch den Raum nach seinen Orders brüllte. *Präsenzbörse* oder *Parketthandel* wird dies genannt und noch immer bezeichnet man die Börse auch gerne als »Parkett«, auf dem Ungeübte ins Rutschen kommen können.

Heute sitzen aber an vielen Börsen nur noch einige Dutzend Herren und (noch immer sehr wenige) Damen vor ihren Bildschirmen und bewegen die Milliönchen – doch ob es Euro oder Spielzeugelefanten sind, lässt sich nicht erkennen. Die Börse hat sich total gewandelt, aber anschaulicher ist sie nicht geworden. Weder das hektische Gefuchtel der Makler noch das stumme Stieren in den Bildschirm kann den wahren Börsenhandel veranschaulichen. Es ist aber ein schlagender Vorteil, wenn Sie als Anleger wissen, was da an der Börse eigentlich so gemacht wird.

Von der Präsenzbörse zum Computerhandel

Was passiert konkret an der Börse? Nach theoriegeladenem Juristendeutsch finden an der Börse zweiseitige Verpflichtungs- und Erfüllungsgeschäfte statt, bei denen sich die Parteien über Art, Menge und Preis der betreffenden Wertpapiere einigen. Profaner ausgedrückt: Ein Käufer erhält die von ihm gewünschten Aktien in sein Depot gebucht, eine Art Konto, das er bei seiner Bank eingerichtet hat. Im Gegenzug wird ihm der Kaufpreis abgezogen. Der Verkäufer wiederum veräußert seine Wertpapiere über einen Bankberater, telefonisch oder online über Internetbanking. Die Bank leitet den Auftrag an die Börse weiter (*Routing*). Der Verkäufer erhält den Verkaufspreis auf seinem Konto gutgeschrieben, die Aktien im Depot *abgezogen*, also ausgebucht. Das heißt, auch wenn Sie online Ihre Orders eingeben und in Sekundenschnelle die gewünschten Aktien erhalten, steht zwischen Ihnen und der Börse immer noch die ausführende Bank!

Die für Sie wichtigste Börse ist die Wertpapierbörse, an der Aktien, festverzinsliche Wertpapiere und sehr viele Produkte, die sich um diese Papiere ranken, gehandelt werden.

Kennzeichen einer Wertpapierbörse

✔ Die Papiere können ausgetauscht werden, weil sie exakt vergleichbar, juristisch »vertretbar« sind, sonst gibt's Streit.

✔ Die gehandelten Papiere befinden sich nicht real auf dem Börsenparkett, sonst wird's eng.

✔ Die Transaktionen laufen nach immer demselben Ritual ab, heute überwiegend elektronisch, sonst wird's unübersichtlich.

✔ Es gibt, wie bei Studentenverbindungen, genau bestimmte und definierte Bräuche, die »Usancen«, sonst wird's chaotisch.

✔ Der Handel findet an bestimmten, fest definierten Börsenplätzen und zu festen Zeiten statt, sonst trifft man sich nicht.

✔ Börsen haben eine reine Marktfunktion, das heißt, hier findet keine reale Wertschöpfung statt, sondern es wird nur eine marktgerechte, also möglichst faire Preisbildung durchgeführt. Die Makler rechnen die Preise abhängig von Angebot und Nachfrage aus und veröffentlichen sie über die Börsensysteme, aber sie machen diese Preise nicht aus dem hohlen Bauch heraus, sonst wär's Beschiss.

✔ Der Handel findet nicht im Verschwiegenen statt, sondern es wird für Öffentlichkeit gesorgt, Transparenz geschaffen, sonst wird gemauschelt.

Heute nehmen Computer den Maklern die Arbeit der schnellen Kursfindung ab, also das Zusammenführen der Aufträge nach Art, Menge und Preis. Vorreiter des vollelektronischen Handels in Deutschland war die Deutsche Börse AG in Frankfurt. Ende 1997 führte sie den Handel auf der Computerbörse XETRA ein. Daneben existiert in Frankfurt immer noch erfolgreich die Frankfurter Wertpapierbörse mit dem System Xontro, in dem weiterhin die Börsenmakler für die Kurse verantwortlich sind. Dieses System steht in direkter Konkurrenz zu den anderen Präsenzbörsen in München, Stuttgart, Düsseldorf, Hamburg-Hannover und Berlin.

 XETRA ist ein Kunstwort, zusammengesetzt aus Exchange Electronic Trading. Ziel bei der Einführung war es, den Handel schneller, billiger und transparenter zu gestalten. Weder auf XETRA noch bei allen anderen deutschen Börsen gibt es noch ein papierenes Orderbuch, in das Käufe und Verkäufe mit dem Stift eingetragen werden müssen. Die elektronische Auftragsabwicklung erleichtert es auch, die Kursfindung nachzuvollziehen.

XETRA ist allerdings weniger für Sie als Privatanleger bestimmt, sondern dient vielmehr den institutionellen Anlegern, den Banken und Versicherungen, als ideale Plattform. Privatanleger sind meist besser bei den Börsen aufgehoben, bei denen in teilcomputerisierten Systemen Börsenmakler weiterhin für die Kursfeststellung verantwortlich sind. Sie buhlen darüber hinaus im Wettbewerb um die Gunst der Anleger mit guten Konditionen und speziellen Ausführungsgarantien. Der XETRA-Handel in Frankfurt wird im Unterschied zum Parketthandel (9.00–20.00 Uhr) täglich kürzer durchgeführt (9.00–17.30 Uhr) und deshalb unterscheiden sich im Kurszettel der Zeitungen oftmals die Schlusskurse der Aktien von XETRA und Parkett – meist aber nur bei den Stellen hinter dem Komma!

Durch den zunehmenden Einsatz von Computern verloren die Börsen viel von ihrem ursprünglichen und unmittelbaren Flair. Heute laufen 96,71 Prozent der Umsätze an der Deutschen Börse bei deutschen Aktien über XETRA ab (Stichtag 9.2.2007 – FAZ Nr. 35 vom 10.2.2007), der Rest über den Parketthandel. Etwas ausgewogener ist das Verhältnis bei ausländischen Aktien, von denen 44,28 Prozent über XETRA und alle übrigen Umsätze über den Parketthandel gehen. Wichtig wird der Parketthandel aber immer bei kleineren Werten mit wenig täglichem Handelsumsatz bleiben, weil hier die Makler für die notwendige Liquidität sorgen. Selbstverständlich geht heute auch im Parketthandel nichts mehr ohne Computer. Er wird eingesetzt, um die Kundenaufträge von außerhalb des Börsenparketts unmittelbar in das Orderbuch des Maklers (Skontroführers) einzustellen und die ausgeführte Order abzuwickeln. Auch bei der Preisfeststellung nutzt der Skontroführer den Computer.

 Wenn Sie glauben, dass wir die Fachausdrücke nicht richtig draufhaben und es Skontoführer heißen müsste, schauen Sie im Abschnitt »Ausgemakelt« nach.

Wie beschrieben gibt es neben XETRA in Deutschland die Besonderheit mehrerer konkurrierender (Regional-) Börsen, die zum Teil wiederum eigene Handelssysteme entwickelt haben.

Spielen Sie die Börsen aus, zu Ihrem Vorteil!

Die Regionalbörsen in Deutschland behaupten sich im Wettbewerb, trotz der dominanten Stellung der mächtigen Frankfurter Börse. Die Börsen buhlen vor allem um Sie, den Privatanleger, insofern lohnt es, zu vergleichen. Um Ihnen die Entscheidung zu erleichtern, bei welcher Börse Sie Ihre Aktien ordern und Ihre Verkäufe in Auftrag geben wollen, hier eine kurze Übersicht über die Börsenszene in Deutschland, die allerdings nicht erschöpfend sein kann. Sie können sich nähere Informationen auf den Websites der Börsen holen (in Kapitel 12 finden Sie die Internetseiten unter *Börsengeflüster* einzeln aufgeführt).

Hauptstadtallüren

Die Berliner Börse heißt seit Juni 2007 nur noch Börse Berlin als Dachmarke für die Aktiengesellschaft wie für die öffentlich-rechtliche Börse. Die Börse Berlin kooperiert mit der in London ansässigen Equiducts und nennt sich jetzt im Rahmen der allgemeinen Internationalisierung Börse Berlin Equiducts Trading. Der Zusatz Bremer Börse – die Hauptstädter waren

2003 eine Liaison mit Bremen eingegangen – fiel ersatzlos weg. Mit Equiducts vereinigt Berlin unter einem Dach zwei Marktplätze: Neben dem Handelssystem Xontro, das alle deutschen Parkettbörsen gemeinsam betreiben, steht ihr noch das vollelektronische Handelssystem ETS zur Verfügung. Start war im Juli 2009. Die Börse Berlin hat sich auf Investmentfonds spezialisiert und ein eigenes Segment, FondsPlus geschaffen. Sie handelt über 3.750 dieser Anlageprodukte zu humanen Ordergebühren und einem sehr geringen Unterschied von An- und Verkaufspreis von nur einem Prozent (Spread).

Außerdem ist die Berliner Börse auf internationale Aktien ausgerichtet mit den Länderschwerpunkten USA, Osteuropa, China, Australien und auch der Türkei – insgesamt etwa 15.000 Aktien aus 85 Ländern. Eine gute Nase bewies die Berliner Börse, als sie vor allen anderen die Aktien des US-Unternehmens Microsoft handelte – 1991, noch bevor Windows (mit der Version 3.1.) seinen Siegeszug an allen Büro- und Heimcomputern antrat! Die ausländischen Aktien werden alle im Freiverkehr gehandelt, egal ob es sich um US-Titel handelt, die im wichtigen Technologie-Index NASDAQ geführt werden, oder um unbekannte Titel aus Osteuropa.

Nordlichter

Eine Liaison ging 1999 die 1558 gegründete Hamburger Börse mit der 1785 in Hannover entstandenen Börse ein. Die Doppelbörse unter der Trägergesellschaft BÖAG Börsen AG wendet sich speziell an Privatanleger und hat zwei eigene Regionalindizes mit unternehmerischen Dickschiffen aus Niedersachsen (NISAX) und Hamburg (HASPAX) im Programm. Auch Hamburg-Hannover will lästige und teure Teilausführungen vermeiden (siehe unten).

Schon im Webauftritt beweisen die Hanseaten weltmännisches Auftreten, denn hier kann der Nutzer zwischen Deutsch und Englisch wählen. In Hamburg drängen sich heute gleich fünf Einzelbörsen: Die Allgemeine Börse findet einmal wöchentlich statt, hier treffen sich die Hamburger Immobilienmakler, um Informationen auszutauschen und Geschäfte zu tätigen. Bei der Versicherungsbörse werden keine Wertpapiere oder Waren gehandelt, sondern Verträge angebahnt und abgeschlossen. Im Vordergrund stehen Transportversicherungen, Feuer- und Haftpflichtversicherungen für die Industrie. Versicherungsbörsen existieren neben Hamburg nur in Rotterdam und London. Wer vermutet es nicht, auch eine Kaffeebörse hat Hamburg zu bieten, außerdem eine eigene Getreidebörse. Die wichtigste Börse jedoch ist die Wertpapierbörse. Sie gilt als der Innovator im Bereich des Fondshandels und bietet die Plattform »Fondsbörse Deutschland« für offene und geschlossene Investmentfonds an – gerade für geschlossene Fonds bieten Kauf und Verkauf über die Börse für Anleger interessante Möglichkeiten. Bei allem Kampf der Börsen untereinander – hier ist die Börse Hamburg-Hannover eine Kooperation mit der Bayerischen Börse eingegangen.

Willkommen im Club

Die Börse Düsseldorf AG, hervorgegangen aus der schon 1553 gegründeten Börse in Köln und dem erst 1853 erstmals in Aktion getretenen Düsseldorfer Pendant, hat sich die Bearbeitung der Kundenorders gleich vom TÜV-Rheinland zertifizieren lassen. Sie können dort also Aktien, Anleihen und Fonds TÜV-geprüft erwerben. Außerdem ist die Börse Düsseldorf als einzige deutsche Regionalbörse an XETRA beteiligt. Über das örtliche Market-Maker-System Quorum können über 200.000 Kunden online handeln, von 8.00 bis 23.00 Uhr.

Nett außerdem, die Börse Düsseldorf hat einen sehr aktiven, eigenen Börsenanlegerclub, den Quality-Trader-Club mit derzeit über 5.000 Mitgliedern. Wenn Sie also nicht gerne allein handeln und sich austauschen möchten, willkommen im Club!

Münchner Kindl

Die seit 1830 existierende Börse München bietet mit M:access ein eigenes Börsensegment für kleinere und mittlere Aktiengesellschaften und mit Max-One ein eigenes Handelssystem an. Über das Handelssystem Max-One haben die Kunden jederzeit Zugriff auf über 4.800 Aktien aus etwa 60 Ländern, über 2.600 Renten und 3.500 Fonds, zum bestmöglichen Preis. Über 400 ETFs (Exchange Traded Funds) und ETCs (Exchange Traded Commodities) kommen noch dazu. Dabei handelt es sich um börsengehandelte Fonds, bzw. Inhaberschuldverschreibungen. Aber was ist der beste Kurs? Das Handelssystem wählt – selbstverständlich vollautomatisch – den jeweils liquidesten Markt, auf dem die betreffende Aktie gehandelt wird, also einfach den Referenzmarkt im In- oder Ausland mit den größten Umsätzen.

Als weiterer Vorteil für Sie verzichtet die Börse München auf Teilausführungen. Teilausführung bedeutet, dass, je nachdem welche Aktien Sie haben möchten und wie viele davon verfügbar sind, Sie erst nach und nach alle Aktien erhalten, aber für jede neue Order erneut Gebühren abdrücken müssen. Das ist lästig, die Börse München verhindert das dadurch, dass ihre Makler als Vertragspartner (auch _Gegenseite_ oder _Counterpart_ genannt) fungieren und die gesamte Zahl der Aktien auf einen Sitz an Sie weitergeben oder von Ihnen abnehmen – zur einmaligen Gebühr.

Als einzige deutsche Börse ist die Börse München Ende 2009 in den Handel mit CO_2-Emissionszertifikaten eingestiegen. Das entsprechende Segment hat den Namen _greenmarket_. Das ist aber kein Biomarkt, sondern dort wird mit »Verschmutzungsrechten« gehandelt: Industrieunternehmen und Energieversorger bekommen Zertifikate pro Tonne CO_2-Ausstoß von der Europäischen Union zugeteilt: Brauchen sie weniger, weil sie Emissionen vermeiden, können sie die überzähligen verkaufen – über die Börse München zum Beispiel. Das ist aber kein Thema für Privatanleger.

Schwäbische Sparfüchse

Die 1860 gegründete Börse Stuttgart hat sich in besonderem Maße auf verbriefte Derivate spezialisiert. Dies ist eine etwas komplizierte, aber interessante Produktgruppe, bei der es um Rechte zum späteren Kauf oder Verkauf von Wertpapieren oder anderen Anlagen geht. Sie können sich in Kapitel 5 ein genaueres Bild darüber machen und überlegen, ob diese Form der Anlage etwas für Sie sein könnte. Die Börse Stuttgart entwickelte für diese Derivate ein eigenes Handelssegment, EUWAX, gemeinsam mit dem Finanzdienstleister und Skontroführer EUWAX AG.

Als weiterer Vorteil bietet die Börse Stuttgart an, dass bei den _Hauptaktienindizes_, also bei den Papieren der wichtigsten und größten deutschen Aktiengesellschaften, zwischen An- und Verkaufspreisen des Maklers keine Kursspanne zu Lasten des Käufers anfällt.

Über einen eigenen »Taxgenerator« erhalten Sie als Privatanleger kostenlos und in Echtzeit alle An- und Verkaufspreisinformationen der Wertpapiere angezeigt.

Seit Mitte 2010 bietet die Börse Stuttgart über bond m (nicht James) Unternehmen die Möglichkeit, Anleihen zu handeln, das heißt, sich Fremdkapital über die Börse zu beschaffen (Mehr dazu in Kapitel 8).

Schweizer Käse

Seit dem Einzug des Internets in den Börsenalltag verschwinden tatsächliche lokale Börsenplätze mehr und mehr im Nebel des Virtuellen. Nicht nur die großen Börsen dieser Welt schließen sich über große Entfernungen zusammen und verbinden Kontinente wie die Europäische Vierländerbörse EURONEXT und die US-Börse NYSE in New York, auch im Kleinen wird dies durchgezogen. So trennte sich die Bremer Börse von ihrem Kooperationspartner Berlin und ging, sang-, klang- und umstandslos in der Schweizer Börse SWX in Zürich auf.

Händler an der Börse

Das Geschehen an der Börse durften Besucher ausschließlich von der Galerie aus betrachten. Das ist aber eigentlich ganz angenehm, denn Sie konnten sich zurücklehnen und die anderen arbeiten lassen. Die anderen waren die Börsenhändler oder Makler. Heute sind diese, allerdings unter anderem Namen, immer noch verantwortlich für die Arbeit, zusehen kann man aber fast nirgends mehr, denn die meisten Börsen haben sich total verändert. Händler und Makler sitzen in Großraumbüros und wickeln das Geschäft mit Hilfe von Computern und Hochgeschwindigkeitsnetzen ab. Das Börsenparkett ist einem virtuellen Netzwerk gewichen. Ob es wohl irgendwann einmal heißen wird, dass sich ein Unternehmen ins Börsennetz traute, statt aufs Börsenparkett wagte?

Privatleute können deshalb nicht an der Börse direkt handeln, weil es schnell gehen muss und hier kein Mensch die Zeit hat, festzustellen, ob Sie Ihre Aktien auch bezahlen können oder ob Sie überhaupt so viele besitzen, wie Sie verkaufen wollen. Es bräche ein ziemliches Chaos aus, wenn jeder Aktienkäufer und -verkäufer, egal ob es sich um drei, dreihundert oder dreitausend Stück handelt, einfach selbst in diesem Netzwerk mitwirken wollte. Das ging vielleicht noch bei Tulpenzwiebeln oder Fischen. Aber heute, da die meisten Aktien nicht mehr als Papiere, sondern nur noch elektronisch gehandelt werden und Millionen- und Milliardenumsätze an einem Tag der Normalfall sind, geht das nicht mehr. Schließlich passen ja auch nicht alle Wähler in den Bundestag, sondern nur die Abgeordneten als ihre Repräsentanten. Sie müssen also immer eine Bank oder einen Broker dazwischenschalten, die wiederum einen Börsenmakler beauftragen.

Der Börsenmakler ist in Deutschland – wie sollte es anders sein – eine geschützte Berufsbezeichnung und setzt eine Prüfung voraus. Man braucht auch eine entsprechende berufliche Qualifikation und, wie es im Börsengesetz heißt, die »notwendige Zuverlässigkeit«. Die Börsenmaklerprüfung kann zum Beispiel bei der Prüfungskommission der Deutschen Börse in Frankfurt absolviert werden und setzt voraus, dass der Betreffende auch tatsächlich im Metier tätig ist. Ähnlich wie bei einem Flugschein, der erlischt, wenn der Inhaber nicht genügend Flugstunden absolviert, erlischt auch die Börsenmaklerprüfung nach zwei Jahren, wenn der Absolvent nicht tatsächlich handelt.

Wer an einer Börse handeln will, der benötigt dafür eine Zulassung, die er bei der jeweiligen Geschäftsführung beantragen kann. Egal ob im eigenen Namen oder für Dritte, also für Sie als Anleger, muss er gewisse Voraussetzungen erfüllen, etwa die Tätigkeit gewerbsmäßig ausüben und einen in kaufmännischer Weise eingerichteten Geschäftsbetrieb besitzen. Einen Anspruch auf Börsenzulassung – wenn sie die entsprechenden Kriterien erfüllen – haben Kredit- und Finanzdienstleistungsinstitute sowie Finanzunternehmen.

Ausgemakelt

Börsenmakler suchen Sie heute vergebens auf dem Parkett und in den Büros der Börsen. Heute gibt es die Börsenhändler, die mit den Wertpapieren, den *Effekten* (Aktien, Anleihen, Fonds etc.) handeln, meist als Angestellte einer Bank, und die Skontroführer, die die Kurse feststellen. Überwacht wird die Feststellung der Kurse dann durch die Handelsüberwachung der einzelnen Börsen (HüSt) und die Bundesanstalt für Finanzdienstleistungsaufsicht (BaFin). Aber keine Sorge, im allgemeinen Sprachgebrauch hält sich der Begriff des Börsenmaklers weiter hartnäckig – und die Prüfung heißt auch weiterhin nach ihm! Wichtig ist aber, dass Börsenhändler und Skontroführer nicht bei den Börsen angestellt sind. Die Börsen stellen nur das Equipment und die Regeln, den eigentlichen Handel übernehmen Externe.

Der Name *Skontroführer* resultiert aus dem *Skontro*, dem elektronischen Orderbuch, das für jedes Wertpapier geführt wird und in dem sämtliche Orders verzeichnet sind. Jeder Skontroführer betreut ganz bestimmte Aktien und andere Wertpapierarten. Skontroführer sind fast ausschließlich angestellte Mitarbeiter von Wertpapierhandelshäusern.

Wertpapierhandelshäuser in Deutschland sind per Ende 2010:

✔ Baader Bank AG

✔ Close Brothers Seydler Bank AG

✔ Equinet Bank AG

✔ Hellwig Wertpapierhandelsbank GmbH

✔ ICF Kursmakler AG

✔ Lang & Schwarz Wertpapierhandelsbank AG

✔ MWB fairtrade Wertpapierhandelsbank AG

✔ Peter Koch GmbH Wertpapierhandelsbank

✔ Renell Wertpapierhandelsbank AG

✔ Rolf Brauburger Kursmakler GmbH

✔ Scheich & Partner Börsenmakler GmbH

✔ Schnigge Wertpapierhandelsbank AG

✔ TASS Wertpapierhandelsbank GmbH

✔ Tradegate AG Wertpapierhandelsbank

✔ Tremmel Wertpapierhandelsbank GmbH

✔ TriTrade Wertpapierhandels GmbH

✔ Walter Ludwig Wertpapierhandels GmbH

✔ Steubing AG

Zu den größten Skontroführern in Deutschland zählt die Baader Bank AG aus Unterschleißheim, die mehr als 300.000 Orderbücher an den Börsen Berlin, Düsseldorf, Frankfurt, München und Stuttgart betreut. Die Close Brothers Seydler AG, Frankfurt, eine eigenständige Tochter der Londoner Close Brothers Group plc, übt die Skontroführung von weltweit über 2.300 Wertpapieren aus. Die ICF Kursmakler AG aus Frankfurt betreut an der dortigen Börse mehr als die Hälfte aller DAX-Werte – insgesamt über 700 Aktien in allen Segmenten.

Leere Taschen bei ruhiger Börse

Börsenhändler und Skontroführer sind also Angestellte von Banken und Wertpapierhäusern, die allerdings einen hohen Anteil ihrer Vergütung abhängig vom Erfolg erhalten. Ist es also an der Börse ruhig, behalten Sie und Ihre Mitanleger Ihre Aktien, langweilen sich die Makler und verdienen nichts. Makler benötigen ein gewisses Grundkapital, da sie auch im eigenen Namen und auf eigene Rechnung mit Wertpapieren handeln. Wenn Sie zum Beispiel eine große Erbschaft gemacht haben und schnell mal 10.000 Aktien einer nicht ganz bekannten Aktiengesellschaft kaufen wollen, es aber keine Verkäufer gibt, springt der Makler ein und teilt Ihnen die Aktien sofort zu. Wenn er diese Aktien nicht schon im eigenen Depot hatte, muss er nun versuchen, sie selbst zu erwerben. Blöd für ihn, wenn die Kurse inzwischen rapide gestiegen sind, dann setzt es für ihn Verluste.

Wie es im Buch steht

Für jedes Wertpapier, das an einer Börse gehandelt wird, zeichnet ein Makler oder ein Skontroführer verantwortlich. Er trägt alle eingehenden Orders zu diesem Papier in ein Orderbuch ein, das natürlich schon lange kein richtiges Buch zum Blättern mehr ist, sondern ein elektronisches Verzeichnis. Im Orderbuch steht also zu jeder Zeit ganz genau drin, wie sich ein Wertpapier gerade entwickelt, wie sich Angebot und Nachfrage verhalten. Sehr interessant, aber leider für Sie nicht einsehbar. Muss ein Skontroführer sein elektronisches Orderbuch – also seinen Computer – einmal kurzzeitig während der Handelszeit verlassen, muss er dieses an einen Kollegen übergeben. Einfach mal schnell auf die Toilette eilen oder sich einen Kaffee holen, geht also nicht. Damit er keine Order übersieht, piept's bei ihm – also im Computer!

Fein sortiert in Segmenten: Das Börsengesetz

»Ordnung ist das halbe Leben«, mit diesem Spruch wurden Sie wahrscheinlich auch schon als Kind getriezt. Aber Ordnung hilft, sich in kurzer Zeit einen Überblick zu verschaffen. An der Börse bieten eine solche Hilfe die unterschiedlichen Segmente an, die es erleichtern, die Aktien und die Unternehmen dahinter einzuschätzen. Die Segmentierung findet einerseits durch das Börsengesetz statt, andererseits dürfen aber auch die einzelnen Börsen jeweils eigene Segmente dazu erfinden.

Das Börsengesetz unterscheidet seit November 2007:

✔ regulierter Markt

✔ Freiverkehr

Das Kriterium dabei ist die jeweilige Anforderung an das Unternehmen, die in dieser Reihenfolge von oben nach unten stark abnehmen.

Die einzelnen Börsen dürfen jedoch in ihren Börsenordnungen auch unabhängig von der amtlichen Unterteilung eigene Segmente erschaffen und vermarkten. So hat die Frankfurter Börse in ihrer Börsenordnung Ende 2002 mit Wirkung zum 1. Januar 2003 eine Neusegmentierung vollzogen, die sie in den Folgejahren noch verfeinert hat. Heute unterscheidet die Börse Frankfurt:

✔ General Standard

✔ Prime Standard

✔ Entry Standard

✔ Open Market (Freiverkehr)

Der General Standard deckt dabei den amtlichen Markt und den geregelten Markt ab, der Entry Standard für kleine und kleinere Unternehmen ist ein Qualitätskriterium (knapp) oberhalb des Freiverkehrs (Open Market). Ein ganz ähnliches Qualitätssegment mit trotzdem noch moderaten Bedingungen für die gelisteten Unternehmen aus dem Mittelstand hat die Börse München mit dem Segment M:access kreiert. Um in den Prime Standard zu gelangen, müssen die Unternehmen weitere Zulassungsvoraussetzungen erbringen, zum Beispiel regelmäßig Quartalsberichte in Deutsch und Englisch vorlegen oder Konferenzen mit Analysten, also versierten Bankern und Finanzexperten, die die Chancen und Risiken des Unternehmens aufgrund der vorgelegten Zahlen abklopfen, durchführen. Nur wer in den Prime Standard kommt, hat die Chance, in die Indizes wie DAX oder MDAX, in denen die jeweils umsatzstärksten Unternehmen zusammengefasst sind, aufgenommen zu werden. Ausführlicher können Sie sich über Indizes und ihre Bedeutung in Kapitel 13 informieren.

Wir sind so frei

Im Freiverkehr notieren diejenigen Aktien, die weder im amtlichen noch im geregelten Markt zugelassen sind. In diesem Segment werden neben kleinen deutschen Unternehmen vor allem ausländische Aktien, aber auch Anleihen, Optionsscheine und Index-, Währungs- und Zinszertifikate gehandelt. Oftmals gehen Börsenneulinge erst einmal in den Freiverkehr, denn je weniger Zulassungsvoraussetzungen Unternehmen erbringen müssen, desto kostengünstiger ist es für sie. Der Grund, warum ausländische Unternehmen, egal wie groß und bedeutend sie sind, im Freiverkehr gehandelt werden, liegt darin, dass sie sich dann nicht auch noch zusätzlich den deutschen Standards unterziehen müssen. Denn meist sind die heimischen Regelungen, etwa in den USA, umfangreich genug. So stehen dann – zum Beispiel im Kursteil der Frankfurter Allgemeinen Zeitung – Weltfirmen wie GE General Electric, Exxon Mobil oder Microsoft neben Aluminium Unna oder der Effecten-Spiegel AG.

Die Börsensegmente geben einen wichtigen Hinweis auf die Qualität der Aktien: Je höher das Segment, desto weniger riskant das Papier, desto geringer sind aber oft die Kursausschläge insgesamt (also auch nach oben!). Das gilt so aber nur für Aktien deutscher Unternehmen, denn ausländische Aktiengesellschaften notieren fast immer im Freiverkehr, selbst wenn es sich um bedeutende, hochkapitalisierte Blue Chips handelt.

Jedes Segmentchen will sein Quäntchen

Für die Unternehmen, die in eines der Premium-Segmente fallen, bedeutet dies eine erhöhte Aufmerksamkeit, jedoch auch einen hohen Aufwand an Publizität. Das heißt, sie müssen nicht nur einmal im Jahr ihre Zahlen veröffentlichen, sondern für jedes Quartal Ergebnisse ausweisen. Das ist gerade für Unternehmen, die saisonale Aufs und Abs zu durchleiden haben, nicht immer angenehm. Ein Hersteller von Weihnachtsschmuck mag eben drei Quartale lang Verluste einfahren und erst im letzten Quartal vor dem großen Fest diese dann wieder kompensieren.

Darüber hinaus müssen die Unternehmen so genannte Ad-hoc-Meldungen zu allen wesentlichen Vorkommnissen in deutscher und englischer Sprache veröffentlichen. Ad-hoc-Berichte sind im Wertpapiergesetz festgeschrieben und müssen zu allen Tatsachen, die für den Kurs relevant sind oder sein könnten, herausgegeben werden. Egal ob ein Vorstandswechsel durchgeführt, ein Großauftrag erhalten wurde oder geplatzt ist, ein Unternehmen gekauft oder eine Sparte verkauft werden soll. Noch sehr viel aufwendiger für Unternehmen, die es noch nicht machten, ist die Umstellung der gesamten Buchhaltung auf international zulässige und vergleichbare Standards, ein ganz enormer Zeit-, Personal- und Kostenfaktor.

In Tabelle 1.1 stehen noch einmal die verschiedenen Börsensegmente, und was die Unternehmen so alles machen müssen, um dem zu genügen. Ein Unternehmen, das sich im Übrigen beharrlich weigerte, Quartalsberichte herauszugeben und darum nicht höher gestuft wurde in den Segmenten, war Porsche! Was weder der Aktie noch dem Unternehmen im Mindesten geschadet hat – dafür sorgten die Zuffenhauser selbst mit dem Versuch, mal eben VW zu schlucken. Das Segment, in dem eine Aktie gehandelt wird, ist also lediglich ein Anhaltspunkt für Sie bei der Beurteilung einer Aktie, es gibt aber weder im Guten noch im Schlechten eine Garantie!

2005 ging die Börse München mit dem Qualitätssegment M:access an den Start und bietet seither mittelständischen Unternehmen, so genannten Small und Mid Caps, einen attraktiven Weg an die Börse. Im gleichen Jahr startete Frankfurt den Entry Standard als »Einstiegssegment« in die Welt der Börse – von manchen auch gerne als »Börsen-Kindergarten« bezeichnet.

Kurse und wie sie entstehen

Es ist kaum zu glauben, aber einen spannenden und abwechslungsreichen Börsentag können Sie ganz leicht der Zeitung entnehmen. Nein, nicht die ausführlichen Berichte über eventuelle Kursstürze oder Höhenflüge sollten Sie lesen – es geht viel schneller im Kleingedruckten auf den Kursseiten. Mit dem Kursteil der Tageszeitung geht es so wie mit den Lottozahlen:

Börsensegment	Voraussetzungen
Prime Standard	Ad-hoc-Mitteilungen in deutscher und englischer Sprache; Quartalsberichte in Deutsch und Englisch; Analystenkonferenz(en), das heißt, Bankern muss persönlich Rechenschaft über den Geschäftsverlauf und die Zukunftserwartungen gegeben werden (Anforderungen der Deutschen Börse).
General Standard	Ad-hoc-Meldungen und Bilanzierung nach internationalem Standard werden vom Gesetzgeber verlangt.
Entry Standard	Ein von einer Wirtschaftsprüfungsgesellschaft abgesegneter Jahresabschluss nach dem Handelsgesetzbuch; ein Firmenporträt mit Website; die sofortige Veröffentlichung über alle Nachrichten, die den Kurs der Aktie beeinflussen könnten auf der Homepage; Halbjahreszahlen müssen veröffentlicht werden.
Open Market	Genehmigter Emissionsprospekt, das heißt, eine Zusammenstellung aller wichtigen Unternehmensdaten für die potenziellen Aktienkäufer, damit sie sich ein Bild über das Unternehmen, seine Produkte, sein Management und den künftigen Geschäftsverlauf machen können.

Tabelle 1.1: Die Segmente der Frankfurter Wertpapierbörse und ihre Zulassungsvoraussetzungen

Wer nicht Lotto spielt, den interessieren die wöchentlich zweimal verlesenen Zahlen in den Nachrichten nicht die Bohne, da kann man schnell das Bier nachschenken, bis der Wetterbericht kommt. Aber, wer Lotto gespielt hat, der wird den Zahlen entgegenfiebern. Wenn Sie also Ihre ersten Aktien im Depot haben, dann wird die Zeitung für Sie zur Pflichtlektüre, und zwar der Kursteil! Allerdings, dort finden Sie immer nur die Kurse der Vergangenheit – wenn Sie die aktuellen wissen möchten, dann können Sie im Internet Realtimekurse in Echtzeit verfolgen.

Übersetzen aus dem Fachchinesisch

Als Erstes können Sie aus den Schlusskursen vom Vortag und dem Tag davor (aktueller geht es in der Zeitung nicht – aber im Internet!) entnehmen, wie sich der Kurs entwickelt hat. Erleichtert wird Ihnen dieses meist noch durch die Angabe, um wie viel Prozent der Kurs nach oben oder unten gegangen ist. Oft finden Sie auch noch ein Tageshoch und Tagestief verzeichnet, daraus können Sie die Pendelschwünge eines Tages erkennen. Das kann wichtig sein für die Preisentwicklung der nächsten Tage, je nachdem, ob viel Bewegung in Ihrer Aktie stattfand oder nicht. Den langfristigeren Kursverlauf erläutert das 52-Wochen-Hoch-Tief. Also ganz einfach, der jeweils höchste und der jeweils niedrigste Kurs des Papiers in den letzten 52 Wochen, im letzten Jahr also.

Einen weiteren Aufschluss über einen Börsentag geben Ihnen die winzigen Kürzel hinter den Kursen in Ihrer Tageszeitung: »b«, »G«, »bG«, »rG«, »gG«, »rB« und »T«.

✔ **»b« steht für »bezahlt«.** Das bedeutet, zu dem Kurs, den Sie in der Zeitung lesen, gab es tatsächlich auch Käufer und Verkäufer, es gab echte, reale Umsätze! Einfach ausgedrückt: Ein Eierverkäufer bot Eier für 30 Cent an und fand Käufer, die ihm tatsächlich 30 Cent pro Ei gaben!

✔ **»G« steht für »Geld«.** Es gab nur Käufer, aber keine Verkäufer, die zum ausgedruckten Kurs Aktien haben wollten. Also, Sie stehen vor einem Eierwagen und wollen Eier für 30 Cent haben, doch der Verkäufer zeigt Ihnen höchstens einen symbolischen Vogel, gibt Ihnen jedoch kein Ei dafür!

✔ **»bG« steht für »bezahlt Geld«,** wie Sie sich bestimmt schon gedacht haben, und bedeutet, dass nur ein Teil der Kaufaufträge ausgeführt wurde, andere Käufer konnten nicht bedient werden. Also, Sie schnappen beim Eiermann die letzten Eier für 30 Cent weg und eine murrende Schlange hinter Ihnen muss auf das Frühstücksei verzichten – oder mehr bezahlen, dann karrt der Händler vielleicht noch ein paar Eier her.

✔ **»B« steht für »Brief«** und heißt, dass es ausschließlich Verkaufsorders gab, aber keine Käufer gefunden wurden. Sie denken sich also vorm Eiermann ihren Teil, sind aber nicht bereit, 30 Cent hinzuklimpern für ein olles, womöglich Käfighuhnei.

✔ **»bB« heißt »bezahlt Brief«** und bedeutet, dass nur ein Teil der vorhandenen Verkäufer ihre Aktien verkaufen konnten, andere Aktien aber mangels Käufer nicht losgebracht wurden. Ein paar Genossen in der Schlange vor dem Eiermann kaufen also die Eier für ziemlich teure 40 Cent, doch kurz vor Ladenschluss muss der Verkäufer feststellen, dass er noch einen ganzen Haufen Eier vorrätig hat, aber niemand mehr ansteht, er hat also einfach zu viel dafür verlangt.

✔ **»rG« heißt ein wenig geschwollen »repartiert Geld«,** oder, ein wenig besser zu merken, »rationiert Geld«, und bedeutet, dass Nachfrage nach dem Papier vorhanden war, diese aber nur teilweise bedient werden konnte. Es gab also genügend Interessenten für Eier zu einem bestimmten Preis, aber nicht genügend Eier. Damit niemand auf seine Eier ganz verzichten musste, erhält jeder ein paar Eier weniger, damit es für alle reicht.

✔ **»rB« liest sich dann als »repartiert/rationiert Brief«,** es gab also mehr Angebot als Nachfrage. Es wurden zwar Eier zum für die Verkäufer genehmen Preis verkauft, aber es blieben noch welche übrig, der Händler wollte aber auch nicht weiter mit dem Preis heruntergehen. Um es noch komplizierter zu machen, wird statt rB oft auch von »rW« (»repartiert Ware«) gesprochen, aber mit dem gleichen Effekt!

✔ **Ein nachgestelltes »T«** schließlich bedeutet, dass es weder Käufer noch Verkäufer für diese Aktie gab und der Kurs deshalb vom Makler einfach geschätzt werden musste. Das T steht für »Taxe«. Der Eiermann probiert's also mit seinen Eiern mal mit 30 Cent, obwohl niemand da war, der ihm ein paar abkaufen wollte.

Je nachdem, welcher Buchstabe nun hinter der Aktie steht, ging der Kurs der Aktie nach oben oder nach unten, denn die Kurse entstehen durch Angebot und Nachfrage. So übersichtlich und, nach einer gewissen Eingewöhnungsphase, eingängig diese Börsenkürzel auch sind, heute, wo Sie und alle Anleger jederzeit im Internet den jeweils aktuellsten Kurs und den Verlauf über Stunden, Tage, Wochen usw. verfolgen können, verlieren diese Abkürzungen mehr und mehr ihre Bedeutung und werden in einigen Kurstabellen gar nicht mehr aufgeführt. Tabelle 1.2 zeigt noch einmal den Zusammenhang und einige wesentliche Abkürzungen im Kursteil einer Zeitung.

Jetzt wissen Sie im Detail, wie Sie die Kursänderungen Ihrer Aktie erfahren und was Sie aus der Entwicklung eines Börsentages herauslesen können. Die Kurse haben sich je nach

Abkürzung	Langfassung	Bedeutung
B	Bezahlt	Es gab Käufer und Verkäufer und damit echte Umsätze.
G	Geld	Nur Käufer traten auf, aber keine Verkäufer, es fand kein Umsatz statt.
bG	Bezahlt Geld	Es gab mehr Käufer als Verkäufer, es konnte nur ein Teil der Aufträge bedient werden.
B	Brief	Es gab ausschließlich Verkaufsorders, aber keine Käufer und damit keinen Umsatz.
bB	Bezahlt Brief	Es gab mehr Verkäufer als Käufer, es konnte nur ein Teil der Verkäufe getätigt werden.
rG	Repartiert Geld	Es gab Nachfrage nach diesem Papier, aber sie konnte nur zum Teil bedient werden, also nicht alle Kaufaufträge konnten ausgeführt werden
rB	Repartiert Brief	Das Angebot übertraf die Nachfrage, das heißt, nicht alle Verkaufsaufträge konnten ausgeführt werden.
T	Taxe	Weder Verkäufer noch Käufer für diese Aktie, der Kurs wurde geschätzt.
WKN	Wertpapierkennnummer	Unverwechselbare Nummer jeder Aktie und jedes Wertpapiers, immer sechsstellig.
ISIN		Zwölfstellige, internationale anerkannte Nummer, die mehr und mehr die WKN ablöst. In Deutschland beginnt die ISIN mit DE und drei Nullen, dann folgt die bisherige WKN, daran wird dann noch eine Prüfziffer angehängt.
KGV	Kurs/Gewinn-Verhältnis	Der Aktienkurs geteilt durch den Unternehmensgewinn pro Aktie. Eine oft verwendete, vom Aussagegehalt allerdings umstrittene Kennziffer, die aussagt, inwieweit der Gewinn eines Unternehmens den Kurs beeinflusst.

Tabelle 1.2: Die wichtigsten Kurszeichen und Abkürzungen aus dem Kursteil einer Zeitung

Angebot und Nachfrage geändert. Klar. Aber warum sich die Nachfrage plötzlich enorm erhöht hat, oder warum kein Mensch mehr Aktien einer bestimmten Gesellschaft haben will, das bleibt noch immer ein Rätsel. Trösten Sie sich, niemand, kein Börsen-Guru und kein noch so versierter Banker kann sich und anderen so ganz genau erklären, warum es zu solchen Schwankungen kommt, warum sich die Kurse ändern und vor allem, in welche Richtung sie sich bewegen. Sie können in diesem Buch zum Beispiel darüber lesen, welchen Einfluss die Zinsen auf Ihren Aktienkurs nehmen oder die stetigen Bremsklötze der Politik. Sie werden viel über die richtige Psychologie und die falschen Schlüsse daraus lesen (alles in Kapitel 2 und Kapitel 9). Sie werden erfahren, welche Methoden es gibt, künftige Kurse vorauszusagen, meist, indem die Vergangenheit seziert wird (Kapitel 14). Welche Informationen Sie brauchen und wo Sie diese finden, um sich selbst ein Urteil über die Entwicklung Ihrer Aktien machen zu können, können Sie in Kapitel 12 nachlesen. Eines werden Sie aber – leider – auch in diesem Buch nicht finden: In welche Höhen oder Tiefen sich die Kurse welcher Aktien auch immer bewegen werden. Das kann nur der liebe Gott – und der interessiert sich sehr wahrscheinlich nicht dafür!

Gesetzliche Bestimmungen und Aufsicht

Börsen sind straff organisierte Handelsplätze. Klar, dass es da eine ganze Reihe von Vorschriften und Gesetzen gibt. Da Deutschland das Land der vielen (Bundes-)Länder ist, können hier die Landesregierungen Börsen errichten und eigene Staatskommissare bestellen, die die Regeln und Vorschriften überwachen. Geregelt ist all dies im *Börsengesetz*. Zusätzlich gibt es dann noch für jede einzelne Börse eine besondere *Börsenordnung*. Doch auch im Bürgerlichen Gesetzbuch finden sich Vorschriften zum Börsenhandel etwa mit festverzinslichen Wertpapieren als Inhaberschuldverschreibungen (Bürgerliches Gesetzbuch, §§ 793 ff). Im *Wertpapierhandelsgesetz* wiederum werden beispielsweise so genannte Insidergeschäfte verboten. Also wenn etwa Manager und Mitarbeiter eines Unternehmens über Dinge Bescheid wissen, die die »normalen« Anleger noch nicht wissen können und aus diesem Wissen heraus schnell Aktien verkaufen oder kaufen, je nach erwartetem Kursverlauf, spricht man von Insidergeschäften, die verboten sind.

Im *Börsengesetz* ist etwa festgelegt, welche Organe eine Börse haben muss und wie Wertpapiere zum Börsenhandel zugelassen werden. In der *Börsenordnung* geht es eher um den eigentlichen Betrieb an den einzelnen Börsenplätzen. Auch die Bedeutung der Kurszusätze und Kurshinweise findet sich in der Börsenordnung. In Tabelle 1.3 finden Sie einen kleinen Überblick über die wichtigsten Börsenorgane und die Aufgaben, damit Sie wissen, an wen Sie sich im Falle eines Falles wenden müssen:

Organ	Zusammensetzung	Aufgaben
Börsenrat	24 Mitglieder aus Kreditinstituten, Börsenteilnehmern (Maklern), Emittenten (das sind die Unternehmen, deren Aktien gehandelt werden) und Anlegern	Oberstes Organ: Bestellung und Überwachung der Geschäftsführung, Börsen- und Gebührenordnung
Börsengeschäftsführung	Ein oder mehrere Geschäftsführer, für höchstens fünf Jahre bestellt	Laufende Leitungsfunktion der Börse: Zulassung und Ausschluss von Unternehmen und Personen zum Börsenhandel; Börsenorganisation und Geschäftsablauf
Börsenschiedsgericht		Entscheidet über Streitigkeiten aus Börsengeschäften zwischen Börsenteilnehmern
Handelsüberwachungsstelle (Hüst)		Überwacht den Handel, die Preisfeststellung und die Geschäftsabwicklung

Tabelle 1.3: Die Börsenorgane nach dem Börsengesetz

Nun, wer dachte, der Gesetze und Regelungen sind genug, der irrte, denn es gibt ja noch die EU. Sie startete die EU-Richtlinie zur Harmonisierung der Finanzmärkte, kurz MiFID (Markets in Financial Instruments Directive) genannt. Die Regelungen dienen vor allem zu Ihrem Schutz, denn sie verbessern die Transparenz bei Wertpapiergeschäften.

Wichtig für Sie als Anleger: Banken sind seit dem 1.11.2007 dazu verpflichtet, bei Wertpapieraufträgen das bestmögliche Ergebnis für ihre Kunden zu erreichen (das hielten wir bisher für selbstverständlich).

Wie es auch ohne Börse funktionieren kann

Was hat denn ein Abschnitt ohne Börse in einem Buch über Börsen zu tun, werden Sie sich fragen. Mit gewissem Recht. Trotzdem, es gibt Wertpapiere, die direkt gehandelt werden können, ganz ohne Börse. Sie sollten wenigstens wissen, dass es dies gibt, auch wenn das in erster Linie für Großanleger und erfahrene Privatanleger interessant ist.

Da es für alles an und um die Börse herum einen eigenen Fachbegriff gibt, nennt man den Handel ohne Börse _Private Placement_. So ganz privat geht es dabei auch wieder nicht zu. Sie müssen sich noch einmal kurz daran erinnern, worum es an der Börse und im Handel mit Wertpapieren eigentlich geht, einmal unabhängig davon, dass Sie Ihr Geld anlegen und damit reich werden wollen. Auf der einen Seite steht der Emittent, ein Unternehmen oder auch der Staat, die brauchen Geld. Auf der anderen Seite Sie und Ihre Kollegen Anleger, die haben Geld und würden es gerne einsetzen. Nun kann nicht jedes Unternehmen, wenn es einmal ein paar Millionen Euro benötigt, gleich an die Börse gehen. Das ist ein komplizierter und auch sehr teurer Prozess, und ist man erst mal an der Börse gelistet, braucht die ganze Buchhaltung und Pflege der Investoren noch ein paar neue Stellen im Unternehmen. Also gehen manche Firmen den Weg, direkt mit dem Anleger in Kontakt zu treten, ohne den Weg über die Börse zu gehen. Allerdings ziehen sie in der Regel eine Investmentbank hinzu, denn irgendjemand muss das Geschäft ja vermitteln.

Bei Private Placement wendet sich also der Emittent, das Unternehmen, direkt an den Anleger, ohne Börse. Damit können lästige gesetzliche Regelungen umgangen werden, deshalb werden aber in Deutschland an Private Placement gewisse Bedingungen geknüpft:

✔ Es muss sich um eine große Geldsumme handeln (im Millionenbereich).

✔ Es muss bereits eine Beziehung zwischen Emittent und Kunde bestehen.

✔ Es muss sich um qualifizierte Anlageformen handeln und es muss ein Vermögensberatungsverhältnis existieren.

✔ Der Kunde kann auch später direkt angesprochen und mit weiteren Angeboten beglückt werden.

Als Papiere eignen sich für ein Private Placement vorzüglich

✔ Geschlossene Fonds

✔ Hedgefonds

✔ Junge Aktien aus einer Kapitalerhöhung kleinerer Unternehmen, die noch keine Börsennotierung anstreben

Näheres zu geschlossenen Fonds als Anlageform finden Sie in Kapitel 10. Junge Aktien werden ausgegeben, wenn eine Aktiengesellschaft zusätzliches Kapital braucht und darum noch neue, junge Aktien ausgibt. Normalerweise erhalten die »alten«, die bisherigen Aktionäre einen Anteil daran, doch das kann ihnen unter Umständen auch genommen werden, Näheres in Kapitel 5.

Ohne Börse können Sie außerdem den Handel mit Zertifikaten durchführen, der zum Beispiel auch direkt mit der herausgebenden Bank getätigt werden kann. Dazu können Sie mehr in Kapitel 7 nachlesen. Außerdem existieren reine Wertpapierdienstleister für den außerbörslichen Wertpapierhandel – in Echtzeit. Dieser Handel wird auch OTC-Handel, also Over-the-Counter- oder Über-den-Tresen-Handel genannt, weil er eben direkt zwischen Käufer und Verkäufer über den »virtuellen Tresen« stattfindet. Oder vielleicht, weil man als Käufer gerne über den Tresen gezogen wird? Eines der führenden Häuser ist etwa die Lang & Schwarz Wertpapierhandel AG. Sie bietet an sieben Tagen in der Woche von 8.00 Uhr morgens bis 23.00 Uhr abends (am Wochenende etwas kürzer) den Börsenhandel via Internet an für etwa 1.500 Wertpapiere. Die Konto- und Depotführung übernimmt Lang & Schwarz allerdings nicht, die bleibt bei einer der Partnerbanken – überwiegend Direktbanken. Weitere Informationen erhalten Sie problemlos unter www.ls-d.de. Als besonderen Service und Vorteil gegenüber der Börse informiert Sie Lang & Schwarz bei allen Transaktionen vor Geschäftsabschluss über den Preis. Dafür fehlen aber die neutrale Überwachungsfunktion der Börse und die Transparenz der Preisfeststellung, die jederzeit nachgeprüft werden kann.

Aktien kaufen, bevor sie an der Börse notieren

Eine weitere Form der Anlage, die auch für Sie als Privatanleger interessant sein könnte, ist der vorbörsliche Handel mit Aktien. Dabei werden Aktien noch vor dem eigentlichen Börsengang von den Anlegern gekauft: Sie erwerben damit Aktien, die erst zu einem späteren Zeitpunkt börsennotiert werden. Ihr Vorteil: Sie erhalten leichter so viele Aktien, wie Sie wollen, während oftmals bei der Neuemissionen an der Börse das Los und damit der Zufall entscheidet, wer wie viele Aktien bekommt. Immer dann nämlich, wenn es mehr Interessenten als Aktien gibt, und das ist bei spannenden Unternehmen häufiger der Fall. Ihr Nachteil: So ganz genau wissen Sie nicht, wie der Preis, den Sie zu bezahlen haben, im Verhältnis zu dem Preis steht, zu dem die Aktie schließlich an die Börse kommt! Wenn neue Aktien aber anfangs stark ansteigen, kann sich das durchaus rechnen. Manchmal kommen Aktien auch gar nicht an die Börse, wenn die Unternehmen zum Beispiel kurzfristig den Börsengang absagen.

 Viele Banken bieten den vorbörslichen Aktienkauf nicht so gerne an und lehnen erst einmal ab. Wenn Sie unbedingt kaufen möchten, beharren Sie ruhig darauf oder bedienen sich nötigenfalls bei einer anderen Bank. Es gibt auch beim Private Placement Anbieter, die sich darauf spezialisiert haben. Außerdem haben sich manche Makler besonders auf den vorbörslichen Handel spezialisiert. Der bekannteste ist die Schnigge Wertpapierhandelsbank AG, Düsseldorf.

Neben dem vorbörslichen Handel gibt es natürlich noch Aktien von Unternehmen, die nicht an der Börse gehandelt werden und die auch dort niemals gehandelt werden sollen, weil das Unternehmen das gar nicht will. Ein Handelshaus, das sich auf diese Aktien spezialisiert hat, ist die Valora AG. Unter www.emissionsmarktplatz.de finden Sie einen eigenen Emissionsmarktplatz, der Ihnen einen Hinweis auf die neuesten Aktien gibt. Sie müssen aber immer bedenken, dass nicht börsennotierte Aktien viel schwerer zu verkaufen sind, weil man selbst einen Käufer finden muss und dass der Wert dieser Aktie nicht durch eine transparente Preisbildung (wie es die Börse macht) festgestellt wird. Käufer und Verkäufer verhandeln den Kurs selbst, zu dem die Aktie den Besitzer wechselt.

 Auch wenn Ihnen der vorbörsliche Handel zu kompliziert und zu gewagt ist, lohnt der Blick auf die Entwicklung der Kurse vor dem Börsengang. Es ist ein guter Indikator, wie sich die Aktie entwickeln wird, wenn sie tatsächlich an der Börse gehandelt wird, und sollte Sie darin bestärken, die Aktien für die Neuemission zu zeichnen, also über Ihre Bank zu bestellen!

Von Schweinehälften, Strom und edlen Metallen

Wenn wir heute von der Börse sprechen, dann meinen wir oft Wertpapierbörsen wie die in Frankfurt oder New York. Oder haben Sie je davon gehört, dass das Schwein jetzt bei 1,32 steht? (Preis pro Kilogramm Schlachtgewicht mit einem Muskelfleischanteil von 56 Prozent – wenn Sie es genau wissen wollen!) Und doch gibt es für viele Dinge Börsen, nicht nur für Wertpapiere und Aktien. Denn Börsen sind einfach nur Handelsplätze. Die einzige Bedingung, damit sie sich Börsen nennen dürfen, ist die Tatsache, dass die Güter nicht wirklich real, materialisiert, am Handelsplatz selbst vorhanden sein müssen. *Warenterminbörsen* heißen diese Handelsplätze dann genauer, denn dort werden eben nicht ganze Schweinebäuche oder Getreidezentner gehandelt, sondern Kontrakte, die dazu berechtigen, so und so viele Schweinebäuche zu einem vorab bestimmten Preis zu kaufen oder zu verkaufen. Warenterminbörsen von internationaler Bedeutung gibt es in New York, Chicago, London, Kansas City, Minneapolis und Winnipeg. In Deutschland wurde erst 1998 wieder eine Warenterminbörse gegründet, die RMX (Risk Management Exchange) Hannover, und Ende 2010 an der Börse München die Warenbörse greenmarket.

Börsen nicht nur für Wertpapiere

Traditionsreiche Börsen sind die Waren(termin)börsen für »Commodities« wie Kaffee und Kakao, Getreide und Vieh, Baumwolle und Sojabohnen, aber auch Rohstoffe wie Kupfer, Gold oder Zinn. Allen gemeinsam ist die oft große Schwankungsbreite der Preise. Je nach Missernten und Viehkrankheiten steigen die Preise sprunghaft an oder fallen wieder. Der Begriff der Schweinezyklen hat geradezu Schule gemacht: Gibt es wenig Schweine, steigen die Preise, die Bauern erkennen, dass sie mit Schweinen viel Geld machen könnten, also bauen sie ihre Ställe um, karren Futter von ihren Feldern herbei und züchten Schweine auf Teufel komm raus. Also gibt es plötzlich wieder viele Schweine, die Preise sinken, die Bauern denken, jetzt rentieren sich Schweine aber überhaupt nicht mehr, und stellen sich wieder Kühe in den Stall. Der Schweinezyklus greift auf Rinder über, und so weiter.

Um sich also vor den Risiken der Preisschwankungen zu schützen, werden die Kauf- und Verkaufspreise über Papiere, die so genannten *Derivate*, abgesichert. Diese Derivate sind Finanzinstrumente, die den Inhaber berechtigten, bestimmte Waren zu einem vorab festgelegten Preis zu kaufen oder zu verkaufen. Die einzelnen Angaben der Derivate sind dabei genau bestimmt und gleich: Menge, Qualitäten, Laufzeiten, Termine. Variabel ist der Preis.

Jetzt die Gretchenfrage: Können Sie mit Schweinehälften, Getreidekörnern oder Kakaobohnen handeln? Die meisten Kunden der Warenterminbörsen sind die Produzenten selbst und Händler der Waren. Auch institutionelle und private Spekulanten können hier handeln. Sie sollten aber immer bedenken, dass Sie hier ein Spiel mit vielen Unbekannten spielen (Wetter, Krankheiten, politische Änderungen, Schürfergebnisse, ...) Und: Im Zweifelsfall können die Insider ihre speziellen Märkte weit besser einschätzen als Privatanleger.

Der Handel findet genau wie an der Wertpapierbörse über Broker statt. Keine Sorge, die Geschäfte finden üblicherweise nur mit den Derivaten statt. Sie müssen also keine Angst haben, dass Ihnen eines Tages plötzlich dreihundert Schweinehälften vor die Haustüre gekippt werden! Außer Sie haben das ausdrücklich vereinbart, weil Sie eine große Party planen!

 Rohstoffe und Warentermingeschäfte ticken völlig anders als Aktien und Wertpapiere. Sie können deshalb eine interessante Zugabe in Ihrem Anlageportfolio darstellen, weil sich diese Märkte durch eine Baisse an den Börsen nicht sonderlich beeinflussen lassen. Wichtig: Trotzdem nur kleine Beträge auf die sprunghaften Investments setzen!

Alles Bio oder was?

Wenn Sie jetzt denken, eine Getreidebörse, das hört sich ja total langweilig an und ist bloß was für Bauern, haben Sie vielleicht recht. Aber, denken Sie an die Situation Mitte 2007 gerade bei Getreide: Durch den verstärkten Umweltschutzgedanken in vielen Ländern hat sich die Nachfrage nach Biodiesel sprunghaft erhöht. So gibt es in Deutschland inzwischen Beimischungspflichten, das heißt, in jedem »normalen« Benzin wird ein Anteil Biosprit beigefügt, auch wenn dieser auf derzeit 5 % gedeckt wurde. Aus was wird aber Biodiesel hergestellt? Richtig, aus Getreide, Zuckerrüben, Raps und anderen Pflanzenarten. Jetzt herrscht also ein reger Wettbewerb zwischen den Biodieselanbietern und der Nahrungsmittelindustrie. Der Bauer freut sich. Oder ein Getreidespekulant!

Mit der Zeit handeln

Neben Schweinehälften kann an der Börse noch etwas sehr Kostbares gehandelt werden, nämlich der Faktor Zeit! Es handelt sich dabei um Transaktionen, Geschäfte, die zwar bereits in der Gegenwart abgeschlossen, aber erst in der Zukunft abgewickelt werden. Solche Termingeschäfte sind etwa Futures oder Optionen, wie Sie in Kapitel 6 nachlesen können. In Deutschland agiert als Terminbörse die EUREX, ein Zusammenschluss der Deutschen Terminbörse (DTB), einer Tochter der Frankfurter Börse, und der Swiss Exchange SWX aus Zürich. Heute gilt die EUREX als eine der größten Terminbörsen für Finanzderivate weltweit. Hier werden Futures und Optionen auf Aktien, Aktienindizes und Anleihen gehandelt. Das Zentrum für Terminbörsen ist aber nach wie vor Chicago. Denn in der Stadt der Schlachthöfe kämpften lange Zeit die beiden größten Terminbörsen CME, Chicago Mercantile Exchange, und die CBoT, Chicago Board of Trade, um Rang eins. 2007 hat die CME die CBoT für über 9 Milliarden US-Dollar übernommen. Aber auch an vielen normalen Börsen können Sie zahlreiche (verbriefte) Terminmarktprodukte wie Optionsscheine oder Hebelzertifikate handeln.

Mit Umweltschutz verdienen (Emissionshandel)

Während in Deutschland bis 1998 keine Warenterminbörse mehr existierte, entwickelte sich im Rahmen der europäischen Gesetzgebung eine Börse ganz eigenen Zuschnitts: Der Emissionshandel. Die Idee dahinter: Die natürlichen Ressourcen sollen auch in Geldwerten ausgedrückt werden. Gerade der Ausstoß von Treibhausgas-Emissionen, Hauptverantwortliche für den Klimawandel, soll mehr oder weniger bestraft werden. Je mehr Ausstoß, desto mehr soll gezahlt werden, wer jedoch weniger Dreck in die Luft pafft, soll dies honoriert bekommen. Für jedes klimaschädliche Kohlendioxid benötigt ein Unternehmen jetzt Berechtigungen, mit denen es handeln kann. Wer unterdurchschnittlich wenig benötigt, kann den Rest verkaufen, wessen Maschinen überproportional viel Dreck verursachen, der muss blechen. Klar, dass der Umweltschutzgedanke nur dann zur Geltung kommt, wenn Jahr für Jahr die Berechtigungen gesenkt werden, damit in neue, weniger schadstoffbelastende Maschinen und Prozesse investiert wird. So erhalten die Unternehmen bestimmte Vorgaben, die sie zu erfüllen haben, ansonsten werden Strafen fällig. Man kann also nicht einfach ganz viele Berechtigungen erwerben und lustig weiter die Umwelt verschmutzen.

Eingeführt wurde der Emissionshandel erst 2005 durch die Europäische Union für bestimmte Branchen. Berechtigungen gibt es pro Tonne Kohlendioxid. Gehandelt wird aber nicht an der Frankfurter Börse, sondern an der Deutschen Emissionshandelsstelle im Umweltbundesamt, das ein eigenes nationales Emissionshandelsregister führt. Diese Emissionshandelsstelle ist eine rein virtuelle Organisation, die ausschließlich elektronisch handelt. In der ersten Handelsperiode von 2005 bis 2007 wurden rund 530 Millionen Emissionsberechtigungen gehandelt und damit wechselte mehr als ein Jahresbudget (500 Millionen Zertifikate) den Besitzer. Ab 2008 wird das bundesweit auf 453 Millionen Zertifikate zurückgefahren. Die Börse München bietet über ihre Handelsplattform greenmarket die Möglichkeit, mit den unterschiedlichen Emissionszertifikaten zu handeln. Allen gemeinsam ist ein gewisser Hang zu schwer verständlichen Abkürzungen – aber das beschleunigt vielleicht den Handel!

 Man kann das System am ehesten mit Online-Banking vergleichen: Das Emissionshandelsregister zeigt auf, wie viele Emissionsberechtigungen die Unternehmen aus der Energiewirtschaft und aus Branchen, die besonders viel Kohlendioxid ausstoßen, benötigen. Über das Konto können also jährlich die Emissionsberechtigungen abgerechnet werden, die Kontoführungsgebühr kostet 200 Euro. Heute führen 1.150 Betreiber jeweils ein Konto für etwa 1.625 Anlagen.

Der Emissionshandel ist also noch am ehesten mit Warentermingeschäften zu vergleichen, allerdings eignet er sich nicht zum wilden Spekulieren. Ziel des Emissionshandels soll ja gerade das Vermeiden von Emissionen sein. Je sauberer ein Unternehmen wirtschaftet, desto mehr Geld soll es erhalten, je mehr Dreck es verursacht, desto mehr soll es dafür zahlen. Es ist davon auszugehen, dass, je mehr die Klimadiskussion angeheizt und je sensibler die Menschen auf Umweltverschmutzung und CO_2-Emissionen reagieren, sich die Rechte immer weiter verteuern werden. Wichtig ist jedoch immer die Zuteilungsquote: Je knapper diese von Politik festgelegte Quote ausfällt, desto teurer werden die Rechte. Fruchten die Emissionseinsparungen aber oder werden vom Staat wie für die Periode bis Ende 2007 zu viele Rechte vergeben, können die Zertifikate – wie damals geschehen – auch fast wertlos werden.

Voll unter Strom

Nachdem in Deutschland und ganz Europa die vormals staatlichen Energieversorger privatisiert worden sind, versucht die Europäische Union jetzt, mit mehr oder weniger Erfolg, so etwas wie einen Wettbewerb zu schaffen. Denn die Energieunternehmen, in Deutschland gibt es im Prinzip nur vier Große, haben sich den Markt aufgeteilt und weil sie über die notwendigen Netze (Strom- und Gasleitungen) verfügen, geht nichts ohne sie. Als ein Ergebnis für mehr Wettbewerb wurde 2002 im Osten Deutschlands, in der altehrwürdigen Messestadt Leipzig, die EEX, die European Energy Exchange gegründet. Hervorgegangen aus der LPX, Leipzig Power Exchange, und der Frankfurter European Energy Exchange steht die EEX voll unter Strom. Denn nur hier wird in Deutschland Strom gehandelt, inzwischen sind auch noch Gas und Emissionsberechtigungen hinzugekommen.

In Leipzig werden ganze Blöcke für Grund- und Spitzenlast gehandelt und Futures, also Geschäfte, die heute beschlossen, aber erst später wirksam werden, abgewickelt.

Vater Staat immer dabei

Wo gehandelt wird und Gewinne erzielt werden, da ist auch einer nicht weit: Vater Staat. Er verdient doppelt: Einerseits greift er den Unternehmen direkt in die Tasche, indem er ihre Gewinne besteuert und lästige Dinge wie die Gewerbesteuer einsackt, andererseits bedient er sich auch bei Ihnen, indem er sich seit dem 1.1.2009 gleich bei Ihrer Bank an Ihren Kursgewinnen schadlos hält.

Im Einzelnen zahlt

✔ die Aktiengesellschaft 25 Prozent Körperschaftssteuer auf den ausgeschütteten Gewinn

✔ der Aktionär 25 Prozent Abgeltungssteuer auf alle Einkünfte aus Kapitalvermögen, also Zinsen, Dividenden und Kursgewinne. Als Quellensteuer wird diese direkt von der Bank eingezogen – Sie haben also wenigstens keine Arbeit damit. Auf die 25 Prozent werden noch Kirchensteuer und wahrscheinlich bis zum Sankt Nimmerleinstag der Soli draufgeschlagen.

✔ Nähere, aber sicher nicht erschöpfende Details finden Sie im Kapitel 19. Die Abgeltungssteuer macht es Ihnen einfacher, leider unterscheidet sie aber nicht mehr zwischen nachhaltigen und langfristigen Anlegern und kurzfristig orientierten Spekulanten. Vor Einführung der Abgeltungssteuer waren nämlich Kursgewinne nach einer bestimmten Haltefrist (ein Jahr) steuerfrei.

Börsen als Unternehmen

Börsen – besser gesagt Börsenträger – sind ganz normale Unternehmen, nur haben sie zusätzlich – als öffentlich-rechtliche Institutionen – noch hoheitliche Aufgaben, die Kursfeststellung zum Beispiel, zu leisten. Aber Börsen müssen genau wie andere Unternehmen auch Wachstum erzielen, den Umsatz erhöhen, Gewinne einfahren und die Rendite auf das eingesetzte Kapital steigen lassen. Aber Börsen sollen (und wollen) auch eine Wirtschaftsförderungsfunktion in ihrer Region ausüben. Deshalb sind auch nach wie vor die Marktteilnehmer im Besitz der Regionalbörsen, heute zumeist in Form von Aktionären.

Aktien an und von einer Börse

Die einzige Börse in Deutschland, die ganz konsequent den Weg zu einer börsennotierten Aktiengesellschaft gegangen ist, ist die Deutsche Börse AG in Frankfurt. Mit allen Konsequenzen, denn die Deutsche Börse ist inzwischen im DAX gelistet und daher selbst ein sehr interessantes Papier für Anleger geworden. Wobei sich die Frage stellen darf, wem die Deutsche Börse heute eigentlich gehört? Per 31.12.2009 befinden sich nur noch 17 Prozent der Aktien in deutscher Hand, 41 Prozent werden von Anlegern aus den USA gehalten, 23 Prozent aus Großbritannien und 19 Prozent aus sonstigen Ländern. Nur 4 Prozent Privatanleger gaben ihr Geld der Deutschen Börse. Nun lebt eine Börse eigentlich davon, dass sie von den gelisteten Aktiengesellschaften Gebühren erhebt, außerdem übt die Börse auch eine Kontrollfunktion aus. Die Börse Frankfurt darf also ihre eigenen Gebühren festlegen und übt die Kontrolle über den Handel in sich selbst als AG aus. Das ist ein wenig so, als wenn die Deutsche Telekom die Regulierungsbehörde für Telekommunikation gekauft und sich einverleibt hätte.

Aber die Deutsche Börse denkt längst international, etwa über Zusammenschlüsse mit anderen Börsen zu einem kontinentaleuropäischen Börsenverbund, nach. Bisher blieben dies aber Trockenübungen, denn die umworbenen Börsen zeigten Frankfurt bisher immer die kalte Schulter. Immerhin, 2009 erwirtschaftete das Unternehmen auch so einen Umsatz von 2,1 Milliarden Euro und einen Gewinn (Jahresüberschuss) von 496 Millionen Euro. Die Deutsche Börse ist mit ihren 2.900 Mitarbeitern an den Standorten in Luxemburg, der Schweiz, Spanien und den USA sowie Repräsentanzen in London, Paris, Chicago, New York, Hongkong und Dubai präsent.

Auf den Umsatz beschränkt spielt in Deutschland die Börse in Frankfurt auf jeden Fall die erste Geige. Allerdings, um beim Vergleich zu bleiben, viele Ideen, also Innovationen, Verbesserungen und neue Produkte kamen in der Vergangenheit aus dem Orchester der Regionalbörsen. Denn diese kämpfen um ihre Kunden, die Anleger, und das funktioniert nur über gute und überzeugende Angebote. Oftmals zog die große Deutsche Börse erst später nach.

Groß, größer, am größten: Internationaler Wettbewerb

Die internationale Börsenlandschaft ist derzeit in großer Bewegung, nicht nur die Deutsche Börse sucht nach Übernahmemöglichkeiten. Ende 2006 beschlossen die Aktionäre der Vierländerbörse Euronext (Paris, Amsterdam, Brüssel und Lissabon), mit der New Yorker Stock Exchange NYSE zusammenzugehen und somit die weltweit größte Börse zu bilden. Im März 2007 stimmten nun auch die Aktionäre der NYSE zu. Im Januar 2008 übernahm die NYSE Euronext auch noch die American Stock Exchange (AMEX) in New York für 260 Millionen US-Dollar, nachdem schon der Zusammenschluss mit Euronext über 10 Milliarden US-Dollar gekostet hatte.

Zusammenschlüsse mehrerer Börsen gibt es noch im skandinavischen Raum, wo dem Betreiber OMX nur noch die Börse Oslo fehlt, um dort omnipräsent zu sein. Auch OMX wagte den

Sprung über den großen Teich, oder wurde vielmehr hinübergetragen, denn die US-Technologiebörse NASDAQ erwarb OMX für etwa 3,8 Milliarden US-Dollar. In Osteuropa engagiert sich die Wiener Börse stark.

Zu den bedeutendsten Börsen der Welt zählen neben der New York Stock Exchange (NYSE) in den USA noch die Technologiebörse Nasdaq, die zusammen 90 Prozent des Aktienhandels in den USA für sich beanspruchen. Doch auch Tokio, Hongkong, Singapur, Toronto und Zürich sind wichtige Börsenplätze und auch Shanghai wird in Zukunft einen wichtigen Platz einnehmen.

Nach dem Handelsvolumen in Aktien nahmen nach einer Aufstellung der World Federation of Exchanges (WFE) nach dem ersten Halbjahr 2010 die ersten fünf Plätze die folgenden Börsenplätze ein:

✔ die New York Stock Exchange mit 9,5 Billionen US-Dollar

✔ gefolgt von der Technologie-Börse NASDAQ OMX mit 7,1 Billionen US-Dollar

✔ die Tokyo Stock Exchange mit 2,0 Billionen US-Dollar

✔ die Shanghai Stock Exchange mit 1,9 Billionen US-Dollar

✔ Shenzhen Stock Exchange mit 1,4 Billionen US-Dollar

Legt man als Maßstab für die Reihenfolge die Marktkapitalisierung der gehandelten Wertpapiere zugrunde, führt ebenfalls New York, vor Tokyo und der NASDAQ. Im Gegensatz zum Vordrängen der chinesischen Börsen behaupten sich hier noch London und Euronext auf den Plätzen vier und fünf. Die Deutsche Börse nimmt nach dem Handelsvolumen Platz acht ein, in Sachen Marktkapitalisierung findet sie sich nicht mehr unter den ersten zehn wieder.

Börsen-Aktien hängen sehr vom allgemeinen Börsenklima ab und neigen dazu, stärker zu fallen, wenn es zur Baisse, zu rückläufigen Kursen, kommt, als der Durchschnitt. Das zeigte die Aktie der Deutschen Börse im Jahresverlauf 2010 deutlich – die Performance lag bei minus 10 Prozent. Zum Vergleich, eine BMW-Aktie brachte es im gleichen Zeitraum (52-Wochen Anfang November 2010) auf über 56 Prozent Plus.

Indizes als Fieberkurve

Sie kennen das schlimmstenfalls aus eigener Anschauung: Wenn Sie im Krankenhaus liegen, können Sie sich nicht erholen und einfach mal ausschlafen, sondern Sie werden dauernd geweckt und bekommen ein Fieberthermometer zwischen die Backen. Morgens, mittags, abends und dazwischen auch noch ein paar Mal.

Denn hier zählt weniger der einzelne Messwert als die Entwicklung. Diese Entwicklung wird verglichen mit den Normalwerten, die Abweichungen beweisen dann, ob und wie schlimm der Patient erkrankt ist. Zeigt die Kurve nach unten, geht es dem Patienten besser, wächst die Hoffnung auf baldige Genesung und Entlassung. Und umgekehrt. Ganz ähnlich ist es an der Börse. Auch hier ist die Entwicklung wichtig, doch vor allem auch der Vergleich mit anderen, ähnlich strukturierten oder ähnlich großen Unternehmen, vielleicht sogar aus der gleichen Branche. Die werden dann in einem Index gesammelt. Allerdings, im Gegensatz zur Fieberkurve, geht es Ihnen als Aktionär besser, wenn die Kurve nach oben weist und über dem Durchschnitt liegt, und schlecht, wenn sie nach unten zeigt! Sie finden Ihre Aktie in Kurstabellen auch sehr viel schneller, wenn sie in einem der Indizes gelistet ist. Noch mehr Informationen zur manchmal etwas unübersichtlichen Welt der Indizes können Sie in Kapitel 13 lesen.

Je mehr Umsatz, desto höher der Index

Die Börsen haben verschiedene Indizes entwickelt, die über den gesamten Börsentag hinweg festgestellt werden. Die wichtigsten Indizes in Deutschland, sie werden gerne nach den Gesetzen des Fußballs in verschiedene Ligen unterteilt, sind der *DAX (die erste Bundesliga)*, der *MDAX (die zweite Bundesliga)*, der *TecDAX* und der *SDAX*. Der Deutsche Aktienindex oder kurz DAX umfasst die dreißig größten und wichtigsten Aktiengesellschaften in Deutschland, also etwa die Deutsche Bank, Daimler, MAN, SAP, Siemens und VW. Auswahlkriterien sind dabei die Marktkapitalisierung und die Börsenumsätze, doch dazu mehr in Kapitel 12. *Marktkapitalisierung* ist ganz einfach der Börsenkurs der einzelnen Aktie mal die Anzahl der Aktien. So viel ist das Unternehmen an der Börse tatsächlich gerade »wert«. Die Börsenumsätze definieren sich aus der Anzahl der getätigten Käufe und Verkäufe der Aktien einer Gesellschaft im Laufe eines Börsentages.

Im MDAX sind die fünfzig auf den DAX folgenden Unternehmen zusammengefasst, also im Fußballvergleich die 2. Liga. Hier spielen Baywa, Bilfinger Berger, Douglas, EADS oder Puma. Den TecDAX hob die Frankfurter Börse 2003 innerhalb einer Neuordnung der Indizes aus der Taufe. In ihm sind technisch orientierte Unternehmen wie Draegerwerk, Jenoptik oder Q-Cells versammelt. Der TecDAX löste den Hauptindex des *Neuen Markts* (den NEMAX50) ab. Dieses Segment war 1997 unter großem Jubel von der Frankfurter Börse präsentiert worden, musste aber schon 2003 aufgrund katastrophal gefallener Kurse und zahlreicher Betrugsfälle wieder eingestellt werden.

 Hier sei daran erinnert, dass Indizes von den Börsen oder Unternehmen, die sich darauf spezialisiert haben, auch als Marketinginstrument kreiert werden, und möglichst viele Anleger anlocken sollen. Nicht jeder Index ist daher wirklich sinnvoll!

Auf europäischer Ebene dient der Euro STOXX 50 als Gradmesser für die fünfzig größten europäischen Unternehmen.

Natürlich hatten auch die Börsen in anderen Ländern diese Idee mit den Indizes, oft früher als die deutsche Börse! Zu den wichtigsten weltweit zählt der US-amerikanische Dow Jones, der gleichzeitig der älteste Index überhaupt ist, weil er bereits 1896 von dem gleichnamigen Verlagshaus eingeführt wurde. Der Dow Jones spielt auch für deutsche Anleger eine wichtige Rolle, da er als Leitwolf gilt und oftmals die Entwicklung anderer Indizes, auch des DAX, mit beeinflusst. Also, geht der Dow Jones nach oben, folgt ihm leicht zeitversetzt der DAX, und umgekehrt. Für die technikgetriebenen Unternehmen fungiert der Index der US-Technologie-Börse Nasdaq als Index, der auch etwa den deutschen TecDAX nachhaltig beeinflusst. Außerdem spielt noch der japanische Nikkei eine Rolle.

In jüngster Zeit werden auch thematische Indizes immer wichtiger, wie etwa Nachhaltigkeits-Indizes, die hohe Gewinne mit gutem Gewissen versprechen. Interessant sind auch die auf Familien-Aktiengesellschaften abzielenden Indices GEX, DAXFamily Index und HaFix. GEX und DAXFamily werden von der Deutschen Börse und der HaFix von Hauck & Aufhäuser Privatbankiers mit der Börse München herausgegeben. Wie sich ein Index zusammensetzt, wie sich die Punkte, die bei den Nachrichten immer so eindrucksvoll genannt werden, errechnen und was es noch alles für Indizes gibt, können Sie in Kapitel 13 detailliert nachlesen.

Abgeschossen

Eines der Paradeunternehmen des Neuen Marktes und der neuen Interneteuphorie war die Bochumer Phenomedia AG. Erinnern Sie sich, die ließen die Moorhühner, die man abknallen konnte, über den Bürobildschirm flattern. Die Aktie, ursprünglich einmal zum Ausgabepreis von knapp über 20 Euro gehandelt, erklomm zwischenzeitlich eine Kurshöhe von 90,50 Euro, bevor sie sukzessive ins Bodenlose fiel, auf sage und schreibe etwa 0,07 Euro! Wer also, sagen wir einmal, bei einem Stand von 75 Euro 100 Aktien kaufte und es versäumte, das Papier schnell wieder zu veräußern, der hatte 7.500 Euro eingesetzt und besitzt jetzt noch 7 Euro! Das zeigt, dass Vorsicht durchaus angebracht ist bei neuen Ideen.

Punkte sammeln

Der DAX steht zu Anfang November 2010 bei über 6.610 Zählern, der MDAX bei etwa 9.370. Das haben Sie in diesem Zeitraum sicher in den Wirtschaftsnachrichten gelesen. Gemeint ist dabei die Punktzahl der Indizes. Berechnet werden sie nach einer komplizierten Formel, die Sie in Kapitel 13 nachschlagen können. Basis beim DAX war ein Punktestand von 1.000 zum 30.12.1987, dem Beginn der Berechnung. Neu berechnet wird der DAX in jeder Sekunde, Sie erhalten also auch für jeden Börsentag eine Kurve der Kursentwicklungen.

 Indizes und Aktien bedingen einander: Stürzt eine einzelne Aktie tief ab, beeinflusst dies auch den Index, in dem sie gelistet ist. Das zeigten die Kapriolen der VW-Aktie während der versuchten Übernahme durch Porsche 2008 deutlich. Stürzt der Index, gehen auch Aktien von Unternehmen nach unten, die eigentlich gut gewirtschaftet haben. Oft reißt ein Index als Leitwolf auch noch gleich die anderen mit, der amerikanische Dow Jones etwa den DAX.

Den Vergleich mit den Fußball-Ligen kann man im Übrigen weitertreiben. Nicht nur dass es mit dem Euro STOXX, den 50 größten Unternehmen Europas, noch so eine Art Champions League gibt, auch bei den AGs gibt es wie bei den Fußballvereinen den permanenten Kampf um Aufstieg und Abstieg aus den Indizes. Und noch eine weitere Analogie: Auch Mannschaften aus der Regionalliga können überzeugend auftreten und beherzt spielen! Also, gerade Unternehmen aus den niedrigeren Indizes weisen oft ein dynamischeres Wachstum und einen besseren Kursverlauf, eine bessere Performance, auf als die unbeweglicheren Dickschiffe der 1. Liga, die etwas träge den Kurs halten. Einen Beweis trat der MDAX an, der Anfang Februar 2007 erstmals die magische Hürde von über 10.000 Punkten übersprang – eine Höhe, die der DAX noch nie genommen hat!

Tierisches

Da war doch noch was? Richtig: Vor der Frankfurter Börse, mitten auf dem Börsenplatz, stehen zwei große Tiere aus dunkler Bronze: ein Bulle und ein Bär. Jeder hat schon mal davon gehört, weiß aus Nachrichten und der Zeitung, dass der Bulle für steigende Aktienkurse, für einen Boom, für die Hausse steht, während der Bär sinkende Kurse, schlechte Laune und die Baisse repräsentiert. Doch warum? Warum die Wahl auf diese beiden Tiere fiel, ist noch relativ leicht zu beantworten: Das Verhaltensmuster eines Bullen ist nun einmal, dass er selbstbewusst den anderen auf die Hörner nimmt und von unten nach oben zustößt, kräftig, energisch, erfolgreich. Nun wollen wir nicht sagen, dass ein Bär gewöhnlich zu den Loosern im Tierreich zählt, aber er kämpft eher von oben herab, drückt mit starken Armen nach unten, für ein Bärenleben also durchaus erfolgreich, nicht jedoch an der Börse. Also, in der Börsensprache dürfen Sie gerne nach Bullen Ausschau halten, ohne mit einer Verwarnung rechnen zu müssen!

Kurse in Bewegung

In diesem Kapitel

▶ Warum sich Aktienkurse überhaupt bewegen

▶ Wie man von Kursentwicklungen profitiert

▶ Warum Lesen bildet

▶ Wie man verhindert, in die Psychofalle zu tappen

A ktienkurse verändern sich je nach Angebot und Nachfrage. Das kann manchmal ganz schnell gehen und deshalb brauchen Anleger Nerven wie Drahtseile. Einen spannenden Tag an der Börse können Sie zwar ohne Schwierigkeiten im Kursteil einer Zeitung nachvollziehen. Aber was zum Teufel Ihre Anlegerkollegen reitet, verstärkt hinter einem bestimmten Papier herzujagen, oder warum plötzlich viele Aktionäre ihr Papier verkaufen wollen, ist viel schwerer herauszufinden. Hinzu kommt: Gerät erst einmal die Verkaufswelle ins Rollen, zieht sie oft weitere Verkäufe nach sich. Das Gleiche gilt, wenn große Kaufaufträge die Kurse nach oben treiben und den Trend verstärken.

Trends sind ein ganz wesentlicher Faktor an der Börse und führen, richtig erkannt und genutzt, zu einem positiven Ergebnis in Ihrem Depot. Was aber löst Trends aus (und ab), was also bewegt die Kurse tatsächlich? Sind es die Meldungen der Unternehmen über Gewinne, Zukäufe, Übernahmen? Wichtige politische Entscheidungen über Steuersätze? Zinsentscheidungen der Europäischen Zentralbank? Konjunkturelle Entwicklungen im eigenen Land oder in wichtigen Weltmärkten? Oder einfach der Herdentrieb der Anleger? Leider können solche kursbestimmenden Einflussfaktoren zwar dingfest gemacht werden, aber eine exakte Aussage zu treffen, wann welche Faktoren und Kombinationen Kursveränderungen in welcher Höhe auslösen, das können nicht einmal die Experten. Darum bleibt an der Börse immer ein Restrisiko bestehen und auch erfahrene Börsianer fahren regelmäßig Verluste ein. Aber unterm Strich vorne zu liegen, macht auch einen großen Teil der Faszination Börse aus.

Zwischen Hoch und Tief

Aktienkurse – aber auch die Notierungen anderer Wertpapiere wie etwa Anleihen und Renten sowie Devisen – sind *volatil*, das heißt, sie bewegen sich nach oben und nach unten. Um sich von der Heftigkeit von Kursausschlägen eines Tages zu überzeugen, genügt ein kurzer Blick auf die bei vielen Finanzportalen geführten Top- oder Flop-Listen oder Gewinner/Verlierer-Aufstellungen in Tageszeitungen wie der Frankfurter Allgemeinen Zeitung. Am 3. November 2010, einem eher normalen Börsentag – die Finanzkrise scheint gemeistert zu sein und der DAX kletterte langsam aber stetig auf über 6.600 Punkte –, ist dem allumfassenden Kursteil der Börsen-Zeitung zum Beispiel zu entnehmen, dass die beiden DAX-Werte mit der höchsten Tagesperformance (des Vortages, also des 2. November – denn Zeitungen können immer nur über Vortageskurse berichten) – BASF mit 2,91 Prozent und Fresenius mit 2,67 Prozent waren. Dies untermauert eine Schlagzeile im Unternehmensteil der Börsen-Zeitung vom gleichen Tag: »Starkes US-Geschäft treibt Fresenius an.« Obwohl der DAX an diesem Novembertag insgesamt mit einem Plus von 1,79 Prozent »performte«, gab es auch Unternehmen mit negativer Kursentwicklung: BMW büßte zum Beispiel 1,06 Prozent ein und HeidelbergCement 1 Prozent.

Bei den täglichen Kursbewegungen gilt die Faustregel, dass je kleiner und unbekannter das Unternehmen ist, desto höher die Kursausschläge ausfallen können. Im übertragenen Sinne trifft dies auch auf Staaten und ihre Devisen zu: Der ungarische Forint ist volatiler als der amerikanische US-Dollar. Warum aber bewegen sich ausgerechnet die Kurse von unbekannten Unternehmen heftiger als etwa bei Daimler oder VW, die doch wirtschaftlich viel bedeutender sind? Ganz einfach, je mehr Aktien eines Unternehmens gehandelt werden – und bei den Großen gehen leicht einmal Aktien im Wert von einer Milliarde Euro an einem Tag um –, desto weniger fällt ein Angebot- oder Nachfrageüberhang ins Gewicht. Werden jedoch nur wenige Aktien pro Tag gehandelt und wollen dann aus irgendeinem Grund – etwa der Empfehlung eines obskuren Anlageberaters – mehrere Anleger genau diese Aktie besitzen, dann kann dies den Kurs ganz schön nach oben treiben – oder im umgekehrten Fall nach unten.

Auf und nieder, immer wieder …

Nun dominieren an der Börse aber trotzdem die großen, kapitalkräftigen Unternehmen und nicht die kleinen mit den großen Kursauschlägen. Die Konzerne werden in den wichtigen Indizes (mehr dazu in Kapitel 13) zusammengefasst und je nachdem, ob sich diese Indizes nach oben oder unten bewegen, erleben die Börsen verschiedene Stimmungen, denn die Indizes fungieren als Stimmungsbarometer. Setzt nach einer längeren Abwärtsphase, wie wir sie nach dem Platzen der Internet-Blase seit März 2000 weltweit erlebten, wieder eine leichte, erste Aufwärtsbewegung ein, wie etwa seit Anfang 2003, werden die Börsianer wieder mutiger. Verfestigt und verstetigt sich dieser Aufwärtstrend, spricht man von einer *Hausse*. Die gegenteilige Entwicklung, die Börse musste sie von 2000 bis 2003 erleben, als der DAX vom Rekordhoch von über 8.100 Punkten auf unter 2.500 Punkte sank, wird *Baisse* genannt. Werden die Kurse geradezu nach oben katapultiert, sprechen Börsianer von einem *Hype*, wie etwa zur besten Zeit des Neuen Marktes, des Börsensegments für zumeist junge Internetfirmen, in den Jahren 1999 und 2000. Bei einem *Crash* purzeln die Kurse tief und heftig in den Keller, wie beim berühmten Börsenkrach des Jahres 1929 in den USA. Wobei sich die Kurse auch hier meist über einen längeren Zeitraum nach unten bewegen und nicht, wie auch der »Schwarze Freitag von 1929« fälschlicherweise suggeriert, nur an einem Tag.

An jenem erwähnten 3. November 2010 herrschte eine, wenn auch immer noch krisenbedingt verhaltene, insgesamt positive Börsenstimmung: Der DAX als Leitindex der deutschen Wirtschaft (mehr dazu in Kapitel 12) legte um 1,79 Prozent an diesem Tag zu, seit November 2009 konnte er sogar einen Gewinn von über 11 Prozent einfahren. Der Euro STOXX als wichtigster Indikator für das europäische Börsengeschehen gewann um 0,86 Prozent, verlor im Jahresverlauf (November zu November) aber um 3,55 Prozent. Da Börsianer gerne durch die Blume sprechen – es mag an dem rauen, zahlengeschwängerten Klima auf dem Parkett liegen –, lassen sie bei einem guten Börsenklima den Bullen, bei einem schlechten den Bären regieren. Der Grund: Der Bulle nimmt die Kurse auf die Hörner und treibt sie von unten nach oben, der Bär aber schlägt mit seinen Tatzen von oben nach unten auf die Kurse und drückt sie nieder.

Nun fiel noch ein für die Börse sehr wichtiges Wort: *Aufwärtstrend*. Wichtig nicht, weil Aufwärtsbewegungen Aktienkäufer grundsätzlich erfreuen, sondern wegen des Begriffes *Trend*. Aktienkurse folgen nämlich, davon geht zumindest die Mehrheit der auf dem Börsenparkett Agierenden aus, einem generellen Trend. Weisen also die wichtigsten Indizes einen Zugewinn aus, geht der Trend nach oben und reißt die Mehrheit – Ausreißer gibt es immer – mit sich. Als Begründer der Trend-Theorie gilt Charles Dow, dem wir unter anderem auch den berühmten Index der US-Wirtschaft Dow Jones verdanken. Dow versuchte bereits Ende des 19. Jahrhunderts, Ordnung in das Chaos der Finanzmärkte zu bringen und untersuchte die Kurse der wichtigsten US-Aktien. Dabei stellte er bei den Kursverläufen gemeinsame, wellenförmige Entwicklungen fest, die er als Trends identifizierte. Mehr zu Dow in Kapitel 14, wo es um die Charttechnik geht, denn Dow gilt auch als der Begründer der technischen Analyse mit Hilfe der Charttechnik.

»Alles andere ist Psychologie«

Aktienkurse bewegen sich also, ohne dass wir bisher nach den Gründen fragten, nach oben oder unten, heftig oder verhalten. Je nachdem lösen sie mit ihren Kursausschlägen einen Trend aus, und dieser Trend kurbelt die Kurse weiter an oder sorgt für einen noch tieferen Fall. Ein Trend speist sich zwar aus den Zahlen der Vergangenheit, weist aber immer in die Zukunft! Denn bei aller Rationalität, die die Handelnden auf dem Börsenparkett vorgaukeln und mit vielen Zahlen, Charts und Daten aus der Historie zu untermauern suchen, Kurse werden auch und besonders durch Stimmungen, durch Psychologie beeinflusst. Der berühmte, 1999 verstorbene Börsen-Guru André Kostolany, der ein Dreivierteljahrhundert an allen Börsen der Welt zu Hause war und schon den Börsencrash von 1929 hautnah miterlebte, meinte:

Die Börse reagiert gerade mal zu zehn Prozent auf Fakten. Alles andere ist Psychologie!

Etwas differenziertere Beobachter als der für seine plakativen Äußerungen bekannte Kostolany sprechen von etwa einem Drittel Psychologie in ruhigeren Zeiten und zwei Dritteln und mehr in hektischen Zeiten, vor allem in Crash-Situationen. Denn beim Börsencrash dominiert ein psychologisches Moment, das an der Börse eigentlich gar nichts zu suchen hat: Panik! In normalen Börsenzeiten tendieren Anleger bei sinkenden Kursen ihrer Papiere dazu, dies als Buchverluste, also als gar nicht realisierte Verluste, abzutun und zögern so den Verkauf oftmals viel zu lange hinaus. Wer gibt – so viel in Sachen Psychologie – schon gerne zu, sich geirrt zu haben? In Crash-Situationen versuchen aber viele Anleger, frustriert von den schlechten Nachrichten und der negativen Stimmung, zu retten, was zu retten ist, und verkaufen unbesehen ihr gesamtes Aktiendepot, statt darauf zu bauen, dass sich die Kurse von starken Unternehmen auch wieder erholen. Aber kann man den Anteil von Psychologie oder Rationalität wirklich messen? In der Wirtschaftswissenschaft gibt es einen eigenen Forschungszweig, die *Behavioral Finance*, die sich mit den psychologischen, weichen Einflussfaktoren auf Entscheidungen befasst. Dazu mehr unter Punkt *»Behavioral finance« auf dem Vormarsch* in diesem Kapitel.

Konkurrenz belebt das Geschäft

Doch neben Stimmungen und Psychologie, die Angebot und Nachfrage und damit wiederum die Kurse an der Börse bestimmen, gibt es auch »harte Faktoren«, die die Kurse beeinflussen (können), und denen wollen wir uns zuerst zuwenden.

Solche Einflussfaktoren auf die Kursentwicklung sind zum Beispiel:

✔ das Zinsniveau, also die Zinsen, die man für eingesetztes Kapital erhält oder für Kredite bezahlen muss

✔ die Liquidität, also das in der Volkswirtschaft vorhandene Barvermögen

✔ die Konjunktur, also die allgemeine wirtschaftliche Lage

Aktien sind nur eine mögliche Form der Geldanlage. Es gibt viel Konkurrenz auf dem Sektor, von der Matratze, unter die Sie Ihr Geld stecken können, über die Lebensversicherung, festverzinsliche Papiere, den Kauf von Kunst oder Immobilien. Sie als Anleger haben stets die Wahl und werden sich genau überlegen, ob Ihnen der Kauf von Aktien größere Chancen bietet und eine höhere Rendite verspricht als andere, vielleicht weniger riskante Anlagen. Je attraktiver diese anderen Anlageformen gerade erscheinen, also etwa durch hohe Zinsen, desto schlechter für die Aktiennachfrage.

Bullen und Bären unterwegs

Je nach der allgemeinen Stimmung durchleben Börsen, in der heutigen Zeit in gegenseitiger Beeinflussung und Abhängigkeit weltweit, einen (positiv gestimmten) *Bullenmarkt* oder einen (negativ geprägten) *Bärenmarkt*. Die Kurse folgen also entweder einem nachhaltigen Aufwärtstrend oder einem Abwärtstrend. Natürlich gibt es auch eine dritte Möglichkeit: Die Kurse wissen nicht recht, ob sie nach oben oder nach unten gehen wollen, Angebot und Nachfrage halten sich in etwa die Waage, Bulle und Bär stehen sich gewissermaßen gleich stark gegenüber, es finden kaum Kursbewegungen statt. Man spricht dann von einer *Seitwärtsbewegung* – da ist den Börsianern kein geeignetes Tier eingefallen, dabei gäbe es doch den Krebs!

Von Trendsettern und denen, die gegen den Strom schwimmen

Trends entwickeln zwar eine gewaltige Schubkraft, die sich ein wenig wie ein Perpetuum mobile aus eigener innerer Kraft – je mehr Anleger mit aufspringen, desto höher die Nachfrage, desto mehr steigen die Kurse – speist, aber trotzdem gibt es immer wieder auch Aktien, die dem Trend entgegenlaufen. Also in einem Bullenmarkt Kursverluste verzeichnen oder im Bärenmarkt trotzdem steigen.

Die Frankfurter Allgemeine Zeitung beleuchtete die Hintergründe für die sprunghafte DAX-Entwicklung im Boomjahr 2000: Die Höhenflüge des DAX mit einem Punktestand von über 8.100 im März und einem Wachstum von 16,4 Prozent basierten auf der überproportional positiven Kursentwicklung von nur sechs (von insgesamt 30) Unternehmen (SAP, Mannesmann, Siemens, Deutsche Telekom, Allianz, Münchener Rück)! Nur vier weitere Werte konnten ebenfalls eine positive, aber unterdurchschnittliche Kursentwicklung verzeichnen, bei den restlichen zwanzig Unternehmen sanken die Kurse, bei den meisten sogar im zweistelligen Bereich!

Selbst wenn einzelne Aktien sich dem Trend entgegenstemmen, Ihnen als Anleger helfen die generellen Bezeichnungen Bären- oder Bullenmarkt bei der Entscheidung, wie Sie sich am besten verhalten sollen, doch sehr. Fragen, ob Sie Ihre Aktien im Depot halten oder besser veräußern sollten, ob es noch oder wieder sinnvoll ist, zu kaufen und so weiter, lassen sich einfacher beantworten als ohne jede Ahnung, wie die Börse gerade läuft. Aber wie können Sie das Börsenklima identifizieren? Ein Blick auf die Kursverläufe der wichtigsten Indizes gibt Ihnen schon einmal die wichtigste Information zur Einschätzung der Lage. Wie hoch sind die täglichen Gewinne? Ein weiteres, sicheres Indiz, dass sich die Börsen in einem Bullenmarkt bewegen, ist die Anzahl der Börsengänge. Denn viele Börsengänge in der Planung und Durchführung beweisen, dass Unternehmen (wieder) Vertrauen in den Finanzmarkt haben und hoffen, genügend Anleger zu finden, die ihre noch neuen Aktien auch kaufen.

Ein weiteres sicheres Indiz für einen Bullenmarkt: Im Blätterwald der Anlegermagazine rauscht es ganz gewaltig und so manches neue Blatt und so manches Internetportal wachsen in einer solchen Stimmung. Denn so merkwürdig es klingt, Anleger suchen Bestätigung, wenn sie Gewinne eingefahren haben, und meiden Informationen, wenn sie auf Verlusten sitzen.

Ein letztes Indiz für eine sehr gute Börsenstimmung sind die Aktivitäten auf dem *M&A-Bereich*, wie es so schön heißt. Gemeint sind damit Mergers & Acquisitions, also Fusionen und Übernahmen. Wenn Unternehmen in Geld schwimmen und noch schneller wachsen wollen, dann suchen sie nach lukrativen Zukäufen. Um die weltweiten Märkte noch besser beherrschen zu können, schließen sich auch Dickschiffe zusammen. Ein gelungenes Beispiel für eine solche Megafusion stellt etwa der Stahl- und Technologiekonzern ThyssenKrupp dar, eine eher misslungene Fusion der bekannte Autohersteller DaimlerChrysler. 2007 trennte man sich. Übernahmefantasien heizen Aktienkurse an, besonders beim Unternehmen, das gekauft werden soll. 2000, dem Jahr des beginnenden Einbruchs an den Börsen, wurden laut Finanzdienst Thomson Financial Datastream weltweit Unternehmen im Gesamtvolumen von 3,4 Billionen US-Dollar gekauft, nach dem Börsencrash im Jahr 2001 nur noch für 1,7 Billionen, 2002 für 1,2 Billionen US-Dollar. Erst 2004 kletterte das Übernahmevolumen wieder auf 2,7 Billionen US-Dollar, 2006 waren es mit 3,6 Billionen schon mehr als zur Hochzeit des Internet-Börsen-Booms, und 2007 kletterte es auf sagenhafte 4,2 Billionen US-Dollar. Dann kam die Krise und 2008 waren es »nur« noch 2,5 Billionen US-Dollar, 2009 sank es dann noch einmal auf 2,4 Billionen US-Dollar.

Kein Bärendienst: Der Bärenmarkt

Als unverbesserliche Optimisten stellten wir den Bullenmarkt detaillierter dar. Für den Bärenmarkt gilt aber selbstverständlich das Gleiche wie für den Bullenmarkt, nur umgekehrt. Die Kurse der wichtigsten Indizes bewegen sich nach unten, es gibt kaum oder gar keine Börsengänge. In den Wirtschaftszeitungen schrumpfen die Börsenberichte und wenn nicht, dann beinhalten sie viel Wehklagen. Übernahmen und Fusionen sind kaum auszumachen, im Gegenteil, viele Unternehmen trennen sich von Sparten, konzentrieren sich auf das Wesentliche auf der Suche nach der Rückkehr in die Gewinnzone. Restrukturierungen und Personalkürzungen sind allenthalben angesagt.

Wie glatt ist das Parkett?

Kurz vor dem Höhepunkt der Börseneuphorie 1999 trauten sich 175 und 2000 noch 142 Unternehmen an die Börse. Im März 2000 kam die Wende auf den Aktienmärkten, trotzdem zogen 2001 noch einmal 26 Unternehmen ihren Börsengang durch. Im folgenden Jahr 2002 schrumpften die Börsengänge auf sieben, 2003 wagte sich kein einziges Unternehmen aufs Parkett und 2004, als die Kurse wieder stiegen und auch die Anleger langsam zurück zur Börse fanden, konnten fünf Börsengänge gezählt werden. Seitdem wurde es Jahr für Jahr besser: 2005 immerhin 14, 2006 verzeichnete allein das Premium-Segment der Frankfurter Börse wieder 26 Neuemissionen, also neue Unternehmen, darunter so bekannte wie Wacker Chemie, Air Berlin oder Klöckner & Co. 2007 konnte die Deutsche Börse ein Rekordjahr mit insgesamt 230 Unternehmen in allen Segmenten verkünden, wobei allerdings nur 20 in den Prime Standard wollten, darunter Tognum (die frühere MTU Friedrichshafen), Gerresheimer oder Kromi Logistik. Ein Jahr später veröffentlichte die Deutsche Börse 185 Erstnotizen, also Börsengänge, darunter zwei im Prime Standard. 2009 verzeichnete die Deutsche Börse in ihrer Statistik einen Börsengang im Prime Standard, 2010 waren es bis November immerhin neun, darunter die chinesische Joyou AG und Kabel Deutschland.

Das alte Spiel: Angebot und Nachfrage

Jetzt haben wir Bären- und Bullenmarkt identifiziert, aber was treibt eigentlich den Bullen an, was bremst den Bären? Was beeinflusst die Kurse, warum steigen sie oder fallen sie? Natürlich werden sie direkt durch das Verhältnis von Angebot und Nachfrage bestimmt, das sagt aber nichts darüber aus, warum die Nachfrage plötzlich oder stetig steigt oder weit unter das Angebot sinkt. Gibt es Indikatoren, die das Börsenklima bestimmen, die dazu führen, dass Anleger Vertrauen in die Geldanlage mit Aktien haben oder ein solches Investment als lukrativer und interessanter empfinden als etwa die Anlage in festverzinsliche Wertpapiere? Fragen, die Anleger seit Beginn der Börse interessieren, könnten sie doch Auskunft geben, wie sich die Kurse in der Zukunft entwickeln.

Hörst du das Gras wachsen?

Es gibt tatsächlich eine ganze Reihe von Wirtschaftsindikatoren, die Einfluss auf die Börsenstimmung und damit auf die Kurse nehmen. Allerdings, die Bedeutung dieser einzelnen Faktoren wechselt nach der jeweiligen Situation. Es herrscht auch eine Wechselwirkung zwischen den einzelnen Faktoren, es müssen auch nicht immer alle gleichzeitig zutreffen. Wir werden auf viele dieser Punkte noch einmal in Kapitel 14, wenn wir uns der Fundamentalanalyse von Aktien zuwenden, zurückkommen. Hier eine (unvollständige) Liste möglicher gesamtwirtschaftlicher Indikatoren für einen Bullenmarkt:

✔ **Stabile Energiepreise,** bei denen Unternehmen mit ihrem hohem Energiebedarf vernünftig kalkulieren können und die Produktionskosten sich in Grenzen halten. Aber selbst die nachhaltigen Preiserhöhungen bei Öl und Gas in den vergangenen Jahren konnten den Wirtschaftsaufschwung nicht bremsen, die Kurs-Rallye nicht verlangsamen, nicht zuletzt, weil die Preiserhöhungen an die Kunden weitergegeben werden konnten. Die Zeiten sinkender oder gleich bleibender Energiepreise sind wahrscheinlich grundsätzlich vorbei, nicht einmal die Finanzkrise mit dem weltweiten Nachfrageeinbruch führte beispielsweise zu einem Preisrückgang an den Zapfsäulen.

✔ **Niedrige Leitzinsen** für die Banken und damit ein insgesamt niedriges Zinsniveau. Die Geldanlage in festverzinsliche Papiere lohnt dann kaum, außerdem können Unternehmen Geld zum Investieren günstig aufnehmen, Verbraucher auch auf Pump leichter konsumieren.

✔ **Niedrige Arbeitslosenquote** und damit eine hohe Auslastung der Unternehmen sowie eine starke Nachfrage aufgrund wohl gefüllter Arbeitnehmerkonten. Aber: Entlassungen in einzelnen Unternehmen führen bei diesen oft sogar zu Kursgewinnen, weil die Anleger hoffen, die durchgesetzten Sparmaßnahmen führten zu einem besseren Ergebnis.

✔ **Eine positive konjunkturelle Entwicklung** (Aufschwung) mit steigenden Wachstumsraten beim Bruttosozialprodukt

✔ **Geringe Inflationsraten** und damit stabile Preise

✔ **Hohe Ausfuhrraten,** gerade bei Ländern wie Deutschland, die einen großen Teil ihres Bruttosozialprodukts über den Export erwirtschaften. Große und starke Binnenmärkte, wie etwa die USA, können jedoch auch mit einer negativen Außenhandelsbilanz ihr Wirtschaftswachstum erzielen.

✔ **Stabile Währungen** wirken sich generell eher positiv auf das Börsenklima aus. Bei stark exportabhängigen Staaten kann eine zu starke Währung allerdings auch zu Nachfrageproblemen führen, da dies die Produkte an den ausländischen Märkten verteuert. Andererseits verbilligen sich damit auch die Importe, und da ein Land wie Deutschland viel importiert und dann weiterverarbeitet, wirkt sich dies bei den Kosten wiederum aus. Dass allerdings zeitweilige Schwächephasen von Währungen sich nicht unbedingt auf die Börsenlandschaft auswirken müssen, beweisen die USA und Japan.

✔ **Positive politische Einflüsse** wie angekündigte oder eher selten durchgeführte Steuersenkungsprogramme, stabile Regierungsbildungen, öffentliche Investitionsprogramme etc.

Ergänzt werden diese durch unternehmensspezifische Indikatoren:

✔ **Umsätze und Gewinne der Unternehmen steigen an,** wie aus den veröffentlichten Bilanzen und Quartalszahlen ersichtlich ist.

✔ **Aufgrund der positiven Umsatz- und Gewinnentwicklung intensivieren die Unternehmen ihre Investitionen,** vor allem in den Ausbau der bestehenden und in den Aufbau neuer Produktionsstätten oder -linien.

✔ **Die Vorräte und Lager der Unternehmen werden abgebaut,** das heißt, die Unternehmen verkaufen mehr Produkte, als sie herstellen können, die Nachfrage ist hoch.

✔ **Viele Unternehmensgründungen**

✔ **Positiver Ausblick auf die Zukunft,** wie vermittelt etwa vom ifo-Geschäftsklimaindex, der monatlich erfasst wird und die Stimmung zur wirtschaftlichen Lage von Seiten der Unternehmen wiedergibt.

Wir sind alle nur Menschen

In einem Bärenmarkt wirken die gleichen gesamtwirtschaftlichen und unternehmensspezifischen Rahmenbedingungen wie in einem Bullenmarkt, nur mit umgekehrten Vorzeichen. Wie beim Bullenmarkt lassen sich aber auch hier die unterschiedlichsten Kombinationen positiver und negativer Indikatoren denken, denn weder die Wirtschaft noch die Börse funktionieren nach Schema F. An der Börse handeln Menschen, und zwar nicht einige wenige mit optimalem Informationshintergrund, sondern sehr viele mit ganz unterschiedlichem Ausgangsniveau. Das bedeutet, dass die Stimmungen hinter den Fakten oftmals sehr viel mehr auf den Börsenkurs wirken als die tatsächlichen Fakten selbst. Oft bauen auch Fachleute eine so große Erwartungshaltung auf, dass sie enttäuscht reagieren, wenn das Ereignis dann in etwas abgeschwächterer Form eintritt. So wird aus einem positiven Anlass ein negativer und die Kurse sinken, etwa wenn eine Zinssenkung durch die Europäische Zentralbank zwar vorgenommen wurde, aber eben nicht in der erwarteten Höhe. Aber kurzfristige Änderungen dieser Indikatoren müssen sich noch nicht direkt und nachhaltig auf die Kurse auswirken.

 Überprüfen Sie immer mehrere Indikatoren und denken Sie daran, dass die Börse nicht die Gegenwart und auch nicht die Vergangenheit (also die Bilanzen und Jahresabschlüsse der Unternehmen) widerspiegelt, sondern Annahmen über die Zukunft. Diese Annahmen über die Zukunft werden oft bereits in den Kursen vorweggenommen. Behandeln Sie diese Indikatoren also als Basiswissen, direkte Rekurse auf die Höhe möglicher Kursänderungen liefern sie nicht.

Nur eins steht fest: Der Wandel

Eine weitere wichtige Größe, die auch Ihre Entscheidung für das richtige Timing beeinflusst, sind die Konjunkturzyklen. Denn die konjunkturellen Umstände bilden eine ganz wesentliche Begleitmusik auch für das Börsengeschehen. Konjunkturphasen üben aber, wie bereits im Rahmen der Früh- und Spätzykliker kurz erwähnt, einen unterschiedlich starken Einfluss auf Branchen und Unternehmen aus. Was eigentlich die Auslöser dieser Zyklen oder Wellenbewegungen sind und wie sie möglichst geglättet werden könnten, das beschäftigte

Ökonomen von Karl Marx bis John Maynard Keynes. Der Sowjet-Ökonom Nikolai Kondratjew erkannte über den eher kurzfristigen Konjunkturzyklen sogar noch weitere Zyklen, die von bahnbrechenden Erfindungen abhängen, die immer in Zeiten konjunktureller Flaute getätigt werden (Dampfmaschinen Ende 18. Jahrhundert bis Mitte 19. Jahrhundert, Eisenbahn von 1849 bis 1890, Elektrotechnik, Schwermaschinen und Chemie 1890 bis 1940, Automatisierung, Kernenergie, Transistor, Computer und Auto 1940 bis 1990 und Informations- und Kommunikationstechnik ab 1990).

Normalerweise verläuft ein typischer Konjunkturzyklus in fünf Phasen:

1. **Rezession:** Kein Wachstum, sinkende Kurse.

2. **Depression:** Die Rezessionstendenzen werden gebremst, der untere Wendepunkt wird erreicht, obwohl noch nicht bemerkbar, ist die Wende zum Besseren eingeleitet.

3. **Erholung:** Umsatz- und Gewinnzuwächse der Unternehmen, Kurse steigen wieder allgemein, aber das Niveau ist noch gering.

4. **Boom:** Wirtschaftswachstum verlangsamt sich wieder, aber die Kurse steigen noch weiter. Es kommt zu ersten Gewinnmitnahmen, der obere Wendepunkt wird erreicht.

5. **Rezession:** Gewinne der Unternehmen sinken wieder, die Stimmung und die Kurse auch. Jetzt heißt es warten, dass Phase zwei wieder eintritt!

 Das perfekte Timing zum Ein- und Ausstieg bei Aktien gibt es nur in der Theorie. Aber Sie können versuchen, möglichst nahe am Idealpunkt zu landen. In der Rezession sollten Sie dann in werthaltige, eher konjunkturunabhängige Unternehmen mit starker Substanz und hohen Dividenden investieren. In Phase zwei kann begonnen werden, in Frühzykliker zu investieren, also etwa in die Rohstoffbranche. Phase drei ist eine typische Kaufphase, in Phase vier sollten Sie die Aktien halten, allerdings möglichst vor Erreichen des oberen Wendepunktes wieder mit Gewinn veräußern. Dann beginnt das Spiel wieder von Neuem.

Märkte verändern sich

Unternehmen handeln nicht in einem abgeschlossenen Raum, sondern interagieren, und zwar heute fast alle auf globaler Ebene. Sie unterliegen also einer Vielzahl von Einflussfaktoren, die sich auf ihren Geschäftsverlauf positiv oder negativ auswirken können. Die Wirtschaft insgesamt bewegt sich in marktwirtschaftlich organisierten Volkswirtschaften – selbst in Volkswirtschaften, wie dem von der kommunistischen Partei regierten China – in Zyklen. Diese Zyklen treten in ziemlich regelmäßigen Abständen auf und verlaufen in einer Wellenbewegung von der Aufschwungphase über die Hochkonjunktur zur Abschwungphase und der Talsohle – auch wenn in überschwänglichen Marktphasen Experten regelmäßig behaupten, dass diesmal alles anders sei und die Wirtschaft nun dauerhaft wachse. Dass Konjunkturzyklen auch durcheinandergeraten können, zeigte die Finanzkrise: Faule Hypothekenkredite in den USA sorgten für eine weltweit eintretende Rezession und erst hinterher mehrte sich die Zahl der Propheten, die dieses vorausgesagt haben wollten. Nun trifft es einige Unternehmen und Branchen früher, das heißt, bei ihnen macht sich ein Aufschwung oder Abschwung schneller bemerkbar, andere hinken der Konjunktur regelmäßig hinterher und wieder andere bewegen sich ziemlich auf dem Niveau der Zyklen. Ganz abkoppeln von diesen Konjunkturphasen kann sich kaum ein Unternehmen. Im Schnitt dauern Konjunkturphasen etwa vier Jahre, aber das hängt von sehr vielen Faktoren ab. Für Sie als Anleger ist wichtig zu erkennen, in welcher Konjunkturphase die Wirtschaft sich zum Zeitpunkt Ihrer Geldanlage gerade befindet und in welchen Branchen die Zyklen wann auftreten. Es gibt »Frühzykliker«, »Zykliker« und »Spätzykliker«, je nachdem, wann die Unternehmen auf die Konjunktureinflüsse reagieren.

Manche reagieren früh, andere später

Um näher darauf einzugehen, welche Branchen Frühzykliker und welche Spätzykliker sind, lohnt sich ein kleiner Rekurs auf die Branchen an sich. Jeder kennt den Begriff Branche, kann einige aufzählen, doch kann wahrscheinlich niemand sagen, wie viele Branchen es überhaupt gibt. Denn zu Branchen werden Unternehmen zusammengefasst, die irgendetwas Gemeinsames verbindet: gleiche Produkte (wie die Autoindustrie), der gleiche zu verarbeitende Rohstoff (Mineralöl oder Kunststoffverarbeitung) oder die gleichen Anwendungsverfahren (Baugewerbe, Chemie). Es gibt sehr verschiedene, mehr oder weniger detaillierte Branchengliederungen, etwa beim Bundeswirtschaftsministerium (die Webseite www.bmwi.de liefert auch gleich noch jede Menge Informationen zu den Branchen – leider nicht immer sehr zeitnah) oder dem statistischen Bundesamt (www.destatis.de). Die Branchenindizes der Deutschen Börse mit ihren Verfeinerungen, wie wir sie in Kapitel 13 kurz vorstellen, bieten für den Anleger nicht nur eine gute Übersicht, sondern gleich noch die Möglichkeit, das Abschneiden der jeweiligen Branche anhand der Indexentwicklung zu überprüfen.

 Wichtig für Anleger sind vor allem die Chancen, die sich hinter Branchen verbergen, und nicht starre Definitionen. So sprechen Investoren auch etwa bei Gold (gemeint sind Goldminen) oder verschiedenen Metallen und Nicht-Metallen einfach von Branchen, obwohl es im klassischen Sinne keine sind.

Zu den Frühzyklikern, die als Erstes von einem kommenden Aufschwung profitieren, zählen etwa Roh- und Grundstoffe, da ihre Produkte früh geordert werden. Die eigentlichen Industriebranchen und die Konsumgüterindustrie sind eher Konjunkturfolger und Profiteure einer Aufschwung- und Boomphase (Zykliker).

Defensive Branchen hingegen werden von Konjunkturzyklen kaum betroffen, wie etwa Teile der Konsumgüterbranche oder auch der Nahrungsmittelindustrie (Grundnahrungsmittel), die Gesundheitsbranche und auch Berater können von einer sehr guten wie von einer sehr schlechten Wirtschaftslage profitieren.

Der Lehrstuhl für Wirtschafts- und Organisationspsychologie der Universität Mannheim nennt folgende Branchen als besonders interessant in den unterschiedlichen Konjunkturphasen, siehe Tabelle 2.1.

 Jeder Konjunkturzyklus hat seine eigenen Aktien, die dann am besten laufen. Im Aufschwung profitieren so genannte Frühzykliker oder auch Zykliker wie Automobilwerte, in der Spätphase des Aufschwungs (Boom) können Anleger mit Spätzyklikern etwa aus dem Transportgewerbe gewinnen.

Inzwischen »verengen« sich die Zyklen jedoch noch mehr, selbst Branchen erleben ihre eigenen Zyklen, unabhängig von der Konjunktur. Typisches Beispiel bieten High-Tech-Unter-

Konjunkturzyklus	Branche
Rückläufiges Wachstum	Defensive Branchen:
	Versorger
	Pharma
Rezession/Depression	Konsumgüter
	Bau
	Banken
	Versicherungen
Aufschwung	Frühzykliker und Zykliker:
	Papier
	Textilien
	Bau
	Chemie
	Auto
Boom	Spätzykliker:
	Investitionsgüter
	Transport
	Bergbau
	Versorger
	Gold

Tabelle 2.1: Branchen je nach Konjunkturphasen.
Quelle: Uni Mannheim, Lehrstuhl für Wirtschafts- und Organisationspsychologie

nehmen der Computerindustrie. Hier herrschen extrem kurze Produktlebenszyklen, und kurz bevor eine neue Generation an Hard- oder Software auf den Markt kommt, werden die alten Produkte nicht mehr oder nur noch zu niedrigeren Preisen gekauft. Besonders die Zulieferer der Computerindustrie, die Halbleiter- und Chip-Produzenten, leiden unter diesen kurzen Zyklen, wie etwa die Kursausschläge (und Gewinn- beziehungsweise Verlustjahre) von Unternehmen wie Infineon, Epcos oder Intel und AMD beweisen. Eine ähnliche Entwicklung ist aber auch in der Automobilbranche zu erkennen, wo immer schneller immer mehr Modelle auf den Markt geworfen werden und sich die älteren Modelle dann schwerer abverkaufen, gerade in der gehobenen Preisklasse. Auch hier sind die Folgen für die Zulieferer, die oftmals auch die Planung der neuen Modelle mit übernehmen, besonders heftig.

Und bist du nicht willig, ...

Doch Märkte können sich auch durch politischen Einfluss stark verändern, national oder zum Beispiel durch Entscheidungen innerhalb der Europäischen Union, wie etwa die Energiebranche zeigt. Sowohl der steigende Wettbewerbsdruck, der seitens der EU auf die großen Energieversorger ausgeübt wird, wie auch die Förderung der regenerativen Energien seit dem

Amtsantritt der Rot-Grünen Bundesregierung (1998 bis 2006), die eine ganze Fülle von mittelständisch geprägten, stark wachsenden und inzwischen zum großen Teil an der Börse notierten Unternehmen mit sich gebracht hat, sind da nur zwei Beispiele.

Lesen bildet

Vielleicht ist für Sie bisher der Sportteil der interessanteste Bereich einer Zeitung, oder Sie lesen am liebsten das Feuilleton. Doch wenn Sie im Besitz von Aktien sind, dann wird plötzlich gerade der Wirtschaftsteil hoch spannend und Sie überblättern den Sportteil gerne, um gleich zu den Finanznachrichten zu springen. Sie werden sich auf die Suche nach »Ihrem« Unternehmen machen und lesen wollen, wie es ihm geht. Ob neue Märkte erschlossen, Zukäufe getätigt oder defizitäre Bereiche verkauft wurden. Ob neue Mitarbeiter eingestellt und neue Fabriken eingeweiht wurden. Wie die Produkte auf den Märkten angenommen werden, wie sich die Konkurrenz entwickelt und welche neuen Ideen das Management vorbringt. Oder, ganz einfach, ob die Umsätze nach oben gehen und hohe Gewinne eingefahren werden konnten. All das können Sie wohl aufbereitet der Tagespresse entnehmen, oder direkt von der Website der Unternehmen. Wie Sie solche Informationen genauer bewerten können hinsichtlich eines Aktienkaufs oder -verkaufs, können Sie in Kapitel 14, im Rahmen der Fundamentalanalyse, nachlesen.

Es gibt keine langweiligen Branchen

Damals, zur Hochzeit des Neuen Marktes, zählte ein Unternehmen unter den 50 Mitgliedern im Nemax 50 – dem »Wachstumsmarkt« der Börse Frankfurt – eher zu den Außenseitern: die Pfeiffer Vacuum Technology AG aus Aßlar in Hessen. Ein Fremdkörper deshalb, weil es sich um kein Internetunternehmen, keinen dot.com-Aufsteiger handelte, sondern um ein Unternehmen, das mit Luft – und nicht mit heißer Luft – arbeitete. Pfeiffer Vacuum stellt Vakuumpumpen her und ist nach eigenen Angaben weltweit Technologie- und Marktführer in diesem Segment. Wer bisher meinte, eine Pumpe sei wie die andere, kann sich auf der Webseite des Unternehmens eines Besseren belehren lassen: Da werden von der Drehschieberpumpe bis zur Turbopumpe acht verschiedene Pumpenarten aufgeführt. Das Unternehmen beschäftigt knapp 1.000 Mitarbeiter und erzielte 2009 einen Umsatz von 182 Millionen Euro. Der Exportanteil liegt bei 62 Prozent. Im Gegensatz zu den vielen Start-ups im Nemax konnte Pfeiffer Vacuum bereits auf eine über 100-jährige Historie zurückblicken, als es 1998 an den Neuen Markt in Frankfurt listete, und hatte sogar bereits zwei Jahre Börsenerfahrung an der New Yorker Börse hinter sich, wo es mit 11,50 US-Dollar gestartet war. Im Dezember 1999 notierte die Aktie bei 24 Euro und am 10. März 2000, dem Allzeithoch des Neuen Marktes, lag das Pfeiffer Vacuum Papier bei 41 Euro.

Als es mit dem Nemax 50 und dem gesamten Neuen Markt ab Anfang 2001 kontinuierlich nach unten ging, hatte Pfeiffer Vacuum plötzlich Schlagzeilen wie »Lichtblick im Nemax 50«, weil sich die Aktie kontinuierlich gegen den Trend zumindest leicht nach oben bewegte. Trotzdem fiel die Aktie dann bis zum Oktober 2002 auf ihren Tiefstwert von etwa 17 Euro – da waren andere Nemax 50 Mitglieder allerdings bereits pleite (insgesamt 12 Unternehmen mussten in die Insolvenz gehen und ließen ihre Anleger mit leeren Händen zurück). Im September 2007 stellte ein Experte konsterniert fest, dass von allen Nemax 50 Unternehmen wohl nur Pfeiffer Vacuum seinen Anlegern insgesamt eine stattliche Rendite samt Dividenden erbracht habe. Tatsächlich war im Mai 2007 die Aktie von Pfeiffer Vacuum auf über 73 Euro geklettert.

Im Februar 2009 übermittelte auch die Aktie der Pfeiffer Vacuum den Tiefststand des deutschen Maschinenbaus: Auf etwas über 36 Euro war der Kurs gefallen. Aber schon im April 2009 zog sie auf 50 Euro an, und im September 2009 kam die Zeitschrift *Capital* zu dem Schluss, dass von den 50 Nemax-Titeln nur zwei eine positive Rendite erwirtschaftet hatten und nur eines eine wesentliche: Pfeiffer Vacuum mit Kursgewinnen von rund 25 Prozent und einer Dividendenrendite von fast 40 Prozent. Die Aktie lag da bei etwa 55 Euro.

Im November 2010 konnte Pfeiffer Vacuum innerhalb kurzer Zeit eine Kapitalerhöhung von 112,5 Millionen Euro (900.000 Aktien) durchziehen – die Investoren bewiesen damit ihr Vertrauen in diese »langweilige« Aktie. Die Aktie wurde zum Preis von 82,45 Euro platziert und war dreifach überzeichnet.

Was war und ist das Erfolgsrezept von Pfeiffer Vacuum? Das Unternehmen agiert wie ein typischer Mittelständler und investiert beständig in Forschung und Entwicklung. So werden fast im Jahresrhythmus neue, innovative Produkte herausgebracht und im Markt eingeführt. Der langjährige Vorstandsvorsitzende Manfred Bender erklärt, dass das Unternehmen über die seltene Gabe verfüge, sich ständig neu zu erfinden.

Den Kurs im Auge

In den Zeitungsmeldungen oder im Internet werden Sie oftmals auf die veröffentlichte Meinung von Analysten treffen. Das sind in der Regel Banker, die hauptberuflich Aktiengesellschaften untersuchen und deren Kurse im Auge haben. Wie jeder Berufsstand, so verwenden auch Analysten gerne eine eigene Fachsprache, oft drücken sie sich so weitschweifig aus, weil sie eigentlich auch nicht wissen, wie und warum sich der Kurs eines bestimmten Unternehmens ändern soll. Es gibt aber ein paar Begriffe, die Sie sich merken sollten.

Wenn die überwiegende Mehrheit der Analysten von

✔ Untergewichten

✔ Reduzieren/Reduce

✔ Underperformer

✔ Sell

✔ Verkaufen

spricht, sollten Sie sich ernsthaft Gedanken machen, ob Sie an Ihrem Wertpapier weiter festhalten wollen.

Eher Ihr Bankkonto nach weiteren Kapitalanlagemöglichkeiten durchforsten sollten Sie, wenn Sie diese Begriffe der Analysten lesen:

✔ Übergewichten

✔ Kaufen

✔ Overweight

✔ Outperformer

✔ Buy/strong Buy

✔ Upgrade

 Handeln Sie überlegt: Sie können einen Analysten nicht zur Rechenschaft ziehen, wenn Sie sich verspekuliert haben, denn er hat Ihnen ja nur eine Empfehlung ausgesprochen. Also, vergleichen Sie am besten mehrere Analystenstimmen miteinander, überlegen kurz, dass auch Analysten nur Herdenmenschen sind und schalten auf jeden Fall Ihren gesunden Menschenverstand ein!

 Eine wichtige Börsenweisheit lautet, nicht immer das zu machen, was alle machen, ja sogar geradezu antizyklisch vorzugehen: Wenn alle kaufen, dann ist die Wahrscheinlichkeit sehr groß, dass die Kurse stark nach oben gehen, eigentlich überteuert sind und in nicht weiter Ferne den Scheitelpunkt ihres Kurserfolges überschritten haben. Gleiches gilt beim Verkaufen. Eine auf dieses Verhalten basierende Strategie ist die Umkehrstrategie (Kapitel 15), bei der die Anleger genau auf die Aktien setzen, die im Vorjahr besonders stark gefallen sind. Auf jeden Fall gilt: Wenn Sie den Ratschlägen der Analysten strikt folgen, schwimmen Sie immer mit der Mehrheit. Es kann auch ratsam sein, einfach nur abzuwarten! Außerdem, auch Analysten liegen immer wieder ziemlich daneben!

Politik mit Einfluss

Wer hat nicht manchmal das Gefühl, ohne Politik würde eigentlich alles viel besser und reibungsloser funktionieren? So manch ein frustrierter Anleger würde dies sicher sofort unterschreiben, denn oftmals führen unüberlegte Aussagen einzelner Politiker zu ganz überraschenden Ergebnissen an der Börse! Da fällt einem Finanzminister eine mögliche neue Steuer ein oder der Wirtschaftsminister will eine Übernahme verhindern. Oder die chinesische Regierung beschließt eine höhere Besteuerung der Aktionäre und gleich brechen die chinesischen Indizes um fast zehn Prozent ein. Aber, so groß der augenblickliche Einfluss auch ist, Politik ist schnelllebig, die Kurse beruhigen sich schnell wieder, kaum haben die Betreffenden ihre Meinung wieder geändert. Denn es gibt eine alte Börsenweisheit:

Politische Börsen haben kurze Beine.

Die Börse hasst Unsicherheit: Wird es einen Regierungswechsel geben oder nicht? Plant eine Regierung ein neues Gesetz mit negativen Auswirkungen auf die Wirtschaft? Dann wartet jeder ab, Aktienkäufe werden hinausgeschoben, manch ein Pessimist verkauft seine Aktien, weil er sich denkt, es kann alles nur schlechter werden. Es werden also weniger Aktien nachgefragt, das Angebot bleibt aber bestehen und erhöht sich sogar noch, in der Folge sinken die Kurse!

Es existieren aber auch politische Zyklen, ablesbar in Wahljahren. In der Regel sind meist die ersten Jahre einer neuen Regierung schlechte Börsenjahre, weil die Wähler oft enttäuscht über die tatsächlichen Veränderungen beziehungsweise nicht eingetretenen Veränderungen einer neuen Regierung sind. Eher gute Börsenjahre sind direkt vor Wahlen, weil die Regierung meist versucht, durch Versprechungen und Geschenke die Wähler günstig zu stimmen.

Gute Nerven sind gefragt

Welch großen, aber doch zeitlich nur bedingten Einfluss die Politik auf das Börsengeschehen nimmt, verdeutlicht das – nun wirklich außergewöhnliche – Jahr 1990. Es ging als eines der Börsencrash-Jahre der jüngeren Zeit in die Geschichte ein – es gab also schon vor der Finanzkrise herbe Kurseinbrüche! Auslöser für den rapiden Absturz der Aktien war der (erste) Golfkrieg. Schon nach dem Einmarsch der Iraker in Kuwait sanken die Kurse in Deutschland um etwa ein Viertel. Hier sollte man aber genauer hinsehen: Im Jahr zuvor waren die Börsenkurse in Deutschland vor lauter Wiedervereinigungsfreude stark gestiegen, so dass man hierzulande eher von einer Bereinigung sprechen muss. Nervöse Anleger trennten sich von ihren Papieren, die sie im Glückstaumel der Wiedervereinigung gekauft hatten. Wer seine Aktien einfach im Depot behielt, konnte trotz des »Crashs« über die Zeit gesehen eine gute Rendite einfahren. Denn auch in den USA haben sich die Kurse schnell wieder erholt.

Spekuliere nie gegen die Zentralbank

Der US-Notenbankchef Alan Greenspan war legendär und als Chef der amerikanischen Notenbank Federal Reserve Board (Fed) verantwortlich von 1987 bis 2006 für die amerikanische Zinspolitik. Diese wiederum war und ist beispielgebend für die Weltökonomie, da sich die Notenbanken der einzelnen Länder von den USA leiten lassen. Was aber haben, Greenspan hin und Greenspan her, die Zinsen mit Aktienkursen zu tun?

Auf den Punkt gebracht gibt es zwei Gesetze:

✔ Steigende Zinsen bedeuten fallende Aktienkurse.

✔ Sinkende Zinsen führen zu steigenden Kursen.

Sie brauchen nur kurz zu überlegen, wie Sie selbst handeln, und schon erklären sich diese beiden Gesetze. Gibt es auf der Bank, wenn Sie Ihr Geld anlegen, hohe Zinsen, werden Sie es sich zwei Mal überlegen, in die wesentlich riskantere Anlageform Aktie zu investieren. Außer natürlich, das Börsenfieber hat Sie gepackt. Trotzdem bleiben genügend andere Anleger übrig, die keine Aktien kaufen, die Nachfrage geht zurück, fehlt an der Börse und die Kurse sinken. Wie so gerne an der Börse kugelt die Lawine lustig weiter, denn jetzt merken weitere Anleger, dass die Kurse sinken und es auf der Bank ja gute Zinsen gibt, und steigen aus der Aktienanlage aus. Bei sinkenden Zinsen läuft es natürlich umgekehrt. Aber eines ist klar, sind die Zinsen niedrig, fließt mehr Kapital in die lukrativere Alternative Aktie und damit steigen die Kurse.

Diese beiden Zins-Kurs-Axiome, wie man in der Mathematik sagen würde, also Annahmen, müssten allerdings auch noch bewiesen werden. Die Mathematik lässt grüßen, keine Formel ohne Beweis. Und da stellt man erstaunlicherweise fest, dass auch bei hohen Zinsen viele Aktienkurse munter weitersteigen. Es ist eben so, dass ein einziger Einflussfaktor für sich nicht ausreicht, um Kursverläufe zu begründen. Wenn alles andere stimmt, dann haben auch hohe Zinsen keinen erheblichen Einfluss auf die Kursverläufe.

Der Mogul der internationalen Finanzwelt

Greenspan gilt als der Vater des amerikanischen Wirtschaftswunders, das seit Jahren anhält, viele neue Jobs geschaffen (und einige alte vernichtet) hat und zu einem der längsten Börsenbooms überhaupt führte. Während seiner langen Amtszeit mussten die USA aber auch so manche Krise überstehen, den Börsencrash von 1987, die leichte Rezession in Folge des Golfkrieges 2000 und nach den Anschlägen des 11. September 2001. Nicht immer steuerte Greenspan dagegen an und wurde von den jeweiligen Herrschern des Weißen Hauses – Ronald Reagan, George Bush sen., Bill Clinton, George Bush jun. – so manches Mal gerügt.

Greenspans etwas merkwürdiger Sprachstil wurde an der Wall Street mit Greenspeak übersetzt. Er selbst beteuerte einmal:

Seit ich Zentralbanker bin, habe ich gelernt, bedeutungsvoll zu murmeln.

Greenspan arbeitete jedoch nicht nach genauen Regeln der Geldpolitik, dass also beim Eintreten gewisser Kriterien ganz bestimmte, genau voraussagbare Instrumente angewandt werden, sondern eher intuitiv. Er selbst nannte die Geldpolitik keine angewandte Wissenschaft, sondern Kunst. Das führte dazu, dass die ganze (Finanz-)Welt wie gebannt auf den eher zierlichen Mann mit der großen Brille blickte, um möglichst frühzeitig in Erfahrung zu bringen, was er wohl tun werde. Schon die jeweilige Dicke seiner Aktentasche führte zu wilden Spekulationen (dick – es wird etwas passieren; dünn – es bleibt alles wie gehabt).

Hohe Zinsen beeinflussen aber ganz direkt die Entwicklung der einzelnen Unternehmen. Denn zum Wirtschaften und Expandieren brauchen Unternehmen Geld und nehmen daher kurzfristige und langfristige Kredite in Anspruch. Wenn sie dafür aber mehr zahlen müssen, weil höhere Zinsen verlangt werden, dann werden sie sich jede Investition genau überlegen, außerdem schmälern Zinskosten den Unternehmensgewinn.

Mit Hilfe der so genannten *Leitzinssätze*, den Diskont- und Lombardsätzen, können die Notenbanken der Länder direkt in die Wirtschaftspolitik eingreifen. Einfach ausgedrückt sind dies die Zinssätze, mit denen die einzelnen Banken ihr Geld bei der jeweiligen Notenbank, in Europa bei der Europäischen Zentralbank, verzinsen müssen. Je höher er ausfällt, desto höher fallen die Zinsen aus, die sich die Banken bei ihren Kunden zurückholen.

Womit wir wieder bei Alan Greenspan, dem Ex-Chef der amerikanischen Zentralbank, wären. Er verfolgte eine strikte Politik des stabilen Geldes, versuchte also, jede Form von Inflation zu vermeiden. Sie können sich die Volkswirtschaft eines Landes wie eine große Waage vorstellen. Im Idealfall ist sie im Gleichgewicht. Auf der einen Seite liegt ein riesiger Sack Geld, alles Geld, das im Umlauf ist, und auf der anderen Seite ein Sack, prall gefüllt mit Gütern, die für dieses Geld gekauft werden könnten. Ist nun der Geldsack größer und schwerer als der Gütersack, dann steigen die Preise, damit das Gleichgewicht wieder hergestellt wird. Also wird die Zentralbank, Herr Greenspan, ein wenig Geld aus dem Sack nehmen. Das tut er, indem er die Zinsen erhöht, die Leute müssen Zinsen zahlen und das Geld ist weg. Wer auf Pump kauft, hat die Ware schneller, muss aber mehr dafür bezahlen. Kaum ein anderer Notenbankchef wusste das Instrumentarium der Zinsschraube so zu handhaben wie Greenspan, oftmals auch gegen den erklärten Willen des jeweiligen US-Präsidenten. Inzwischen, in der Nachschau, ist seine Politik allerdings umstrittener denn je – viele machen Greenspan und seine Niedrigzinspolitik ganz konkret verantwortlich für die Subprime-Krise in den USA.

Psychofallen überall

Vielleicht kennen Sie das aus eigener Erfahrung. Sie überlegen sich lange einen schönen Namen für Ihr Kind. Er sollte nicht nur Ihnen besonders gut gefallen, es sollte auch nicht unbedingt ein Allerweltsname sein. Endlich haben Sie einen gefunden, der gut zum Nachnamen passt, klangvoll ist, vielleicht sogar eine besondere Bedeutung hat und den Sie für ziemlich selten halten. Doch schon im Krankenhaus heißt ein Baby zwei Betten weiter genauso, auf den Spielplätzen drehen mindestens drei weitere Kinder den Kopf um, wenn Sie den Namen Ihrer Kinder rufen und so weiter. Sie haben versucht, gegen den Trend zu handeln, und liefen genau hinein. Ihr Kind wird's mit Fassung tragen, für Ihr Aktiendepot wäre es nicht ganz so gut. Es gibt ein paar psychologische Barrieren, die man wenigstens kennen sollte, dann kann man immer noch entscheiden, ob man darüber springen oder dagegen knallen möchte.

An der Börse locken oftmals Aktien mit niedrigen Kursen, weil sie so billig erscheinen und man fürs Geld ja gleich so viele bekommt. Leider sind diese so genannten *Penny-Stocks* oftmals auch nicht viel mehr als ein paar Cents wert. Auch todsichere Tipps von Börsengurus oder solchen, die es gerne sein würden, lösen oftmals einen großen Run auf bestimmte Aktien aus. Wenn es sich dabei auch noch um ein Papier handelt, das ansonsten nur wenig Umsätze zu verzeichnen hat, hinter dem »Guru« aber ein auflagenstarkes Blatt oder eine viel gesehene Fernsehsendung steckt, dann können die Kurse kurzzeitig schön nach oben gehen. Die Anleger freut es, doch nicht lange. Denn während der Guru längst wieder ausgestiegen ist mit seinem Engagement, purzeln die Kurse aufgrund fehlender Substanz schnell wieder und die Mehrzahl der Anlieger bleibt auf schlechten Papieren sitzen.

»Behavioral finance« auf dem Vormarsch

In zahlreichen Abhandlungen zum Wirtschaftsleben ist viel vom Homo oeconomicus die Rede, vom Menschen, der ganz rational und überlegt vorgeht und immer danach strebt, mit minimalem Mitteleinsatz den maximalen Gewinn zu erstreben. Der alles weiß und alles richtig macht, weil er ein Maximum an Informationen verdaut hat. Wären alle Menschen tatsächlich so, gliche die Erde wahrscheinlich eher einem riesigen Termitenhügel als einem bewohnbaren Planeten: uniform, langweilig, rein auf den Nutzen ausgerichtet und mit genau abgegrenztem Raum für jedermann.

Doch wie sollte die Wissenschaft den Menschen, den das ökonomische Handeln und der das ökonomische Handeln treibt, sonst beschreiben? Als Homo emotionalis, Homo ludens, Homo irrationalis, Homo criminalis, Homo heuristicus, Homo psychologicus? So fragt die Universität Mannheim, eines der Zentren für die Behavioral-Finance-Theorie in Deutschland, mit gewissem Recht.

Eines scheint sicher: Die reine Betrachtung von rationalen Verkäufern (Angebot) und rationalen Käufern (Nachfrage) als wesentliche Bestimmungsfaktoren für den Preis der Aktien plus einiger, wieder streng rationaler, äußerer Einflussfaktoren, reicht nicht aus, um das Geschehen an den Börsen der Welt zu erklären. Denn was oder besser wer treibt denn letzten Endes die Kurse unaufhörlich nach oben oder lässt sie plötzlich dramatisch absacken? Wer? Genau. Sie! Sie, der Anleger, oder vielmehr, die vielen, vielen Anlegerindividuen! Sie sind schuld. Aber warum, warum verkaufen Sie plötzlich holterdiepolter ihre Aktien, und mit Ihnen die meisten anderen wie die Lemminge, die nicht sich, aber den Kurs die Klippen hinunterstürzen? Dies zu untersuchen setzt sich Behavioral Finance, die *Verhaltensökonomie,* zum Ziel.

Es geht also um Sie, um den Anleger, und da vor allem um Ihre eher nicht rationalen, emotionalen Handlungen, die Sie dazu gebracht haben, ganz bestimmte Aktien zu kaufen. Denn jeder Aktienkauf, jede Geldanlage, ist sehr viel mehr als nur ein rationaler, auf Rendite- und Gewinnmaximierung angelegter Entscheidungsprozess. Sie können Ihre Emotionen nicht einfach per Knopfdruck ausschalten, nicht einmal, ja, gerade nicht bei der Geldanlage. Es kann schließlich kein Zufall sein, entspricht aber auch keiner rationalen Entscheidung, wenn Aktien in jedem Land überwiegend von Einheimischen gekauft werden, in Deutschland liegen in den Depots der Privatanleger bis zu 80 Prozent Aktien aus dem Heimatland! Behavioral Finance will also irrationales Verhalten aufdecken und Sie damit vor Fehlerquellen warnen. Denn nur die Fehler, die Ihnen bewusst werden, können Sie auch vermeiden. Ob Sie die Fehler dann trotzdem machen, bleibt somit wenigstens Ihre Entscheidung!

Begründet wurde die Theorie der Behavioral Finance in den 80er Jahren des 20. Jahrhunderts, als sich in New York Psychologen, Soziologen, Nationalökonomen und Finanzwissenschaftler trafen, um erstmals gemeinsam und interdisziplinär das menschliche Entscheidungsverhalten im Hinblick auf ökonomische Zusammenhänge zu klären. Besonderes Interesse der Wissenschaftler erregte die Tatsache, dass gerade an Börsen immer wieder irrationales oder zumindest doch beschränkt rationales Verhalten zu beobachten ist. Große Unter- oder Überbewertungen von Aktien konnten aufgrund der klassischen Finanzmarkttheorien nicht geklärt werden.

Stark verkürzt besagt die damals entwickelte Theorie, dass Menschen bei Entscheidungen unter extremer Unsicherheit, die sie weder nach Eintrittswahrscheinlichkeit noch nach der Höhe genauer einschätzen können, dazu neigen, die Komplexität der Entscheidungsmöglichkeiten zu begrenzen. Dabei treten fast automatisch Fehler auf. Psychologische Erklärungsansätze sind:

✔ **Fads und Fashions,** also Launen und Modeerscheinungen: Plötzlich werden bestimmte Märkte oder Branchen oder Aktien »in«, von Fondsmanagern entdeckt, von Analysten bewertet, von den Anlegermagazinen gelobt und schon folgt die Masse der Anleger nach. Man könnte das auch als typischen Herdentrieb bezeichnen. Das Problem ist wie bei allen Modeerscheinungen: Plötzlich wechselt der Geschmack und die Anleger rennen wieder neuen Märkten, Branchen, Aktien hinterher.

✔ **Market Overreaction:** Der Markt reagiert über, egal ob auf kritische Analystenstimmen oder nach der Veröffentlichung kursrelevanter Daten. Kurse können sich also in Wellenbewegungen verändern und vom tatsächlichen inneren Wert erheblich abweichen, allerdings nur kurzfristig.

✔ **Mean Reversion:** Tendenziell neigen Kurse immer dazu, wieder um ihren inneren Wert zu pendeln. Also nach einem Ausschlag in Sachen Market Overreaction beruhigt sich der Kurs wieder und nähert sich dem inneren Wert.

Typische psychologische Fehler, die letztlich auch in die Kurse einfließen, erkennt die Behavioral Finance Theorie

✔ im Herdentrieb (das machen, was alle machen)

✔ in der Selbstüberschätzung (Overconfidence: ich handle auf jeden Fall besser als der Markt und habe mich total unter Kontrolle)

✔ in der Unfähigkeit beziehungsweise Unlust, eigene Fehler einzugestehen

✔ in der verzögerten und selektiven Wahrnehmung

✔ in Präferenzen und Vorurteilen (Techniker investieren vor allem in Aktien von Technikunternehmen, Bayern lieber in BMW als in Volkswagen)

✔ im Framing: Der Rahmen macht das Bild. Das heißt, je nachdem, wie ein Problem vorgestellt und dargestellt wird, beeinflusst dies wesentlich die Entscheidung! Sie können jeden Mist in eine schöne PowerPoint-Präsentation packen, und schon glauben ihn die Leute!

Anleger machen, so könnte man diese Punkte zusammenfassen, Fehler beim Erkennen von Chancen und Risiken auf dem Aktienmarkt, beim Bewerten und beim Entscheiden. Die Behavioral Finance untersucht die Reaktionen, das Verhalten der Anleger an der Börse, in der festen Überzeugung, dass Verhaltensmuster erlernt wurden und wieder verlernt werden können. Die Ursachen für das Verhalten kann die Theorie nicht erklären. Erst in jüngster Zeit versucht die Neurofinanzwissenschaft mit Hilfe der Hirnforschung, diesen Ursachen auf den Nerv zu fühlen: So stellte der Amerikaner Brian Knutson, Professor für Neurologie und Psychologie an der Stanford University, in einem Experiment mit Hilfe der Magnetresonanztomographie fest, dass die Investition in Aktien mit nicht vorhersehbarem Kursverlauf einen erhöhten Dopamin-Ausstoß auslöst, genau wie bei Sex oder nach der Einnahme von Kokain! Vielleicht gibt es bald Pillen, die die Emotionen von Anlegerprofis so weit herunterfahren, dass sie zu rationalen Entscheidungen kommen? Den Kursen der Pharmahersteller würde dies auf jeden Fall helfen!

Die Quintessenz der Behavioral-Finance-Theorie könnte lauten: Der Mensch und Anleger schlittert als Antipode des Homo oecomomicus übers Börsenparkett – voller Vorurteile und Voreingenommenheiten entscheidet er emotional aus dem Bauch heraus, manchmal sogar irrational. Der wahre Anleger, Sie, wird wohl irgendwo zwischen Homo oeconomicus und Homo ludens angesiedelt sein und Intellekt und Emotion zu verbinden wissen. Auf jeden Fall kann es Ihnen helfen, zu wissen, dass Emotionen beim Aktienkauf auch eine Rolle spielen, die nicht zu unterschätzen ist. Wer sich darauf einstellt, ist vor den schlimmsten Fehlern einigermaßen gefeit!

Frauenpower

Obwohl es noch immer wenige Spitzen-Fondsmanagerinnen oder Staranalystinnen gibt – in der Banken- und Finanzbranche sind Frauen in Spitzenpositionen noch immer sehr rar gesät – , kam die National Association of Investors Corporation in den USA in einer Untersuchung zu dem Ergebnis, dass Frauen die besseren Anleger sind. Bei einem Vergleich der Performance von Investment-Clubs schnitten die Frauen-Clubs 1999 mit einer durchschnittlichen Performance von 32,1 Prozent wesentlich besser ab als die Männer mit 23,2 Prozent. Hauptgrund für das schlechtere Abschneiden der Männer: Die Selbstüberschätzung. So sind 52 Prozent der Männer von ihren Investmentfähigkeiten voll überzeugt, aber nur 38 Prozent der Frauen. Frauen agieren außerdem geduldiger, halten an einmal getätigten Käufen länger fest. Terrance Odean, Professor an der Universität von Kalifornien und einer der Väter der Behavioral Finance, ermittelte, dass Männer 45 Prozent häufiger als Frauen kaufen oder verkaufen. Männliche Singles handeln sogar um 67 Prozent häufiger. Laut Odean schneiden die neu gekauften Aktien aber meist schlechter ab als die verkauften, die in der Regel nach zwölf Monaten um 3,2 Prozent besser abschneiden! Männer entscheiden außerdem wesentlich öfter aus dem Bauch heraus als Frauen, die Entscheidungen gerne von allen Seiten abklopfen. Also, hören Sie auf Ihre Frau – wenigstens beim Aktienkauf!

»The trend is your friend«

Börsenkurse entwickeln sich in Trends: Im Bullenmarkt läuft der Trend nach oben, im Bärenmarkt nach unten. Innerhalb dieser Trends treten immer wieder Korrekturen auf, die auch einmal einige Monate anhalten können, doch bis es zu einer Trendumkehr kommt, müssen viele Faktoren zusammenkommen. Sie als Privatanleger haben keine Chance, Trends nachhaltig zu beeinflussen, wie das vielleicht Manager kapitalkräftiger Fonds oder Mediatoren mit großer Breitenwirkung für einzelne Aktien kurzfristig erreichen können. Insofern lautet eine wichtige Börsenregel, sich mit dem Trend anzufreunden, um von seinem Verlauf zu profitieren.

 Um aber möglichst nachhaltig von einem Trend profitieren zu können, müssen Sie möglichst bald auf den Zug aufspringen, also zum Beispiel kaufen, wenn die Aktien noch ganz am Beginn einer Aufwärtsbewegung sind. Börsenkurse beginnen in der Regel bereits vor einem allgemeinen Wirtschaftsaufschwung zu steigen, insofern lohnt es sich, auf Frühindikatoren der Konjunktur zu blicken.

Solche Frühindikatoren, die in Kapitel 14 ausführlicher beschrieben werden, sind beispielsweise:

✔ Konjunkturindikatoren wie

- Auftragseingänge
- Gewinnprognosen
- Arbeitsmarkt

- Zinsen
- Export

✔ Indikatoren der Fundamentalanalyse

- Kurs-Gewinn-Verhältnis
- Dividendenrendite
- Umsatzrendite
- Cashflow/Gewinn

✔ Indikatoren der Charttechnik, bei der aus Schaubildern der vergangenen Kursverläufe herausgelesen wird, wie sich der Kurs in der Zukunft entwickeln könnte. Als deutliches Zeichen für eine Trendumkehr wird bei der Chartanalyse zum Beispiel die so genannte *Schulter-Kopf-Schulter-Formation* (nach der Form des Kursverlaufes) angesehen (siehe Abbildung 2.1, ausführlich in Kapitel 14).

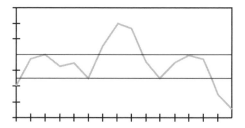

Abbildung 2.1: Die Schulter-Kopf-Schulter-Formation

Wenn erst einmal die Mehrzahl der Analysten auf »Kaufen« setzt und die Finanzpublikationen mit jeder Menge »Aktien mit ungeahntem Potenzial« werben, dann ist es meist schon zu spät, denn dann hat die Kurs-Rallye bereits begonnen und die möglichen Gewinne schrumpfen wieder. So widersprüchlich es auch klingt: Vom Trend zu profitieren heißt vor allem, dem Trend ein wenig voraus zu sein! Es gilt ja auch derjenige als besonders modisch, der die künftige Mode antizipiert, und nicht derjenige, der jedem in Zeitschriften publiziertem Modetrend nachläuft! Für das eine (Aktien) wie das andere (Mode) braucht man ein feines Gespür.

 Aktienmärkte verlaufen in Kurven, in Zyklen. Sie spiegeln aber nicht die gegenwärtige wirtschaftliche Situation wider, sondern die Erwartungen an die Zukunft. Deshalb müssen Sie auf Frühindikatoren achten, um zu wissen, wohin der Trend geht. Es ist wie in der Mode: Wenn erst alle im gleichen Outfit herumlaufen, ist es uninteressant, mitzumachen!

Wer also mit dem Trend geht, prozyklisch agiert, der muss besonders darauf achten, noch im rechten Augenblick zu kaufen oder zu verkaufen, denn wer zuletzt kommt, den bestraft hier die Börse mit Verlusten!

Zeit für das richtige Timing

Wenn es so einfach wäre, Trends immer rechtzeitig zu erkennen, gäbe es nur noch Aktien-Millionäre! Sie sollten sich also von Anfang an darauf einstellen, dass Sie immer nur Annäherungen an den idealen Kauf- und Verkaufszeitpunkt erreichen können. Es lohnt nicht, entgangenen Chancen lange nachzutrauern, investieren Sie Ihre kostbare Zeit lieber in neue Investments!

Der typische Anleger neigt aber leider dazu, im Aufwärtstrend eine Aktie viel zu schnell zu verkaufen, vor lauter Angst, er könnte den richtigen Absprung verpassen. Umgekehrt hält er im Abwärtstrend zu lange an seinem Papier fest, in der Hoffnung, der Kurs könnte sich doch noch erholen. Beide Verhaltensmuster sind psychologisch leicht zu erklären: Sie wollen als Anleger Gewinne unbedingt mitnehmen und steigen lieber zu früh als zu spät aus. Umgekehrt erhoffen Sie sich, dass doch irgendwann einmal wieder der Kurs erreicht wird, bei dem Sie gekauft haben. Außerdem, nur realisierte Verluste nehmen Anleger als tatsächliche Verluste wahr, so lange die Aktie noch im Depot schlummert, besteht zumindest die theoretische Hoffnung, die Kurse könnten sich noch einmal erholen.

Wie für fast jede Aktion an der Börse gibt es auch hierfür eine alte Weisheit:

Verluste begrenzen, Gewinne laufen lassen.

Übersetzt bedeutet dies:

Im Aufwärtstrend die Gewinne laufen lassen, nicht zu früh aussteigen. Wenn jedoch über einzelne Aktien schlechte Nachrichten, Verluste etc. kursieren, die Kurse aber danach weiter steigen, dann lieber rasch verkaufen. Besser 30 Prozent Verlust hinnehmen und die restlichen 70 Prozent wieder gewinnbringend investieren, als 70 Prozent oder mehr Verluste einzufahren. Eine Regel lautet etwa: Wenn sich Ihre Aktie im Aufwärtstrend bewegt, schauen Sie in aller Ruhe diesem Trend hinterher und freuen sich auf die Gewinne, und zwar in etwa drei Mal so lange wie bei fallenden Kursen. Oder andersherum, reagieren Sie bei sinkenden Kursen drei Mal so schnell mit dem Verkaufen wie bei steigenden Kursen!

Wenn Sie zwar Ihre Gewinne laufen lassen, aber auch an Ihren Verlustbringern festhalten in der vagen Hoffnung auf künftige Kurssteigerungen, dann fressen Ihre Verluste die erzielten Gewinne auf.

Wenn Sie im Aufwärtstrend Mini-Gewinne einsammeln und auch bei den Verlusten sofort aussteigen, dann halten sich meist ebenfalls Gewinn und Verlust die Waage, nur auf einem geringeren Niveau als beim Aussitzen der Verluste. Das Ergebnis bleibt in beiden Fällen gleich: um die null!

Noch schlechter für Sie sieht es aus, wenn Sie voller Freude jeden Mini-Gewinn einheimsen, aber sich aus Ihren Verlusten einfach nicht verabschieden wollen. Denn dann lautet das Ergebnis: Hohen Verlusten auf der einen Seite stehen niedrige Gewinne auf der anderen gegenüber und im Endeffekt erzielen Sie ein dickes Minus!

Die Kursentwicklungen der Aktien hängen also von vielen Faktoren ab, von der Psyche der Marktteilnehmer wie von allgemeinen Trendverläufen.

Steht die Börse kopf – Anmerkungen zur Finanzkrise

3

In diesem Kapitel

▶ Alles begann in den USA

▶ Warum Banken nicht Pleite gehen dürfen, Unternehmen schon

▶ Was ein Anleger in Krisenzeiten vor allem braucht

▶ Was der Staat tun kann

▶ Warum 2009 nicht 1929 ist

Selten zuvor schlug eine Krise so schnell, so global und so heftig ein wie die jüngste Finanz- und Wirtschaftskrise. Was zuerst ganz »harmlos« in den USA als so genannte Hypothekenkrise – immer mehr Hausbesitzer konnten plötzlich ihre Zinsen nicht mehr bezahlen – begann und weit entfernt schien, ließ plötzlich auch deutsche Kreditinstitute ins Trudeln geraten und erreichte rasch die Unternehmen der Realwirtschaft. Einige renommierte und traditionsreiche Unternehmen wurden und werden schwer gebeutelt, von Schaeffler bis Opel, oder mussten gar Insolvenz anmelden, von Märklin bis Rosenthal. Die Krise beweist, wie anfällig unser globalisiertes Wirtschaftssystem inzwischen geworden ist und dass alles mit allem zusammenhängt. Wenn heute in China ein Fahrrad umfällt, fliegen bei der Deutschen Bank die Bilder von der Wand, könnte man sagen.

Wie begann die Krise, was führte dazu, wie verlief sie, wen traf sie besonders schwer und was ist als Anleger zu tun, diesen Fragen wollen wir in diesem »Krisen-Kapitel« nachgehen. Außerdem forschen wir vielen, vielen Nullen nach, nicht unter den Bankern, sondern in den Bilanzen, bei den Umsätzen, in Konjunkturprogrammen, denn selten schmolzen so viele Milliarden in sich zusammen wie in den Monaten dieser Krise.

Vom Traumhaus zum Albtraum – oder wie Schulden schön verpackt wurden

»Ich verstehe es nicht, aber ich begreife es«, antwortete ich, »ich mag solche Dinge nämlich nicht verstehen.«

Bohumil Hrabal, Moritaten und Legenden

Eigentlich begann alles ganz harmlos: In den USA wollten immer mehr Menschen ihren Traum vom eigenen Haus erfüllen und kauften sich eines, gefördert auch von der damaligen US-Regierung unter Bill Clinton. Da die Hauspreise langsam, aber stetig stiegen, konnten die stolzen Besitzer nach ein paar Jahren sogar noch einen satten Gewinn erzielen – und sich gleich ein größeres Haus kaufen und so weiter. Kleiner Haken: Die meisten hatten leider nicht genug Geld, um sich überhaupt ein Haus leisten zu können, denn die US-Hypotheken-Finanzierer wie Fanny Mae oder Freddie Mac zahlten selbst an Arbeitslose Kredite – so genannte Sub-prime-Kredite – aus, als Sicherheit diente dabei ausschließlich das erworbene Haus. Doch es kam, wie es kommen musste: Nach den kontinuierlichen Preissteigerungen bei den Immobilien, getrieben allein schon durch die Tatsache, dass immer mehr Hauskäufer auf den Markt traten, war das Ende der Fahnenstange erreicht und die Blase platzte: Die Preise sanken rasant. Gleichzeitig stiegen die seit Jahren auf außerordentlich niedrigem Niveau stagnierenden Zinsen bereits Mitte 2006 auf bis zu 6,25 Prozent an, die Kosten für die Hausbesitzer auf dem Schuldenberg wuchsen, denn viele hatten ihren Hypothekenvertrag mit variablen Zinssätzen abgeschlossen, der Gegenwert – das Haus – sank gleichzeitig im Wert. Die Schere zwischen steigenden Ausgaben und sinkenden Einnahmen konnten viele Hauskäufer nicht mehr schließen, im Frühjahr 2007 setzte die Pleitewelle (Privatinsolvenzen) ein. Die Schuldner vermachten den Banken ihre – oftmals fast wertlosen, weil jetzt unverkäuflichen – Häuser.

Geschäft mit Miesen

Was gingen und gehen aber unsere Banken insolvente Hauskäufer in den USA an, werden Sie sich mit Recht fragen. Nun, die Banken, immer auf der Suche nach noch besseren Geschäften mit noch höheren Renditen – auch um die steigenden Erwartungen ihrer eigenen Aktionäre nach lukrativen Gewinnen befriedigen zu können, schließlich sind die Anleger auch nicht ganz unschuldig –, hatten aus den Krediten inzwischen ein eigenes Geschäft gemacht. Die US-Banken und Hypotheken-Finanzierer verkauften diese Kredite einfach weiter in alle Welt. Dazu wurden die Kredite verkaufbar gemacht, das heißt »verbrieft«. Die ausgebenden Banken mischten die unterschiedlichsten Kredite mit mal guter, mal schlechter Bonität zusammen, splitteten sie dann wieder auf, mixten wieder neu, bis niemand mehr dahinterkam, ob diese Papiere nun eigentlich gut oder schlecht waren. Und die Rating-Agenturen, bezahlt von den ausgebenden Banken, gaben diesen höchst zweifelhaften »Wertpapieren« (Derivate – siehe Kapitel 6) auch noch ein gutes Rating, damit sie sich noch besser verkaufen ließen.

Während hierzulande ein Haus- oder Wohnungskäufer auf Herz und Nieren und bis auf die Unterhose nach Sicherheiten überprüft wird, kauften die gleichen Banken verbriefte Hypothekenkredite in Milliardenhöhe, ohne Haus oder Käufer zu kennen. Wenn alle es so machten und es so außerordentlich lukrativ war, dann musste es ja schließlich klappen. Niemand ahnte etwas, erst nach dem Platzen der Papiere waren viele schlauer und behaupteten, von Anfang an skeptisch gewesen zu sein. Da zeigten plötzlich Analysten, die Chefvolkswirte der Banken und viele Wirtschaftswissenschaftler, also alle, die sich berufsmäßig mit Prognosen auseinandersetzten, dass sie auch nur wie »Historiker, rückwärtsgewandte Propheten« (Friedrich Schlegel) waren.

Banken leihen mehr aus, als sie haben

Diese etwas merkwürdigen Wertpapiere, die auch heute noch teilweise nicht einmal mehr das Papier wert sind, auf dem sie stehen, bezeichneten die Banken sehr euphemistisch als »Finanzmarktinnovationen«. Wahrlich innovativ, aus nichts Geld zu machen und dann aus viel Geld wieder nichts.

Neben Banken und Kreditinstituten, die ihren Kauf dieser Papiere auch mit Eigenkapital unterlegen mussten, erwarben Hedgefonds diese Derivate sehr gerne, um ihre Renditen noch weiter zu verbessern, ohne entsprechend Eigenkapital vorzuhalten, das heißt, ohne wenigstens einen Teil der gekauften Kredite auch mit real vorhandenem Kapital abzusichern.

Aber auch keine Bank hinterlegt Kredite eins zu eins mit Eigenkapital, einfach ausgedrückt: Keine Bank hat so viel Geld, wie sie verleiht! Diese jeden Privatmann sofort in den Ruin treibende Tatsache ist Teil des normalen Geldkreislaufs und Aufgabe der Banken. Dabei leihen sich die Banken das Geld, das sie dann weiterverleihen, nicht nur von Sparern, sondern auch von anderen Banken aus. Das setzt natürlich voraus, dass sie darauf vertrauen können, von den anderen Banken das Geld auch zurückzubekommen – was aber nicht mehr funktioniert, wenn die andere Bank plötzlich Konkurs anmelden muss.

Nachdem die Kurse für die Subprime-Kredite zusammenbrachen, zogen sich immer mehr Anleger sehr rasch aus diesen für gefährlich erkannten Papieren zurück, womit ein weiteres Problem für die Banken entstand: Die langfristigen Hauskredite waren nämlich in eine Vielzahl kurzfristig laufender Kredite gesplittet worden, um noch mehr »Material« für Derivate zu haben. Nun fand sich aber niemand mehr, der den Banken Papiere für kurzfristige Kredite abnahm, sie blieben darauf sitzen, mussten sie abschreiben, was tiefe Löcher in ihre Bilanzen riss.

Die Subprime-Kredite wurden über so genannte Collateralized Debt Securities (CDOs) oder Asset Backed Securities (ABS) am Kapitalmarkt refinanziert. Das heißt, die Hauskredite der Hauskäufer wurden als Wertpapiere in Form von ABS verkauft, die Verbriefung erfolgte über eigens dafür geschaffene Zweckgesellschaften (Conduits), die die Rückzahlungs- und Zinszahlungsansprüche übernahmen und zur eigenen Refinanzierung die ABS herausgaben (emittierten). Diese Refinanzierung erfolgte zum Teil wiederum über ganz kurzfristige Assed-backed Commercial Paper, also eine lange Hypothekenlaufzeit wurde in mehrere kurzfristige Kredite gesplittet. Damit die Conduits für ihre Papiere ein günstiges Rating erhielten, bürgten Banken zu 100 Prozent für sie. Alles kompliziert und wenig übersichtlich – und gerade deshalb auch so gefährlich!

Schon der Beginn dieser Krise zeigt deutlich, dass die verantwortlichen Personen gleich drei höchst simple und auch in diesem Buch immer wieder propagierte Börsenregeln schlichtweg »übersehen« haben:

✔ Gier frisst Hirn.

✔ Kaufe nur Produkte, die du auch verstehst.

✔ Wo hohe Gewinne winken, lauern auch besonders große Risiken.

Lehman oder das Kartenhaus wackelt

Während in Deutschland die Krise in den USA zu Anfang kaum größere Beachtung fand und die Unternehmen produzierten, was das Zeug hielt, und Rekordgewinne einfuhren, begannen die ersten Banken und vor allem Fonds in den USA zu wackeln. Insofern traf es die amerikanischen Investmentbanken als Erstes mit voller Wucht. Schon im August 2007 begannen die Zinsen für das Interbankengeschäft sprunghaft zu steigen, das heißt, die Banken trauten sich gegenseitig nicht mehr über den Weg. In den USA musste schon im Juli 2008 die IndyMac Bank unter staatliche Kontrolle gestellt werden, am 7. September folgten die beiden Hypotheken-Finanzierer Fanny Mae und Freddy Mac, die gemeinsam über 5,3 Billionen US-Dollar in Form von Darlehen vergeben hatten. Der für alle augenscheinlich werdende Beginn der Krise setzte aber erst mit den Problemen der viertgrößten Investmentbank Lehman Brothers ein. Erst nach deren Pleite am 15. September 2008 trocknete der Interbankenmarkt vollständig aus und jedem auf der ganzen Welt wurde klar, dass die Finanzkrise heftiger ausfallen würde, als von vielen erwartet.

 Lehman Brothers Inc. war bereits 1850 gegründet worden und gehörte zeitweise zu American Express. Erst 1994 fungierte Lehman Brothers wieder als selbstständige Investmentbank mit eigener Börsennotierung. Noch Anfang 2007 kaufte Lehman Archstone-Smith, den zweitgrößten börsennotierten Wohnungseigentümer in den USA, zum stolzen Preis von 22 Milliarden US-Dollar. 2007 erzielte Lehman einen Umsatz von mehr als 59 Milliarden US-Dollar, die Bilanzsumme betrug 651 Milliarden US-Dollar.

Schuldenberg

Aufgrund der unverkäuflich gewordenen Subprime-Kredite musste Lehman 3,3 Milliarden Dollar abschreiben und versuchte, sich über zwei Kapitalerhöhungen von vier Milliarden und fünf Milliarden Dollar zu retten. Allein für das dritte Quartal 2008 musste Lehman einen Verlust von 3,9 Milliarden Dollar melden. Da der Versuch, Teile des Bankhauses zu veräußern, misslang, musste Lehman am 15. September Insolvenz anmelden. Der Aktienkurs von Lehman hatte bis dahin bereits 90 Prozent seines Wertes eingebüßt. Der aufgehäufte Schuldenberg von Lehman betrug zum Zeitpunkt der Insolvenz über 600 Milliarden Dollar. Hauptgläubiger war die Citibank mit allein 138 Milliarden Dollar. 900.000 Derivate hatte Lehman ausgegeben, die jetzt von einem Tag auf den anderen wertlos geworden waren.

Die Folgen waren verheerend – weltweit. Der Fondsmanager Bill Gross sprach von einem »Tsunami an den Finanzmärkten«. In Deutschland existierte nicht nur eine Filiale der Lehman Brothers in Frankfurt, viele Anleger hatten auch Zertifikate (vergleiche Kapitel 6) einer niederländischen Tochtergesellschaft erworben, die nun nichts mehr wert waren. In der Folge klagten Anleger wegen einer fehlerhaften Beratung ihrer Bank, die Berater hätten sie nicht auf dieses Risiko hingewiesen. Die Hamburger Sparkasse zahlte – freiwillig – etwa tausend Anlegern eine Entschädigung von 9,5 Millionen Euro. Eine ziemlich direkte Folge der Krise: Die Banken müssen jetzt bei jedem Wertpapiergeschäft Beratungsprotokolle anfertigen, damit Art und Umfang ihrer Beratung auch noch nach Jahren vom Anleger nachvollzogen werden kann.

 Lehman Brothers war wie viele andere Banken auch sehr engagiert in der Kunstförderung: Allein im Jahr 2007 hatte die Investmentbank 39 Millionen US-Dollar in Kulturprojekte gesteckt. Gerade in Amerika, wo nur vergleichsweise wenige Gelder von der öffentlichen Hand in die Kulturszene fließen, ist privates, unternehmerisches Engagement extrem wichtig. Unterstützt wurden von Lehman so unterschiedliche Projekte wie eine Jackson-Pollock-Ausstellung im Guggenheim-Museum oder die Tate Modern, der Louvre oder das Städel Museum in Frankfurt. Überdies waren Richard Fuld, der Chef der Lehman-Bank, und seine Frau eifrige private Kunstsammler und Mäzene – nun mussten sie ihre Sammlung verkaufen. Erste Museen in den USA verhängten einen Einstellungsstopp, weil die notwendigen Gelder fehlten.

Vielleicht hätte die US-Regierung stützend eingegriffen, hätte sie die Folgen des Konkurses geahnt. Doch sie hatte bereits mit einem Auffangschirm von 29 Milliarden Dollar nachgeholfen, damit die Investmentbank Bear Stearns an die Konkurrenz (JP Morgan) verkauft und gerettet werden konnte. Außerdem hatte die US-Regierung erst Anfang September die beiden hoffnungslos verschuldeten Hypotheken-Finanzierer Freddy Mac und Fannie Mae verstaatlicht, um sie vor dem Kollaps zu retten. Das hatte den amerikanischen Steuerzahler bereits einige Milliarden Dollar gekostet.

Gravierend wirkte sich die Lehman-Pleite nicht nur auf einzelne Anleger aus, die zum Beispiel ihre geplante Altersversorgung einbüßten, sondern auch auf andere Banken. Vor und nach Lehman traf es in Deutschland am schlimmsten ausgerechnet die IKB Deutsche Industriebank, die eigentlich den Mittelstand finanzieren sollte, doch schon im Juli 2007 melden musste, dass das Haus aufgrund seiner Spekulationen mit US-Hypothekenpapieren in eine bedrohliche Schieflage geraten sei. Innerhalb von zehn Tagen musste die »Mutter aller Krisenbanken in Deutschland« (Financial Times Deutschland) aus einer Gewinnprognose eine Verlustwarnung machen.

Die Bankenverbände und der Hauptaktionär, die Kreditanstalt für Wiederaufbau, KfW, vereinbarten ein Rettungspaket von 3,5 Milliarden Euro. Damit wurden eine Zahlungsunfähigkeit der IKB und eine mögliche Kettenreaktion, eine deutsche Lehman-Krise vor der tatsächlichen Lehman-Pleite, vereitelt. Der Aktienkurs der Bank brach von noch 30 Euro zu Jahresbeginn auf 10 Euro im August 2007 ein. Bis zum Jahresende fiel der Kurs auf 6 Euro und weitere 350 Millionen Euro musste der Bankenfonds zur Stützung der IKB nachschießen. Anfang 2008 musste die KfW eine weitere Milliarde nachschießen, gedeckt durch den Bund. Aufgrund einer Kapitalerhöhung der IKB – für die sich keine Aktionäre fanden – erhöhte sich der Anteil der KfW an der IKB auf zuletzt über 90 Prozent. Im August 2008 verkaufte die KfW die IKB schließlich an den US-Investor Lone Star, für gerade einmal 115 Millionen Euro.

Aber auch die einstmals stolzen Landesbanken, öffentlich-rechtliche Kreditinstitute, im Besitz der Länder und der Sparkassen, hatten sich in besonders hohem Maße mit US-Subprime-Papieren eingedeckt. Von der Sachsen LB über die Bayern LB, die WestLB und die HSH Nordbank, fast alle kamen schwer ins Straucheln, Vorstandsvorsitzende mussten zurücktreten und Finanzminister in den Ländern wackelten. Eigentlich hatten diese Banken über die Jahre hinweg einen großen Vorteil: Da die jeweiligen Länder für sie hafteten, konnten sie Kredite zu sehr guten, sprich billigen Konditionen aufnehmen – und günstiger als die Konkurrenz an Unternehmen weiterreichen. Ein Geschäft ohne Risiko und mit überschaubarem Gewinn. Das ging bis 2005 gut, dann verbot die EU diesen Wettbewerbsvorteil. Wie aber jetzt noch Geld verdienen? So versuchten diese Bankhäuser, auf dem internationalen Feld der Investments zu punkten. Der Erfolg blieb aus und Milliardenverluste und -abschreibungen zeichneten sich ab.

Ausgestorben – die Investmentbanken

Investmentbanken haben – beziehungsweise hatten – sich ganz auf die Vermögensverwaltung äußerst liquider Kunden spezialisiert und überdies handelten sie mit Wertpapieren und halfen Unternehmen dabei, an die Börse zu gehen. Alles lukrative Geschäfte, nur das kleine Bankeneinmaleins, das Verleihen von Geld in Form von Krediten und das Anlegen von Geld ihrer Kunden, betrieben diese Banken nicht. Durften sie auch gar nicht, denn sie besaßen keine Vollbankenlizenz, was den Vorteil hatte, dass sie von Staats wegen weniger kontrolliert wurden. Sie entstanden in den USA, wo eine strikte Trennung in Geschäfts- und Investmentbanken vorgeschrieben war. Auch »normale« Banken rüsteten ihr Investmentgeschäft gewaltig auf – oder kauften gleich eine Investmentbank, schien das doch wesentlich gewinnbringender als das mühsame Bewerten von Kunden zwecks Kreditvergabe. Die fünf größten Investmentbanken in den USA waren Merrill Lynch (im September 2008 von der Bank of America übernommen), Lehman Brothers (Insolvenz), Bear Stearns (im März 2008 an das Bankhaus JP Morgan Chase verkauft, »vergoldet« von der US-Regierung mit 29 Milliarden US-Dollar), Goldman Sachs (Umwandlung in eine Geschäftsbank) und Morgan Stanley (hat ebenfalls den Status als Investmentbank aufgegeben).

Trennung mit Verlust

Unter den privaten Geschäftsbanken strauchelte auch die ehemalige Allianz-Tochter Dresdner Bank, nach Kunden und Bilanzsumme immerhin die Nummer drei der deutschen Banken. Doch die Dresdner Bank hatte sich voll ins internationale Geschäft des Investmentbanking gestürzt und dort verspekuliert. Die Allianz, die die Dresdner Bank 2001 noch für 24 Milliarden Euro erworben hatte, reichte sie jetzt für 9,8 Milliarden Euro an die eigentlich kleinere Commerzbank weiter. 2008 »bescherte« die Dresdner Bank ihrer neuen Besitzerin gleich Verluste in Höhe von 6,3 Milliarden Euro, 2009 sanken die Verluste auf »nur noch« 4,3 Milliarden Euro. In den ersten neun Monaten 2010 kletterte das Konzernergebnis aber schon wieder auf fast 1,2 Milliarden Euro Plus! Der Name »Dresdner Bank« allerdings verschwand – mit Ausnahme der Niederlassung in Dresden selbst.

Schwer ins Straucheln kam die Münchner Hypo Real Estate (HRE), eine einst im DAX notierte und auf Hypothekenkredite spezialisierte Bank. Über ihre irische Tochter Depfa, auf Investmentbanking spezialisiert, drohte der HRE ein Milliardenloch. In schneller Folge stopften der Staat und der Bankenverband – also die Konkurrenten – aus Angst vor einer weiteren Insolvenz mit allen Folgeerscheinungen Kapital in das Finanzloch der HRE – ohne jedoch den Boden zu erreichen. Anfang Oktober 2010 gründete die HRE eine eigene »Bad Bank« und lagerte Schrottpapiere im Wert von 173 Milliarden Euro in diese Bank aus. Damit hofft das Institut selbst, wieder in die schwarzen Zahlen zu kommen, während für die »Bad Bank« der Staat – also der Steuerzahler – garantiert.

Wie viel die Banken und der gesamte Finanzsektor weltweit infolge der Krise tatsächlich abschreiben mussten an Geldern, die sie eigentlich gar nie besessen haben, ist noch keinesfalls klar. Schätzungen liegen bei etwa 1,2 Billionen, so der Internationale Währungsfonds IWF. Eine Zahl, die wir vielleicht einmal ausschreiben sollten:

1.200.000.000.000

Ziemlich viele Nullen, aber immer noch weniger, als sich in den Investmentabteilungen der Banken herumtrieben!

Der Staat als Bankenretter

Etwas Besonderes verursachte die Lehman-Pleite: Damit die internationalen Finanzmärkte nicht völlig zusammenbrechen und keine Bank mehr der anderen traut, griff nun vermehrt der Staat ein, um Banken zu retten, teilweise über Garantien oder durch den direkten Einstieg.

Schon drei Tage nach der Lehman-Insolvenz schossen die Zentralbanken weltweit mehr als 180 Milliarden US-Dollar in das Bankensystem, um die Lage zu entspannen. Am 8. Oktober 2008 senkten die amerikanische Notenbank Federal Reserve, die Europäische Zentralbank EZB, die Bank of England und weitere wichtige Notenbanken die Leitzinsen, um den Interbankenverkehr wiederzubeleben. Bis Anfang 2009 pendelten sich die Leitzinsen auf ein denkwürdig niedriges Niveau ein: 2,0 Prozent (EZB), 1,5 Prozent (Bank of England) und 0 bis 0,25 Prozent (Fed). Trotz wieder erstarkendem Wirtschaftswachstum im Jahr 2010 sanken die Leitzinsen noch weiter ab: zwischen 0 und 2,5 Prozent bei der Fed, 0,5 Prozent bei der Bank of England und nur 1,0 Prozent bei der EZB.

Doch neben diesen »allgemeinen« Maßnahmen steckten viele Staaten jede Menge Geld in einzelne Bankinstitute, die somit teilweise zu »Staatsbanken« mutierten.

USA – Verstaatlichung statt reiner Kapitalismus

Die USA stützten mit einem (ersten) Überbrückungskredit von 85 Milliarden Dollar den größten Versicherer American International Group (AIG) und verstaatlichten diesen durch die Übernahme von fast 80 Prozent der Anteile. Der Finanzminister der Bush-Administration, Henry Paulson, wollte einen Rettungsfonds für US-Banken in Höhe von 700 Milliarden Dollar durchsetzen, der jedoch vom Senat am 29. September 2008 mehrheitlich abgelehnt wurde. Dies führte zum größten absoluten Kursverlust an der Wall Street in der Geschichte. Am 3. Oktober wurde der Emergency Economic Stabilization Act dann jedoch angenommen. Direkt helfend musste die US-Regierung zum Beispiel bei der Citibank (mit einer 306-Milliarden-Dollar-Bürgschaft) oder bei der Bank of America mit 20 Milliarden Dollar Direkthilfe und 118 Milliarden Dollar als Garantien eingreifen.

Der neue US-Präsident Barack Obama startete ein eigenes Hilfspaket für bedrohte Hausbesitzer in Höhe von 75 Milliarden US-Dollar, um sie vor der Zwangsversteigerung ihrer Häuser zu bewahren und das Übel quasi an der Wurzel zu packen.

Im Dezember sank die Rendite von US-Staatspapieren auf null Prozent, die Kurse gingen dafür nach oben, weil die Anleger aus Aktien und Wertpapieren in festverzinsliche Papiere flohen.

Deutschland – Garantie für Sparer und Anleihe bei Marx

Am 8. Oktober 2008 gab die deutsche Bundesregierung eine Garantieerklärung an die verunsicherten Sparer über ihre Spareinlagen ab. Diese Garantie gilt aber nur für diejenigen Banken, die zur deutschen Einlagensicherung gehören.

 Die Einlagensicherung umfasst alle gesetzlichen und freiwilligen Maßnahmen zum Schutz der Einlagen, also Bankguthaben, von Kunden bei Kreditinstituten im Falle einer Insolvenz des betreffenden Instituts. In Deutschland wurde 1966 die erste Sicherungseinrichtung der privaten Banken gegründet, während die Einlagen bei den Sparkassen schon immer durch die staatliche Gewährträgerhaftung geschützt waren. Seit 1997 müssen Banken diesem Sicherungsschirm beitreten.

Schon am 17. Oktober 2008, kaum vier Wochen nach der Lehman-Pleite, verabschiedete der Bundestag das Finanzmarktstabilisierungsgesetz (FMStG), in dessen Rahmen ein eigener Fonds angelegt wurde zur Stützung Not leidender Banken. Im Fonds-Topf befinden sich Bürgschaften bis zu einer Gesamthöhe von 400 Milliarden Euro. Außerdem darf der Fonds Kredite in Höhe von 80 Milliarden Euro aufnehmen, um sich an Instituten zu beteiligen oder »problematische Vermögenswerte«, wie es hieß – gemeint waren die Schrottpapiere aus den US-Subprime-Krediten –, aufzukaufen.

Wir wären nicht in Deutschland, wenn aus der Krise nicht gleich eine neue Institution hervorgegangen wäre, die SoFFin, wie der staatliche Sonderfonds zur Finanzmarktstabilisierung genannt wird. Mit eigenen Büros und unter eigener, schon wieder ausgetauschter, Führung. Zuerst hat die SoFFin ihre Gelder in Form von direkten Finanzspritzen – also den 80 Milliarden Euro – an die Commerzbank in Höhe von 18 Milliarden Euro »ausgeschüttet«.

Um die schwer angeschlagene Hypo Real Estate zu retten, behält sich die Bundesregierung sogar die Möglichkeit der Enteignung vor, eigentlich einmal das Modell des anderen deutschen Staates jenseits der Mauer im Zeichen der Lehre von Karl Marx. Anleger weltweit dürften das nicht als besonders vertrauenserweckendes Zeichen in den deutschen Kapitalmarkt verstehen. Das Drama spiegelt im Übrigen auch der Kursverlauf der Aktie wider: von um die 24 Euro im Mai 2008 sank der Kurs auf 0,66 Euro Anfang März 2009, die DAX-Aktie wurde zum Pennystock und musste nach dem DAX inzwischen auch ihren Platz im MDAX räumen. Die Aktie büßte innerhalb eines Jahres über 96 Prozent ihres Wertes ein. Der Bund hat die Mehrzahl der Aktien für sagenhafte 1,39 Euro pro Stück erworben.

Quer durch Europa – von Bankpleiten zu Staatspleiten

Die Benelux-Länder mussten bereits im September 2008 den auch in Deutschland sehr aktiven Finanzdienstleister Fortis mit 11,2 Milliarden Euro stützen. Nur wenige Wochen später übernahm die niederländische Regierung für 16,8 Milliarden Euro die niederländischen Bank- und Versicherungsaktivitäten von Fortis. Den belgisch-luxemburgischen Teil übernahm zu zwei Dritteln die französische BNP Paribas, denn bei aller Krise der Banken boten und bieten sich für einige Institute durchaus auch Chancen, ja Schnäppchen für Übernahmen.

Am härtesten getroffen wurde jedoch die UBS aus der Schweiz, die insgesamt einen Abschreibungsbedarf von 59 Milliarden Schweizer Franken melden musste. Der Schweizer Staat übernahm »nicht handelbare Wertpapiere« – die Schrottpapiere haben die unterschiedlichsten

Namen bekommen – in Höhe von 60 Milliarden Schweizer Franken von der UBS, sonst wäre die Bank überschuldet.

In Großbritannien mussten die Hypothekenbank Northern Rock und die Bradford & Bingley Bank verstaatlicht werden, um zu überleben. Der britische Bankenrettungsakt veranschlagt 663 Milliarden Euro!

Frankreich billigte seinen Banken insgesamt 360 Milliarden Euro an Garantien und Direkthilfen zu, Irland verstaatlichte etwa die Anglo Irish Bank, Österreich gewährt seinen Instituten Garantien bis zu 85 Milliarden Euro und direkte Hilfen in Höhe von 15 Milliarden Euro und so weiter, kaum ein Staat in Europa und dem Rest der Welt, der nicht in irgendeiner Form plötzlich als der bessere oder wenigstens vorsichtigere Banker auftrat.

Umgekehrt stürzten aber auch ganze Regierungen über ihre bankrotten Banken, so etwa die isländische Regierung (vor allem, aber nicht nur wegen der Kaupthing-Bank), die kurz vor dem Staatsbankrott stand und Anfang Oktober 2008 gleich das gesamte Bankensystem der Insel unter staatliche Verwaltung stellte.

Weil der Staat nun oftmals zum Teilhaber oder Fastbesitzer der Banken wurde, verlangte er auch gewisse Gegenleistungen. Zum Beispiel sollten die deutschen Bankmanager, deren Institute nur von Staats wegen überlebten, nicht mehr als 500.000 Euro pro Jahr verdienen. Zu Recht wird heute kritisiert, dass viele Manager nur zu einem geringen Teil mit fixen Gehältern und zum großen Teil mit variablen Zulagen, den Boni, vergütet wurden. Die richteten sich aber nach kurzfristigen Erfolgen. Weil jüngst noch die Gewinne der Banken besonders hoch waren, strichen viele Bankmanager hohe Boni ein, obwohl ihr Institut inzwischen ums Überleben kämpfte und zahlreiche Mitarbeiter entlassen werden mussten. Manch fristlos entlassener Bankmanager klagt sogar jetzt noch sein Gehalt ein. Da soll ein Gegenbeispiel nicht unerwähnt bleiben: Der Chef der ebenfalls stark leidenden Postbank, Wolfgang Klein, will im Jahr 2009 auf sein Gehalt verzichten und für einen symbolischen Euro arbeiten.

Statt böser Banker lieber eine Bad Bank

Eine Möglichkeit, wie Banken ihre Schrottpapiere, ihren »Giftmüll«, loswerden können, liegt in der Gründung von so genannten Bad Banks. Das heißt, es können eigene Institute gegründet werden, in die dann schnell und heimlich sämtliche schlechten Wertpapiere, Suprime-Kredite vor allem, für die sich derzeit keine Käufer finden, »entsorgt« werden können. Das Schöne: Weil der Staat über die SoFFin für die Bad Banks garantiert, werden die Papiere darin besser geratet als vormals in den Kreditinstituten – und das, obwohl sie eigentlich nichts wert sind. Dachten viele Beobachter anfangs, dass die Banken Schlange stehen würden bei der Gründung von Bad Banks, haben bisher nur die WestLB und die Hypo Real Estate aus München Gebrauch davon gemacht – beide mit gewissem Erfolg.

Nun »gehören« also zahlreiche Banken dem Staat, quer durch Europa und selbst in den USA. Es wird auch bei einigen produzierenden Unternehmen darüber nachgedacht, ob der Staat nicht Teilhaber werden soll, bei Opel etwa beziehungsweise der Muttergesellschaft General Motors. Zur kurzfristigen Stabilisierung der Krise war dieser Schritt mit Sicherheit der richtige, langfristig sollte sich der Staat aber auf seine eigentlichen Aufgaben konzentrieren, und das Führen von Banken oder Unternehmen zählt sicher nicht dazu. Dass der Staat nicht der bessere Unternehmer ist, das hat uns die Geschichte schon zur Genüge bewiesen.

Vom Boom in die Krise – den Unternehmen laufen die Kunden weg

Wie heftig und wie schnell sich die Finanzkrise auf die so genannte Realwirtschaft, also die Unternehmen des produzierenden Gewerbes, auswirkte, soll eine kleine Liste von Pleiten namhafter oder traditionsreicher Unternehmen verdeutlichen – auch wenn die Finanzkrise vielleicht nicht immer der alleinige Auslöser gewesen sein mag und gerade jetzt schwache Unternehmen besonders schnell auf den Prüfstand kommen:

✔ Märklin, Spielzeughersteller, Modelleisenbahnen

✔ Rosenthal, Porzellanmanufaktur

✔ Edscha, Automobilzulieferer, Kabrioverdecke

✔ Schiesser, Unterwäsche

✔ Pohland, Herrenausstatter

✔ Pfaff, Nähmaschinen

✔ TMD Friction, Automobilzulieferer, Bremsbeläge

✔ Tedrive, Automobilzulieferer, Antriebswellen und Lenksysteme

✔ Arcandor (Karstadt Quelle)

Die Euler Hermes Kreditversicherungsanstalt und damit spezialisiert auf Unternehmen in Not geht für 2009 von einem massiven Ansteigen der Insolvenzen aus, nicht nur in Deutschland, sondern gerade auch bei vielen wichtigen Handelspartnern. So stiegen in Deutschland die Insolvenzen 2009 um über 12 Prozent, in Frankreich um 12 Prozent, in Großbritannien um über 34 Prozent und in den USA um über 50 Prozent, im Euro-Raum insgesamt um 44 Prozent.

Ganze Branchen von der Automobilindustrie über die Zulieferer bis hin zu den Stahlherstellern kriselten plötzlich, nachdem sie noch 2007 ein Boomjahr ohnegleichen hingelegt hatten. Gerade weil es die Unternehmen in einer Phase hoher Auslastung und reißender Absätze traf, erwischte es sie doppelt. Denn viele hatten die Produktion ganz nach oben gefahren, hatten in neue Anlagen, Maschinen, Standorte und Mitarbeiter investiert, finanziert überwiegend mit Fremdkapital, mit Krediten. Nun mussten sie ganz schnell reagieren, die Produktion wieder nach unten fahren, Anlagen stilllegen und – bei sinkenden Einnahmen – weiter brav ihre Zinsen zahlen. Denn die Chancen der Globalisierung drehten sich um, weltweit gingen die Wachstumszahlen nach unten, angeführt von den USA, wo das Bruttoinlandsprodukt, also die wirtschaftliche Leistung der ganzen Nation, im vierten Quartal 2008 um 6,2 Prozent abnahm. Deutschland profitierte als Exportweltmeister jahrelang vom Wachstum in anderen Ländern, vor allem in Schwellenländern wie Asien (China, Indien) oder Teilen Südamerikas. Jetzt leiden die deutschen Unternehmen in ganz besonderem Maße am Rückgang der Weltwirtschaft, und ähnlich wie beim Fußball sind wir höchstens noch Vize-Exportweltmeister.

Rasende Talfahrt

Am tiefsten und schnellsten in die Krise fuhr die Automobilindustrie, die Schlüsselindustrie für Deutschland: 2008 ging der Absatz erstmals seit sechs Jahren um vier Prozent zurück. Allein im Februar 2009 sank der Export der deutschen Hersteller um 51 Prozent, die Produktion ging um 47 Prozent zurück, nachdem schon im Januar zweistellige Minusraten gemeldet werden mussten und das gesamte vierte Quartal des Jahres 2008 bereits katastrophal verlaufen war. Die großen US-Hersteller General Motors, Chrysler und Ford zeigten sich schwer angeschlagen und die ersteren beiden mussten in Washington um Milliardenkredite bitten, General Motors sogar Insolvenz anmelden. Mit 61 Prozent der Aktien in Staatsbesitz wurde der ehemals mächtigste Autokonzern quasi verstaatlicht. »Wir haben uns in der Rezession eine blutige Nase geholt und bislang noch nicht unseren Anteil an der Erholung bekommen«, musste Chrysler-Chef Sergio Marchionne noch im November 2010 bei Vorlage der Minuszahlen zum dritten Quartal 2010 feststellen. Der Mann mit dem Namen wie aus einem Spaghetti-Western versucht den angeschlagenen US-Konzern durch eine Verbindung mit Fiat zu retten.

In Deutschland traf es die General Motors-Tochter Opel besonders hart und Manager wie Gewerkschafter und Mitarbeiter erhofften sich die letzte Rettung durch die Bundesregierung, während für die schwedische Tochter Saab bereits die letzte Stunde schlug. Doch auch Autobauer wie Daimler, BMW oder Porsche mussten plötzlich rapide Umsatz- und Absatzrückgänge verzeichnen und viele Zulieferer, die auf wenige Hersteller fokussiert waren, kämpften ums nackte Überleben, mehr als 20 mussten bereits Insolvenz anmelden.

 Die Krise traf jedoch nicht nur Branchen und Unternehmen, sie traf auch die Unternehmer dahinter. Tatsächlich schrumpften gerade die Vermögen so mancher Milliardäre im Zeichen der Krise ganz erheblich und die Anzahl der Milliardäre ging weltweit zurück: in den USA etwa von 1.128 im Jahr 2008 auf 739 im Jahr darauf, die noch ein Vermögen von 2,4 Billionen US-Dollar besaßen statt 4,4 Billionen 2008. Auch die Reichsten der Welt büßten enorm ein: Bill Gates verlor 18 Prozent seines Vermögens und muss sich jetzt (2009) mit nur noch 40 Milliarden US-Dollar begnügen. Am meisten verloren Warren Buffet (minus 25 Prozent), Carlos Slim Helu (minus 25 Prozent) und Lakshmi Mittal (minus 25,7 Prozent) ein. Arme Milliardäre – aber alle verfügen noch über zweistellige Milliardenpolster, das sollte genügen.

Der Maschinenbau, in Deutschland mit Börsenkonzernen wie Gea, Tognum (der ehemaligen MTU), Krones, Heidelberger Druck, Kuka, Gildemeister oder Koenig & Bauer hochkarätig vertreten, musste im Januar 2009 einen Auftragsrückgang von 47 Prozent verbuchen. Die Chemieindustrie als dritte große produzierende Branche in Deutschland war schon im vierten Quartal 2008 um fast 11 Prozent bei Produktion und Umsatz eingebrochen.

Verhoben

Übernahmen, die noch ein paar Monate früher mit viel Geschick und Chuzpe zu gelingen schienen, wie der Kauf des Autoriesen Volkswagen durch Porsche, misslangen nun plötzlich, wie der schwierige Fall Schaeffler und Continental und die Umkehrung der Vorzeichen bei Porsche und VW zeigten. Auch hier wollte der viel kleinere Spezialist für Kugellager und Familienkonzern aus Herzogenaurach den viel größeren DAX-Konzern und Automobilzulieferer

Continental aus Hannover übernehmen. Es hätte klappen können, doch aufgrund der Finanzkrise wurden Schaeffler viel mehr Conti-Aktien von den Aktionären angeboten als gewollt, denn die Herzogenauracher strebten ursprünglich gar keinen 100-Prozent-Anteil an. Das extra knapp bemessene Angebot von Schaeffler pro Conti-Aktie lag dann aber plötzlich deutlich über dem tatsächlichen Kurs des DAX-Wertes – da sprangen natürlich viele Anleger auf. Und die Conti-Kurse rutschten weiter in den Keller, die bei den Banken hinterlegten Aktien hatten rapide an Wert eingebüßt. Gleichzeitig gingen die Umsätze und Gewinne beider Konzerne aufgrund der Not leidenden Autoindustrie in den Keller und Schaeffler hatte Schwierigkeiten, die enorme monatliche Zinsbelastung aufzubringen, weil die Übernahme zu großen Teilen fremd über Banken finanziert war. Gleichzeitig verdaute auch noch Continental an der erst vor etwa einem Jahr vollzogenen Übernahme von Siemens VDO und saß selbst auf einem Schuldenberg. So wurde eine vielleicht logisch stringente unternehmerische Entscheidung, einen internationalen Automobilzulieferer von Weltformat zu schmieden, der die Elemente Mechanik und Elektronik im Auto verbindet, durch die Finanzkrise ad absurdum geführt. Aber unternehmerische Entscheidungen sind immer auch mit Risiko behaftet, können schiefgehen, eine (Binsen-) Weisheit, die Anleger immer mit beachten sollten.

 Es gab auch viele Schaefflers im Kleinen, die ihre Aktivitäten an der Börse überwiegend kreditfinanziert und als Sicherheit die Aktien bei der Bank hinterlegt hatten. Gerade Hedgefonds – nicht unbedingt »kleine« Schaefflers – arbeiteten gerne so, Pech nur, wenn die hinterlegten Aktien plötzlich drastisch an Wert verloren haben. Dann greifen die Banken ein und fordern Geld nach, das meist nicht vorhanden ist. Die Aktien gehen dann in den Besitz der Bank über. Also: An der Börse sollte nur handeln, wer seine Aktivitäten auch bezahlen kann!

Börsenfieber

Die Börsen, also eigentlich die Anleger, reagierten nach der Lehman-Pleite weltweit geschockt, geradezu panisch. Einige Indizes wie der US S&P 500 fuhren mit 4,69 Prozent minus Kursverluste wie nach dem 11. September 2001 ein. Am Tag drei nach Lehman musste zum Beispiel die Börse in Russland zeitweise geschlossen werden, weil die russischen Leit-Indizes RTS und MICEX so heftige Kursrutsche verzeichneten.

Auch noch drei Wochen nach dem Konkurs von Lehman meldeten die Börsen gewaltige Verluste, wie die Woche zum Freitag, den 10. Oktober 2008, deutlich zeigt, die die FAZ auflistete: Der DAX mit den dreißig größten deutschen Unternehmen sank um 21,6 Prozent auf 4.544 Punkte und der Euro Stoxx mit den 50 kapitalstärksten europäischen Unternehmen verlor 22,3 Prozent auf 2.420 Punkte. Aber auch die Vorzeigewerte in den USA (Dow Jones um minus 21 Prozent), Japan (Nikkei 225 mit minus 24,3 Prozent), Russland (Russia RTS Index mit minus 21,1 Prozent) und China (Hang Seng Hongkong mit minus 16,3 Prozent) ließen deutlich Federn innerhalb nur einer Woche.

Doch das gesamte Börsenjahr 2008 kannte jetzt nur noch eine Richtung, nach unten. Besonders traf es naturgemäß die Bankhäuser, die über das Jahr 2008 hin gewaltig einbrachen: Der Kurs der Deutschen Bank sackte um 66 Prozent ab, doch deutlich übertroffen wurde sie von der Deutschen Postbank (minus 74,5 Prozent) oder der Commerzbank (minus 74,7 Prozent). Am schlechtesten schnitten die Aareal Bank mit einem Minus von 81,6 Prozent und die stark gebeutelte Hypo Real Estate mit minus 91,6 Prozent ab. Anders ausgedrückt: Wenn Sie das Pech hatten und 1.000 Euro in Aktien der Hypo Real Estate als »sichere Bank« anlegten, war Ihr kleines Vermögen Ende 2008 nur noch 84 Euro »wert«.

 Einen interessanten Zusammenhang erkannte eine Studie des Kondomherstellers Ansell: Je mehr die Aktien in den Keller fallen, desto höher steigt der Absatz an Kondomen! Im direkten Vergleich mit dem S&P ASX-Index der australischen Börse und der verkauften Stückzahl an Kondomen rutschte der australische Aktienindex innerhalb von sechs Monaten um 36 Prozent nach unten und der Absatz an Verhüterli stieg um 37,5 Prozent! Nun gibt es ja Neurologen, die behaupten, dass das Investieren in Aktien mit Erfolgserlebnissen ähnliche Wirkungen erziele wie Sex. Umgekehrt ist zu folgern: Fehlen diese Glückshormone vom Parkett, holt Mann/Frau sie sich lieber im Bett!

Es waren aber nicht nur die Banken, die im Jahr 2008 in der Kursrallye talwärts rasten, auch der Chiphersteller Infineon, vor langer Zeit einmal aus dem Siemenskonzern ausgegliedert, verlor 88,1 Prozent seines Kurswertes und selbst ein in vielen Branchen erfolgreich aktiver, traditionsreicher Mischkonzern wie die MAN büßte immer noch 66 Prozent ein, um ein fast beliebiges Beispiel aus der »realen Wirtschaft« zu nennen.

Ob es auch Gewinner gab im Jahr 2008? Anleger, die trotz der Krise Gewinne einfahren konnten? Wer VW-Aktien besaß und sich zur richtigen Zeit – als sie kurzfristig einmal die einsame Höhe von über 1.000 Euro markierten – von ihnen trennte, konnte saubere Gewinne einfahren. Grund: Der kleine, aber fixe Stuttgarter Sportwagenhersteller Porsche hatte VW Stück für Stück übernommen und dabei die Übernahme aus den steigenden VW-Kursen finanziert. Als Porsche die Nachricht lancierte, bereits 75 Prozent von VW zu kontrollieren, wobei Niedersachsen allein 20 Prozent der Aktien hält, trieb der Run auf die wenigen freien Aktien die Kurse in einsame Höhen und selbst den gesamten DAX gegen den Trend nach oben. Auch übers ganze Jahr 2008 gesehen schloss VW mit einem satten Plus von 60,2 Prozent ab.

 An den Börsen ist es wie im Leben: Des einen Leid, des anderen Freud. Während die Aktienkurse weltweit purzelten, kletterten Kurse für festverzinsliche Staatspapiere nach oben. Wer auf sich hielt, flüchtete in diese sicheren Papiere und trieb damit die Kurse in die Höhe, allerdings stürzten die Renditen in den Keller. Trotzdem, eine zehnjährige, festverzinsliche Bundesanleihe, gekauft am Anfang des Jahres, brachte bis Jahresende einen Total Return, also einen Gesamtertrag aus Kurs und Verzinsung, von mehr als 16 Prozent!

Insgesamt musste der DAX im Jahr 2008 einen Kursrückgang von 40 Prozent hinnehmen, auf nur noch 4.810 Punkte, dabei hatten vor der Krise alle mit über 8.000 Punkten gerechnet. Aber auch andere Indizes stürzten tief in den Keller: der Dow Jones verlor 36 Prozent, der japanische Nikkei 42 Prozent und der EuroStoxx 45 Prozent.

Übrigens, wenn Sie die Ursachen und den Verlauf der Krise noch immer nicht so ganz verstanden haben, denken Sie sich nichts und schieben Sie es nicht auf die Autoren: Der US-Wirtschaftsnobelpreisträger Robert Solow gab etwa zu, nicht erklären zu können, was so ganz genau passiert sei. Zur Begründung führte er im Handelsblatt aus:

Ab einem bestimmten Punkt gewinnt die pure Panik oder die Psychologie die Oberhand.

Gießkannen im Ausverkauf – Konjunkturpakete massenweise

Seit Ende 2008 versuchen die Staaten weltweit, die Krise durch eine Vielzahl an Maßnahmen in den Griff zu bekommen. Vor allem »Konjunkturpakete«, also unterstützende Maßnahmen des Staates, sei es durch Steuererleichterungen, direkte Investitionen in die Infrastruktur oder Bildung, also in Schulen und Universitäten, durch Kaufgutscheine für die Bevölkerung, sind gefragt. Allen diesen Paketen ist eines gemeinsam: Sie stecken dem Bürger oder Unternehmer auf der einen Seite etwas in die Tasche, was sie ihm aus der anderen, früher oder später, wieder herausziehen. Denn der Staat besitzt das Geld, das er zuschießt, gar nicht, sondern muss es sich in Form von Krediten besorgen, muss sich stärker verschulden. Zurückzahlen muss es in jedem Fall der Steuerzahler. Insofern waren Konjunkturprogramme in der Wirtschaftspolitik für lange Zeit verschrien, galten als Strohfeuer, die schnell abbrannten, aber wenig Wärme spendeten, sprich, die Konjunktur nicht wirklich ankurbelten. Im Angesicht der Finanzkrise aber schienen sich die führenden Politiker der Welt von Barack Obama bis Nicolas Sarkozy und von Angela Merkel bis Frank-Walter Steinmeier seltsam einig, dass nur in Konjunkturpaketen (möglichst in Mehrzahl aufgelegt) Rettung für das Staatswohl zu finden sei.

Internationaler Paketdienst

So legte selbst China, die »Werkbank der Welt«, bereits Anfang November 2008 ein Konjunkturprogramm in Höhe von etwa 460 Milliarden Euro auf und schoss im März 2009 noch einmal kräftig nach. Immerhin bescherte die Krise dem Reich der Mitte Tausende geschlossene Unternehmen und etwa zwanzig Millionen Arbeitslose. Die USA unter Barack Obama legten ein gewaltiges Stützungs- und Konjunkturprogramm in Höhe von 790 Milliarden US-Dollar auf. Vorgänger George Bush hatte bereits mehr als 150 Milliarden US-Dollar in die heimische Wirtschaft gesteckt. Frankreich pumpte 22 Milliarden Euro in das Bankensystem, damit diese Mittelstandskredite finanzieren, und weitere 10 Milliarden Euro als Direktinvestition in den Ausbau des Glasfasernetzes. Ein eigener, mit 20 Milliarden Euro ausgestatteter Staatsfonds soll sich an wichtigen Unternehmen beteiligen, um diese mit notwendigem Kapital zu versorgen. Italien will in den nächsten zwei Jahren sogar insgesamt 80 Milliarden Euro in die Wiederbelebung der Konjunktur stecken.

Deutsches Postpaket

Die deutsche Bundesregierung beschloss am 5. November 2008 ein »Maßnahmenpaket Beschäftigungssicherung durch Wachstumsstärkung«, das so genannte erste Konjunkturpaket. Am 13. Februar 2009 folgte bereits Nummer zwei, jetzt unter dem schlichten Titel: »Konjunkturpaket II – Pakt für Wirtschaft und Beschäftigung«.

Im ersten Konjunkturpaket stellte die Bundesregierung für 2009 einen »Entlastungsrahmen«, wie es so schön heißt, von 6 Milliarden Euro und für die Jahre ab 2010 von 14 Milliarden Euro jährlich zur Verfügung. Für 2009 und 2010 sollen Investitionen für Unternehmen, private Haushalte und Kommunen in Höhe von rund 50 Milliarden Euro angestoßen, außerdem durch die Sicherungsmaßnahmen zur Finanzierung und Liquidität bei Unternehmen weitere 20 Milliarden Euro bereitgestellt werden.

Im zweiten Konjunkturpaket stellte die Bundesregierung 50 Milliarden Euro für Investitionen und zur Entlastung für die Bürger zur Verfügung. Für die größte Aufregung und die meisten Schlagzeilen sorgte die so genannte Umweltprämie, die dann gezahlt wurde, wenn mindestens neun Jahre alte Autos verschrottet und durch einen Neu- oder Jahreswagen ersetzt wurden. Hier legte die Bundesregierung 2.500 Euro pro Auto drauf – für die ersten 400.000, die darum ersuchten. Überdies wurde jedoch für notleidende Unternehmen eine Bürgschaft bis zu 100 Milliarden Euro in Aussicht gestellt. Weil es die nicht so einfach gibt und das Ganze mit deutscher Gründlichkeit ein wenig kompliziert gemacht ist, hat sich das Bundesfinanzministerium der Mühe unterzogen, das Maßnahmenpaket in ein Schaubild zu gießen (Abbildung 3.1).

Der Lenkungsrat ist mit acht Personen aus Wirtschaft, Gewerkschaften und Wissenschaft besetzt, Banker sollen nicht darunter sein.

Halfen die Konjunkturpakete? Teilweise und zeitweise, könnte man dazu sagen. So meldete der Verband der deutschen Automobilwirtschaft mit Begeisterung, die Monate Januar und Februar 2009 seien glänzend verlaufen: mit 16 Prozent plus im Januar und 63 Prozent mehr Aufträgen aus dem Inland im Februar. Die Pkw-Neuzulassungen stiegen in Deutschland im Februar 2009 um 21 Prozent auf 278.000 Einheiten – das höchste Niveau seit zehn Jahren. Unter den deutschen Herstellern profitierte besonders Volkswagen, die Wolfsburger konnten den besten Februar seit fast zwanzig Jahren melden. Doch die Nachfrage aus dem Ausland, aus den wichtigsten Absatzmärkten der deutschen Autobauer, bleibt schleppend. Und was wird nach den Abwrackprämien kommen, wurden nicht nur viele Käufe vorgezogen? Fällt die Autobranche dann in ein noch tieferes Loch? Fragen über Fragen, die zeigen, dass diese Krise doch ein anderes Kaliber aufweist als die in (un)schöner Regelmäßigkeit etwa alle sieben Jahre die Weltkonjunktur treffenden Dellen. Gibt es überhaupt vergleichbare Krisen und haben wir aus der Vergangenheit gelernt, sind wir besser gerüstet?

1929–2009: Was uns die Vergangenheit über die Zukunft sagt

Nicht nur aufgrund der ähnlichen Jahreszahlen drängt sich ein Vergleich zwischen der großen Krise mit anschließender jahrelanger Depression und der heutigen Situation auf. Doch inwieweit trifft das überhaupt zu und haben wir, vor allem unsere Wirtschaftspolitiker an den Schalthebeln der Macht, aus der Vergangenheit gelernt?

Das Jahr 2008 war nicht nur ein Jahr der Krise und der stürzenden Kurse, es war auch ein Jahr der falschen Vorhersagen. Auch wenn sich plötzlich überall Finger erhoben, die es schon immer gewusst haben wollten – nicht die Finger, sondern die diese Erhebenden –, so lagen doch viele berufsmäßigen Auguren fatal daneben. Die *Börsenzeitung* fand in einer Umfrage heraus, dass die Marktanalysten von 25 internationalen Banken den DAX im Durchschnitt bei 8.612 Punkten Ende 2008 erwarteten – zur Erinnerung, er lag bei 4.810 Punkten! Dabei verlief die Schwankungsbreite der Analysten zwischen 10.000 und 7.900 Punkten!

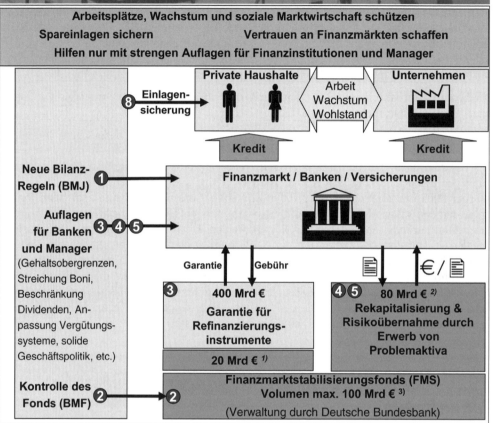

Maßnahmenpaket Stabilisierung Finanzmärkte

Gesetz zur Umsetzung eines Maßnahmenpakets zur Stabilisierung des Finanzmarkts 13. Oktober 2008 (Finanzmarktstabilitätsgesetz FMStG) und weitere Maßnahmen (vereinfachte Darstellung)

Arbeitsplätze, Wachstum und soziale Marktwirtschaft schützen

Spareinlagen sichern   Vertrauen an Finanzmärkten schaffen

Hilfen nur mit strengen Auflagen für Finanzinstitutionen und Manager

Private Haushalte | Arbeit Wachstum Wohlstand | Unternehmen

⑧ Einlagen-sicherung →

Kredit   Kredit

Neue Bilanz-Regeln (BMJ) ①→ **Finanzmarkt / Banken / Versicherungen**

Auflagen für Banken ③④⑤→

und Manager
(Gehaltsobergrenzen, Streichung Boni, Beschränkung Dividenden, Anpassung Vergütungssysteme, solide Geschäftspolitik, etc.)

Garantie   Gebühr   €/🖹

③ **400 Mrd €**
Garantie für Refinanzierungs-instrumente
20 Mrd € [1]

④⑤ **80 Mrd €** [2]
Rekapitalisierung & Risikoübernahme durch Erwerb von Problemaktiva

Kontrolle des Fonds (BMF) ② ②

Finanzmarktstabilisierungsfonds (FMS)
Volumen max. 100 Mrd € [3]
(Verwaltung durch Deutsche Bundesbank)

1) 20 Mrd € = haushaltsrechtliche Vorsorge in Höhe von 5% der Garantiesumme (400 Mrd.€)
2) 80 Mrd € = 70 Mrd € Kreditaufnahme (+10 Mrd € weiterer Kreditrahmen) für Rekapitalisierung und Erwerb von Problemaktiva
3) 100 Mrd € = 20 Mrd € haushaltsrechtliche Vorsorge für Garantiesumme + 80 Mrd Kreditaufnahme und Kreditrahmen für Rekapitalisierung und Erwerb von Problemaktiva

BMF, 13. Oktober 2008

Maßnahmenpaket
Auswahl von Maßnahmen in Abbildung

❶ Änderung Bewertungs- und Bilanzierungsregeln

❷ Einrichtung eines Finanzmarktstabilisierungsfonds (FMS)

❸ Garantien des Bundes für Refinanzierung

❹ Rekapitalisierung von Instituten

❹ Staatliche Kontrolle & Bedingungen für Garantien / Kapitalisierung aus FMS

❺ Risikoübernahme durch Erwerb von Problemaktiva

❻ Liquiditätssicherung Geldmarktfonds (durch Bundesbank)

❼ Verbesserung der Finanzmarktaufsicht

❽ Einlagensicherung (garantiert und kurzfristige Verbesserung geplant)

❾ Beteiligung der Länder

Abbildung 3.1: Die Struktur des Wirtschaftsfonds Deutschland

Inzwischen sind die Großauguren vorsichtiger geworden und malen die Zukunft in den düstersten Farben: die schlimmste Wirtschaftskrise der Nachkriegszeit – und damit der von 1929 ebenbürtig – bis hin zu einem Rückgang der deutschen Wirtschaft um bis zu 4 Prozent, so der Chefvolkswirt der Deutschen Bank, Norbert Walter. Zum Vergleich, in der Weltwirtschaftskrise der dreißiger Jahre nahm das deutsche Bruttosozialprodukt um 35 Prozent ab!

Ähnlich wie die heutige Krise brach diejenige von 1929 auch über die gesamte Welt herein und Auslöser waren auch damals die USA. Nach einem zu großen Produktionsüberhang – es wurde sehr viel mehr produziert als abgesetzt werden konnte – mussten dort einige Unternehmen ihre Pforten schließen und ihre Mitarbeiter entlassen. Überdies wollten viele Amerikaner vom Aufschwung der zwanziger Jahre durch den Kauf von Aktien profitieren; als nun aber die Kurse zurückgingen, warfen sie am 24. Oktober 1929 plötzlich 16 Millionen Aktien auf den Markt – die Börsen brachen zusammen. Überdies hatten viele dieser Anleger ihre Aktien auf Pump gekauft und konnten nach dem Fallen der Kurse ihre Kredite nicht mehr finanzieren.

In Deutschland standen auf dem Höhepunkt der Krise, im Februar 1932, mehr als 6 Millionen Arbeitslosen nur noch etwa 12 Millionen Beschäftigte gegenüber! Die Banken hatten einen erheblichen Anteil an der Schwere der Krise, denn auch damals hatten sie sich im hohen Maße verzockt. Sie hatten viele kurzfristige Kredite aus den USA langfristig weiterverliehen, außerdem eifrig expandiert, ohne viel über das Eigenkapital nachzudenken. Nachdem im Jahr 1930 US-Banken in die Krise stürzten, zogen sie ihre kurzfristigen Kredite aus Deutschland ab, die deutschen Banken saßen auf dem Trockenen. Nachdem immer mehr ausländische Investoren aufgrund merkwürdiger Ankündigungen der deutschen Politik – etwa, die Reparationen aus dem Ersten Weltkrieg nicht mehr bezahlen zu wollen – abzogen und auch deutsche Sparer ihre Einlagen wiederhaben wollten, mussten die Banken am 13. Juli 1931 ihre Zahlungen einstellen – der Supergau im Bankensystem war eingetreten. Die Banken wurden für mehrere Tage geschlossen und die Börsen gleich mit. Damals gab es noch keine Einlagensicherung bei den Banken, wenn also eine Bank zumachen musste, dann war das gesamte Ersparte weg.

Erste Reaktionen der Staaten auf die Krise bestanden vor allem darin, hohe Importzölle zu erheben, um die eigenen Industrien zu stärken. Da dies aber weltweit geschah, der Protektionismus auf dem Vormarsch war, ging der Schuss nach hinten los und behinderte den Welthandel und benachteiligte wiederum weltweit alle auf Export ausgerichteten Branchen und Unternehmen.

In den USA reagierte die Regierung unter Franklin D. Roosevelt erst 1933 verstärkt durch öffentliche Investitionen, finanziert durch eine verstärkte Kreditaufnahme, dem so genannten New Deal. Andere Länder, wie etwa Großbritannien, koppelten ihre Währung vom Goldstandard ab, um sie stabil zu halten. In Deutschland versuchte die Regierung unter Reichskanzler Heinrich Brüning vor allem durch tiefe soziale Einschnitte, die eigene Währung zu stärken und einen schmerzhaften Weg aus der Krise zu finden.

Einer, der es wissen muss, warnte vor einer zu großen Dramatisierung der jetzigen Krise im Vergleich zur großen Depression: der Vorsitzende des Historikerverbandes, Werner Plumpe. Damals habe es ein unvorstellbares Massenelend gegeben, von dem wir heute weit weg seien. Viel näher an der heutigen Krise sei diejenige von 1873, als auch aufgrund des Platzens einer Immobilienblase in den damals aufstrebenden Ländern USA und Deutschland einige Banken zusammenbrachen. Die »Gründerzeit«, in der in Deutschland ganze Stadtviertel – auch mitfinanziert durch die Reparationen Frankreichs nach dem 70er-Krieg – entstanden, krachte zusammen, die Menschen reagierten panisch. Damals dauerte die Finanzkrise in Europa sechs Jahre, in den USA vier Jahre!

Immerhin, aus der Krise der großen Depression lernte die USA und führte unter anderem die Einlagensicherung, die Arbeitslosenversicherung und die Trennung von Geschäfts- und Investmentbanken ein, die durch die jetzige Krise wieder aufgehoben wurde.

 Wer sich angesichts der gegenwärtigen Krise näher mit der großen Depression von 1929 befassen möchte – ohne selbst in Depressionen zu verfallen –, der sei an John Kenneth Galbraith verwiesen. Dieser Zeitgenosse der großen Depression schrieb bereits in den 50er Jahren die bis heute gültigste Beschreibung und Analyse der Krise von 1929: *The Great Crash 1929* ist sein Buch ganz einfach überschrieben und gehört bis heute zu den Bestsellern der Wirtschaftsliteratur.

Fühlen wir uns aufgrund der historischen Verbindungen, Vergleiche und Unvergleichbarkeiten gewappneter in der gegenwärtigen Krise? Insgesamt sind die Regierungen weltweit gewillt, schnell einzugreifen, das zeigen die Finanzmarktstabilisierungsgesetze und Konjunkturprogramme zu Genüge. Gerade nach der Pleite der Lehman-Bank versuchen alle Länder weltweit, dieser Großbank keine weitere mehr folgen zu lassen. Schwachpunkt ist noch immer, dass es kein weltweit abgestimmtes Handeln gibt, dass doch wieder oftmals die Interessen des eigenen Staates, der eigenen Industrien, in den Mittelpunkt gestellt werden, auf Kosten des Welthandels. Außerdem versuchen auch die Zentralbanken, durch eine moderate Zinspolitik die Geldmenge zu steuern. Ob all diese Maßnahmen nun schnell oder eher zögerlich helfen, ob sich die Krise als V-, U- oder L-Krise entpuppen wird, also ein kurzes, langes oder ewiges Jammertal entsteht, das wird leider erst die Zukunft erweisen. So scheint sich 2010 die Wirtschaft wieder erholt zu haben, aber noch immer reagieren die Börsen sehr nervös und angespannt, haben sich die Kurse in den meisten Ländern der Welt noch nicht auf das Vor-Krisen-Niveau stabilisiert. Aber es befinden sich noch sehr viele Schwellenländer in der Aufwärtsbewegung, noch immer lebt ein Großteil der Menschheit weit unter dem Niveau der westlichen Industrieländer, und es gibt einen Nachfrageappetit, der über kurz oder lang bedient werden will. Man muss die Chancen sehen, auch und gerade in der Krise!

Krisenlehre

Klar ist aber, dass diese Krise mehr ist als nur eine der »normalen«, zyklischen Konjunkturkrisen. Sie stellt eine deutliche Zäsur dar, die Welt wird tatsächlich nicht mehr so sein wie vorher. Die Zeiten des Neoliberalismus und des überbordenden Kapitalismus scheinen – fürs Erste – vorüber zu sein. Der Staat, von vielen internationalen Finanzinvestoren lange als eher lästiges Übel betrachtet, wurde nun allerorten wieder als der große Retter herbeizitiert. Die Aufsicht über Banken und Emittenten von Verbriefungen, aber auch über Rating-Agenturen, die diese Verbriefungen bewerten, wird schärfer werden. Verbriefungen aller Art müssen in Zukunft einfachere und transparentere Strukturen aufweisen, damit sie überhaupt noch Käufer finden. Banken werden künftig wieder mehr Eigenkapital aufbauen und geben sich bei der Kreditvergabe bereits wesentlich zögerlicher, und auch wenn sie selbst jegliche »Kreditklemme« leugnen, spüren dies die Unternehmen deutlich.

Der schwarze Schwan

Wie sicher sind eigentlich Zukunftsvorhersagen oder kann man überhaupt aus der Vergangenheit irgendetwas über die künftige Entwicklung herauslesen, darüber machte sich Nassim Nicholas Taleb so seine Gedanken. Dabei stand ihm das Bild des »schwarzen Schwans« vor Augen, eines Tieres, von dem niemand glaubte, dass es existieren könnte, da es völlig außerhalb der Vorstellungswelt lag. Bis dann in Australien der Trauerschwan entdeckt wurde. Taleb machte das Problem der Vorhersage aus der Exploration der Vergangenheit an einem einfachen Beispiel deutlich: Ein Truthahn denkt sich Tag für Tag, er lebe in der besten aller Welten. Er bekommt täglich leckeres Futter, wird auf die Weide gelassen, beschützt, freut sich des Lebens. Jeden Tag glaubt er so, der nächste Tag wird bestimmt noch besser, die Futter-Portionen größer. Tatsächlich bekommt der Truthahn immer mehr Futter, damit er wächst und gedeiht. Am wohlsten fühlt er sich bestimmt drei Tage vor Thanksgiving, weil er noch einmal toll gefüttert wurde. Er freut sich auf den nächsten Tag, doch an dem geht es ihm an den Kragen. Eine Tatsache, eine Katastrophe, die er aus der Vergangenheit unmöglich hätte herauslesen können. Ähnlich geht es uns mit der Vorhersagbarkeit von Krisen. Wir sollen nicht versuchen, Katastrophen vorherzusagen, so Taleb, wir sollen uns vielmehr darauf vorbereiten, dass sie jederzeit eintreffen können.

Gibt's noch etwas Positives zum Schluss? Ja, als (relativ) krisenfest gelten Branchen wie die Nahrungsmittelindustrie, die gesamte Gesundheitsbranche von Pharma über Kliniken bis hin zur Medizintechnik, die gesamte Energiebranche. Außerdem werden gerade große, weltweit breit aufgestellte oder exzellent fokussierte Unternehmen aus der Krise eher gestärkt hervorgehen, vielleicht auch noch für günstiges Geld ein paar Konkurrenten »mitnehmen«. Apropos günstig: Niedrige Aktienkurse stellen auch einen Kaufanreiz dar, die Frage der Fragen ist nur, wann steigen die Kurse wieder und welche Aktien machen vor allem das Rennen. Erste Frühlingsgefühle erlebten Anleger gerade von Bankaktien Ende Februar/Anfang März 2009, als sich die Kurse nach ersten Meldungen aus den Instituten, dass die Januarzahlen wieder »besser« seien, kurzfristig leicht erholten. Also, es besteht Hoffnung!

Wenn der starke Staat schwach wird – ein Nachtrag

Als wir uns daran gewöhnt hatten, die Finanzkrise wieder mit Erfolg zu verdrängen, die Unternehmen langsam wieder Gewinne einfuhren und selbst die Banken wieder eifrig anfingen, Boni auszuschütten, passierte etwas, das wieder nur von wenigen vorausgesagt wurde: ganze Staaten fingen an zu straucheln. Schnell war auch eine griffige Bezeichnung für die angeschlagenen Staaten gefunden: PIIGS. Die »Schweinchen« waren Portugal, Irland, Italien, Griechenland und Spanien und hatten vor allem eines gemeinsam: Eine hohe Staatsverschuldung bei gleichzeitig relativ wenig Einnahmen. Das führte dazu, dass Rating-Agenturen die von diesen Staaten zur Schuldentilgung herausgegebenen Staatsanleihen als riskant einstuften und damit deren Schuldendienst verteuerten. Jetzt wurden die Rating-Agenturen für das gescholten, was sie bei den US-Schrottpapieren versäumt hatten: eine reelle Beurteilung der Gegebenheiten.

Die Bank of America berechnete zum Beispiel, dass diese Staaten einen Refinanzierungsbedarf von 2 Billionen Euro in den nächsten drei Jahren zu decken haben. Interessant, wie viel Prozent die Schulden am Bruttosozialprodukt, also der gesamten Wirtschaftsleistung eines Landes, einnehmen: 2009 waren das in Portugal 77,4 Prozent, in Irland 65,8 Prozent, in Italien 114,6 Prozent, in Griechenland 112,6 Prozent und in Spanien 54,3 Prozent. Nach EU-Recht (Maastricht-Vertrag) dürften es nur 60 Prozent sein und Sorge macht auch die Entwicklung: So hatte Irland noch 2007 eine Quote von 25,1 Prozent, 2008 waren es schon 44,1 Prozent und 2009 eben 77,4 Prozent!

Aus Angst, der Euro könnte in Gefahr geraten, wenn Mitgliedsländer Gefahr laufen, insolvent zu werden, hat die EU und der Internationale Währungsfonds für Griechenland ein Rettungspaket in Höhe von 110 Milliarden Euro geschnürt – der Finanzierungsbedarf Griechenlands in den nächsten drei Jahren liegt allerdings bei 153 Milliarden Euro. Insgesamt stützen EU und IWF den Euro mit 750 Milliarden Euro!

Noch ist nicht endgültig sicher, ob es nicht doch sinnvoller sein könnte, einzelne Staaten tatsächlich in die Insolvenz zu schicken, schließlich hat das bei einem Weltkonzern wie General Motors auch geklappt und er hat sich wieder erholt. Die Finanzkrise Teil zwei, wie diese Entwicklung gerne genannt wird, bleibt spannend – auch für Anleger, galten Staatsanleihen doch lange Zeit als – eigentlich – sicher.

Wer bin ich – Und wie komme ich am besten zu Wohlstand und Vermögen?

4

In diesem Kapitel

▶ Warum es nicht verwerflich ist, Geld mit Gewinn anzulegen

▶ Welche Anlageform sich für welchen Geschmack eignet

▶ Wie Sie Gutes tun und daran verdienen können

▶ Wie Sie herausfinden, welcher Typ Sie sind

▶ Was die persönliche Zukunft bringt – oder auch nicht

*I*n Karikaturen treten Aktionäre gerne als dicke Anzugträger mit Glatze auf, die Zigarre im Mundwinkel und Dollarzeichen in den Pupillen, die sich darüber freuen, dass trotz oder wegen Massenentlassungen die Aktienkurse steigen. Sieht der typische Aktionär heute immer noch so aus? Wohl kaum. Heute will ein Anleger vor allem eigenverantwortlich für seine Zukunft sorgen oder sich ein Eigenheim finanzieren, also sein hart erarbeitetes Vermögen vermehren und nicht den dicken Mann mit Zigarre mimen. Wer an der Börse sein Geld gemacht hat, der soll und kann stolz darauf sein, denn er hat seinen Einsatz riskiert und die Wirtschaft mit ihrem wichtigsten Treibstoff, mit Kapital versorgt. An der Börse gibt es eine große Zahl von Anlagemöglichkeiten, die von sehr riskant bis relativ sicher reichen. Damit Sie Ihr Geld optimal anlegen können, müssen Sie sich vorab ein paar Fragen stellen und diese – und nichts fällt schwerer – ganz ehrlich beantworten. Denken Sie vor allem ein wenig über Ihre Risikobereitschaft im Allgemeinen und bei Geld im Besonderen nach, das wird Ihnen bei der Anlage garantiert weiterhelfen.

Gewinnstreben ist menschlich – Psychologie des Geldes

Altmodische Menschen glauben, dass man eine Seele haben kann ohne Geld. Sie glauben, je weniger Geld man besitzt, desto mehr Seele hat man. Junge Menschen wissen das heutzutage besser. Eine Seele zu erhalten, das ist eine kostspielige Sache: sehr viel kostspieliger als ein Auto.

George Bernhard Shaw in Haus Herzenstod (Eine Fantasie englischer Themen in russischer Manier)

Was George Bernhard Shaw seiner Dramenfigur in den Mund legte, mag überspitzt und klischeehaft klingen, aber eines ist wohl wahr: Es gibt keinen direkten Zusammenhang zwischen »gut sein« und »Geld haben«. Es sind nicht die Armen die besseren Menschen, nur weil sie arm sind, und nicht die Reichen schlechter, nur weil sie reich sind. Wahrscheinlich gibt es unter den Armen sehr viel mehr Schufte als unter Reichen, schon weil es mehr Arme als Reiche gibt, allerdings, bei den Reichen fallen die Schufte mehr ins Gewicht. Außerdem, der Anspruch an Reiche, etwas Gutes zu tun, ist sehr viel höher als bei Armen. Aber nur die wenigsten werden diesem Anspruch gerecht – sonst wären sie vielleicht nicht so reich geworden. Womit wir beim »eher geht ein Kamel durchs Nadelöhr als ein Reicher ins Paradies« wären. Aber so weit genug zur Moral. Geld allein macht nicht glücklich, aber es beruhigt. Sie kennen diesen Satz und haben ihn bestimmt selbst schon öfter vor sich hin gemurmelt. Aber er stimmt nur bis zu einem gewissen Grad. Tatsächlich ist es doch so: Wer kein Geld hat, der schläft unruhig und denkt darüber nach, wie er an welches kommen könnte. Wer aber Geld besitzt, überlegt, wie er es vermehren könnte. Der eine hat Angst um seine Existenz, der andere um die Existenz seines Geldes.

Geld beruhigt das Gewissen

Ob das Streben nach Geld an sich verwerflich ist oder nicht, füllt ganze Bände an philosophischen und religiösen Betrachtungen. Noch im Mittelalter war es aus genau diesem Grund den Christen untersagt, Zinsen zu nehmen. Aber, er hat sich schon damals nicht daran gehalten, der Christenmensch, man denke nur an das Florentiner Bankengeschlecht der Medici, das durch Zinsen reich geworden war und mit vielen Kirchen und Kunstwerken Abbitte tat. Heute füllt das schlechte Gewissen der damaligen Banker ganze Museen! Die Zeiten ändern sich. Ist es nicht bezeichnend, dass wir im Deutschen für den Gelderwerb fast ausschließlich doppeldeutige, aber positiv befrachtete Bezeichnungen verwenden: Verdienst, Vermögen, Kapital, Gewinn?

Wer ist der geborene Aktionär?

Das Hauptmotiv für den Erwerb von Aktien ist es, Gewinne einzufahren. Das muss Ihnen von Anfang an klar sein. Altruistische Motive, also dass Sie ein bestimmtes Unternehmen unterstützen wollen, seine Politik, seine Produkte, seine Ideen, sein Management, spielen eine eher sekundäre Rolle, bleiben Ihnen aber selbstverständlich unbenommen. Ob sie sich aber wirklich positiv auf Ihre Rendite auswirken, steht auf einem anderen Blatt. Bei vielen Familienaktionären spielt die Verhinderung »fremden« Einflusses zum Beispiel eine wesentliche Rolle für den Aktienbesitz und das Halten von Aktienpaketen. Hinter vielen deutschen Unternehmen mit Weltruf sitzen noch immer Familien, die nicht immer den Firmennamen tragen müssen wie bei Burda oder Oetker, sondern einfach auch große Aktienpakete halten können, wie etwa bei BMW die Familie Quandt-Klatten (mit insgesamt über 46 Prozent).

Dass das Reden und selbst das Nachdenken über Geld in Deutschland noch immer gerne verdrängt wird, brachte eine Studie der Commerzbank an den Tag: Lediglich fünf Prozent der Deutschen verfügten demnach über eine gute oder sehr gute finanzielle Allgemeinbildung. Leben wir in einem Land der Geldlegastheniker? Findet das Fach Wirtschaft in der Schule nicht statt oder schlafen die Kinder da besonders gerne? Eine zweite, repräsentative und auf die Commerzbank-Studie aufbauende Untersuchung durch NFO Infratest ging 2004 der Frage nach, warum dies so ist, welche psychologischen Ursachen für diese Wissenslücken verantwortlich seien. Unter dem Titel »Psychologie des Geldes« filterte die Untersuchung

Die Verteilung der acht Geldtypen

positive Einstellung zum Geld

11% Der Souveräne
- sehr aktiv und aufgeklärt
- „Geld bedeutet Unabhängigkeit"

Der Ambitionierte 7%
- sehr engagiert und risikobereit
- „Nur mit Geld kann man das Leben genießen"

11% Der Vorsichtige
- aufgeschlossen und gut informiert
- „Geld wird gespart"

Der Pragmatiker 16%
- aktiv nur auf Druck von außen
- „Geld hat viel zu hohen Stellenwert"

10% Der Delegierer
- sensibilisiert, aber nicht selbst aktiv
- „Um Geld kümmere ich mich nicht"

Der Bescheidene 10%
- nicht abgeneigt, aber distanziert
- „Geld ist etwas sehr Privates"

16% Der Leichtfertige
- unbekümmert und planlos
- „Geld zurücklegen lohnt sich nicht"

Der Überforderte 19%
- abwehrend und frustriert
- „Geld reicht kaum aus"

negative Einstellung zum Geld

Abbildung 4.1: Die Geldtypen nach einer Studie der Commerzbank zur »Psychologie des Geldes« von August 2004

verschiedene »Geldtypen« heraus. Acht Geldtypen konnte die Studie ausfindig machen, vom »Überforderten« bis zum »Souveränen« (siehe Abbildung 4.1).

Als künftige Aktionäre kommen vor allem die sieben Prozent der Ambitionierten in Betracht, die engagiert und risikobereit sind und ihr Leben genießen wollen, wozu man ihrer Ansicht nach aber unbedingt Geld benötigt. Auch die elf Prozent der Souveränen, die sich sehr aktiv und aufgeklärt geben und sich ihre Unabhängigkeit mit Geld bewahren wollen, sind prinzipiell sicherlich geeignet für den Einstieg in die Börse. Die elf Prozent der Vorsichtigen werden, obwohl gut informiert, einen Bogen um die Börse machen und lieber in festverzinsliche Renten investieren, denn bei ihnen steht das Sparen im Vordergrund. Dem Pragmatiker, immerhin zählen zu dieser Gruppe 16 Prozent der Deutschen, ist Geld zu wichtig, um es zu riskieren! Sie handeln vielmehr nur, wenn der Druck von außen zu hoch wird. Aber unter äußerem Druck sollte niemand an der Börse versuchen, sein Glück zu machen!

Wer legt das Geld lieber unter die Matratze?

Was lässt aber die Mehrheit der Befragten so skeptisch erscheinen in Sachen Geld? Laut Professor Stefan Hradil vom Institut für Soziologie der Universität Mainz, wissenschaftlicher Berater der Commerzbank-Studie, klafft eine große Schere zwischen der tatsächlichen künftigen Versorgung der Deutschen und ihrer Reaktion auf diese Zukunftsaussichten. Denn weil sich der Staat mehr und mehr aus der Vorsorge seiner Bürger zurückzieht (Gesundheit und Rente), müssten sich diese mehr Gedanken über ihre private Altersvorsorge und Pflege machen. Allerdings, die in Kapitel 2 vorgestellte Theorie der Behavioral Finance verknüpft mit der Neurofinanzwissenschaft geht eher davon aus, dass die meisten Menschen nicht in der Lage sind, ihr Vermögen zukunftsgerichtet anzulegen – und zwar unabhängig von ihren sonstigen intellektuellen Fähigkeiten. Prof. Hradil machte als Hauptproblem das negative Image von Geld aus.

Ist das nicht alles furchtbar kompliziert?

Haben wir uns gedanklich also noch immer nicht weit vom Mittelalter entfernt? Glauben wir noch immer, dass Geld den Charakter verdirbt, statt zu akzeptieren, dass Geld nur ein Mittel zum Zweck ist? Warum aber erfährt eine jenseits des guten Geschmacks agierende und intellektuell gänzlich unbefleckte Gestalt wie Paris Hilton eine wesentlich höhere Medienpräsenz als ein Bill Gates, der große Teile seines Vermögens in eine Stiftung einbrachte, die weltweit humanitäre Projekte von Impfkampagnen bis Computern für Schulen anbietet? Auch der Börsenmilliardär Warren Buffett beteiligte sich mit etwa 30 Milliarden US-Dollar an der Bill-Gates-Stiftung, die damit über mehr Geld verfügt als die Weltgesundheitsorganisation (WHO). Infantilismus kontra Altruismus, doch wem laufen die Autogrammjäger hinterher? Sind wir fasziniert vom (vielen) Geld der anderen und trauen uns nicht, über das (fehlende) eigene zu reden? Oder stürzen wir unser mediales Interesse auf Paris Hilton, weil wir uns in dem Vorurteil, Geld verdirbt den Charakter, so schön bestätigt fühlen?

Von guten und von schlechten Dingen

Noch einmal zurück zur Commerzbank-Studie. Die erkannte als Hauptursachen für den deutschen Hang, Geldthemen zu verdrängen, tatsächlich die Ansichten: »Über Geld spricht man nicht«, »Geld hat einen schlechten Ruf« und »Das Thema ist mir zu komplex, zu abstrakt«. Neben den eher psychologischen Ursachen für das fehlende Nachdenken über Geld spielt also auch die zunehmende Komplexität der Anlageprodukte eine wichtige Rolle für die beobachtete Vogel-Strauß-Taktik. Nachdem schon gelernte Anlageberater eine ganze Zeit benötigten, bis sie die Riester-Rente verstanden und dafür werben konnten, ist das auch kein Wunder.

Wenn Sie also als souverän-ambitionierter Geldprofi mit dem Gedanken spielen, an der Börse aktiv zu werden, oder es bereits sind, mag Sie eines trösten: Geld verdienen macht wesentlich mehr Spaß als einfach nur Geld haben! Gewinne an der Börse kommen nicht von selbst, sind keine Lottogewinne, sondern setzen aktives und entschlossenes Handeln, Nachdenken, schnelles Reagieren, Aufmerksamkeit und Intelligenz voraus. Warum sollte das nicht belohnt werden? Weil das Geldverdienen an der Börse aber so viel Spaß macht, liegt darin auch gleich eine der größten Gefahren für den Anleger begraben: Die Gier nach immer mehr!

Gier macht blind

Wer einmal Lunte gerochen und das erste Geld an der Börse verdient hat, der kann nur schlecht wieder damit aufhören. Kein Pokerspieler verlässt den Tisch, wenn er gerade eine Gewinnsträhne hat. Frisch gebackene Börsenneulinge, die gerade ihre ersten, noch relativ zaghaften Kursgewinne eingesackt haben, sind besonders anfällig für diese Sucht. Sie wollen immer mehr und immer schneller kassieren, und das kann auf die Dauer nicht gutgehen! Um möglichst viele Chancen zu nutzen, wird dann oft noch Geld geliehen und wieder in Aktien gesteckt. Am besten noch in riskante Titel, denn es soll ja der maximale Gewinn in minimaler Zeit eingefahren werden. Nach den ersten Gewinnen halten sich viele bereits für alte und gewitzte Hasen, denen nichts passieren kann. Das sind leider die Grundvoraussetzungen dafür, dass es schiefgeht. Dann stürzen plötzlich die Aktienkurse, die vermutete verborgene Perle unter den Unternehmen hat sich als Konkursente erwiesen. Weil dies Anleger aber nicht wahrhaben wollen und fest davon überzeugt sind, dass sie nicht fehlgehen können, investieren sie immer weiter in ihre fallenden Aktien, nehmen auch noch Geld von der Bank auf, um sich die einmalige Chance nicht nehmen zu lassen voller Hoffnung, die Papiere könnten wieder steigen. Erfahrene Börsianer stellen darum lapidar fest:

Gier frisst Hirn!

Dass es sich dabei nicht um theoretische Ausführungen handelt, beweist der Börsencrash nach der Jahrtausendwende. Von 2000 bis 2003 sanken die Kurse fast Tag für Tag und trieben so manchen Anleger in den Ruin. Die Euphorie über die seit Ende der Neunziger Jahre rapide steigenden Kurse und die vielen neuen Unternehmen mit den tollen Geschäftsideen aus der virtuellen Welt des Internets steckte viele an, doch viele verspekulierten sich damit. Einige Aktien verloren zwei Stellen vor dem Komma an Wert. Wer also Aktien im Wert von 15.000 Euro gekauft hatte, hatte plötzlich nur noch 150 Euro im Depot, musste aber für 15.000 Euro Zins und Tilgung zahlen, falls er sich das Geld geliehen hatte! Kein Fall für dicke Zigarren! Oder hier ein paar drastische Verlierer-Aktien des Jahres 2000: Die Papiere der Gigabell AG notierten noch im März des Jahres auf einem Hoch von 131,56 Euro, am Jahresende erhielten Anleger pro Aktie noch 1,30 Euro! Ein satter Verlust von genau 99 Prozent! Beliebt waren damals besonders Firmen mit einem Punkt in der Mitte, also etwa Ricardo.de AG. Das hörte sich so toll an, dass die Aktie im März auf 222 Euro schnellte und am Jahresende gerade noch einmal 6,10 Euro wert war. Ein Verlust von 97,3 Prozent. Bitter für alle, die sehr spät auf den Zug aufgesprungen waren, in der Hoffnung, noch satte Gewinne mitzunehmen. Schon im Februar 2001 flog Gigabell ganz aus dem neuen Markt, der Software-Provider hatte gar keinen Geschäftsgegenstand mehr, weil inzwischen wesentliche Teile verkauft worden waren. Ricardo.de war einmal als Auktionsplattform gegründet worden und stellte schließlich im November 2003 den Betrieb ein.

Eine typische Folge von Gier spiegelt sich auch in der Tatsache wider, dass nicht wenige Anleger auf die reißerischsten Anlagetipps hören. Wo mit Spitzenrenditen geworben wird, gar im zweistelligen Bereich, gilt es immer zu hinterfragen, warum und womit diese tatsächlich erzielt werden sollen.

Gier, Panik, Unentschiedenheit und Kauf auf Pump sollten keine Begleiter auf dem Börsenparkett sein! Behalten Sie Ihren gesunden Menschenverstand auch an der Börse bei, dann haben Sie schon viel gewonnen.

Keine Panik auf – dem Parkett

Das Spekulieren mit Aktien ist eigentlich ganz einfach. Sie müssen neben den richtigen Aktien nur noch den richtigen Kauf- und Verkaufszeitpunkt wählen. Darüber wurden schon dicke Bücher oft auch mit dünnem Inhalt geschrieben. Kaufen Sie bei steigenden Kursen zu spät, fällt Ihr Gewinn niedriger aus, verkaufen Sie bei sinkenden Kursen zu spät, erhöht sich Ihr Verlust. Ganz einfach also. Gier verleitet nun Anleger oft dazu, noch bei Höchstständen Aktien nachzukaufen, in der Hoffnung, noch weitere Gewinne mitnehmen zu können. Zur Gier gesellt sich oftmals Panik: Dann verkaufen Sie bei historischen Tiefstständen vor lauter Angst, es könnte alles noch schlimmer werden. Eine der wenigen festen Regeln an der Börse ist leider diejenige, dass die Handelnden nicht rational agieren. Gier und Panik wird es immer geben an der Börse, und keinesfalls nur von privaten Anlegern. Auch die Manager großer Fonds und altbewährte Banker handeln nicht selten kopflos, schließlich sind sie ja in besonderem Maße zu überdurchschnittlichen Gewinnen angehalten. Sie können von der Gier – vorausgesetzt, es handelt sich nicht um Ihre eigene – auch profitieren, denn bis zu einem gewissen Grade heizt die Gier der Anleger die Börse an und beschleunigt einen Trend nach oben. Leider aber führen oftmals eher unscheinbare äußere Einflüsse auch zum Gegenteil, denn Gier paart sich mit Angst, und plötzlich beginnt eine Verkaufswelle und die Mehrzahl der Anleger will nur noch verkaufen und ihr Geld in sichere Werte stecken.

Es gibt eine altbewährte Börsenregel, über die es lohnt, kurz nachzudenken:

Gewinne laufen lassen, Verluste begrenzen.

So schwer es fällt, aber es lohnt sich, an der Börse auch gegen den Trend zu fahren. Wird die Euphorie allgegenwärtig, sollten Sie vorsichtig werden und über einen Verkauf nachdenken. Meidet die Mehrzahl der Anleger die Börse wie die Pest, sollten Sie in aller Ruhe wieder investieren. Wenn Sie sich Limits bei Ein- und Verkäufen setzen, ersparen Sie sich hohe Verluste – allerdings entgehen Ihnen dadurch auch mögliche Gewinne über Ihr gesetztes Limit hinaus.

Der erfolgreiche Fonds-Manager Peter Lynch brachte es auf den Punkt:

Wer schnell Geld vermehren will, geht ins Casino und nicht an die Börse.

Seltene Philanthropen

Gier kann an der Börse zu hohen Verlusten führen, aber trotzdem, das Stimulans eines jeden Anlegers ist doch das Geldverdienen- und Geldvermehren-Wollen. Aber in letzter Zeit werben mehr und mehr Fonds und Unternehmen mit »Anlagen mit gutem Gewissen«! Wie, fragen Sie sich, gilt der alte Satz »Geld stinkt nicht« denn nicht mehr, gibt es jetzt plötzlich gutes und schlechtes Geld? Wenn wir ganz ehrlich sind, der Satz hat noch nie gestimmt! Geprägt hat ihn der römische Kaiser Vespasian. Weil das Römische Reich damals zwar nach Kräften expandierte, aber finanziell verdammt klamm war – denn schon damals kosteten Kriege mehr Geld, als sie einbrachten –, verlangte er per kaiserlichem Dekret für die öffentlichen Toiletten in Rom Eintritt. Schon damals also nutzte der Staat brutal die Notlage (Bedürfnisse) seiner Bürger aus. Geld sieht man seine Herkunft zwar nicht an, es stinkt auch nicht je nach Herkunftsort, aber warum sollten Sie den Ehrenkodex, den Sie an sich selbst anlegen, nicht auch auf die Unternehmen übertragen, denen Sie Ihr Geld zum Investieren geben? Wenn Sie sich als oberstes Ziel nicht die Gewinnmaximierung Ihres eingesetzten Kapitals setzen, sondern eine möglichst sozial- und umweltverträgliche Gewinnsteigerung im Blick haben, dann ist eine solche nachhaltige Geldanlage aller Ehren wert (und muss sich im Depot nicht einmal negativ auswirken!).

Bei den so genannten nachhaltigen, grünen oder ethischen Geldanlagen werden die Unternehmen einer Art ethisch-ökologisch-nachhaltigem Ranking unterzogen. Das heißt, Fragen nach dem Umgang mit den Mitarbeitern, Recycling, umweltfreundliche Energien, Vermeiden von Schadstoffen, Lieferungen in Krisengebiete, etc. etc. stehen hierbei im Vordergrund der Untersuchung. In Deutschland gibt es etwa den *Natur-Aktien-Index NAI*, in dem dreißig Unternehmen aus aller Welt zusammengefasst sind, die besonders nachhaltig agieren. Die Auswahl erfolgt durch einen unabhängigen Ausschuss auf der Basis von für den NAI entwickelten Ökologie-Kriterien. Weitere Öko-Indizes sind in Kapitel 13 beschrieben.

Rüstungsbetriebe haben generell keine Chance, in Nachhaltigkeitsindizes aufgenommen zu werden, auch Unternehmen, die etwa Kinderarbeit einsetzen. Auch die Klimabilanz gewinnt aufgrund der CO_2-Debatte eine immer größere Bedeutung bei der Beurteilung von Unternehmen für Nachhaltigkeitsindizes. Bei großen Unternehmen mit internationalen Verflechtungen und Beteiligungen stellt eine solche Beurteilung eine große Herausforderung dar. Allerdings geben viele Unternehmen inzwischen so genannte Umweltbilanzen oder Sustainability Reports heraus. Darin wollen Unternehmen – vom Großkonzern bis zum engagierten Mittelständler – die Öffentlichkeit über die Bereiche Ökonomie, Ökologie und Gesellschaft sowie ihre Vernetzung informieren, auf der Basis der 1992 in Rio de Janeiro vereinbarten Agenda 21. Verschiedene internationale Organisationen, wie die Wirtschaftsprüfungsvereinigung ACA (Association of Chartered Certified Accountants) oder die Global Reporting Initiative (GRI) sowie die Deutsche Bundesstiftung Umwelt (DBU) haben Maßstäbe für Umwelt- und Nachhaltigkeitsberichte entwickelt, die die Unternehmen umsetzen können.

Ein gutes Gewissen – mehr als ein gutes Ruhekissen

Wenn Sie sich weder nach Indizes richten, noch sich durch dicke Nachhaltigkeitsberichte kämpfen wollen, können Sie auch direkt in nachhaltige oder umweltfreundliche Energien investieren. Heute liegen insbesondere Solar- und Windaktien oder die Beteiligung an Biomassekraftwerken voll im Trend und bedeuten für viele Menschen nicht nur eine normale

Anlageform, sondern ein Statement zu alternativen Energien. Hier können Sie nicht nur in eine Vielzahl von börsennotierten Unternehmen investieren – nachweislich erzielten etwa die Solar-AGs in jüngster Zeit eine überdurchschnittliche Performance, allerdings gab es auch dort Ausnahmen nach unten –, sondern auch in geschlossene Windkraft- oder Solarfonds.

 Es gibt auch so genannte Grüne Finanzierungsinstitute, die sich ausschließlich mit der alternativen Geldanlage befassen und Ihnen wertvolle Tipps, Anregungen und Finanzierungsmöglichkeiten bieten können. In Deutschland etwa die Nürnberger Umweltbank (www.umweltbank.de), die sich selbst als grüne Förderbank bezeichnet. Aber auch die GLS Gemeinschaftsbank aus Bochum (www.gemeinschaftsbank.de) sowie das in der Schweiz beheimatete Bankhaus Sarasin (www.sarasin.ch) agieren mit Erfolg im Bereich der alternativen Anlageprodukte.

Natürlich wurde der Boom der regenerativen Energien in den vergangenen Jahren vor allem auch durch die staatliche Förderung ausgelöst, und infolge der breit gefächerten Diskussion um den Klimawandel dürfte sich da auch nicht viel ändern, eher im Gegenteil schneiden viele der Ökofonds und Nachhaltigkeitsindizes eher überdurchschnittlich als unterdurchschnittlich ab. Sie sind also tatsächlich nicht nur »gut«, sondern auch lukrativ – und damit für ganz puritanisch Fromme vielleicht auch schon wieder verwerflich!?

Profit oder Non-Profit

Dass der Mensch nicht allein auf Gewinnmaximierung programmiert ist, beweist auch der so genannte *Dritte Sektor*, also der Bereich, wo Menschen unentgeltlich für soziale oder kulturelle Zwecke arbeiten (Non-Profit-Bereich). Er zählt nach Untersuchungen des amerikanischen Wirtschaftstheoretikers und Querdenkers Jeremy Rifkin in westlichen Volkswirtschaften inzwischen zum am stärksten wachsenden Sektor, noch vor dem Staat und den Unternehmen. In Deutschland arbeiten hier inzwischen mehr Menschen als in der Landwirtschaft. Etwa zwei Prozent des gesamten Bruttowirtschaftssozialprodukts geht auf ihre Kappe. Rifkin erklärt das rasche Ansteigen des Dritten Sektors in allen Ländern der Welt geradezu als Gegenbewegung zu global agierenden, anonymen Unternehmensführungen, die hinter geschlossenen Türen in vollklimatisierten Büros Entscheidungen fällen, die Menschen überall auf der Welt direkt betreffen. Wer sich also über seinen Beruf hinaus sozial engagiert und einsetzt, der wird auch bei seiner Geldanlage von anderen Zielen ausgehen als dem reinen und schnellen Profit. Altruistische Ziele sind also nicht zu vernachlässigen, und, je mehr Menschen so handeln, desto attraktiver werden auch die Angebote werden und umso mehr Unternehmen werden sich den Herausforderungen eines ethischen Rankings unterziehen (müssen).

Spare in der Zeit, so hast du in der Not

Die staatlich garantierte Rente garantiert heute leider nur eines: Den Lebensstandard, den Sie sich im Berufsleben mühsam erarbeitet haben, können Sie im Alter nicht mehr halten. Damit Sie auch nach dem Ausscheiden aus dem Beruf, egal ob nun mit 65 oder 67 Jahren, einigermaßen leidlich über die Runden kommen, müssen Sie selbst vorsorgen. Die Crux: Je besser Sie im Laufe Ihres Arbeitslebens verdienten, desto mehr müssen Sie ansparen, um Ihr gewohntes Niveau auch halten zu können. Angenehm ist das nicht, denn Sie müssen Jahre und Jahrzehnte sparen, um dann irgendwann (hoffentlich noch) davon profitieren zu können.

Gerne wird im Zusammenhang mit der künftigen Rente von der *Versorgungslücke* gesprochen. Dabei handelt es sich um die etwas euphemistische Umschreibung für den Schrecken, der Ihnen in alle Glieder fährt, wenn Sie den Unterschied zwischen Ihrem letzten Gehalt und der ersten Rente auf Ihrem Kontoauszug erkennen können. Damit Sie nicht warten müssen, bis es tatsächlich so weit ist, und Sie somit die Möglichkeit zum Gegensteuern erhalten, bieten viele Institute und Webseiten Rechner an, mit denen Sie Ihre ganz persönliche Versorgungslücke ermitteln können. Spaßig ist das nicht, aber es lohnt sich, einmal einen Blick darauf zu werfen (etwa unter `www.ruv.de/Ratgeber/Altersvorsorge/Versorgungslücke`).

Private Altersvorsorge muss sein

Sie kennen alle die Problematik in Deutschland und (fast) allen westlich geprägten Industrieländern, schließlich sehen Sie Stichworte wie Methusalemrepublik und demografischer Faktor, Rentenlücke oder Rentenlüge fast täglich in Fernseh-Talkshows oder in den Zeitungsfeuilletons. Die Menschen werden immer älter – im Schnitt pro Jahr um drei Monate –, gleichzeitig wird die Lebensarbeitszeit aufgrund der längeren Studien- und Ausbildungszeiten immer kürzer, und es wachsen immer weniger junge Menschen nach. Doch die Diskussionen und Ängste über die Zukunft haben auch einen Vorteil: Inzwischen gibt es ein breites Angebot an Produkten für die private Altersvorsorge, und Banken, Versicherungen und Fondsgesellschaften konkurrieren um Sie als Kunden. Der kleine Nachteil, Sie erinnern sich an die Commerzbank-Studie, noch immer nehmen viel zu wenige davon Kenntnis. Nach dem Deutschen Institut für Altersvorsorge, einer unabhängigen GmbH, allerdings mit der Deutschen Bank als Gesellschafter, investierten Ende 2006 die deutschen Haushalte zwar im Schnitt 185 Euro in ihre Altersvorsorge, aber 24,4 Prozent machten keine Angabe und 29 Prozent gaben weniger als 100 Euro aus. Nach einer Empfehlung des Instituts aus dem Jahr 2010 sollten Angestellte zwischen fünf und zehn Prozent ihres monatlichen Bruttoeinkommens in die private Altersvorsorge stecken.

 Wer jedoch nur das Kindergeld in Höhe von 154 Euro monatlich mit einer sechsprozentigen Verzinsung über 60 Jahre für sein Kind anlegte, der garantiert ihm für den Beginn des Lebensabends stolze 1.017.241 Euro!

Warum trotzdem noch immer so viele Menschen jeder Form von privater Altersvorsorge aus dem Wege gehen, versucht nun ein eigener Bereich zu erforschen, auf Basis der Behavioral-Finance-Theorie. Das Deutsche Institut für Altersvorsorge will unter diesem Stichwort das zögerliche Verhalten der Bevölkerung bei der privaten Altersvorsorge näher untersuchen. Denn obwohl über 90 Prozent der Bundesbürger wissen, dass sie mit der gesetzlichen Rente ihren Lebensstandard im Alter nicht halten können, betreiben viele noch keine private Altersvorsorge. Warum? Das will das Institut nun erforschen und mit diesen Forschungsergebnissen gleich für die private Altersvorsorge werben.

Die Finanzierungslücke der Altersvorsorge kann nur mittels privater Vorsorge geschlossen werden. Egal ob über Aktiensparpläne, Fonds, die Anlage in festverzinslichen Papieren oder eine private Lebensversicherung, nur durch Sparen können Sie selbst vorsorgen.

Wenn Sie mittels Aktien für Ihr Alter vorsorgen wollen, dann bietet sich eine monatliche Zahlung in einen Aktienfonds an. Schon bei 100 Euro im Monat können Sie nach 30 Jahren über 140.000 Euro ansparen. Noch besser ist es, wenn Sie sich die Summe nicht auf einmal, sondern als monatliche Rente auszahlen lassen. Dann würden Sie noch für knapp 20 Jahre etwa 1.000 Euro monatlich zur Ihrer normalen Rente erhalten. Detaillierter über die Chancen von Aktien- und Rentenfonds können Sie sich in Kapitel 10 informieren.

Eine Frage des Typs – Wer bin ich?

In jedem Buch über Börsen und Anlagestrategien gibt es ein Kapitel über die verschiedenen »Anlegertypen« und auch hier konnten Sie schon über »Geldtypen« nachlesen. Das Problem ist nur, es gibt keine solchen Anlegertypen, wenigstens nicht in Reinkultur. Alle Definitionen für solche Anlegertypen kreisen um die beiden Pole Risiko und Sicherheit. Natürlich gibt es Menschen, die eher bedacht sind und das Bestehende sichern wollen, und solche, die viel riskieren, um schnell weiterzukommen. Aber das kann sich auch ändern, es kommt immer auf die Situation, auf die jeweilige Lebensphase und bei der Geldanlage eben auch ganz wesentlich auf das Geld, das angelegt werden soll, an. Um Ihre Altersvorsorge zu garantieren, werden Sie auch als risikofreudiger Anleger anders agieren, als wenn Sie das unerwartete Geld einer Erbtante vermehren möchten. Also, verbeißen Sie sich nicht in einen einzigen, für alle Situationen und in allen Lebensphasen geltenden Typus.

Anlegertypen im Vergleich

Eine gute Annäherung an Ihre eigene Situation gelingt Ihnen sicher über diese drei holzschnittartig vorgestellten Anlegertypen, die als Basis für sehr viele Anlagestrategien von Seiten der Profis dienen:

1. Der sicherheitsbewusste, risikoscheue und konservative Anleger

2. Der neutrale, rational agierende, auf seine Chancen lauernde Anleger

3. Der risikobewusste, manchmal hasardeurhafte, spekulative Anleger

Schön in der Theorie, aber wie finden Sie in der Praxis heraus, zu welchem Typ Sie tendieren? Es lohnt sich, sich vor der Geldanlage ein paar Fragen zu stellen. Es muss Ihnen dabei ja niemand über die Schulter blicken, Sie dürfen also ehrlich sein! Auch wenn jeder natürlich lieber den kessen Typen gibt als den biederen konservativen Angsthasen. Hier ein paar Fragen zur Probe:

✔ Ärgern Sie sich tagelang, wenn Sie bei einem Spiel verloren haben?

✔ Geraten Sie leicht in Panik und verzichten sofort auf Geflügel, wenn in Südvietnam ein Huhn an Geflügelpest eingegangen ist?

✔ Gehen Sie auch bei strahlendem Sonnenschein mit Schirm aus dem Haus, weil es regnen könnte?

Wenn Sie diese Fragen eher bejahen würden, tendieren Sie zu Anlagetyp 1.

✔ Bleiben Sie, wenn jemand im Kino laut »Feuer« ruft, erst einmal sitzen, denn Sie wollen ja das Ende des Films nicht verpassen?

✔ Wissen Sie genau, was in welchem Supermarkt ein Pfund Butter kostet?

✔ Tragen Sie in Ihrem Geldbeutel mehr als ein Dutzend Payback-Karten und wissen bei jeder den exakten Punktestand?

Wer hier aus vollem Herzen ja sagt, zählt wohl zu Typ 2.

✔ Überholen Sie auch in unübersichtlichen Kurven?

✔ Bluffen Sie beim Pokern besonders gerne?

✔ Können Sie auf einen Teil Ihres Geldes ohne Probleme und Einschränkungen verzichten?

Sie ahnen es schon, hier ist Typ 3 gefragt.

 Es gibt nicht den einen, durchgängigen Anlegertyp. Auch wenn Ihr Anlageberater gerne auf einen solchen Typ zurückgreift, um Ihnen ein »individuell zugeschnürtes« Paket anzubieten. Wenn Sie vor Ihrer Anlageauswahl den Zeithorizont und Ihr Ziel genau definieren, können Sie nicht falsch liegen.

Vorsicht ist die Mutter der Porzellankiste (Anlegertyp 1)

Wenn Sie Verluste unbedingt vermeiden wollen, wenn Sie sich bis zur Weißglut ärgern, wenn eine Ihrer Aktien mal in den Keller fällt, dann sollten Sie vielleicht nicht vordringlich in Aktien und wenn dann nur in Standard- oder Blue-Chip-Werte investieren. Auch bei Neuemissionen sollten Sie nur auf bekannte und größere Unternehmen setzen. Für Sie sind auch die Angebote aus Kapitel 7 (Indexzertifikate), 8 (festverzinsliche Wertpapiere) oder 10 (Fonds) interessant.

Für Sie spielt auch der *Cost-Average-Effekt* eine wichtige Rolle. Keine Angst, wieder so ein kompliziert klingendes Fremdwort, aber ganz einfach zu erklären. Sie zwacken einfach jeden Monat eine bestimmte, feste Summe von Ihren Einkünften ab und legen diese in Fonds an. Wenn die Kurse gerade gefallen und niedrig sind in einem Monat, bekommen Sie mehr Anteile, sind die Kurse dagegen hoch, weniger. Im Durchschnitt profitieren Sie davon aber immer.

Zu Ihnen passt am besten die Aktienregel:

Reich wird man nicht durch das, was man gewinnt, sondern durch das, was man nicht verliert.

Echt cool Mann (Anlegertyp 2)

Wenn Sie ruhig und gelassen auf Trends reagieren können und auch mal gegen den Strom und den Trend schwimmen, wenn es darauf ankommt, bietet sich ein breit gestreutes Aktienpaket für Sie an. Sie werden nicht ausschließlich in die sicheren DAX-Werte investieren wollen, das so genannte Heimatliebe-Depot. Auch wichtige ausländische Aktien zählen zu Ihrem Fokus. Doch bei aller Streuung haben Sie besonders Indexwerte im Auge, auch Zertifikate (Kapitel 7) und Fonds (Kapitel 10).

Auch für Sie gibt es einen passenden Börsenspruch, die es im Prinzip für alles und das Gegenteil gibt:

Nicht alle Eier in einen Korb legen!

Ohne Furcht und Zagen (Anlegertyp 3)

Wenn Sie genügend Geld auf der hohen Kante haben, so dass Sie mit (relativ) ruhigem Gewissen auch hohe Verluste einkalkulieren können, dann gehören für Sie auch die Aktien kleinerer, aber oft wachstumsstarker Unternehmen ins Depot, so genannte Small- und Midcaps. Sie sind außerdem kein Typ, der seine Aktien jahrelang im Depot lässt, milde lächelnd die Dividenden einsackt und einfach wartet, was kommt. Nein, Sie werden Ihr Depot öfters umschichten, einen Teil der Aktien veräußern, die anderen zukaufen. Aber, achten Sie auf die gute alte Börsenweisheit:

Viel Hin und Her macht Taschen leer!

Neben Aktien finden Sie noch großes Interesse etwa an Hebel-Zertifikaten (Kapitel 7) und Fonds (Kapitel 10), denn ein wenig wollen selbst Sie das Risiko eingrenzen.

Blick in die Zukunft – Ziele müssen sein

Ein Hauptfehler vieler Börsenneulinge ist es, überhaupt nicht darüber nachzudenken, was sie an der Börse eigentlich suchen, was sie erreichen wollen. Möglichst schnell und vor allem riesige Gewinne einzufahren, ist an der Börse nämlich kein Ziel, sondern eine Illusion. Wie bei (fast) allem im Leben, auch an der Börse geht ohne eine realistische Zielsetzung gar nichts. Sie setzen sich ja auch nicht ins Auto, ohne zu wissen, wo Sie eigentlich hinwollen. Wenigstens normalerweise.

Überlegen Sie sich vorab, in welchem Zeitraum Sie mit welchem Einsatz welchen Gewinn erzielt haben wollen, denn nur dann können Sie überprüfen, ob Sie nun tatsächlich Erfolg hatten mit Ihrer Anlage oder nicht. Konzentrieren Sie sich dabei auf operative Ziele, also Ziele, die Sie messen können hinsichtlich Zeit und Geld!

Erst denken, dann handeln

Vor jeder Anlage sollten Sie sich Gedanken machen:

✔ Wie viel können und wollen Sie investieren?

✔ Wie lange wollen Sie Ihr Investment halten?

✔ Welche Renditeziele peilen Sie an?

✔ Welches Risiko sind Sie bereit einzugehen?

✔ Für welche Zwecke wollen Sie Ihre Gewinne einsetzen?

✔ Wie viel Zeit können und wollen Sie investieren?

✔ Welche Ressourcen können Sie abrufen?

✔ Welche steuerlichen Aspekte wollen Sie berücksichtigen?

Nirgends dürfte der Spruch »Zeit ist Geld« so angebracht sein wie bei der Vermögensanlage. Je länger in Aktien investiert wird, desto höher fallen die Renditen aus, desto geringer ist das Risiko. So macht es einen großen Unterschied, ob ein heute Fünfzigjähriger mit der Altersvorsorge beginnen möchte oder eine Zwanzigjährige weit vorausschaut. Es kommt also auf das Lebensalter oder vielmehr die Lebensphase an, in der Sie sich gerade befinden. Landläufig unterscheidet man – »man« sind in diesem Falle gerne Vermögensberater – vier Lebensphasen:

✔ **Phase 1:** Existenzsicherung (bis etwa 35)

✔ **Phase 2:** die Etablierung (35 bis 45)

✔ **Phase 3:** die Suche nach neuen Zielen (45 bis 60)

✔ **Phase 4:** Erntezeit (ab 60)

Alles Aktien oder was?

Im Zusammenhang mit dem Alter des Anlegers kursiert auch eine Formel, denn Börsianer lieben Formeln und Grafiken in jeder Form. Diese Formel also lautet, dass von der Gesamtsumme des Anlagekapitals 100 minus das Lebensalter in Prozent in Aktien angelegt werden sollte. Also, ein Dreißigjähriger sollte 70 Prozent seines Vermögens in Aktien anlegen. Was aber, wenn der Dreißigjährige gerade ein Haus bauen, eine Familie gründen (man macht das heute ja etwas später als früher) oder einfach mal ein Sabbatical, ein Jahr des Reisens und Nachdenkens, eine Auszeit einlegen will? Sie sehen schon, solche Formeln sehen vielleicht nett aus und wirken auch irgendwie seriös, sind aber eigentlich totaler Unsinn. Der Gedanke dahinter war vor allem der, dass je länger Sie Aktien halten, desto mehr Rendite, desto mehr Gewinne sie für Sie abwerfen und umso eher Risiken vermieden werden. Mit dreißig kann man eben seine Aktien auch mal fünfzig Jahre liegen lassen – aber was macht man dann noch mit dem Gewinn?

 Zu einer möglichst aussagekräftigen Zieldefinition gehört nicht nur eine genaue Einschätzung der eigenen Persönlichkeit, sondern auch der eigenen Möglichkeiten. Nicht nur die Quantität Ihres Anlagevermögens spielt eine wesentliche Rolle, auch die Qualität! Das heißt, brauchen Sie das Aktienkapital auch zum Leben – eine generell ungünstige Ausgangslage an der Börse –, dann müssen Sie ganz anders agieren, als wenn es sich um zusätzliches »Spielgeld« handelt. Am besten, Sie splitten Ihr Anlagekapital von vornherein und geben ihm verschiedene Gewichtungen, je nach der Höhe des Risikos, das Sie damit eingehen wollen.

Zerstreuter Anleger

Was Sie sich immer auch als ein wesentliches Ziel Ihrer Anlagestrategie vorgeben sollten, ist die Diversifikation, also Streuung. Sie können sich das am besten wie bei einen Baum vorstellen, dessen weit verzweigte Wurzeln verhindern, dass ihn der erste Sturm fällt. Und die dafür sorgen, dass er über der Erde prächtig gedeiht.

 Investieren Sie also nicht nur in unterschiedliche Anlageformen (Aktien, festverzinsliche Wertpapiere, Fonds, Immobilien, …), sondern streuen Sie auch innerhalb der einzelnen Anlagetypen (verschiedene Aktien aus verschiedenen Indizes) und werden Sie auch in unterschiedlichen Ländern aktiv. Think Global!

Allerdings, eine wirklich breit gestreute Vermögensanlage setzt etwas ganz Wichtiges voraus: Kapital! Da Sie sehr wahrscheinlich nicht von Anfang an gleich eine große Summe zur Verfügung haben, setzen Sie sich das Ziel und investieren Sie dann nach und nach in die einzelnen Wurzeläste.

Nie auf Pump!

Man kann an der Börse viel Geld verdienen, man kann aber auch viel verlieren! Selbst ausgemachte Börsen-Gurus haben einige ihrer Investments in den Sand gesetzt.

 Geld aufzunehmen, um in scheinbar todsichere Aktien zu investieren, ist mehr als riskant, denn todsichere Papiere gibt es an der Börse nicht. Gier wird bestraft! Geht der Handel schief und fallen die Kurse, selbst wenn sie ein noch so bekannter Guru empfohlen hat, nach kurzer Zeit wieder in den Keller, dann sitzen Sie auf Verlusten und müssen noch zahlen. Denn das geliehene Geld müssen Sie auf jeden Fall zurückzahlen, samt Zinsen.

Die Gretchenfrage – Wie hältst du's mit dem Risiko?

Schon bei den verschiedenen Anlagetypen steht die Frage nach dem Risiko im Zentrum. Man kann an der Börse schier unendlich viel gewinnen, aber immer nur den Einsatz verlieren! Schön, aber was, wenn der Einsatz das ganze Vermögen war? Und dass tatsächlich auf einen Schlag alles »weg« sein kann, das hat die Finanzkrise bewiesen und jedem klar gemacht, der etwa auf Zertifikate aus dem Hause Lehman gesetzt hatte.

Risiko ist das Verhältnis von Chancen und Verlusten, und das heißt es abzuwägen. Es gibt verschiedene Modelle, die eine Art Risikofaktor für Aktien benennen. Grundsätzlich gelten die Regeln:

✔ Je höher das Risiko, desto größer die Chancen

✔ Je höher das Risiko, desto mehr Informationen sind notwendig

✔ Je höher das Risiko, desto mehr Entscheidungshilfen von Dritten sind nötig

Aber: In einem nur einigermaßen sinnvoll zusammengestellten Aktiendepot, das aus mindestens zehn unterschiedlichen Aktien bestehen sollte, ist das Risiko eines Totalverlustes minimal! Die Kursverluste selbst großer Crashs an den Börsen der letzten Jahrzehnte sind über die Zeit längst wieder ausgeglichen – wenn man nicht auf ein Pferd gesetzt hat, das keinen Reiter mehr trägt, also auf ein Unternehmen, das Konkurs gegangen ist.

 Wenn Sie Berichte über Anleger lesen, die riesige Gewinne mit Aktien irgendwelcher kaum bekannten Gesellschaften gemacht haben, denken Sie daran: Auch beim Lotto wird nur über die (seltenen) Gewinner berichtet – und nicht über die vielen tausend Spieler, die wöchentlich ihren Schein ausfüllen und nie einen müden Euro sehen!

Wer seit 1948 in die DAX-Werte investiert hat (den DAX selbst gab es damals allerdings noch nicht – aber man kann die entsprechenden Unternehmen einbeziehen), lag über all die Jahre meist im positiven Bereich und erzielte Renditen von zehn Prozent und mehr. Das errechnete wenigstens das Deutsche Aktieninstitut DAI. Kurzfristige Verluste gleichen sich schnell wieder aus, das Risiko einer intelligenten, dauerhaften Aktienanlage ist also eher begrenzt!

Make or buy – Muss ich mich um alles selbst kümmern?

Outsourcing, also das Ausgliedern von einzelnen Unternehmensfunktionen wie der Logistik oder, bei kleineren Mittelständlern sehr beliebt, der Buchhaltung, liegt voll im Trend. Warum alles selber machen, wo es doch für alles Spezialisten gibt, die nur darauf warten, dass man ihre Dienste in Anspruch nimmt?

Wenn Sie schon Ihre Steuererklärung nicht mehr selbst verstehen und einen Steuerberater zu Rate ziehen, warum dann nicht bei der so sensiblen und wichtigen Vermögensanlage auf den weisen Rat von Fachleuten vertrauen? Selbstverständlich können Sie sich gerne beraten lassen, aber wenn Sie Ihr Vermögen aktiv (mit)managen wollen, dann sollten Sie wenigstens so weit Bescheid wissen, dass Sie die Vorschläge und vor allem auch Ergebnisse richtig beurteilen können! Investieren Sie nur in Produkte, die Sie auch wirklich verstehen – und von denen Sie glauben, dass Ihr Berater sie verstanden hat!

Nicht verzagen – ja, wen denn fragen?

Bleibt die Frage, an wen Sie sich wenden wollen. In erster Linie steht natürlich die Beratung Ihrer Hausbank, bei der Sie ja auch sehr wahrscheinlich Ihr Depot einrichten wollen. Nun kommt es allerdings auf die Summen an, die Sie anlegen wollen, auf das Risiko, das Sie eingehen möchten, und – notabene – auf Ihre Hausbank, ob da der richtige Spezialist für Sie sitzt. Gerade seit ein paar Jahren konzentrieren sich Banken und Kreditinstitute wieder sehr auf die Privatkunden und deren Vermögensanlage. Unter dem Stichwort »Private Banking« nimmt die Beratung wieder eine wichtige Stelle ein, denn nur mit Geldautomaten und Internetbanking kann sich keine Bank von der Konkurrenz unterscheiden, und beim Investmentbanking haben sich so manche ein blaues Auge geholt. Wichtig für ein Beratungsgespräch (nicht nur) mit Ihrer Bank und die Bewertung und Einschätzung der Qualität des Angebots ist immer Ihr Wissen! Es fällt sehr viel leichter, die richtige Lösung für Sie zu finden, wenn Sie wissen, was Sie überhaupt suchen! Je größer Ihre Vorkenntnisse sind, desto mehr profitieren Sie von der Beratung. Ob Ihr Bankberater Sie dann auch tatsächlich überdurchschnittlich beraten hat, das zeigt leider erst die Zukunft und die Performance Ihrer Anlage. Wichtig, seit 1. Januar 2010 müssen Banken und Sparkassen ihre Beratung in einem Protokoll dokumentieren.

Darin muss alles Wesentliche aus dem Gespräch verzeichnet und Ihnen eine Kopie noch vor Abschluss des Geschäftes ausgehändigt werden. Altbekannte Sätze wie »ich weiß aber genau, dass er gesagt hat, dass er gemeint hat, er hat mir genau gesagt, wie er es gemeint hat«, die gerne fallen, wenn ein Geschäft nicht so läuft, wie es sich der Kunde vorgestellt hat, gehören damit der Vergangenheit an. Wenn Sie allerdings nur fünf Daimler-Aktien kaufen möchten, können Sie explizit auf eine Beratung und damit auch auf ein Beratungsprotokoll verzichten.

Neben den Banken hat sich in den letzten Jahren eine neue Form der Vermögensberatung entwickelt, die der freien Anlage- oder Finanzberater. Sie haben den Vorteil, dass sie nicht an die Produkte einer bestimmten Bank oder eines Investmenthauses gebunden sind, sondern theoretisch frei wählen können. Die Berater sind meist sehr qualifiziert und eloquent, viele kommen ursprünglich aus der Bankenlandschaft und fielen deren rigidem Personalabbau zum Opfer. Allerdings, die vorgegebene Unabhängigkeit stimmt auch nicht immer, viele der so genannten freien Vermögensberatungen vertreiben insbesondere die Produkte einer Bank oder nur einiger weniger Banken. Zweites Manko: Da die Berater oft nach Provisionen bezahlt werden, raten sie natürlich besonders gerne zu den Produkten, die ihnen die höchste Provision gewähren – das haben inzwischen auch die Banken kapiert und hegen die »Unabhängigen« entsprechend.

Es gibt bei so genannten Vermögensberatern auch einige schwarze Schafe! Achten Sie immer auf deren Seriosität! Informieren Sie sich im Internet über das Unternehmen, das sie repräsentieren. Lassen Sie sich niemals am Telefon auf eine erste Kundenakquise ein, denn das ist eigentlich verboten und spricht nicht für die Qualität des Angebots. Seien Sie besonders skeptisch, wenn Ihnen horrende Gewinne versprochen werden!

Teil II

Aktien, Derivate, Zertifikate & Co.

The 5th Wave   By Rich Tennant

»Ich denke, dies ist eine Strategie, die jeder verstehen kann.
Sie steht für eine hohe Arbeitslosigkeit, eine hohe Inflation
und einen hohen Anteil an Kohlehydraten.«

In diesem Teil ...

Das wesentlichste, interessanteste und vielseitigste Handelsgut an der Börse sind Aktien, und sie werden es, trotz aller Neuheiten in Sachen Finanzprodukte, auch bleiben. Immer wieder wagen sich neue, Erfolg versprechende Unternehmen aufs Börsenparkett, andere werden gekauft und übernommen oder Unternehmen aus fernen Ländern rücken plötzlich ins allgemeine Interesse. Wir zeigen Ihnen in diesem Teil das Wichtigste zum Thema Aktien auf, damit Sie Ihre Chancen nutzen können.

Doch Aktien sind zwar die Königsklasse des Kapitalmarktes, aber was wäre ein Königreich ohne Hofstaat? Und da tummeln sich so einige interessante Anlagemöglichkeiten an der Börse: Optionen mit lockenden Hebeln und Zertifikate auf so ziemlich jeden Basiswert, der sich nach oben oder unten bewegen kann. Motto dieses Teils also: Erkennen Sie die Möglichkeiten!

Aktien – Königsklasse des Kapitalmarkts

5

In diesem Kapitel

▶ Wie Sie die richtige Aktie finden

▶ Was ein Aktionär auf einer Hauptversammlung erleben kann

▶ Was alles mit Aktien passieren kann

▶ Wie sich Aktien aus dem Staub machen

▶ Wo Sie in den Genuss kommen

▶ Wie Sie Aktien kaufen können

Aktien – kaum ein Begriff aus dem Wirtschaftsleben übt eine so große Faszination auf uns alle aus, positiv wie negativ. Riesige Chancen auf das schnelle Geld, aber auch die Gefahr herber Verluste, Begeisterung und Verzweiflung, weltweit verzweigte und unübersichtliche Blue Chips oder kleine und agile Familiengesellschaften, wilde Spekulanten und besonnene Anleger, gestikulierende Broker und telefonierende Händler. Internationale Unternehmen, die jeder kennt, wie General Electric, IBM, Microsoft, Coca Cola oder Walt Disney – alles Aktiengesellschaften, deren Anteilsscheine jedermann kaufen kann. Auch deutsche Unternehmen spielen in der ersten Liga mit Ausflügen in die Champions League: BASF, Bayer, BMW, Daimler, Deutsche Bank, SAP und wie sie alle heißen. Aber, Deutschland ist zwar das Land weltbekannter AGs, aber nicht das Land der Aktionäre, der Besitzer von Aktien. Mit 8,6 Millionen Aktienbesitzern oder 13,3 Prozent der Gesamtbevölkerung liegt Deutschland im internationalen Vergleich relativ weit zurück (Stand Mitte 2010 sowohl Aktien- als auch Fondsbesitzer). Noch immer legen hierzulande die meisten Leute ihr Geld lieber aufs Sparbuch. Schade eigentlich, denn es gibt keine interessantere, keine vielseitigere und keine spannendere und langfristig auch kaum eine lukrativere Anlageform als den Kauf und Verkauf von Aktien!

Als Unternehmer direkt oder still beteiligt

Einem Aktionär gehört ein – wenn auch winziger – Teil eines Unternehmens. Nun darf man sich das nicht ganz praktisch vorstellen. Als Aktionär können Sie also nicht, sagen wir einmal, zu BMW gehen, und für Ihre Aktie (Wert im November 2010 um die 50 Euro) irgendein Teil einsacken. Schon allein, weil es ziemlich schwerfallen dürfte, in einem BMW etwas zu finden, das nur 50 Euro kostet! Aber, wenn Sie Aktien besitzen, können Sie gleich zweifach verdienen: Zum einen sind Sie als Aktionär am Unternehmensgewinn beteiligt, von dem ein Teil einmal im Jahr als Dividende ausgezahlt wird. Zum anderen können Sie von einer verbesserten Einschätzung des Unternehmens profitieren, denn dann steigt der Wert seiner Aktien. Diese beiden Komponenten einen alle Arten von Aktien und bilden gemeinsam die Aktienrendite, wobei langfristig normalerweise die Dividenden etwa ein Drittel zur Rendite beitragen und die Kursgewinne etwa zwei Drittel. Manche Investoren legen jedoch gerade den Schwerpunkt auf die Dividendenrendite. Diese Anleger schätzen das zusätzliche Sicherheitsnetz. Das Gegenteil sind Anleger, die auf Dividenden ganz verzichten und ausschließlich auf einen möglichst hohen Kursgewinn spekulieren. Das trifft oft für Wachstumsaktien zu, die alle ihre Einnahmen in die weitere Firmenexpansion stecken wollen. Als Aktionär können Sie mit der Wahl der Aktie auch entscheiden, ob Sie aktiv bei einem Unternehmen mitwirken möchten oder lieber still im Hintergrund bleiben.

Denn die Börsianer unterscheiden verschiedene *Aktienarten*. Klar, für den Laien gibt es ja auch einfach lauter verschiedene Vögel, heimische Amseln und exotische Papageien, und das war's. Aber fragen Sie einmal einen Ornithologen! Der zählt Ihnen die Ober- und Unterarten auf, Sturmvögel und Lappentaucher, Greifvögel und Hühnervögel, Kraniche und die Regenpfeiferartigen. Und dann folgen noch schnell die ganzen Unterarten – Familien – von Austernfischern bis Regenpfeifern und Sturmtauchern bis Albatrossen, und wenn er dann das Ganze noch mit lateinischen Termini würzt, steigen Sie schnell wieder aus und denken sich, ach ja, die Vögel ... Ganz so schlimm ist es bei Aktien allerdings nicht, die Unterschiede können Ihnen aber echtes Geld bringen – oder kosten!

Reiche Artenvielfalt

Um die Arten der Aktien näher zu erklären, lohnt sich ein kurzer Blick darauf, was Aktien eigentlich so ganz genau sind. Klar, jeder weiß, was eine Aktie ist, aber was besitzt ein Aktionär denn nun tatsächlich, wenn es eben kein BMW-Rückspiegel ist, und welche Rechte folgen daraus?

Das Grundkapital

Dem Aktionär gehört ein Teil des Unternehmens, genauer, ein Teil des Grundkapitals. Dieses *Grundkapital* muss laut Aktiengesetz (AktG) mindestens 50.000 Euro betragen. Es ist quasi der Nährboden, aus dem die Aktien sprießen können. 50.000 Euro sind aber wirklich die unterste Grenze, bei den meisten Unternehmen ist das Grundkapital wesentlich höher. So bringt etwa der international agierende Autokonzern VW ein Grundkapital von – ausgeschrieben – 1.024.623.813,12 Euro (zum 31.12.2009) auf die Waage – für Eilige: eine Milliarde Euro. Die Deutsche Bank hat durch eine Kapitalerhöhung (siehe Kapitel 5) ihr Grundkapital auf über 2,3 Milliarden Euro aufgestockt.

Das Grundkapital ist eine rein rechnerische Größe. Es erscheint zwar als Eigenkapital in der Bilanz als Position »gezeichnetes Kapital«, aber sie hat nichts mit dem tatsächlichen Wert eines Unternehmens zu tun! Die Aktien verbriefen dem Besitzer nun einen gewissen Anteil an diesem Grundkapital. Für den Aktionär ist es deshalb wichtig, weil er durch den Besitz am Grundkapital (Aktie) am Gewinn in Form der *Dividende* beteiligt ist.

Die Dividende: Gewinnbeteiligung im Cent-Bereich

Als Aktionär schießen Sie dem Unternehmen über den Aktienkauf Geld zu, damit es satte Gewinne machen kann. Deshalb wollen Sie dann natürlich auch Ihren Anteil daran einstreichen. Ein Teil des Gewinns einer AG, nach Abzug von Steuern, Abschreibungen und Zinsen, wird meist einmal im Jahr in Form der *Dividende* ausbezahlt. Je mehr Gewinn das Unternehmen einfährt, desto mehr kann logischerweise verteilt werden. Meist bewegt sich die Dividende pro Aktie allerdings im Cent- oder niedrigen Euro-Bereich, denn die Zahl der Aktien und somit der Zahlungsempfänger einer AG liegt normalerweise im mehrstelligen Millionenbereich. Man braucht also schon einen schönen Stapel Aktien, damit ordentlich was dabei rumkommt und man allein von Dividendenausschüttungen leben kann.

 Unternehmen schütten fast nie den gesamten Gewinn aus, denn sie brauchen ja Geld, Rücklagen, um investieren zu können. Es gibt die Faustregel: Je innovativer, forschungsintensiver und technikgetriebener eine Branche ist, desto weniger Gewinn wird ausgeschüttet. Der US-Software-Gigant Microsoft etwa, beileibe kein armes Unternehmen, zahlte Jahrzehnte keinerlei Dividende, die Aktionäre sollten rein vom Firmenwachstum und den daraus folgenden Kursgewinnen profitieren. Das taten sie reichlich! Wenn in einem Jahr kein Gewinn erwirtschaftet wurde, gibt es natürlich auch nichts auszuschütten. Einziger Trost, am Verlust wird der Aktionär nicht beteiligt! Die Höhe der Dividende wird auf der Hauptversammlung festgelegt, meist wird allerdings der Vorschlag des Vorstandes erst vom Aufsichtsrat, dann von der Hauptversammlung, abgenickt.

Vor allem in Deutschland hat der Aktienkäufer bei vielen AGs die Wahl, ob er auf der Hauptversammlung gleichberechtigt mitstimmen will, sich also aktiv am Unternehmensgeschehen beteiligen will, oder ob er lieber stillhält und dafür mit einer höheren Dividende vom Unternehmensgewinn profitiert. Im ersteren Falle setzt der Aktionär auf *Stammaktien*, im zweiten auf *Vorzugsaktien*.

Mitwirkung möglich! Stammaktien

Bei den häufigsten Aktien in Deutschland, den *Stammaktien*, können Sie sich als wahrer Mitunternehmer fühlen und auch an Entscheidungen des Unternehmens mitwirken. In gewissem Maße wenigstens. Denn als Besitzer solcher einfach »Stämme« genannten Aktien (im Kursteil der Zeitung mit ST abgekürzt) müssen Sie zur jährlichen Hauptversammlung eingeladen werden. Dort können Sie dann dem Rechenschaftsbericht von Vorstand und Aufsichtsrat lauschen. Am Ende müssen Sie, wie bei einem Verein, die Firmenlenker bestätigen, Entlastung geben oder nicht. Allerdings, bei den Millionen von Aktien je Unternehmen zählt Ihre Stimme nicht gerade viel. Denn demokratisch geht es nicht zu, hier bestimmt ausschließlich das Geld: Viel Geld bedeutet viele Aktien und damit viele Stimmen!

Wirklich bevorzugt? Vorzugsaktien

Eine besonders in Deutschland verbreitete Sonderform – wir lieben es eben gründlich – stellen die *Vorzugsaktien* dar. Das klingt gut, oder? Aber lassen Sie sich von dem Namen nicht täuschen, diese »Vorzüge« (Abkürzung VZ) haben – wenigstens normalerweise, denn auch hier gibt es wieder verschiedene Unterarten, der Ornithologe lässt grüßen – Nachteile. Bei den üblichen Vorzugsaktien erhält der Aktionär zwar eine höhere Dividende ausbezahlt, was schön ist, aber er hat dafür kein Stimmrecht, was manchmal schlecht sein kann.

Das Stimmrecht hat den Vorzugsaktionären das Unternehmen abgekauft, nicht für ein Linsengericht, aber für eine höhere Dividendenzahlung pro Jahr. Nun könnten Sie sich sagen, ich stecke lieber eine höhere Dividende ein, was zählt schon meine Stimme bei den paar Aktien, außerdem habe ich weder Zeit noch Lust, mich auf Hauptversammlungen herumzutreiben und lauwarme Würstchen und ledrige Semmeln (vulgo Brötchen, Schrippen, Wecken, je nach dem Ort der Hauptversammlung) zu kauen, was soll's. Wenn Sie auf Nummer sicher gehen wollen und Ihnen die Dividende wichtiger ist als satte Kursgewinne, dann liegen Sie mit dieser Einstellung völlig richtig.

 Kein Vorteil ohne Risiko, so ist das an der Börse. Sie könnten es bereuen, sich für die Vorzugsaktie entschieden zu haben. Wann und warum? Wenn ein fremdes Unternehmen großes Interesse an »Ihrer« AG entwickelt und sie aufkaufen möchte, dann wird es den Aktionären mit Stammaktien ein gutes Angebot machen. Es will ja alle Stimmen kaufen, um die Mehrheit zu besitzen. Nur dann kann es selbst bestimmen, wie es weitergeht mit dem gekauften Unternehmen. Nun wehrt sich aber das gekaufte Unternehmen über einen langen Zeitraum, es entsteht eine Bieterschlacht, der Käufer muss immer mehr für die Aktien bieten. Die Folge, der Kurs rast nach oben. Jeder Kurs? Nein, Sie können es sich selbst denken: Die Stammaktien starten eine tolle Kurs-Rallye, die Vorzugsaktien lahmen hinterher. Jetzt dürfte Ihnen auch aufgehen, warum Vorzugsaktien auch »kastrierte Aktien« heißen. Selten sind solche Übernahmen heute keinesfalls, ganz im Gegenteil, doch Näheres lesen Sie dazu bei *Fusionen und Übernahmen*.

Warum überhaupt Vorzugsaktien ausgegeben werden? Meist entscheiden sich Familienunternehmen, die an die Börse wollen, zu diesem Schritt. Wenn der Patriarch und Firmenlenker seinen Job garantiert weiterhaben will, behalten er und oft noch andere Teile der Familie die stimmberechtigten Stammaktien, während an die Börse und an Dritte nur Vorzugsaktien ausgegeben werden. Das Risiko für den Unternehmer ist allerdings, dass er für diese »Vorzüge« einen geringeren Preis an der Börse bekommt. Um sie überhaupt an die Frau oder den Mann zu bringen, schlägt er dann eben bei der Dividende drauf. Ein Beispiel: Bei Porsche sind nur Vorzugsaktien an der Börse notiert. Die gewichtigeren Stämme liegen fast ausschließlich bei der Familie des Firmengründers.

Die Inhaberaktie: Eigentum verpflichtet – aber zu was?

Die Standardform einer Aktie in Deutschland war lange Zeit die *Inhaberaktie*. Das bedeutete, wer diese Aktie in Händen hielt, dem gehörte sie auch, der war der Eigentümer. Das hatte zu Zeiten, als noch echte Papiere mit hübschen Bildern darauf ausgegeben wurden, den Nachteil, dass man höllisch aufpassen musste, dass sie einem nicht geklaut wurden. Denn waren die Aktien weg, war die Dividende weg, die möglichen Kursgewinne, die Stimmrechte, alles. Aus diesen Zeiten stammt auch der Begriff *Depot*, das man bei der Bank anlegte und in das man die Aktienpapiere schob. Heute sind Aktien nur noch in elektronischen Sammelurkunden erfasst. Da sind mehrere tausend Aktien drauf und Ihre Bank rückt die eh nicht raus – ist also gar nicht so einfach, das Aktienklauen! Jetzt können Sie Ihre Aktie nur noch durch das Unternehmen selbst verlieren, doch dazu mehr unter *Abschied von der Börse*. Der Vorteil von Inhaberaktien war und ist der problemlose Handel an der Börse.

Ein weiterer Nachteil von Inhaberaktien liegt darin, dass das Management nicht weiß, wer alles am Unternehmen beteiligt ist, also Aktien gekauft hat. Es kennt die Eigentümer also nicht und kann nicht direkt mit ihnen kommunizieren.

Die Aktie gehört mir! Namensaktien

Logisch, wenn es Aktien ohne Namen gibt, dann gibt es auch das Gegenteil, *Namensaktien*. Manche Leute schreiben ja auch in ihren Buchdeckel »dieses Buch gehört ...«. So ähnlich läuft es bei den Namensaktien. Bei ihnen weiß die AG also genau, wer wie viele Aktien besitzt. Heute, trotz gesuchter Anonymität und gefordertem Datenschutz, sind solche Aktien ungemein beliebt. Warum? Ganz einfach, die AG kennt »ihre« Aktionäre, kann sie ganz gezielt und direkt ansprechen, wenn es Neuigkeiten gibt. Eigene Investor-Relations-Abteilungen kümmern sich um die – möglichst positive – Information der Aktionäre, denn diese sollen möglichst lange bei der Stange gehalten werden. Die Aktionäre können so auch persönlich zur Hauptversammlung eingeladen werden. »Diese Aktie gehört ...« steht zwar nicht drauf, vielmehr wird der Eigentümer heute samt Adresse in einem elektronischen Aktienbuch eingetragen.

 Wer trotz Namensaktien anonym bleiben möchte, kann die Eintragung ins Aktienbuch verweigern. Damit entfällt aber auch sein Stimmrecht, denn das übt dann die Depot verwaltende Bank aus.

Namensaktien werden auch deshalb immer beliebter, weil in anderen Ländern, etwa in den USA, nur diese Aktienart zugelassen ist (Registered Shares). Um problemlos auch an der New Yorker Börse gehandelt zu werden, muss auf Namensaktien umgestiegen werden. Daimler, als es noch mit Chrysler einen die Kontinente umspannenden Autokonzern betrieb, hatte dies beispielsweise im Rahmen der Fusion übernommen.

Keine Art ohne Unterart, so ist das auch bei den Aktien. Auch die Namensaktie hat eine Sonderform geboren: die *vinkulierte Namensaktie*. Ausnahmsweise stammt der Begriff mal nicht aus dem Englischen, sondern ist lateinisch, von Vinculum, Band oder Fessel. Die Fessel hat dabei das Unternehmen gelegt, denn diese Aktien dürfen nur mit Zustimmung der AG ge- oder verkauft werden. Damit will man Konkurrenten vom Kauf der Aktien abhalten, oder auch unliebsame Familienstämme (soll es ja geben), oder wen auch immer. Kaufen kann man eine solche Aktie schon, aber wenn der Emittent, das Unternehmen, nicht zustimmt, dann hat man kein Stimmrecht.

Man könnte jetzt denken, das reicht doch mit den Aktienarten, aber es sei nur kurz an den Ornithologen erinnert. Und eine letzte Unterscheidung ist noch so wichtig, dass wir sie hier vorstellen möchten: Jedes Unternehmen darf seine Aktien entweder als *Nennwertaktien* oder als *nennwertlose Stückaktien* ausgeben.

'ne Aktie für 'n Euro: Nennwertaktien

Die *Nennwertaktien* verzeichneten – als sie noch richtige Papiere waren – einen bestimmten Betrag. Heute muss dieser mindestens über 1 Euro lauten, zu DM-Zeiten waren es noch mindestens 5 DM. Normal waren aber eher Beträge zwischen 50 und 100 DM. Mit diesem *Nennwert* ist der Aktionär am Grundkapital beteiligt. Also, wenn eine AG ein Grundkapital von 1.000.000 Euro aufweist, dann kann sie beispielsweise 200.000 Aktien mit einem Nennwert von jeweils 5 Euro ausgeben – oder 100.000 für 10 Euro. Dieser Nennwert unterscheidet sich aber vom Aktienkurs, der ja an der Börse mit Rücksicht auf die Geschäftserfolge des Unternehmens und dem ganz allgemeinen Klima als Ergebnis von Angebot und Nachfrage errechnet wird – und meistens deutlich über dem Nennwert liegt.

Bei steigenden Kursen gehört dem Aktionär also nicht automatisch mehr am Unternehmen oder am Grundkapital, denn es kommt ja auf das Verhältnis an. Wenn jemand fünf Stücke Kuchen von einer Torte haben möchte, und die Torte insgesamt wächst und wächst, werden zwar die einzelnen Stücke größer, aber das Verhältnis zum Kuchen bleibt gleich. Nur die Gier wächst im gleichen Verhältnis mit, statt dass sie durch größere Kuchenstücke befriedigt wird, da unterscheidet sich der Kuchenliebhaber nicht vom Aktionär!

Anteil in Prozenten: Nennwertlose Stückaktien

Mit der Einführung des Euro wurde dann aber die ganze Umrechnerei mit krummen Cent-Beträgen zu kompliziert und so werden heute überwiegend *nennwertlose Stückaktien* ausgegeben. Da steht gar kein Geldbetrag mehr auf der Aktie, sondern dem Aktionär wird von vorneherein ein prozentualer Anteil am Grundkapital verbrieft. In vielen anderen Ländern wird diese nennwertlose Stückaktie als Quotenaktie geführt, das heißt, ein bestimmter Bruchteil am Grundkapital wird ausgewiesen.

 Nennwertlose Stückaktien wurden erstmals durch das Gesetz über die Zulassung von Stückaktien 1998 genehmigt. Bis dahin war hierzulande ausschließlich die Nennbetragsaktie zulässig. Basis für das Gesetz bildete die Euroeinführung, die eine Umrechnung sämtlicher Nennbetragsaktien notwendig machte und aufgrund des Kurses zu gebrochenen Beträgen führte. Insofern treten nun die nennwertlosen Stückaktien an Stelle der Nennbetragsaktien, wobei jedes Unternehmen die Wahl hat, aber nicht beide Aktienarten nebeneinander führen darf.

Nach Art der Übertragbarkeit	
Inhaberaktien	Namensaktien
Ein Eigentumswechsel ist jederzeit möglich.	Die Papiere sind auf den Besitzer ausgestellt, die AG kann direkt kommunizieren.
Nach Art und Umfang der Rechte	
Stammaktien	Vorzugsaktien
Der Aktionär hat alle gesetzlichen Mitspracherechte.	Der Aktionär erhält eine höhere Dividende, verzichtet aber auf Mitspracherechte.

Tabelle 5.1: Aktienarten in der Übersicht

Tabelle 5.1 zeigt die genannten Aktienarten noch einmal im Überblick. Wie Sie sehen, unterscheiden sie sich im Wesentlichen durch die Art der Übertragbarkeit von Eigentümer zu Eigentümer und die Rechte, die Sie als Aktionär haben.

Aktionärsrechte

Die Rechte des Aktionärs als Besitzer einer Aktie sind nicht abstrakt und theoretisch. Sie sind vielmehr ganz konkret und so können Sie als Aktionär auch etwas bewegen, denn Sie sind ja Teilhaber des Unternehmens, dessen Aktie Sie besitzen. Aber der Umfang der Rechte hängt wesentlich davon ab, welche Aktienart Sie in Ihrem Depot liegen haben.

Der Aktionär

✔ darf an der jährlich abgehaltenen Hauptversammlung teilnehmen

✔ hat ein Auskunftsrecht auf der Hauptversammlung

✔ besitzt ein Stimmrecht auf der Hauptversammlung (Achtung Vorzugsaktie!)

✔ ist am Gewinn in Form der Dividende beteiligt

✔ kann bei einer Kapitalerhöhung junge Aktien beziehen

✔ erhält einen Anteil am Liquidationserlös, wenn die AG aufgelöst wird.

Die Rechte des Aktionärs sind im Aktiengesetz (AktG) und in der Satzung der AG festgelegt. Viele Aktionäre, die so genannten Kleinaktionäre, halten nur wenige Aktien und verfügen damit nur über entsprechend wenig Stimmrechte. Wir erinnern uns, pro Aktie gibt es ein Stimmrecht, bei meist mehreren Millionen ausgegebenen Aktien ist das ziemlich wenig. So gibt es auch noch gesonderte Vorschriften für Aktionärsminderheiten und Kleinaktionäre. Minderheitenrechte haben Aktionäre, deren Anteile zusammen zehn Prozent beziehungsweise fünf Prozent des Grundkapitals erreichen oder deren Aktien in der Summe mindestens 500.000 Euro betragen.

In der Praxis werden die Rechte der Minderheiten meist von Verbänden, die ausgewiesene Spezialisten und versierte Redner in die Hauptversammlungen schicken, vertreten. So gibt es etwa die Deutsche Schutzvereinigung für Wertpapierbesitz e. V. oder die Schutzgemeinschaft der Kleinaktionäre e. V. Viele Aktionäre übertragen ihr Stimmrecht auch auf die Bank, die ihr Depot betreut (*Depotstimmrecht*). Allerdings vertreten Banken meist eher die Seite der Großaktionäre – schließlich sind sie ja selber welche – als die Interessen der »kleinen Leute«.

Nicht nur Würstchen bei der Hauptversammlung

Manche Aktionäre machen sich einen Spaß daraus, Aktien von möglichst vielen Unternehmen zu kaufen, um dann die Hauptversammlungen besuchen zu können. Sie geraten dann gerne ins Schwärmen, was es da alles am Buffet zu essen gab und wen sie so getroffen hätten. Im Kulturbereich nennt man das gerne Vernissagen-Hopping, denn auch da trifft man eine Menge Leute und kann sich durchfuttern.

Was die Unternehmen fürs leibliche Wohl auftischen, könnte man als Naturaldividende bezeichnen. Das, was die Firmenbosse inhaltlich auftischen, ist aber wesentlich interessanter! Nutzen Sie die Gelegenheit, einmal den Vorstand live zu erleben, studieren Sie Gesten, Mimik, Stimmlage, hören Sie gut zu. Klar, Sie können sich jederzeit auch im Internet informieren, da sind die Reden 1:1 abgedruckt beziehungsweise abgefilmt. Aber, sehr viel interessanter sind oft die Fragen der Aktionärsvertreter und die Reaktionen der Vorstände darauf. Denken Sie nur an die Probleme bei Siemens: die Pleite der von BenQ übernommenen Handysparte samt Erhöhung der Vorstandsgehälter und Korruption in Millionenhöhe. All das führte zu einer turbulenten Hauptversammlung im Januar 2007 und einer nur zögerlichen Entlastung der möglichen Verantwortlichen, vor allem aus dem Aufsichtsrat. Was die Frage aufwirft, was eine Hauptversammlung überhaupt darf.

Gleich zu Beginn: Die Hauptversammlung (HV) ist zwar neben dem Vorstand und dem Aufsichtsrat das wichtigste, rein rechtlich gesehen sogar das oberste Organ einer Aktiengesellschaft. Allerdings kann dieses Organ nicht direkt in die Geschäftsführung eingreifen, also keine neuen Fabriken gründen und keine Mitarbeiter entlassen. Das Tagesgeschäft ist und bleibt Aufgabe des Vorstands, der dazu nicht die HV befragen muss. Aber die HV stimmt über die Arbeitgeberseite des Aufsichtsrats ab – also die Kontrolleure des Vorstands. Auch die Höhe der Dividende muss der Hauptversammlung zur Genehmigung vorgelegt werden – es kommt allerdings in Deutschland nur selten vor, dass der von Vorstand und Aufsichtsrat gemachte Gewinnverwendungsvorschlag abgelehnt wird. Am Ende einer Hauptversammlung muss die Mehrheit dem Vorstand und dem Aufsichtsrat ihr Vertrauen aussprechen, sie entlasten. Also Daumen nach oben, wenn gut gearbeitet wurde, Daumen nach unten, wenn Verluste eingefahren wurden und keine Strategie zum Besseren erkannt werden kann.

Die Aktionäre haben auf der HV auch ein weitgehendes Auskunftsrecht: Der Vorstand muss sie über alle wesentlichen Punkte der Tagesordnung ausreichend informieren.

Mehr Aktien im Spiel

Wenn die Wirtschaft brummt, die Börse gut läuft, die Kurse nach oben weisen, bei einem typischen Bullenmarkt also, dann entschließen sich viele Unternehmer dazu, ihre Firmen an die Börse zu bringen, um an Kapital zu kommen. Aktiengesellschaften, die bereits gelistet sind, wollen zusätzliche Aktien unters Volk bringen, um mehr Kapital für weiteres Wachstum zu erhalten. Geht es abwärts mit der Wirtschaft, weisen die Kurse nach unten und regiert der tapsige Bär, dann sieht es schlecht aus mit Börsengängen. Auch Kapitalerhöhungen wird sich jedes Management dreimal überlegen, denn schon die vorhandenen Aktien will ja kaum jemand haben und bei niedrigen Kursen bringen neue Aktien wenig ein.

Der Ablauf einer Hauptversammlung

Eine Hauptversammlung wird nach strengen Kriterien abgehalten, im Prinzip unterscheidet sie sich da nur wenig von einer Parteiversammlung oder einer Vereinssitzung. So muss die Tagesordnung der Hauptversammlung bereits mit der Einladung bekannt gemacht werden. Beschlüsse dürfen nur gefasst werden, wenn sie auch auf der Tagesordnung standen.

In der Regel wird eine HV einmal im Jahr einberufen. In außerordentlichen Situationen, meist Krisen, die den Fortbestand des Unternehmens gefährden, im Klartext also eine baldige Pleite herbeiführen, kann eine HV einberufen werden. Wenn nicht der Vorstand, sondern einzelne Aktionäre die Durchführung einer HV unter bestimmten Voraussetzungen einfordern, spricht man von einer außerordentlichen HV.

Laut Aktiengesetz (AktG) können oder müssen folgende Punkte auf einer HV auf der Tagesordnung stehen:

✔ Die Wahl der Mitglieder des Aufsichtsrates, des Kontrollgremiums der Unternehmensleitung. Allerdings setzt sich der Aufsichtsrat zur Hälfte aus Arbeitnehmervertretern zusammen, die von diesen bestimmt werden.

✔ Was geschieht mit dem Bilanzgewinn, vor allem, wie viel wird in Form einer Dividende ausgeschüttet?

✔ Vorstand und Aufsichtsrat soll das Vertrauen ausgesprochen, er soll entlastet werden.

✔ Die Abschlussprüfer, die den Jahresabschluss überprüfen und testieren müssen, werden benannt.

✔ Mögliche Satzungsänderungen müssen besprochen und mit Zweidrittelmehrheit abgenickt werden.

✔ Maßnahmen, die das Grundkapital verändern, also nach oben mittels einer Kapitalbeschaffung oder nach unten durch eine Kapitalherabsetzung (das Ausschütten neuer Aktien oder der Rückkauf von Aktien) bedürfen einer Zweidrittelmehrheit.

✔ Im Extremfall, wenn das Unternehmen aufgelöst werden soll: das Ende der AG

✔ Die Umwandlung der Gesellschaft, Verschmelzung mit anderen Unternehmen

Ohne Moos nix los – Neuemissionen

Nach den Boom-Jahren an der Börse von 1998 bis 2000, als in Folge der Interneteuphorie ein Unternehmen nach dem anderen aufs Parkett drängte und die neuesten Aktienkurse Tagesgespräch beim Bäcker waren und von Manfred Krug bis Thomas Gottschalk tagtäglich neue Papiere beworben wurden, kehrte erst einmal Ruhe ein an der Börse. Tiefe Ruhe, fast schon Todesstarre. Viele Privatanleger waren geschockt, hatten Verluste hinnehmen müssen und steckten ihr Geld lieber in den Sparstrumpf oder in festverzinsliche Wertpapiere. Kaum ein Unternehmen wagte sich aufs Parkett. Eine totale IPO-Flaute. Mit *Initial Public Offering* (IPO) ist das erste öffentliche Angebot von Wertpapieren an der Börse gemeint, also das erste Listing einer Aktie. 2003 wagte sich also kein einziges Unternehmen an den Prime Standard der Frankfurter Börse, das Qualitätssegment mit besonderen Anforderungen an den Börsenneuling. 2005 starteten die ersten zaghaften Versuche, und weil einige davon ganz gut gelangen, wie zum Beispiel der IPO des Thalheimer Solarzellenproduzenten Q-Cells oder die Abspaltung der Bayer-Sparte Chemie unter dem neuen Namen Lanxess, wagten sich 2006 schon wieder dreißig Unternehmen an den Frankfurter Prime Standard. Das Emissionsvolumen betrug insgesamt etwa 1,9 Milliarden Euro. Zum Vergleich: Auf dem Höhepunkt der Boomphase im Jahr 2000 meldete Frankfurt 142 Börsengänge und ein Emissionsvolumen von 26,56 Milliarden Euro! Durch die Finanzkrise bedingt, stockten die IPOs 2008 und 2009 wieder, auch 2010 verlief nicht gerade berauschend, jetzt hoffen alle auf 2011. Denn zur Börse gehört immer auch Hoffnung, und die stirbt ja bekanntlich zuletzt.

 Neuemissionen üben einen großen Reiz auf Anleger aus, doch es gibt einiges zu beachten. Grundsätzliches Problem bei Börsenneulingen ist natürlich, dass keine Erfahrungswerte vorliegen. Bei allen anderen Aktien kann man sich die Entwicklung der Kurse in der Vergangenheit anschauen und daraus Schlüsse für die Zukunft ziehen. Börsenneulinge sind also riskanter, und man sollte zweimal hinschauen, ob und wie viel man anlegt. Logischerweise setzten sich die neuen Unternehmen ins beste Licht, loben ihre Produkte über den grünen Klee, schwärmen von Märkten und Potenzialen (Vorsicht: Potenzial heißt immer, da könnte etwas zu holen sein, aber nicht, da wurden bereits Erfolge erzielt!) und verfügen selbstverständlich über das beste und erfahrenste Management. Auf »Roadshows« (das sind praktisch Werbeveranstaltungen für die Aktie), auf denen die Firmenstrategie ausgewählten Investoren, Analysten und Journalisten vorgestellt wird, werden mögliche Risiken und Nebenwirkungen meist ins Kleingedruckte verdrängt, ebenso auf den meist bunt bebilderten Emissionsprospekten.

Aber: Zu keiner Zeit wird so viel über die betreffenden Firmen berichtet, kann sich der Interessierte so umfassend informieren, wie nach der Ankündigung eines beabsichtigten Börsenganges. Und es sind ja vor allem Spezialisten und Fachleute, die darüber berichten, es lohnt sich also, Informationen zu sammeln!

Der erste und wichtigste Grund für eine Neuemission ist ganz banal der Kapitalbedarf. Aber, das wusste schon Karl Marx, ohne Kapital geht überhaupt nichts in der freien Marktwirtschaft – und wenn man es unterdrückt, wie in den sozialistischen Planwirtschaften, dann geht noch viel weniger. Ein Unternehmen braucht, um weiter zu wachsen, um interessante Produkte zur Marktreife zu bringen, um an zusätzliche Kredite zu kommen, um im Ausland zu investieren, um interessante Konkurrenten zu übernehmen, Geld, Geld und nochmals Geld. Und das holt es sich vom Kapitalmarkt, von der Börse. Denn die Rechte der Aktionäre halten sich, im Gegensatz etwa zu einem Teilhaber, in überschau- und kontrollierbaren Grenzen. Die höheren Anforderungen an Transparenz und Kommunikation führen gleichzeitig zu einer größeren öffentlichen Wahrnehmung des Unternehmens – und das kann nur von Vorteil sein, schließlich braucht es ja Kunden. Und weil Geld immer Geld nach sich zieht, bringt eine erhöhte Kapitalbasis auch eine höhere Kreditwürdigkeit, die AG kann noch zusätzlich mehr Fremdkapital aufnehmen als eine Personengesellschaft oder eine GmbH.

Für den Anleger sind Neuemissionen besonders spannend, aber auch gefährlich. Es locken nämlich große Gewinne, weil oft am ersten Börsentag der Kurs gleich in die Höhe schnellt. Man nennt diese Gewinne auch *Zeichnungsgewinne*, weil neue Aktien nicht gekauft, sondern »gezeichnet«, also quasi bei der Bank bestellt, werden. Wobei zwischen dem *Emissionspreis*, also dem Preis, zu dem vorab die Anleger die Aktie gezeichnet haben, und der *Erstnotiz*, zu der an der Börse tatsächlich gekauft wird, zu unterscheiden ist. Riesige Zeichnungsgewinne am ersten Börsentag gab es 2006 nicht, den größten Unterschied zwischen Emissionspreis und Erstnotiz und damit ein wichtiges Kriterium für die Nachfrage nach der Aktie gab die Münchner Wacker Chemie AG mit 80 Euro Emissionspreis und einer Erstnotierung von 90 Euro. Beim größten Börsengang des Jahres 2010, dem Chemikalienhändler Brenntag, beliefen sich die Zeichnungsgewinne am ersten Tag bei etwa 5 Prozent oder 52,40 Euro zu 51,10 Euro Ausgabepreis. Beim wohl bekanntesten IPO des Jahres 2010, dem des Kölner Vermarkters für Großwerbeflächen Ströer, waren es exakt 0 Euro – die Aktie schloss am ersten Tag per Punktlandung beim Ausgabepreis.

Von Haien und Heuschrecken

In letzter Zeit bringen immer öfter sehr spektakulär und medienwirksam so genannte *Private-Equity-Unternehmen*, Beteiligungsfirmen, Unternehmen an die Börse. Diese meist aus dem angelsächsischen Raum stammenden Beteiligungsfirmen haben in der Regel riesige Geldbeträge über Fonds angesammelt und kaufen davon ganze Firmen auf. Wenn die gekauften Unternehmen in finanziellen Nöten stecken, sanieren sie sie zuerst oder filetieren sie in einzelne, gut verdauliche (veräußerbare) Stücke. Dann bringen sie das ganze Unternehmen oder die gut portionierten Häppchen an die Börse. Private-Equity-Unternehmen schöpfen aus der Differenz zwischen Einkaufs- und Verkaufspreis der Zukäufe ihre meist sehr hohen Gewinne und Renditen auf das eingesetzte Kapital. Eher zum Wohle ihrer Anleger, denen sie ja verpflichtet sind, als der Firmen, die sie gekauft haben.

Das an der Börse erzielte Kapital fließt nur zu geringen Teilen in das Unternehmen, den Löwenanteil packt sich die Private-Equity-Gesellschaft. Meist hat das Private-Equity-Unternehmen auch noch einen großen Teil der Kaufsumme über Schulden finanziert, die es dem gekauften Unternehmen aufbrummt. Ein toller Trick: Man kauft etwas, bezahlen muss aber am Ende das verkaufte Unternehmen!! Alles in allem ist diese Form des Wirtschaftens nicht von allen Seiten gleichermaßen anerkannt, wie der Vergleich von Private-Equity-Firmen mit Heuschrecken nahe legt oder wenn die Suche dieser kapitalstarken Unternehmen nach geeigneten Objekten mit Haien im Karpfenteich beschrieben wird. Aber, diese Unternehmen pumpen viel Kapital in die Wirtschaft und haben so auch manche Firma vor dem Untergang bewahrt und viele Arbeitsplätze gerettet. Als Anleger in Neuemissionen sollten Sie aber wissen: Es spielt nicht nur eine Rolle, was ein Unternehmen so tut, es ist auch wichtig, wer es an die Börse bringt. Aber, oftmals entwickeln sich gerade Kurse von Unternehmen, die über Private-Equity-Gesellschaften an die Börse gebracht wurden, auch danach noch gut.

Checkliste Neuemission

Wenn Sie mit dem Gedanken spielen, eine Neuemission zu kaufen, hilft Ihnen die folgende Checkliste, sich vor dem Kauf schlauzumachen:

✔ Wie soll der Emissionserlös, der Gewinn aus den Aktienverkäufen, verwendet werden? Fließt das Geld in das Unternehmen oder werden lediglich die Interessen Dritter befriedigt?

✔ Wie lange wollen die Altaktionäre ihre Anteile halten? An den Lock-up- oder Haltefristen können Sie gut erkennen, ob das Management an einen langfristigen Erfolg des Unternehmens glaubt oder nur auf einen kurzfristigen Kursgewinn spekuliert.

✔ Ist die Höhe des Emissionspreises, der Preis für die Aktien, angemessen im Vergleich zu anderen, ähnlichen Unternehmen aus der Branche? Ist das Unternehmen damit fair bewertet oder künstlich hochgespielt?

✔ Wie sehen die Umsatz- und Gewinnzahlen, die Kennziffern des Unternehmens in der Vergangenheit aus? Aber Vorsicht. In manchen wachstumskräftigen, aber riskanten Branchen (etwa in der Biotechnologie) ist es durchaus üblich, dass Unternehmen jahrelang Verluste einfahren, und trotzdem könnte eine Aktie zu empfehlen sein.

✔ Gibt es für die Produkte und Dienstleistungen des Unternehmens tatsächlich einen Bedarf, gibt es genügend Abnehmer? Nicht jede tolle Idee ist bei näherer Betrachtung auch wirklich marktfähig.

✔ Wie sieht die Konkurrenzsituation aus? Gibt es starke Wettbewerber mit hoher finanzieller Schlagkraft?

✔ Welchen Eindruck macht das Management auf Sie? Verfügt es über genügend Erfahrung und Kompetenz?

✔ Wie professionell kommuniziert das Unternehmen nach außen? Sind die Botschaften kompetent, stringent und informativ?

Verstehen Sie die Geschäftsidee? Wenn nicht, dann sollten Sie auf diese Aktie verzichten und anderen den Vorzug geben/lassen.

Kursgewinn schon am ersten Tag

Warum es zu diesen Kursgewinnen am ersten Handelstag kommt? Ganz einfach: Meist gibt es im Vorfeld des Börsenganges mehr Interessenten als Aktien, gerade wenn Börsengänge auch noch mit großer Macht beworben werden, man erinnere sich nur an Manfred Krug und die Telekom-Aktie. Die Aktie ist also *überzeichnet*, für jede einzelne Aktie gibt es zwei, drei oder noch mehr Interessenten. Einfach mehr Aktien ausgeben kann das Unternehmen nicht, weil die Aktie an das Grundkapital gebunden ist, das nicht so schnell erhöht werden kann. Die Telekom-Aktien, die um die 14 Euro kosteten, waren achtfach überzeichnet. Von acht Interessenten bekam also nur einer die heiß umworbene Telekom-Aktie. In der Folge versuchten dann alle, die leer ausgegangen waren, an der Börse jetzt endlich ihre Aktien zu erstehen. So schoss der Kurs kometenhaft nach oben, kletterte zeitweise um bis zu 500 Prozent, bis er, nach vielen Strategiefehlern und Problemen bei der Festnetzsparte, schließlich wieder jäh nach unten ging. Heute dümpelt die Telekom-Aktie bei etwa 10 Euro dahin, und Manfred Krug entschuldigte sich bei den Käufern für die Werbung, die er gemacht hatte.

Für Privatanleger kommt es bei Neuemissionen noch dicker: Meist werden nämlich zuerst die institutionellen Anleger, also Banken für ihre Fonds, Versicherungen, die einen bestimmten Anteil ihres verwalteten Vermögens in Aktien anlegen müssen, bedient, erst dann kommen die Normalanleger zum Zuge. Oft entscheidet dann das Los, ob sie überhaupt eine Aktie bekommen und wie viele.

 Manchmal ist es aber gar nicht schlecht, erst einmal abzuwarten, denn die Kurse von Neuemissionen bröckeln nach der ersten Euphorie oft wieder ab und dann ist immer noch Zeit, zu kaufen. Sich um neue Aktien zu bewerben, kostet aber auch nichts. Wenn's mal nicht geklappt hat, einfach bei der nächsten Neuemission, die Ihnen lukrativ erscheint, wieder probieren. Denken Sie an einen Ausspruch des berühmten Börsen-Gurus André Kostolany:

Einer Straßenbahn und einer Aktie darf man nie nachlaufen. Nur Geduld: Die nächste kommt mit Sicherheit.

Greenshoe: Die Aktienreserve

Beim Studieren von IPO-Meldungen sind Sie vielleicht schon einmal über den Begriff *Greenshoe* gestolpert. Vielleicht haben Sie sich gleich als Greenhorn gefühlt und gedacht, komische Ausdrücke verwenden die Börsianer: Was bedeutet eigentlich Greenshoe und warum heißt das denn so? Gemeint ist damit eine Mehrzuteilungsoption. Gerade für den Fall einer Überzeichnung, wenn viele Aktienkäufer beim Zeichnen in die Röhre schauen mussten, reservieren die Emittenten eine Reservebank für ihre Wertpapiere. Um die große Nachfrage zu befriedigen, können die Konsortialbanken zusätzliche Aktien zum gleichen Preis abgeben, noch bis zu sechs Wochen nach dem Börsengang. Wenn nur wenig Interessenten zeichnen, wird die Mehrzuteilungsoption nicht eingelöst.

Greenshoe nennt man dieses Verfahren nach dem ersten Unternehmen, das es zum Einsatz brachte – und weil der Name doch so griffig ist. Die Green Shoe Manufacturing Company wurde bereits kurz nach dem Ersten Weltkrieg in Boston gegründet, der Namensgeber Mr. Green zog sich allerdings bereits 1924 aus dem Geschäft zurück. 1960 ging das Unternehmen an die Börse, samt Mehrzuteilungsoption. Seit 1966 heißt der Schuhproduzent Stride Rite Corporation und hat sich auf Kinderschuhe spezialisiert. 2007 ging er aber in die Collective Brands über – gelistet an der New Yorker Börse NYSE zum Kurs von etwa 15 US-Dollar.

Der erste Börsenpreis

Natürlich braucht es Sie nicht wirklich zu interessieren, wie eigentlich der Ausgabekurs einer Aktie en detail zustande kommt. Aber es kann Ihnen die Entscheidung, ob Sie eine Aktie kaufen sollen oder nicht, erleichtern, weil Sie besser einschätzen können, ob der Ausgabepreis auch realistisch ist. Börsengänge brauchen Zeit, müssen intensiv vorbereitet werden und sind auch nicht ganz billig. Viele gesetzliche Vorschriften müssen eingehalten, viele Regeln beachtet, eine Unmenge an Entscheidungen getroffen werden. So begleiten immer Banken als beratendes Konsortium das Management der Börsenkandidaten. Über Roadshows, Analysten- und Pressekonferenzen stellen die Unternehmer ihre Produkte, Chancen und Kennzahlen vor.

Nachdem die Konsortialbanken den Unternehmenswert nach einer genauen Prüfung (*due dilligence*) ermittelt haben, wird der Ausgabepreis je Aktie festgelegt. Das ist eine hoch komplizierte Entscheidung, denn hier fließt nicht nur der tatsächliche Unternehmenswert ein, sondern auch viele »weiche« Faktoren wie etwa das Image der Firma und ihrer Produkte. Dann muss auch der Kapitalmarkt im Auge behalten werden, denn nicht immer kann der Preis, den man für richtig hält, auch am Markt erzielt werden. Meist entscheiden sich Banken und Unternehmen für das *Bookbuilding-Verfahren* zur genaueren Feststellung. Dabei wird eine bestimmte Preisspanne von ... bis ... festgelegt und dann im vorbörslichen Handel eruiert, was die Käufer zu zahlen bereit sind. Das ist ungefähr so wie beim Grillen. Da fragt auch der Grillmeister erst einmal, wer alles ein Würstchen will, bevor er sie auf den Grill packt. Sind die Würstchen dann fertig, wollen plötzlich alle welche, weil sie so gut duften. Oder sie sind total verbrannt, dann bleibt er auf ihnen sitzen, obwohl doch vorher alle die Hand gehoben und eines gewollt hatten. Je nach dem vorbörslichen Interesse an den Aktien wird also der Ausgabekurs für den ersten Handelstag im Rahmen der Preisspanne festgelegt. Liegt er am oberen Ende der Preisspanne, bedeutet dies: Die Aktie erregte großes Interesse. Am unteren Ende heißt: wenig Nachfrage.

 Neuemissionen werden immer von Banken begleitet, den so genannten *Konsortialbanken*, die im Prospekt veröffentlicht werden. Die Zeichnungsaussichten erhöhen sich, wenn man als Käufer sein Depot bei einer der Konsortialbanken einrichtet! Wer mutig ist, kann über spezielle Maklerfirmen auch bereits vorbörslich ordern – allerdings kann der Kaufpreis der Aktien dann auch über dem tatsächlich gehandelten ersten Börsenpreis liegen. Dann haben Sie sich an den gut duftenden Würstchen verbrannt!

Mit zusätzlichem Geld durchstarten – Kapitalerhöhung

Wenn ein Unternehmen zusätzliches Kapital benötigt, dann kann es das Grundkapital erhöhen und zusätzliche Aktien herausgeben. Das hört sich ja ganz einfach an: Immer wenn's Geld knapp wird, Kapital erhöhen, Aktien ausgegeben und weiter geht's. Leider ist eine Kapitalerhöhung ziemlich kompliziert, aber weil sie direkte Auswirkungen auf Ihre Aktien hat, lohnt es sich, genauer hinzuschauen.

Bei einer echten oder *ordentlichen Kapitalerhöhung* fließt dem Unternehmen tatsächlich neues Kapital zu, die Eigenkapitalbasis verbreitert sich. Damit steht dem Unternehmen nicht nur mehr Geld zur Verfügung, es kann sich auch mehr Geld leihen, denn die Kapitalkraft des Unternehmens verbessert sich. Je höher die Bonität, desto leichter erhält es und desto günstiger sind Kredite. Einer Kapitalerhöhung müssen 75 Prozent der Aktionäre auf der Hauptversammlung zustimmen. Um das Grundkapital zu erhöhen, schüttet die AG für das von der

HV »genehmigte Kapital« neue, *junge Aktien* aus. Diese sind meist billiger zu haben als die bereits gehandelten Aktien, denn sie sollen ja bevorzugt unters Aktionärsvölkchen gebracht werden. Dumm aber für die Altaktionäre, denn sie halten plötzlich einen geringeren Anteil am Gesamtunternehmen, es gibt ja jetzt mehr Aktien und damit mehr Anteilseigner. Also müssen sie bei einer Kapitalerhöhung ein Bezugsrecht zum Erwerb der jungen Aktien bekommen. Die Anzahl der Aktien errechnet sich aus dem Verhältnis zum Grundkapital. Wenn also ein Großaktionär bisher zehn Prozent des Grundkapitals kontrollierte, erhält er auch von den jungen Aktien das Bezugsrecht über zehn Prozent. Wenn er sein Bezugsrecht ausübt, bleibt sein Anteil also konstant.

 Sie können Ihr Bezugsrecht ganz einfach ausüben, indem Sie Ihrer Bank einen Auftrag dazu erteilen. Sie können aber auch auf Ihr Bezugsrecht verzichten und dieses Recht an der Börse verkaufen. Das erledigt die Bank meistens automatisch, wenn sie nichts von Ihnen hört. Der Erlös ist für Sie allerdings kein wirklicher Gewinn, sondern nur ein Ausgleich für Ihre alten Aktien. Denn die sind ja jetzt weniger wert!

Eines ist klar, das mit den Bezugsrechten ist für das Unternehmen ziemlich kompliziert im Handling. Alle Aktionäre müssen informiert werden – da bieten Namensaktien wieder Vorteile –, die einen wollen unbedingt die neuen Aktien haben, die anderen lieber ihre Bezugsrechte verkaufen. Das Aktiengesetz erlaubt jedoch bei einer Kapitalerhöhung von bis zu zehn Prozent vom Grundkapital den Ausschluss dieser Bezugsrechte. Allerdings müssen die jungen Aktien dann zu einem Preis in der Nähe des Börsenpreises der alten Aktien angeboten werden. Nicht einfach für die jungen Pflänzchen, sich auf dem rauen Parkett zu entfalten. Da Börse aber auch viel mit Psychologie zu tun hat und sich viele denken, dass ein Unternehmen, das mit neuem Kapital weiter wachsen möchte, sicher bald auch höhere Gewinne einfahren wird, steigen bei Kapitalerhöhungen manchmal sogar die Kurse. Insofern hätten auch die Altaktionäre ohne Bezugsrechte etwas davon.

 Es gibt keinen Automatismus zwischen Kapitalerhöhung und steigenden Kursen! Problematisch sind besonders Situationen, wenn die Aktienkurse insgesamt gerade zu sinken beginnen. Dann orientierten sich die jungen Aktien bei der Planung noch an älteren und damit höheren Aktienkursen und fallen auf die Nase, weil sie jetzt plötzlich viel zu teuer sind und nicht genügend Nachfrage finden.

Von einer *bedingten Kapitalerhöhung* spricht man, wenn die Beschaffung der neuen Mittel an bestimmte Voraussetzungen geknüpft ist. Das trifft etwa zu, wenn das Unternehmen eine Fusion vorbereitet oder die Unternehmensleitung beschließt, ihre Mitarbeiter durch Ausgabe von Belegschaftsaktien in größerem Umfang am Unternehmen zu beteiligen. Die Auswirkungen auf den jeweiligen Aktienkurs hängen hier stark vom Einzelfall ab.

Bei einer *nominellen Kapitalerhöhung* schließlich fließt dem Unternehmen kein neues Kapitel zu. Es findet einfach eine Umwandlung von Gewinn- und Kapitalrücklagen in Grundkapital statt. Die Aktionäre bekommen dann neue, zusätzliche Aktien, ohne dass sie dafür etwas bezahlen müssten. Schön, oder nicht? Wenn Sie also zum Beispiel zehn Aktien der Firma xy haben und eine Aktie oben drauf bekommen, wurde das Grundkapital also um zehn Prozent aufgestockt. Weil Sie ja nichts für das plötzliche Aktiengeschenk bezahlen müssen, spricht man auch von *Gratisaktien*. Der kleine Haken dabei: Durch diese Umschichtung innerhalb der Bilanz sinkt meist der Aktienkurs, weil sich das Kapital und die Gewinne der Gesellschaft ja auf ein größeres Aktienvolumen verteilt. Wenn es in der Welt der Aktien mathematisch genau zuginge – Gott sei Dank tut es dies aber wie in der wirklichen Welt nie –, dann müsste der Kurs so weit fallen, dass ihre elf Aktien zum Schluss so viel wert sind wie ihre zehn Aktien zuvor.

Eine Kapitalerhöhung richtet sich nicht nur nach dem tatsächlichen Kapitalbedarf des Unternehmens, sie muss auch das Klima an der Börse berücksichtigen. Läuft es gut, regiert der Bulle, werden viele Aktien gehandelt, so können auch problemlos junge Aktien auf den Markt geworfen und eine saftige Kapitalerhöhung durchgeführt werden. Leider brauchen Unternehmen aber oft gerade dann besonders dringend zusätzliches Kapital, wenn die Wirtschaft weniger gut läuft und trotzdem investiert werden muss, um sich zu behaupten. Dummerweise spiegeln die Börsen die schlechte Situation aber meist wider und zeigen sich wenig aufnahmebereit für junge Aktien.

Deutsche Bank sammelt Geld

Eine spektakuläre Kapitalerhöhung gelang der Deutschen Bank im September 2010: Sie sammelte an der Börse per Kapitalerhöhung 10,2 Milliarden Euro ein. Dabei war es noch gar nicht so lange her, da mussten als Folge der Finanzkrise Banken Unterschlupf beim Staat suchen. Nicht so die selbstbewusste Deutsche Bank – sie bediente sich in der Krise und übernahm mal schnell die Postbank, um an deren großes Reservoir an Privatkunden(konten) zu gelangen. Die Deutsche Bank hat dafür 308,6 Millionen neue Stammaktien zum Preis von 33 Euro ausgegeben. 99,31 Prozent der Bezugsrechte wurden von den »alten Aktionären« wahrgenommen, die restlichen über die Börse verkauft.

Aus eins mach mehr: Der Aktiensplit

Es kann auch vorkommen, dass eine Aktiengesellschaft einfach nur die Zahl der Aktien verändern will, aber das Grundkapital nicht antastet. Die AG tauscht einfach alte Aktien gegen neue um, in einem bestimmten Umtauschverhältnis. Wie bei Fußballbildchen: ein Ballack gegen zwei Lahms.

Warum aber sollen Sie plötzlich statt einer Aktie drei bekommen? Ganz einfach, nach einem Aktiensplit weist die einzelne Aktie einen kleineren Anteil am Grundkapital aus und ist so leichter zu handeln, weil das einzelne Papier weniger kostet. Dies führt zu einer größeren Fluktuation, zu mehr Umsatz an der Börse, und mehr Umsatz treibt meistens den Kurs in die Höhe. Man spricht dann auch davon, dass die Aktie optisch billiger wird und so mehr Käufer anlockt.

Es gibt natürlich – wie sollte es anders sein – auch das Gegenteil: Der Aktienkurs ist so dramatisch nach unten gesunken, dass sich das Unternehmen gezwungen sieht, für viele Aktien nur noch eine neue auszugeben. Damit wollen die angeschlagenen Unternehmen vermeiden, dass ihre Papiere – imageschädigend – zu Penny-Stocks werden, also zu Papieren, die nur ein paar Cent kosten. Oft ist die Zusammenlegung mehrerer Aktien ein Warnsignal. Einige der einstmals hoch gehandelten Unternehmen des Neuen Marktes, der als Börsenindex für junge, zukunftsweisende Technologieunternehmen nur eine kurze Lebensdauer von 1997 bis

2003 hatte, mussten so handeln und trotzdem dümpeln bei vielen überlebenden Firmen die Aktien meist im Penny-Bereich vor sich hin.

Beispiel Porsche

Anfang 2001 stellte die Dr. Ing. h. c. F. Porsche AG im Rahmen der Euroumstellung nicht nur auf Stückaktien um, sondern erhöhte das Grundkapital um etwa 700.000 Euro auf 45,5 Millionen Euro. Vor allem aber führte sie einen Aktiensplit im Verhältnis 1:10 durch. Statt 1,75 Millionen Porsche-Aktien gab es nun 17,50 Millionen Porsche-Aktien, auf die jeweils ein Betrag des Grundkapitals in Höhe von 2,60 Euro entfiel. Das hat dem Kurs nicht im Geringsten geschadet: Am 31.12.2006 lag die Porsche-Aktie bei 964,04 Euro! Dass sie inzwischen (November 2010) wieder bei circa 50 Euro notiert, liegt vor allem am gescheiterten Übernahmeversuch von VW!

Fusionen und Übernahmen

Wirtschaft ist nichts Statisches, sondern ein Prozess, immer in Bewegung. Eine Bewegung, die durch die Globalisierung noch an Dynamik zulegt. Unternehmen kaufen andere Unternehmen auf und werden wieder aufgekauft. Deutschland hatte sich gegen diesen Prozess lange Zeit abgeschottet, denn an vielen Aktiengesellschaften hielten Banken, Versicherungen oder der Staat hohe Anteile, mit denen sie unerwünschte Übernahmeversuche abblocken konnten (Sperrminoritäten). Damit konnten sie einen »Ausverkauf« ins Ausland verhindern. Doch diese Zeiten sind lange vorbei. Einen Vorgeschmack mit Knalleffekt gab schon die erst feindliche, dann friedlich beschlossene Übernahme von Mannesmann durch die britische Vodafone von November 1999 bis Februar 2000. Einige Jahre später wurde das DAX-Mitglied HypoVereinsbank von der italienischen Unicredit geschluckt.

Doch die Medaille hat zwei Seiten: Heute mischen längst auch deutsche Unternehmen auf der internationalen Szene der Fusionen und Übernahmen, bei *Mergers & Acquisitions (M&A)* wie es international heißt, kräftig mit. Wie überzeugend deutsche Unternehmen hier inzwischen auftreten, bewies der Wiesbadener Industriegase-Konzern Linde. Er kaufte nicht nur das britische Konkurrenzunternehmen BOC für 12 Milliarden Euro, sondern trennte sich noch gleich von der Gabelstaplersparte und brachte sie unter dem Namen Kion mit Erfolg an die Börse. Noch ein paar Jahre zuvor galt Linde, das sich nun international The Linde Group nennt und ihren Firmensitz nach München verlegte, unter Börsenfachleuten (!) als dringend übernahmegefährdet. Der Spruch, »Glaube niemandem an der Börse oder wenn, dann das Gegenteil«, hat sich hier auf das Schönste bestätigt.

Es sind aber nicht nur Unternehmen, die sich nach Übernahmen und Fusionen umsehen, um sich besser auf den Weltmärkten behaupten zu können, mehr und mehr tummeln sich in diesem Teich auch Finanzinvestoren und reich gewordene Staaten. Diese Private-Equity-Gesellschaften und Staats-Fonds haben bei ihren Anlegern riesige Mengen an Geld angesammelt, so dass längst auch die deutschen Blue Chips aus dem DAX auf ihrem Wunschzettel stehen. Besonders den Private-Equity-Firmen kommt es nicht immer auf den langfristigen Unternehmenserfolg an, sie brauchen kurzfristige Gewinne, die sie an ihre Anleger weitergeben können.

Am besten verdienen an einem lebendigen M&A-Markt im Übrigen die Investmentbanken und Berater, die sich ihre Dienstleistungen bei den oft komplizierten Deals kräftig – und ohne Risiko – honorieren lassen.

Aber was haben Übernahmen und Fusionen mit Ihren Aktien zu tun? Nun, unter Umständen ziemlich viel, denn trifft es Ihr Unternehmen, so wird erst einmal der Kurs Ihres Papiers kräftig nach oben gehen – je nachdem wie hoch die Kauofferte des Übernehmers ausfällt, wie lange sich die Übernahmegerüchte halten oder wie lange die tatsächliche Bieterschlacht dauert. Am Ende jedenfalls kann Ihre Aktie vom Kurszettel verschwinden.

Wenn Aktionäre von Bord gehen

Wenn Aktionäre über Bord gehen, landen sie meistens weich, denn es wird ihnen ein finanzieller Rettungsring umgebunden. Jedenfalls bei Fusionen. Denn bei Fusionen nähern sich zwei etwa gleich starke Partner in aller Freundschaft und verschmelzen miteinander. Das ist dann immer noch ein schwieriger Prozess, weil jedes Unternehmen seine eigene Firmenkultur mitbringt, aber bei Fusionen wollen grundsätzlich beide miteinander – von Anfang an.

Ziele für Fusionen können zum Beispiel sein:

✔ Rationalisierungspotenziale erzielen

✔ Synergie-Effekte heben

✔ Das Produktangebot und das Produktionsprogramm verbreitern

✔ Neue Märkte erschließen

✔ Bestehende Märkte sichern

✔ Forschung & Entwicklung intensivieren

Fusionen kann man oftmals noch am Firmen(doppel)namen ablesen, so ähnlich wie bei den einmal beliebten Doppelnamen bei Verheirateten. So ganz will keiner auf seine Historie verzichten. Denjenigen, der das Sagen hat, erkennt man meistens daran, dass sein Name zuerst erscheint: DaimlerChrysler, HypoVereinsbank, Thyssen-Krupp, Karstadt Quelle, BayerSchering Pharma. Dass Fusionen ihre Tücken haben, beweist schon diese kurze Liste: Daimler hat sich von Chrysler wieder scheiden lassen – die Amerikaner versuchen es jetzt mit Fiat –, Karstadt Quelle ereilte die Insolvenz, die HypoVereinsbank gehört heute der Unicredit und Bayer gibt den Namen Schering ganz auf.

 Das Aktiengesetz unterscheidet genauer zwischen einer *Verschmelzung durch Neubildung*, also beide »alten« Unternehmen gehen unter (zum Beispiel die Pharmafirmen Sandoz und Ciba zu Novartis), und einer *Verschmelzung durch Aufnahme*, das heißt, nur eines von beiden verliert seine Existenz (zum Beispiel Schering in Bayer). Auf jeden Fall geht die rechtliche Selbstständigkeit der vormaligen Gesellschaften verloren, es existiert juristisch nur noch ein Unternehmen.

Da bei einer Fusion aus zwei ehemals selbstständigen Unternehmen ein neues, drittes entsteht, müssen auch neue Aktien ausgegeben werden. Die alten werden eingezogen und jeder Aktionär

erhält dafür im Tausch Aktien des neuen, fusionierten Unternehmens. Nun kommt es natürlich selten vor, dass beide Unternehmen an der Börse gleich bewertet sind, das heißt, dass die Aktionäre des einen Unternehmens entsprechend mehr Aktien der neuen Gesellschaft erhalten und die anderen weniger.

Wer auf die Aktien der alten Gesellschaft beharrt und sie nicht gegen neue umtauscht, geht das Risiko ein, dass die Aktien später von der Börse genommen werden. Besitzt der Käufer mehr als 95 Prozent der Papiere, kann er das sogar gegen den Willen der Altaktionäre durchsetzen (Squeeze Out, Zwangsabfindung). Wer hingegen getauscht hat, sollte etwas Geduld mitbringen: In der ersten Zeit nach einer Fusion muss oftmals eine Durststrecke mit eher fallenden Kursen durchschritten werden, bis das neue, noch größere Unternehmen wieder Fahrt aufnimmt. Aber, schwere Tanker sind schwer zu stoppen, wenn sie einmal laufen!

Durch Fusionen entstehen oft riesige Unternehmen, die in ihrem Sektor den Markt dominieren können. Da in einer freien Marktwirtschaft Monopole nicht geduldet werden, weil sie die Preise diktieren und das Gleichgewicht zwischen Angebot und Nachfrage empfindlich stören können, unterliegen Fusionen ab einer bestimmten Größe der Kontrolle durch das Kartellamt (Gesetz gegen Wettbewerbsbeschränkungen GWB). Die Kartellbehörde kann den Zusammenschluss untersagen, wenn eine marktbeherrschende Stellung entstehen würde. Angemeldet werden muss jeder Zusammenschluss, wenn eines der beiden Unternehmen im Vorjahr Umsätze von einer Milliarde Euro erzielt hat oder wenn zwei der beteiligten Unternehmen Umsatzerlöse von einer halben Milliarde Euro hatten. Oft schränken deshalb Unternehmen, die von einer baldigen Fusion sprechen, ein: »vorbehaltlich der kartellrechtlichen Genehmigung«.

Elefantenhochzeit DaimlerChrysler

Als es im Herbst 1998 beschlossene Sache war, dass die Stuttgarter Nobelkarossenmarke Daimler-Benz AG und die US-amerikanische Chrysler AG miteinander fusionieren, stellten sich für die deutschen Aktionäre einige wesentliche Fragen. Mehr als 90 Prozent hatten bis zu diesem Zeitpunkt ihre Aktien freiwillig in die neuen DaimlerChrysler-Aktien umgetauscht. Jeder Mercedes-Benz-Aktionär erhielt im Verhältnis zu Chrysler-Aktionären ein um 0,5 Prozent besseres Umtauschverhältnis oder einen Barausgleich. Dies erschien vielen als relativ gering, war aber das Ergebnis zweier Wirtschaftsprüfungsgesellschaften und eines eigens bestellten Verschmelzungsprüfers! Aktionäre, die ihre »Daimler-Aktien« partout nicht hergeben wollten, guckten in die Röhre, denn die Daimler-Benz-Aktien wurden nach Vollzug der Fusion (und nachdem noch über einige Klagen gegen die Fusion entschieden worden war) für wertlos erklärt. Im Zuge dieser Megafusion stellte DaimlerChrysler auf Namensaktien um, damit ein unproblematischer Handel auch an der New York Stock Exchange möglich war, wo Namensaktien zwingend vorgeschrieben sind. Eine Frage, die vielen Aktionären des schwäbischen Autobauers unter den Nägeln brannte, konnte ebenfalls zur allgemeinen Zufriedenheit geklärt werden: Die Hauptversammlung von DaimlerChrysler würde auch in Zukunft in deutscher Sprache abgehalten! Und jetzt, nachdem diese Elefantenhochzeit wieder geschieden wurde, und kaum dass dem Unternehmen ein neuer Manager vorsteht, spricht man »beim Daimler« eh wieder Deutsch!

Neue Eigentümer räumen auf

Übernahmen können, im Gegensatz zu Fusionen, nicht nur freundlich, sondern auch feindlich ablaufen. Das hängt ganz davon ab, wie das Unternehmen reagiert, das geschluckt werden soll. Nach Thomson Financial wurden in Europa im Jahr 2006 über 60 feindliche Übernahmen mit einem Transaktionsvolumen von über 300 Milliarden US-Dollar registriert! Gerade kleinere, finanzschwache Unternehmen mit innovativen Produkten und breit gestreuten Aktien bewegen sich immer in der Gefahrenzone möglicher Übernahmeversuche. Wobei die *Börsenkapitalisierung*, also die Anzahl der Aktien mal ihrem Tageskurs, wenig aussagekräftig für den tatsächlichen Wert eines Unternehmens ist, aber den Preis zeigt, zu dem es wenigstens theoretisch an der Börse gekauft werden könnte. Im internationalen Vergleich etwa ist selbst die Kapitalisierung der Deutschen Bank mit 37 Milliarden Euro (Stand November 2010) eher gering und das Institut immer wieder von Übernahmefantasien ausländischer Banken bedroht. So bringt etwa die Bank of America mehr als das doppelte (81 Milliarden Euro Marktkapitalisierung) auf die Waage und HSBC sogar 133 Milliarden Euro. Insgesamt haben die Banken aber in der Finanzkrise deutlich »Federn gelassen«, brachte es doch etwa die Bank of America 2007 noch auf eine Marktkapitalisierung von 163 Milliarden Euro – so ganz haben die Anleger den Banken noch nicht verziehen. Feindliche Übernahmen (unfriendly takeover) sind für den Bieter teurer, denn die Aktionäre erwarten ein hohes Angebot, um darauf einzugehen. Das bedrohte Unternehmen versucht oft nicht nur, seine Aktionäre davon zu überzeugen, nicht zu verkaufen, es ruft gelegentlich sogar nach einem *Weißen Ritter*. Damit ist ein befreundetes Unternehmen gemeint, das die Aktionäre mit einem noch besseren Angebot locken und damit die feindliche Offerte aushebeln soll. So 2006 geschehen, als der Berliner Pharma-Konzern Schering eine feindliche Offerte der Darmstädter Merck KGaA abschmetterte und sich in die Arme der Bayer AG aus Leverkusen warf.

Was sollen Aktionäre, vor allem Kleinaktionäre tun, wenn »ihr« Unternehmen übernommen wird?

1. **Warten:** So lange es nur Gerüchte um eine mögliche Übernahme gibt, können Sie sich an einem steigenden Kurs freuen. Schlecht ist es, wenn das Gerücht platzt und nichts dahinter war, denn dann rutscht der Kurs erst einmal wieder in den Keller, weil alle enttäuschten Spekulanten sich von dem Papier trennen.

2. **Warten:** Steigt der Kurs einer Ihrer Aktien plötzlich an, ohne dass irgendwelche positiven Nachrichten über das Unternehmen oder die Branche zu verzeichnen waren, sollte Ihr Frühwarnsystem leise klingeln. Hier könnte ein heimlicher Aufkäufer am Werk sein, der damit nolens volens die Kurse in die Höhe treibt.

3. **Warten und zugreifen:** Wenn ein Übernahmeangebot auf dem Tisch liegt und der Kursaufschlag attraktiv genug ist – 20 Prozent mehr als der Börsenkurs sollten es schon sein –, dann stimmen Sie zu. Zu lange zu warten in der Hoffnung, der Kurs könnte noch weiter nach oben gehen, könnte fatal werden. Denn Minderheitenaktionäre, die sich allen Offerten widersetzen, können nach dem neuen Übernahmegesetz von 2002 aus dem Unternehmen gedrängt werden. Sobald der Käufer 95 Prozent der stimmberechtigten Aktien kontrolliert, kann er sich in einem Squeeze-out der lästigen Kleinaktionäre entledigen. Die Zwangsabfindung muss zwar dem tatsächlichen Wert entsprechen – aber nicht mehr die Spekulationen während des Übernahmekampfes widerspiegeln.

Oftmals zahlt der Bieter im Übrigen nicht den gesamten Kaufpreis in Cash, sondern tauscht eigene Aktien, die er meist im Rahmen einer Kapitalerhöhung oder eines Aktienrückkaufprogramms erworben hat, gegen die des übernommenen Unternehmens ein. Sie erhalten dann für eine Aktie einen geringen Barbetrag und zum Beispiel einen Prozentanteil an einer Aktie des Käufers, wenn diese einen höheren Kurswert aufweist als die Ihre. Da die meisten Aktionäre ja mehrere Aktien halten, bedeutet dies im Klartext, dass sie in einem gewissen Verhältnis Aktien des neuen Unternehmens bekommen. Es empfiehlt sich, diese eine Zeit lang zu halten, da sich die Kurse manchmal kurzfristig nach unten bewegen, schließlich hat der Käufer viel bezahlt und muss jetzt erst einmal das neue Unternehmen integrieren. Mittelfristig werden die Kurse aber wieder steigen, wenn die Übernahme funktioniert und erste Synergien erzielt werden können.

Abschied von der Börse

Schmerzlich, aber wahr: Jahr für Jahr verschwinden Unternehmen vom Börsenzettel. Klingende Namen sind darunter: AEG, Deutsche Babcock, Hoechst, Mannesmann, Philip Holzmann, PREUSSAG, VIAG, VEBA, Walter Bau. Die Gründe sind vielfältig: Konkurs, Zerschlagung, Verkauf, Namens- und Strategiewechsel, seltener, die Umwandlung in eine andere Gesellschaftsform.

In der Börsensprache nennt man den endgültigen Abschied eines Unternehmens vom Parkett *Delisting*. Damit wird die Börsenzulassung beendet. Noch im Umlauf befindliche Aktien in Papierform sind wertlos geworden und können allenfalls noch auf Sammlerbörsen gehandelt werden – je nachdem mit nicht einmal ganz schlechtem Ergebnis.

Wie so oft im Leben ist das Ende allerdings fast komplizierter als der Beginn, die Gründung einer AG. Man kennt das ja, wie schnell ist eine Ehe geschlossen – und wie lange können sich Scheidungsformalitäten hinziehen! Und am Schluss, wie bei der Ehe, fühlt sich jeder als Verlierer.

Gestrichen – Delisting

Beim *Delisting* wird die Börsennotierung von Aktien gestrichen oder die Börsenzulassung beendet. Die Aktie verschwindet vom Kurszettel. Und obwohl in Deutschland doch alles bis auf den Paragraphen genau geregelt ist, im Aktiengesetz gibt es keinen Passus darüber. Erst seit dem Dritten Finanzmarktförderungsgesetz von 1998 können auch die Emittenten – die Unternehmen – sich teilweise oder ganz aus dem Kapitalmarkt zurückziehen. Das geht aber nur mit der Zustimmung von zwei Dritteln der Stimmen auf der Hauptversammlung. Die Mehrheit der Aktionäre muss also beschließen, dass ihre Aktien in Zukunft nicht mehr existieren werden! Die eigentliche Streichung erfolgt dann durch die Zulassungsstelle (die zuständige Börse).

2002 hat der Bundesgerichtshof noch einmal festgelegt, wann ein Delisting durchgeführt werden kann. Es muss ein öffentliches Kaufangebot der Gesellschaft selbst oder des Großaktionärs an die übrigen Aktionäre vorliegen. Die Aktionäre können damit ihre Aktien direkt an die Gesellschaft oder den Großaktionär verkaufen, ohne Umweg über die Börse. Die Höhe der Abfindung, die die Aktionäre erhalten, kann die Gesellschaft oder

der Großaktionär festlegen. Wenn die Aktionäre allerdings die Höhe der Abfindung für unangemessen halten, können sie ein Spruchverfahren beantragen. Dann überprüft ein Gericht, ob die Abfindung auch wirklich angemessen ist.

Als Basis für eine angemessene Abfindung dient der durchschnittliche gewichtete Dreimonatsbörsenkurs vor dem Bekanntwerden des beabsichtigten Delistings. Logisch, denn nach Bekanntwerden sackt der Kurs normalerweise dramatisch.

Geht ein Unternehmen in Konkurs, eine andere Form, vom Kurszettel zu verschwinden, dann haben die Aktionäre wenigstens Anspruch auf eine Beteiligung am Liquidationserlös. Aber wenn die letzten Vermögenswerte eines Unternehmens verscherbelt werden müssen, steht bereits eine ganze Schlange von Leidensgenossen vor den Geldtöpfen: Die Belegschaft will ihre ausstehenden Löhne, die Banken ihre Kredite, die Lieferanten ihre Forderungen. Die Aktionäre erhalten den Rest, der nach dem Tilgen aller Schulden inklusive Anleihen übrig bleibt. Und das auch erst nach einem Jahr und einem Tag, denn so lange muss noch den Gläubigern die Möglichkeit eingeräumt werden, ihre Schulden einzutreiben. Leider ist meistens nicht einmal genügend da, um alle Schulden zu bezahlen, schließlich hatte der Konkurs ja einen Grund! Einziger Trost für den Aktionär: An eventuell verbleibenden Schulden ist er nicht beteiligt, nur seine Aktie ist wertlos geworden.

Stirb langsam

Dass sich die Beendigung eines Unternehmens über Jahrzehnte hinziehen kann, beweist die ehemaligen IG Farbenindustrie AG. Die IG Farben waren einmal das zweitgrößte Unternehmen in Europa und verdienten als Hitlers Rüstungskonzern während der Nazizeit besonders kräftig. Sofort nach dem Krieg wurde das Unternehmen von den Alliierten entflochten und auf zwölf Nachfolgeunternehmen (unter anderem BASF, Hoechst, Bayer, Degussa) verteilt – das hatte immerhin acht Jahre gedauert. Der Rest sollte in der IG-Farbenindustrie AG i. A. (in Abwicklung) schnell beerdigt werden. Doch so einfach ging das nicht, denn es sollte noch das gesperrte Auslandsvermögen der IG gehoben und Gläubiger bedient werden. Es gab einen sich lange hinziehenden Rechtsstreit, und Jahr für Jahr wackelten die Aktionäre zur Hauptversammlung. Bezahlt wurde alles – vor allem die Schar an gut verdienenden Rechtsanwälten – aus dem Immobilienvermögen der Rest-IG. Etwa 90 Prozent der merkwürdigen Papiere hatte bis in die 90er Jahre in den Händen von Kleinaktionären gelegen, die Papiere waren nie auf die Deutsche Mark umgeschrieben worden, sondern lauteten auf den Gesamtbetrag von 1,36 Milliarden Reichsmark. Trotzdem konnte man über den amtlichen Handel IG-Farben-Aktien kaufen. 1993 löste sich aus der totgesagten AG die WCM Beteiligungs- und Grundbesitz-AG, Heidenheim an der Brenz, und hielt zeitweise fast die Hälfte aller Aktien, das Vermögen schmolz jedoch mehr und mehr dahin. Erst Ende 2003 mussten dann die IG Farben endgültig Bankrott anmelden.

Aktien aller Art

Wie viele Aktien es überhaupt gibt, die Arbeit, dies zu zählen, hat sich wohl noch niemand gemacht. Allein an der Frankfurter Börse werden über 1060 Aktien gehandelt, an den einzelnen Regionalbörsen kommen noch einmal einige hundert dazu und Deutschland ist bei weitem nicht das Land mit den meisten AGs auf der Welt! Außerdem, es gibt neben den börsengehandelten Aktien auch noch zahlreiche Aktiengesellschaften, die gar nicht an der Börse notiert sind. Gerade viele kleinere und Familienunternehmen wollen nämlich gar nicht, dass ihre Aktien gehandelt werden und dass sich dauernd die Aktionäre ändern.

Um irgendwie einen Überblick über die vielen Aktien zu bekommen, ist es sinnvoll, sie zu sortieren. Nicht nur um etwa im Kursteil der Zeitung die eigene Aktie wiederfinden zu können, auch um besser vergleichen zu können. Ähnliches mit Ähnlichem, wie in der Homöopathie. Erst einmal wird nach Ländern geordnet, und innerhalb der Länder nach Branchen oder auch nach der Wertigkeit der AGs. Ein gutes Sortierkriterium dafür sind die von den verschiedenen Börsen angebotenen *Indizes*, Genaueres dazu finden Sie in Kapitel 13.

In Deutschland gibt es die herausgehobenen DAX-30-, die 50 MDAX- und 30 TecDAX-Werte. Diese, sowie noch 50 SDAX-Werte werden alle im Prime Standard notiert, denn diese Notierung im Prime Standard ist eine Voraussetzung dafür, dass die Unternehmen in einen der Indizes gelangen können. Das bedeutet, dass an die AGs eine Reihe von Anforderungen gestellt werden, insbesondere in Sachen Öffentlichkeitsarbeit (Publizitätsvorschriften, bedient von der Investor-Relations-Abteilung), aber auch in Sachen Buchführungsvorschriften. Diese Vorschriften dienen dem Schutz der Anleger und ihrem Interesse an ausreichenden Informationen. Das bedeutet, je hochrangiger das Börsensegment, desto niedriger das Risiko. Darüber hinaus gibt es die wenig gehandelten und daher meist mit geringem Börsenumsatz versehenen Werte, die im Freiverkehr (Open Market, oder, mit etwas besserem Anlegerschutz, der Entry Standard der Frankfurter Börse oder M:access an der Börse München) verfügbar sind. Diese Papiere sind meist spekulativer, die Kursausschläge höher, damit die Gewinnchancen größer, aber auch das Verlustrisiko höher. Um die Verwirrung zu vollenden, im Freiverkehr werden aber auch alle ausländischen Aktien gehandelt, also auch die Blue Chips von General Electric bis IBM.

Eine Aussage auf das eingegangene Risiko bei der Anlage bietet die grobe Unterteilung der Aktien in *Haupt- und Nebenwerte*. Dass Unternehmen aus der Gruppe der Hauptwerte oder Standardwerte, die *Blue Chips*, insolvent werden könnten, ist weniger wahrscheinlich (wenn auch nicht unmöglich, wie die Pleiten von Karstadt Quelle bis GM beweisen), während bei den kleineren Nebenwerten dieses Risiko und damit das Risiko des Totalverlustes höher ist. Aber, dafür können solche Aktien auch einmal größere Kurssprünge hinlegen. Es gibt eigene Publikationen und Spezialisten für Small Caps, denn auch darunter finden sich wahre Perlen und sehr interessante Geschäftsmodelle in Marktnischen.

 Je größer Aktiengesellschaften also sind, je höher ihre Umsätze sind, je größer die Börsenkapitalisierung ist und je strenger die Zulassungsvoraussetzungen des gewählten Marktsegmentes sind, desto sicherer ist die Anlage.

Vor dem Aktienkauf stehen also viele Entscheidungen an: Wollen Sie nur in deutsche Aktien investieren oder dürfen es auch internationale sein? Welche Branchen und Märkte möchten Sie bevorzugen, welche lieber meiden? Aber, der Kauf von Aktien ist eine persönliche und subjektive Entscheidung. Oft entscheidet der Bauch oder das Herz, und der Kopf sucht nach der richtigen Begründung!

Rund um die Welt

Über ausländische Aktien ausreichend Informationen zu beschaffen, ist schwierig, aber in Zeiten des Internets ist auch für internationale Werte zumindest eine gewisse Fülle an Daten im Netz zu finden. Dass ausländische Werte generell unsicherer seien als inländische, ist eine Mär! Dann wären ja alle auslandischen Aktionare die Dummen! Denken Sie nur an ein Unternehmen wie General Electric, das seit der Gründung Gewinne einfährt. Im direkten Vergleich mit dem deutschen Elektronik-Riesen Siemens schneidet die GE-Aktie weitaus besser ab. Wer möchte schon auf internationale Flaggschiffe in seinem Portfolio verzichten wie Boeing, Coca Cola, Exxon Mobile, IBM, Intel, Johnson & Johnson, Microsoft, Procter & Gamble aus den USA, GlaxoSmithKline, Lloyds, Royal Dutch Shell und Vodafone aus Großbritannien, Credit Suisse, Nestlé, Novartis und UBS aus der Schweiz, Ericcson aus Schweden, Nokia aus Finnland, Hitachi, Honda Motor, Toshiba, Mitsubishi, Sony aus Japan und, und, und?

 Wenn Sie ausländische Aktien ordern möchten, müssen Sie entscheiden, ob Sie in Deutschland oder an der jeweiligen Heimatbörse kaufen wollen. Günstiger, auch hinsichtlich der Bankspesen, ist der Kauf in Deutschland. Beim Erwerb im Ausland zahlen Sie meist ungefähr doppelt so hohe Spesen an die Bank, das rentiert sich nur, wenn die Kurse große Unterschiede aufweisen – was in Zeiten des elektronischen Handels eher selten ist. Nur bei sehr großen Orders empfiehlt sich die Heimatbörse des betreffenden Unternehmens, weil dort größere Umsätze die Regel sind und Sie deshalb die Aktien zu besseren Konditionen bekommen können. Bei vielen Börsen in Deutschland gilt das Referenzmarktprinzip, das bedeutet, dass Sie immer den besten Kurs im Vergleich zum jeweiligen Referenzmarkt – bei US-Aktien zum Beispiel die New York Stock Exchange – erhalten. Fragen Sie Ihren Anlageberater, ob dies beim Ordern gewährleistet ist!

Bei ausländischen Aktien gilt für die Wahl des betreffenden Landes im Großen und Ganzen das Gleiche wie bei den einzelnen Aktien. Europa und die USA bieten ein rechtlich sicheres Umfeld und viele Unternehmen mit einer langen und erfolgreichen Geschichte. Das Verhältnis der Wechselkurse ist wenigstens einigermaßen planbar, muss bei der Beurteilung aber berücksichtigt werden, weil Sie ja nicht in Dollar ausbezahlt werden. Die boomenden Volkswirtschaften in den Schwellenländern, also etwa China, Indien, aber auch Teile Südamerikas, weisen fulminante Wachstumsraten auf und damit überdurchschnittlich steigende Börsenkurse. Besonders den so genannten BRIC-Ländern, Brasilien, Russland, Indien und China, billigen Experten dauerhaft hohe Wachstumsraten zu. Aber die Betonung liegt auf dem Durchschnitt, wie sich die einzelnen Unternehmen jeweils entwickeln, ist ungemein schwieriger festzustellen. Dazu kommen mögliche negative politische Einflüsse oder plötzliche und heftige Währungsschwankungen.

Obwohl viele ausländische Aktien auch in Deutschland zu Euro-Preisen gehandelt werden, unterliegen sie trotzdem dem Währungsrisiko. Der Wert der Aktie ändert sich also mit dem Kursverhältnis zum Euro. Vorsicht ist besonders bei Aktien aus Osteuropa und Russland geboten, weil es hier – soweit die Länder noch nicht zum Euro-Raum gehören – große Währungsschwankungen gibt. Hier fährt man also höhere Gewinne ein, wenn zusätzlich zu den Aktienkursen auch die Währung steigt. Fällt die Währung indes, sinken die Gewinne oder es fallen sogar Verluste an.

Anlegen mit Genuss: Genussscheine

Genussscheine gelten als Zwitter zwischen Aktien und Anleihen. Ein lupenreiner Genuss sind sie aber nicht: Ihre Ausschüttungen hängen – anders als bei Anleihen – oft vom Bilanzgewinn ab, und das bereitete während der Finanzkrise den Anlegern nicht viel Freude. Dafür bieten sie höhere Renditen als konventionelle Zinspapiere. Derzeit kursieren in Deutschland Genussscheine von etwa 200 Emittenten – solide wie Draegerwerk, aber auch nicht ganz so bonitätsstarke.

Genussscheine erlebten eine Renaissance, weil sie auch im Rahmen von *Mezzanine-Finanzierungen* eingesetzt wurden. Und das war einer der Hits am Kapitalmarkt. *Mezzanine* sind Zwischenfinanzierungen, daher auch der Name, der vom Geschoss eines Gebäudes herstammt, das zwischen zwei Hauptstockwerken liegt (und dem Personal vorbehalten war), auf Italienisch mezzanino. Inzwischen ist aber fraglich, ob die vielen mezzaninen Finanzierungsmodelle auch die notwendige Anschlussfinanzierung erhalten – bleiben wir beim Haus-Beispiel: Ob auf das Zwischengeschoss ein neues Stockwerk kommen kann oder der Hausbau stecken bleibt.

Das Merkmal dieser Finanzierungsart ist, dass sie weder reines Eigenkapital noch reines Fremdkapital für das Unternehmen bedeutet. Interessant ist sie besonders für kleinere Unternehmen, um bestimmte Herausforderungen zu meistern. Solche Herausforderungen können etwa ein Wechsel der Gesellschafter sein, die in vielen Unternehmen virulente Nachfolgerfrage, oder der Kauf eines anderen Unternehmens. Der Vorteil von Genussscheinen gegenüber Mezzanine-Finanzierungen liegt darin, dass dieses Instrument vor allem zur Unterstützung wachstumsstarker Unternehmen eingesetzt wird und eben gerade nicht der Sanierung oder Umschuldung dienen soll. Denn die Verzinsung soll ja aus dem zukünftig erwirtschafteten Kapital gedeckt werden, insofern müssen schon Wachstumsperspektiven vorliegen.

Genussrechte dürfen nur mit Zustimmung der Hauptversammlung (Zweidrittelmehrheit) ausgestellt werden. Die Aktionäre erhalten ein Bezugsrecht.

Folgende Genussscheintypen gibt es:

✔ Festverzinsliche Wertpapiere mit Verlustbeteiligung

✔ Genussscheine mit einer Mindestausschüttung und einem Bonus in Abhängigkeit zur Dividende

✔ Genussscheine mit dividendenunabhängiger Ausschüttung

✔ Genussscheine mit renditeabhängiger Ausschüttung

✔ Genussscheine mit Options- und Wandelrechten

Inhaber von Genussscheinen verfügen über kein Stimmrecht auf der HV. Weil Genussscheine aber nicht nur einfach Wertpapiere sind, die einen Anspruch auf eine Dividende oder am Liquidationserlös beinhalten, sondern auch eine Art Beteiligungskapital darstellen, ist man unter Umständen auch am Verlust beteiligt.

Genussscheine verknüpfen Eigen- und Fremdkapitalcharakter, und haben damit für den Emittenten, den Unternehmer, den Vorteil, dass sie als Betriebsausgabe steuerlich absetzbar sind.

 Es gibt für Genussscheine keine speziellen Vorschriften, also haben die ausstellenden Unternehmen weitestgehende Handlungsfreiheit. Die Emittenten nutzen dies, die Genussscheinrechte sehr kompliziert zu verklausulieren. Es empfiehlt sich also, jeden genau zu überprüfen.

Die Gründe, warum Unternehmen Genussscheine ausstellen, können verschieden sein. Meist sind es allerdings eher unangenehme Ursachen, die Genussscheine nach sich ziehen, es gibt aber auch einige positive Faktoren. Hier eine kurze Übersicht:

✔ Der gesunkene Unternehmenswert aufgrund einer sanierungsbedingten Kapitalherabsetzung soll ausgeglichen werden.

✔ Auseinandersetzungen der Erben von Familiengesellschaften sollen befriedet werden.

✔ Patente oder Erfindungen sollen abgegolten werden.

✔ Sacheinlagen in das Unternehmen oder besondere Verdienste um das Unternehmen sollen belohnt werden.

✔ Neues Kapital für das Unternehmen soll beschafft werden, meist durch die Verknüpfung mit Optionsrechten auf einen späteren Aktienerwerb.

✔ Die Arbeitnehmer sollen am Gewinn beteiligt werden.

Welchen Genuss bringen Genussscheine jetzt aber Ihnen als Anleger? Es muss ja Vorteile geben, denn wer würde sie sonst kaufen wollen?

Neben den in der Regel höheren Ansprüchen auf Dividendenzahlungen (falls welche ausgeschüttet werden können) haben Sie als Anleger steuerliche Vorteile. Da die Zinsen nur einmal im Jahr am Zahlungstag ausgeschüttet werden, könnten Sie die Papiere am Tag nach der Zinsausschüttung kaufen und genau zwei Jahre später am Tag vor der Zinsausschüttung wieder verkaufen. Dann fallen nur einmal Zinsen an, die Sie bezahlen müssen. Wie gesagt, Genussscheine sind kompliziert. Es gibt auch Stimmen, die behaupten, dieses Segment trockne langsam aus – doch gerade für Privatanleger boten sich hier bisher gute Chancen.

Märkte und Branchen

Unternehmen arbeiten in den unterschiedlichsten Tätigkeitsfeldern. Um die geschäftliche Entwicklung der einzelnen Gesellschaften besser miteinander vergleichen zu können und damit eine solidere Basis für die Einschätzung der Zukunft zu erhalten, rechnet man sie bestimmten Branchen und Sektoren zu. So können auch Konkurrenzverhältnisse und die Anzahl und Größe der Marktteilnehmer genauer analysiert werden.

Den vielleicht umfassendsten Branchen-Überblick geben die Prime-Branchen-Indizes der Deutschen Börse:

- ✔ Autos
- ✔ Banken
- ✔ Bau
- ✔ Chemie
- ✔ Einzelhandel
- ✔ Finanzdienste
- ✔ Grundstoffe
- ✔ Industrie
- ✔ Konsum
- ✔ Medien
- ✔ Nahrungs- und Genussmittel
- ✔ Pharma
- ✔ Software
- ✔ Technologien
- ✔ Telekom
- ✔ Transport
- ✔ Versicherungen
- ✔ Versorger

Wichtig bei den Branchen ist ihre jeweilige Abhängigkeit von wirtschaftlichen Auf- und Abschwung-Phasen, von den Konjunkturzyklen. Die Konsumgüterindustrie reagiert anders darauf als die Hersteller von Investitionsgütern, die stark von den Exportmöglichkeiten abhängen. Man kann so in zyklische Konsumaktien mit Branchen wie Auto, Tourismus, Textil und Bekleidung sowie Airlines unterscheiden und in die zyklische Investitionsgüterindustrie mit Branchen wie Bau, Chemie, Stahl, Maschinenbau und Elektronik. Gerade Halbleiterproduzenten, wie etwa Infineon, leiden stark unter Konjunkturzyklen und auch bei Stahl gibt es typische Wellenbewegungen. Viele Unternehmen suchen ihr Heil vor Konjunkturzyklen in der Diversifikation, also darin, in mehreren Sektoren aktiv zu sein. Auch Energieversorger und Rohstofflieferanten sind abhängig von Konjunkturzyklen. Manche Aktienwerte werden sehr stark von der Zinspolitik beeinflusst, wie Banken und Versicherungen. Die Exportindustrie hängt darüber hinaus nicht nur von den Konjunkturzyklen, sondern auch noch von der Entwicklung der Wechselkurse, den Devisenmärkten, ab.

Auch die Politik spielt für einige Branchen eine wesentliche Rolle. Diskussionen um mögliche Änderungen des Erneuerbare Energien Gesetzes haben sofort Auswirkungen auf die Solar-, Windenergie und Biomasse-Branche, ein neues, einschränkendes Gen-Gesetz auf die Biotechnologie, eine schleppende Gesundheitsreform auf die Medizintechnik und die Krankenversicherungen usw. Es reicht also für einen guten Aktionär nicht aus, nur den Wirtschaftsteil einer Zeitung zu studieren! Beherzigen Sie die alte Börsenweisheit:

Bevor Sie Geld investieren, investieren Sie erst einmal Ihre Zeit.

Auch an der Börse menschelt es

Wirtschaft ohne Menschen gibt es nicht. Der oft zitierte Homo oeconomicus, der stets rational handelt, top informiert ist und nur seinen Nutzen maximiert, ist eine Fiktion, weil der Mensch aus mehr als nur seinem Geldbeutel besteht! Gier ist, auch wenn das heute oft suggeriert wird, keine Zier und für die meisten Menschen auch nicht die wesentliche Antriebsfeder ihres Handelns. *Börse ist Psychologie*, brachte es der Börsen-Guru André Kostolany auf den Punkt. So weit zu gehen wie der ehemalige Bundeskanzler Helmut Schmidt braucht man allerdings auch nicht. Er sagte:

Die Aktienbörsen werden im Wesentlichen von Psychopathen bevölkert.

Natürlich entscheiden auch bei der Auswahl von Aktien ganz subjektive Gründe. Das ist wie beim Autokauf. Wenn Ihnen eine Marke besonders gut gefällt, entscheiden Sie sich vermutlich eher für ein Modell dieser Marke und beschaffen sich dann erst die Informationen, um zu beweisen, dass Sie richtig gewählt haben!

Ein leidenschaftlicher Fahrrad- und Bahnfahrer wird nur kaum zu überzeugen sein, sich Auto- oder Mineralölaktien zu kaufen, und wenn diese noch so gut performen. Umgekehrt kann man die eigenen Präferenzen und das eigene Wissen auch gezielt einsetzen. In welcher Branche arbeiten Sie selbst, wovon verstehen Sie am meisten? So wird etwa ein Biologe sein Know-how nutzen und sich vielleicht auf BioTec-Werte stürzen, weil er künftige Entwicklungschancen sehr viel besser beurteilen kann als die meisten Analysten.

Ein begeisterter Fußballfan wird die Aktien seines Vereins erwerben – sofern an der Börse notiert – und halten, halten, halten, selbst wenn der Kurs – wie im Übrigen bis jetzt bei den allermeisten Fußball-AGs – immer weiter sinkt. Wer Äußerungen von Deutsche-Bank-Chef Josef Ackermann für unangebracht hält, der wird sich vielleicht sogar von seinen Deutsche-Bank-Aktien trennen. So gibt es eine ganze Reihe von persönlichen Gründen, bestimmte Aktien zu kaufen oder nicht zu kaufen. Und das ist gut so, um den Berliner Bürgermeister zu zitieren, denn nur wer mit Herzblut an der Börse agiert, der wird letzten Endes auch Erfolg haben.

Aktien kaufen – aber wie?

Wer so ungefähr eine Vorstellung hat, welche Aktie er nun kaufen könnte, dem stellt sich gleich die nächste Frage: Ja, wo und wie geht das denn am einfachsten? Weder Sie als Privatmann noch etwa der Vorstand einer AG kann einfach an die Börse gehen, mal kurz reinschauen, einem Broker auf die Schulter hauen und ein paar Aktien kaufen oder verkaufen.

Ohne Depot geht nix

Um eine Aktie zu kaufen, müssen Sie erst einmal ein Depot bei einer Bank eröffnen. Dieses Depot können Sie sich wie ein Konto vorstellen, es ist eher virtuell, also kein Schließfach, und wie beim Konto erhält man einen Auszug. Normalerweise aber nur einmal im Jahr, außer man will zwischendurch einmal wissen, was sich da so getan hat. Bei welcher Bank Sie das Depot anlegen, ist zumindest für die Verwahrung egal – für die Kosten allerdings nicht. Sie können entweder zu »Ihrer« Hausbank gehen oder sich eine billige Discountbank, eine Direktbank oder einen Discountbroker suchen.

Okay, ich brauche ein Depot, aber wo?

Legen Sie Ihr Aktiendepot bei der Hausbank an, kann das den Vorteil haben, dass Sie bei einem etwaigen Kreditgesuch unkompliziert das Depot als Sicherheit verwenden können, außerdem berät Sie der Banker gerne – wenn Sie das wollen. Der Nachteil, es ist teurer! Denn den Kauf wie den Verkauf von Aktien lassen sich die Banken natürlich bezahlen – denn ohne die läuft nichts. Eine klassische Hausbank verlangt bis zu drei Prozent vom Gesamtwert der Transaktion (für Kauf und Verkauf zusammen). Bei einer Billigbank tut's oft schon weniger als ein Prozent. Wer mit hohen Summen jongliert, kann einen weiteren Preisabschlag einhandeln. Merke: Wer viel Geld hat, muss meist wenig bezahlen – wer wenig hat, zahlt auch viel! Keine große Rolle spielt die jährliche Depotgebühr bei der Bank. Sie beträgt meist nur etwa ein Tausendstel vom Aktienwert pro Jahr.

Wenn Sie viel und oft handeln und bereits über einen Schatz an eigenen Erfahrungen verfügen und nicht unbedingt noch einen Bankberater zuziehen wollen, dann können Sie zu einer günstigeren Direktbank oder einem Discountbroker gehen. Wenn Sie Ihr Gesamtvermögen bei Ihrer Hausbank in guten Händen wissen und auch gerne vom Rat eines Experten profitieren möchten, wenn Sie außerdem Ihr Depot eher selten umschichten, dann sind Sie bei Ihrer Hausbank gut aufgehoben.

Nicht nur die Aktie selbst will bezahlt sein

Selbstverständlich kassiert auch Vater Staat fleißig ab. Bis zum 1. Januar 2009 waren Gewinne aus dem Verkauf von Aktien steuerfrei, wenn Sie die Aktien länger als ein Jahr in Ihrem Depot verwahrt hatten. Der Staat unterschied genau zwischen Anleger und Spekulant. Der Spekulant, der kurzfristig von Kursgewinnen profitieren wollte, war ihm suspekt und so »bestrafte« er ihn mit Steuern. Der Anleger musste nur auf seine Dividenden Steuern bezahlen, wobei hier auch noch das Halbeinkünfteverfahren zum Tragen kam, also nur die Hälfte der Steuer unterworfen war. Seit dem 1. Januar 2009 gilt die Abgeltungssteuer und es gibt nur noch Aktionäre, die gemolken werden können! Jetzt wird jeder Kursgewinn, egal nach wie langer oder wie kurzer Zeit Sie ihn realisieren, besteuert. Dafür erhält jeder, egal ob arm oder reich, den gleichen Steuersatz von 25 Prozent (außer Sie liegen mit Ihrem privaten Einkommensteuersatz darunter, dann können Sie diesen niedrigeren Steuersatz geltend machen). Da die Abgeltungssteuer eine Quellensteuer ist, sahnt der Staat direkt an der Quelle, bei der Bank, ab. Ihr Vorteil: Sie brauchen die Einkünfte nicht mehr in die Einkommensteuererklärung zu integrieren. Ihr Nachteil: Sie können nichts absetzen, Sie können nur einen Sparerpauschbetrag geltend machen.

Der Aktionär zahlt also

✔ den aktuellen Kurs der Aktie

✔ 0,1 Prozent bis 3 Prozent Gebühren bei der Bank, wenn er kauft und verkauft

✔ in der Regel 1/1000 vom Aktienwert als Depotgebühr pro Jahr – Direktbanken verzichten oft auf diese Gebühr

✔ in der Regel 25 Prozent Steuern auf die Dividende und den – wenn erzielten – Veräußerungsgewinn. Bereits die AG zieht von der Dividendenausschüttung 15 Prozent Körperschaftsteuer ab.

Aktien kauft man aber nicht und vergisst sie dann gleich wieder. Aktien müssen gehütet werden, ähnlich wie Kinder. Ab und zu muss man sie laufen lassen, damit sie sich schön entwickeln können, dann muss man wieder schnell eingreifen. Aktien sind eben keine Sparbücher, wo man nur darauf warten muss, dass die jährlichen Zinsen eintrudeln und das Geld – wenn auch sehr zögerlich – vermehren. Aktien wollen gehegt sein, nur dann vermehren sie sich!

 Zur heimlichen Pflicht eines wahren Aktionärs zählt aber auch, die Kurse seiner Aktien genau zu beobachten. Wichtig sind dabei jedoch nicht hektische Auf- oder Abschläge, weil kurzfristig einmal schlecht oder gut über das Unternehmen, dessen Branche oder die Marktchancen berichtet wird. Wichtig ist vielmehr die längerfristige Tendenz: Geht es eher nach oben, nach unten, oder bleibt der Kurs fast konstant? Rufen Sie ruhig einmal, etwa bei www.onvista.de im Internet, ihre Aktie auf und schauen Sie sich Charts über die Monats- und Jahresentwicklung an. Es empfiehlt sich außerdem, das Unternehmen und das Branchenumfeld genauer im Auge zu behalten: Gibt es Konkurrenzunternehmen, die auf Dauer engagierter, kompetenter, finanzkräftiger erscheinen? Könnte »unser« Unternehmen mittel- oder langfristig in Gefahr sein, eventuell übernommen, aufgekauft zu werden? Das muss generell, wie Sie bereits erfahren haben, nichts Negatives sein für den Aktionär, aber man sollte trotzdem möglichst darauf vorbereitet sein. Manchmal fallen aber selbst die Firmenlenker aus allen Wolken, wenn ihnen ein Übernahmeangebot – meist der unfreundlichen Sorte – unterbreitet wird. Welche Informationskanäle am besten befahren werden sollen, dazu gibt es mehr in Kapitel 12 zu lesen.

Anruf genügt

Wenn Sie Wertpapiere handeln wollen, rufen oder mailen Sie ganz einfach Ihre Hausbank an. Die weiß ja über Ihre Liquidität bestens Bescheid. Sie benennen das Unternehmen, von dem Sie Aktien kaufen oder verkaufen wollen. Um Verwechslungen vorzubeugen, schließlich gibt es zum Beispiel eine Baumaschinenfabrik namens Wacker und ein Chemieunternehmen gleichen Namens, empfiehlt es sich, die Wertpapierkennnummer (WKN) zu wissen. Wenn Sie, weil Sie gehört haben, dass der Kurs demnächst steigen soll, eine Aktie unbedingt sofort haben wollen, dann sagen Sie dem Banker *billigst*. Aber Achtung, das heißt, Sie erhalten die Aktie sofort, zum nächsten Kurs, der festgestellt wird, also keineswegs zum billigst möglichen Kurs. Sie wissen ja, das mit den Benennungen in der Börsensprache dürfen Sie nicht immer wörtlich nehmen. Besser ist es, wenn Sie eine konkrete Preisvorstellung vor Augen haben und sich Zeit nehmen. Bei anderen Dingen kommt es Ihnen ja meist auch nicht auf die Geschwindigkeit des Besitzes, sondern auf einen fairen Preis an. Setzen Sie darum immer besser ein *Limit*, einen Preis, bis zu dem Sie *bereit sind*, die Aktie zu kaufen. Sobald der Aktienkurs dieses Limit übersteigt, ist der Aktienkauf für Ihren Banker tabu. Die Laufzeit dieser Limit-Orders können Sie zeitlich variieren nach Tagen, Wochen, Monaten. Üblich ist bis *Ultimo*, also bis zum Monatsletzten.

Beim Verkauf von Aktien läuft es im Prinzip ganz ähnlich, nur eben umgekehrt. Hier müssen Sie Ihrem Banker klarmachen, was Sie wollen. Die schnelle und garantierte Kohle zum gerade aktuellsten Kurs, dann geben Sie den Befehl *bestens*. Aber, Sie wissen schon, bestens bedeutet wieder gar nicht bestens, denn dann wird Ihr Papier zum ersten möglichen, und keinesfalls dem besten Kurs verkauft, und zwar auf jeden Fall. Auch hier sollte man also wieder ein Limit setzen, und wenn dieser Kurs nicht erreicht wird, abwarten.

Sie können also beim Kauf und Verkauf Ihrer Aktien ein Limit setzen – wo gibt es das schon außer an der Börse? Allerdings, wenn Sie Ihr Limit zu eng setzen, also beim Verkauf eher zu hoch und bei Kauf eher zu niedrig, kann es sein, dass Ihr Auftrag gar nicht ausgeführt wird, aber trotzdem Gebühren anfallen. Andererseits kann bei heftigen Kursausschlägen ein sehr niedriges Limit dazu führen, dass Sie an günstige Aktien kommen, man spricht dann von Abstauberlimit!

 Die Aktienmärkte sind durch die Globalisierung, durch die gegenseitigen Abhängigkeiten, sprunghafter geworden, selbst Dickschiffe kommen einmal kurzfristig außer Kurs. Hohe Pendelschläge bei Aktienkursen kommen also in den besten Familien vor. Sie sollten deshalb Ihre Kauf- wie Verkaufsorders immer limitieren, also feste Preisvorstellungen haben.

Derivate: Nur für Profis

In diesem Kapitel

▶ Welche Produkte sich an Aktien und andere Basiswerte dranhängen

▶ Wie Sie mit der Zeit und den Kursen jonglieren können

▶ Welche Optionen Sie haben

▶ Wo Sie den Hebel ansetzen können

Um es kurz zu machen: An der Börse werden nicht nur Aktien oder Schweinehälften gehandelt, sondern eine ganze Menge »Dinge« dazwischen. Dahinter steht weniger der Aspekt, dass es Ihnen nicht langweilig wird, als der, möglichst jede Chance, die sich bietet, auch zu nutzen. Frei nach dem Motto von Herbert Achternbusch »Du hast keine Chance, also nutze sie«, müsste es heißen: »Du hast die Wahl, nutze die Chancen!« Neben Wertpapieren und Aktien, den Direktinvestments, werden auch Rechte gehandelt, die sich auf etwas anderes, einen Basiswert, beziehen, dabei aber eine gewisse Selbstständigkeit erlangt haben. Man spricht dann von abgeleiteten Instrumenten oder kurz Derivaten. Das klingt zwar kompliziert, hat aber für Sie als Anleger interessante Effekte: Während Sie beim Aktienkauf ausschließlich darauf spekulieren können, dass Sie eine Aktie günstig einkaufen und bei einem teureren Kurs wieder verkaufen, können Sie bei Derivaten auch auf sinkende Kurse setzen! Auf steigende selbstredend auch. Allerdings, Sie müssen sich vorher festlegen, ob die Kurse steigen oder sinken werden – sonst wär's ja zu einfach. Ein zweiter Vorteil von Derivaten ist, dass Sie mit viel weniger Einsatz an Kapital einen höheren Gewinn einfahren können als beim direkten Kauf von Aktien. Es soll aber nicht verschwiegen werden, dass Sie dabei auch Ihren gesamten Einsatz verlieren können, eine Erfahrung, die nach der Pleite von Lehman und dem jähen Absturz der Kurse in Folge der Finanzkrise so mancher Anleger schmerzlich am eigenen Leibe machen musste!

Abgeleitete Instrumente und ihre Möglichkeiten

Sie haben schon an der Überschrift dieses Kapitels gesehen, es steht kein Fragezeichen hinter dem »nur für Profis«! Derivate sind schon wegen der großen Auswahl und Bandbreite der Varianten nicht leicht zu handhaben, geschweige denn zu beherrschen – auch für Profis! Aber geht es uns nicht mit allen Dingen so? Bevor wir uns eingehend mit etwas beschäftigen, schwimmen wir im Meer der Möglichkeiten und sehen kein Land weit und breit. Wer Literatur liebt, der hangelt sich mit großer Selbstverständlichkeit durch eine immer länger werdende Liste an Lieblingsautoren, doch wer wenig liest, den schreckt die unübersehbare Bücherflut schon von vornherein ab.

Mit Derivaten, zur Familie zählen etwa Optionsscheine, Futures und Zertifikate, wird an Börsen und außerbörslich in immer größerem Umfang gehandelt. Täglich, genau wie mit

Aktien. Wobei der außerbörsliche Umsatz – für das Jahr 2009 auf weltweit etwa 25.000 Milliarden US-Dollar geschätzt – mehr und mehr an die Börsen gebracht werden soll, da der intransparente und schwer zu überwachende Handel außerhalb der Börsen mitverantwortlich für die Finanzkrise gemacht wird. Denn hier könnten durch ganz gezielte Spekulationen großer Fonds – zum Beispiel Wetten auf fallende Kurse bestimmter Papiere – Kurse gezielt beeinflusst worden sein. Gehandelt werden können Derivate derzeit in Deutschland an den Börsen Scoach (Frankfurter Börse für Derivate) und EUWAX (Stuttgarter Börse für Derivate). Im September 2010 betrugen die Umsätze dieser beiden Börsen in Derivaten zum Beispiel 4,51 Milliarden Euro.

Das Volumen in Deutschland erholte sich nach einem Einbruch in der zweiten Hälfte 2008 seit dem dritten Quartal 2009 wieder langsam und liegt mit Stand Mitte 2010 bei 105,4 Milliarden Euro. Zum Vergleich, zur Hochzeit im September 2007, waren es 139 Milliarden Euro, so der Deutsche Derivate Verband DDV.

Bunte Vielfalt mit und ohne Hebel

In dem Versuch, etwas Einheitlichkeit in die vielen Produkte zu bringen, unterscheidet der DDV in *Derivative Anlageprodukte* und in *Derivative Hebelprodukte,* man könnte auch in Derivate und Zertifikate unterscheiden, allerdings sind Zertifikate eher eine Untergattung von Derivaten. Alles klar? Der Grund für diese Artenvielfalt mit schlampiger Bezeichnung liegt an den Emittenten, den Banken und teilweise an den Unternehmen: Sie wollen sich nicht in ihrer Fantasie beschneiden lassen, immer neue Produkte auf den Markt zu werfen. Des Weiteren sind sie von der Ausschließlichkeit und Genauigkeit von Ornithologen, die sich an starre Gattungs- und Familien- und Unterfamilienbezeichnungen halten, weit entfernt. Denn bei Derivaten reicht zur genauen Identifizierung einer jeden Art die Wertpapierkennnummer aus, über die auch Derivate und Zertifikate selbstverständlich verfügen. Pro Börsentag kommen außerdem so um die 500 neue derivative Wertpapiere auf den Markt!

Genauso wie Aktien oder Anleihen können Sie auch Derivate bereits vor dem Ende ihrer Laufzeit jederzeit über die Börse oder direkt an den Emittenten wieder verkaufen. Tatsächlich behalten die meisten Anleger diese Produkte nicht bis zur Fälligkeit, sondern stoßen sie vorher ab.

Wenn die Chemie stimmt

Der Begriff *Derivat* stammt aus der Welt der Chemiker und steht dort für eine chemische Verbindung, die aus einer anderen chemischen Verbindung entstanden ist. An der Börse geht es um Finanzprodukte, die immer eines gemeinsam haben: Sie beziehen sich auf ein anderes Produkt, haben dabei aber ein erstaunliches Eigenleben entwickelt. Vielleicht wie eine Schmarotzerpflanze, die sich um einen Baum kringelt und von diesem lebt. Diese Basisprodukte, in der Börsensprache *Underlyings* genannt, können Aktien und Aktienindizes, Anleihen, Rohstoffe, Gold oder sogar Zinsen sein. Ja, warum aber nicht gleich Aktien oder Anleihen kaufen? Ganz einfach, Sie spekulieren bei Derivaten hauptsächlich mit dem Faktor Zeit! Denn Sie kaufen die Basisinstrumente eben nicht sofort, nehmen sie in Ihr Depot und zahlen dafür, sondern Sie dürfen mit dem Derivat zu einem jetzt vereinbarten Preis später das entsprechende Produkt kaufen (Kaufoption, Call siehe unten). Oder umgekehrt, Sie verkaufen zu einem späteren Zeitpunkt zu einem jetzt festgelegten Preis (Verkaufsoption, Put siehe unten). Es geht also (überwiegend) um Termingeschäfte, das heißt, der Geschäftsabschluss und die Zahlung fallen zeitlich auseinander.

Derivate beziehen sich also auf künftige Entwicklungen und werden deshalb auch überwiegend an Terminbörsen gehandelt. Die größte europäische Terminbörse für Finanzderivate ist die European Exchange (EUREX), ein Gemeinschaftsunternehmen der Deutsche Börse AG in Frankfurt und der Schweizer SWX Swiss Exchange. Hier werden täglich über neun Millionen Kontrakte (Oktober 2010) gehandelt. 2007 startete das Gemeinschaftsunternehmen der Deutschen Börse und der Schweizer Six X Clear unter dem Namen Scoach als größter Wertpapierhandelsplatz für strukturierte Produkte aller Art. Im Oktober 2010 wurden hier beispielsweise Derivate in Höhe von 1,54 Milliarden Euro umgesetzt. Die Börse Stuttgart bietet wie Frankfurt auch über die EUWAX AG den Handel mit verbrieften Derivaten an, seit Anfang 2007 über eine eigene elektronische Handelsplattform. Die meisten Produkte, die Sie als Privatanleger handeln, können aber auch mit den Emittenten direkt gehandelt werden.

Die meisten Derivate werden von Banken begeben. Die versiertesten Banken mit dem größten Marktanteil im Derivate-Handel sind die Deutsche Bank (Marktanteil zweites Quartal 2010 18,5 Prozent), Commerzbank (17,8 Prozent), DZ Bank (16,6 Prozent) und WestLB (16,6 Prozent). Diese vier Institute haben fast 70 Prozent des Marktes fest im Griff.

 Natürlich wollen die Emittenten, die Banken, mit der Ausgabe immer neuer Derivate Gewinne erzielen. Deshalb fallen für Sie als Käufer – zumindest bei Derivatekonstruktionen, die der Anlage dienen – Ausgabeaufschläge und Managementgebühren an. Bei den meisten Derivaten, die aus spekulativen Gründen gekauft werden, verdienen die Geldhäuser an der An- und Verkaufsspanne. Hier lohnt sich ein Vergleich, weil diese Kosten in Ihrer Gewinnerwartung berücksichtigt werden müssen.

Zum sanften Start: Warrants

Ursprünglich wurden *Warrants* oder Optionsscheine von Unternehmen als Bestandteil von Optionsanleihen begeben. Diese Optionsanleihen beinhalten für den Anleger neben dem Recht auf Zinsen und der Rückzahlung des Nennwertes am Ende der Laufzeit auch noch die Möglichkeit, eine bestimmte Anzahl Aktien des Unternehmens zu einem bestimmten Preis, dem Zuzahlungspreis, innerhalb einer bestimmten Frist zu erwerben. Da aber Börsianer solche Versprechungen lieben, spaltet man diese Optionsscheine von den Anleihen einfach ab und handelt sie separat an der Börse. Insofern können an der Börse so genannte *Anleihen cum* (Anleihe und Optionsschein), *Anleihen ex* (Anleihe ohne Optionsschein) oder nur der Optionsschein (der Warrant) gehandelt werden. Sie können also als Besitzer einer Optionsanleihe die Optionsscheine an der Börse veräußern, die Anleihe aber trotzdem behalten, oder aber die Aktien zum vereinbarten Preis kaufen.

Heutzutage werden auch die meisten Optionsscheine unabhängig von Anleihen durch Kreditinstitute emittiert.

Sie können Ihre Warrants zu einem bestimmten Zeitpunkt in Aktien, Rohstoffe oder andere Basiswerte eintauschen, müssen davon aber keinen Gebrauch machen. Selten, aber wahr: Ein Optionsschein verbrieft das Recht zu tauschen, aber keine Pflicht! In vielen Fällen sehen die Optionsscheinbedingungen aber vor, dass die Aktien & Co. nicht tatsächlich abgenommen oder geliefert werden, sondern der Ausgleich in bar erfolgt (cash settlement). In der Regel werden Warrants vor dem Fälligkeitszeitpunkt wieder weiterveräußert.

Und wie viel ist es wert?

Der Wert eines Optionsscheines wird typischerweise bestimmt von:

✔ dem Basiswert (Aktien, Rohstoffe etc.)

✔ dem Basispreis, zu dem dieses »Underlying« gekauft oder verkauft werden darf

✔ der Laufzeit des Optionsscheins

✔ dem Bezugsverhältnis, das aufzeigt, wie viele Warrants Sie für eine Einheit des Basiswerts benötigen

✔ der Unterscheidung zwischen »amerikanisch« und »europäisch« (Bei Optionsscheinen amerikanischen Typs dürfen Anleger das Recht während der gesamten Laufzeit ausüben, beim europäischen Optionstyp nur am Laufzeitende. Auch hierzulande ist der amerikanische Typ am gebräuchlichsten.)

Der rechnerische Wert eines Optionsscheins ergibt sich aus der Differenz des Aktienpreises und dem Basispreis der Option. Wenn der Kurs der Basisaktie steigt, steigt der Wert des Optionsscheins überproportional. Sinkt der Kurs der Aktie allerdings so tief, dass es günstiger wäre, sie direkt an der Börse zu kaufen statt mittels des Optionsscheins, verliert dieser jeglichen Wert. Der tatsächliche Kurs eines Optionsscheins hängt aber noch zusätzlich von Angebot und Nachfrage und auch von der Länge der Laufzeit ab. Wenn Anleger damit rechnen, dass sich die Kurse in nächster Zeit stark nach oben entwickeln werden und der Optionsschein noch genügend Luft hat, daran teilzunehmen, dann sind sie bereit, mehr für diesen Optionsschein zu bezahlen als seinen rechnerischen Wert. Die Differenz wird in der Börsensprache als *Aufgeld* bezeichnet.

Steigt der Aktienkurs innerhalb der vereinbarten Frist über den Betrag des Optionsscheins hinaus an, dann können Sie entweder Ihren Optionsschein direkt an der Börse veräußern oder aber in Aktien umwandeln und diese dann zum höheren Kurs verkaufen. Sie können selbstverständlich die Aktien auch in Ihrem Depot lassen, wenn Sie davon ausgehen, dass sich die Kurse noch weiter nach oben bewegen.

 Der gegenwärtige Wert eines Optionsscheins lässt sich nicht wirklich einfach berechnen, weil er (zumindest) von den drei Faktoren Restlaufzeit, Verhältnis Basispreis zu aktuellem Kurs und der Schwankungsintensität (Volatilität) des Basiswerts abhängt. Im Internet werden jedoch bei den Emittenten-Banken *Optionsscheinrechner* angeboten, mit deren Hilfe Sie die Wertentwicklung leicht verfolgen können. So finden Sie unter www.boerse-stuttgart.de unter *Optionsscheine* die Rubrik »Optionsscheine Tools« mit einem Rechner oder einfach unter www.sbroker.de bei den Sparkassen.

Soll ich oder soll ich nicht, soll ich ...

Der Vorteil einer Optionsanleihe für Sie als Anleger ist:

✔ Sie erhalten auf jeden Fall am Ende der Laufzeit den Nennwert der Anleihe zurück.

✔ Sie bekommen immer den vereinbarten, wenn auch eher niedrigen Zinssatz.

✔ Sie sind damit gegen einen Totalverlust gefeit.

✔ Sie können bei steigenden Kursen quasi beliebig hohe Gewinne einfahren.

Wie sieht ein Optionsschein aus? Selbstverständlich werden heute auch Optionsscheine nicht mehr aus Papier und Druckerschwärze hergestellt, sondern sie existieren rein virtuell bei den Banken und in Ihrem Depot. Ansonsten sind sie aber aufgebaut wie Aktien: Die Wertpapierkennnummer, die Laufzeit, der Bezugskurs und das Bezugsverhältnis müssen angegeben sein. Außerdem muss natürlich noch vermerkt sein, zum Kauf eines welchen Gutes der Schein berechtigt. Auch gehandelt werden sie wie Aktien, an der Börse oder über einen Discount Broker.

Wenn Sie Ihren Optionsschein bis zum Ende der Laufzeit gehalten haben und er noch einen positiven Wert aufweist, wird er Ihnen über die Bank automatisch gutgeschrieben. Sie müssen also nicht damit rechnen, plötzlich die betreffenden Aktien zu erhalten – was bei den Optionsscheinen auf Indizes, die immer beliebter werden, ohnehin unmöglich wäre.

Mal kurz, mal lang: Optionen

Die meisten Optionsscheine werden, wie bereits erwähnt, gleich ohne die Emission von Optionsanleihen herausgegeben. Sie werden auch *naked warrants* genannt. Diese Optionen sind Termingeschäfte, weil Sie beim Kauf das Recht erwerben, ein bestimmtes Produkt zu einem späteren Zeitpunkt zu kaufen oder zu verkaufen. Da aber auch hier die Option nicht unbedingt ausgeübt werden muss, spricht man von *bedingten Termingeschäften*.

✔ Sie dürfen ein bestimmtes Gut (den Basiswert oder das Underlying)

✔ in einer bestimmten Menge (dem Kontrakt)

✔ zu einem im Voraus vereinbarten Preis (dem Basispreis oder Basiskurs)

✔ am Ende (europäische Option) oder

✔ während einer festgelegten Laufzeit (amerikanische Option)

✔ kaufen (*Call*) oder verkaufen (*Put*).

Die Betonung liegt auf dürfen: Sie können, müssen aber nicht zum vereinbarten Termin kaufen beziehungsweise verkaufen. Ihre Pflicht: Sie müssen für das Recht, eventuell zu kaufen, dem Verkäufer eine Prämie, den Optionspreis bezahlen. Dieser Verkäufer der Option allerdings muss, wenn Sie das aufgrund der Marktentwicklung verlangen, das Underlying auch verkaufen oder abnehmen. Er verfügt also nicht über ein Wahlrecht wie Sie. Im Rechtsjargon treten sich der Käufer einer (Kauf- oder Verkaufs-)Option und der Verkäufer oder auch Stillhalter einer (Kauf- oder Verkaufs-)Option gegenüber. Normalerweise rechnen Sie aber damit, den

Optionsschein zu einem höheren Kurs wieder an der Börse zu verkaufen, ohne die Option jemals ausgeübt zu haben. Eine Option wird eher selten tatsächlich in das Gut, auf das sie sich bezieht, umgetauscht, vielmehr findet nur ein Wertausgleich statt, so, als hätte der Kauf oder Verkauf stattgefunden – man könnte sie vielleicht eher als Ausnutzen einer Chance verstehen.

Als Basiswert für Optionen können dienen:

✔ Aktien

✔ Aktien- und andere Indizes

✔ Devisen

✔ Anleihen

✔ Rohstoffe

✔ Nahrungsmittel

✔ Edelmetalle

✔ Strom

Stichwort Börse. Optionen sind Termingeschäfte und werden deshalb, wie in der Einführung bereits beschrieben, an Terminbörsen gehandelt, aber eben nicht nur. So bietet die Börse Stuttgart auf ihrem EUWAX-Segment über 185.000 Optionsscheine an und täglich werden es mehr – an einem ganz normalen Donnerstag im November 2010 zum Beispiel 375 Stück!

Weil Termingeschäfte riskanter als etwa normale Aktienkäufe sind, setzen sie die *Terminge-schäftsfähigkeit* voraus. Dazu brauchen Sie aber keine Reifeprüfung abzulegen, vielmehr legt Ihnen Ihre Bank oder Ihr Broker die Gefahren in schriftlicher Form (Formular) vor und Sie unterschreiben zum Beweis, dass Sie das gelesen und verstanden haben.

✔ Bei einer Call-Option vereinbaren Sie das Recht, zum festgelegten Preis zu kaufen.

✔ Bei einer Put-Option vereinbaren Sie das Recht, zum festgelegten Preis zu verkaufen.

Optionsscheine werden von Banken herausgegeben, die auch den Basispreis festlegen, den Sie für Ihre Chance zahlen müssen. Der Marktpreis einer Option hängt wieder von dem Ver-falltermin oder der Restlaufzeit ab, der Höhe des Aktienkurses gegenüber dem Basispreis und der gedachten Volatilität, also der erwarteten Schwankungsbreite des Kurses. Außerdem spielt auch noch die Zinsentwicklung eine Rolle und die Dividendenpolitik (bei Aktien oder Indizes als Basiswert). Komplizierte mathematische Formeln, die an die Versicherungstechnik erinnern, ermöglichen es, den Wert eines Optionsscheins auf den Tag genau auszurechnen.

Moneyness bei Optionsscheinen

Das attraktive Element an Optionen ist die Möglichkeit, sowohl auf steigende als auch in fallende Kurse der Basisgüter, egal ob Aktien, Rohstoffe oder Devisen, zu setzen. Die wich-tigste Voraussetzung, um Optionsscheine richtig einzusetzen, ist eine richtige Einschätzung des Marktes, des Trends. Ist der Markt bullish, wird also allgemein mit steigenden Kursen gerechnet, setzen Anleger auf Call-Optionen, wird aber von sinkenden Kursen ausgegangen, tendiert der Markt zum Bären, sind Put-Optionen angebracht. Allerdings reagiert die Börse nicht immer so wie vorhergesagt und außerdem kommt es auf den jeweiligen Basiswert an, der sich auch gegen den allgemeinen Trend bewegen kann – das ist das Spannende an Optionen, aber auch das Riskante. Erfahrene Anleger geben zu, dass sie Jahre brauchten, um mit Optionsscheinen tatsächlich auch Gewinne einzufahren, denn hier müssen sie rasch handeln – ein Aussitzen funktioniert aufgrund der begrenzten Laufzeiten nicht – und trotzdem nicht gleich in Panik ausbrechen, wenn der Optionsschein erst mal »aus dem Geld« fällt. Denn ein Optionsschein kann je nach dem Verhältnis von Basispreis und aktuellem (Börsen-) Kurs des Underlyings, in drei verschiedenen Positionen stehen, man spricht dann von der so genannten *Moneyness*. Ob man »im Geld«, »am Geld« oder »aus dem Geld« Optionen oder Optionsscheine kauft, hängt davon ab, welches Risiko man eingehen möchte und wie sensibel die Option/der Optionsschein reagieren soll. Man kann nicht von vornherein sagen, dass »in«, »am«, »aus« Verlust oder Gewinn bedeuten.

Reinen Wein einschenken

Vielleicht macht Ihnen ein Beispiel das Prinzip verständlicher: Stellen Sie sich vor, Sie wollen Weihnachten eine ganze Menge jungen Weins verschenken, an all Ihre Freunde, Bekannten und Geschäftspartner. Schon im Sommer vereinbaren Sie mit Ihrem Weinhändler, eine gewisse Menge des neuen Weins abzunehmen, zu einem Preis, den Sie gleich festsetzen. Denn Sie wollen auf Nummer sicher gehen, aber zum Bezahlen Ihr Weihnachtsgeld verwenden. Der Weinhändler freut sich, denn er kann mit einem festen Absatz rechnen, allerdings weiß er nicht genau, ob es ein gutes Weinjahr wird und damit die Preise eher niedriger ausfallen, oder ein schlechtes, dann gehen die Preise nach oben. Er wird mit Ihnen also einen Preis in der Mitte aushandeln, und je nach Ernte können Sie sich dann über einen guten Deal freuen oder er. Nun könnten Sie mit Ihrem Weinhändler aber noch zusätzlich vereinbaren, dass Sie ihm eine Option abkaufen, garantiert zu einem gewissen Preis eine vereinbarte Menge Wein zu erhalten. Sollte der Preis des Weines stark ansteigen, weil es ein Jahr mit wenig, aber sehr gutem Wein ist, dann werden Sie die Option einlösen, wenn der Preis jedoch weit unter dem mit Ihnen vereinbarten gesunken ist, lassen Sie die Option einfach verfallen. Der Weinhändler bleibt zwar auf seinem Wein sitzen, hat aber wenigstens das Geld für die Option erhalten.

Moneyness bei Call-Optionen

✔ Am Geld: Der Kurs der Aktie etc. liegt auf der Höhe des Basiskurses. Die Option (der Optionsschein) hat keinen tatsächlichen, inneren Wert. Bei einer Ausübung des Rechts würde also kein Gewinn entstehen. An der Börse kostet die Option (Optionsschein) den »Zeitwert«, der die Chance widerspiegelt, dass die Option (Optionsschein) später noch ins Gewinnen kommt.

✔ Im Geld: Der aktuelle Kurs des Basiswerts liegt über dem vereinbarten Basispreis – die Option (Optionsschein) ist wirklich etwas wert.

✔ Aus dem Geld: Der Kurs des Basiswerts notiert unter dem Basispreis – er muss sich erst noch in die von Ihnen erwartete Richtung bewegen, damit die Option (Optionsschein) nicht wertlos verfällt.

Moneyness bei Put-Option

✔ Am Geld: Wie oben liegen die beiden Kurse nahe beieinander.

✔ Im Geld: Der aktuelle Kurs des Basiswerts liegt unter dem Basispreis

✔ Aus dem Geld: Der Kurs des Basiswerts liegt über dem Basispreis.

Um dies ein wenig anschaulicher zu machen, hier ein kleines Zahlenbeispiel: Angenommen Sie haben für 12 Euro eine Option erworben, die Sie dazu berechtigt, in einem Jahr eine BMW-Aktie zum Wert von 65 Euro zu kaufen. Steigt der Aktienkurs während der Laufzeit Ihrer Option auf 100 Euro, so haben Sie einen Gewinn von 23 Euro (Kurs von 100 – Basispreis von 65 – Prämie von 12) erzielt. Ihr Einsatz von 12 Euro hat sich also fast verdoppelt, die Rendite beträgt 91 Prozent. Hätten Sie einfach nur die Aktie für 65 Euro gekauft, wäre der Gewinn mit 25 Euro zwar rechnerisch höher ausgefallen, die Rendite im Verhältnis zum Einsatz mit 38,5 Prozent aber eindeutig geringer. Sie können also mit Optionen mit wesentlich weniger Einsatz einen sehr viel höheren Profit erzielen. Wäre aber die BMW-Aktie auf 50 Euro gefallen, wäre Ihre Option am Verfallstag wertlos, Sie müssten einen Totalverlust von 12 Euro einstecken. Als Aktienbesitzer müssten Sie sogar einen Verlust von 15 Euro verzeichnen – allerdings nur als Buchverlust, denn Sie haben ja noch die Aktie und können hoffen, dass sich der Kurs wieder erholt!

 Eine der Hauptgefahren bei Optionen ist die Bandbreite des Angebots. Begehen Sie nicht den Fehler, zu einem Papier zu greifen, nur weil es besonders »billig« aussieht. Denn der niedrige Preis hängt oft damit zusammen, dass die Laufzeit nur noch sehr kurz ist, sich der aktuelle Kurs aber in der falschen Richtung vom Basiskurs weg entwickelt. Der günstige Preis hat immer eine Ursache, der Sie auf den Grund gehen sollten.

Und wie viel ist es wert?

Wollen Sie ganz einfach wissen, wie hoch der »innere Wert« Ihrer Option ist, dann müssen Sie nur den aktuellen Basiskurs des zugrunde liegenden Wertpapiers vom Basispreis abziehen und mit dem Bezugsverhältnis multiplizieren. Im oberen Beispiel also: Wenn der aktuelle Kurs der BMW-Aktie bei 80 Euro liegt, ist der innere Wert Ihrer Option 15 Euro (80 aktueller Kurs – 65 Basispreis x 1 bei Bezugsverhältnis 1:1). Aber dies ist nicht der tatsächliche Wert Ihrer Option, denn es fließt ja noch die Zeitdauer mit in die Bewertung ein. Erst am Stichtag fallen innerer und tatsächlicher Wert zusammen.

Der größte Emittent von Optionsscheinen und anderen derivativen Wertpapieren in Deutschland ist die Deutsche Bank mit ihrer Tochter X-markets. Wie schnell die passenden Optionsscheine einer möglicherweise lukrativen Aktie folgen, beweist etwa der Börsengang des Baumaschinenherstellers Wacker Construction. Kaum war der, nach gewissen Verzögerungen und einer Verschiebung um ein Jahr, am 15. Mai 2007 endlich mit Erfolg vollzogen, gab die

Deutsche Bank – und nicht nur die Deutsche Bank – eine ganze Reihe von Optionsscheinen auf die Wacker-Construction-Aktie aus: vier Call-Optionen mit Basiswerten zwischen 25 und 32 Euro und zwei Put-Optionsscheine mit dem Basiswert von 20 Euro. Der Einstiegskurs der Wacker-Construction-Aktie, die Erstnotiz, hatte im Übrigen bei 24,60 Euro gelegen.

 Optionen sollen Ihr Depot abrunden, aber im positiven Sinne! Also nicht nach unten abrunden, sondern breiter aufstellen und diversifizieren. So empfehlen Profis etwa eine 9/10-Strategie: Das heißt, 90 Prozent Ihres Portfolios mit geringem Risiko anlegen (Staatsanleihen – wenn sie nicht gerade aus Griechenland sind – und Fonds mit garantierter Ausschüttung etc.) und 10 Prozent in Optionen. Falls Sie mit Ihren Optionen völlig daneben liegen sollten, soll das Ergebnis der 90 Prozent die verlorenen 10 Prozent wieder wettmachen, damit Sie auf ein Neues auf Calls und Puts setzen können.

Futures – Die Wette gilt

Auch *Futures* sind, wie der Name schon sagt, Termingeschäfte in die Zukunft. Es handelt sich dabei um einen Vertrag über den Verkauf oder den Kauf einer Ware, deren Preis sofort bei Vertragsabschluss vereinbart wird. Die Lieferung der Ware und die Bezahlung erfolgt aber erst zu einem späteren Zeitpunkt. Im Gegensatz zur Option gehen hier beide Vertragspartner, also Käufer und Verkäufer, eine Verpflichtung ein. Im juristischen Amtsdeutsch spricht man deshalb auch von einem *unbedingten Termingeschäft*. Sie können also zum angegebenen Zeitpunkt nicht auf Ihre Kaufabsicht verzichten. Bei Futures sind nur bestimmte, standardisierte Mengen, Preise und Laufzeiten zugelassen und sie werden über Terminbörsen, manchmal jedoch auch außerbörslich, gehandelt.

Wer nicht wagt, der nicht gewinnt

Wenn Sie Optionen als besondere Chancen auf die Zukunft verstehen wollen, dann könnten Sie Futures eher mit Wetten vergleichen. Auch bei Wetten verpflichten sich beide Seiten, je nach Ausgang, zu einer bestimmten Leistung, meist einer Zahlung. Und auch bei Wetten sind beide Seiten bei Abschluss der Wette felsenfest davon überzeugt, recht zu haben und zu gewinnen! Blöd, dass am Ende aber doch immer einer der Dumme ist.

Ihre historische Herkunft haben Futures ganz bieder in der Landwirtschaft. Dort dienten sie nicht der Spekulation, sondern der Absicherung. Der Landwirt als Verkäufer konnte mit einem sicheren Verkaufspreis rechnen, egal wie gut die Ernte ausfiel (je besser, desto niedriger die Preise und schlechter für ihn ohne Absicherung), und der Käufer, etwa ein Müller, konnte ebenfalls mit einem konstanten Preis kalkulieren, auch wenn die Ernte schlecht ausfiel und die Preise nach oben gingen.

Ein tatsächlicher Realtausch findet bei Futures kaum statt, vielmehr werden die Positionen vor dem Fälligkeitszeitpunkt durch ein Gegengeschäft »glattgestellt«. Der Verkäufer als Inhaber einer »Short-Position« erwirbt dabei eine »Long-Position« des Käufers und umgekehrt.

Im Gegensatz zu Optionen fallen bei Futures keine Prämien an, denn beide Seiten verpflichten sich ja, eine Leistung zu erbringen. Beide Seiten müssen allerdings eine Art Vorschuss leisten, auch *Einschusszahlung* oder *Sicherheitsleistung* genannt. Dieser Vorschuss liegt aber nur im einstelligen Prozentbereich des eigentlichen Kontraktwertes.

Je nach Basiswert unterscheiden Börsianer in

✔ Financial Futures (auf Aktien, Anleihen, Devisen, Indizes) und

✔ Commodity-Futures (auf Rohstoffe und Waren).

Und wie viel ist es wert?

Gehandelt werden Futures wie Optionen an Terminbörsen. Hier definiert sich der Preis wieder aus Angebot und Nachfrage, jedoch entwickelt sich der Kurs überwiegend parallel zu den jeweiligen Basisgütern, meist Indizes, Währungsverhältnisse (Euro zu US-Dollar), Rohstoffe oder Nahrungsmittel. Ein weiteres wesentliches Kriterium und ein Kostenfaktor ist jedoch die Laufzeit. Da bei Commodity-Futures die Basisprodukte oftmals reell vorhanden sind und deshalb gelagert und gepflegt werden müssen, werden die Haltekosten (cost of carry) mit berechnet. Sie werden quasi abgeschrieben, negativ verzinst (abgezinst) und sinken bis zum Ende der Laufzeit auf null.

Die beliebtesten Futures in Deutschland sind auf Bundesanleihen (Bund-Futures) ausgestellt oder lauten auf den Deutschen Aktienindex DAX.

Der Gewinn oder Verlust bei Futures ergibt sich aus der Differenz zwischen dem vereinbarten Preis und dem tatsächlichen Preis bei Fälligkeit. Ein Realtausch findet heute aber eher selten statt, man schätzt, dass nur etwa fünf Prozent tatsächliche Waren übers Parkett gezogen werden. Ist der Preis deutlich gestiegen, profitiert der Käufer davon, ist der Preis gesunken, hat der Verkäufer den Vorteil.

Futures werden noch immer vordringlich von Hedgefonds eingesetzt, nicht zuletzt zu Kurssicherungszwecken. Doch mehr und mehr nutzen auch risikofreudige Privatinvestoren, leidenschaftliche Trader, diese sehr flexible und fein abstimmbare Form der Portfolioabrundung.

Hebelwirkung – aus wenig wird viel (leider auch umgekehrt)

Je länger ein Hebel ist, desto größer ist die Wirkung, der Druck, den Sie damit ausüben können. So ähnlich läuft es auch bei Derivaten: Je größer der Hebel, desto höher die Wirkung und damit die Gewinnchancen – desto herber auch der Verlust! Der Hebel zeigt auf, um wie viel stärker die prozentuale Änderung des Optionspreises im Verhältnis zum Basiswert ausfällt. Denn Sie erhalten einen Optionsschein ja zum Bruchteil der Kosten einer Aktie oder des Basiswertes und profitieren von dessen Kursschwankungen. Also, wenn eine Aktie um 3 Prozent steigt, und der Hebel 5 beträgt, dann erhöht sich der Optionspreis um 15 Prozent! Leider gilt das Gesetz auch umgekehrt: Wenn die Aktie um 5 Prozent sinkt, bedeutet dies bei einem Hebel von 5 eine Verringerung des Preises um 25 Prozent! Oder erinnern Sie sich an das Beispiel

BMW-Option: Da brachte die Option mit 12 Euro Einsatz einen Erfolg von 23 Euro oder 191 Prozent. Beim Aktienkauf wären es 25 Euro beim Einsatz von 65 Euro oder 38,5 Prozent gewesen. Der Hebel der Option beträgt also 5.

Was bestimmt die Höhe des Hebels? Je größer die Differenz zwischen dem aktuellen Aktienkurs oder Indexstand, auf den sich das Papier bezieht, und dem Basispreis ist, (also desto weiter die Option oder der Optionsschein »im Geld« ist), desto geringer ist das Risiko für den Anleger, dass sein Investment wertlos verfällt. Dann ist auch der Hebel geringer.

Man kann den Hebel mit Hilfe einer einfachen Formel berechnen:

(Kurs des Basiswertes x Bezugsverhältnis) geteilt durch Kurs des Optionsscheins

Nehmen wir als Beispiel die Aktie der TUI AG. Der Aktienkurs des Reiseveranstalters und Reedereieigners musste in der Finanzkrise einiges an Federn lassen und pendelte zwischen November 2009 und Ende 2010 zwischen nicht sehr erfreulichen 5 und 9 Euro. Zurzeit (November 2010) liegt er bei 8,19 Euro. Sind Sie optimistisch, dass die Menschheit trotz Klimadiskussion und Terrorgefahren munter weiterreist, können Sie zu einem Optionsschein der Commerzbank greifen, die sich mit »Sorgenkindern« eigentlich auskennen müsste. Handeln können Sie einen solchen »Optionsschein long« auf TUI über die Stuttgarter EUWAX oder die Frankfurter Scoach, im November 2010 zum Preis von etwa 0,22 Euro. Bei einer Laufzeit bis März 2011 beträgt der Bezugspreis oder Strike 10 Euro. Das bedeutet, der Kurs von TUI muss noch ziemlich zulegen, damit Sie ein Erfolgserlebnis bekommen – Sie hoffen, dass die Menschen dem Weihnachtsstress per Flugzeug entfliehen wollen. Denn wenn der Basispreis bei 8,19 Euro bleibt, verfällt der Optionsschein wertlos. Legt der TUI-Kurs auf 12 Euro zu, haben Sie für 0,22 Euro immerhin 2 Euro Gewinn erzielt – eine Rendite von immerhin fast 91 Prozent! Hätten Sie stattdessen die Aktie für 8,19 erworben, hätten Sie zwar einen höheren Gewinn von immerhin 3,81 Euro erworben, die Rendite wäre aber nur bei etwa 47 Prozent gelegen. Der Hebel beträgt also in diesem Falle etwa 1,9.

 Die Börse Stuttgart ist über ihr Handelssystem EUWAX in Sachen Derivate am aktivsten. Auf der Website `www.euwax.de` können Sie sich über sämtliche derivative Hebelprodukte (und auch Zertifikate) informieren, schnell, übersichtlich und ziemlich erschöpfend. Ähnlich bieten es auch die Frankfurter auf Scoach an, vielleicht ein wenig fokussierter und peppiger als die Schwaben.

Auf der Spur der Griechen

Eines der komplexesten Probleme bei Optionsscheinen ist die Frage, welchen Wert er zu einem bestimmten Zeitpunkt gerade besitzt, also nicht erst am Ende der Laufzeit. Schließlich wollen Sie wissen, was Ihr Schein gerade cash wert ist und ob es vielleicht sinnvoll wäre, sich von ihm zu trennen. Allerdings handelt es sich bei der Berechnung um eine Gleichung mit vielen Einflussgrößen. Am einfachsten nutzen Sie die vielen im Internet angebotenen Optionsscheinrechner als Ausgangsbasis, aber auch diese Ergebnisse bilden aufgrund der statischen Berechnung nur einen Richtwert. Spezialisten behelfen sich außerdem mit einigen griechischen Buchstaben, die Sie vielleicht an die finstersten – bei einigen vielleicht auch die hellsten – Stunden des Mathematikunterrichts erinnern mögen. Die gängigsten Kennziffern sind Delta und Vega.

✔ Delta: Das Delta ist die Veränderung des (theoretischen Werts) eines Optionsscheins, wenn sich der Basiswert um eine Einheit verändert: bei Puts -1 bis 0, bei Calls 0 bis 1. Hauptsächlich wird das Delta von der Moneyness (»im, am, aus dem Geld«) bestimmt.

✔ Vega: Das Vega gibt an, wie sich der Wert eines Optionsscheins ändert, wenn alle anderen Variablen gleich bleiben und sich die Volatilität um eine Einheit erhöht. Die Kennzahl wird stets auf der Basis einer Volatilitätserhöhung von einer Einheit angegeben und ist daher sowohl bei Puts als auch bei Calls positiv. (Auch Puts profitieren von steigender Volatilität.)

✔ Gamma: Das Gamma gibt an, wie stark sich das Delta der Option verändert, wenn sich der Kurs des Basiswertes um eine Einheit bewegt und alle anderen Größen gleich bleiben. Gamma ist bei Put- wie bei Call-Optionen immer ein positiver Wert.

✔ Theta: Das Theta bezieht sich auf den Zeitverlauf einer Option. Denn Theta gibt an, wie stark sich der Wert einer Option ändert, wenn sich die Restlaufzeit um einen Tag verkürzt. Für beide Optionsausübungsarten Put und Call ist Theta negativ, da eine kürzere Restlaufzeit generell wertmindernd durchschlägt.

Portfolio-Grundregeln

Einige wesentliche Einflussgrößen und ihre Wirkungsweisen bei Optionsgeschäften sollten Sie beim Kauf immer berücksichtigen:

✔ Die mögliche Hebelwirkung. Ein großer Hebel kann viel Gewinn erzielen, aber auch für einen erheblichen Verlust sorgen! Also, je größer der Hebel, desto größer ist auch das Risiko!

✔ Die Restlaufzeit bis zum Verfalltermin, an dem eine Option wertlos geworden ist. Kaufen Sie nicht zu spät, kurz vor dem Verfalltermin, nur weil der Optionsschein billig ist, und trennen Sie sich umgekehrt früh genug von Ihrer Option!

✔ Der Spread, die Differenz zwischen An- und Verkaufskurs. Wenn Sie einen Optionsschein kaufen, müssen Sie den Briefkurs zahlen. Wenn Sie verkaufen, erhalten Sie nur den etwas niedrigeren Geldkurs ausbezahlt. Der Spread ist bei volatilen Basiswerten höher.

✔ Das Aufgeld ist eine theoretische Größe. Wenn sich der Basiswert des Optionsscheins und der tatsächliche Kurswert decken, der Optionsschein im Prinzip also gar nichts mehr wert ist, aber noch über eine Restlaufzeit verfügt, in der der Kurs ja steigen (für eine Call-Option) oder sinken (Put) könnte, wird er zu diesem Art Hoffnungswert auf bessere Zeiten gehandelt.

✔ Das Bezugsverhältnis gibt an, wie viele Optionsscheine Sie benötigen, um eine Aktie erwerben zu können. Meist liegt das Verhältnis bei 1 zu 1 oder 10 zu 1. Je höher das Bezugsverhältnis, mit desto weniger Aufwand können Sie Gewinne erzielen.

Zertifikate: Im Hintergrund die Bank

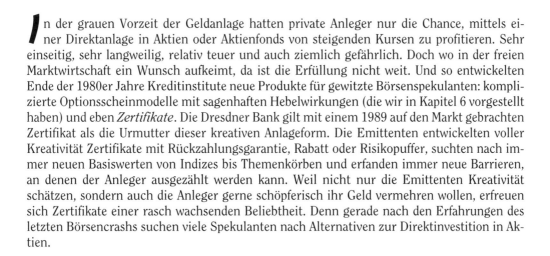

In diesem Kapitel

▶ Wie Sie auch von fallenden Kursen profitieren können

▶ Wie Sie aus wenig Einsatz viel Gewinn machen können

▶ Wie Sie Chancen mit eingebauter Garantie nutzen können

▶ Wie Sie auch in Spezialgebiete investieren können

*I*n der grauen Vorzeit der Geldanlage hatten private Anleger nur die Chance, mittels einer Direktanlage in Aktien oder Aktienfonds von steigenden Kursen zu profitieren. Sehr einseitig, sehr langweilig, relativ teuer und auch ziemlich gefährlich. Doch wo in der freien Marktwirtschaft ein Wunsch aufkeimt, da ist die Erfüllung nicht weit. Und so entwickelten Ende der 1980er Jahre Kreditinstitute neue Produkte für gewitzte Börsenspekulanten: komplizierte Optionsscheinmodelle mit sagenhaften Hebelwirkungen (die wir in Kapitel 6 vorgestellt haben) und eben *Zertifikate*. Die Dresdner Bank gilt mit einem 1989 auf den Markt gebrachten Zertifikat als die Urmutter dieser kreativen Anlageform. Die Emittenten entwickelten voller Kreativität Zertifikate mit Rückzahlungsgarantie, Rabatt oder Risikopuffer, suchten nach immer neuen Basiswerten von Indizes bis Themenkörben und erfanden immer neue Barrieren, an denen der Anleger ausgezählt werden kann. Weil nicht nur die Emittenten Kreativität schätzen, sondern auch die Anleger gerne schöpferisch ihr Geld vermehren wollen, erfreuen sich Zertifikate einer rasch wachsenden Beliebtheit. Denn gerade nach den Erfahrungen des letzten Börsencrashs suchen viele Spekulanten nach Alternativen zur Direktinvestition in Aktien.

Zertifikate-Dschungel

Wenn Sie sich schon tapfer durch das dichte Derivate-Gebüsch geschlagen haben, dann geht's jetzt ohne Zaudern in den Zertifikate-Dschungel. Und um einen Dschungel handelt es sich hier aufgrund der schieren Masse wirklich, wobei es schon schwierig ist, die Menge tatsächlich zu fixieren, aber wer fängt auch schon an, im Urwald die Bäume zu zählen? Laut Deutschem Derivate Verband (DDV) in Frankfurt – und damit der Vereinigung der Herausgeber von Zertifikaten – gab es mit Stand vom Juni 2008 mehr als 115.000 Anlagezertifikate, mit weiter wachsender Tendenz. Immerhin, seit 1. Januar 2008 haben sich wenigstens die beiden Interessenverbände der Zertifikate-Emittenten zusammengeschlossen und können jetzt vielleicht ein wenig mehr Licht in den Dschungel bringen. Das Deutsche Derivate-Institut und das Derivate Forum, beide in der Finanzmetropole Frankfurt angesiedelt, firmieren seitdem unter einem (Blätter-)Dach als Deutscher Derivate Verband. Der hat prompt eine Produktklassifizierung vollzogen unter dem griffigen Namen Derivate-Liga.

Anlageprodukte Mit Kapitalschutz 100 Prozent	Ohne Kapitalschutz (kleiner 100 Prozent)	Hebelprodukte Ohne Knock-Out	Mit Knock-Out
Kapitalschutzzertifikate	Aktienanleihen	Optionsschein	Knock-Out-Produkte
Strukturierte Anleihen	Bonuszertifikate		
	Discountzertifikate		
	Express-Zertifikate		
	Index-/Partizipations-Zertifikate		
	Outperformance-Zertifikate		
	Sprint-Zertifikate		

Tabelle 7.1: Klassifikation der Zertifikate, Quelle: Deutscher Derivate Verband

Zertifikate beziehen sich, wie Optionsscheine, auf bestimmte Basisgüter, meist auf:

✔ Indizes

✔ Aktien

✔ Rohstoffe

✔ Währungen

✔ von den Banken selbst zusammengestellte Körbe (mit Aktien, Indizes etc.)

Mit Hilfe dieser Basiswerte, die auch lustig gemischt werden können, und einer ganzen Reihe weiterer Koordinaten wie Laufzeit, Garantien und Rückzahlungsmodalitäten und unter immer neuen, keineswegs einheitlichen Bezeichnungen stricken die Banken als Herausgeber der Zertifikate innovative Wertpapiere am laufenden Band. Die Frage ist nur, wem diese »Innovationen« zugutekommen, den Emittenten oder den Anlegern. Oftmals wirken die Zertifikate auf den ersten Blick nachvollziehbar und klar verständlich, doch es kommt wie so oft auf das Kleingedruckte an.

 Kaufen Sie nur das Produkt, das Sie auch wirklich verstehen! Und von dem Sie den Eindruck haben, dass auch der Bankberater des herausgebenden Instituts weiß, was sich dahinter genau verbirgt! Diese Warnung hatten wir vor der Finanzkrise in dieses Buch geschrieben, und – typisch Warnung – selbstverständlich wurde sie nicht beachtet (außer hoffentlich von unseren Lesern). Die internationalen Investmentbanker haben es auf jeden Fall geschafft, aus dem Begriff »innovatives Finanzprodukt« ein nachhaltig wirkendes Schimpfwort zu machen und selbst das Wort »Boni« zu diskreditieren, weil sie sich ihre Unfähigkeit auch noch vergolden ließen.

Boomender Markt eines neuen Produkts

Der Markt der Zertifikate hat sich nach einem gehörigen Einbruch während der Finanzkrise wieder erholt und erreichte zur Mitte des Jahres 2010 mit einem Volumen von 105,4 Milliarden Euro das Niveau von September 2006 (106 Milliarden Euro), so der Deutsche Derivate Verband in seiner Statistik, die bis ins Jahr 2004 und ein Volumen von 48 Milliarden Euro zurückreicht (siehe Abbildung 7.1).

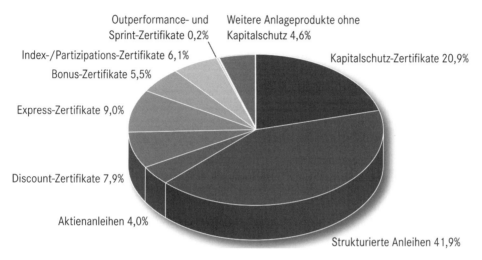

Abbildung 7.1: Der Markt für Zertifikate (Stand 31.08.2010, Quelle: Deutscher Derivate Verband)

Emittenten können Zertifikate auf alle möglichen Indizes, Aktien oder Rohstoffe begeben. Hinzu kommen Papiere, die sich auf mehrere Basiswerte – etwa zwei Indizes – beziehen oder auch auf ganze Körbe von Aktien (Basketzertifikate), zum Beispiel aus dem Umweltbereich. Da es bereits jetzt Tausende dieser potenziellen Basiswerte gibt, die Börsen zudem stets neue Indizes entwickeln und immer mehr Banken Zertifikate ausgeben, steigt deren Anzahl rasant.

Die Herausgeber, die Banken, verdienen an immer neuen Produkten, die reißend Absatz finden, insofern könnte der Boom auch in den nächsten Jahren in ähnlicher Weise anhalten. Der Deutsche Derivate Verband hat für jede Klassifikation eigene »Produktblätter« entwickelt, die man auf seiner Webseite http://www.deutscher-derivate-verband.de herunterladen kann.

Hier noch einmal kurz die Vorteile von Zertifikaten:

✔ Mit geringem Kapitaleinsatz können Sie ganze Indizes nachzeichnen.

✔ Kostengünstig, da wenig Gebühren anfallen

✔ Verschiedene Risikoklassen sind frei wählbar.

✔ Das Prinzip ist meist leicht zu verstehen, die Konstruktionen der unterschiedlichen Zertifikate im Detail oftmals aber nicht.

✔ Flexibel, weil an der Börse frei handelbar, können Sie jederzeit kaufen oder verkaufen.

✔ Transparent, wenn sich die Zertifikate auf genau bestimmbare und jederzeit nachvollziehbare Basiswerte beziehen

Das mit den günstigen Gebühren ist allerdings relativ. Selbstverständlich wollen auch die Herausgeber von Zertifikaten davon (gut) leben, und dafür tun sie so einiges.

Bei kompliziert konstruierten Zertifikaten, die sich oftmals auf von den Banken selbst zusammengestellte Basiswerte beziehen, ist es sehr schwierig, die Preisgestaltung nachzuvollziehen. Denn Sie können oftmals selbst gar nicht erkennen oder überprüfen, in welche Richtung sich die Basiswerte entwickeln. Achten Sie bei der Wahl von Zertifikaten also darauf, ob Sie den Basiswert selbst beobachten können.

Als ein Hauptvorteil von Zertifikaten wird gerne herausgestellt, dass bei ihnen, im Gegensatz zu Fonds, keine Ausgabeaufschläge anfallen. Das ist allerdings nicht immer so, gerade bei Basketzertifikaten, bei denen die Banken die Basiswerte selbst aussuchen, lassen sie sich diese Arbeit auch honorieren. Ausgabeaufschläge, ob nun so genannt oder nicht, fallen bei Zertifikaten auf jeden Fall nur bei der erstmaligen Emission an und belaufen sich zwischen ein und drei Prozent der Anlagesumme.

Ein weiterer Kostenfaktor für Sie als Anleger ist der Spread, also die Differenz zwischen Ankaufs- und Verkaufskurs. Dieser sollte unter einem halben Prozent liegen, keinesfalls aber mehr als 1,5 Prozent betragen, und er sollte während der Laufzeit des Zertifikates möglichst nicht geändert werden!

Manche Emissionshäuser erhöhen den Spread einige Wochen oder Monate nach der Einführung ihres Produkts. Dies kann daran liegen, dass sie in der Vertriebsphase Anleger mit einem niedrigen Spread locken wollen oder dass die Volatilität des Basiswerts gestiegen ist. Diese höhere Spanne senkt zwar das Risiko für die Bank, ist für Sie als Anleger aber ärgerlich, weil Sie keine Möglichkeit haben, gegenzusteuern. Es empfiehlt sich also, andere, bereits länger laufende Zertifikate eines Emittenten zu beobachten, um Rückschlüsse darüber zu erhalten, wie hoch sich der Spread möglicherweise entwickeln wird.

Insgesamt sind die Gebühren günstiger als etwa bei der Anlage in Fonds – aber es gibt keinen einheitlichen Satz, aus dem sofort ersichtlich würde, wie hoch Ihre tatsächlichen Kosten für das jeweilige Zertifikat sind. Es ist ein wenig wie bei den Telefongesellschaften: Auch da ist die Leistung eigentlich nur das Telefonieren von A nach B. Doch trotzdem ist es fast unmöglich, die Tarifmodelle der Telefongesellschaften genau miteinander zu vergleichen, weil der eine weniger verlangt, wenn der Mond scheint, und der andere wiederum generell nur Pauschalen einfordert.

Wie Zertifikate funktionieren

Zertifikate beziehen sich immer auf einen bestimmten Basiswert, bilden praktisch eine Art Wette darauf, wie sich dieser in der Zukunft entwickeln wird. Gerne werden Zertifikate auf die mögliche Kursentwicklung einer Aktie ausgestellt. Dann kann die Rückzahlung auch in Aktien und nicht in Bargeld erfolgen. Zertifikate können Sie in Ihr Depot nehmen wie Aktien und andere Wertpapiere auch. Auch Zertifikate verfügen über eine unverwechselbare Wertpapierkennnummer (ISIN-Nummer).

Viele Zertifikate berücksichtigen die Volatilität, also die Kursschwankungsbreite des zugrunde liegenden Basiswertes, nicht. Das bedeutet, Sie können den Wert Ihres Zertifikates jederzeit einfach ablesen, denn es genügt der Blick auf den Basiswert. Steigt dieser um zehn Prozent, steigt auch Ihr Zertifikat um zehn Prozent, wenn es sich um ein 1:1-Zertifikat handelt. Hebelzertifikate entwickeln sich natürlich rasanter. Sie müssen allenfalls noch Währungsschwankungen mit einbeziehen, aber das hängt vom Basiswert ab. Da Zertifikate normalerweise Open-End-Produkte sind, entscheiden Sie, wann Sie wieder aussteigen wollen, im Gegensatz zu Optionen (Kapitel 6).

Rechtlich sind Zertifikate zinslose Anleihen und werden von Banken als Emittenten herausgegeben. Im Klartext: Die Bank als Aussteller des Zertifikats verpflichtet sich zur Zahlung einer bestimmten Geldsumme an den Gläubiger – also an Sie, den Anleger –, wenn ganz bestimmte Bedingungen erfüllt sind. Die Laufzeit von Zertifikaten ist – im Gegensatz zu Optionsscheinen – im Prinzip oder je nach Art des Zertifikates unbegrenzt. Weil die Banken beim Erfinden von Zertifikaten sehr frei sind, gibt es Zertifikate, die sich nach der Erfüllung einer bestimmten Bedingung zu einer vorher definierten Zeit richten. Grundsätzlich werden etwa Garantiezertifikate, bei denen der Anleger nach Ende der Laufzeit eine Mindestsumme zurückerhält, oder Bonuszertifikate, bei denen ihm ein Risikopuffer garantiert wird, von den Emittenten zeitlich begrenzt. Die Höhe und auch die Form der Rückzahlung orientieren sich an dem zugrunde gelegten Basiswert, ob Aktie, Index oder Rohstoff. Wie und in welcher Höhe die Rückzahlung erfolgt, ob Sicherheitspuffer eingebaut und Garantien gewährt werden, in all diesen Punkten kann die herausgebende Bank völlig frei schalten und walten und Sie haben die Qual der Wahl und das bekannte Problem mit dem Überblick.

Zertifikate werden an der Börse oder direkt über den Emittenten gehandelt, der auch die laufenden Kauf- und Verkaufskurse stellt und dafür Sorge tragen muss, dass genügend Handelsvolumen vorhanden ist.

✔ Gut für Sie als Anleger: Bei Zertifikaten, die anders als offene Fonds nicht aktiv gemanagt werden, fallen keine Ausgabeaufschläge als Kosten an.

✔ Schlecht für Sie: Kein Manager steuert gegen und schichtet das Portfolio um, wenn die Entwicklung plötzlich einen anderen Verlauf nimmt.

✔ Tröstlich für Sie: Die meisten Manager agieren auch nicht besser als die normale Entwicklung von Indizes, und Zertifikate schneiden nie schlechter ab als der Basiswert.

In Sekunden an der Börse

In Deutschland hat sich, wie in Kapitel 1 bereits ausgeführt, die Börse Stuttgart (mit EUWAX) auf den Handel mit Zertifikaten spezialisiert. Über das elektronische Ordersystem XONTRO sind die (meisten) Banken, Onlinebanken, Discountbroker und weitere Finanzdienstleister direkt an die Börse Stuttgart angeschlossen und so kann Ihr Auftrag in Sekundenschnelle ausgeführt werden. Als Reaktion darauf hat Anfang 2006 die Deutsche Börse in Frankfurt und die Schweizer Börse SWX in Zürich die gemeinsame Plattform Scoach, vormals »Smart

Trading« für strukturierte Finanzprodukte, gegründet, also für Produkte, die aus verschiedenen Wertpapieren (Aktien, Anleihen, Optionen, Futures) zusammengesetzt sind.

Wenn Sie Ihre Zertifikate über die Börse handeln, können Sie von den gleichen Vorteilen wie beim Aktienhandel profitieren: Sie können also zum Beispiel für Ihre Orders *Limite setzen* und erhalten durch das *Best-Price-Prinzip* der Börsen einen besseren oder auf jeden Fall keinen schlechteren Preis als direkt über den Emittenten. Sie können wie beim Aktienhandel auch an der Börse zusätzlich auch *Stop-Orders* setzen und erhalten so Ihr Zertifikat nur bei Erreichen eines bestimmten, von Ihnen vorgegebenen Preislimits.

Sie können aber auch außerbörslich, also über Direktbanken und Online-Broker, Ihre Zertifikate handeln, meist bis in die Abendstunden hinein.

Aktuelle Kursinformationen können Sie jederzeit bei der ausgebenden Bank erfragen oder auf der Website nachlesen, denn die Kursstellung erfolgt kontinuierlich. Sie können Ihr Produkt also jederzeit zu einem ablesbaren Kurs veräußern, direkt bei den herausgebenden Banken oft bis 22.00 Uhr abends.

Weil Zertifikate rechtlich Inhaberschuldverschreibungen darstellen, bedeutet das für Sie: Wenn der Emittent, die herausgebende Bank, insolvent wird, ist es aus mit Ihrem Produkt, das Geld ist futsch! Es lohnt also, gerade auch bei langen Laufzeiten, der Blick darauf, wer ein Zertifikat herausgibt, und ob es sich dabei um eine seriöse und solvente Bank handelt. Der Deutsche Derivate Verband bietet eine Rating-Übersicht der herausgebenden Banken an. Seit der Pleite von Lehman – einer Bank, die sehr viele Zertifikate ausgegeben hatte – wissen die Käufer (hoffentlich), wie wichtig die Bonität der Bank als Emittent tatsächlich ist.

Für jeden etwas dabei

Zertifikate gibt es nun wirklich für jeden Geschmack und jeden Anlegertypen von vorsichtig mit eingebautem Verlustpuffer bis hoch riskant mit eingesetztem Turbo. Außerdem können Sie bereits mit sehr kleinen Summen einsteigen, auch weil sich die Gebühren – insgesamt etwa ein bis zwei Prozent – in engen Grenzen halten. Allerdings gibt es bis heute keine einheitliche Gebührenfestsetzung und es ist nicht immer leicht, diese genau zu berechnen. Hier lohnen sich ein genauer Blick und eine ausführliche Beratung allemal! Denn die emittierenden Banken versuchen selbstverständlich, ihre Produkte möglichst so zu gestalten, dass sie nicht genau mit anderen Produkten aus anderen Häusern zu vergleichen sind.

Zu jedem Zertifikat muss die herausgebende Bank einen eigenen Verkaufsprospekt erstellen, Auch wenn es – manchmal – schwerfällt, lesen Sie diesen genau durch. Prüfen Sie nach, ob es nicht bei anderen Banken ein ähnliches Zertifikat gibt, und vergleichen Sie.

Bei Zertifikaten haben Sie die Möglichkeit, von Gewinnchancen zu profitieren, an die Sie sich in Form einer Direktanlage vielleicht gar nicht herangewagt hätten oder die Ihnen zu kompliziert erschien. Ausgewählte Rohstoffe, die stark wachsenden und pulsierenden Märkte der Schwellenländer (Emerging Markets), Immobilien in exotischen Ländern oder Währungen, die vor Ende der Laufzeit veräußert werden, sind typische Basiswerte für Zertifikate.

Bei den Zertifikaten in Ihrem Portfolio sollten Sie genauso verfahren wie bei Aktien, Anleihen & Co.: Neben spekulativen Renditebringern (das können für geübte Anleger Hebelzertifikate sein) gehören auch sichere Anlagen wie Indexzertifikate etwa auf Qualitätsaktien ins Depot. Sie sollten auch die blumig formulierten Sicherheitsversprechen in den Prospekten mancher Zertifikate kritisch analysieren.

Im Zertifikate-Dschungel unterwegs

Versuchen wir uns mit dem Buschmesser der Erkenntnis durch den Dschungel zu bewegen. Wir wollen uns dabei auf die bei den deutschen Anlegern beliebtesten Produkte konzentrieren. Sie können sich bei den jeweiligen Emittenten-Banken einen ganzen Wust – Stichwort Dschungel – an Informationsbroschüren zur vertiefenden Eigenanalyse zu den je herausgegebenen Zertifikaten geben lassen oder direkt im Internet downloaden.

 Um den Dschungel ein wenig zu lichten, hält der Deutsche Derivate Verband eine ganze Reihe von Broschüren und Materialien auf seiner Webseite bereit. Es lohnt jedoch beim Lesen darüber nachzudenken, dass dieser Verband die Emittenten – die Herausgeber von Zertifikaten also – repräsentiert, nicht die Anleger!

Ganze Märkte im Programm (Indexzertifikate)

Das *Indexzertifikat* eignet sich vielleicht am besten für den Einstieg in den Zertifikatemarkt und bezeichnenderweise war auch das allererste Zertifikat, das überhaupt herausgegeben wurde, ein Indexzertifikat auf den DAX, emittiert von der Dresdner Bank. Ein Indexzertifikat bezieht sich nicht auf eine einzelne Aktie oder einen bestimmten Rohstoff, sondern auf einen Index (mehr dazu in Kapitel 13).

Ein Indexzertifikat bietet

✔ nur geringe Kosten

✔ eine breite Marktabdeckung

✔ eine hohe Streuung

✔ ein zumindest gut erkennbares Risiko.

Als Basis für Indexzertifikate kommen alle von den Börsen oder auch Privatleuten oder Institutionen entwickelten Indizes in Frage, besonders beliebt ist etwa der DAX mit den dreißig wichtigsten deutschen Aktiengesellschaften oder der Euro STOXX mit den 50 am höchsten kapitalisierten Unternehmen in ganz Europa. Da Indizes von den Börsen quasi regelmäßig gewartet (hinsichtlich der Zusammensetzung) und zeitnah getaktet (hinsichtlich des Kurses) werden, können Sie sich jederzeit selbst über die Entwicklung des Basiswertes informieren.

Wird ein Indexzertifikat etwa auf den DAX abgeschlossen, zahlt der Anleger bei einer DAX-Notierung von 6.000 Punkten 6.000 Euro. Verdammt teuer, denken Sie und dachten auch die Banken und teilen so die Zertifikate in kleinere Häppchen auf, man spricht hier wie bei Optionsscheinen vom *Bezugsverhältnis* oder vom *Teilungsverhältnis (Ratio)*. Bei einem Verhältnis von 100:1 müssten Sie also nur 60 Euro berappen, um mit dabei zu sein. Steigt der DAX auf 6.500 Punkte, steigt Ihr Zertifikat logischerweise um 5 Euro auf 65 Euro an. Das Zertifikat läuft parallel, oder, wie Börsianer auch sagen, *symmetrisch* zur Indexentwicklung. In Prospekten finden Sie dies als »symmetrisches Chancen-Risiko-Profil« ausgedrückt, das natürlich auch in die andere Richtung funktioniert: Fällt der DAX auf 5000 Punkte, ist Ihr Zertifikat nur noch 50 Euro und damit 10 Euro weniger wert!

Das »klassische« Indexzertifikat wird ohne zeitliche Begrenzung angeboten. Gerade die Crash-Szenarien der Vergangenheit haben viele vorsichtige oder besser vorsichtig gewordene Anleger davon überzeugt, in Indexzertifikate mit diesem langfristigen und damit ausgleichendem Fokus zu investieren. Ganz gefeit sind Sie auch bei Indexzertifikaten nicht gegen Kursverluste, schließlich bewegen wir uns ja auf dem Börsenparkett. Mit Indexzertifikaten spekulieren Sie auch ausschließlich in steigende Kursszenarien! Aber wegen der breiten Streuung und Diversifikation, die man beim Kauf einzelner Aktien eigentlich kaum oder nur mit sehr hohem Kapitaleinsatz erreicht, ist das Risiko messbar geringer.

Bei den zugrunde liegenden Aktienindizes ist es wichtig, ob es sich um einen reinen Kursindex oder einen Performance-Index handelt. Beim *Performance-Index* fließen auch die Dividendenzahlungen der aufgeführten Unternehmen mit ein und somit wird die tatsächliche Wertentwicklung direkt nachgezeichnet. Beim *Kursindex* verzichten Sie zu Gunsten der Bank auf die Berücksichtigung der Dividenden- und anderer Zahlungen der Unternehmen.

Liegen Ihrem Zertifikat Indizes ausländischer Aktien außerhalb des Euro-Raums oder Rohstoffe, die ausschließlich in US-Dollar gehandelt werden, zugrunde, müssen Sie auch noch das Währungsrisiko einkalkulieren. Sie können ein solches Währungsrisiko ausschließen, wenn Sie ein Quanto-Zertifikat erstehen. Wenn der Basis-Index steigt, aber sinkende Währungen dem entgegenstehen, braucht Sie das dann nicht zu interessieren. Aber diese Absicherung, dieses Quanto, kostet, wenigstens beim Umtausch-Verhältnis Dollar zu Euro, Geld, in der Regel etwa drei Prozent. Gut für Sie, wenn der Dollar tatsächlich über diese drei Prozent hinaus fällt, schlecht für Sie, wenn die US-Währung steigt, da Sie nicht nur auf diese zusätzlichen Gewinne verzichten, sondern auch noch dafür zahlen müssen!

Bei Indexzertifikaten können Sie sich zwar durch einen Blick auf die Entwicklung des Basis-Index leicht und schnell davon überzeugen, wie Ihr Papier gerade steht, aber es gibt eine Vielzahl von gefährlichen Knock-out-Zertifikaten auf einen Index. Unter- oder überschreitet der gewählte Index einen bestimmten Punktestand, verlieren Sie Ihren gesamten Einsatz, da kann der gewählte Index noch so seriös sein!

Garantiert ohne Verlust (Garantiezertifikate)

Garantie- oder Kapitalschutzzertifikate sind unter den deutschen Anlegern eine besonders beliebte Variante. Sie garantieren zumindest das eingesetzte Kapital am Ende der Laufzeit, ein Totalverlust ist hier also nicht möglich! Diese Zertifikate heißen auch Airbag-Zertifikate, weil man sich beim Crash eben keine blutige Nase holt. Die Garantie kostet aber oft die Dividenden. Im Gegenzug profitiert der Anleger allerdings oft von der Wertentwicklung des zugrunde gelegten Basiswertes nur zu einem bestimmten Anteil. Diese Partizipationsrate wird vorher festgelegt, sie gibt an, in welchem Umfang Sie an den Gewinnen beteiligt sind.

Die Banken verwenden einen Teil Ihres Kaufbetrages dazu, sich abzusichern. Insofern erwirtschaften Garantiezertifikate bei steigenden Aktienkursen niedrigere Erträge als andere Zertifikate. Weil die Banken ihre Garantie nur für einen bestimmten Zeitraum einräumen wollen, haben Garantiezertifikate aber immer nur begrenzte Laufzeiten.

 Bei Garantiezertifikaten profitieren Sie in den meisten Fällen nur zu einem bestimmten Anteil von der Entwicklung des Basiswertes. Die Rückzahlungsgarantie der Bank bezieht sich immer nur auf das Ende der Laufzeit. Wenn Sie Ihr Zertifikat also vor Ende der Laufzeit verkaufen, müssen Sie je nach Lage des Basiswertes auch Verluste in Kauf nehmen.

Strukturiert unstrukturiert – Strukturierte Anleihen

Zur inzwischen beliebtesten Anlageform im Zertifikate-Dschungel zählen mit einem Anteil von über 40 Prozent so genannte *Strukturierte Anleihen*. Sie gelten als Derivate mit Kapitalschutzfunktion, weil sie am Ende der Laufzeit zu 100 Prozent das investierte Kapital zurückzahlen. Die Produkte setzen sich aus einem festen Zinssatz (Kupon) in Verbindung mit vielen zusätzlichen Konditionen zusammen, die von leicht verständlich bis zu ziemlich unverständlich reichen. Diese Zusatzbedingungen können sich auf die Rückzahlung oder auf den Zins auswirken. Inwieweit dies nun wirklich Zertifikate oder tatsächlich Anleihen (siehe Kapital 8) sind, diese feine Unterscheidung müsste eine Art Wertpapier-Ornithologe entscheiden! Manche unterscheiden sich zum Beispiel nur dadurch, ob von einer Reihe von Unternehmen einer zahlungsunfähig wird oder nicht.

Was ins Körbchen gehört (Themen- und Basketzertifikate)

Der Clou der Zertifikate-Emittenten liegt darin, immer neue Basiswerte zu entdecken, auf die sie ein entsprechendes Papier ausstellen können. Die Banker suchen also ein bestimmtes Thema aus, kleben es auf ein Körbchen und sammeln dann munter Aktien, Indizes, Immobilienwerte, Rohstoffe oder Währungen ein, die da hineinpassen könnten. Und darauf gibt die Bank ein Themenzertifikat heraus. Jetzt müssen die einzelnen Titel im Körbchen nur noch wachsen und gedeihen.

Ihr Vorteil als Anleger: Sie können auf Themen setzen und von Anlagestrategien profitieren (darum oft auch *Strategie-Zertifikate* genannt), wie sie sonst nur die absoluten Cracks drauf haben. Sie können also etwa in die Medizintechnik- oder Biotechnologie-Branche investieren, in Medien, Banken oder Chemie oder in verschiedene Rohstoffe von Gold bis Orangensaft oder in bestimmte Märkte, wie etwa Osteuropa, das Baltikum oder die Tigerstaaten in Asien. Allerdings, die Emittenten sind völlig frei in der Auswahl und Zusammensetzung der Körbchen – insofern müssen Sie beim Nachzeichnen der Basiswerte auf den Emittenten vertrauen.

Auch Themen- oder Basketzertifikate verfügen oft über eine bestimmte, von der Bank festgelegte Laufzeit. Die Emittenten verändern innerhalb der Laufzeit oftmals die Zusammensetzung des Korbes und managen, ähnlich wie bei Fonds, aktiv. Halten also das Körbchen sauber und sortieren faule Titel wieder aus.

Bei Fälligkeit erhalten Sie den Wert des Korbes ausbezahlt, allerdings ist hier die Differenz zwischen An- und Verkaufsspanne – Spread – oftmals höher als bei anderen Zertifikaten, da sich die Emittenten das aktive Managen der Körbe honorieren lassen.

Im Prinzip handelt es sich bei den Körbchen um eine Art selbst gestrickten Index der herausgebenden Bank. Das Problem für Sie als Anleger ist, dass Sie nur schwer überprüfen können, welche Aktien der Emittent nun gerade im Körbchen liegen hat und wie er sie gewichtet. Wenn Sie die Entwicklung des Basiswertes aber nicht nachvollziehen können, wissen Sie auch nicht genau, was Ihr Zertifikat eigentlich gerade wert ist.

Aktien & Co. mit Rabatt (Discountzertifikate)

Discountzertifikate können Sie nicht billig im Supermarkt oder beim Discounter um die Ecke in den Einkaufswagen packen, diese Zertifikate heißen so, weil Sie verschiedenste Basiswerte mit einem Abschlag kaufen können. Discountzertifikate notieren also immer auf der Höhe des Basiswertes minus des Abschlages. Das klingt auf den ersten Blick merkwürdig, ist aber gut für Sie: Sie können von vornherein bei einem niedrigeren Niveau einsteigen – also doch billig einkaufen.

Der Discount funktioniert gleich noch als ein Puffer gegen Verluste, denn Verluste treten erst ein, wenn der Basiswert unter das Kursniveau des Discountzertifikates (Einstiegskurs minus Abschlag) fällt. Schon bei stagnierenden Kursen verbucht Ihr Papier einen Gewinn, weil Sie ja unter dem Kurswert eingestiegen waren, und bei leichteren Kursgewinnen legt es gleich überproportional los. Steigen die Kurse rapide an, ist das für Sie von Nachteil, denn Discountzertifikate haben eine eingebaute maximale Gewinnschwelle, einen Deckel oder Cap. Die Höhe des maximalen Auszahlungsbetrages wird also von vornherein festgelegt, steigt der Basiswert über diesen Deckel, können Sie nicht mehr davon profitieren. Damit das richtig funktioniert, haben Discountzertifikate logischerweise eine begrenzte Laufzeit, normalerweise von zwei Jahren. Die Puffer können Sie nach Ihrem eigenen Risikoverständnis selbst festlegen.

Ein Beispiel für das Renditeprofil eines Discountzertifikates gegenüber der Direktanlage gibt die Commerzbank. Angenommen, Sie haben ein Discountzertifikat für 130 Euro erworben, der Kurs der Aktie lag bei 160 Euro (also 30 Euro Discount oder Rabatt) und der Auszahlungs-Cap liegt bei 200 Euro. Wenn der Aktienkurs bei Laufzeitende immer noch bei 160 Euro stagniert, haben Sie eine Rendite von immerhin 23,1 Prozent erzielt (einmal losgelöst von den Gebühren). Erst wenn die Aktie um 53,1 Prozent auf 245 Euro steigt, wären Sie mit einer Direktinvestition besser gefahren.

Discountzertifikate sind ideal, wenn es an den Börsen nicht optimal läuft. Bei richtigen Bullenmärkten allerdings hecheln Sie Anlegern, die direkt in Aktien oder in Indexzertifikate investierten, durch den eingebauten Cap hoffnungslos hinterher.

Mit Risikopuffer (Bonuszertifikate)

In Deutschland rangierten Bonuszertifikate vor der Finanzkrise in der Beliebtheit an zweiter Stelle hinter den Garantiezertifikaten, inzwischen sind sie weit abgeschlagen und behaupten im Jahr 2010 nur noch 5,5 Prozent. Was machte sie so unglaublich beliebt? Sie profitieren mit Ihrer Anlage voll von den Kurssteigerungen der Basiswerte und haben einen eingebauten Puffer, der Ihre Verluste bis zu einer gewissen Höhe abfedert. Bei Kursverlusten innerhalb dieser Absicherungsgrenze erhalten Sie ihren Einsatz voll erstattet und darauf noch einen Bonus. Dieser entspricht in etwa einer jährlichen Verzinsung zwischen sechs bis acht Prozent. Klar, rutschen die Kurse tiefer als der gewählte Risikopuffer, müssen Sie die Kursverluste voll (er)tragen, purzelt der Kurs einmal während der Laufzeit unter die Absicherung, entfällt der Bonus bei der Auszahlung. Klettern die Kurse aber über den Bonus, profitieren Sie voll von den höheren Kursen, der Bonus entfällt dann ebenfalls, aber zu Ihrem Vorteil, denn er hätte sich ja in einen Malus gedreht! Da die Kurse in der Finanzkrise fleißig zu purzeln anfingen, auch weit unter die gewählten Absicherungsgrenzen, fielen auch die Bonuszertifikate in der Beliebtheitsskala deutlich nach unten.

Als Basiswerte dienen hier meist einzelne Aktien. Auf die Dividenden müssen Sie als Zertifikate-Besitzer allerdings zumeist verzichten, die streicht die Bank für den großzügigen Sicherheits-puffer ein.

 Bei der Wahl des Zertifikats sollten Sie sich Gedanken über die Kursbewegungen machen, die Sie dem Basiswert zutrauen. Dann können Sie entscheiden, wie hoch der Sicherheitspuffer ausfallen soll. Aber: Je komfortabler der Puffer, desto geringer der Bonus!

Als Beispiel soll etwa ein Bonuszertifikat von ABN-Amro auf die Allianz AG dienen:

Bei Emission betrug der Kurs des Zertifikates 130 Euro, genau wie der Allianz-Aktienkurs. Der Bonuslevel liegt bei 160 Euro, der Sicherheitslevel bei 90 Euro.

✔ *Variante 1*: Der Aktienkurs stieg während der Laufzeit stetig und liegt bei 190 Euro. Auch der Kurs des Bonuszertifikats liegt dann bei 190 Euro, Aktie und Zertifikat haben einen Gewinn von 46,15 Prozent eingefahren, Sie hätten also auch gleich die Aktie kaufen können – und obendrein die Dividende kassiert.

✔ *Variante 2*: Der Allianz-Kurs bewegte sich oberhalb des Sicherheitslevels und notiert am Ende der Laufzeit zwischen Sicherheits- und Bonuslevel bei 140 Euro. Das Zertifikat liegt dann am Ende der Laufzeit bei 160 Euro (Bonuslevel), die Gewinnsteigerung beträgt beim Zertifikat 23,08 Prozent und bei der Aktie nur 7,69 Prozent.

✔ *Variante 3*: Die Aktie verletzte während der Laufzeit den Sicherheitslevel, fiel also einmal unter 90 Euro, und bewegt sich am Ende mit 117 Euro unter dem Kurs zum Emissionszeitpunkt. Dann liegt auch der Kurs des Zertifikats bei 117 Euro. Zertifikat und Aktie haben einen Verlust von 10 Prozent (130 Euro minus 117 Euro = 13 Euro) hinnehmen müssen.

✔ *Variante 4*: Wieder war die Aktie unter 90 Euro gefallen und hat damit den Sicherheitslevel verletzt. Aber am Ende der Laufzeit liegt sie mit 143 Euro wieder über dem Niveau zur Zeit der Emission. Nun ist auch das Zertifikat wieder 143 Euro wert und Zertifikat und Aktie haben gleichermaßen mit 10 Prozent Plus abgeschnitten.

Und dann noch Spezialzertifikate

Das ist natürlich noch längst nicht alles. Neben den bereits behandelten Zertifikaten gibt es noch Bandbreiten-Zertifikate, Hedgefonds-Zertifikate, Hebel-Zertifikate, Sprint-Zertifikate, Knock-out-Zertifikate, Outperformance-Zertifikate, Express-Zertifikate ... Hier die wichtigsten:

1, 2, 3 und los

Sprint-Zertifikate beziehen sich meist auf eine einzelne Aktie. Bei der Ausgabe der Sprint-Zertifikate decken sich Zertifikatepreis, Startkurs und der Kurs des Basiswertes. Bei Sprintern können Sie die Kursgewinne ab einem vorher festgelegten Kursniveau bis zu einem bestimmten Endpunkt verdoppeln. Eben wie beim Sprint, von der Startlinie bis ins Ziel voll durchstarten, auf einer genau definierten, kurzen Strecke. Das Ziel entspricht hier einer bestimmten Kurshöhe und wird wieder als Deckel oder Cap bezeichnet. Steigt der Kurs über das Cap hinaus an, profitieren Sie nicht mehr davon. An Verlusten sind Sie nur 1:1 beteiligt, hier verliert der Hebel also seine Wirkung.

 Sprint-Zertifikate sind interessant, wenn Sie der zugrunde liegenden Aktie eine Kurssteigerung zutrauen, die Sie allerdings als eher moderat einschätzen. Mit dem Sprinter können Sie diese moderaten Kurssteigerungen ohne zusätzliches Risiko verdoppeln. Bei Seitwärtsbewegungen oder fallenden Kursen bringen auch die Sprinter keine Rendite oder produzieren sogar Verluste!

Gipfelstürmer

Nach einem ganz ähnlichen Muster funktionieren *Outperformance-Zertifikate.* Auch hier profitieren Sie ab einem vorab festgelegten Startkurs überproportional und eine Hebelwirkung setzt ein. Dieser Hebel, hier *Partizipationsrate* genannt, kann zwischen 120 und 200 Prozent betragen. Wenn also ein Index um 10 Euro steigt, schnellt ihr Zertifikat um 12 bis 20 Euro nach oben! Ein oberes Ende gibt es bei diesen Zertifikaten nicht, sie eignen sich also besonders bei Basiswerten, denen Sie ein hohes Kurspotenzial zutrauen. Das Ende ist rein zeitlich, durch die Laufzeit, definiert. Am Verlust sind Sie dann wieder 1:1 wie der Basiswert beteiligt.

Eine Chance pro Jahr

Für Anleger, die sich schon nach kurzer Zeit eine ordentliche Rendite erhoffen, eignen sich *Express-Zertifikate.* Auch hier dient eine bestimmte Aktie oder ein Index als Basiswert. An einem bestimmten Tag X – in der Regel einmal im Jahr – checkt die Bank nach, ob sich der Kurs über oder unter dem Startwert bewegt. Liegt er darüber, erhalten Sie sofort Ihren Einsatz ausbezahlt plus einen vorher festgelegten Zusatzbetrag. Den Tag X kennen Sie natürlich, Sie können dem entgegenfiebern, weil Sie genau wissen, welchen Kurs der Basiswert zu dem Zeitpunkt haben muss. War es nichts am Stichtag, weil der Kurswert unter dem Startwert liegt, so läuft das Zertifikat einfach weiter: Neues Jahr, neues Glück! Liegt der Kurs dann im nächsten Jahr darüber, zahlt Ihnen die Bank sogar noch mehr Geld aus, nämlich das Doppelte, im Jahr darauf das Dreifache und so weiter.

Schnell ausgezählt – Knock-out-Zertifikate

Hoch spekulativ sind *Knock-out-Papiere*, die bei Erreichen bestimmter Kursschwellen wertlos verfallen. Als Ende Februar der DAX einbrach, so meldete die Frankfurter Allgemeine Zeitung am 3. März 2007, wurden allein an den beiden Tagen davor 679 beziehungsweise 916 solcher Zertifikate an der Börse Stuttgart mit einem Mal wertlos. Insgesamt sind an der Börse Stuttgart 20.000 Knock-out-Papiere notiert.

Der mögliche Vorteil – aber auch das Risiko – von Knock-out-Zertifikaten liegt in ihrem Hebel: Mit relativ geringem Einsatz kann viel Geld verdient werden. Auch mit Knock-out-Zertifikaten kann in fallende (auch Put-, Bear- oder Short-Zertifikate genannt) und steigende (auch Call- Bull- oder Long-Zertifikate) Kurse spekuliert werden, ähnlich wie bei Optionen (Kapitel 6). Wenn Sie in den Bankenprospekten blättern, werden Sie allerdings auch andere Bezeichnungen lesen, schließlich hört sich Knock-out ja nicht unbedingt sehr positiv an, wer will schon k. o. ausgezählt werden und lang ausgestreckt auf der Matte liegen mit blutiger Nase? Stattdessen finden Sie also *Mini-Futures*, *Turbo-Zertifikate* oder *Waves* auf den bunten Prospekten ausgedruckt.

Die deutschen Anleger steckten zum September 2010 insgesamt eine Milliarde Euro in Hebelprodukte, davon über 485 Millionen Euro in Knock-Out-Produkte!

Wie funktioniert nun solch ein Hebelpapier genau, und wie lässt sich der Hebel berechnen?

Das Knock-out-Papier wird mit einem bestimmten Finanzierungslevel (kurz auch *Strike* genannt) ausgestattet, also etwa auf 4.000 DAX-Punkte. Steht der DAX bei 5.000 Punkten, würde ein Zertifikat in diesem Falle 1.000 Euro kosten. Auch hier wird meist ein Bezugsverhältnis von 1 zu 100 angenommen. Die einfache Berechnung für den Preis eines solchen Zertifikates wäre also (Bankgebühren, ob in Form eines Aufgeldes oder was auch immer, einmal außen vor gelassen):

(Basispreis minus Strike) mal Bezugsverhältnis = Preis

Also im Beispiel: $(5.000 - 4.000) \times 0{,}01 = 10$ Euro

Sollte der DAX auf 5.500 Punkte steigen, läge der Wert bei 15 Euro

$(5.500 - 4.000) \times 0{,}01 = 15$ Euro

Dumm allerdings wäre, wenn der DAX unter 4.000 Punkte fällt, denn dann tritt das K. o. ein, das Zertifikat ist wertlos!

Wie errechnet sich jetzt aber der verflixte Hebel?

Ganz einfach: Im Beispiel war der DAX von 5.000 auf 5.500 Punkte gestiegen, also um 10 Prozent. Das Zertifikat ist aber von 10 Euro auf 15 Euro, also um 50 Prozent gestiegen! Somit errechnet sich der Hebel:

(Basispreis / Preis des Zertifikats) × Bezugsverhältnis = Hebel

$(5.000 / 10) \times 0{,}01 = 5$

Sie können die Wertsteigerung des Zertifikates also auch einfach berechnen:

5×10 Prozent = 50 Prozent.

Das Risiko dieser Papiere zeigt sich also deutlich.

Nicht nur aus Brehms Tierleben

Ganz unterschiedliche Tiere mussten auch noch herhalten, um das lustige Zertifikate-Basteln der Banker zu benennen: Schmetterlinge und das Chamäleon zum Beispiel. Mit diesen griffigen Namen versuchen die Emittenten, weitere Anleger von ihren Produkten zu überzeugen. Das Ziel dieser exotischeren Papiere ist zumeist, das Chance-Risiko-Profil einer Anlage zu verbessern, Verluste zu minimieren und in möglichst vielen verschiedenen Marktsituationen ordentliche Renditen zu erzielen. Bei *Schmetterlingszertifikaten* etwa können Anleger sogar profitieren, egal ob der Basiswert steigt oder fällt, vorausgesetzt die Bewegungen sind entsprechend stark. Bei *Korridorpapieren* hingegen verdienen Sie, wenn der Kurs des Basiswerts eine bestimmte Bandbreite nicht verlässt. Beim *Chamäleon-* oder *Hybridzertifikat* werden Zins- und Aktienmärkte miteinander kombiniert. Die Aktienkomponente wird meist mit einem klassischen Bonuszertifikat auf einen Index abgedeckt. Die Rückzahlung wird dann an die Entwicklung des Aktien- und des Zinsmarktes angepasst. Bei *Regenbogenzertifikaten* dienen drei verschiedene Basiswerte und ihr Verhältnis zueinander als Grundlage für die Konstruktion. *Best-of-Zertifikate* liegen wiederum mehrere Portfolios mit mehreren Basiswert-Körben (Indizes, Rohstoffe und Währungen etwa) zugrunde, wobei sich die Rückzahlung ausschließlich nach der Entwicklung des besten Portfolios richtet. Wir dürfen gespannt sein, welche Kombinationen der Markt noch hervorbringt – ob immer zum Wohle der Anleger sei dahingestellt.

Teil III

Festverzinsliche Wertpapiere – Kursschwankungen nicht ausgeschlossen

The 5th Wave — By Rich Tennant

»Consultans und Broker? Ausgeglichenheit? Markteffizien? Ich glaube,
wir vergraben das Geld lieber irgendwo und verfüttern diesen Typen an die Haie.«

In diesem Teil ...

Noch immer halten viel zu viele die Börse für einen Tummelplatz von Spekulanten. Dass es an der Börse durchaus auch für Anleger mit einem höheren Sicherheitsbedarf attraktive Formen der Vermögensgestaltung gibt, können Sie in diesem Teil vertiefen. Hier locken feste Zinsen bei überschaubaren Kursveränderungen. Schwer fällt hier allerdings die Wahl, werben doch Papiere aus exotischen Ländern gerne mit hohen Zinsen, während andere wiederum trotz geringerer Zinsen hohe Renditen versprechen.

Außerdem stellen wir Ihnen eine kleine Zinslehre vor, gibt es auf dem Kapitalmarkt doch kaum etwas Komplizierteres und doch Grundlegenderes als die Verzinsung. Alles scheint auf den ersten Blick ganz einfach, wenn da nicht immer das eine (Zinsen) mit dem anderen (Kurse) irgendwie zusammenhinge. Das Motto dieses Teils: In der Ruhe liegt die Kraft!

Das Geld zum »Leiharbeiter« machen

8

In diesem Kapitel

▶ Warum auch die Kurse von festverzinslichen Wertpapieren schwanken

▶ Wie man auch von »langweiligen« Anlageformen gut profitieren kann

▶ Warum man auch bei Staaten genau hinsehen sollte

▶ Was Anleihen mit Katzen zu tun haben

Der Markt für Anleihen gilt vielen Börsianern als unsexy, weil hier weder enorme Kursgewinne wie bei Aktien oder Hebel wie bei Derivaten locken. Die Mehrheit der Anleger setzt trotzdem gerne auf diese vielleicht langweilige, aber dafür umso sicherere Geldanlage. Immerhin werden monatlich in diesen Papieren 50 Milliarden Euro gehandelt.

Anleihen schöpfen ihre Rendite hauptsächlich aus den gezahlten Zinsen, aber es gibt auch hier Kursveränderungen. Wenn Sie eine Anleihe kaufen, machen Sie nichts anderes, als Staaten oder Unternehmen Geld zu leihen. Im Gegenzug erhalten Sie regelmäßige Zinszahlungen und am Ende der Laufzeit werden die Anleihen in der Regel zu 100 Prozent zurückgezahlt. Schuldner, die über eine schlechtere Bonität verfügen, müssen höhere Sätze berappen. Dies trifft etwa für Emittenten aus Schwellenländern (Emerging Markets) zu, in jüngster Zeit auch auf die so genannten PIIGS-Staaten (Portugal, Italien, Irland, Griechenland und Spanien – manchmal auch mit nur einem »I« und dann ohne Italien), aber auch für bestimmte Firmenanleihen.

 Diese Kurse schwanken stärker und es besteht die Gefahr, dass das Geld im ungünstigsten Fall nicht zurückgezahlt wird.

Weil diese Anlageform aber generell besonders sicher ist, hat sich dafür auch die Bezeichnung *Rentenmarkt* eingebürgert, was natürlich noch weniger spektakulär klingt.

Wenn die Einnahmen von Unternehmen oder Staaten nicht reichen

»Du, kannst du mir was leihen?«, diese Frage kennen (und fürchten) Sie sicher auch. Manchmal wird es eben eng und das eingenommene Geld steht in einem gewissen Missverhältnis zum ausgegebenen. Nun, bei diesen Freundschaftsdiensten handelt es sich meist um kleinere Beträge, sollte es aber tatsächlich einmal ein größerer sein, dann werden Sie wahrscheinlich darauf dringen, dies schriftlich zu fixieren. Ähnlich ist es bei großen Unternehmen und ganzen Staaten, auch sie benötigen manchmal für besondere Zwecke zusätzliches Kapital und fragen so an, ob ihnen jemand etwas leiht. Sie zum Beispiel. Weil Sie das aber nicht aus reinem Freundschaftsdienst, purer Vaterlandsliebe oder stiller Begeisterung für ein Unternehmen machen werden, bekommen Sie noch einen monetären Anreiz dazu, Zinsen. Und fertig ist die festverzinsliche Anleihe als Anlageform!

Ich habe etwas Geld übrig und könnte es verleihen

Anleihen sind Wertpapiere, die Ihnen als Anleger bestimmte Rechte einräumen: Sie haben Anspruch auf die Rückzahlung des Nennwertes, klar, Sie wollen irgendwann Ihre Kohle zurück. Sie haben Anspruch auf Zinsen, denn Sie wollen ja auch eine Gegenleistung fürs Ausleihen bekommen. Weil nun weder der Staat noch große Unternehmen bei jedem einzelnen Schuldner vorbeikommen können – der Finanzminister hätte da verdammt viel zu tun –, um einen Vertrag abzuschließen, werden diese Anleihen über Banken vertrieben und an der Börse gehandelt. Das hat den zusätzlichen Vorteil, Sie ahnen es schon, dass Sie auch jederzeit wieder aussteigen und zu relativ günstigen Beträgen einsteigen können. Weil es auch ein bisschen spannend sein soll, sonst könnten Sie ja gleich zum Sparbuch greifen, gibt's auch noch Kursschwankungen der Anleihen, mit denen Sie spekulieren können. Diese Kursänderungen hängen mit dem allgemeinen Zinsniveau im Vergleich zur Verzinsung der Anleihe sowie ihrer Laufzeit zusammen. Die Kurse von Anleihen werden aber nicht in absoluten Beträgen, in Euro oder Cent, angegeben, sondern immer in Prozenten. Man könnte es also auf die Formel bringen:

Anleihen = Rückzahlung nach bestimmter Laufzeit + Zinsen +/- Kursschwankungen +/- Währungsschwankungen (im Falle von Fremdwährungsanleihen).

Wobei die Währungsschwankungen logischerweise nur bei Anleihen in Fremdwährung, also beispielsweise von anderen Staaten, nicht Euro-Staaten oder Großunternehmen, eine Rolle spielen.

Aber dafür möchte ich schon etwas sehen

Unternehmensanleihen haben ähnliche Erkennungsmerkmale wie Aktien oder Derivate. Eine Unternehmensanleihe enthält also die Bestandteile:

✔ **Die Wertpapierkennnummer** beziehungsweise Internationale Kennnummer ISIN

✔ **Den Emittenten** als Herausgeber, also Länder, Bundesländer, Unternehmen

✔ **Die Gattungsbezeichnung,** also *Anleihe*

✔ **Die Börse,** an der die Anleihe gehandelt wird, damit Sie wissen, wo Sie die Anleihe ordern können

✔ **Das Land und oder die Branche** als nähere Information für den Anleger, der damit eine exaktere Risikoeinschätzung treffen kann

✔ **Die Währung,** da Anleihen nicht nur in Euro, sondern je nach Herkunftsland des Unternehmens auch in ausländischer Währung herausgegeben werden können

Anleihen unterscheiden sich von anderen Wertpapieren aber durch gewisse Merkmale, die Sie hier noch einmal geballt finden, und die Ihnen gleich wichtige Rückschlüsse über die Qualität und Renditemöglichkeit geben:

✔ **Der Zinssatz oder auch Kupon** gibt den Zinssatz auf den Nennwert an.

✔ **Der Zinslauf** gibt den Beginn der Zinsberechnung an.

✔ **Die nächste Zinszahlung** informiert Sie darüber, wann das nächste Mal wieder Zinsen ausgezahlt werden.

✔ **Der Nennwert** ist die kleinste handelbare Einheit, zu der Sie bei einer Anleihe einsteigen können. Meist handelt es sich bei Unternehmensanleihen um Beträge ab 1.000 Euro.

✔ **Die Laufzeit oder Fälligkeit** teilt Ihnen den Zeitpunkt mit, wann Sie den vollen Nennwert zurückbezahlt bekommen. Je näher das Laufzeitende herannaht, desto mehr nähert sich der Kurs der Anleihe dem tatsächlichen Nennwert an!

✔ **Die Geld-/Brief-Spanne** gibt Ihnen Auskunft über den Handel des Papiers: Zum Geldkurs finden sich Käufer, der Briefkurs spiegelt das Angebot wider.

Wer will mein Geld?

Es gibt außerdem, meist unterschieden nach dem Herausgeber, verschiedene Anleihen:

✔ Staatsanleihen des Bundes

✔ Unternehmensanleihen

✔ Bundesschatzbriefe, eine Sonderform, ebenfalls vom Bund herausgegeben

✔ Kommunalanleihen von Gemeinden oder Gemeindeverbänden

✔ Pfandbriefe von Hypothekenbanken, öffentlich-rechtlichen Kreditinstituten und – seit Juli 2005 – auch von privatwirtschaftlich organisierten Banken

✔ Bank- und Sparkassenobligationen

✔ Kassenobligationen, Inhaberschuldverschreibungen mit mittlerer Laufzeit und hoher Stückelung. Sie werden in Deutschland durch den Bund und die Länder – aber auch von Banken – emittiert.

✔ Anleihen fremder Staaten

Und Zinsen will ich auch

Anleihen funktionieren eigentlich ganz ähnlich wie Aktien, nur dass Sie statt der (oftmals unsicheren) Dividendenauszahlung Zinsen erhalten und dass die Kursschwankungen wesentlich geringer als bei Aktien ausfallen. Allerdings: Mit Anleihen beteiligt man sich nicht direkt am Eigenkapital der Firma, sondern agiert als Gläubiger. Vor einem Totalverlust sind Sie allerdings auch nicht gefeit, denn wenn der Emittent, egal ob Unternehmen oder Staat, nicht mehr zahlen kann, ist Ihr Einsatz weg.

Anleihen sind ein direktes Konkurrenzprodukt zu Aktien und man kann sagen

✔ wenn die Aktien boomen (Bullenmarkt), dann fahren Sie mit Anleihen schlechter als mit Aktien

✔ wenn die Aktienkurse sinken und wenig Bewegung auf dem Parkett herrscht (Bärenmarkt), dann gewinnen Sie mit Anleihen überproportional.

Für die Kurse von Anleihen spielt die allgemeine Zinsentwicklung eine wesentliche Rolle, denn die marktüblichen Zinsen können sich während der oftmals langen Laufzeit verändern. Steigen die Zinsen, fallen die schon begebenen Anleihen mit relativ niedrigeren Zinsen im Kurs. Fallen die Zinsen, werden bereits begebene Anleihen mit relativ höheren Zinsen mehr wert. Da Anleihen an der Börse gehandelt werden, können Sie sich jederzeit vor Laufzeitende wieder davon trennen. Wenn Sie die Anleihe über die volle Laufzeit behalten, wird am Ende immer der volle Nennwert ausbezahlt. Wobei es ganz unterschiedlich lange Laufzeiten gibt, so dass sich der Anleger die Frage stellen muss, wann er sein Geld spätestens wiederhaben will.

Wiedersehen macht Freude – auch beim Geld

Bei den Laufzeiten wird unterschieden in

✔ **Kurzfristig:** drei Monate bis zwei Jahre

✔ **Mittelfristig:** drei bis fünf Jahre

✔ **Langfristig:** länger als fünf Jahre

Warum sich Kurse von Aktien ändern, etwa durch positive Unternehmensnachrichten oder aufgrund möglicher Übernahmeverhandlungen, haben wir in Kapitel 5 erörtert. Aber warum sollen sich denn Kurse von so etwas Langweiligem wie einer Anleihe bewegen? Können auch Staaten mit guten ökonomischen Daten glänzen und beeinflussen diese etwa die festverzinslichen Papiere? Mittelbar schon, denn es hängt mit der Zinspolitik des Landes zusammen, wie sich die Kurse der Anleihen bewegen. Allerdings nicht nur mit den Zinsen des Heimatlandes, sondern in unserer Zeit vor allem auch mit der Zinspolitik der USA, an die sich die meisten anderen Nationen mehr oder weniger direkt anlehnen.

Kurs und Zinsen verhalten sich (in der Regel) zueinander:

✔ Je mehr die *Zinsen fallen*, desto *höher steigt der Kurs* von Anleihen mit einem hohen festen Zinssatz.

✔ Je höher die *Zinsen steigen*, desto *tiefer sinkt der* Kurs von Anleihen mit einem niedrigen festen Zinssatz.

✔ Je *länger die Restlaufzeit* ist, desto *größer fallen die Kursänderungen* aus.

 Wenn Sie eine Anleihe bis zum Ende der Laufzeit in Ihrem Depot behalten und auf die Auszahlung setzen, dann spielen die Kursänderungen während der Laufzeit für Sie gar keine Rolle, denn am Tag der Auszahlung sind Kurswert und Nennwert wieder deckungsgleich. Sie verpassen dann allerdings eventuell höhere Zinsen während der Laufzeit für andere Papiere oder verzichten auf Kursgewinne.

Der Name Renten täuscht allerdings, denn auch Anleihen bergen Risiken in sich, über die Sie sich im Klaren sein sollten:

✔ **Bonitätsrisiko** des Emittenten, egal ob Unternehmen oder Staat

✔ **Kursrisiko** je nach Zinsentwicklung

✔ **Kündigungsrisiko,** da der Emittent unter bestimmten Bedingungen vorzeitig kündigen kann (er muss dann natürlich auch gleich zurückzahlen) und Sie dann vor der Herausforderung stehen, Ihr Geld wieder Gewinn bringend anzulegen.

✔ **Währungsrisiko** bei Fremdwährungsanleihen

Je höher die Verzinsung von Anleihen ausfällt, desto weniger seriös ist das dahinter steckende Angebot! Denn es wird schon einen Grund haben, warum der Herausgeber einer Anleihe so um Anleger buhlt. Eventuell erhalten Sie zwar hohe Zinserträge, aber das mit der Rückzahlung klappt gar nicht oder nur in Teilen.

Rollender Rubel

Lange Zeit galt die damalige Sowjetunion als Fass ohne Boden, in das gerade europäische Staaten viel Geld steckten ohne große Chancen, es je wiederzusehen. Doch am 13. Mai 2005 erhielt der damalige Finanzminister Hans Eichel eine Nachricht, die ihn wohl grübeln ließ, ob ein 13. ein Glücks- oder Unglückstag für ihn sei. Denn der russische Staat kündigte an, dass er etwa fünf Milliarden Euro Schulden an Deutschland vorzeitig und auf einen Schlag zurückzahlen wolle. Eichel freute sich, denn noch am Tag zuvor ließen miserable Steuerschätzungen ein Haushaltsloch von etwa neun Milliarden Euro erstehen, da kamen die russischen Rubel in Form harter Euros gerade recht. Langfristig gesehen machte sich die vorzeitige Rückzahlung – zum Nennwert! – aber negativ bemerkbar: Russland, das insgesamt zwölf Milliarden Euro an europäische Staaten sofort zurückzahlte, sparte sich damit bis zum Jahr 2020 Zinszahlungen in Höhe von sechs Milliarden Euro, fast die Hälfte davon wären für Deutschland bestimmt gewesen. Um die Kredite an Russland zu finanzieren, hatte Deutschland aber Anleihen herausgegeben, für die es weiterhin Zinsen zahlen musste! 2006 wollte Russland alle Restschulden an Deutschland auf einen Schlag zurückzahlen, aber das lehnte Peer Steinbrück dankend ab, er wollte nicht wieder auf die fest eingeplanten Zinsen verzichten. Warum Russland plötzlich so viele Rubel hatte? Wegen der stark gestiegenen Öl- und Gaspreise.

Es empfiehlt sich in jedem Fall, vor Kauf einer Anleihe auch auf das Kleingedruckte (insbesondere die Ausstiegsklauseln des Emittenten) zu achten. Nun wird mit dem Begriff der Bananenrepublik oftmals viel Schindluder getrieben, aber bei Staatsanleihen sollten Sie schon genauer hinsehen, welcher Staat welche Anleihen herausgibt und ob er einigermaßen zahlungsfähig ist, also etwa über eine solide Finanzpolitik und/oder reiche Rohstoffvorkommen verfügt. Auch für ganze Staaten gibt es Bewertungen von Rating-Agenturen, an die man sich halten kann – ihre Herabstufung von beispielsweise griechischen Anleihen führte zu Kursstürzen bei diesen Anleihen und zwang die eh schon klammen Griechen dazu, noch höhere Zinsen zu bieten und die EU um Hilfe zu ersuchen. Die stellte immerhin 110 Milliarden Euro zur Verfügung.

»Fresh money« für den Staatshaushalt (Bundeswertpapiere)

Auch die Bundesregierung braucht ständig Geld, um Teile der Staatsausgaben zu decken. Die Neuverschuldung des Jahres 2010 dürfte aufgrund der besseren wirtschaftlichen Situation unerwartet »niedrig« ausfallen, aber immer noch deutlich über 45 Milliarden Euro betragen. Immerhin waren einmal 100 Milliarden Euro, dann um die 60 Milliarden Euro veranschlagt worden. 2009 lag die Kreditaufnahme bei 34,1 Milliarden Euro – allerdings ohne die Sonderzahlungen aufgrund der Finanzkrise. Der Bund gibt Bundesanleihen, Bundesobligationen, Bundesschatzbriefe und die kürzer laufenden Finanzierungsschätze heraus. Nach dem Monatsbericht der Deutschen Bundesbank vom Februar 2010 wurden 2009 insgesamt über 91,6 Milliarden Euro in Anleihen der öffentlichen Hand (Bund, Länder und Kommunen, Bundeseisenbahn, Post und Treuhandvermögen) abgesetzt – nach 25 Milliarden Euro im Jahr 2008. Ausländische Schuldverschreibungen wurden im Übrigen im gleichen Zeitraum in der Höhe von 71 Milliarden Euro in Deutschland veräußert. Der Nominalwert aller handelbaren Bundeswertpapiere betrug zum 12. November 2010 insgesamt 1.073 Milliarden Euro, also über eine Billion, so die Bundesrepublik Deutschland – Finanzagentur GmbH.

Auf Nummer sicher – Bundesanleihen

Bundesanleihen, unter Insidern *Bunds*, sind Wertpapiere mit einem über die Laufzeit hinweg festen Zinssatz, dem *Nominalzins*. Dieser Zins wird vom jeweiligen Nennwert berechnet. Der Bund finanziert mit ihnen langfristige Projekte und die einzelnen Anleihen können über verschiedene Aufstockungen während der Laufzeit hinweg ein Volumen von bis zu 25 Milliarden Euro erreichen. Als Sicherheit bietet der Bund seine Einnahmen, also das künftige Steueraufkommen, und das bestehende Vermögen, also etwa Beteiligungen an Unternehmen, an.

Während bei Unternehmen und anderen nicht öffentlichen Emittenten von Anleihen eine Emissionsgenehmigung des Bundes erforderlich ist, entfällt diese bei Bundesanleihen – sonst würde sich der Staat ja nur selbst kontrollieren. Es existiert aber ein festes Emissionskonsortium, die »Bietergruppe Bundesanleihen«, das die Bundesanleihen herausgibt und über Auktionen platziert. 2010 gab es 36 Auktionen solcher »Kapitalmarktinstrumente«, also neben Anleihen auch Bundesobligationen und Schatzanweisungen. In der Bietergruppe Bundesanleihen, bis 1996 noch unter dem sperrigen Namen »Bundesanleihekommission«, sitzen über dreißig Banken wie die Deutsche Bank oder die Dresdner Bank, aber auch ausländische Großbanken wie Morgan Stanley, Royal Bank of Scotland oder Goldman Sachs und, als jüngsten Beitritt, die Royal Bank of Canada Europe Limited.

An der Börse gibt es für Bundesanleihen kein besonderes Zulassungsverfahren, die Papiere werden im amtlichen Handel geführt. Bundesanleihen sind sehr langfristig orientiert mit Laufzeiten von in der Regel zehn Jahren, es sind aber auch bis zu dreißig Jahre möglich. Bundesanleihen werden im Ganzen am Ende der Laufzeit zurückgezahlt, die Zinszahlungen erfolgen jährlich. Beide Seiten können das Papier nicht vorzeitig kündigen, aber Sie können sie jederzeit an der Börse zum aktuellen Kurs veräußern. Sie können Bundesanleihen also bei Banken, Sparkassen oder Landesbanken oder direkt über die Finanzagentur kaufen, vor Ende der Laufzeit aber nur über die Börse verkaufen.

Eine Auflistung aller börsennotierten Bundesanleihen mit den täglich aktualisierten Kursen und Renditen können Sie auf der Internetseite www.deutsche-finanzagentur.de unter der Rubrik »Private Anleger/Quicklinks« oder über den Faxabruf-Service unter 0800-222 55 80 erfahren.

Wenn Sie jetzt begeistert zugreifen wollen, dann können Sie in jeder Sparkasse und bei allen Banken oder Landeszentralbanken Bundesanleihen kaufen und dort dann auch gleich verwalten und verwahren lassen. Wenn Sie richtig sparen wollen, können Sie die Papiere direkt bei der Deutschen Finanzagentur ordern und aufbewahren, denn dort fallen nicht einmal Depotgebühren an. Seit 2006 übernimmt die gesamte Bundeswertpapierverwaltung die *Bundesrepublik Deutschland – Finanzagentur GmbH*, oder kurz Deutsche Finanzagentur, in Frankfurt. Bei einer normalen Geschäftsbank müssen Sie mit etwa 1,25 Promille vom Nennwert der Anleihe pro Jahr als Depotgebühr rechnen.

Der Kauf selbst ist bei Banken und Sparkassen gebührenfrei. Wie viel Sie anlegen wollen, steht Ihnen frei. Der Staat freut sich und braucht immer Geld – tendenziell eher mehr als weniger!

Bundesanleihen sind eine sichere Wertanlage, sie sind nach dem Gesetz (genauer nach Paragraf 1807 Absatz 1 Nr. 2 Bürgerliches Gesetzbuch BGB) sogar *mündelsicher*. Das heißt: Selbst wer etwa für Minderjährige Geld – beispielsweise aus Erbschaften – sehr sicher anlegen muss, darf diese Papiere von dem zu verwaltenden Geld kaufen. Damit eignen sie sich sehr gut als Basiswerte im Depot, gerade wenn Sie etwa auf eine Alterssicherung setzen, nicht zuletzt auch wegen der langen Laufzeiten. Bei der Auszahlung verlangen Geschäftsbanken teilweise hohe Gebühren, während es bei Landeszentralbanken und der Deutschen Finanzagentur auch umsonst geht! Einen Depotantrag können Sie ganz praktisch bei www.deutsche-finanzagentur.de herunterladen.

Serienweise anlegen – Bundesobligationen

Auch mit Bundesobligationen deckt der Bund seit ihrer ersten Ausgabe 1975 seinen Kapitalbedarf. Der Anleger erhält – wie bei allen anderen Bundeswertpapieren – aber kein Papier ausgestellt, sondern sein »Kredit« wird ins Bundesschuldbuch eingetragen. Bis 1995 bot der Staat Bundesobligationen Privatanlegern und gemeinnützigen Einrichtungen mit einem festen Nominalzinssatz und einer Laufzeit von etwa fünf Jahren an, der Ausgabekurs wurde aber der jeweiligen Marktlage, das heißt vor allem dem herrschenden Zinsniveau, angepasst. Hatte sich die Marktlage stark verändert, wurde eine neue Serie mit einem veränderten Kupon, also mit einem veränderten Nominalzins, aufgelegt. Erst wenn eine solche Serie nach sechs Monaten abgeschlossen war, konnte sie an der Börse gehandelt werden. Heute – seit der Serie 142 vom 14. Mai 2004 – gibt es keine Vorlaufzeit mehr, sondern die Papiere werden sofort an der Börse notiert. Sie können aber als Privatanleger (als so genannte »natürliche Person«) weiterhin ab einem Wert von 110 Euro und bis zu einem Betrag von 250.000 Euro Bundesobligationen innerhalb von zwei Monaten nach der Serienauflage direkt bei der Finanzagentur erwerben. Der Bund bringt zwei Mal im Jahr eine neue Serie heraus.

Die Laufzeit von Bundesobligationen beträgt fünf Jahre, danach erhalten Sie auf einen Rutsch die gesamte, von Ihnen angelegte Summe. Der Mindestkaufbetrag bei Bundesobligationen beträgt 110 Euro, der Nennwert 100 Euro. Da sich Anleger während der Laufzeit jederzeit über die Börse von ihren Obligationen trennen können, gibt es an der Börse »alte« Obligationen mit den unterschiedlichsten Laufzeiten.

Sie können Ihre Obligationen zwar jederzeit an der Börse verkaufen, es kann Ihnen dann aber passieren, dass der aktuelle Kurswert unter dem Kaufpreis liegt. Bei allgemein sinkenden Marktzinsen sind aber auch Kursgewinne möglich.

Im November 2010 läuft zum Beispiel die Bundesobligation der Serie 158 V. 2010 (ISIN DE0001141588) mit einem Nominalzins von 1,75 Prozent. Die erste Zinszahlung wird zum 9. Oktober 2011 fällig, der Zinslauf begann zum 24. September 2010. Die Endfälligkeit ist auf den 9. Oktober 2015 terminiert. Der Kurs belief sich zum 23. November 2010 bei 100,065 Prozent, die Rendite lag bei 1,74 Prozent (mehr zu diesen beiden Kennzahlen und ihrer Ermittlung in Kapitel 9). Derzeit laufen Bundesobligationen der Serie 148 V. 2006 bis zu 185 V. 2010 mit Zinsen zwischen 1,750 Prozent und 4,250 Prozent. Mit Stand vom 31. Oktober 2010 waren Bundesobligationen im Wert von 179 Milliarden Euro im Umlauf. Die Zinszahlung erfolgt üblicherweise einmal pro Jahr. Die Einlösung bei Laufzeitende ist bei den Landesbanken und bei der Deutschen Finanzagentur umsonst. Banken und Sparkassen erheben (zum Teil hohe) Gebühren.

Im Jahr 2010 wurden erstmals drei statt zwei Erstemissionen im Januar, April und September begangen. Die Serien werden jeweils zwei Mal auf ein Volumen von bis zu je 20 Milliarden Euro aufgestockt. Pro Jahr sind im Sekundärmarkt – an der Börse – jeweils elf Serien bei einem Volumen von ebenfalls 20 Milliarden Euro handelbar.

Lieblingskinder der Anleger – Bundesschatzbriefe

Zu den beliebtesten Wertpapieren, die der Bund herausgibt, zählen Bundesschatzbriefe. Sie waren auch von Anfang an – erstmals legte der Bund 1969 Schatzbriefe auf – darauf ausgerichtet, möglichst vielen Sparern, vor allem auch Kleinanlegern, zugute zu kommen.

Bundesschatzbriefe gibt es in zwei unterschiedlichen Typen:

✔ Typ A mit einer Laufzeit von sechs Jahren und jährlichen Zinsen

✔ Typ B mit einer Laufzeit von sieben Jahren und einer Zinszahlung am Ende der Laufzeit

An der Börse gibt's allerdings keine Bundesschatzbriefe, vielmehr werden sie über Banken oder die Finanzagentur verkauft. Brauchen Sie vor Ende der Laufzeit Geld, können Sie nach einem Jahr der Anlage Ihren Schatz wieder bei den Kreditinstituten zurückgeben und verkaufen, allerdings pro Monat nur bis zur Höhe von 5.000 Euro pro Person.

Der Vorteil für sicherheitsorientierte Anleger bei Bundesschatzbriefen ist, dass sie keinen Kursschwankungen unterliegen. Nach der Sperrfrist von einem Jahr können Sie sie im Umfang der monatlichen Höchstbeträge zum Nennwert (Typ A) bzw. zum Rückkaufwert (Typ B) einfach zurückgeben. Der Schatzbrief Typ B mit der Zahlung aufgelaufener Zinsen erst am Laufzeitende eignet sich besonders, wenn Sie zum Zeitpunkt der Auszahlung in einer steuerlich besseren Situation – etwa in Rente – sind, weil erst dann Steuern auf die Zinsen anfallen.

Bundesschatzbriefe sind mündelsicher und können jederzeit auch an Dritte übertragen werden. Die Mindestkaufsumme bei Bundesschatzbriefen beträgt 52 Euro. Auch hier ist die Verwahrung und Rückgabe über die Deutsche Finanzagentur gebührenfrei, Banken und Sparkassen fordern Gebühren ein.

 Bei Bundeswertpapieren, egal ob Anleihen, Obligationen oder Schatzbriefen, können Sie Gebühren sparen, wenn Sie die Käufe und Verkäufe direkt über die Bundesrepublik Deutschland – Finanzagentur GmbH in Frankfurt abwickeln.

Vom Schuldenverwalter zum Schuldenmanager

Kurz nach dem 2. Weltkrieg wurde im idyllischen Bad Homburg die Bundesschuldenverwaltung gegründet. Sie hatte in Deutschland viel zu tun, denn sie führte etwa das Bundesschuldbuch, in dem alle Bundesschulden, auch Ihre Schatzbriefe zum Beispiel, eingetragen sind. Sonst würde der Finanzminister eventuell den Überblick verlieren, bei den vielen Nullen – nicht in seinem Ministerium, sondern bei den Schulden.

Die Behörde beurkundet die Kredite, die der Finanzminister aufnimmt. Die Behörde ist aber dem Finanzminister nicht unterstellt, sie kann also im Zweifelsfall auch ihr Veto gegen Schulden einlegen.

Die Behörde muss die Bundesschulden bedienen, das heißt, sie muss für die regelmäßige und richtige Zinszahlung und Rückzahlung sorgen, das ist für Sie als Anleger natürlich essenziell.

Im Dezember 2001 änderte die Behörde ihren Namen in Bundeswertpapierverwaltung, das klang schon besser als reine Schuldenverwaltung. Bis zu diesem Zeitpunkt hatte sich die Bundesschuldenverwaltung im Übrigen auch um Sammlermünzen gekümmert, heute macht das ein privates Unternehmen.

Bereits im September 2000 hatte der Bund in Frankfurt die Bundesrepublik Deutschland – Finanzagentur GmbH gegründet, die für ihn Wertpapierstrategien und ein modernes Portfoliomanagement entwickeln sollte, um Zinsen zu sparen und Risiken zu minimieren.

Die Finanzagentur führte eine ganze Reihe neuer Finanzierungsinstrumente und -kanäle mit Erfolg ein und wurde schließlich im August 2006 mit der Bundeswertpapierverwaltung zu einer schlagkräftigen Agentur zusammengelegt.

Zur Sache – Schätzchen

Finanzierungsschätze des Bundes sind bei einem Mindestkaufbetrag von 500 Euro abzüglich der gezahlten Zinsen ebenfalls noch interessant für Privatanleger. Die Höchstanlage von 250.000 Euro pro Person dürfte die meisten Privatanleger auch nicht wirklich tangieren, eher die derzeit mickrigen Zinsen. Wegen ihrer nur geringen Laufzeit von ein oder zwei Jahren werden sie allerdings nicht an der Börse gehandelt. Der Zinssatz für einjährige Finanzierungsschätze beträgt aktuell nur 0,70 Prozent, die Rendite, der Zinssatz bezogen auf den Kaufpreis (der 496,50 Euro beträgt), liegt bei ebenfalls nur 0,705 Prozent. Bei zweijährigen Finanzierungsschätzen steigt der Zins auf 0,89 Prozent, die Rendite erhöht sich auf 0,80 Prozent, der Kaufpreis ist mit 491,10 Euro etwas niedriger. Mit einem solchen Zins- und Rendite-Angebot liegen die »Schätzchen« derzeit allerdings eher unter der Inflationsrate – aber ihre Konditionen können sich je nach Marktlage mit täglicher Wirksamkeit ändern.

Erwerben können Sie Finanzierungsschätze entweder über Banken und Sparkassen oder direkt über die Deutsche Finanzagentur.

Zwischen Argentinien und Zaire (Internationale Staatsanleihen)

Selbstverständlich macht nicht nur Deutschland Schulden und braucht Geld, auch andere Länder befinden sich in dieser Lage und geben Staatsanleihen heraus. Diese können in Euro oder in der Währung des jeweiligen Landes ausgegeben werden. Dann bergen Währungsschwankungen zusätzliche Chancen, aber auch zusätzliches Risiko.

Don't cry for (me) Argentina

Auch zahlreiche deutsche Anleger mussten schmerzlich erfahren, dass Schuldner wie Argentinien, die mit hohen Zinsen locken, dies nicht ohne Grund tun: In den 90er Jahren erlebte Argentinien einen formidablen Aufschwung, unter anderem, weil es die eigene Währung, den argentinischen Peso, fest an den Dollar band. Mit dem Wohlstand stiegen aber die Löhne und die Preise, der Export brach aufgrund der vergleichsweise teuren Waren ein und so gab Argentinien Staatsanleihen heraus, um das Handelsdefizit auszugleichen. Doch weil der Peso nicht abgewertet wurde, brach die gesamte Wirtschaft zusammen. Um das immer größere Defizit bedienen zu können, brachte Argentinien immer neue Staatsanleihen mit immer höheren Zinssätzen von dann bis zu 16 Prozent heraus. Darauf standen die Anleger in aller Welt, etwa 100 Milliarden US-Dollar flossen in das Land. Noch 2001, als sich der Staatsbankrott längst abzeichnete, setzten sie unverdrossen weiter auf argentinische Staatsanleihen, »beraten« von vielen Banken. Allein sechs Milliarden Euro warfen etwa 400.000 deutsche Anleger in das Fass ohne Boden.

Seit 2001 weigert sich Argentinien nun standhaft, die Anleihen zurückzuzahlen. Solange es der eigenen Bevölkerung so schlecht gehe, könne er das nicht verantworten, so der argentinische Staatschef Nestor Kirchner. Anfang 2005 machte er den Anlegern das (unmoralische?) Angebot, die bisherigen Staatsanleihen umzuwandeln, auf 75 Prozent (!) des Nennwertes zu verzichten und bei vielen Anleihen die Laufzeit bis 2038 auszudehnen. Zähneknirschend stimmten die Anleger, die sich in der Abra (Argentine Bond Restructuring Agency) organisiert hatten, zu. Die Alternative wäre der Totalverlust des Einsatzes gewesen.

Ausländische Staatsanleihen bieten in der Regel eine höhere Verzinsung an als deutsche. Aber hier gilt die Regel, je höher die Zinsen, desto höher das Risiko, ganz besonders. So lockte vor der Jahrtausendwende Argentinien mit einem Zinssatz von 16 Prozent und gab sich dann zahlungsunfähig – die Anleger holten sich blutige Nasen. Nun können Sie selbst ja kaum beurteilen, wie liquide ein fremder Staat ist, ob er genügend Geldreserven oder Bodenschätze zur Verfügung hat, um seine Schulden irgendwann auch einmal zurückzahlen zu können. Aber keine Sorge, auch dafür gibt es Spezialisten, die *Rating-Agenturen*. Momentan bleibt abzuwarten, wie sich die Anleihen der so genannten PIGS-Staaten Portugal, Irland, Griechenland und Spanien weiterentwickeln werden und wie viel Geld die Europäische Union noch in diese Staaten stecken will.

Auf dem Sprung (Emerging Markets)

Dennoch greifen viele Anleger aufgrund der höheren Renditen zu Zinspapieren aus Schwellenländern. Tatsächlich kann sich das – trotz der schlechten Erfahrungen mit Argentinien – lohnen. *Emerging Markets* oder *Schwellenländer* sind Entwicklungsländer, die beginnen, sich tatsächlich zu entwickeln – in vielen Fällen sogar rasant. Zu den Ländern mit dem derzeit größten Boom zählen (noch immer an erster Stelle) China, Russland, Indien, Brasilien und Mexiko. Die Schwellenländer profitieren dabei von gewaltigen Exporten und dem großen Engagement von europäischen und amerikanischen Unternehmen vor Ort, nicht nur, aber auch aufgrund des noch niedrigen Lohngefüges. Aber durch eine stark wachsende, oftmals schon rein zahlenmäßig immense Mittelschicht verbessert sich in diesen Ländern auch die Binnennachfrage mehr und mehr. Doch auf diese Länder kommen auch gewaltige Infrastrukturmaßnahmen zu, so ist die Straßenführung in China jenseits der inzwischen gut erschlossenen Küstenstädte oft noch katastrophal, ähnlich wie in weiten Teilen des indischen Subkontinents. Für diese notwendigen und kapitalintensiven Projekte benötigen diese Länder viel Geld, insofern greifen auch sie gerne zu Anleihen.

Wer nach einer offiziellen Definition von Emerging Markets sucht, findet sie bei der Organisation für wirtschaftliche Zusammenarbeit und Entwicklung (OECD). Diese Weltorganisation unterscheidet zwischen etablierten Märkten (dazu zählen etwa sämtliche westlichen Industrienationen) und dem »Rest der Welt« als Emerging Markets. Insofern empfiehlt sich eine etwas differenziertere Unterscheidung.

Ein besonderes Augenmerk werfen westliche Investoren heute auf die so genannten BRIC-Staaten **B**rasilien, **R**ussland, **I**ndien und **C**hina. Die US-Investmentbank Goldman Sachs geht davon aus, dass die BRIC-Länder bis zum Jahr 2040 eine größere Wirtschaftsleistung aufweisen können als die derzeit führenden sechs größten Industrienationen!

Aber bei der Suche nach neuen, interessanten Anlagemärkten sind der Fantasie offensichtlich kaum Grenzen gesetzt, denn neuerdings sprechen Investoren gerne von den »nächsten Elf«. Das ist aber nicht auf die nächste Fußball-Weltmeisterschaft gemünzt, sondern bezieht sich wieder auf eine Einschätzung der Analysten von Goldman Sachs, die nach weiteren Wachstumsländern im Windschatten der BRIC-Länder suchten. Zu den nächsten Elf zählen die doch sehr unterschiedlich weit entwickelten Länder Mexiko, Indonesien, Nigeria, Südkorea, Vietnam, Türkei, Philippinen, Ägypten, Iran, Pakistan und Bangladesch. Denn vorherrschendes Merkmal für die Auswahl der nächsten Elf war das Bevölkerungswachstum, ein Wert, der ansonsten nicht unisono positiv gewertet wird. So bieten beispielsweise die Aktienmärkte in den meisten der genannten Länder noch oftmals ein trostloses Bild. Nun ist eine Direktinvestition in Aktien aus den Schwellenländern zwar inzwischen längst möglich, aber immer noch riskant. Es existiert aber eine ganze Reihe von Zertifikaten auf bestimmte Indizes, wie in Kapitel 6 ausgeführt, oder Länderfonds, wie in Kapitel 9 beschrieben.

Insgesamt sollen nach Schätzungen des internationalen Bankenverbandes etwa 447 Milliarden US-Dollar Kapital allein im Jahr 2009 in die Emerging Markets aus den Industrienationen geflossen sein, 2010 dürften es sogar 722 Milliarden US-Dollar werden.

Typische Gefahren bei Investments in Staatspapiere der Emerging Markets sind:

✔ Oft verminderte Bonität

✔ Hohe Staatsverschuldung und Umschuldungsmaßnahmen

✔ Mangel an Informationen und auch an Ratings, dadurch fehlende Transparenz im Markt

✔ Währungsrisiko mit stark schwankenden Devisenkursen, wenn man »Bonds« in deren Heimatwährung kauft

✔ Politisches Risiko mit möglicherweise instabilen Phasen

✔ Konjunkturelle Ausschläge der Volkswirtschaften sind oft höher

✔ Die Abhängigkeit von wenigen Branchen und Industrien ist ebenfalls oft größer

✔ Liquiditätsrisiko, wenn die Nachfrage nach den Papiere zu gering ist

✔ Früher liefen Schwellenländeranleihen oft pauschal unter der Rubrik Ramsch (»Junk Bonds«). Inzwischen holen etliche dieser Staaten mit ihrer jungen Bevölkerung und vielen Bodenschätzen aber tatsächlich auf. Dennoch gilt: Nur ein kleiner Teil der Spargroschen gehört in diese Papiere!

Index verkehrt

Bei Anleihen aus Schwellenländern wird in Dollar-Staatsanleihen und in Staatsanleihen in lokaler Währung unterschieden. Die JP Morgan Bank hat einen eigenen Index entwickelt, den EMBI-Index, der Auskunft über die Risikoprämien von Staatsanleihen der Schwellenländer in US-Dollar in Bezug auf US-Staatspapiere gibt. Fällt der Index, in dem 33 Länder gelistet sind, hoch aus, ist die Risikoeinschätzung im Vergleich zu US-Papieren sehr hoch; ist er niedrig, gilt das Risiko als gering. Es handelt sich dabei also um einen der seltenen Indizes, der, je besser er ausfällt, desto weniger Punkte auf sich vereinigt. Interessant, welche Entwicklung der EMBI-Index in den vergangenen Jahren vollzogen hat: Ausgehend von einer ursprünglichen Basis von 1.000 Punkten kletterte er von November 2009 bis November 2010 von 495 Punkten auf über 580 Punkte, sinkt seit Anfang November aber wieder leicht ab auf 60 Punkte. Vor der Finanzkrise bewegte sich der Index schon einmal auf einem Niveau von unter 200 Basispunkten!

Besser als Geld von der Bank (Unternehmensanleihen)

Nicht nur Staaten, Länder und Kommunen können Anleihen herausgeben, wenn sie Geld brauchen, auch für große Unternehmen und zunehmend für Mittelständler stellt diese Form der langfristigen Kreditbeschaffung eine wichtige Finanzierungsform dar. Da auch viele ausländische Unternehmen oder ausländische Töchter deutscher Unternehmen auf dem deutschen Markt Geld einsammeln, wird zwecks Internationalisierung gerne von *Corporate Bonds* oder einfach Corporates, statt von Unternehmensanleihen gesprochen.

 Oft geben gerade junge Unternehmen Anleihen heraus, weil sie von Banken kein Kapital erhalten. Dann müssen Sie umso genauer überprüfen, wie zukunftsfähig das Unternehmensmodell ist. Es empfiehlt sich auf jeden Fall, besonders bei Unternehmensanleihen auf die Bonität und das Rating zu achten und sich nicht von hohen Zinsen blenden zu lassen.

Das tatsächliche Geldeinsammeln überlassen die Unternehmen meist Banken, und so gibt es für Sie als Anleger verschiedene Möglichkeiten, an Unternehmensanleihen heranzukommen:

✔ Über Banken und Kreditinstitute verkauft

✔ Zur öffentlichen Zeichnung aufgelegt (meist finden Sie in den großen Tageszeitungen Anzeigen darüber)

✔ Per Privatplatzierung direkt an den (Groß-)Anleger gebracht

Seit etwa Mitte des Jahres 2010 haben auch immer mehr Börsen gerade mittelständische Unternehmen als ideale Emittenten entdeckt. Im Volumen von 25 Millionen bis 150 Millionen Euro wurden und werden bereits auf den neuen Segmenten bond m der Börse Stuttgart oder m:access bonds der Börse München sowie auch der Börsen in Frankfurt und Düsseldorf Unternehmensanleihen herausgegeben. Da die Stückelung bereits bei 1.000 Euro ansetzt, sind dabei auch ganz direkt Privatanleger angesprochen. Bei Zinssätzen von 7 Prozent und mehr durchaus lukrativ – aber nicht unriskant.

Der Zinssatz, den der Emittent auf seine Anleihe zahlt, hängt sehr vom Ergebnis des Ratings, also der Bonität, dem Wert und der Bewertung des Unternehmens und seiner Firmenstrategie ab. Auch hier gilt: Je besser das Rating ausfällt, desto niedriger die Zinsen, denn das herausgebende Unternehmen findet auch so genügend interessierte Abnehmer. Bei einem schlechten Rating muss es höhere Zinsen zahlen, um sein Papier überhaupt loszubekommen und den Anlegern das höhere Risiko schmackhaft zu machen.

Drei Mal A

Über die Bonität von Zinspapieren gibt das Rating Auskunft, das von unabhängigen Agenturen durchgeführt wird. Die bekanntesten Agenturen sind Standard & Poor's und Moody's. Sie untersuchen und analysieren Staaten, Gebietskörperschaften und Unternehmen und vergeben Noten. Diese Noten sind extrem wichtig, denn je besser die Bewertung ausfällt, desto geringere Zinssätze muss etwa ein Unternehmen bei der Bank für geliehenes Kapital zahlen. Die Bestnote lautet AAA oder »triple A«. Sie ahnen schon, je weiter die Buchstaben purzeln (bis zum Buchstaben D reicht die Einschätzung), umso schlechter sieht es mit dem Rating aus, umso niedriger ist die Bonität des Schuldners und umso höher wird für Sie das Risiko, dass Ihre Anleihe nicht zurückgezahlt werden kann.

Neben Zinsen und der von den Agenturen quasi testierten Bonität gibt es eine Reihe von Kennzahlen oder nennen wir sie Stellgrößen – wobei das Stellen der Emittent übernimmt – zum Überprüfen und Auswählen der richtigen Anleihen.

Im Wandel liegt die Kraft

Ein Rating wird natürlich nicht nur einmal durchgeführt und gilt dann für alle Ewigkeit, schließlich ändert sich nichts schneller als die Wirtschaft. Es kann also passieren, dass sich das Rating des Unternehmens, von dem Sie eine Anleihe im Depot haben, verschlechtert. Dann bekommen Sie für ein Papier relativ niedrige Zinsen, obwohl das Risiko gestiegen ist. Um diese missliche Wirkung auszuschließen, gibt es auch Anleihen mit *Step-up-* oder *Step-down-Kupon*, die auf Ratingänderungen variabel reagieren können. Verschlechtert sich das Rating, bekommen Sie mehr Zinsen und umgekehrt.

Momentan kommen die meisten Unternehmen, die Anleihen auf den Markt bringen, aus den Branchen Automobil, Bau- und Bauzulieferer, Finanzen (Versicherungen), Energieversorger, Telekom und Nahrungsmittelindustrie, in jüngster Zeit aber mehr und mehr aus dem längst international agierenden deutschen Mittelstand.

Firmenzins in fremder Währung

Genauso wie Staaten emittieren auch Unternehmen Anleihen in verschiedenen Währungen. Die Papiere können von ausländischen Konzernen begeben werden, aber auch deutsche Unternehmen wie BMW, Bayer oder Evonik legen sie regelmäßig auf. Der Grund: Sie möchten günstigere Zinssätze in anderen Ländern nutzen oder benötigen diese Mittel, um Lieferantenrechnungen und Löhne in ausländischen Niederlassungen zu bezahlen. Die beliebtesten Währungen deutscher Emittenten sind der US-Dollar, der japanische Yen, das britische Pfund oder Schweizer Franken.

Die Katze im Sack: Aktienanleihen

Bei der *Aktienanleihe* entscheidet die herausgebende Bank am Tag der Fälligkeit, ob sie in Geld oder in Aktien zurückzahlt. Sie kaufen also die Katze im Sack, beziehungsweise, Sie wissen zwar genau, welche Art und welche Anzahl von Aktien Sie am Stichtag erhalten können (welche Art von Katze im Sack ist), Sie kennen aber den Kurs nicht (die Größe und Befindlichkeit der Katze), insofern kann der Auszahlungswert weit unter dem Nennwert ausfallen (eine dürre oder kranke Katze enthalten).

✔ **Ihr Vorteil:** Diese Art von Anleihen ist mit hohen, oftmals zweistelligen Zinsen belegt, Sie können also während der Laufzeit, gerade wenn Ihr Freistellungsauftrag noch nicht ausgeschöpft ist, gehörig gut verdienen.

✔ **Ihr Risiko:** Die Bank wird selbstverständlich immer dann, wenn die addierten Kurse der versprochenen Aktien unterhalb des Nennwertes bleiben, in Aktien auszahlen, bewegen sich die Kurse darüber, in Cash.

Wenn Sie die Anleihe bis zum Ende behalten – und selbstverständlich können Sie auch Aktienanleihen jederzeit während der Laufzeit zum jeweiligen Kurswert weiterveräußern –, verlieren Sie Geld, wenn die Kurse dauerhaft im Keller bleiben oder Sie die Aktien aus Geldnot unbedingt veräußern müssen, obwohl die Kurse zum Fälligkeitszeitpunkt niedrig sind. Ansonsten zwingt Sie ja niemand, die erhaltenen Aktien gleich wieder zu verkaufen und wenn sich die Kurse rasch wieder erholen, können Sie sogar noch Gewinne erzielen und der Bank eine Nase drehen. Wenn sich die Kurse allerdings schnell und sehr stark nach oben bewegen, dann hätten Sie besser direkt in die Aktien investiert.

 Bei Aktienanleihen erhalten Sie hohe Zinsen, tragen dafür aber das Risiko am Laufzeitende, Aktien statt Bargeld zurückzubekommen – wenn die entsprechenden Aktien dann unter einem Schwellenwert notieren. Sie sollten also etwas Geduld mitbringen, um etwaige Kurstäler der Aktien ohne Verluste aussitzen zu können.

Zins und mehr – wie finde ich das richtige Papier?

Wie nun finden Sie die richtige Anleihe, wie können Sie das immer größer werdende Angebot an Unternehmensanleihen überhaupt miteinander vergleichen? Die beiden wichtigsten Bewertungsmaßstäbe für eine Anleihe sind, da unterscheiden sie sich nicht von Bundesanleihen, die Rendite und die Sicherheit. Doch der Hauptgrund, warum sich Anleger für Anleihen entscheiden, liegt in der regelmäßigen Zinszahlung, denn Kurs- und Währungsschwankungen bieten eher die Kür, die Pflicht müssen die Zinsen abliefern. So bilden Zinserträge folgerichtig die ordentlichen Erträge einer Anleihe, Kurssteigerungen außerordentliche Erträge. Aber, nicht einfach diejenige Anleihe, die den höchsten Zinssatz (Nominalverzinsung) aufweist, ist auch diejenige, die Ihnen die größtmögliche Rendite erwirtschaftet! Um eine Anleihe richtig bewerten zu können, müssen Sie folgende Punkte mit einkalkulieren:

✔ Die Zinshöhe und den Zinsmodus

✔ Die daraus resultierende Art der Besteuerung

✔ Die Kurs- und Währungsschwankungen

Die Verzinsung von Anleihen orientiert sich nach bestimmten Referenzzinssätzen. Sie werden da von *Geldmarktzinsen* und *Kapitalmarktzinsen* lesen. Erstere beziehen sich auf eine kurzfristige Anlage von drei bis sechs Monaten, die Kapitalmarktzinsen auf langfristige Anlageformen. Normalerweise liegt der Geldmarktzinssatz unter dem Kapitalmarktzinssatz, nur bei stetig fallenden und niedrigen Zinsen insgesamt kann sich dies auch umkehren.

Grundsätzlich können zwei Arten von Anleihen unterschieden werden: mit niedrigem Kurs und geringer Nominalverzinsung und mit hohem Kurs und hoher Nominalverzinsung.

Die wichtigsten Stellgrößen zum Vergleich mehrerer Anleihen sind

✔ **Die Rendite:** Der Ertrag der Anleihe in Prozent. Dazu müssen der aktuelle Kurs, die Stückzinsen, der Kupon (Zinssatz) und die Laufzeit miteinander in Beziehung gebracht werden. Um die tatsächliche Netto-Rendite zu erhalten, müssen Sie aber noch die Steuern (Zinsen sind Kapitalerträge) und, wie bei allen Anlageformen, die Inflationsrate berücksichtigen. Sie brauchen die dahinter liegende Formel aber nicht mühsam in Ihren Taschenrechner zu tippen, im Web gibt es jede Menge Renditerechner, wo Sie nur die entsprechenden Koordinaten eingeben müssen. Zum Beispiel unter `www.irrq.com` die IRRQ-Finance-Calculators in fünf Sprachen oder auch auf den Börsenwebseiten, wie unter `www.boerse-stuttgart.de` (unter »Anleihen«, dann »Anleihen Tools Renditerechner«).

✔ **Der Renditespread zur Bundesanleihe** ist eine Vergleichskennziffer, die die Unternehmensanleihe ins Verhältnis zur Rendite einer Bundesanleihe mit vergleichbarer Laufzeit setzt.

✔ **Über pari oder unter pari:** Anleihen können *pari*, das heißt, der Kurs entspricht genau dem Nennwert, oder *über pari*, der Kurs liegt über dem Nennwert, oder *unter pari*, der Kurs liegt unter dem Nennwert, herausgegeben werden. Gerade neue Anleihen werden meist unter pari herausgegeben. Ihr Vorteil: Die Nennwertverzinsung erhöht sich dadurch logischerweise, denn Sie erhalten die Zinsen ja auf den Nennwert, zahlten aber nicht den vollen Preis. Am Laufzeitende erhalten Sie den vollen Nennwert ausbezahlt, die Gewinne daraus sind, wenn das Papier länger als zwölf Monate in Ihrem Besitz war, steuerfrei! So können niedrige Zinsen verknüpft mit einem niedrigen Kurs höhere Nachsteuerrenditen bringen als höhere Zinsen mit pari oder über pari ausgegebenen Anleihen.

✔ **Die Duration** ist ein etwas kompliziertes Konstrukt. Sie umschreibt ganz einfach formuliert die mittlere Kapitalbindungsdauer. Das heißt, wenn Sie Ihr Kapital relativ schnell wiederbekommen oder sehr früh hohe Zinsen erhalten, fällt die Duration niedrig aus, bei langfristigen Papieren mit niedrigen Zinsen entsprechend hoch.

Mal fest, mal in Stufen

Auch bei Anleihen ist der Emittent, der Schuldner, relativ frei beim Formulieren der Modalitäten. Sie müssen ja nicht zugreifen, wenn er Ihren Geschmack nicht trifft. So kann er auch die Art und Weise der Rückzahlung frei wählen: Entweder er zahlt Ihnen nach Ende der Laufzeit die gesamte Summe zu 100 Prozent zurück, oder er überweist Ihnen über die gesamte Laufzeit hinweg feste Raten. Sie kennen das aus eigenen Ratenzahlungen, wo genau festgelegt wird, wann Sie welchen Betrag zu zahlen haben. Für Sie als Anleger kann es reizvoll sein, wenn Sie das Geld zum Verbrauchen laufend benötigen. Allerdings erhalten Sie damit von Mal zu Mal auch weniger Zinsen auf Ihr Konto gutgeschrieben, da sich die Zinsen immer auf die Restschuld beziehen.

Manchmal entscheidet sogar das Los, an wen zu bestimmten Zeiten Teile einer Anleihe zurückgezahlt werden. Der Emittent kann sich auch vertraglich absichern und Sie vorzeitig auszahlen, wenn er vor der Frist wieder flüssig ist und er in Zeiten niedriger Zinsen noch eine teurere Verzinsung in Ihrem Papier vereinbart hatte. Pech für Sie, denn auf dem Markt finden Sie dann nur ungünstigere Anleihen zu niedrigeren Zinsen und niedrigerem Kurswert oder länger laufende Papiere mit hohen Zinsen, für die Sie dann einen hohen Kurs berappen müssen.

Wenn Sie als Anleger einen regelmäßigen und immer gleich hohen Auszahlungsbeitrag über die Laufzeit hinweg erhalten, haben Sie sich für die *Annuitätentilgung* entschieden. Der Auszahlungsbetrag setzt sich aus einem Anteil Zinsen und Tilgung zusammen. Logischerweise wird der Tilgungsanteil innerhalb des gleichbleibenden Betrags gegen Ende immer höher, während der Zinsanteil rapide abnimmt.

Am Tropf der Marktzinsen: Floater

Wenn sich der Emittent nicht von vorneherein auf einen bestimmten Zinssatz über die gesamte Laufzeit der Anleihe festnageln lassen will, greift er zu *Floating Rate Notes*. Diese Floater sind Anleihen mit einer variablen Verzinsung während der Laufzeit. Der Zinssatz wird in bestimmten Abständen, meist vierteljährlich, an den jeweils aktuellen Leitzinssatz angepasst. Als ein solcher Leitzinssatz eignet sich etwa der europäische Referenzzinssatz EURIBOR (European Interbank Offered Rate). Der Zins kann sich aber auch an anderen Referenzsätzen wie dem LIBOR (London Interbank Offered Rate) orientieren. Auf jeden Fall muss der Emittent vorab bekannt geben, an welchen Zinssatz er seine Anleihe angleichen will und wann er das tut.

Der Vorteil des Floaters liegt darin, dass stets ein aktueller Marktzins gezahlt wird und somit ein Kursverlust nahezu ausgeschlossen ist. Die Laufzeit von Floatern liegt üblicherweise zwischen fünf und zehn Jahren. Die Herausgeber sind meist Banken oder Staaten. Im Prinzip sind Floater langfristige Wertpapiere, die wie kurzfristige Anlagen verzinst werden.

Bei Floatern wird oft auch eine Mindestverzinsung gewährleistet und/oder ein oberer Deckel, ein Cap, vereinbart, so dass die erwarteten Zinsanpassungen nur in einer gewissen Bandbreite vollzogen werden.

 Floater oder variabel verzinsliche Anleihen eignen sich für Anleger, die Kursrisiken gering halten möchten. Ihre Zinszahlungen werden regelmäßig an Referenzsätze angepasst, daher schwanken ihre Kurse kaum. Für diese Sicherheit müssen Anleger in der Regel Renditen unterhalb derer von Festzinsanleihen akzeptieren.

Blitzstart oder starkes Finish (Auf- und abgezinst)

Wenn Sie nicht jährliche Extrazahlungen in Form von Zinsen benötigen, sondern auf einmal einen dicken Batzen Money einschieben wollen, dann eignen sich _Zero-Bonds_ bestens. Zero-Bonds sind Wertpapiere ohne laufende Zinszahlung. Das bedeutet natürlich nicht, dass Sie gar keine Zinsen erhalten, aber Sie bekommen diese erst am Ende der Laufzeit. Im Deutschen heißen diese Papiere auch Null-Kupon-Anleihen, weil früher, als die Anleihen noch in Papierform herausgegeben wurden, am unteren Ende Kupons für die Zinsen angeheftet waren. Die schnitt man aus und erhielt dafür bei der Bank sein Geld. Für manche Leute, oh selige Zeiten, bestand ihre ganze Arbeit darin, Kupons auszuschneiden! Bei den Zero-Bonds allerdings wären solche Leute arbeitslos gewesen. Auch bei Zero-Bonds können Sie entweder abgezinste Papiere wählen, also Sie kaufen zu einem wesentlich billigeren Preis als dem Nennwert ein und erhalten am Ende den vollen Nennwert, oder Bonds mit Zinssammlung, also Sie erhalten zum Schluss die Zinsen auf einen Haufen auf den Nennwert draufgesattelt.

Der Kurs von Null-Kupon-Anleihen kann stark schwanken, stärker als bei allen anderen Anleiheformen. Abhängig ist der Kurs wie bei allen Anleihen vom jeweiligen Zinsniveau, der Restlaufzeit und den bereits aufgelaufenen Zinsen auf dem Papier. Und das ist der Haken: Weil in dem Papier ja die Zinsen und Zinseszinsen quasi mit drinstecken, beeinflussen diese den Kurs selbstverständlich noch stärker.

Portfolio-Grundregeln

Grundsätzlich gelten auch bei Anleihen einige Regeln, wie Ihr Depot aussehen sollte:

✔ Anleihen gehören in jedes Depot. Sie bringen stetige Erträge und stabilisieren den Vermögensmix.

✔ Eine vernünftige Risikostreuung ist – wie bei Aktien – auch bei Anleihen sinnvoll.

✔ Anleihen in Fremdwährung und hochverzinsliche Risikopapiere sollten nur Anleger mit größeren Depots ihrem Portfolio beimischen.

✔ In Phasen hoher Zinsen sollten Sie eher in langfristige Papiere investieren. In Zeiten niedriger Zinsen empfehlen sich Anleihen mit kurzer Laufzeit.

Steigende Zinsen, sinkende Kurse

In diesem Kapitel

▶ Welche Arten von Zinsen es gibt

▶ Welchen Einfluss die Zinsentwicklung auf die Börse und auf Ihre Aktien hat

▶ Wie Sie selbst nachrechnen können, wie viel Gewinn Sie erwarten können

▶ Wo Sie (vielleicht) mehr für Ihren Euro bekommen

---

*E*s ist doch nichts einfacher als Zinsen, werden Sie sich vielleicht denken. Da gibt es einen Zinssatz, und wenn Sie sich Geld leihen, dann müssen Sie ihn zahlen (und ärgern sich, weil die Zinsen so hoch sind), und wenn Sie Geld auf die Bank bringen, dann bekommen Sie Zinsen ausbezahlt (und ärgern sich, weil sie zu niedrig sind). In Kapitel 8 haben Sie außerdem gelesen, dass die Zinsen insgesamt auch noch Einfluss auf die Kurse Ihrer festverzinslichen Wertpapiere nehmen. In diesem Kapitel finden Sie eine kleine Zinslehre: Welche Zinsformen gibt es, welchen Einfluss nehmen sie auf die Kursentwicklung (nicht nur) von Anleihen, wer legt die Zinsen überhaupt fest, denn diese fallen ja nicht vom Himmel, und wie können Sie mit all den Zinsen und Zinseszinsen vielleicht sogar selbst (und mit einem Taschenrechner) Ihre Rendite berechnen.

Heilloses Durcheinander (Zinsen und Kurse)

Die drögen Zinsen beeinflussen vielfältige Bereiche der Wirtschaft. Sie entscheiden über die Konsumfreude der Verbraucher (auf Pump) oder über die Investitionen von Firmen. Faustregel: Hohe Zinsen bremsen die Wirtschaft, niedrige Zinsen (also ein niedriger Preis für die Ware »Geld«) beflügeln sie. Schon allein wegen ihrer Wirkung auf die Konjunktur beeinflussen die Zinsen die Börse. Hinzu kommt: Bei hohen Zinsen lohnen sich Anleihen & Co. als Alternative zu Aktien mehr. Also fließt Geld von der Börse in Zinspapiere, die Aktien sinken dann meist.

Im Vordergrund stehen nicht irgendwelche Sparbuchzinsen (obwohl die auch eine Rolle spielen), sondern die jeweiligen Leitzinsen eines Landes, die von den Notenbanken festgelegt werden. Warum und vor allem wann und in welcher Höhe nun diese Notenbanken an der Zinsschraube drehen, ist nur sehr schwer richtig einzuschätzen. Einigermaßen klar ist nur die Wirkungsweise von Zinsänderungen.

Die Grundregel lautet:

✔ *Fallende Zinsen* führen zu *steigenden Kursen*

✔ *Steigende Zinsen* führen zu *fallenden Kursen*

Die Ursache für den Einfluss auf Anleihen ist einfach zu erklären: Wenn die Zinsen fallen, besitzen alte Anleihen noch einen relativ hohen Zinssatz, während neu herausgegebene Anleihen nur den niedrigeren, aktuellen Zinssatz aufweisen. Jeder clevere Anleger wird also versuchen, die alten Anleihen mit den hohen Zinsen zu bekommen, sie sind auf dem Markt jetzt einfach mehr wert, der Kurs steigt.

Aktien und Zinsen?

Aber warum sollen Aktienkurse von Zinsen angetrieben oder gebremst werden? Je länger die Zinsen steigen, desto interessanter werden Anleihen wiederum für Kapitalanleger, weil sie zu sicheren Konditionen gutes Geld bringen – ohne die möglichen Kursverluste von Aktien oder Totalausfällen von Zertifikaten. Die Nachfrage nach Anleihen steigt wieder, und damit auch die Kurse. Hier wären wir auch wieder bei den Sparbuchzinsen: Sind diese sehr hoch, überlegt es sich so mancher Anleger zwei Mal, ob er gefährliche Aktienspekulationen wagen soll, oder doch lieber sein Geld zur Bank trägt. Fallen und fallen umgekehrt die Zinsen, werden Anleihen (und Sparbücher, Festgeld etc.) immer unattraktiver und die Anleger investieren lieber in Aktien.

So wirken sich die Zinsen nicht nur direkt auf Anleihen aus, sondern eben auch auf die Aktienkurse allgemein. Denn alle Anlagearten sind eng miteinander verzahnt, es gibt ja nur eine bestimmte Summe an Kapital, das angelegt werden kann. Ist eine bestimmte Anlageform gerade besonders attraktiv, leidet die andere darunter, denn das Kapital wird dort abgezogen und in die gerade attraktiveren Alternativen gesteckt. Kapital hat eben lange Beine und läuft dahin, wo es sich besonders gut vermehren lässt. Vielleicht ein wenig wie bei den Kaninchen: Wo viele sind, werden es ganz schnell noch sehr viel mehr. Für Aktien sind niedrige Zinssätze die beste Voraussetzung. Allerdings nutzen viele Kaninchen beziehungsweise extrem niedrige Zinsen auch nicht viel, wenn die Kaninchen in Schockstarre sind, so wie nach der Finanzkrise viele Anleger – es werden einfach nicht mehr.

Zusätzlich gibt es auch noch einige Branchen, die besonders sensibel auf die Zinsentwicklung reagieren. Anlegerprofis sprechen gerne von zinssensitiven oder zinsreagiblen Aktien. Untersuchungen haben klar gezeigt, dass insbesondere Aktien aus der Finanzbranche, also von Bankinstituten, Versicherungsunternehmen oder Finanzdienstleistern, bei allgemein hohen Zinsen eine besonders schlechte Kursentwicklung nehmen, obwohl man ja denken könnte, dass diese von hohen Kreditzinsen besonders profitieren.

Notenbanken und ihre Zinspolitik

Jetzt wollen wir die wichtige Frage klären: Wer legt eigentlich die Zinsen in welcher Höhe fest und warum? Da wären wir schon mitten in der Zinspolitik, Konjunkturpolitik, Wirtschaftspolitik. Sie ahnen es schon, jetzt wird es wieder ein wenig kompliziert. Der Börsen-Guru André Kostolany meinte aber ganz einfach:

Die wichtigsten Einflussfaktoren sind der Zinsfuß und die Psychologie. Fällt der Zinsfuß und steigt die Stimmung, steigen die Kurse.

Seit 2000 ist die Europäische Zentralbank (EZB) mit Sitz in Frankfurt am Main für die Geldpolitik des gesamten Euro-Raums zuständig. Der erste Europäische Notenbank-Präsident war der Niederländer Wim Duisenberg, der vom Franzosen Jean-Claude Trichet abgelöst wurde. Zur Eurozone gehören (mit Stand 31.12.2010) sechzehn Länder der Europäischen Union (kurz EU-16 genannt): Deutschland, Frankreich, Italien, Spanien, Portugal, Österreich, Niederlande, Belgien, Luxemburg, Irland, Finnland, Griechenland, Slowenien, Slowakei, Zypern und Malta, und sechs weitere Länder, die den Euro eingeführt haben, aber nicht zu Europa zählen: Mayotte, Monaco, San Marino, Saint-Pierre und Miquelon sowie der Vatikan.

Die Europäische Zentralbank agiert völlig unabhängig von den Regierungen der einzelnen Euro-Mitgliedsländer. Bis 1998 herrschte in jedem Mitgliedsland eine eigene nationale Bank, in Deutschland sehr unabhängig und selbstbewusst gegenüber der jeweiligen Regierung die Deutsche Bundesbank. Dieses deutsche Prinzip der Unabhängigkeit von Notenbank und Regierung wurde auch auf die Europäische Zentralbank übertragen, nicht zur Begeisterung aller Mitgliedsländer. Denn in den einzelnen Ländern übte bis dato die Politik durchaus unterschiedlich starken Einfluss auf die jeweilige Notenbank aus, um eine aktive Wirtschafts- und Beschäftigungspolitik zu betreiben und etwa auch konjunkturelle Täler ausgleichen oder Spitzen abrunden zu können. Somit dienten die Notenbanken oft als verlängerter Finger der Wirtschafts- und Finanzpolitik der Regierung und als deren Erfolgsgarant – nicht zuletzt beim Wähler. Die nationalen Zentralbanken existieren im Übrigen munter weiter, ihre Bedeutung ist jedoch stark geschrumpft, denn sie müssen den Leitlinien und Weisungen der Europäischen Zentralbank folgen.

Für die Europäische Zentralbank hat die Preisstabilität absolute Priorität, also eine möglichst geringe Inflationsrate. Diese Teuerungsrate, die Sie ganz persönlich in Ihrem Geldbeutel spüren, soll im EU-Schnitt unter zwei Prozent liegen. Um dies zu erreichen, steuert die Bank mit einer entsprechenden Zinspolitik gegen: Sie erhöht oder senkt den Leitzins. In Deutschland lag die Inflationsrate 2010 bei etwa 2 Prozent, also ziemlich genau im Soll. Die EZB hatte aber aufgrund der Finanzkrise und der Schuldenproblematik einiger EU-Länder energisch in die Wirtschaftspolitik eingegriffen durch eine radikale Zinssenkung, den Aufkauf von Staatspapieren und eine verstärkte Kreditgewährung an Bankinstitute. Sie will aber schon demnächst zur »Normalität« zurückfinden.

Wer ist denn der Leithammel?

Der Leitzins ist derjenige Zinssatz, zu dem sich die einzelnen Banken Geld bei den Zentralbanken, in der Eurozone also bei der Europäischen Zentralbank, ausleihen dürfen. Insofern verteuert oder verbilligt er das Geld der Banken, und diese geben die Zinssätze prompt an ihre Kunden weiter: Kredite verteuern oder verbilligen sich, Spareinlagen rentieren sich oder bringen weniger ein. Allerdings neigen die Banken dazu, Kreditzinsen schneller zu erhöhen als Guthabenzinsen, wenn die Zentralbank ihre Sätze erhöht. Senkt die Notenbank ihre Zinsen, werden oft die Habenzinsen schneller gesenkt als die Sollzinsen.

Zu den weltweit wichtigsten Leitzinssätzen gehören

✔ der Hauptrefinanzierungssatz der Europäischen Zentralbank

✔ die Repo Rate der Bank of England

✔ die Federal Funds Rate des amerikanischen Fed

 Wenn Sie sich über die Höhe der jeweiligen Leitzinsen und vor allem ihre Entwicklung informieren wollen, können Sie dies sehr übersichtlich auf der Webseite www.leitzinsen.info, einem privaten Wirtschaftsnachrichtenportal aus Österreich, oder, quasi amtlich, auf der Webseite der Deutschen Bundesbank unter www.bundesbank.de im Pressezentrum unter der eigenen Rubrik »Zinssätze« tun.

Zinserhöhungen werden fast immer in kleinen Schritten vollzogen, um keine Panik an den Aktien- und Rentenmärkten auszulösen. Denn die Börsianer sind, bei aller vorgetäuschten Kaltschnäuzigkeit, höchst sensible Wesen, die schnell in Panik verfallen, wenn sich beliebte Stellgrößen allzu heftig verändern. Insofern betreibt die Europäische Zentralbank mit Recht eine Politik der ruhigen Hand. Wie einflussreich Zinspolitik ist, zeigt eine im Oktober 2002 im Monthly Bulletin erschienene Studie der Europäischen Zentralbank: Bei der Erhöhung der Leitzinsen um einen ganzen Prozentpunkt würde das Wirtschaftswachstum in der Eurozone im ersten Jahr nach der Erhöhung um 0,3 Prozentpunkte niedriger ausfallen, im zweiten sogar fast um 0,5 Prozentpunkte.

In der Eurozone ist ausschließlich die Europäische Zentralbank befugt, Banknoten auszugeben, und kann damit die Geldmenge in Euro kontrollieren. Die Geldmenge entspricht all dem Geld, das bei Unternehmen wie Privaten in bar vorhanden beziehungsweise auf kurzfristigen Konten (Girokonten) verbucht ist. Eine steigende Geldmenge birgt die Gefahr einer Inflation: Wenn dem vielen Geld eine gleich bleibende oder sogar sinkende Menge an Produkten gegenübersteht, steigen die Preise.

Wer ist der Leitwolf?

Die Europäische Zentralbank übt für die Eurozone den alles entscheidenden Einfluss aus und durch die geballte Kraft der europäischen Volkswirtschaften streut sie auch weit in die Welt hinaus. Doch noch immer beherrscht die US-amerikanische Notenbank, das Federal Reserve System oder kurz Fed, die weltweite Zinspolitik.

Die amerikanischen Notenbanker greifen direkt in die Konjunktur ein und unterstützen (pflichtgemäß) die Politik des jeweiligen US-Präsidenten. Dagegen verfolgt die Europäische Zentralbank in erster Linie Preisstabilität und versucht, die Inflationsrate bei etwa zwei Prozent zu halten.

Die Europäische Zentralbank erhöht die Zinsen, wenn die Inflationsrate zu steigen droht. Das heißt, wenn die Güter durch einen Nachfrageüberhang und/oder durch allgemeine Kostensteigerungen wie erhöhte Energiekosten oder Ölpreise immer teurer werden könnten. Die Notenbank versucht mit den erhöhten Zinsen, die Nachfrage zu senken. Denn es wird teurer, sich Geld zum Ausgeben zu beschaffen. Die Folge: Die Aktien- und Anleihenkurse sinken, damit es aber nicht zum Börsencrash kommt, wird der Leitzinssatz nur in kleinen Stücken angehoben.

Die Entscheidungen der EZB, der Fed und anderer wichtiger Notenbanken werden von den Börsen und Aktienmärkten mit Argusaugen beobachtet. Jeder möchte der Erste sein, der eine Entscheidung über eine mögliche Zinssenkung oder Zinssteigerung richtig prognostiziert und dementsprechend reagieren kann. Spekulationen über den möglichen Zeitpunkt und die erwartete Höhe von Zinsen spielen daher im Börsengeschehen eine ganz zentrale Rolle.

Die Macht des Geldes

Das Federal Reserve System besteht aus zwölf Federal Reserve Banks in den zwölf Federal Reserve Districts, in die die USA aufgeteilt ist. Gesteuert wird es vom Board of Governors of the Federal Reserve System mit Sitz in Washington. Die sieben Mitglieder des Boards werden vom Präsidenten der Vereinigten Staaten ernannt und müssen vom Senat bestätigt werden. Das Fed ist dem amerikanischen Kongress rechenschaftspflichtig, der Fed-Chef muss zwei Mal im Jahr im Kongress die Politik seines Hauses erläutern, was jeweils mit großer Spannung von den Börsianern aus aller Welt erwartet wird. Die Fed ist alles in allem nicht so unabhängig wie die Europäische Zentralbank, sondern muss die Wirtschaftspolitik der Regierung unterstützen. Aber auch bei der Fed ist eine niedrige Inflationsrate ein wichtiges Ziel, doch auch die größtmögliche Beschäftigung steht bei ihr ganz oben auf der Agenda.

Der legendäre Fed-Chef Alan Greenspan, der Anfang 2006 von Ben Bernanke abgelöst wurde, hatte seit dem Jahr 2000, als infolge des Platzens des ersten Technologie- und Internetbooms die Börsenkurse stark einbrachen und die amerikanische Wirtschaft ins Strudeln kam, die Zinsen in 13 kleinen Schritten systematisch von 6,5 Prozent auf nur noch legendäre 1 Prozent gesenkt. Da die Konjunkturlokomotive in den USA (nicht nur) daraufhin wieder ansprang, erhöhten Greenspan und dann Bernanke die Leitzinsen wieder auf 5,25 Prozent. Angesichts der Finanzkrise musste Bernanke sie aber wieder drastisch senken, auf sage und schreibe 0,25 Prozent. Inzwischen wird die Politik von Greenspan – natürlich im Nachhinein – heftig angegriffen und er als Mitverursacher der Immobilienblase in den USA gehandelt. Es bleibt abzuwarten, wie es Bernanke im historischen Vergleich ergeht.

Zwischen Konjunktur und Staatsverschuldung

Die Konjunktur von Volkswirtschaften verläuft in Zyklen, in unterschiedlich langen Wellenbewegungen. Es gibt jede Menge Begründungen für dieses stete Auf und Ab. Doch das etwas triste Ergebnis dieser Untersuchungen ist, dass zwar jeder weiß, dass es Zyklen gibt, aber keiner so ganz genau weiß, wie lange sie jeweils dauern. Außerdem wirken sich diese Zyklen auf die verschiedenen Branchen sehr unterschiedlich aus, sowohl in der Höhe als auch in der zeitlichen Folge. Bei der Geldanlage kommt es aber entscheidend darauf an, ob sich die Wirtschaft gerade im Tal befindet und ein Aufschwung naht oder ob man sich mitten im Boom bewegt und ein Abschwung kurz bevorsteht. Sprich: Ob die Zinsen möglicherweise bald gesenkt oder erhöht werden.

Das Verhältnis von Angebot und Nachfrage prägt Konjunkturphasen und insofern versuchen die Notenbanken durch ihre Zinspolitik gegenzusteuern und entweder die Nachfrageseite (sinkende Zinsen) oder die Angebotsseite (steigende Zinsen) zu stärken. In Abschwungphasen wird also die Geldpolitik gelockert, im Konjunkturboom werden aber die Zügel angezogen.

Je nach Konjunkturphase lassen sich folgende Zinsentwicklungen beobachten:

✔ *Aufschwung* oder *Expansionsphase* mit Zinswende und ersten Zinsschritten nach oben

✔ *Hochkonjunktur* oder *Boom* führt zu stufenweisen Zinserhöhungen

✔ *Abschwung* oder *Rezession* mit ersten Zinsschritten nach unten

✔ *Talsohle* oder *Depression*, die Zinsen fallen weiter

Zinsen bedeuten ja nichts anderes als der Preis für Geld: Was müssen Sie dafür bezahlen, um jetzt sofort Geld, einen Kredit, zu bekommen? Klar, in Boomphasen wächst die Nachfrage nach Krediten, Unternehmen wollen in neue Produkte, Produktionsanlagen und Märkte investieren und brauchen dafür Kapital. Privatleute erhalten höhere Löhne, der Arbeitsplatz scheint gesichert, jetzt wird mehr Geld aufgenommen, um sich Luxus zu leisten oder ein Haus zu bauen. Die Folge: Geld wird stark nachgefragt und damit immer teurer, die Zinsen steigen. In der Rezessionsphase ist es umgekehrt. Keiner will investieren, nicht die Unternehmen, nicht die Privatleute, aus Angst, sie könnten ihren Arbeitsplatz verlieren, oder sie haben ihn schon eingebüßt. Keiner will Geld haben, es wird billig, die Zinsen sinken. Schon eine komische Sache mit dem Geld: Wenn (fast) alle viel Geld haben und ausgeben können, wird Geld teuer, wenn aber die meisten Leute wenig Geld haben, wird es billig.

Die Rolle der Staatsverschuldung

Auch die Staatsverschuldung wirkt sich ganz direkt auf die allgemeine Zinssituation eines Landes aus. 2009 betrug die Nettokreditaufnahme des Bundes stolze 36,9 Milliarden Euro. Insgesamt musste der Bund Zinsen von mehr als 41 Milliarden Euro zahlen, in etwa ein (kleines) Drittel der 147 Milliarden Euro, die der Staat für die soziale Sicherung ausgab. Knapp 14 Prozent des gesamten Haushalts nahmen 2009 die Zinszahlungen in Anspruch – 1990 waren es noch lediglich 9 Prozent!

 Je schwächer die konjunkturelle Lage der Wirtschaft, desto mehr wird der Staat versuchen, helfend einzugreifen mit Investitionsprogrammen. Gleichzeitig werden aber seine Einnahmen geringer, da er weniger Steuern eintreiben kann. Damit steigt der Geldbedarf der öffentlichen Hand in der Rezensionsphase an, gleichzeitig ist es relativ billig, Geld aufzunehmen, weil die Zinsen niedrig sind, und somit ist der Anreiz, sich weiter zu verschulden und damit eine Haushaltsnotlage zu erzeugen, doppelt gegeben.

Um die Geldwertstabilität zu sichern, haben sich die Staaten der Eurozone zur Einhaltung gewisser Schuldengrenzen verpflichtet. So darf die jährliche Neuverschuldung der einzelnen Staaten bei maximal drei Prozent des Bruttoinlandprodukts liegen. Diese drei Prozent stehen im Maastricht-Vertrag zur Euro-Stabilität, der im Zuge der Euro-Einführung im Jahr 2002 abgeschlossen wurde. Deutschland hat dieses Maastricht-Kriterium in den letzten Jahren immer überschritten und erreichte erst 2006 mit 1,7 Prozent wieder das anspruchsvolle Ziel, unter drei Prozent zu bleiben und sank 2007 auf 0,6 Prozent. 2009 stieg dieser Wert wieder auf über 3 Prozent und beträgt derzeit etwa 5,5 Prozent. Laut Bundesfinanzministerium soll aber »schon« 2013 das Maastricht-Kriterium von 3 Prozent wieder erreicht werden.

Zinstrends und ihre Auswirkungen

Zinsen werden von den Zentralbanken über den Leitzins dirigiert, die damit auf die Inflationsrate, die Höhe der Geldmenge (das sind vereinfacht ausgedrückt die gesamten flüssigen Mittel einer Volkswirtschaft) und die gesamtwirtschaftliche Entwicklung reagieren. Bleibt nur die Frage, wie reagiert die Notenbank wann? Sie als langfristiger Anleger wollen schließlich wissen: Wie sieht der Zinstrend aus, in welche Richtung wird er sich entwickeln, nach oben oder nach unten?

Die typischen Leute, die so etwas wissen (oder zu wissen glauben), sind die Chefvolkswirte der großen Banken. Sie sind so eine Art Zwitter aus drögem Zahlenanalyst und schillerndem Guru. Mit vielen Worten und jeder Menge irgendwie wissenschaftlich klingenden Begründungen behaupten sie meistens, dass sich die Zinsen so weiterentwickeln wie bisher. Das ist schön, aber dazu hätten Sie keinen Chefvolkswirt gebraucht. Dann gibt es aber immer eine ganze Reihe von Spezialisten, die behaupten mit guten Gründen genau das Gegenteil. Weniger schön, denken Sie, wem sollen Sie denn nun glauben?

Zwei Gebote für Ihre Zinsbeobachtung:

✔ Eine Zinswende tritt meist dann ein, wenn keiner damit rechnet.

✔ Bei einer »normalen« Zinsstruktur werfen Kurzläufer weniger ab als lang laufende Anleihen. Bei einer inversen Zinsstrukturkurve ist dies genau andersherum.

Ersteres Gebot kann man nicht, zweites muss man kurz erklären: Normalerweise erzielen langfristige Anleihen höhere Renditen als kurzfristige. Der Grund: Je später Sie als Anleger Ihr Geld zurückerstattet bekommen, desto besser wollen Sie dafür honoriert werden. Dies nennt man dann eine »normale« Zinsstruktur.

Zinskopfstand

Wenn kurzfristige Papiere aber im Gegenteil eine höhere Rendite einfahren als langfristige, spricht man von einer *Zinsinversion* oder von einer *inversen Zinsstruktur*. Dann rechnet die Mehrheit der Anleger mit sinkenden Zinsen. Zinsinversionen sind zwar äußerst selten, aber nicht unmöglich, so bewegten sich in den USA und in Großbritannien seit Herbst 2006 tatsächlich die Zinsen für langfristige Staatspapiere (zehn Jahre) leicht unter denen mit einer Laufzeit von nur zwei Jahren. Auch in der Eurozone nähern sich die Renditen kurz- und langfristiger Anleihen stark an. Auguren sehen in einem solchen Falle gerne einen drohenden Konjunktureinbruch oder zumindest eine Abschwächung voraus, eben weil der Markt sinkende Zinsen erwartet und Zinsen in Abschwungphasen gesenkt werden.

Lassen Sie uns die Zinssituation in einer besonders spannenden Marktphase beschreiben: Wegen des Einbruchs der Aktienmärkte nach dem Platzen der Internetblase im Jahr 2000, der weltweiten Unsicherheit nach den Terroranschlägen vom 11. September und einem konjunkturellen Wellental vieler Volkswirtschaften senkten die Zentralbanken die Leitzinsen kräftig.

Der damalige Fed-Chef Allen Greenspan senkte in den USA in 13 kleinen Schritten den Zinssatz von 6,5 Prozent auf nur noch ein Prozent. Die Europäische Zentralbank begann nach einem Höchststand im Oktober 2000 bereits am Mai 2001 damit, den Zins in 0,25-Prozentpunktschritten kontinuierlich zu senken. Der Hauptrefinanzierungssatz wurde so von 3,75 Prozent auf ein Prozent im Mai 2003 gesenkt. Auf diesem niedrigen Niveau blieb er dann bis November 2005. Doch ab 2006 brummte die Konjunkturlokomotive in den wichtigsten Volkswirtschaften wieder und die Schwellenländer boomten ebenfalls. So erhöhte die EZB die Zinsen wieder in kleinen Schritten von 0,25 Punkten, der Hauptrefinanzierungssatz erreichte Anfang 2007 bereits wieder 2,5 Prozent und kletterte schließlich bis Juli 2008 auf 4,25 Prozent. Sie ahnen was kommt? Genau. Die Finanzkrise und mit ihr sank der Zins in vielen kleinen (0,5 Prozentpunkte) und größeren (0,75 Prozentpunkte im Dezember 2008) auf 1 Prozent seit Mai 2009.

Mit der beherzten Zinssenkungspolitik gelang es also den Notenbanken, die Folgen des größten Börsencrashs seit 1929 zu mildern. Die Kehrseite der langen Jahre mit mickrigen Zinsen: Mit der wieder florierenden Konjunktur stieg ab 2006 auch die Inflationsgefahr deutlich. Und auch wenn der Crash der Finanzkrise wiederum abgefedert zu sein scheint, bleibt eine gewisse Furcht vor Inflation bestehen und es bleibt abzuwarten, wie sich die Lage entwickelt, wenn die Zinsen wieder langsam steigen werden.

Einen wichtigen Einfluss auf die Zinshöhe hat auch die vorhandene Geldmenge. Doch mit der rasch zunehmenden Globalisierung geht es dabei gar nicht mehr nur um die Geldmenge einzelner Volkswirtschaften, sondern auch um riesiges, weltweit fluktuierendes Kapital. So gibt es Pensionsfonds in Milliarden-Dollar-Höhe, die für ihre Mitglieder nach der bestmöglichen, aber, weil sie die Altersvorsorge zu garantieren haben, auch möglichst sicheren Geldanlage suchen. Weltweit. Auch die Öl exportierenden Länder sitzen aufgrund der anhaltend hohen Rohstoffpreise auf wohl gefüllten Geldsäcken. Hinzu kommen immer mehr Privatleute, die für ihre eigene Altersvorsorge nach einer sicheren Geldanlage suchen. Die Nachfrage nach festverzinslichen, sicheren Papieren wächst also stetig. Die Emittenten kommen kaum mehr mit Neuausgaben hinterher und brauchen sich keine Gedanken um hohe Zinsen zu machen, sie kriegen ihre Anleihen auch so los. Viel Nachfrage ist daher, wie bei Aktien auch, schlecht für die Verzinsung und Rendite von Anleihen. Dieser Trend wird wohl längerfristig anhalten, außer Konkurrenzprodukte, wie Derivate und Zertifikate mit eingebauter Sicherheitsbremse, treiben die Zinsen wieder nach oben.

Nicht ohne meinen Taschenrechner (Schwierige Renditeberechnung)

Um die Rendite von festverzinslichen Papieren exakt berechnen zu können, muss der Zinsertrag genau ermittelt werden. Darüber hinaus müssen aber auch noch einige andere wichtige Einflussfaktoren mit eingerechnet werden.

Hier zwei kleine Basis-Formeln:

Einfache (jährliche) Zinsen: *Endkapital = Anfangskapital + Anfangskapital × Zeit (Jahre) × Zinssatz (in Dezimalangabe)*

Oder

Endkapital = Anfangskapital × (Zins × Jahre + 1)

Soll also ein Kapital von 1.000 Euro für 5 Jahre zu 10 Prozent angelegt werden, bedeutet dies 1.000 × (0,10 × 5+1) = 1.500 Euro.

Zinseszinsberechnung: *Anfangskapital × (1 + Zinssatz in Dezimalangabe)Zeit = Endkapital mit Zinseszins*

Im Beispiel also $1.000 × (1 + 0,10)^5 = 1.611$ Euro.

Vorab sollen einmal die wesentlichsten Zinsformen und Einflussfaktoren für die Renditeberechnung Ihrer festverzinslichen Anlage kurz dargestellt werden, die Formeln folgen prompt.

Bei den Zinsen sollten Sie beachten:

✔ *Nominalzins:* Der Zinssatz, der auf den Nennwert der Anleihe gezahlt wird. Er gibt allerdings nur einen ersten Anhaltspunkt darüber, wie lukrativ eine Anleihe für Sie tatsächlich ist (auch Kupon genannt).

✔ *Effektivzins:* Er gibt an, welche Verzinsung der Anleger tatsächlich auf seinen Einsatz erhält. Hier wird berücksichtigt, ob Anleihen mehr oder weniger als 100 Prozent kosten und wie lange das Papier läuft. Auch Gebühren haben natürlich Einfluss auf die effektive Verzinsung.

✔ *Realzins:* Hierbei wird noch die jeweilige Geldentwicklung, also die Inflationsrate, mit einberechnet. Ihr eingesetztes Kapital sollte ja auf jeden Fall mehr Rendite erzielen, als die Inflationsrate davon wieder frisst.

Für die Rendite sollten Sie außerdem berücksichtigen:

✔ *Kurswert:* Entscheidend ist bei Anleihen, die Sie an der Börse erwerben, auch noch der Kurswert, zu dem Sie die Anleihe gekauft haben, denn auf diesen muss die Verzinsung ja bezogen werden, um die tatsächliche Zinsleistung zu erfahren.

✔ *Steuern:* Zinseinnahmen sind grundsätzlich steuerpflichtig, sofern Anleger ihren Sparerpauschbetrag (früher Sparerfreibetrag) von 801 Euro für Ledige und 1602 Euro für zusammen veranlagte Ehepaare (Stand 2010) ausgeschöpft haben. In Zeiten der Abgeltungssteuer werden die Steuern gleich von der Bank eingezogen und Sie sparen sich wenigstens die Steuererklärung – wenn schon nicht die Steuern! Steuerzahlungen schmälern natürlich die tatsächliche Rendite.

Dauerbrenner: Kontensparformen

Festgelder, Tagesgelder, aber auch Sparbriefe erfreuen sich großer Beliebtheit. Durch den Markteintritt zahlreicher Direktbanken haben sich die Konditionen für die Sparer deutlich verbessert. Viele Bankkunden unterhalten für die lukrativen Geldparkplätze ein Zweitkonto bei einem der Newcomer. Bei diesen Sparformen gibt es keine Kurse, so dass sich Nominal- und Effektivzins größtenteils nur durch die Gebühren unterscheiden.

Nominell und effektiv

Papier ist geduldig, heißt es ja. Bei Anleihen bedeutet dies, dass der Zinssatz, mit dem Ihre Anleihe versehen ist, der Nominalzins oder Zinskupon, zwar ganz schön ist, aber nicht sehr aussagekräftig. Denn der Nominalzins gibt nicht wirklich Auskunft, ob sich die Anleihe für Sie auch tatsächlich rentiert. Er trifft nur die Aussage, wie hoch der Zins ist, den der Herausgeber der Anleihe auf den Nennwert zu zahlen bereit ist. Aber, Sie haben ja die Anleihe normalerweise nicht zum Nennwert gekauft, sondern zum Kurswert. Sie wollen aber wissen, wie viele Zinsen Sie für Ihr tatsächlich eingesetztes Kapital bekommen. Dazu müssen Sie den Kurswert mit einbeziehen. Sie brauchen also nur die laufende Verzinsung (Nominalzins) ins Verhältnis zum aktuellen Kurs der Anleihe zu setzen. Die Berechnung erfolgt durch die Formel:

(Nominalzins in Prozent / aktueller Anleihekurs) × 100 Prozent = laufende Verzinsung

Jetzt wissen Sie zwar, wie viel Sie für Ihr eingesetztes Kapital an Zinsen bezahlt bekommen, aber noch nicht, ob sich das Investment auch wirklich rentiert für Sie, wie hoch die tatsächliche Rendite denn nun ist. Dazu müssen Sie den Effektivzins berechnen.

Vielleicht denken Sie, das ist mir zu kompliziert und das brauche ich doch gar nicht so genau zu wissen und zu berechnen. Aber nur mit dem Effektivzins können Sie verschiedene Formen der Anleihen überhaupt miteinander vergleichen. Rechnen Sie noch Kriterien wie die Laufzeit und Gebühren mit ein, haben Sie einen wirklich verlässlichen Vergleichsmaßstab.

 Damit Sie Ihre Rendite selbst ausrechnen können, gibt es mehrere unterschiedliche Formeln, Sie finden jedoch der Einfachheit halber auch Renditerechner im Internet, so bei `www.boerse-muenchen.de` (unter »Kurse/Charts«, dann »Rentenfinder«) oder `www.boerse-stuttgart.de` (unter »Anleihen«, dann »Anleihen Tools Renditerechner«) oder bei `www.onvista.de` (unter »Anleihen Renditerechner«) in der Kopfzeile.

Eine gängige Formel zum Selbstberechnen lautet zum Beispiel bei einer Anleihe mit einer Laufzeit von einem Jahr, einem Zins von 3,5 Prozent, einem Kaufkurs von 102 und einem Rückzahlungswert von 100 Prozent (der Nominalwert beträgt 1.000 Euro):

Rendite pro Jahr = [Zinsbetrag + (Rückzahlungswert − Kurswert)] / Kurswert × 365 Tage / Laufzeit in Tagen × 100

Also: [35 Euro + (1.000 Euro − 1020 Euro)] / 1020 Euro × 365/365 × 100 = 1,47 Prozent

Kleines Trostpflaster: In aller Regel müssen Sie diese komplizierten Berechnungen nicht selbst erledigen. In den meisten Prospekten oder Anleihelisten der Banken oder im Internet (etwa unter `www.bondboard.de`, herausgegeben von der Baader Bank in Verbindung mit der Börse Düsseldorf und der Börse München) ist die für Anleger relevante effektive Rendite bereits klar erkennbar ausgewiesen.

Stückzinsen auf den Tag genau

Der Kurs einer Anleihe wird durch die Zahlung der fälligen Zinsen nicht beeinflusst. Bei Anleihen, die schon länger am Markt gehandelt werden, müssen aber die Zinsen gerecht zwischen Käufern und Verkäufern aufgeteilt werden. Dem Verkäufer stehen die Zinsen vom letzten Zinstermin bis zum Tag des Verkaufs zu (Stückzinsen). Diese müssen Sie beim Kauf der Anleihe vorstrecken, erhalten Sie aber beim nächsten Zinstermin mit ausbezahlt. Die korrekte Aufteilung der Zinsen übernimmt Ihre Bank für Sie. Auf der Wertpapierabrechnung steht detailliert, wie viel Stückzinsen Sie erhalten (beim Verkauf) oder bezahlen müssen (beim Kauf).

Hier ein kleines Beispiel zur Berechnung:

Ihre Anleihe weist einen Nominalwert von 1.000 Euro auf und eine Verzinsung, einen Kupon von 5 Prozent. Der Zinstermin war der 05.01.2010, der Kaufzeitpunkt der 05.03.2010. Der Kaufkurs lag bei 104 Prozent. Die Zinskonvention lautet: Act /360, das bedeutet, eine taggenaue Abrechnung, das Jahr wird ganz einfach zu 360 Tagen angenommen.

Die Berechnungsformel lautet dann:

5 Prozent × 1.000 Euro = 50 Euro jährlicher Zinsbetrag:
50 × (59 Tage/360) = 8,19 Euro Stückzins

Der Kaufpreis plus Stückzins beträgt dann:

(1.000 Euro × 104 Prozent) + 8,19 Euro = 1048,19 Euro

Jetzt kennen Sie die wichtigsten Formeln und Berechnungen zur Rendite von festverzinslichen Anleihen. Lassen Sie sich aber nicht zu sehr verwirren, es gibt nun mal bei der Geldanlage jede Menge an Mathematik. Denken Sie nur an die Berechnung Ihrer Lebensversicherungspolice, früher rechneten sich da die Versicherungsvertreter ihre Finger wund und ihre Köpfe heiß – heute geben sie die Koordinaten einfach in den Computer ein. Es kommt weniger darauf an, dass Sie alles selbst nachrechnen – was Ihnen natürlich unbenommen bleibt –, als vielmehr darauf, dass Sie beim Kauf gezielt nachfragen können. Hinter all den Zahlen ist vielleicht auch ganz in den Hintergrund getreten, dass auch Anleihen ihre Risiken haben.

Auch Anleihen schwanken

Auch wenn viele Anleihen als mündelsicher gelten und vielen Anlegern als Erstes einfallen, wenn sie an sichere Geldanlage denken, gilt: Ganz ohne Risiken und Kursschwankungen läuft die Anlage trotzdem nicht ab. Anleihen sind keine Sparbücher, wobei Sie auch beim Sparbuch das Risiko haben, dass die gezahlten Zinsen unterhalb der jährlichen Inflationsrate liegen und Ihr Sparbuch somit Jahr für Jahr an Wert verliert.

Die Hauptrisiken bei Anleihen sind

✔ Das Ausfall- oder Bonitätsrisiko

✔ Das Zinsänderungsrisiko

✔ Das Inflationsrisiko

✔ Das Kündigungs- oder Auslosungsrisiko

Das größte Risiko von allen, weil es mit einem Totalverlust einhergeht, ist das Ausfallrisiko. Dagegen sind nicht einmal Staatsanleihen gefeit, wie die argentinischen Staatsanleihen zur Genüge bewiesen. Anleihen mit einer sehr schlechten Bonität werden auch als Junk Bonds (Schrottanleihen) oder High Yield Bonds (Hochzinsanleihen) bezeichnet. Denn die hohen Zinsen sollen die Gläubiger dazu verleiten, doch zuzugreifen.

Alle anderen Risiken können Sie durch die Anzahl und die Auswahl unterschiedlicher Anleihen eingrenzen. Auch bei Anleihen gilt die Diversifizierung als das wichtigste Gebot. Das Währungsrisiko können Sie ganz vermeiden, indem Sie ausschließlich in Produkte aus dem Euro-Raum investieren, die allerdings meist eine geringere Verzinsung aufweisen als Papiere aus anderen Währungsräumen. Beispielsweise 2007 rentierten Papiere in britischen Pfund, US-Dollar oder Neuseeland-Dollar deutlich höher als Anleihen in Euro. Allerdings werden Sie ja in Euro ausbezahlt, insofern kommt es immer auch auf die jeweiligen Umrechnungskurse an, ob die Rendite im Endeffekt wirklich höher war.

Triple A – die Königsklasse (Rating als Orientierung)

Das Rating von Unternehmen und Staaten übernehmen professionelle, weltweit agierende Rating-Agenturen, wie in Kapitel 8 beschrieben. Die bekanntesten und wichtigsten sind Standard & Poor's, Moody's und Fitch Ratings. Sie beurteilen die Kreditwürdigkeit, also die Bonität, von Unternehmen und Staaten.

Die Ratings reichen von AAA = absolut höchste Bonitätsstufe, bis zu C (oder in Ausnahmefällen gar D für eine sehr, sehr schlechte Bonität) = der Schuldner steckt in Zahlungsschwierigkeiten, eine Insolvenz könnte bevorstehen, wie die Tabelle 9.1 zeigt.

Da Anleihen im Depot die Aufgabe haben, für sichere Erträge und Stabilität zu sorgen, sollten Sie bei der Qualität keine allzu großen Kompromisse eingehen. Auf Nummer sicher geht, wer sich ausschließlich auf Papiere im A-Bereich konzentriert.

Besonders freuen dürfen sich Anleger, wenn Rating-Agenturen Papiere, die sie bereits besitzen, hochstufen. Dann steigen ihre Kurse automatisch!

Nicht nur billig in den Urlaub – wie sich Währungsschwankungen auswirken

Neben den Zinsen spielen auch die Währungsschwankungen bei auf nicht in Euro ausgestellten Anleihen eine wesentliche Rolle für die zu erzielende Rendite. Genau so, wie Sie sich freuen, wenn Sie im Urlaub ein günstiges Tauschverhältnis zwischen Euro und der betreffenden Währung erhalten, genauso profitieren Sie als Anleger von günstigen Währungsschwankungen.

Im Übrigen kann man auch direkt in Devisen investieren, eine Form der Anlage, die allerdings in Deutschland nicht wirklich beliebt ist, schon gar nicht beim Privatanleger. Der Vorteil von Spekulationen in Währungen: Währungen entwickeln sich ganz unabhängig von Aktien oder Anleihen, insofern können Sie mit Währungen eventuell Gewinne einfahren, während Aktien- und Anleihenmärkte nach unten gehen. Allerdings, auch bei Devisen müssen Sie auf die jeweils richtige Währung setzen!

Bei den so genannten Fremdwährungsanleihen können zwei Ergebnisse eintreten:

Anleihenbewertung	Standard & Poor's	Moody's	Ausfallrisiko über zehn Jahre
Sehr gute Bonität			
Höchste Qualität, geringstes Risiko eines Ausfalls von Zinszahlungen oder der Kapitalrückzahlung	AAA	Aaa	0,8 Prozent
Hohe Qualität, etwas größeres Ausfallsrisiko	AA+ AA AA-	Aa1 Aa2 Aa3	1 Prozent
Gute Bonität			
Gute Qualität, Emittenten sind jedoch etwas anfälliger gegenüber gesamtwirtschaftlichen Entwicklungen	A+ A A-	A1 A2 A3	1,6 Prozent
Durchschnittliche Bonität			
Mittlere Qualität, Verschlechterungen der gesamtwirtschaftlichen Bedingungen können die Zahlungsfähigkeit verringern	BBB+ BBB BBB-	Baa1 Baa2 Baa3	4,4 Prozent
Spekulative Anleihen			
Spekulative Werte, zukünftige Zahlungen des Schuldners nicht gut gesichert	BB+ BB BB-	Ba+ Ba Ba-	20,1 Prozent
Sehr spekulative Papiere, hohes Risiko des Zahlungsausfalls bei ungünstigen Geschäfts-, Finanz- oder allgemeinen Wirtschaftsbedingungen	B+ B B-	B1 B2 B3	51 Prozent
Junk Bonds			
Unterste Qualitätsstufe, Schuldner kann Zahlungsverpflichtungen nur bei günstigen Rahmenbedingungen aufrechterhalten oder befindet sich bereits in Zahlungsverzug	CCC CC C	Caa Ca C	Bis 100 Prozent

Tabelle 9.1: Rating-Tabelle für Anleihen. Quelle: Weibl, Hess & Partner, Schweiz

✔ Die Nominalwährung sinkt gegenüber dem Euro: Das bedeutet, dass Sie Währungsverluste hinnehmen müssen.

✔ Die Nominalwährung steigt gegenüber dem Euro: Ihre Anlage wirft zusätzlich noch Währungsüberschüsse an Sie aus.

Allerdings müssen Sie bei Anleihen in Fremdwährung auch auf die jeweilige Inflationsrate des Landes achten und sie von der Rendite abziehen.

 Je stärker die Wirtschaftskraft einer Volkswirtschaft, desto stabiler ist in der Regel die Währung des Landes. Achten Sie deshalb bei Anleihen in Fremdwährungen auf die wirtschaftliche Situation des Staates – aber auch auf die politische Stabilität und Transparenz.

Für ganz Schlaue

In jüngster Zeit machten die so genannten _Carry Trades_ wieder Schlagzeilen. Dabei versuchen Anleger, von dem günstigen Zinsniveau eines Landes zu profitieren, indem sie dort in großem Maßstab Geld zu niedrigen Zinsen aufnehmen, und in anderen Ländern in Aktien investieren. Als besonders beliebt für die Geldaufnahme galt in den vergangenen Jahren Japan, weil dort nicht nur ein niedriges Zinsniveau herrschte, sondern zusätzlich der japanische Yen ziemlich rasante Abwertungen miterleben musste. So profitierten die Anleger gleich zweifach. Doch dann stabilisierte sich der Yen und wurde aufgewertet, gleichzeitig erlebten die Aktienmärkte Ende Februar/Anfang März 2007 mehrprozentige Einbrüche. Viele lösten ihre kreditfinanzierten Spekulationen auf, zahlten die Kredite zurück und stützten so gleichzeitig wieder die Währungen. Und schon ging die Rechnung mit den Carry Trades nicht mehr auf! Das Spekulieren in Zinsen in Verbindung mit Währungen kann sehr lukrativ sein, ist aber generell auch sehr gefährlich. Die derzeit enorm niedrigen Zinsen in den westlichen Industrieländern bei gleichzeitig eher optimistischer Weltsicht machen Carry Trades seit 2009 ebenfalls wieder interessant.

Teil IV

Investmentfonds für jeden Anleger – Ein Kessel Buntes

»Hey Luke, ich habe gerade überlegt – sollten wir nicht etwas von
dem Geld in Investmentfonds, Anleihen oder Immobilien investieren?
… ach Quatsch, was sage ich da? Wir stecken den Krempel wie üblich
in die alte Mine.«

In diesem Teil ...

Das Suchen nach dem richtigen Wertpapier, der besten Aktie oder dem Erfolg versprechendsten Derivat ist kompliziert und das richtige Timing für Kauf und Verkauf zu finden, oftmals reine Glückssache. Wer weniger Zeit investieren und trotzdem vom Börsengeschehen profitieren möchte, der ist bei Investmentfonds gut aufgehoben. In diesem Teil erfahren Sie, wie Sie am besten in Investmentfonds investieren können und welche Vielzahl an Möglichkeiten es inzwischen auch in diesem Sektor gibt: Von sicher bis riskant, von bieder bis brisant!

Nicht nur, aber gerade bei Fonds spielt ein längerer Anlagehorizont eine wesentliche Rolle für den Erfolg Ihres Investments. Ein langer Zeithorizont setzt aber eine gute, strukturierte und vorausschauende Planung voraus, damit Sie mit möglichst geringen Kosten ein optimales Ergebnis erzielen können, frei nach dem Motto: Zeit bringt Geld.

Fonds: Das Rundumsorglos-Paket?

In diesem Kapitel

▶ Wie Sie aus vollen Körben schöpfen können

▶ Wie Sie andere an Ihrer Geldvermehrung arbeiten lassen

▶ Wie die ganze Welt in Ihr Depot kommt

▶ Wie Sie mit kleinem Geld ein großes Unternehmen aufbauen können

Fonds galten lange Zeit als die klügste Art der Geldanlage überhaupt, ganz nach dem Motto: gute Mischung, hoher Profit und ein geringes Risiko. Denn mit Fonds investieren Sie gleich in ein ganzes Bündel von Aktien, Renten oder Immobilien. Da Sie schon mit einem geringen Kapitaleinsatz breit streuen, hält sich das Risiko in Grenzen. Während der Börsenflaute nach 2000 verloren allerdings viele Fonds ihren Reiz, weil Kurse vieler Geldtöpfe genauso schnell einbrachen wie die Börse selbst. Gleichzeitig begannen sich Zertifikate mehr und mehr in die Herzen und vor allem Geldbeutel der Anleger zu schmeicheln und die Fonds verloren Jahr für Jahr an Marktanteilen. Doch auch im Fondsbereich gibt es eine ganze Reihe spannender Neuentwicklungen und altbewährter Konstruktionen und alles in allem gehören sie als ein ganz wesentlicher Faktor in jedes gute Anlageportfolio.

Faszinierende Fondsidee

Die Idee ist bestechend einfach und funktioniert darum so gut: Eines der zehn Gebote der Geldanlage lautet: »Du sollst dein Geld breit streuen!« Das Problem dabei ist nur, dass viele Anleger gar nicht genügend Kapital (Zeit, Interesse, Kenntnis, Leidenschaft) aufbringen, in viele unterschiedliche Wertpapiere zu investieren. Die Lösung: Ich lasse einfach einen Profi ran. Der packt ein ganzes Bündel an hoffnungsfrohen Papieren in ein schönes großes Körbchen. Sie erhalten damit die Chance, an einem professionell gemanagten Portfolio beteiligt zu sein und von den erwarteten, überdurchschnittlichen Renditen zu profitieren. Der Fondsmanager hat über die vielen Anleger genügend Geld zur Verfügung, um den Fonds mit wirklich interessanten Produkten in ausreichender Anzahl zu füllen.

Es ist also ein angenehmes Gefühl, dass Profis für Sie aktiv das Portfolio Ihres Fonds managen. Denn Sie dürfen sich den Körbcheninhalt nicht als statische Masse vorstellen. Innerhalb des Korbes verändert der Fondsmanager regelmäßig die Zusammensetzung der Papiere, je nachdem, welche Branchen gerade besonders vielversprechend sind oder welche Einzelaktien Gewinne verheißen. Erwartet der Fondsmanager einen Rückgang des gesamten Marktes, wird er den Bargeldanteil im Fonds (*Cashquote*) erhöhen – und vice versa.

Die richtige Wahl

Die Auswahl des richtigen Fonds und damit auch des richtigen Fondsmanagers müssen Sie selbst treffen. Die bittere Wahrheit: Wenn die Kurse weltweit einbrechen und damit auch viele Fonds mit nach unten ziehen, fragen Sie sich natürlich, warum Sie einen hoch qualifizierten Fondsmanager bezahlen – denn umsonst ist das aktive Managen eines Fonds natürlich nicht –, wenn die Renditen weit unter dem normalen Sparbuch liegen oder gar ins Minus drehen – das können Sie selbst schließlich auch. Viele Fondsmanager redeten sich dann gerne mit Blick auf eine bestimmte Benchmark, einen Vergleichsmaßstab meist in Form eines Index, heraus: Wenn dieser noch schlechter abgeschnitten hatte als der von ihnen gemanagte Fonds, fassten sie das als Erfolg auf. Aber was hilft Ihnen das, wenn der Durchschnitt miserabel im Minus liegt? Jetzt, auch durch die unerwartet heftige Konkurrenz durch Zertifikate, konzentrieren sich Fondsmanager wieder mehr und mehr auf die eigentlichen Erfolgsparameter einer guten Geldanlage, die Rendite. Sie wollen bei einem faulen Ei im Wirtshaus ja auch nicht damit getröstet werden, dass auch die Tischnachbarn faule Eier serviert bekamen, sondern möchten einfach ein frisches, schmackhaftes Ei auf Ihrem Teller sehen. Der Wettbewerb bedeutet also einen klaren Vorteil für Sie.

Wer legt Fonds auf?

Die Fondsmanager verwalten oftmals riesige Kapitalmengen. So zählen zu den größten Fonds der Welt der JPMFF USD Liqui, ein Geldmarkt-Fonds (US-Dollar) von JP Morgan Asset mit über 67 Milliarden Euro, und der Carmignac Patri, ein Mischfonds mit einem Volumen von fast 27 Milliarden Euro, und der Templeton Global mit Welt-Aktien von über 24 Milliarden Euro (jeweils Stand November 2010). Kein Zufall im Übrigen, dass diese Fonds schon sehr lange auf dem Markt sind: Der JPMFF schon seit Januar 1987, der Templeton Global seit Februar 1991 und der Carmignac seit November 1989. Solche Mengen an Geld können (und dürfen gesetzlich) nur solide Gesellschaften, Banken, bewegen. Inzwischen hat jede Großbank, die etwas auf sich hält, eigene Investmentgesellschaften gegründet – offiziell hinter dem Wortungetüm *Kapitalanlagegesellschaften* versteckt –, die sich ausschließlich auf das Verwalten fremden Vermögens in Form von Fonds konzentrieren. Die Investmentgesellschaft muss das Fondsvermögen vom eigenen Vermögen streng trennen, es darf nicht vermischt werden. Im Fall einer Insolvenz der Fondsgesellschaft ist das Kapital der Anleger deshalb geschützt, weil es sozusagen losgelöst von der Gesellschaft weiterhin existiert. Verwaltet die Gesellschaft mehrere Fonds – was die Regel ist –, muss sie deren Vermögen ebenfalls strikt trennen, darf also nicht, wenn ein Fonds einmal schlechter läuft, ihm Kapital aus einem anderen zuschleusen. Fonds gelten daher als Sondervermögen, das heißt, sie müssen einzeln, gesondert, behandelt werden. Außerdem darf die Investmentgesellschaft nicht die Depotverwaltung übernehmen, vielmehr muss sich darum eine unabhängige Bank kümmern.

Die größten deutschen Fondsgesellschaften und ihre Banken sind in kleiner Auswahl:

✔ *DWS* ist die Fondsgesellschaft der Deutschen Bank.

✔ *Union Investment* ist die Fondsgesellschaft der Genossenschaftsbanken sowie der Volks- und Raiffeisenbanken.

✔ *Allianz Global Investors* (früher Dit und DBI, seit 2009 gehört auch noch die Cominvest dazu) ist eine Tochter des Versicherungs- und Bankenkonzerns Allianz

✔ *Pioneer Investments* (früher Activest) gehört zur Unicredit (der italienischen Mutter der deutschen HypoVereinsbank).

✔ *Deka* bietet Fonds für die Sparkassen an.

✔ *Meag* ist die Vermögensgesellschaft der Münchener Rück und ERGO.

 Da es in Deutschland für jedes öffentliche Handeln auch einen Verein oder einen Verband gibt, sorgt sich hierzulande der BVI, der Bundesverband der deutschen Investmentgesellschaften in Frankfurt, um das Wohl dieser Fondsgesellschaften und auch der Fondsanleger (in dieser Reihenfolge). Nach Angaben des BVI betrug das Investmentvermögen pro Kopf in Deutschland im Jahr 2009 3.761 Euro – zum Vergleich, in Frankreich liegt der Pro-Kopf-Betrag bei 20.314 Euro!

Doch die wirklich kapitalkräftigen Fonds mit riesigen Geldvermögen kommen aus den USA. Nach der Neuen Züricher Zeitung liegt das durchschnittlich verwaltete Fondsvermögen in Europa bei 206 Millionen Euro, in den USA bei 888 Millionen Euro. Viele Gesellschaften aus diesen (und anderen) Nationen bieten ihre Fonds auch auf dem deutschen Markt an, meist über eigene Töchter in Deutschland.

Zu den größten ausländischen Fondsgesellschaften zählen:

✔ *ABN-Amro Asset Management* aus den Niederlanden

✔ *AIG Global Investment Fund Management* (Switzerland) Ltd. aus Zürich

✔ *Black Rock Merrill Lynch Investment Managers* aus New York

✔ *BNP Paribas Asset Management* aus Paris

✔ *Carmignac Gestion S.A.* aus Luxemburg

✔ *Credit Suisse* aus Zürich

✔ *Fidelity Funds* aus Luxemburg

✔ *Franklin Templeton Investments* aus San Mateo in Kalifornien

✔ *HSBC Global Investment Funds* aus London

✔ *Julius Bär* aus der Schweiz

✔ *Societe Generale Asset Management* aus Paris

✔ *Sarasin Investmentfonds AG* aus Basel

✔ *Threadneedle Investment Services Ltd.* aus London

✔ *UBS Fund Management* aus der Schweiz

Wo gibt's Fonds zu kaufen?

Wie bei Aktien müssen Sie auch beim Erwerb von Fonds vorab ein Depot anlegen, das Sie entweder direkt bei den Fondsgesellschaften oder Ihrer Bank führen lassen können. Sie können die Depotanlage und den Kauf eines Fonds auf ganz unterschiedlichen Wegen durchführen.

Die üblichen Vertriebswege für den Kauf eines Fonds sind:

✔ direkt über die Fondsgesellschaft

✔ über Ihre Hausbank

✔ über unabhängige Fondsvermittler oder Vermögensberater

✔ über die Börse

✔ bei Discountbrokern

✔ direkt übers Internet, zum Beispiel unter www.fondsvermittlung24.de

Alle Vertriebswege haben ihre Vor- und Nachteile, die sich überwiegend nach dem Anteil an Beratungsleistung und der Höhe der Kosten richten. Der gravierendste Nachteil beim Erwerb über Banken oder Fondsgesellschaften liegt – neben der Tatsache, dass diese vordringlich die eigenen Produkte absetzen wollen – im Ausgabeaufschlag, den Sie beim Kauf bezahlen müssen. Der beträgt meist fünf Prozent der investierten Summe – bei größeren Beträgen also eine stolze Summe. Diesen lästigen Aufschlag können Sie zumindest reduzieren, wenn Sie beim Discountbroker oder direkt über das Internet zuschlagen. Ganz können Sie sich den Aufgabeaufschlag sparen, wenn Sie über die Börse kaufen. Hier fallen nur die Bankgebühren und eine geringe Courtage für den Makler an.

Auf dem Parkett gibt's nicht nur Aktien

Tatsächlich ist der Kauf von Fonds über die Börse aber nicht nur etwas für Spar-Füchse – wegen des vermiedenen Ausgabeaufschlags –, sondern auch für Anlage-Füchse, denn hier gibt es noch weitere Vorteile. Der Makler – heute ja Skontroführer genannt – an der Börse muss für eine ausreichende Liquidität sorgen, das heißt, Sie bekommen auch tatsächlich den Fonds, den Sie haben wollen – und zwar zum bestmöglichen Preis! Dahinter steckt das *Referenzmarktprinzip*, denn der Skontroführer überblickt auf seinem Bildschirm ganz genau, wo und zu welchem Kurs Ihr gewünschter Fonds gerade gehandelt wird, und so bietet er ihn Ihnen an.

Nur an der Börse können Sie auch *Limit-Orders* einsetzen und damit intelligent einkaufen. Sie können also festlegen, welcher Kurs beim Kauf nicht über- und beim Verkauf nicht unterschritten werden darf. Außerdem sind *Stop-Buy-Limits* und *Stop-Loss-Limits* möglich (siehe auch Kapitel 14). Wenn also der von Ihnen eventuell ins Auge gefasste Fonds sich plötzlich überaus positiv entwickelt, über einen von Ihnen angegebenen Wert hinaus, springen Sie automatisch auf den anfahrenden Zug auf – oder verlassen den bremsenden.

Fonds werden nicht an allen deutschen Börsen gehandelt. Im Jahr 2000 trat die Börse Hamburg mit der Gründung der Fondsbörse Deutschland als Vorreiter auf den Plan. Inzwischen haben die Börsen München, Berlin, Frankfurt und Stuttgart nachgezogen. In Hamburg werden inzwischen etwa 3.700 Fonds, in München mehr als 2.900 gehandelt, Stuttgart will auf der eigenen Fondsplattform IF-X bis zu 2.000 Fonds handeln. Alle Börsen bieten im Internet zur besseren Orientierung auch so genannte *Fondsfinder* an, wo Sie unter anderem nach Fondsart, Alter, An- und Verkaufs-Spanne (Spread), Ausgabeaufschlag, Wertentwicklung (Performance) und Volatilität den für Sie passenden Fonds aussuchen können. Die Börse Hamburg hat außerdem noch mit dem FOXX20 den ersten Fonds-Index der Welt geschaffen. Der FOXX20 enthält

20 Investmentfonds mit dem Anlageschwerpunkt Welt und ist auf der Basis von 1.000 Punkten konzipiert – Ende 2010 bewegte er sich bei etwas über 1.250 Punkte. Inzwischen hat Hamburg noch den FOXX20 Europa, den FOXX10 Deutschland und den FOXX10 Emerging Markets aufgelegt. An der in Kooperation mit der Börse München betriebenen Fondsbörse Deutschland werden in Hamburg außerdem geschlossene Fonds gehandelt.

 Die meisten und vor allem auch die wichtigsten Fonds werden auch an der Börse gehandelt – oft zu günstigeren Preisen als bei den Banken. Die Banken verlangen einen Ausgabeaufschlag, den sie sich mit der Investmentgesellschaft teilen. An der Börse fällt der Ausgabeaufschlag weg und Sie können noch weitere Vorteile beim Ordern nutzen.

Und nun ans Eingemachte

Neben dem Ausgabeaufschlag müssen Sie und Ihre Mitanleger auch noch die Tätigkeiten des Fondsmanagers bezahlen. Die Fondsgesellschaft erhält üblicherweise jährlich einen Anteil vom Fondsvermögen, der Prozentsatz muss im Verkaufsprospekt veröffentlicht werden und liegt meist zwischen 0,1 und 1,75 Prozent (Verwaltungsgebühr, Managementstrategie). Weil der Manager prozentual am Fondsvermögen verdient, hat er ein gesteigertes Interesse an einer guten Performance und an einer möglichst großen Anzahl von Anlegern, denn damit steigt das Fondsvermögen als Basis seines Honorars.

Außerdem fällt noch eine Depotbankgebühr an, denn in Deutschland müssen Fondsvermögen bei einer Bank deponiert werden. Zusätzlich verursacht ein Fonds noch weitere Kosten, denn die Gesellschaften geben beispielsweise Halbjahresberichte heraus, auch das Umschichten der Körbcheninhalte verursacht Transaktionskosten.

Die Fondsgesellschaften sind dazu verpflichtet, die jährlichen Verwaltungskosten für den jeweiligen Fonds mittels einer Gesamtkostenquote anzugeben. Diese Total Expense Ratio oder TER weist den Gesamtbetrag, der im Vorjahr für die Verwaltung angefallen ist, als Prozentsatz vom durchschnittlichen Fondsvolumen aus.

Was ist Ihr Fonds gerade wert?

Wenn Sie Geld in Fonds anlegen, erwerben Sie einen prozentualen Anteil an diesem Sondervermögen, je nachdem, wie viel Sie investiert haben. Der Gesamtwert dieser Anteile, also das gesamte *Fondsvermögen* (auch *Inventarwert* genannt oder *Net Asset Value*), ändert sich mit dem Wert der darin befindlichen Papiere, außerdem ändert sich durch den Fondsmanager auch noch die Zusammenstellung der Wertpapiere ständig. Sie können den jeweiligen Wert Ihres Fonds wie bei Aktien auch täglich abfragen, entweder im Internet (bei den jeweiligen Herausgebern oder etwa der Börse München, die über den gesamten Börsentag hin Quotes, also die verbindlichen Kauf- und Verkaufsangebote, veröffentlicht) oder in der Börsen-Zeitung, wo die veröffentlichten Investmentfonds sortiert nach Herausgebern viele Seiten füllen. Schneller und als Abonnent kostenfrei geht es über die Webseite `www.bzwpi.de`. Im ausführlichen Bericht der Börsenzeitung finden Sie den Namen Ihres Fonds samt Wertpapierkennziffer (ISIN) und oftmals auch noch, falls vorhanden, das aktuelle Rating-Urteil über den Fonds. Denn viele Fonds werden von Ratingagenturen auf ihre Performance, ihre Kursentwicklung über die Jahre hinweg, überprüft und beurteilt. Neben dem jeweiligen Rücknahmepreis, also den Wert Ihres Anteils, können Sie sich auch noch über die Performance über ein, drei und fünf Jahre hinweg und über den thesaurierten, also aufgelaufenen, Gesamtertrag informieren.

Die Guten ins Töpfchen

Ein wesentlicher Vorteil von Fonds liegt in der selektiven Auswahl der Einzelpapiere innerhalb des jeweiligen Fonds. Die Auswahl für den Fondsmanager ist riesig, es gibt hunderte von Aktien allein in Deutschland, dazu noch eine schier unüberschaubare Menge an festverzinslichen Wertpapieren von Unternehmen, Kommunen, Staaten. Selbstverständlich sind die Fondsmanager ja nicht auf deutsche Wertpapiere beschränkt, sie können sich auf der ganzen Welt bedienen.

Neben festverzinslichen Wertpapieren (Renten) investieren Fonds – je nach Ausrichtung des Finanzpools – auch in Gewerbeimmobilien, Devisen und kurzfristige Geldmarktpapiere. Inzwischen ist auch die Investition in Derivate und Zertifikate für einige Fondstypen erlaubt. Sie sehen schon, die Auswahl an Möglichkeiten, Körbchen zu bilden und zu füllen, ist enorm. Ein Fulltimejob und für private Anleger kaum in den Griff zu bekommen.

Die von der Investmentgesellschaft herausgegebenen Richtlinien über den Fonds geben genau Auskunft, wie diese generelle Zusammensetzung aussieht und ob etwa Aktien und Renten gemischt werden und wenn ja, in welchem Verhältnis. An diese Konditionen muss sich der Fondsmanager halten.

Der Fondsmanager kann die jeweils besten Papiere im Rahmen des Fondsschwerpunkts aussuchen, denn das ist sein Job. Innerhalb der Fonds kann er die Auswahl dann noch zusätzlich unterschiedlich gewichten. Es gibt allerdings gewisse gesetzliche Vorgaben, wie die Mischung eines Fonds aussehen darf und wie groß der Anteil einer einzelnen Aktie darin sein darf (zwischen fünf und zehn Prozent je nach Fondsart).

Was macht eigentlich ein Fondsmanager und wer beurteilt ihn?

Fondsmanager managen aktiv die von ihnen betreuten Fonds und erhalten einen prozentualen Anteil am Fondsvermögen, so weit, so gut. Je nach Fondsvorgabe und Anlageschwerpunkt – also zum Beispiel Fonds mit US-Aktien – picken sich die Manager die besten US-Aktien heraus, machen also genau das, was Sie als Anleger unternehmen würden, wenn Sie selbst in Aktien investierten. Dazu sind die Fondsmanager bestens ausgebildet und können sich sowohl des Wissens von Analysten bedienen als auch selbst Informationen, am besten vor Ort bei den Unternehmen, einholen.

Doch das Image der Fondsmanager hat spätestens seit der Börsenkrise stark gelitten. Es heißt, dass zwei Drittel der Fonds nicht besser abgeschnitten haben als etwa der DAX. Meist setzen die Investmentgesellschaften für jeden Fonds eine Benchmark, eine Zielvorgabe, also zum Beispiel den DAX, und der Manager wird dann danach beurteilt, ob er diese Zielvorgabe übertrifft oder nicht. Schlecht, wenn er darunter liegt, denn dann hätten Sie gleich in einen Fonds investieren können, der einfach und kostengünstig den jeweiligen Index nachbildet, und sich die Managementgebühren sparen können.

Große Fonds mit einem Anlagevermögen von zig Millionen oder sogar Milliarden Euro werden zumeist nicht nur von einem, sondern von einem ganzen Team von Fondsmanagern betreut, mit Spezialisten für jedes Detail.

Überprüft werden die Fondsmanager in erster Linie anhand der Performance ihrer Fonds. Dies übernehmen Ratingagenturen, ähnlich wie bei Unternehmen. Auf Fondsanalysen spezialisiert haben sich beispielsweise die Agenturen Morningstar und Feri Rating & Research. Morningstar vergibt, der Name verpflichtet, Sterne (bis zu fünf), Feri verlegt sich auf Buchstaben von A (sehr gut) bis E (schwach).

Die Managementleistung eines Fondsmanagers fasst der BDI, der Bund Deutscher Investmentgesellschaften, so zusammen:

✔ Ständiges Beobachten und Analysieren der nationalen und internationalen Märkte

✔ Sachkundiges Mischen und Umschichten des Fondsvermögens gemäß der Marktsituation und dem Prinzip einer gesunden Ertrags- und Risikomischung

✔ Sorgfältige Verwaltung und sichere Verwahrung der Papiere

Wann gibt's denn Geld aus dem Fonds?

In der Regel schütten die Fondsgesellschaften die Erträge aus dem Fonds einmal jährlich an Sie aus. Am Auszahlungstag, dem »Ex-Tag«, fällt der Fondspreis in etwa um den Wert der Ausschüttung. Es gibt allerdings auch thesaurierende Fonds, die die Erträge nicht dem Fondsvermögen entnehmen, sondern sie Jahr für Jahr dazu addieren und damit weiter wirtschaften. Damit profitieren Sie von einem Zinseszinseffekt, haben aber nichts Bares, um es auszugeben oder anders anzulegen. Aber auch die tatsächlich ausgeschütteten Fondserträge können Sie wieder umgehend in den Fonds stecken, um die Zinseszinseffekte mitzunehmen.

Sammeln in der ganzen Welt

Fonds waren schon ein globales Anlageinstrument, bevor überhaupt irgendjemand von Globalisierung sprach. Schließlich haben die ältesten Fonds, die noch rüstig und mit guter Performance auf dem Markt sind, inzwischen ein stattliches Alter von über 70 Jahren auf dem Buckel. Auf über 80 Jahre etwa bringt es der 1929 aufgelegte Robeco NV aus den Niederlanden, der in Aktien der Welt investiert. Bei Fonds investieren also global aufgestellte Investmentgesellschaften in Aktien und Immobilien auf der ganzen Welt und sammeln dafür auf der ganzen Welt Kapital ein – wenn das nicht Globalisierung in Reinkultur ist.

Als Anleger denkt man gerne national, gerade bei der Direktinvestition in Aktien. Da kennt man sich aus, die Unternehmen sind bekannt, es steht viel in der Zeitung über sie und vielleicht kennt man sogar jemanden, der dort arbeitet und Interna weiß. Die Fondsgesellschaften aber handeln rational, konzentrieren sich auf die wirtschaftlichen Fakten und schauen weit über den nationalen Tellerrand hinaus.

Eintracht macht stark

Die Fondsidee ist sehr viel älter als angenommen, zu diesem Schluss kommt jedenfalls Gerd Bennewirtz von SJB FondsSkyline aus Korschenbroich. Der historisch bewanderte Fondsmanager kramte nämlich einen Fonds aus, der noch älter ist als der bisher als Ur-Fonds bezeichnete Fonds, der von der West Cornwall Mines Investment Company in Großbritannien 1836 aufgelegt wurde. Vielmehr sei der erste Investmentfonds modernen Typs bereits 1774 von Abraham von Ketwich gegründet worden, einem Niederländer mit vielleicht deutschen Vorfahren. Der Name des Fonds lautete »Eendracht Maakt Magt«, also »Eintracht macht stark«. Marketingtechnisch war man damals also bereits an vorderster Front beim Einwerben der Mittel – 2.000 Investoren sollten es sein. Schon damals wurde ein Fonds-Prospekt aufgelegt, der Abraham van Ketwich zu einer »guten und stets ordentlichen Führung« ermahnte. Auf Wunsch konnten die Anteilseigner sogar jederzeit Rechenschaft erhalten. Die Investitionen sollten auch Ende des 18. Jahrhunderts breit gestreut werden, in mindestens 2.000 Objekte. Von Ketwichs Fonds baute dabei auf den negativen Erfahrungen auf, die er beim Börsenkrach von 1773 mit dem Konkurs mehrerer Londoner Banken sammeln durfte oder musste. In einer Kettenreaktion brachen in diesem Jahr die wichtigsten Börsen in England, Schottland und den Niederlanden ein. Dieses Risiko wollte van Ketwich mit seiner breit gestreuten Anlage für die Zukunft vermeiden. In was aber investierte van Ketwich? In festverzinsliche Anleihen wie etwa Schuldverschreibungen südamerikanischer Plantagen, und das bei einem Aufschlag von 0,5 Prozent und einer Managementgebühr von 0,2 Prozent jährlich. Das Renditeziel war allerdings auch eher moderat: vier Prozent, die, so die Quellenlage, auch erreicht wurden. Von Ketwich legte noch weitere Fonds auf: 1776 »Voordelig en Vorsigtig« (Vorteilhaft und Vorsichtig) und 1779 »Concordia Res Parvae Crescunt« (Mit Eintracht werden kleine Werte groß). Der letzte Fonds, der die Idee eines Value Fonds vorwegnahm und in solide Anlagen mit Preisen unter Wert investierte und damit eine Rendite von 6,3 Prozent pro Jahr einfahren sollte, existierte von 1779 bis 1893 – 114 Jahre! Ganz vergessen ist van Ketwich im Übrigen nicht: Er gründete 1790 das Bankhaus Ketwich & Voombergh, das später im Rotterdamer Bankverein aufging, einem der beiden Gründungsbanken von ABN Amro!

Wie unterschiedlich die Renditen ausfallen, wenn unterschiedliche Länder ins Visier für einen Aktienfonds genommen werden, beweist eine Aufstellung aus der Börsenzeitung. In ihrer Ausgabe vom 30. Dezember 2006 stellte sie die jeweils fünf besten Fonds im einjährigen Performancevergleich vor. Bei nur mit deutschen Aktien bestückten Fonds schneidet der CAMCO Fonds Deutsche Aktien mit 29,21 Prozent Jahresrendite 2006 am besten ab. Schon der beste auf europäische Aktien spezialisierte Fonds, der PGIF European Equity Fund Institutional, bringt es auf eine Rendite von 36,81 Prozent und ein Fonds mit Aktien aus Mittel- und Osteuropa (dit-Osteuropa A-USD in US-Dollar) auf 49,77 Prozent! Die höchste Performance unter allen vorgestellten Fonds (neben verschiedenen Ländern auch Branchen und Renten) brachten Aktien aus Lateinamerika ein, denn der Templeton Latin America Fund I (aac) wies eine sagenhafte Performance von 54,91 Prozent auf. Ganz wichtig: Die guten Ergebnisse aus der Vergangenheit sind keine Garantie, dass ein Fonds auch zukünftig gute Resultate erzielt. Und die Zeitung »Die Welt« überprüfte Ende 2009 die besten Fonds des Jahrzehnts und kam zu ähnlichen Ergebnissen: Gewinner war der Baring Russia Fund mit einem Plus von 962 Prozent über zehn Jahre hinweg. Auf den Plätzen zwei und drei landeten die Fonds ZZ2 und ZZ1, die in Emerging Markets investierten.

Eine Zulassung gehört dazu (Fondszulassung und Aufsicht)

Die Investmentgesellschaften, also die Kapitalanlagegesellschaften, müssen nicht nur das Fondsvermögen als Sondervermögen einzeln ausweisen, sie unterliegen in Deutschland auch noch einer ganzen Reihe anderer strenger Vorschriften und müssen hohe gesetzliche Auflagen erfüllen. So müssen sie in Deutschland Kreditinstitute sein beziehungsweise von der Bundesanstalt für Finanzdienstleistungsaufsicht zur Erbringung von Bankgeschäften zugelassen sein, wie es so schön heißt. Für jeden Fonds muss die Kapitalanlagegesellschaft außerdem ein Depot bei einer anderen Bank anlegen, damit ihr eigenes Vermögen und das Sondervermögen strikt getrennt sind. Außerdem müssen sie ein Grundkapital von mindestens 730.000 Euro aufweisen (was per se nicht viel ist, wenn Sie berücksichtigen, dass schon einzelne Fonds ein Vermögen von über einer Milliarde Euro aufweisen können). Gebündelt finden sich diese Vorschriften in dem im Januar 2004 vom Bund erlassenen »Gesetz zur Modernisierung des Investmentwesens und zur Besteuerung von Investmentvermögen«, kurz Investmentmodernisierungsgesetz. Die Investmentgesellschaften benötigen außerdem die Erlaubnis der Bundesanstalt für Finanzdienstleistungsaufsicht (BaFin), um ihren Geschäftsbetrieb aufnehmen zu können. Die BaFin übt aber auch laufend die Kontrolle über die Fonds und die Fondsmanager aus, denn jeder neu aufgelegte Fonds muss von ihr genehmigt werden.

Fondsmanager dürfen die Mittel, die ihnen die Anleger zur Verfügung stellen, nicht beliebig verwenden. Zum einen schreibt ihnen die Fondsart (siehe »Artenvielfalt – die Fondstypen von A bis Z«) vor, in was sie investieren dürfen. Ein Fonds für koreanische Aktien darf eben nur koreanische Aktien enthalten, auch wenn die gerade in den Keller fallen sollten und – sozusagen nebenan – in Japan die Kurse in die Höhe schnellen. Im Gesetz vorgegeben ist, wie viel prozentual in ein einzelnes Investment investiert werden darf. So müssen in jedem in Deutschland zugelassenen Fonds mindestens 16 Positionen, also etwa 16 verschiedene Aktien oder Immobilien, enthalten sein.

 Eine EU-Richtlinie unter dem abenteuerlichen Namen Ucits III (siehe Kasten »Kein Raumschiff – Ucits III«), die bereits 2002 herauskam, aber erst seit März 2007 in nationales deutsches Recht umgesetzt wurde, hat die Rechte der Fondsmanager etwas erweitert. Sie dürfen inzwischen für ihre Fonds auch zu Derivaten greifen. Das soll die Konkurrenzfähigkeit der Fondsidee gegenüber den rasch wachsenden Derivaten und Zertifikaten wieder stärken. Auch innerhalb eines Fonds dürfen die Manager nun breiter streuen und in Aktien, Renten, Geldmarktpapiere, Fondsanteile und Derivate investieren. Zum besseren Vergleich der Fonds müssen alle Kosten und Gebühren in der Total Expense Ratio veröffentlicht werden.

Kein Raumschiff – Ucits III

Schon im Jahr 2002 gab die EU eine Richtlinie heraus, die von den einzelnen EU-Mitgliedsstaaten in nationales Recht umgesetzt werden musste. In Deutschland brauchte man dafür nur etwa vier Jahre und bis März 2007 mussten alle Fonds auf Ucits III umgestellt werden. Um die ganze Sache zu erleichtern und auch für den Laien verständlicher zu gestalten, heißt die deutsche Vorschrift aber nicht Ucits III, sondern Ogaw III. Was sich anhört wie die Namen von Klingonenherrschern oder Raumschiffen ferner Galaxiebewohner, steht relativ simpel für

✔ Ucits: Undertakings for Collective Investments in Transferable Securities

✔ Ogaw: Organismus für gemeinsame Anlage in Wertpapieren

Wichtiger ist natürlich, was drin steht in den neuen Richtlinien. Vor allem haben die Fondsmanager mehr Freiheiten bei der Zusammenstellung ihrer Fonds gewonnen, so dürfen sie nun auch zu Derivaten greifen, um die Rendite zu erhöhen. Bis jetzt durften Derivate rein zu Absicherungszwecken, also etwa gegen Währungsrisiken, eingesetzt werden. Wichtig für Privatanleger: Neben den umfangreichen bisherigen Fondsprospekten voll mit unverständlichem Fachchinesisch und Pseudo-Business-Englisch, müssen jetzt vereinfachte, leichter verständliche Prospekte aufgelegt werden.

Fondsgesellschaften müssen außerdem für jeden Fonds Jahres- und Halbjahresberichte herausgeben, ganz wie börsennotierte Aktiengesellschaften auch, die wiederum von unabhängigen Wirtschaftsprüfungsgesellschaften testiert, also überprüft und abgenommen werden müssen.

Artenvielfalt – die Fondstypen von A bis Z

Allein in Deutschland gibt es mehrere tausend Fonds der unterschiedlichsten Typen. Die reiche Fantasie bei der Gestaltung immer neuer Zertifikate hat inzwischen auch auf die Fondsbranche abgefärbt und so entstehen auch hier immer neue Produkte. Teilweise werden sogar Zertifikate mit in einen Fonds genommen oder es wird mit Puts und Calls mit Ober- und Untergrenzen und Ertragsgarantien gearbeitet. Es ist also ein Leichtes, sich quer durch das Alphabet mit verschiedenen Fondstypen zu zappen, ohne erschöpfend zu sein. Grundsätzlich verbirgt sich aber die Anlage-Strategie der jeweiligen Fonds und ihrer Manager hinter der Auswahl an Produkten, die sie in das bekannte Körbchen packen.

Aktienfonds

Der Aktienfonds ist sozusagen die Mutter aller Fondsideen. Der Aktienfonds investiert in ganz unterschiedliche Aktien und schafft für Sie damit ein geradezu idealtypisches Aktiendepot, das auch noch Profis aktiv managen! Doch seit dem jüngsten Aktiencrash kurz nach der Jahrtausendwende flüchteten die Anleger aus dieser etwas einfach gestrickten Art der Fondszusammensetzung. Allein 2007 floss ein Kapital von 14,2 Milliarden Euro aus Aktienfonds ab, wie der Bundesverband Investment und Asset Management feststellen musste – 2009 betrugen die Mittelzuflüsse dafür wieder 14,4 Milliarden Euro. Das Fondsvermögen der 2009 insgesamt 2.485 deutschen Aktienfonds summiert sich auf über 197 Milliarden Euro, so viel wie in keiner anderen Publikumsfonds-Art.

Innerhalb von Aktienfonds wird oft noch nach Regionen (Deutschland, Europa, Asien, USA, Emerging Markets) und/oder nach Branchen unterschieden, so existieren beispielsweise Fonds mit Luxusaktien oder Biotechnologie-Papieren. Nach der Größe der Aktiengesellschaften, von denen Aktien in den Fonds genommen werden, spricht man je nachdem von Blue Chips oder den Mid- oder Small-Caps, also den mittelständischen und kleineren Aktiengesellschaften, die bei allerdings größerem Risiko oftmals eine höhere Rendite erzielen als Großkonzerne.

Legendärer Fonds

Welche enormen Wachstumspotenziale in einem Aktienfonds stecken (können), bewies der schon legendäre Fondsmanager Peter Lynch. Er managte von 1977 bis 1990 den Fidelity Magellan Fonds, der unter ihm zum weltweit größten Fonds mit einer Million Anteilseignern aufstieg. Noch interessanter allerdings sind die Wachstumszahlen: Wer 1977, als Lynch den Fonds übernahm, 1.000 US-Dollar angelegt hatte, der erhielt bei Lynchs Abschied 1990 28.000 US-Dollar zurück. Peter Lynch zog sich bereits mit 46 Jahren aus dem aktiven Management zurück und stieg in den Aufsichtsrat der US-Gesellschaft Fidelity auf.

Branchenfonds

Branchenfonds sind eine spezielle Form von Aktienfonds, die auf eine bestimmte Branche fokussiert sind, also einen speziellen Industriezweig wie etwa Maschinenbau oder Chemie oder einen ganzen Wirtschaftssektor wie etwa Finanzen ausgerichtet sind. Besonders beliebt sind typische Wachstumsbranchen wie Biotechnologie und Medizintechnik, Logistik oder Rohstoffe, Nahrungsmittel und gerade in letzter Zeit Umwelt, Ökologie oder Nachhaltigkeit (Sustainability). Sie merken schon, die Abgrenzung zwischen Branchen- und Themenfonds ist fließend, es geht ja auch um die günstigste Geldanlage und nicht um die einzig richtige Schublade.

Branchenfonds unterliegen größeren Kursschwankungen als breiter angelegte Produkte, da viele Branchen zyklisch verlaufen und so die Aktienkurse auch Wellenbewegungen mitmachen, wie in Kapitel 2 bereits ausgeführt. Allerdings verlaufen die Entwicklungen weltweit oftmals nicht zeitgleich, so kann der Fondsmanager bei globalen Branchenfonds wenigstens etwas gegensteuern.

 Branchenfonds sind riskanter, weil der Fondsmanager bei Konjunktureinbrüchen in der jeweiligen Branche nicht angemessen reagieren kann. Geht es der Branche schlecht, hat er keine Möglichkeit, in andere Papiere umzuschichten, sondern muss auf Zeit setzen und den Zyklus aussitzen. Wenn schon in Branchenfonds investieren, dann nur in weltweit aufgestellte. Außerdem sollten Sie über einen wenigstens theoretisch unbegrenzten Zeithorizont bei der Anlage verfügen.

Dachfonds

Wie der Name schon sagt, wird unter dem Dach dieses Fondstyps wiederum in andere Fonds investiert. Es handelt sich genau genommen also um einen Fonds-Fonds und so lautet die englische Bezeichnung auch folgerichtig »Fund of funds«! Die ersten Fonds dieser Art kamen in Deutschland kurz vor der Jahrtausendwende auf den Markt, weil sie überhaupt erst seit April 1998 rechtlich zulässig waren. Zum 30.09.2010 waren hierzulande 542 Milliarden Euro in Dachfonds angelegt.

Die Idee dahinter ist, dass die Streuung proportional ansteigt, wenn schon in gestreute Produkte, also andere Fonds, die so genannten Sub- oder Ziel-Fonds, investiert wird. Das bietet eine attraktive Rendite zu einem ziemlich geringen Risiko. Denn wenn einmal der eine oder andere Fonds schwächelt, wird er von anderen mit überdurchschnittlicher Performance wieder aufgefangen. Kleiner Nachteil: Bei Dachfonds fallen zusätzliche Gebühren an, denn Sie müssen zweimal zahlen: Für die im Fonds versammelten Fonds und den Dachfonds selbst. Klar, sowohl die einzelnen Fonds werden aktiv gemanagt als auch der Dachfonds darüber.

Garantiefonds

Bei Garantiefonds wird vorwiegend in festverzinsliche Anleihen investiert, um sicherzustellen, dass die Anleger ihren Einsatz zurückerhalten. Nur ein Teil wird in Aktien oder andere Renditebringer investiert. Hier erhält der Anleger aber noch zusätzlich die Garantie, einen bestimmten Kapitalbetrag auch tatsächlich zurück zu erhalten. Diese Garantie kostet natürlich Rendite – sprich, der Fonds nimmt nur unterdurchschnittlich an der Wertentwicklung seines Anlagesegments teil.

Geldmarktfonds

Bei Geldmarktfonds steht der sehr kurze Anlagehorizont des Engagements im Mittelpunkt. Investiert wird entweder in kurzfristige Wertpapiere mit einer Laufzeit bis zu einem Jahr oder in einlagengesicherte Bankguthaben. Da Großanleger generell bessere (Zins-)Konditionen erhalten, profitieren Sie als Beteiligter an einem Fonds von dieser Bevorzugung, denn ein prall gefüllter Fonds spült einer Bank eine ganze Menge Kapital aufs Konto. Besonders profitieren Sie als Anleger hier selbstverständlich während einer Hochzinsphase, aber gerade bei insgesamt niedrigen Zinsen können Sie so trotzdem noch eine einigermaßen erträgliche Rendite erzielen.

Da die Anlage nur kurzfristig ist, es im Gegensatz zu Festgeld aber keine Fristen gibt, können Sie hier auch Gelder einmal kurz »zwischenparken«, bevor sich Sie sich für ein anderes Engagement entscheiden. Auch in Phasen der Unsicherheit, in denen nicht klar ist, ob die Börsen sich wieder nach oben entwickeln oder doch eher in den Keller fallen, können Sie hier Ihre Gelder oft zu besseren Konditionen zwischenlagern, als wenn Sie es direkt als einzelner Kleinanleger bei Ihrer Hausbank anlegen würden. Mit 51 Milliarden Euro lag das Volumen in etwa in der Höhe der Dachfonds, interessant allerdings, dass dazu 675 Dachfonds nötig waren, aber nur 247 Geldmarktfonds, diese also im Schnitt ein wesentlich höheres Volumen haben.

Geschlossene Fonds

Geschlossene Fonds sind Beteiligungen, die nicht börslich gehandelt werden. Muss ein Investor schnell verkaufen, vielleicht aus einer Notlage heraus, können die Fondsanteile zum Problem werden. So einfach, wie in vielen Prospekten dargestellt, ist der Verkauf meist nicht. Vielen Anlegern wird erst beim Ausstieg(sversuch) klar, warum diese Fondsart »geschlossen« heißt.

Geschlossene Fonds wurden ursprünglich vor allem als Steuersparmodelle geschaffen. Anders als bei den bisher behandelten offenen Fonds werden die Käufer (hier: »Zeichner«) von geschlossenen Fonds selbst unternehmerisch tätig – mit viel weitreichenderen Verpflichtungen. Das Image von geschlossenen Fonds stellte sich bisher vor allem so dar: Da investierten Zahnärzte in Tankschiffe oder Handwerksmeister in Kinofilme. Hauptsache, der Anleger zahlte langfristig ein und erhielt zum Dank Verluste zugewiesen, die die Steuern drückten. Im Herbst 2005 verbot die Bundesregierung viele Formen dieser Steuerspar-Fonds und seitdem verschwanden und verschwinden ganze Fondstypen, wie etwa Medienfonds zur Finanzierung von Filmen, vom Markt. Doch bei denjenigen geschlossenen Fonds, die noch weiter aufgelegt werden, verändert sich das Image kontinuierlich.

Heute investieren geschlossene Fonds überwiegend in Immobilien, gebrauchte Lebensversicherungen, aber auch alternative Energien (Wind- und Solaranlagen) und Private-Equity (Unternehmensbeteiligungen). Im Vordergrund steht jetzt, wie bei anderen Fonds auch, die Rendite. Das Grundprinzip dieser Fonds ist nicht möglichst viel Geld von den Anlegern einzusammeln, sondern möglichst rasch eine vorher definierte Summe, etwa zur Anlage eines bestimmten Windparks oder zum Bau einer Großimmobilie, zusammenzubekommen. Ist genügend Geld im Topf, kommt der Deckel drauf und nur die Anleger, deren Geld schon drinsteckt, profitieren von den anvisierten Gewinnen. Sie sind damit über den Fonds je nach Anteil direkt an einem Windpark oder einem Schiff oder einem Airport beteiligt, mit allen Risiken, die sich aus deren Betreiben ergeben können. Der Ausstieg aus geschlossenen Fonds ist per definitionem wesentlich komplizierter als bei offenen Fonds, aber auch hier müssen Sie nicht bis zum Laufzeitende warten, wenn Sie vorzeitig an Ihr Geld heran wollen oder müssen.

Der Handel von »gebrauchten« Anteilen geschlossener Fonds war lange Zeit tatsächlich nur etwas für Insider. Doch dieser so genannte »Zweitmarkt für geschlossene Fonds« boomt heute wie noch nie. Anlegern bietet der Zweitmarkt endlich die Möglichkeit, Fonds zu verkaufen und ihr Geld vorzeitig zurückzubekommen. Wo etwas verkauft wird, kann aber auch günstig gekauft werden, und so können auch Fonds gekauft werden, die am Erstmarkt aufgrund gestiegener Preise kaum noch angeboten werden – wie beispielsweise Auslandsimmobilienfonds mit fertiggestellten und gut vermieteten Objekten in gefragten Innenstadtlagen. Einen Marktplatz für Gebrauchtfonds (Immobilienfonds, Schiffsbeteiligungen, Leasing-, Windkraft- und Flugzeugfonds) bietet zum Beispiel die Börse Hamburg über die Fondsbörse Deutschland Beteiligungsmakler AG unter www.zweitmarkt.de an.

 Geschlossene Fonds sind unternehmerische Beteiligungen und bergen deshalb immer alle Risiken des Unternehmens, auf das sie sich beziehen, bis hin zum Totalverlust!

Hedgefonds

Bei Hedgefonds wird so ziemlich in alles investiert: Aktien, Anleihen, Rohstoffe, Devisen, Nahrungsmittel, Bankkredite, Private-Equity (Unternehmensbeteiligungen), Energie, Zinsen, Derivate, ... Ein Kessel Buntes! Die Fondsmanager haben hier besonders viel Spielraum und können sehr frei agieren. Weltweit werden gewaltige Kapitalien – man schätzt 1,7 Billionen US-Dollar und damit mehr als vor der Finanzkrise (Stand: Oktober 2010) – in dieser Anlageform bewegt, allerdings fast ausschließlich von institutionellen Anlegern. In Deutschland sind es immerhin noch etwa 18 Milliarden Euro.

Die Idee hinter einem Hedgefonds ist, dass alle möglichen Anlagevarianten und Finanzierungsinstrumente gewählt werden können, um in jeder Börsensituation Gewinne zu erzielen. Daher der Name _hedge_ – absichern. Frei nach dem Motto: Wenn der Profi alle Möglichkeiten auf dem Kapitalmarkt ausreizen kann, dann muss doch einfach ein Gewinn dabei herauskommen. Die Gebühren sind relativ hoch, denn neben dem hohen Ausgabeaufschlag fallen noch die Managementgebühr und eine nicht unerhebliche Gewinnbeteiligung des Herausgebers an.

Die Idee für den Hedgefonds stammte von Alfred W. Jones, der 1949 seinen Investoren ein Investment anbot, das sich unabhängig von den klassischen Aktien- und Anleihenmärkten entwickeln und als Alternative in jedes Portfolio passen sollte.

Man kann Single- und Dach-Hedgefonds unterscheiden, also auch hier könnten Sie in einen einzelnen Hedgefonds oder in die Summe mehrerer Hedgefonds investieren. Könnten, weil erst seit dem 1. Januar 2004 diese Form der Anlage in Deutschland auch für Privatleute zugelassen ist (nach dem Investmentmodernisierungsgesetz), sich aber ausschließlich auf Dachfonds beschränkt. In Single-Hedgefonds können Sie praktisch nur indirekt über Zertifikate investieren. In den USA sind es dagegen vor allem wohlhabende Privatanleger, aber auch Pensionsfonds für Arbeiter und Angestellte, die in Hedgefonds investieren.

Hedgefonds lösen oftmals auch Kritik aus, denn hier werden riesige Gelder relativ intransparent bewegt, viele Hedgefonds setzen außerdem zusätzlich noch sehr viel aufgenommenes Geld ein und kaufen auch mal ein ganzes Unternehmen auf, um es dann hübsch zu filetieren und in Teilen mit Gewinn wieder zu veräußern. Im Zeichen der Finanzkrise wird ihnen sogar Manipulation ganzer Währungen – etwa durch Wetten auf ein Absinken des Euro – unterstellt. Nicht zuletzt deshalb sollen sie in Zukunft strengeren Regeln unterstellt werden, doch diese Regulierung kommt weltweit nur sehr schleppend voran.

Der große Vorteil von Hedgefonds besteht darin, dass sie in Zeiten steigender Kurse außerordentlich gute Profite erzielen, in Bärenjahren aber immer noch zumindest bestandserhaltend wirken. So hat eine Studie der Deutschen Bank ergeben, dass von insgesamt 69 untersuchten Quartalen Hedgefonds auf der Basis einer weltweiten Anlage in 50 Quartalen eine positive Performance und nur in 19 Quartalen eine negative, durchschnittliche Performance erzielt haben. Allerdings ist es auch so, dass fast alle Hedgefonds, die Anleger in Deutschland kaufen können, nach Gebühren nicht oder nur unwesentlich besser als Tagesgeldanlagen abschneiden.

Eines dieser Märchen

Einer der Hedgefonds-Gurus war George Soros, der in den frühen 90er Jahren spektakuläre Erfolge mit dieser Anlageform feierte. Der 1930 in Budapest geborene Soros – heute längst Bürger der USA – erwarb 1969 zwei unspektakuläre Fonds mit Namen Quantum und Quota, die damals in etwa 12 Millionen US-Dollar wert waren. Auf dem Höhepunkt seiner Aktivitäten bewegte sich das Vermögen der beiden Fonds bei 23 Milliarden US-Dollar!

Zu Soros' Vermögen trug maßgeblich bei, dass er in den 90er Jahren massiv mit britischen Pfund spekulierte. Er setzte große Summen darauf, dass die überbewertete englische Währung fällt, und brachte sie zusätzlich unter Druck. Am Ende musste Großbritannien aus dem europäischen Währungssystem austreten und Soros hatte Milliarden verdient.

Soros spekulierte schon sehr früh auf ein Platzen der New-Economy-Blase, womit er zwar Recht hatte, aber nicht zur richtigen Zeit. So verlor er viel Geld – auch Finanzgenies sind eben nicht unfehlbar.

Immobilienfonds

Immobilienfonds sind Investmentfonds, die es Ihnen ermöglichen, sich mit verhältnismäßig kleinen Beträgen an großen, wertvollen Immobilien zu beteiligen. Bei Immobilienfonds gibt es beide Varianten: offene und geschlossene Fonds. Alle Immobilienfonds legen das Geld in Häuser und Grundstücke im In- und Ausland an. Sie werden quasi Hausbesitzer, wenigstens zu kleinen Teilen. Die Portfolios sind meist weit gespannt, beschränken sich aber hauptsächlich auf gewerblich genutzte Immobilien. Zwischen 2003 und 2006 mussten Käufer von Immobilienfonds aufgrund der hohen Leerstandsquote bei Büroräumen und den niedrigeren Mieteinnahmen in vielen deutschen Städten allerdings verminderte Renditen in Kauf nehmen. Trotzdem gelten Immobilien noch immer als eine besonders sichere und vor allem inflationsunabhängige Wertanlage.

Bei geschlossenen Immobilienfonds ist die Zahl der Fondsanteile von Beginn an genau festgelegt und es wird meist nur in eine große Immobilie, etwa eine Infrastrukturmaßnahme, einen Hotelkomplex oder eine Seniorenwohnanlage investiert. Der Ausstieg aus einem geschlossenen Immobilienfonds ist – wie oben beschrieben – nicht ganz einfach, normalerweise muss man bis zum Ende der Laufzeit dabeibleiben und diese liegt bei zehn bis dreißig Jahren. Inzwischen hat sich aber ein Zweitmarkt für geschlossene Fonds etabliert. Zahlreiche, auch internetbasierte Plattformen bieten eine Verkaufsvermittlung an.

Auch offene Immobilienfonds kaufen hauptsächlich Gewerbeimmobilien (meist Bürohäuser oder Einzelhandelsimmobilien) und versuchen, durch Mieterträge und Wertsteigerungen der Objekte Erträge zu erwirtschaften. Ziel ist es, Immobilien auch für Kleinanleger börsentäglich handelbar, also liquide, zu machen. Da die Fondsanteile jederzeit gekauft oder verkauft werden können, investieren die Fondsmanager, um flüssig zu bleiben, aber nicht nur in Gebäude und Grundstücke, sondern auch in Zinspapiere oder ähnliche schnell verfügbare Anlagen. Die Liquiditätsreserve des Fonds muss mindestens fünf Prozent des Fondsvermögens betragen, darf aber höchstens auf 49 Prozent steigen. Die Kapitalanlagegesellschaft ist verpflichtet, einen Fonds zeitweise zu schließen, wenn die Liquiditätsreserve weniger als fünf Prozent des Fondsvermögens ausmacht. Das Jahr 2009 verlief nicht sehr rosig für die Liebhaber von offenen Immobilienfonds – die Rendite lag bei gerade einmal zwei Prozent, 2008 waren es noch 4,7 Prozent und 2007 sogar 5,7 Prozent gewesen, so das Handelsblatt. Und laut BVI stagnierten in den offenen Immobilienfonds auch die Mittelzuflüsse zwischen September 2009 und September 2010 von 87,1 auf 87,3 Milliarden Euro.

Perlen verscherbeln

Während der Konjunkturschwäche nach dem Platzen der New-Economy-Blase sind offene Immobilienfonds etwas in die Kritik geraten. Der Hintergrund ist einfach und eigentlich ganz logisch: Wenn mehr Fondsanteile zurückgegeben werden, als flüssige Mittel vorhanden sind, darf der Fonds entweder Fremdkapital aufnehmen, was aber die Rendite belastet, oder er muss Immobilien verkaufen. Immobilienfonds setzen ihre Objekte jedoch nicht zum Marktwert an, der sich ständig ändern kann, sondern zum Verkehrswert nach Paragraph 194 BauGesetzBuch. Dabei stellen unabhängige Gutachter mithilfe der Mieterträge und der Kosten den Wert fest. Ein offener Immobilienfonds darf seine Objekte nicht (oder »nur unwesentlich«) unterhalb dieses Verkehrswertes verkaufen. Wenn jetzt aber die Mittelabflüsse hoch sind, also viele Anleger Fondsanteile zurückgeben, und deshalb schnell viele Objekte verkauft werden müssen, hat der Fondsmanager ein Problem. Denn der Verkaufsdruck mindert den normalerweise am Markt erzielbaren Preis. Sinkt dieser Preis jetzt aber unter den vom Gutachter festgestellten Wert, ist ein Verkauf gar nicht mehr zulässig. Dann müssen oftmals ausgerechnet die ertragsstärksten Objekte, die die Rendite des gesamten Fonds untermauerten, veräußert werden.

Indexfonds

Indexfonds orientieren sich an einem bestimmten Index, hierzulande oft am DAX oder zum Beispiel dem europäisch ausgerichteten Euro STOXX. Indexfonds sind preiswert, leicht zu handhaben und werden an der Börse gehandelt (als Exchange Traded Funds oder ETF).

Indexfonds werden nicht aktiv gemanagt, sondern passiv. Passiv etwas zu tun ist die vornehme Umschreibung für Nichtstun! Der Fonds managt sich im Prinzip aber tatsächlich wie von selbst, da er sich immer am Index ausrichtet. Die Fondsgesellschaft muss also nur bei der erstmaligen Zusammenstellung des Fonds das Portfolio entsprechend des vorgegebenen Index nachbilden. Nur die Neuzuflüsse in den Fonds müssen neu disponiert werden. Der Index stellt ganz einfach immer die Basis dar, insofern könnte ein Fondsmanager hier nicht viel bewegen. Deshalb fallen die Gebühren sehr moderat aus. Da die Mehrheit aller Fondsmanager den Index aber ohnehin nicht schlägt, sind Indexfonds oft eine gute Wahl.

Länderfonds

Viele Fonds, insbesondere Aktien-, aber auch Rentenfonds richten ihr Hauptziel auf bestimmte, wachstumsstarke Länder aus. Wobei sich diese Länderfonds nicht unbedingt an politischen Landesgrenzen orientieren müssen, sondern oftmals ganze Wachstumsregionen bedienen. Besonders beliebt sind verständlicherweise boomende Länder und Regionen, die so genannten Emerging Markets oder Schwellenländer, wie Asien, Teile Südamerikas oder auch Osteuropa.

Ähnlich wie bei Branchen- oder Themenfonds kann auch hier der Fondsmanager nicht auf andere Länder ausweichen, wenn in dem Zielland negative Einflussfaktoren die Oberhand gewinnen. Das Risiko solcher Länderfonds steigt also umso mehr, je politisch instabiler die Länder in Summe sind.

Laufzeitfonds

Laufzeitfonds investieren in festverzinsliche Wertpapiere, die auf die Fälligkeit des Fonds hin ausgerichtet sind. Denn der Fonds selbst besitzt auch eine bestimmte Laufzeit, nach dem Verfallsdatum wird der gesamte Fonds aufgelöst und das Vermögen an die Anteilsinhaber zurückgezahlt. Die Laufzeiten betragen in der Regel zwischen zwei und acht Jahren. Selbstverständlich können Sie auch zwischenzeitlich jederzeit aussteigen aus dem Fonds, nur das Einsteigen ist oft, ähnlich wie bei geschlossenen Fonds und vielen Garantiefonds, nur während einer relativ kurzen Zeichnungsfrist möglich. Weil der Fondsmanager während der Zeichnungsfrist die festverzinslichen Papiere zu aktuellen Marktpreisen einkaufen muss, die während der gesamten Laufzeit beibehalten werden, schließt er den Fonds, wenn die Marktzinsen sinken, weil er sonst die Rendite nicht aufrechterhalten könnte.

Der Vorteil für den Anleger von Laufzeitfonds ist das sichere Wissen, zu einem bestimmten Zeitpunkt wieder über sein Geld verfügen zu können, mit einer ziemlich genau vorhersagbaren Rendite.

Nachhaltigkeitsfonds

Bei einer wachsenden Zahl von Anlegern spielt auch das »gute Gewissen« eine immer wichtigere Rolle bei der Geldanlage. Sie wollen ihr Geld nicht nur vermehren, sondern damit auch sinnvolle, nachhaltig wirkende Projekte unterstützen. Hier bieten sich Fonds für Windkraftanlagen oder Solarenergieparks an, wenn Sie von dieser regenerativen Art der Energieerzeugung überzeugt sind. Diese Nachhaltigkeitsfonds werden allerdings oftmals nur als geschlossene Fonds angeboten. Der Vorteil liegt hier nicht nur am sanften Ruhekissen, das ein gutes Gewissen bieten soll, auch die meist überdurchschnittliche Rendite, nicht zuletzt aufgrund der staatlich garantierten Abnahmepreise für regenerative Energien, dürfte wohltuend auf Ihren Schlaf wirken.

Inzwischen bieten alle Investmentgesellschaften Nachhaltigkeitsfonds aller Art an, nachhaltige Aktienfonds, Dachfonds, Mischfonds oder Private-Equity-Fonds. Im Netz gibt es eine eigene Plattform für nachhaltiges Investieren unter www.nachhaltiges-investment.org betreut vom Sustainable Business Institute der European Business School in Oestrich-Winkel, die auch einen eigenen Fondsfinder anbietet.

Die wichtigsten Fragen bei nachhaltigen Fonds sind: Erzielen sie eine gute Performance und sind die gekauften Werte tatsächlich nachhaltig? Denn es gibt keine einheitlichen Kriterien, nach denen die Nachhaltigkeit festgelegt wird. Ein gutes Gewissen ist eben relativ schwierig genau zu definieren, was dem einen noch viel zu wenig erscheint, geht dem anderen vielleicht schon viel zu weit. In einem Windkraftfonds können beispielsweise durchaus auch

Aktien eines großen Energiekonzerns einfließen, der zwar auch eine Windsparte betreibt, seinen Hauptverdienst aber nach wie vor mit Atomkraft erzielt! Oder ein Anlagenbauer stellt neben Windturbinen auch ganz konventionelle Braunkohlekraftwerke her. Die Ausrichtung der Fonds reicht von ökologisch über nachhaltig bis hin zu ethischen Kriterien entsprechend, eine Unterscheidung, der auch das Forum nachhaltiger Geldanlagen in Berlin folgt.

Zu den auch strengeren Maßstäben gerecht werdenden ökologischen Fonds zählen der Ökovision oder der Green Effects, der nur in die dreißig Unternehmen des Natur-Aktien-Index (NAI) investiert. Der Ökovision wurde bereits 1996 vom Schweizer Bankhaus Sarasin & Cie. als einer der ersten Umweltfonds aufgelegt und bevorzugt Unternehmen, die umwelt- und sozialverträgliche Technologien entwickeln.

Mischfonds

Bei Mischfonds ist der Name Programm, denn hier wird in Aktien und Anleihen investiert, manchmal auch noch in Rohstoffe, Immobilien und sogar in Hedgefonds. Damit sollen negative Entwicklungen in einer Gattung mittels der anderen ausgeglichen werden. Mischfonds sind, weil sie auch auf Anleihen setzen, meist risikoärmer als reine Aktienfonds. Mischfonds sind zwar flexibler in der Handhabung für den Fondsmanager, aber trotzdem muss er sich an die Fondsregeln halten, in denen das Mischungsverhältnis vorgegeben ist. Sie als Anleger können die Strategie so auch nachvollziehen. Im Gegensatz also zu Hedgefonds, bei denen die Fondsmanager frei operieren und jonglieren können, ohne dass die Anleger wissen, in welche Instrumente gerade investiert wird.

Offene Fonds (Publikumsfonds)

Bei dieser in Deutschland geläufigsten Fonds-Variante gibt die Kapitalanlagegesellschaft je nach Bedarf neue Anteile aus (wenn Anleger Geld investieren wollen) und nimmt ausgegebene Anteile zurück (wenn Anleger ihr Geld wieder benötigen). Die Anzahl der umlaufenden Anteile eines offenen Fonds ist also nicht begrenzt und erhöht sich entsprechend der Summe an neu angelegtem Kapital. Jedoch ist es der Fondsgesellschaft möglich, die Ausgabe der Fondsanteile temporär einzuschränken, auszusetzen oder unwiderruflich zu beenden. So hat etwa im Mai 2007 Union Investment Real Estate vorübergehend keine Anteilsscheine mehr an zwei ihrer Immobilienfonds herausgegeben. Der Grund: Großer Erfolg! Die Gesellschaft hatte Immobilien aus ihren Fonds so vorteilhaft verkauft, dass die Banken mit einem starken Anstieg der Anteilswerte der beiden Fonds rechneten. Um die bisherigen Anleger vor spekulativen Neueinsteigern zu schützen, schloss Union Investment die beiden Fonds auf Zeit.

Das Angenehme von Publikumsfonds für Sie als Anleger ist die Rücknahmeverpflichtung. Danach muss die Gesellschaft Ihre Anteile gemäß den vertraglichen Übereinkünften zurücknehmen. Sie erhalten dafür jeweils den offiziellen Rücknahmepreis.

Rentenfonds

Die meisten Rentenfonds sind etwas für eher vorsichtige Anleger, da sie ausschließlich in Unternehmens- und Staatsanleihen investieren. Im Vordergrund steht hier also die Werthaltigkeit und weniger die maximale Rendite bei maximalem Risiko. Rentenfonds eignen sich daher sehr gut für die Altersvorsorge. Die Gewinne der Fonds resultieren aber, wie bei der Direktanlage auch, aus Zinsen und Kurssteigerungen. Außerdem sind auch hier durchaus unterschiedliche Risiko- und Renditepotenziale möglich, denn Rentenfonds können weltweit investieren oder sich auf bestimmte Länder mit hohen Zinssätzen (aber großem Risiko) fokussieren. Bei Rentenfonds gilt also das Gleiche wie bei der Direktanlage in festverzinsliche Papiere, es kommt entscheidend auf die Bonität der Emittenten an, ob Staaten oder Unternehmen, wie bereits in Kapitel 7 beschrieben. Und genau wie bei der Direktanlage profitieren Rentenfondsanleger von sinkenden Zinsen, weil dann die Kurse der Rentenpapiere steigen.

Total Return Fonds und Absolute Return Fonds

Total Return Fonds investieren zumeist in Aktien, Renten oder Geldmarktpapiere, manche Total Return Fonds auch nur in Anleihen. Damit soll ein maximaler Ertrag über den zugrunde gelegten Vergleichsmaßstäben (Benchmark) erzielt werden. Deshalb erfolgt je nach Höhe der Zinsen und Kursentwicklung eine permanente Umschichtung und Neugewichtung der einzelnen Fondselemente. Im Vordergrund steht hier aber immer der Kapitalerhalt und weniger die maximale Rendite, also liegt der Schwerpunkt bei den Renten, den festverzinslichen Papieren und weniger bei den Aktien. Der Nachteil ist die relativ hohe Managementgebühr, da das hier besonders häufige Gewichten und Umschichten mehr Zeit und damit Geld kostet.

Absolute Return Fonds sind eine noch relative junge Gattung im Fonds-Becken und werden gerne auch als Superfonds bezeichnet. Super daran ist, dass sie einerseits relativ sicher sind, andererseits aber auch (fast) völlig ungebunden, in welche Form von Assets sie investieren wollen: Aktien oder Renten, Immobilien oder Derivate. Damit sollen die Manager flexibel genug sein, auch bei fallenden Kursen mittels derivativer Produkte Gewinne zu erzielen und die schlechten Zeiten nicht aussitzen zu müssen. Hört sich verdammt nach Hedgefonds an, stimmt aber nur zu Teilen: Im Gegensatz zu Hedgefonds dürfen Absolute Return Fonds kein Fremdkapital in großem Stil aufnehmen, um die Hebelwirkung zu verstärken. Sie haben also die Vorteile eines Hedgefonds, aber die Risiken und Nebenwirkungen sind begrenzt – aber nicht ausgeschlossen!

Währungsfonds

Währungs- oder Devisenfonds sind relativ neue Entwicklungen der Fondsbranche, die von der Gesetzesänderung profitieren, dass neu aufgelegte Fonds künftig in alle Anlageklassen, also auch in Derivate und Rohstoffe, investieren dürfen. Bei Währungsfonds wird in die unterschiedlichsten Währungen oft auch über Derivate investiert, wobei das Spektrum von Währungen aus starken Industrieländern wie US-Dollar, Euro, Yen, britisches Pfund, Schweizer Franken und die schwedische und norwegische Krone bis hin zu Exoten aus den Schwellenländern China, Indien oder Brasilien in der Hoffnung auf hohe Gewinne reicht.

Bisher konnten die auf dem deutschen Markt aufgelegten Produkte allerdings nicht wirklich überzeugen. Die Performance hielt sich in Grenzen, laut Financial Times Deutschland lag sie bei den acht in Deutschland aufgelegten Währungsfonds zwischen minus 0,23 und plus 3,54 Prozent im Jahr 2006. Das hat sich bis 2010 nicht wesentlich geändert, die Fonds bewegen sich noch immer auf diesem »Sparbuchniveau«. Dabei spielt aber sicherlich die Tatsache eine Rolle, dass es diese Fonds noch nicht so lange gibt und insofern keine längerfristigen Performance-Zahlen vorliegen können. Zusätzlich fallen relativ hohe Fondsgebühren an, da zu den normalen Gebühren noch Performance-Gebühren kommen. Da es sich um relativ junge Produkte handelt, muss man hier die weitere Entwicklung abwarten. Allerdings, selbst ausgewiesene Spezialisten wagen es kaum, genaue Voraussagen über die künftige Entwicklung von Währungen zu treffen, zu vielseitig sind hier die Einflussfaktoren, insofern sind und bleiben Währungsfonds insgesamt eine riskante Anlageform.

Zertifikatefonds

In den vergangenen Jahren liefen die Zertifikate den Fonds den Rang ab, denn mit ihnen konnte ein cleverer Anleger auch auf fallende Kurse oder bei Seitwärtsbewegungen spekulieren. Mit klassischen Aktienfonds war dies nicht möglich, sie profitieren nur dann, wenn die Aktienkurse steigen. Seit 2001 zog die Fondsbranche nach und legt seitdem immer neue Fonds auf, die in Zertifikate investieren: Zertifikatefonds. Beliebt sind vor allem Fonds für Garantiezertifikate, Discount- oder Bonuszertifikate, die in Kapitel 6 vorgestellt wurden. Einige Fonds greifen gleich auf mehrere unterschiedliche Zertifikatetypen zurück.

In der näheren Zukunft dürften sich die beiden Anlageformen Zertifikate und Fonds annähern, die Grenzen verschwimmen, so unken jedenfalls Spezialisten aus der Fondsbranche, weniger aber die Zertifikate-Experten – obwohl es auch schon Zertifikate gibt, die beispielsweise fünf besonders gute Fonds bündeln.

Zielsparfonds

Mit Hilfe eines Zielsparfonds können Sie mit möglichst hoher Rendite und geringem Risiko auf einen bestimmten Zeitpunkt hin sparen, so die Fondsanbieter. Zielsparfonds werden erst seit 2006 aufgelegt. Gemeinsam ist ihnen eine Art Verfalldatum, bis zu dem die versprochene Rendite erwirtschaftet sein soll. In welche Fonds dabei investiert wird, ob in Aktienfonds (so von der US-Investmentgesellschaft Fidelity) oder in Dachfonds (so von der Deka), spielt keine Rolle. Je näher der Zeitpunkt der Auszahlung rückt, desto konservativer agieren die Fonds. Typische Auszahlungszeitpunkte sind etwa 2010, 2015 oder 2020.

Üblicherweise operieren Zielsparfonds mit Ausgabeaufschlägen von 3,5 bis 5 Prozent und Verwaltungsgebühren von 1 bis 1,5 Prozent.

Bisher können sich die Renditen der Zielsparfonds sehen lassen und erreichten Werte um die 20 Prozent, allerdings wurde bisher überwiegend in Aktienfonds investiert – und während einer Aktienrallye Gewinne einzufahren, ist nicht wirklich schwer. Da es noch keine längere Beobachtung für Zielsparfonds gibt, bleibt abzuwarten, wie die Fondsmanager auf fallende Aktienmärkte reagieren.

Zielsparfonds sollen vor allem für die Altersvorsorge eingesetzt werden und eignen sich auch für monatliche Einzahlungen. (Mehr zu Fondssparplänen und Altersvorsorge in Kapitel 11!)

Fonds oder nicht Fonds

Nach so vielen verschiedenen Fondstypen, Renditechancen und Anlagerisiken lohnt ein kurzes Resümee über die Vor- und Nachteile dieser längst zu den klassischen Anlageformen zählenden Kapitalanlage.

Ihre Vorteile als Fondsanleger auf einen Blick:

✔ Eine riesige Auswahl verschiedener Fonds

✔ Eine breite Streuung und damit ein geringeres Risiko

✔ Ein professionelles Management

✔ Hohe Transparenz, da die Fondsgesellschaften Monats- oder Halbjahresberichte herausgeben

✔ Die Kursschwankungen fallen insgesamt geringer aus als bei einzelnen Papieren.

✔ Ein Totalverlust ist fast ausgeschlossen.

✔ Arbeitnehmersparzulage ist möglich.

✔ Fonds können börsentäglich gekauft oder veräußert werden.

✔ Mit Fondssparplänen kann bereits mit einer sehr geringen, monatlichen Summe eingestiegen werden.

 Die Anlage in Fonds hat auch ihre Risiken und Nebenwirkungen. Hier die wichtigsten als Beipackzettel:

✔ Hoher Ausgabeaufschlag bei Kauf über Banken (bis zu fünf Prozent, in seltenen Fällen bis zu zehn Prozent)

✔ Jährliche Managementgebühr

✔ Erfolgsgebühren fallen oft auch bei negativem Ergebnis an – Hauptsache die Basis-Benchmark, der Vergleichsmaßstab, wurde übertroffen.

 Auch in Fonds sollten Sie langfristig investieren, da viele ihre eigentliche Renditestärke erst mit den Jahren voll ausspielen können. Das macht die Entscheidung, in welche Fonds Sie denn nun investieren, umso gewichtiger. Das nötige Rüstzeug haben Sie ja jetzt.

Strukturiert vorgehen, Kosten sparen, Rendite steigern

11

In diesem Kapitel

▶ Wer lange spart, sollte genau planen

▶ Wie man am besten fürs Alter vorsorgt

▶ Lästige Kosten und wie man sie am besten vermeidet

▶ Wie man »seinen« Fonds findet

---

*E*igentlich sollte es die Vorbedingung für jede Geldanlage sein: sich ein Ziel setzen, einen Plan schmieden, langfristig denken und danach handeln. Bei Fonds – aber eigentlich bei allen langfristigen Anlageformen – lohnt sich ein solches Vorgehen ganz besonders: Sie können oft mit relativ kleinen, aber dafür konstanten Beiträgen über einen langen Zeitraum hinweg eine ordentliche Rendite erzielen. Sie sind dabei – sowohl was den Einzahlungsmodus als auch den Auszahlungsmodus angeht – häufig sehr flexibel. Entdecken Sie die Möglichkeiten – nicht nur beim Möbelkauf!

Planung ist (fast) alles

Der Dramatiker und Lyriker Bert Brecht – nicht gerade als glühender Kapitalist verschrien – schrieb in der Dreigroschenoper über die Unzulänglichkeit menschlichen Planens:

Ja, mach nur einen Plan

Sei nur ein großes Licht

Und mach dann noch 'nen zweiten Plan

Geh'n tun sie beide nicht.

Dass nicht immer alles nach Plan läuft, dazu brauchen wir allerdings kaum die Bestätigung durch Brecht. Manchmal kommt eben plötzlich etwas dazwischen und die schönsten und kühnsten Pläne verlieren sich im Nichts. Bei Sparplänen (auch Kapital-Lebensversicherungen sind im Prinzip nichts anderes als Sparpläne) ist es ähnlich und doch ganz anders. Sie können hier zum Beispiel auf ein falsches Pferd gesetzt haben, einen müden Renditeklepper, der seitwärts ausschlägt und rückwärts umfällt, und so am Schluss vielleicht weniger auf der Bank haben als Sie tatsächlich einzahlten. Das kann zwar passieren, ist aber alles andere als die Regel. Viel wichtiger: Sie können mit Fondssparplänen langfristig planen und sparen und gleichzeitig aber ganz kurzfristig reagieren, wenn irgendetwas anders läuft als gedacht. Denn Sie können ohne großen Schaden rasch einen zweiten Plan ausführen und etwa die monatlichen Raten kürzen oder erhöhen oder einfach einmal ganz aussetzen. Der beste Plan nützt schließlich nichts, wenn er nicht flexibel auf die Veränderungen der Umwelt reagieren kann – das bewies im negativen Sinne die sozialistische Planwirtschaft. Also, trauen Sie sich und seien Sie ein großes Licht!

Das Sparplanmodell basiert ganz banal auf dem Zinseszinseffekt. Durch diesen Effekt und die Wiederanlage der jährlichen Ausschüttungen aus dem Fonds wächst dieser schnell überproportional an. Allerdings benötigen Sie einen langen Atem. Die besten Ergebnisse erzielen Anleger, die sogar in Jahrzehnten denken.

Wie Fondssparpläne funktionieren

Wie bei Ihrem Sparbuch können Sie auch bei Fonds entweder einmalig eine gewisse Summe anlegen oder regelmäßig einen – auch sehr geringen – Betrag einzahlen. Natürlich können Sie auch beides gleichzeitig machen.

Bei einem Fondssparplan zahlen Sie monatlich eine bestimmte Summe in einen Fonds ein. Schon mit 50 Euro oder der Hälfte sind Sie locker dabei und können sich ein schönes Sümmchen ersparen. Den monatlichen Betrag können Sie ohne Probleme und ganz formlos ändern, nach oben oder nach unten, oder auch einmal ganz aussetzen.

Um ein möglichst optimales Ergebnis zu erzielen, können Sie mit einer Kapitalanlagegesellschaft einen Investmentsparplan abschließen. Dazu gehen Sie ganz einfach zu Ihrer Hausbank oder konsultieren einen unabhängigen Vermögensberater und verhandeln über diese Punkte.

Im Sparplan wird festgelegt:

✔ Die Höhe der regelmäßigen Zahlungen

✔ Der Zeitpunkt der Zahlung, meist monatlich oder vierteljährlich

✔ Die Zeitdauer, wie lange angespart werden soll

✔ Und/oder die Summe, die mit dem Fonds erreicht werden soll

Sie brauchen nichts weiter zu tun, als monatlich das Geld per Einzugsermächtigung zu überweisen. Die Fondsgesellschaft wandelt dann Ihre Einzahlungen in Fondsanteile um.

Die Vorteile eines Fondssparplans resultieren vor allem aus den Zinseszinseffekten und der Wiederanlage der Ausschüttungen.

Wie sich regelmäßige Einzahlungen mit Sparplan auf Ihr Vermögen auswirken, zeigt das Schaubild des BVI (Bundesverband Investment) mit einem Sparplan über 100 Euro monatlich, das Sie in Tabelle 11.1 finden.

 Beachten Sie aber ein wichtiges Wort in der Tabelle 11.1: Es geht um die »angenommene Verzinsung«, nicht etwa um eine garantierte Verzinsung wie etwa bei Festgeld. Leider gibt es immer wieder auch Fonds, die über Jahre hinweg keine oder gar eine negative Rendite erwirtschaften beziehungsweise verwirtschaften!

Neben dem Zinseszinseffekt und der Tatsache, dass die Gewinne immer wieder in den Fonds reinvestiert werden, gibt es aber noch eine ganze Reihe weiterer Vorteile von Fondssparplänen, die von der Beteiligung des Staates oder Arbeitgebers, über die Möglichkeit der Altersvor-

	Sparleistungen von 100 Euro pro Monat wachsen bei einer angenommenen Verzinsung von		
	5 % auf Euro	6 % auf Euro	7 % auf Euro
In 1 Jahr	1.233	1.239	1.246
In 2 Jahren	2.527	2.552	2.578
In 3 Jahren	3.885	3.944	4.004
In 4 Jahren	5.312	5.420	5.530
In 5 Jahren	6.810	6.984	7.163
In 10 Jahren	15.502	16.331	17.208
In 15 Jahren	26.596	28.839	31.298
In 20 Jahren	40.754	45.577	51.060
In 30 Jahren	81.886	97.953	117.651

Tabelle 11.1: Wie regelmäßige Fondseinzahlungen durch Zins und Zinseszinsen wachsen.
Quelle: BVI

sorge, einem merkwürdigen Effekt, der cost average genannt wird, und bis zur problemlosen Kündigung reichen.

Geliebter Durchschnitt (cost average)

Jeder Fondsvermittler wird Ihnen einen weiteren ganz besonderen Vorteil von Fondssparplänen, egal ob Sie jetzt fürs Alter sparen oder für ein Haus oder Ihre Traumyacht, mit einem Zauberwort, »cost average«, schmackhaft machen. Was ist das denn für ein merkwürdiges Kaninchen, das er da aus dem Zylinder holt, werden Sie sich zu Recht fragen, aber dahinter steckt ein ganz einfaches Prinzip (wie beim Zaubertrick mit dem Kaninchen ja auch).

Bei einem Fondssparplan zahlen Sie regelmäßig die gleiche, festgelegte Summe ein, egal welchen Wert der Fonds gerade hat. Da der Fonds aber jeden Monaten einen anderen Wert aufweist, erhalten Sie also entweder viele Fondsanteile, wenn die Kurse der darin versammelten Papiere gerade niedrig sind, oder weniger Fondsanteile, wenn die Kurse hoch sind. Wenn Sie etwa beschließen würden, jeden Monat 5.000 Euro in BMW-Aktien direkt anzulegen, hätten Sie den gleichen Effekt: Steht die Aktie bei 50 Euro, erhalten Sie 100 Aktien, stehen sie bei 55 Euro, nur 90 Aktien, und bei 40 Euro sogar 125. Nach drei Monaten hätten Sie damit also immerhin 315 Aktien im Depot statt 300! So profitieren Sie von günstigen Durchschnittswerten, dem cost average eben.

Gerade bei einer langfristigen Geldanlage können zeitweise niedrige Aktienkurse zusätzliche Chancen bedeuten, weil Sie dann fürs gleiche Geld mehr Aktienanteile erhalten und bei wieder zunehmenden Kursen vermehrt profitieren können.

Der Staat hilft mit

Besonders gut kann ein regelmäßiger Sparplan funktionieren, wenn Sie den Staat noch gleich mit zur Kasse bitten. Mit Vermögenswirksamen Leistungen (VL) legt der Arbeitgeber für Sie staatlich gefördert Geld an. Pro Jahr werden mit Stand 2009 maximal 400 Euro gefördert, das heißt, wenn Sie selbst 400 Euro anlegen, zahlt Ihnen der Staat noch seit April 2009 20 Prozent (80 Euro) pro Jahr für maximal sechs Jahre drauf. Allerdings sind Sie bei der Wahl der Fonds nicht ganz frei, sondern müssen darauf achten, ob sie auch eine VL-Zulassung besitzen. Welche das sind, können Sie jederzeit bei Ihrer Bank oder Sparkasse erfragen oder unter der Webseite des BVI unter www.bvi.de abrufen.

Manche Arbeitgeber übernehmen die 400 Euro pro Jahr, die Sie zahlen müssten, im Übrigen komplett. Wenn es weniger ist, sollten Sie die Differenz bis zur 400-Euro-Marke selbst übernehmen, um den vollen Förderbetrag auszuschöpfen. Ein kleiner Haken ist bei den Vermögenswirksamen Leistungen dann doch noch dabei: Es gelten Obergrenzen für das Einkommen, damit Sie überhaupt in den Genuss der Förderung kommen. Momentan liegen diese bei Alleinstehenden bei 20.000 Euro und bei zusammen Veranlagten bei 40.000 Euro zu versteuerndes Jahreseinkommen, also ohne Sonderausgaben und Werbungskosten.

 Fonds, die für Vermögenswirksame Leistungen eingesetzt werden dürfen, gelten als besonders risikoarm. Die Renditen wachsen hier zwar nicht in den Himmel, sind aber in der Regel solide. Insofern bietet diese Berechtigung für Sie auch ein wichtiges Auswahlkriterium für die Fondsanlage, auch wenn Sie nicht in Vermögenswirksamen Leistungen oder darüber hinaus Geld anlegen möchten.

Fürs Alter sorgen

Fondssparpläne eignen sich auch in besonderem Maße für die private Altersvorsorge. Sie können einfach in einen Fonds einzahlen, den Sie für Ihr Alter nutzen möchten und mit Hilfe des Auszahlungsmodus optimal davon profitieren. Denn neben der Zeit und der Höhe der monatlichen Einzahlungen spielt es auch eine Rolle, wie Sie später über das angesparte Geld verfügen wollen, wenn Sie etwa das 60. Lebensjahr als Sparziel erreicht haben. Hier die zwei meist gewählten Varianten:

Erstens, Sie erhalten sofort die gesamte Summe auf einen Schlag und können damit zum Beispiel eine lange geplante Weltreise unternehmen, Ihr Haus abbezahlen oder das Geld anders anlegen.

Zweitens, Sie lassen sich eine monatliche Summe überweisen, eine Zusatzrente, die Ihnen das Leben kontinuierlich erleichtert. Und wie sollte es anders sein, auch hier können Sie wieder zwischen zwei Varianten wählen: eine Rente mit Kapitalverzehr oder eine mit Kapitalerhalt. Beim Kapitalverzehr wird die gesamte angesparte Summe Monat für Monat ausgezahlt, bis zu einem festgelegten Zeitpunkt Ihr Konto leergeräumt ist. Der Vorteil: Die monatliche Summe fällt ziemlich hoch aus, der Nachteil besteht logischerweise darin, dass das Geld irgendwann ganz weg ist. Dann heißt es vielleicht mit 95 Jahren plötzlich darben. Beim Kapitalerhalt dagegen werden monatlich nur die erwirtschafteten Zinsen und Kursgewinne ausgezahlt, der Grundsockel an Kapital bleibt bestehen – Ihr Konto bleibt also gefüllt und vielleicht können sich auch noch Ihre Erben daran erfreuen!

Bei der Altersvorsorge sollten Sie bei der Auswahl der richtigen Fonds den langen Zeithorizont einkalkulieren. Setzen Sie auf Fonds, denen Sie eine langfristige positive Entwicklung zutrauen und nicht auf Modeprodukte, die morgen schon wieder verrauchen können, auch wenn dies kurzfristig zu Lasten der Rendite geht. Meist wird zu Beginn der Sparphase überwiegend in Aktien, in der späteren Sparphase in die sichereren Renten investiert, um nicht kurz vor der Auszahlung Verluste hinnehmen zu müssen.

Da auch der Gesetzgeber längst erkannt hat, dass mit den gesetzlich garantierten Renten wenig Staat zu machen ist, hat er eine ganze Reihe von Sonderfonds entwickelt oder besser zugelassen, die sich ausschließlich für die Altersvorsorge nutzen lassen:

Gemischt erfolgreich – AS-Fonds

Seit 1998 dürfen Investmentgesellschaften AS-Fonds oder, wie es umständlich heißt, Altersvorsorge-Sondervermögen, anbieten. Dahinter verbirgt sich ein gemischter Fonds, der also in Aktien, Geldmarkt-, Renten- und auch Immobilienwerte investieren kann. Er muss sich aber an bestimmte Regeln halten, die ausdrücklich auf eine gewisse Absicherung der Altersvorsorge abzielen. So muss der Fonds in einem bestimmten Maß in Substanzwerte wie Aktien und Immobilien investieren mit langfristiger Ertragskraft. Als Vorbild dienten die britischen und amerikanischen Pensionsfonds, die große Kapitalien für die dortigen Arbeitnehmer seit Jahrzehnten erfolgreich anlegen.

Die genaueren Gebote der Zusammensetzung lauten auf mindestens 51 Prozent Substanzwerte, mindestens 21 Prozent und maximal 75 Prozent Aktien und maximal 30 Prozent Immobilien. Außerdem dürfen nur maximal 30 Prozent des Fondsvermögens Währungsrisiken ausgesetzt sein.

AS-Fonds können nur innerhalb einer Frist von drei Monaten gekündigt werden.

Lebenslang – die Riester-Rente

Im Jahr 2001 hat der Gesetzgeber unter dem damaligen Arbeitsminister Walter Riester Bank- und Fondssparpläne auf eine Stufe mit Rentenversicherungsprodukten gestellt. Kern von Riester-Fonds stellt eine Kapitalgarantie für die eingezahlten Beiträge dar, die eine lebenslange Auszahlungsphase sicherstellen. Wer allerdings vor seinem 60. Lebensjahr davon profitieren möchte, büßt die staatliche Förderung ein. Diese besteht aus einer Altersvorsorgezulage – 2009 beispielsweise bis zu 154 Euro, die allerdings nur ausgezahlt wird, wenn Sie Eigenbeiträge von mindestens vier Prozent Ihres Einkommens (Vorjahresbruttoeinkommen), höchstens aber 2.100 Euro leisten. Wenn Sie weniger sparen, werden Ihnen die Zulagen gekürzt. Derzeit gibt es außerdem noch für jedes kindergeldpflichtige Kind, das vor 2008 geboren wurde, eine Extrazulage von 185 Euro, für später geborenen Nachwuchs sogar 300 Euro pro Kind. Die Fondsgesellschaften bieten Riester-Fonds an, die überwiegend auf Aktien- und gegen Laufzeitende vermehrt auf Rentenbasis agieren. Sollte die garantierte Rückzahlung aus dem Angesparten nicht möglich sein, deckt die Investmentgesellschaft die angefallene Lücke aus Eigenmitteln.

Mit der Versicherung im Rücken – Fonds-Policen

Bei einer Fonds-Police legt die Versicherung das Geld Ihrer Lebens- oder Rentenversicherung nicht selbst in Grundstücke, Immobilien, Aktien oder andere Werte an, deren Wertsteigerung sie dann – teilweise – an Sie zurückgibt, sondern in einen Fonds an. Es handelt sich bei Fonds-Policen also um einen ganz normalen Investmentfonds im Mantel einer Lebens- oder Rentenversicherung. Der Vorteil für Sie: Die Renditen aus den Fonds fließen Ihnen voll zu und landen nicht als stille Reserven in den dicken Bilanzen der Versicherungsgesellschaften. Wie bei typischen Lebensversicherungen wandert von Ihrer monatlichen Summe an die Versicherungsgesellschaft allerdings ein Teil in die Verwaltungsgebühren, ein Teil sichert das Risiko der Gesellschaft ab und nur ein weiterer, dritter Teil fließt direkt in den Fonds. Das Problem: Diese Kosten werden von den Versicherungsgesellschaften nicht aufgeschlüsselt, Sie müssen sich mühsam durch Beispielrechnungen quälen. Die Mindestanlagezeit von Fonds-Policen liegt bei 15 Jahren, müssen Sie vorher aussteigen, können Sie deutlich Geld verlieren und müssen auch noch – wenn Sie vor zwölf Jahren aussteigen – deutlich Steuern löhnen.

 Die Stiftung Warentest – Finanztest – bietet einen Rechner zum Downloaden an, der mittels einer Excel-Tabelle die Kostenquote berechnet (www.stiftungwarentest.de).

Wieder ans Geld kommen

Fondsanteile eines Fondssparplanes können völlig problemlos, ohne Kündigung oder sonstige Formalitäten, wieder verkauft und zu Geld gemacht werden. Bei Altersvorsorge-Fonds (AS-Fonds) gelten wie bereits erwähnt in der Regel bestimmte Kündigungsfristen, meist innerhalb von drei Monaten zum Quartalsende. Die Frage ist eher, zu welchem Zeitpunkt Sie Ihre

Fondsanteile tatsächlich veräußern, um möglichst gut abzuschneiden. Der jeweilige Rücknahmepreis für Ihre Anteile wird börsentäglich notiert, genau wie der Ausgabepreis.

Vorgeschrieben ist aber der Verkauf zum »net asset value«, also zum echten Inventarwert. Sie profitieren damit vom jeweiligen Kursniveau der Einzelkomponenten in Ihrem Körbchen-Fonds, beziehungsweise erleiden bei einem Kursrutsch Verluste.

Auch bei Fondssparplänen stehen Ihnen alle Optionen zur Verfügung: Sie können über einen von Ihnen bestimmten Zeitraum weniger oder gar nichts einzahlen, Sie können mehr monatlich einzahlen oder eine einmalige größere Summe mit einfließen lassen, und Sie können relativ rasch das Angesparte zu Bargeld machen.

Ungeliebte Aufschläge

Investmentfonds kosten Geld, denn Sie müssen die Investmentgesellschaften und die eingesetzten Fondsmanager bezahlen! Arbeit kostet Geld, und je mehr mit Ihrem Fonds nun einmal gearbeitet wird, desto mehr kostet er. Die Gesellschaften legen schließlich nicht aus altruistischen Gründen, damit Sie und Ihre Kollegen Anleger immer reicher werden, Jahr für Jahr neue Fonds auf, sondern um selbst gute Geschäfte zu machen.

Mit der *Total Expense Ratio (TER)* müssen die Fondsgesellschaften den prozentualen Gesamtaufwand an Gebühren pro Fonds ausweisen (siehe auch Kapitel 10). Es empfiehlt sich, die jährlichen Rechenschaftsberichte daraufhin abzuklopfen. Dort veröffentlichen die Gesellschaften auch eine Ertrags- und Aufwandsrechnung, die einen Überblick über die Kosten verschafft. Normalerweise setzen sich die Gebühren aus dem (einmaligen) Ausgabeaufschlag sowie den laufenden Managementgebühren und Depotkosten zusammen.

Bei aktiv gemanagten, deutschen Aktienfonds lag die durchschnittliche TER-Rate bei 1,51 Prozent, bei Anleihefonds bei 0,84 Prozent, wie das britische Fonds-Research-Unternehmen Fitzrovia, der Erfinder der Total Expense Ratio, im Oktober 2006 feststellte. Betrachtet man die in Deutschland zugelassenen Fonds insgesamt, einschließlich der ausländischen, für Deutschland konzipierten, verschlechtert sich die TER-Rate für aktiv verwaltete Fonds auf 1,86 Prozent und für Anleihefonds auf 1,07 Prozent! Die Rate kann bei Aktienfonds aber zwischen 1,0 und 2,5 Prozent liegen, während sie bei Rentenfonds nur etwa 0,8 Prozent beträgt.

Ausgabeaufschlag

Den Ausgabeaufschlag verlangt die Fondsgesellschaft für ihre Beratungs- und Vertriebskosten. Er wird als prozentualer Aufschlag auf den Rücknahmepreis des Fonds erhoben, deswegen ist der Ausgabekurs von Fonds immer höher als der Rücknahmekurs. Immerhin zahlen Sie diese Gebühr nur einmal, nämlich dann, wenn Sie sich für Ihren Fonds entschieden haben

Der Ausgabeaufschlag – bei Aktienfonds oft fünf Prozent – muss im Verkaufsprospekt genannt werden. Wenn Sie 10.000 Euro in einen Fonds investieren möchten, dann zahlen Sie hier 500 Euro Ausgabeaufschlag. Es gibt auch Fonds mit niedrigeren Ausgabeaufschlägen und auch so genannte »No Load Fonds«, die komplett auf den Ausgabeaufschlag verzichten. Allerdings berechnen diese dann gerne höhere, jährliche Managementgebühren. Bei einer langfristigen Geldanlage ist das eher kontraproduktiv. Gerade bei den Ausgabeaufschlägen – wie in Kapitel 10 bereits aufgeführt – hängt es ganz wesentlich davon ab, wo Sie Ihren Fonds erwerben, denn hier sind Rabatte bis zu 100 Prozent möglich.

Managementgebühr

Die Managementgebühr wird unmittelbar aus dem Fondsvermögen entnommen, muss jedoch von der Fondsgesellschaft zumindest in ihrem Jahresbericht veröffentlicht werden. Sie zahlen die Managementgebühr immer, Jahr für Jahr, auch wenn der Fonds Miese schreibt! Wenn Ihnen Ihr Fondsmanager also am Jahresende mit blumigen Worten und einer kaum überschaubaren Anzahl an Gründen im Rechenschaftsbericht erläutert, warum sein Fonds keinen Gewinn eingefahren hat, dann bezahlen Sie ihn trotzdem für seine »Leistung«, obwohl Sie mit Omas Sparstrumpf eine ähnliche Rendite (und sehr viel billiger) hätten erreichen können! Umgekehrt profitieren Sie natürlich auch vom Können Ihres Fondsmanagers, wenn er eine saftige Rendite einfährt, die die Börsenkollegen grün werden lässt vor Neid. Der Name des Fondsmanagers wird in den Fondsprospekten im Übrigen stets angegeben.

Depotkosten

Die Depotkosten fallen bei Ihrer Hausbank oder der von der Fondsgesellschaft empfohlenen Bank (meist der Muttergesellschaft des jeweiligen Fondsbetreibers) an. Auch Depotkosten werden jährlich erhoben. Ihre Höhe richtet sich nach dem Volumen der deponierten Fonds, ganz genauso wie beim Aktiendepot. Auch hier gilt: Je höher das Volumen, desto größer der Verhandlungsspielraum, desto niedriger die Zinsen.

Auch ohne Zusatzkosten

Sie können die Kosten drücken, wenn Sie etwa Ihren Fonds über die Börse, bei einer Online-Bank oder bei Discount-Banken und -Fondsvermittlern erwerben und sich damit den Ausgabeaufschlag sparen. Allerdings lassen sich manche Fondsvermittler den gesparten Ausgabeaufschlag wieder durch teurere Depotkosten versüßen. Direktbanken wie etwa Comdirekt, Cortal Consors, DAB bank oder die ING-DiBa verwalten Fonds hingegen im Depot zum Nulltarif.

Discountbroker und Direktbanken

Discountbroker und Direktbanken können günstiger agieren als Traditionsbanken, da sie oft weder tief schürfende Beratungsleistungen bieten noch ein teures Filialnetzwerk aufrechterhalten müssen. Diese Kosteneffizienz leiten sie an ihre Kunden weiter. Meist betragen die Gebühren bei Discountbrokern nur etwa die Hälfte der ansonsten üblichen Aufschläge.

In Deutschland gibt es Discountbroker oder Direktbanken erst seit den 1990er Jahren. So benannte sich die bereits 1965 gegründete BSV Bank für Sparanlagen und Vermögensbildung AG, die ausschließlich auf vermögenswirksame Leistungen spezialisiert war, 1994 in Allgemeine Deutsche Direktbank um – heute firmiert sie unter ING-DiBa.

Einen großen Schub erhielten die Discountbroker oder Direktbanken durch das Internet, denn die meisten Transaktionen erfolgen heute über diesen schnellen und kostengünstigen Weg, aber auch per Telefon oder Fax kann selbstverständlich über den Discountbroker gehandelt werden.

Bekannte Direktbanken in Deutschland sind:

✔ DAB bank (HypoVereinsbank) mit www.dab-bank.com

✔ Comdirect (Commerzbank) mit www.comdirect.de

✔ Cortal Consors (BNP Paribas) mit www.cortalconsors.de

✔ DKB Deutsche Kreditbank AG, Tochter der BayernLB und Direktbank für Privatkunden über www.dkb.de

✔ ING-DiBa mit www.ing-diba.de

✔ Maxblue (gehört zur Deutschen Bank) mit www.maxblue.de

✔ Netbank (von sieben Sparda-Banken gegründet) mit www.netbank.de

✔ Sparkassen-Broker (Sbroker) mit www.sbroker.de

✔ Postbank direkt mit www.postbank.de

✔ Volkswagen Bank direct (ursprünglich eine Autobank, längst aber zur Direktbank mit Vollbanklizenz avanciert) mit www.volkswagenbank.de

✔ 1822direkt (Tochter der Hessischen Landesbank Helaba) mit www.1822direkt.com

✔ UmweltBank (Direktbank, die nach ökologisch-ethischen Standards arbeitet) mit www.umweltbank.de

Fondsvermittler

Neben den klassischen Banken und den günstigeren Discountbrokern und Direktbanken haben sich in den letzten Jahren die freien Fondsvermittler etabliert. Sie bieten inzwischen eine große Zahl an in Deutschland zugelassenen Fonds ganz ohne Ausgabeaufschlag an. Ob bei der einmaligen Anlage oder bei einem Fondssparplan, Sie kommen um die Ausgabeaufschläge herum. Manche Fondsvermittler erstatten sogar auch noch die Depotkosten.

Fondsvermittler können so günstig anbieten, weil sie wie die Discountbroker auf jegliche Beratung verzichten, ihre Dienstleistungen ausschließlich über das Internet anbieten und oftmals mit auf Fonds spezialisierten Finanzdienstleistern zusammenarbeiten. Solche Finanzdienstleister sind etwa ebase (European Bank for Fund Services, eine Tochter der Commerzbank und reine b2b-Plattform für Fondsgesellschaften und Banken), die FondsDepotBank (gehört zur Allianz-Gruppe), die Augsburger Aktien Bank und die Frankfurter Fondsbank (gehört zur privaten BHF-Bank).

Der Geldfluss – denn niemand arbeitet gerne umsonst – funktioniert dabei so: Die Fondsgesellschaften zahlen den Finanzdienstleistern, den Vermittlern ihrer Produkte, Bestandsprovisionen je nach Umfang der Depots. Diese Provisionen teilen die Finanzdienstleister mit den freien

Fondsvermittlern, schließlich haben sie ja ein Interesse daran, dass die Depots wachsen, um möglichst hohe Provisionen einzufahren. Die freien Fondsvermittler geben wiederum einen Teil von diesen erhaltenen Provisionen an ihre Kunden weiter, damit sie viele neue Kunden einwerben können, damit die Provisionssumme insgesamt wieder steigt. Die Fondsgesellschaften holen sich am Ende die gezahlten Provisionen indirekt von Ihnen, den Anlegern, mittels der Managementgebühren wieder zurück. Manchmal gleichen Finanzgeschäfte einem Perpetuum mobile: Je mehr mitspielen, desto mehr profitieren davon, und trotzdem ist es für Sie als Endnutzer noch am günstigsten!

Zu den größten freien Fondsvermittlern zählen die Internetplattformen

✔ Fondsvermittlung24.de

✔ Fondspower.de (Tochtergesellschaft von Fonds Select Worpswede)

✔ Fondsdiscount.de (gehört zur Wallstreet-Online-Gruppe)

✔ Happyfonds.de (Tochter von Dima 24)

Fondshandel an der Börse

Viele Fonds werden, wie in Kapitel 9 bereits behandelt, zusätzlich, manche sogar ausschließlich, an der Börse gehandelt. Solche nur an der Börse gehandelten Fonds werden Exchange Traded Funds oder kurz ETF genannt. ETFs sind passiv gemanagte Fonds und werden deshalb meist als Indexfonds angeboten, gerne auf den DAX oder Euro STOXX und verbinden die Handelbarkeit von Aktien mit der breiteren Risikostreuung von Fonds. Weil diese Fonds auch an der Börse gehandelt werden, wirkt sich auf die Preisbildung auch noch das Verhältnis von Angebot und Nachfrage an der Börse aus, neben dem Vermögenswert, den der Fonds aus den einzelnen Teilen, in die er investiert hat, zieht.

Im Jahr 2010 beläuft sich das Handelsvolumen in ETFs auf 829 Milliarden US-Dollar in den USA, 243,7 Milliarden US-Dollar in Europa und 69,3 Milliarden US-Dollar in Asien, so rechnete die Frankfurter Allgemeine Zeitung aus. Die Deutsche Börse in Frankfurt kann mit ihrem Handelssegment XTF 2010 auf zehn Jahre Erfahrung im Handel mit ETFs zurückblicken. Die Deutsche Börse hat mit etwa 600 gehandelten ETFs die Marktführerschaft (2009 immerhin 41 Prozent) in Europa inne, gefolgt von NextTrack von NYSE-Euronext. Monatlich handelt XTF im Durchschnitt ein Volumen von über 11 Milliarden Euro.

Bei den Börsen liegt der Ausgabeaufschlag als Differenz zwischen Geld- und Briefkurs (Spread) meist bei nur 0,5 Prozent. Die Gebühren dieser Indexfonds sind auch deshalb sehr viel günstiger, weil sie nicht aktiv gemanagt werden, sondern nur einen Index möglichst exakt nachzeichnen.

Noch immer investieren überwiegend institutionelle Anleger in ETFs, obwohl es sich dabei um eine Anlageform handelt, die oftmals eine bessere Rendite erzielt als kompliziert zusammengesetzte und von einem Team von Spezialisten gemanagte Fonds. Der Grund für die Zurückhaltung der Privatanleger ist ganz einfach: Die gängigen und noch immer beliebtesten Vertriebswege von Fonds, also vor allem Banken und Fondsvermittler, haben nicht sehr viel davon, wenn Sie als Anleger in diese billige Alternative investieren – warum sollten sie also groß die Werbetrommel rühren?

Bewährtes bleibt beliebt

Nach einer Studie der Gesellschaft für Konsumforschung (GfK) im Auftrag des Bundesverbandes Investment und Asset Management (BVI) von Dezember 2006 kaufen deutsche Anleger ihre Fonds noch immer am liebsten bei ihrer Hausbank oder Sparkasse. Ausgabeaufschläge hin und Depotgebühren her. So kaufen (Mehrfachnennungen möglich) 75 Prozent der Anleger bei Banken oder Sparkassen, 12,6 Prozent bei Fondsvermittlern, Beratern und Maklern und 10,8 Prozent direkt bei Fondsgesellschaften. 3,3 Prozent ziehen Versicherungsvertreter vor und 10,2 Prozent schätzen die Leistungen von Direktbanken.

Ratings und Rankings

Bei Fonds haben Sie eine riesige Auswahl in der unterschiedlichsten Zusammensetzung und Gewichtung. Welcher Fonds hat in der Vergangenheit tatsächlich eine gute, überdurchschnittliche Rendite abgeliefert, welcher war ein totaler Flop? Da können Sie schnell einmal den Überblick verlieren, gut, dass es Spezialisten gibt. Denn auch bei Fonds helfen Ratingagenturen weiter, die die Fonds mit bestimmten Bewertungen versehen.

Bei der Bewertung der Fonds gibt es das *Ranking*, also die Erstellung einer Rangfolge, bei der ausschließlich quantitative Zahlen begutachtet werden, und das *Rating*, in das auch qualitative Untersuchungen einfließen. Im Prinzip funktioniert das wie bei den Schulzeugnissen. Da gibt es auch auf der einen Seite die Noten und zusätzlich noch die schriftliche Beurteilung über das Verhalten und den Charakter des Schülers. Beim Ranking gibt es also Noten, das Rating bezieht dagegen gerade auch das Leistungsvermögen der jeweiligen Fondsmanager mit in die Bewertung ein.

Die Bewertung bei Fonds geht zwar nicht durch den Magen, aber es werden wie bei guten Köchen Sterne vergeben, damit Sie einen guten und schnellen Überblick gewinnen und die unterschiedlichen Fonds leicht vergleichen können. Bei vier oder fünf Sternen schnitt der Fonds in den vergangenen drei Jahren bei der Rendite gut bis sehr gut ab. Beim weiterführenden Rating werden dann wieder Buchstaben vergeben, hier ist die Bestnote wieder ein dreifaches A. Doch schon die Tatsache, dass ein Fonds überhaupt einem Rating unterzogen wird, ist eine Art von Erfolgserlebnis beziehungsweise Qualitätsbeweis für ihn, denn nur jeder fünfte Fonds wird überhaupt für würdig befunden, untersucht zu werden.

 Die Bewertung von Fonds durch Ratingagenturen sagt immer nur etwas über die bisherige Entwicklung der Fonds aus. Auch ein sehr gut gemanagter Fonds mit hervorragender Rendite kann in der Zukunft schieflaufen – eine Garantie bieten diese Ratings also nicht! Nutzen Sie die Ratings aber als erste Orientierungshilfe.

Die wichtigsten Fondsbewerter und ihre Bewertungsskalen sind:

✔ *Feri Trust Gesellschaft für Fondsanalyse, Managerselektion und Portfolioberatung mbH* mit der Beurteilungsskala A (sehr gut), B (gut), C (durchschnittlich), D (unterdurchschnittlich), E (schwach) fürs Rating. Ein A oder B bedeutet dabei, dass der entsprechende Fonds über einen Zeithorizont von fünf Jahren eine stabile, überdurchschnittliche Performance mit relativ niedrigem Risiko aufwies.

✔ *Finanztest* gewichtet in stark überdurchschnittliche, überdurchschnittliche, durchschnittliche und unterdurchschnittliche Fonds.

✔ *FondsConsult Research AG* mit 1, 2, 3, 4, 5 als Premium Quality-Rating

✔ *Fitch Deutschland GmbH* mit AM1, AM2, AM3, AM4, AM5 für normale Fonds und REAM1, REAM2, REAM3, REAM4, REAM5 für offene Immobilienfonds

✔ *Lipper – a Thomson Reuters Company* mit 1 (Leader), 2, 3, 4, 5

✔ *Moody's Deutschland GmbH* mit Aaa, Aa, A, Baa, Ba, B für die Fonds-Qualität und MQ1, MQ2, MQ3, MQ4, MQ5 für die Investment-Manager-Qualität

✔ *Standard & Poor's Fund Services GmbH* kennzeichnet mit *****, ****, ***, **, * als Fund Stars und AAA, AA, A für das Fund Management Rating sowie S1, S2, S3, S4, S5, S6 als Volatilitätsrating. Entscheidungskriterien zur Beurteilung sind für Standard & Poor's die 3-Jahres-Wertentwicklung und die Beständigkeit der Performance im Vergleich zu den Wettbewerbern. Auch die Schwankungsbreite, die Volatilität entscheidet über das Abschneiden des Fonds gegenüber der Konkurrenz.

Faire Vergleichsmöglichkeiten für Anleger

Die Investmentgesellschaften sind nach dem Investmentgesetz dazu verpflichtet, Anleger über das Risikomanagement und die Risikomanagementmethoden aufzuklären. Die Auskunftspflicht der Fondsgesellschaften, im Übrigen größtenteils bereits vor dem Gesetz freiwillig geübt, umfasst dabei:

✔ Die Wertentwicklung in Prozent

✔ Die durchschnittliche jährliche Wertentwicklung in Prozent

✔ Angaben über das Rating (soweit vorhanden)

✔ Darstellung der Währungsrisiken, wenn es sich um ausländische Werte im Fonds handelt. Wie hoch der Anteil ausländischer Werte im Fonds ist, muss dabei ebenfalls offengelegt werden

✔ Risiko/Performanceziffern, vor allem der Value-at-Risk-Ansatz über das Marktrisiko des Fonds

Zu jedem Fonds muss ein Prospekt erstellt werden, der diese Auskünfte beinhaltet, außerdem müssen halbjährliche und jährliche Berichte herausgegeben werden.

Als Beispiel soll der altehrwürdige (seit 1940) Fondsanbieter Franklin Templeton Investments dienen. Er weist für alle Fonds drei Risikokennzahlen aus. Eine Risikoklassifizierung in fünf Stufen, den Anlagenhorizont und die Gesamtkostenquote (TER).

Bei den Risikoklassen und Anlagenhorizonten reicht die Auswahl von »sehr hoch« mit einem Anlagehorizont von bis zu sieben Jahren bis hin zu »sehr gering« mit einem Anlagezeitraum von unter drei Monaten. In die Bewertung fließen dabei die 3-jährige Volatilität (Kursschwankungsbreite über drei Jahre hinweg), das Risiko der Anlageklasse, der Diversifikationsgrad des

Fonds, das Risiko der Anlageregion, der maximale Verlust auf Basis rollierender Zwölf-Monats-Zeiträume und das Währungsrisiko mit ein.

Eine Kennzahl, um das Risiko von Fonds einzuschätzen, ist die *Value-at-Risk-Betrachtung*. Sie gibt Auskunft über das Marktrisiko einer Geldanlage, eines Fonds. Diese Marktrisiken stellt sie quantitativ dar. Das Ergebnis gibt für einen Fonds den potenziellen künftigen Verlust (bezogen auf den Marktwert) an, der unter normalen Marktbedingungen für eine vorgegebene Haltedauer und eine vorbestimmte Wahrscheinlichkeit (Konfidenzniveau) nicht überschritten wird.

Ein sehr kursstabiler Fonds wie etwa ein Geldmarktfonds weist einen Value-at-Risk-Wert von 0 auf.

Portfolio-Grundregeln

Fonds gelten zwar langfristig als sicher, aber auch hier können herbe Verluste eingefahren werden. Gerade wenn Sie aber über einen langen Zeithorizont hin in Fonds ansparen, sollten Sie diese Regeln berücksichtigen:

✔ Setzen Sie nie auf nur einen Fonds.

✔ Streuen Sie verschiedene Fondstypen (ausländische und inländische Aktien, Groß- und Kleinunternehmen, verschiedene Branchen).

✔ Achten Sie auf die herausgebende Fondsgesellschaft und deren Erfahrung.

✔ Fonds sind ganz überwiegend für die langfristige Geldanlage gedacht.

✔ Vergleichen Sie Gebühren und Ausgabeaufschläge.

✔ Auch bei Fonds können Sie Geld verlieren, wenn Sie zu früh aussteigen (müssen).

✔ Mit einem Fondssparplan können Sie mit kleinen, regelmäßigen Beträgen den (fast) maximalen Effekt erzielen.

Teil V

Mit den richtigen Informationen zur erfolgreichen Strategie

The 5th Wave   By Rich Tennant

»Also, mir gefallen die Zahlen dieser Firma.
Sie beweisen Überzeugungsstärke.«

In diesem Teil ...

Wirtschaft und Kapitalmarkt bedeuten immer das Gegenteil von Stillstand, denn wer sich nicht bewegt, der bleibt zurück, verliert, geht unter. Um an der Börse zu bestehen und die richtigen Entscheidungen zu fällen, brauchen Sie deshalb Informationen. In diesem Teil erfahren Sie, wo Sie schnell und einfach an die richtigen und wichtigen Infos gelangen. Ein Hilfsmittel zur Einschätzung von Aktien und anderer Wertpapiere sind auch die vielen, nicht nur von Börsen herausgegebenen Indizes. Wir zeigen Ihnen hier ein paar Bäume auf, damit Sie den Wald erkennen können.

Mit Hilfe dieser Informationen sind Sie in der Lage, Analyseinstrumente zur Auswahl des richtigen Investmentportfolios einzusetzen. In diesem Teil haben wir die wichtigsten Analyseformen zusammengefasst, die Sie dann wieder als Basis für die eigentliche, für Sie richtige und nachvollziehbare Anlagestrategie nehmen können, denn darauf kommt es schließlich an. Motto: Nutzen Sie Ihre Chancen!

Viele Informationen, viele Möglichkeiten

12

In diesem Kapitel

▶ Woher Sie die Informationen nehmen, die Sie brauchen

▶ Wie Sie erkennen, welche Infos überhaupt wichtig sind

▶ Welchen Informationen Sie trauen können und welchen besser nicht

▶ Was Gurus mit der Börse zu tun haben

Im Zeitalter des Internets, von Fernsehen, Radio und jeder Menge an Tages-, Wochen- und Wirtschaftszeitungen sowie Magazinen und Zeitschriften bedeutet es kein Problem, an Informationen zu kommen. Die Qual ist vielmehr die richtige Auswahl. Wo können Sie schnell und griffig die aktuellsten Nachrichten über das Börsengeschehen abrufen, wo und wie erhalten Sie Informationen aus den Unternehmen, wo können Sie Hintergründiges nachlesen und auswerten, ohne zwölf Semester Betriebswirtschaft studiert zu haben, und wer kann Ihnen brauchbare und konkrete Tipps zur Anlage geben? Sich kurz und knackig einen guten Überblick verschaffen, das wollen Sie für Ihr Handeln an der Börse. Sie sind ja kein hauptberuflicher Börsenmakler oder Banker und können deshalb Ihre Zeit nicht ausschließlich mit dem Lesen dicker Wirtschaftsbücher verschwenden (mit dieser einen Ausnahme natürlich) und auch im Internet werden Sie noch anderen Interessen nachgehen, als ausschließlich nach Kursen, Unternehmensnachrichten und Zinserklärungen zu googeln. Weil das Leben unübersichtlich und die Informationsflut hoch ist, suchen viele Anleger nach Leuchttürmen, Felsen in der Brandung, Meinungsbildnern, denen sie folgen können zum Börsenerfolg. Einige dieser selbst ernannten oder einfach oft so benannten Börsen-Gurus wollen wir kurz vorstellen, reduziert auf ihre Anlagestrategien – soweit vorhanden.

Auf der Jagd nach Gelegenheiten

Das Geschehen an den Börsen ist ein seltsames Gemisch aus rationalen und emotionalen Entscheidungen, bedarf exakter Analyse wie schneller Entscheidung – fast wie im richtigen Leben. Jeder ist zu jeder Zeit auf der Suche nach dem ganz besonderen Renditerenner, nach dem Unternehmen mit der besten Wachstumsrate, dem Zertifikat mit der größten Hebelwirkung, der Staatsanleihe mit dem höchsten Zinssatz, dem Fonds mit der Spitzen-Performance. Doch wie sollen Sie die Perlen finden und die Nieten meiden? Auch an der Börse gilt: Wer nicht weiß, was er sucht und wo er suchen soll, der findet auch nichts!

Doch wir leben im Informationszeitalter, noch nie waren die Menschen über so vieles (und Überflüssiges) so gut (und schlecht) informiert wie heute. Die modernen Massenkommunikationsmittel haben die Welt zusammenrücken lassen, denn prinzipiell können Sie in Nairobi die gleichen Informationen abrufen wie in New York, Hongkong, London oder Wesselburen. Heute ist das Problem nicht mehr, wie an Informationen kommen, sondern vielmehr, wie Sie die richtigen und wichtigen herausfiltern. Insofern traf der Börsenaltmeister André Kostolany den Nagel mal wieder auf den Kopf, als er schrieb:

Allzu viel Information verwirrt nur!

Börsianer leiden aber noch unter einem weiteren Problem bei der Informationsbeschaffung: Sie suchen nach der einen, einzigen Insiderinformation, die sonst keiner hat, die nur sie bei der merkwürdigsten Gelegenheit aufschnappten und die ihnen als todsicherer Tipp jede Menge Geld aufs Konto schaufelt. Nachrichten und Meldungen, die allen über die Massenkommunikationsmittel zugänglich sind, lehnen sie ab. Aber, und hier können wir wieder Kostolany zitieren, auch Insider wissen oftmals nicht, wie sich der Kurs ihrer Aktien tatsächlich bewegt!

Von der Brieftaube zum Internet

Bevor wir darüber philosophieren, welche Informationen Sie für eine optimale Anlagestrategie benötigen, sollten wir erst einmal klären, woher Sie diese beziehen. Auch hier lohnt eine kurze theoretische Unterscheidung: Wir könnten dabei nach dem Absender unterscheiden in Primär- und Sekundärinformationen. Zu Ersteren zählen alle Nachrichten der Unternehmen, der Emittenten, Börsen und der Fondsgesellschaften. Zu Letzteren sämtliche verarbeiteten Meldungen über die Medien, also Zeitungen, Fernsehen, Radio, Internetplattformen. Irgendwo dazwischen angesiedelt ist die Kommunikation von den verschiedenen Verbänden und Interessenvertretungen der Emittenten oder Aktionäre.

 Sie sollten bei allen Informationen auf den Absender achten – und auf die Details! Nachrichten sind nur Nachrichten, wenn sie auch in der Zeitung stehen. Aber bei den Zeitungen, bei allen Medien, kommen täglich hunderte von Nachrichten über den Ticker, per Fax, per Mail oder Telefon – die Redakteure treffen immer eine Auswahl, wie dick und umfangreich ihr Medium auch sein mag. Versuchen Sie also, an die Quelle zu gelangen, direkt mit dem Unternehmen, das Sie interessiert, zu kommunizieren – heute im Zeitalter des Webs und der E-Mail-Kontakte kein großes Problem mehr –, und lesen Sie zusätzlich Informationen aus zweiter Hand in den Medien.

Woher aber können Sie am schnellsten und einfachsten relevante Informationen beziehen? Natürlich trotz allem bei den viel gescholtenen Medien.

Tägliches Blättern – Zeitungen

Die klassische Form, sich über Unternehmen, Börsen, Kurse und die wirtschaftlichen und wirtschaftspolitischen Hintergründe zu informieren, bieten die Tageszeitungen an. Wahrscheinlich haben Sie längst ein Blatt abonniert, sich vielleicht bisher aber eher auf den Sport- oder Lokalteil, das Feuilleton oder die Politik gestürzt. Doch in der Zeitung finden Sie tägliche Kurstabellen und keine seriöse Zeitung kommt heute ohne eine Seite mit Tipps und Vorschlägen zur Geldanlage mehr aus. Wobei die Kurstabellen nur die Börse von gestern darstellt, die Nachrichten aber, so Börsenaltmeister André Kostolany, die Kurse von morgen bedeuten können! Der große Nachteil von Tageszeitungen: Der Platz, um über Unternehmen zu berichten, ist sehr begrenzt, es werden nur jeweils die größten herausgegriffen oder je nachdem ein lokaler Schwerpunkt gesetzt. Außerdem bilden die Kursseiten selbstverständlich die Kurse des Vortages ab – inzwischen kann Ihre Aktie längst dramatisch gefallen oder in erfreuliche Höhen geklettert sein.

Mehr und eine breitere Information bieten reine Wirtschafts(tages)zeitungen wie die *Börsenzeitung*, das *Handelsblatt* oder die noch relativ junge *Financial Times Deutschland*. Hier können Sie auch Dinge lesen über kleinere und trotzdem spannende Unternehmen, Einschätzungen über die künftige Zinsentwicklung, die Beschreibung faszinierender Märkte, Berichte über die großen Börsen der Welt. Alle Tages- und auch die Wirtschaftszeitungen verfügen heute auch über umfassende Internetangebote – zum Reinschauen und Recherchieren immer ein attraktives Angebot, oftmals für Abonnenten noch zusätzlich vertieft.

Manchmal auch hintergründig – Zeitschriften und Magazine

Der Börsenboom Ende des 20. Jahrhunderts, als das Kaufen und Verkaufen von Aktien plötzlich weite Kreise der Bevölkerung begeisterte und beim Frisör über die Telekom-Volks-Aktie und beim Bäcker über Riesenluftschiffe von Cargolifter diskutiert wurde, zog eine ganze Reihe von neuen Börsenzeitschriften nach sich, die von diesem günstigen Klima und dem verstärkten Informationsbedarf profitieren wollten. Einige von diesen Titeln überlebten den Crash und die folgende Baisse und konnten sich am Markt etablieren. Neu waren bei vielen dieser Medien ein frischerer Ton, eine lesbarere Schreibe, keine wissenschaftlich verbrämten Textwüsten und auch ganz konkrete Tipps mit Kaufempfehlungen für verschiedene Aktien, Wertpapiere oder Fonds. Immerhin, der Lehrstuhl für Bankwirtschaft der Universität Tübingen konnte in einer Studie belegen, dass Leser, die am Publikationstag die jeweils empfohlenen Aktien kaufen und nach drei Tagen wieder verkaufen, eine Überrendite erzielten! Analysiert wurden über 2.800 Aktienempfehlungen der wichtigsten Börsenmagazine aus dem Zeitraum 1995 bis 2003. Ob der typische Anleger seine Aktien innerhalb einer so kurzen Frist wieder abstößt, mag einmal dahingestellt bleiben.

Hier – ohne Anspruch auf Vollständigkeit – »altgediente« Börsen- und Wirtschaftsmagazine sowie einige der noch »jungen« Gründungen. Alle verfügen im Übrigen über eigene Webseiten, auf denen Sie sich ebenfalls gut informieren können.

✔ **Börse Online:** Trotz des Namens durchaus auch als Papierversion einmal die Woche am Kiosk. *Börse Online* gehört inzwischen zum größten Zeitschriftenhaus Europas, dem Gruner + Jahr-Konzern, der auch die Zeitschrift *Capital* verlegt und mit 50 Prozent an der *Financial Times Deutschland* beteiligt ist. Gegründet wurde *Börse Online* ursprünglich als reines Internetportal des Markt & Technik-Verlages 1987. Mit Titelstorys über den DAX und seine kleinen Brüder sowie Rubriken wie »News«, »Strategie«, »Aktien«, »Hebelpapiere«, »Zertifikate« und »Fonds« gibt es hier alles rund um die Börse und auch konkrete Tipps für die verschiedensten Anlageformen und jede Menge Statistiken. Im Übrigen gibt es auch die Rubrik »Sport und Spaß« jenseits der Geldanlage! Der Mix erreicht in etwa 100.000 Leser. Das Portal: www.boerse-online.de.

✔ **Der Aktionär:** Definiert sich selbst als »Deutschlands großes Börsenmagazin« und liegt nach einer Durststrecke mit 14-tägigem Rhythmus während der Börsen-Baisse nun wieder wöchentlich am Kiosk aus. Der Herausgeber Bernd Förtsch stellt in seiner Zeitschrift Aktien und die Aktiengesellschaften aus Deutschland und der ganzen Welt vor und gibt außerdem jede Menge Börsentipps rund um Aktien, Optionsscheine, Zertifikate, nachzulesen auch unter www.deraktionaer.de. Neben dem *Aktionär* initiierte Förtsch mit seiner Kulmbacher Börsenmedien AG auch noch das Deutsche Anleger Fernsehen (DAF) unter www.anleger-fernsehen.de und gründete seinen eigenen Discountbroker Flatex. Sie können also Aktien, die er per Schrift und Ton empfiehlt, auch direkt über ihn ordern! Eine solche Verknüpfung von Aktienempfehlung und – auch eigenem – Aktienhandel ist journalistisch allerdings zumindest mit Skepsis zu betrachten.

✔ **Cash:** Ist das Medium für die langfristige Kapitalanlage und richtet sich an Finanzdienstleister und den gehobenen Privatanleger. Wobei sich gehoben vor allem an der Gehaltsklasse orientiert! Das Magazin *Cash* erscheint monatlich in der Cash.Medien AG und berichtet schwerpunktmäßig über Investmentfonds, Immobilien, Versicherungen sowie geschlossene Fonds. Es gilt als Pflichtblatt für den Anlageberater in Zusammenarbeit mit – Dutzenden – von Verbänden für Vermögensberater. Online unter www.cash-online.de.

✔ **Effecten-Spiegel:** Bietet Kauf- und Verkaufsempfehlungen für Aktien und Wertpapiere und auch ein Musterdepot der Redaktion. Legendär war Herausgeber Bolko Hoffmann (bis 2007), der vor allem durch seine breit angelegte (und erfolglose) Anzeigenkampagne gegen die Euro-Einführung bekannt wurde. Im Internet können Sie unter www.effektenspiegel.de ausschließlich Informationen über die Zeitschrift selbst gewinnen.

✔ **Euro am Sonntag:** Erblühte als neuer Ableger des Springer-Konzerns 1998 mitten in der Aktienhausse und hatte seitdem so manche frostige Zeiten zu bestehen. Es richtet sich an den ganz »normalen« Anleger und berichtet über Wirtschaft und Börse mit Informationen, Analysen und Hintergrundberichten. »Wir sind so spannend wie die täglichen Wirtschaftskrimis an den internationalen Kapitalmärkten«, lobte Chefredakteur Frank-Bernhard Werner sein Blatt. *Euro am Sonntag* gehört heute, nach einem »Zwischenstopp« beim Münchner Finanzen Verlag, der Magazine und Bücher rund um Geld und Anlagen sowie die Webseite www.finanzen.de betreibt und an dem Springer beteiligt ist, einem Redaktionsteam um Frank-Bernhard Werner. Im Web ist das Magazin aber noch immer unter der allgemeinen Webadresse www.finanzen.net zu finden.

✔ **Euro:** Erscheint als anspruchsvolleres Monatsmagazin, das aus Wirtschaft, Politik und Börse berichtet und jeweils ein Heft im Heft mit konkreten Empfehlungslisten und eine Auslese der besten Fonds, Aktien und Zertifikate bietet.

✔ **Focus Money:** Wurde im März 2000 von Burda als Wirtschaftsmagazin neben dem Nachrichtenmagazin *Focus* als Wochenmagazin (immer mittwochs) auf den Markt geworfen. Im Fokus hat die Redaktion die nach eigener Aussage »wirtschaftsinteressierte Info-Elite«! Es ist ja immer schön, dem eigenen Leser zu schmeicheln. Nachrichten online unter www.focus.de/finanzen.

✔ **GoingPublicMagazin:** Erscheint bei der GoingPublicMedia AG aus München. Im Dezember 1997 knapp vor Ausbruch des Börsenbooms mit seinen vielen Börsengängen gegründet, befasst sich das Magazin vordringlich mit Neuemissionen, informiert über Steuern und gesetzliche Änderungen und gibt auch Sonderthemen, wie etwa über die Biotechnologie, heraus. Online ist das Magazin mit `www.goingpublic.de` unterwegs. Zum Verlag gehören zum Beispiel auch noch Titel wie das *Venture Capital Magazin* oder das *HV Magazin*, das sich ausschließlich Hauptversammlungen widmet.

✔ **Smart Investor:** Hat sich aus der Anlegerspalte des *GoingPublicMagazins* als eigenständiges Heft entwickelt und spricht mit der Unterzeile »Das Magazin für den kritischen Anleger« diesen an. *Smart Investor* lockt mit Sonderausgaben wie etwa Immobilienaktien oder Silber und ist unter `www.smartinvestor.de` im Web zu erreichen.

✔ **Nebenwerte-Journal:** Hat sich auf die Aktien kleinerer Unternehmen, der so genannten Small- und Midcaps spezialisiert. Gerade kleinere börsennotierte Betriebe haben ja oftmals Probleme mit der öffentlichen Wahrnehmung. Da sitzt man dann als Wirtschaftsredakteur während der Bilanzpressekonferenz gerne einmal alleine dem berichtenden Vorstand gegenüber – mit dem Kollegen des *Nebenwerte-Journals*. Aber die Aktien kleinerer Unternehmen bergen oftmals ein hohes Potenzial – schließlich haben Microsoft oder Apple auch einmal als winzige Garagenfirmen begonnen! `www.nebenwertejournal.de` gibt einen ersten Einblick in die Konzeption des Heftes.

 Die Auflage von Börsenmagazinen steigt und fällt parallel zu den Börsenkursen! Die alte Zeitungsweisheit, »bad news are good news«, stimmt also bei dieser Art von Magazinen nicht. Je schlechter die Stimmung an der Börse ist, desto weniger sind die Anleger bereit, Zeit und Geld in Informationen von dritter Seite zu stecken – obwohl sie dann doch Tipps am nötigsten hätten. Ist aber so und wurde sogar wissenschaftlich vom renommierten Zentrum für Europäische Wirtschaftsforschung (ZEW) in Mannheim nachgewiesen! Zu erklären ist dieses Verhalten in der Psychologie: Die Anleger wollen nicht an ihre Verluste erinnert werden – und schon gar nicht erfahren, dass sie zur falschen Zeit, also zu früh, verkauft haben. Das ist ein wenig so, als würden Sie Ihre Rechnungen nicht aufmachen, in der Hoffnung, sie dann auch nicht bezahlen zu müssen.

Neben den reinen Börsenmagazinen gibt es noch die mehr auf Hintergrundberichte und die gesamte Wirtschaft – also nicht nur auf das Börsengeschehen – ausgerichteten großen Wirtschaftsmagazine wie das bereits 1962 gegründete *Capital* (bei Gruner + Jahr), das 1971 gegründete *manager magazin* (gehört zur Spiegel-Gruppe und Gruner + Jahr), die *Wirtschafts-Woche* (aus der Verlagsgruppe Handelsblatt), *impulse* (1980 gegründet im Verlagshaus Gruner + Jahr von Johannes Gross) oder, für anspruchsvolle und über den Tellerrand der Ökonomie blickende Leser, *brand1* (das im eigenen Verlag brand eins Medien AG erscheint und ursprünglich im manager magazin-Verlag unter econy entwickelt, aber nach zwei Ausgaben 1998 wieder eingestellt worden war). Hier finden Sie allerdings kaum direkte Kaufempfehlungen, dafür aber jede Menge Hintergrundinformationen und Denkanreize, gerade auch für die Grundsätze einer langfristigen Anlagephilosophie.

Flair der großen Welt – Internationale Medien

In Zeiten der Globalisierung des Internets und der zahllosen Anlageformen von Fonds bis Zertifikaten wird es immer üblicher, auch in ausländische Werte zu investieren. Wenn Sie Ihr Portfolio weltweit ausrichten und angebotene Fonds richtig beurteilen wollen, dann lohnt auch einmal ein Blick in die Heimatmedien des jeweiligen Landes. Wir wollen uns hier auf englischsprachige Titel konzentrieren und nur kurz die wesentlichen aufführen:

✔ **Financial Times:** Unter den englischsprachigen Wirtschaftszeitungen steht an erster Stelle die *Financial Times* aus London. Ähnlich wie die deutsche Tochter widmet sich auch die *Financial Times* nicht ausschließlich wirtschaftlichen Themen, sondern informiert auch über Politik. Erstmals erschien die *Financial Times* unter diesem Titel 1888 und wird seit 1893 auf lachsfarbigem oder eher rosa Papier gedruckt (www.ft.com).

✔ **The Wall Street Journal:** Ist das US-amerikanische Flaggschiff unter den Wirtschaftszeitungen, denn auch wenn der Name in eine andere Richtung weist, handelt es sich dabei um eine Tageszeitung aus New York City. Hier können Sie sich vor allem über die US-amerikanischen Börsenplätze, vor allem natürlich über New York, und US-Aktien informieren und über aktuelle Anlagestrategien (im Sonderteil »Money and Investing«). Die Muttergesellschaft des *Wall Street Journals*, Dow Jones & Company, ist für den berühmten US-Index Dow Jones verantwortlich (wie Sie in Kapitel 12 nachlesen können). Gegründet wurde das *Wall Street Journal* bereits 1889 durch Charles Dow, Edward Jones und Charles Bergstresser. Das Blatt gibt eine eigene Europaausgabe (*The Wall Street Journal Europe*) und eine Asienausgabe (*The Asian Wall Street Journal*) heraus, http://online.wsj.com oder www.dowjones.com.

✔ **Barron's:** Gilt als das wichtigste Anlagemagazin in den USA und kommt wöchentlich im gleichen Verlagshaus wie *The Wall Street Journal* heraus. Wenn *Barron's* eine Aktie empfiehlt oder Potenzial in einem Unternehmen wittert, kann das schon einmal die Börsenkurse nach oben treiben, denn das Blatt gilt als ziemlich reißerisch, aber einflussreich. Spannend aufgemachte Nachrichten finden eben auch im Wirtschaftsleben mehr Leser (www.barrons.com).

✔ **Forbes** und **Forbes global:** *Forbes*, gemacht in New York, wird ausschließlich in den USA vertrieben, *Forbes global* im Rest der Welt. Berühmt-berüchtigt ist die jährliche *Forbes*-Liste der reichsten Menschen der Welt. Gegründet wurde *Forbes* 1917 von Bertie Charles Forbes, einem Einwanderer aus Schottland, und wird noch heute von einem Forbes in dritter Generation herausgegeben. Neben den reichsten Menschen der Welt veröffentlicht *Forbes* unter anderem auch eine Liste mit den 500 größten Unternehmen der USA (www.forbes.com).

✔ **Fortune:** Erscheint seit 1930 wöchentlich und gehört heute dem Medienkonzern Time Warner. Auch *Fortune* wurde, ähnlich wie *Forbes*, durch eine Reihe von Ranglisten bekannt, wie Fortune 500 oder Fortune 1000 mit den jeweils umsatzstärksten Unternehmen der Welt. Aktuell (2009) führen bei den Fortune 500 Royal Dutch aus den Niederlanden vor Exxon Mobil, Wal-Mart Stores und BP aus Großbritannien – die Liste wurde noch vor dem Blowout auf der BP-Ölbohrplattform Deepwater Horizon im Golf von Mexiko aufgestellt. Eine eigene Rubrik, auch auf der Webseite, beschäftigt sich mit »Personal Finance«, aber auch »Markets« und »Small Business« werden beleuchtet (http://money.cnn.com/magazines/fortune/).

✔ **Review of Finance:** Berichtet auf höchstem Niveau über das Finanzgeschehen in der Welt und wird seit Anfang 2007 von der Oxford University Press gedruckt, bis dahin gehörte es zum Wissenschaftsverlag SpringerLink. Die *Review of Finance* ist das offizielle Blatt der

European Finance Association, einer 1974 gegründeten Gesellschaft zur Vermittlung von Theorie und Praxis in Sachen Finanzmanagement und Finanztheorie. (www.revfin.org mit Informationen zur Zeitschrift, weniger allerdings aus der Zeitschrift!)

Am Heim-PC

Kaum zu glauben, aber noch vor einigen Jahren war es fast unmöglich, den aktuellen Börsenkurs in Erfahrung zu bringen. Angewiesen auf die Zeitung konnte der Anleger nur feststellen, wie sich der Kurs am Vortag entwickelt hatte. Pech für ihn, wenn er daraufhin kaufte oder verkaufte, die Kurse sich inzwischen aber wieder total verändert hatten. Heutzutage bieten eine kaum mehr zu überschauende Masse an Internetseiten Kurse in Echtzeit oder mit nur geringfügiger Verzögerung an. An erster Linie selbstverständlich die Webseiten der Börsen, aber auch die einzelnen Unternehmen präsentieren auf ihren Internetseiten den Kurs ihres eigenen Papiers, oft auch noch Charts mit längerfristigem Kursverlauf, im Bereich »Investor Relations«.

Neben den Wirtschaftszeitungen und Magazinen, die längst print und online aktiv sind, gibt es auch noch eigene Finanz- und Anlegerportale, auf denen Sie Informationen erhalten können.

Hier ein paar der wichtigen, alphabetisch, nicht nach der Wertigkeit sortiert. Schauen Sie einfach mal rein, welche Ihnen am besten zusagt, für manche müssen Sie sich allerdings für weiterreichende Inhalte registrieren lassen und zahlen. Und noch eines: Webseiten wandeln sich noch schneller als gedruckte Zeitschriften und verschwinden sehr schnell wieder vom Markt, wenn sie sich nicht mehr finanzieren oder rentieren. Also hier, sozusagen – ohne Gewähr – ein paar Webseiten. Wenn nicht anders vermerkt, bieten sie das volle Programm an Informationen: also die wichtigsten Indizes als Chart auf einen Blick, Tops und Flops des Tages, Analysen, Interviews, Termine, Newsletters, ein Forum zum Diskutieren und Fragen, ein Lexikon für die stets wachsende Flut an Fachbegriffen und jede Menge Kurse von A wie Aktien bis Z wie Zertifikaten.

- ✔ www.aktiencheck.de: Kurs- und Chart-Informationen sowie Analysen und News aus externen Quellen zusammengestellt

- ✔ www.aktienresearch.de: Ist inzwischen in die Webseite www.finanzen.net eingeflossen

- ✔ www.ariva.de: Kurse, Nachrichten und Diskussionen zu Aktien, Fonds, Zertifikaten, Anleihen, Devisen und Rohstoffen

- ✔ www.bloomberg.com: Warum nicht am heimischen Schreibtisch die große Welt der Finanzen erschnuppern auf dieser US-Webseite. Etwas irritierend das Farbspiel orange und weiß auf schwarzem Hintergrund – wer öfters spät abends vor dem Heim-Laptop sitzt, wird an dem eigenwilligen Layout wenig Freude haben. Dafür entschädigen Live TV, Podcasts und Live Radio mit Interviews und Berichten von den Märkten der Welt. Natürlich gibt's auch jede Menge übersichtlicher Kurse, Investment Tools und News (auch zum Thema Sport und Muse!).

- ✔ www.boerse-ard.de: Fernsehen kann auch bilden. Vor allem, wenn man nicht einmal einschalten muss! Mit dieser Webseite spricht die ARD vor allem interessierte Privatanleger an, denn Verständlichkeit und klare Worte stehen eindeutig im Vordergrund. Interessant und informativ der tägliche Börsentrend, bei dem schon kurz angekündigt wird, welche Aktien er behandeln wird. Die Aktie des Tages stellt das Unternehmen hinter einer herausragend verlaufenen Aktie kurz vor. Für Historiker geeignet die Frage »Was war am ...«, wo damals tagesaktuelle Ereignisse bis 2003 zurückverfolgt werden können. Interessant, wenn Sie etwa anhand eines Charts nachvollziehen wollen, warum Kurse in der Vergangenheit eingebrochen sein könnten.

✔ www.boerse-online.de: Eine besonders übersichtliche Webseite unter den Finanzportalen, herausgegeben von Gruner + Jahr. Zur Erholung des vor lauter Informationsflut gestressten Anlegers bietet boerse-online auch Abstecher in »Sport & Spaß« oder »Auto & Verkehr« an. Man ist ja Mensch und nicht bloß Spekulant! Praktisch für Privatanleger die Rubrik »Steuern & Recht«. Wer will, kann sich von Pia, der Persönlichen Informations Assistentin, durch die Webseitenoberfläche geleiten lassen. Pia ist allerdings schnell überfragt, will man mehr wissen, als man ohnehin sofort sieht!

✔ www.deutsche-boerse.com: Selbstverständlich darf die größte und bedeutendste Börse (nicht nur) in Deutschland, die Deutsche Börse in Frankfurt, hier nicht fehlen. Übersichtlich bietet sie wohl fast alles aus der Welt der Börsen und Kurse. Schon auf der ersten Seite sind die tagesaktuellen Kurs-Charts und Kurs-Daten der wichtigsten Indizes DAX, Euro STOXX, MDAX, SDAX und TecDAX zu überblicken, außerdem die wichtigsten Nachrichten aus der Welt der Frankfurter Börse selbst. Aber auch über Börsengänge wird berichtet und ebenfalls bereits auf der Titelseite finden sich alle Unternehmen, die neu an der Börse gelistet sind. Extra für Privatinvestoren ist das Segment Investment ausgerichtet, das auf die Webseite boerse-frankfurt.com führt.

✔ www.finanzen.net: Finanzportal, ähnlich wie Onvista aufgebaut: Auf der Titelseite jede Menge Unternehmensinformationen, Aktienanalysen und Charts der wichtigsten Indizes (DAX, Dow Jones, TecDAX, Nasdaq, die eher technologieorientierte Ausrichtung). Laut eigener Werbung werden täglich etwa 150 Meldungen veröffentlicht. Als Menüleiste im Design von Karteikarten dienen die einzelnen Produktarten, von Aktien über Zertifikate bis zu Anleihen, Rohstoffen und Devisen. Außerdem ein Forum und eine personalisierte Version unter »myfinanzen«. Durchgeführt wird finanzen.net von SmartHouseMedia, die webbasierte Finanzseiten für Online-Broker, Banken und Medien-Portale produziert und zu Axel Springer gehört. Die Kurse kommen über vwd und sind zeitverzögert, bei deutschen Werten um 15 Minuten, aus den USA um 20 Minuten. Wenn Sie also stündlich traden wollen, rentieren sich Kurse in Echtzeit (die extra kosten). Für den normalen Privatanleger lohnt es aber nicht.

✔ www.finanznachrichten.de: Hier stehen Nachrichten im Vordergrund, weniger Kurse. Es wird aber ein umfangreiches XETRA-Orderbuch angeboten, wo pro Aktie dann doch alle wesentlichen Daten abrufbar sind – ein wenig umständlich, aber umfassend.

✔ www.finanzpartner.de: Informationen zur privaten Vermögensbildung mit Investmentfonds, zu betrieblicher Altersvorsorge mit Aktienfonds und zur Anlage von Erbschaften.

✔ www.finanztreff.de: Webseite von der vwd (Vereinigte Wirtschaftsdienste) betrieben, sehr kleinteilig mit einer Fülle von Informationen, wie man sie von einem Informationsdienstleister wie vwd nicht anders erwartet. Interessant: ein eigener Analyseticker mit Fundamentalanalysen.

✔ www.ftd.de: Das Internetportal der *Financial Times Deutschland*: Breit angelegt, informativ, mit gut funktionierender Suchfunktion. Allerdings kosten einige Artikel Geld, außer Sie sind im Besitz eines Abonnements. Bietet im Bereich »Börse« erschöpfend und doch übersichtlich Informationen zu Kursen von Aktien, Fonds, Zertifikaten ... Das Internetprofil wurde inzwischen geviertelt, um damit je nachdem den »Klassiker«, »Schnellleser«, »Meinungshungrigen« oder »Hingucker« anzusprechen.

✔ www.ntv.de: Neben der öffentlich-rechtlichen Seite hier die private Variante eines Internetauftritts eines Fernsehsenders. Wer sich von der eher gewöhnungsbedürftigen, schiefergrau hinterlegten Deckseite nicht abstoßen lässt, der findet unter dem Stichwort »Börse« ein breites Spektrum an aktuellen Informationen. Dossiers und eine Kolumne »Inside Wall Street«, bei der selbst der US-Dresscode zum Thema wird, runden das Angebot ab. Der Unterschied zu den öffentlich-rechtlichen? Nun, beim Wegklicken der vielen Werbebotschaften schläft der User wenigstens nicht ein – dafür ist es auch nicht Ihr Geld, mit dem die Webseite finanziert wird!

✔ www.nzz.ch: Informationen sind alles, doch sie sollten neutral sein. In deutscher Sprache, von europäischer Warte aus und doch ein wenig von außen ermöglicht die Webseite der renommierten und altehrwürdigen *Neuen Zürcher Zeitung* einen guten Überblick über das wichtigste Geschehen – nicht nur aus der Wirtschaft! Die Wirtschaftsnachrichten sind klassisch aufgeteilt in »Wirtschaft« und in »Börsen & Märkte«. Sie erhalten auf der Website viele Informationen wie von den besten Finanzplattformen, vermehrt mit Hintergrundberichten auf dem Niveau der NZZ. Die Darstellung ist klassisch zurückhaltend und übersichtlich, ohne störenden Firlefanz. Der User braucht auch nicht die ersten zehn Minuten, um lästige Werbebuttons wieder zu schließen – die umrahmen die Seite dafür. Über die kostenpflichtige Finanzplattform NZZ-Finfox können weitere Nutzungsmöglichkeiten, wie eine virtuelle Portfoliopflege und -optimierung, durchgeführt werden. Kleiner Wermutstropfen: Das Abrufen älterer Artikel ist überwiegend kostenpflichtig.

✔ www.onvista.de: Wohl das Finanzportal der Finanzportale. Vollgepackt und dennoch übersichtlich, herausgegeben von der bankenunabhängigen Onvista Media GmbH, die noch weitere Special-Interest-Portale sowie Internetmarketing für andere Unternehmen betreibt. 2006 erzielte das Unternehmen einen Umsatz von 14 Millionen Euro und ist nach der Anzahl der abgerufenen Seiten nicht nur Spitzenreiter bei den Finanzportalen, sondern auch bei Wirtschafts- und Finanzwebsites allgemein. Das Informationsspektrum ist reichhaltig, allerdings finanziert sich die Website über Anzeigen und der Nutzer muss manchmal zweimal hinschauen, bis er eine Anzeige von einer Information unterscheiden kann! Wer will und über ein etwas dickeres Fell verfügt, kann während des Umherschweifens auf der Website sich vom Deutschen Anleger Fernsehen beschallen lassen, einer Mischung aus Schulfernsehen und Börsenseminaren. Über »myonvista« können Sie sich auch ein persönliches Portal, ganz nach Ihren Wünschen, zusammenstellen. Sie können die Kurse bei onvista auch in realtime ordern, das kostet allerdings extra. Ansonsten liegt die Zeitverzögerung zwischen 15 und 20 Minuten.

✔ www.sdk.org: Die Schutzgemeinschaft der Kapitalanleger vertritt vor allem die Interessen der Privatanleger. Auf ihrer Webseite listet sie zum Beispiel Pressemitteilungen über Ge-

genanträge auf Hauptversammlungen auf. Diese zeigen ein interessantes und etwas gegen den Strich gebürstetes Bild vieler Unternehmen auf. Es lohnt sich, hier immer mal wieder vorbeizuschauen! Als Mitglied (65 Euro pro Jahr und damit fast 15-mal so günstig wie die Börsenhotline von Markus Frick zum Beispiel) erhalten Sie zusätzlich noch den monatlichen Aktionärsreport zum Downloaden. Der Aktionärsreport liefert neueste Urteile rund um die Aktie genauso wie Markt- und Analyseübersichten und je ein Unternehmensporträt. Ähnlich aufgebaut und mit reichhaltigen Informationen von der Quellensteuer bis zu US-Sammelklagen die Webseite der Deutschen Schutzvereinigung für Wertpapierbesitz unter `www.dsw-info.de`.

✔ `www.wallstreet-online.de`: mit Diskussionsforum

Einige Webseiten decken nur bestimmte Bereiche ab und wenden sich vordringlich an den leidenschaftlichen Börsianer oder Trader:

✔ `www.charttec.de`: setzt ein Abonnement voraus, um es voll nutzen zu können

✔ `www.tradewire.de`: etwas für Charttechniker

Seriös – aber teuer

Nachrichtendienste hören sich nach James Bond an, sind aber aus dem journalistischen Alltag nicht wegzudenken und arbeiten ganz trocken und nüchtern. Sie verarbeiten alle Nachrichten schnellstmöglich, seriös und ohne jeglichen eigenen Kommentar. Sie kennen alle die großen Nachrichtendienste, die vor allem über politische Ereignisse in aller Welt berichten: Die deutsche Presseagentur dpa, der ehemalige Deutsche Depesche Dienst ddp, Associated Press (AP) aus Großbritannien, Agence France Press aus Frankreich oder United Press International (UPI) aus den USA. Keine Zeitung könnte ohne diese Nachrichtenagenturen existieren. Zeitungen zahlen selbstverständlich für die Dienste der Nachrichtenagenturen, allerdings bieten alle auch ein Internetportal für den freien Zugang – und mit eingeschränkten Nutzungsrechten – an.

✔ **Bloomberg** als internationaler Finanznachrichtendienst unter `www.bloomberg.com` zu finden, wo Sie auch Video-Beiträge von Bloomberg-TV (auch auf Deutsch) abrufen können. Bloomberg ist eine relativ junge Gründung (1981) und ist in New York beheimatet – insofern liegt ein Schwerpunkt auf dem US-Markt. Bloomberg betätigt sich auch als Datenlieferant, etwa für Börsenkurse.

✔ **Reuters** aus London (`www.reuters.com`) bietet ebenfalls neueste Nachrichten per Video, unter `www.reuters.de` auch in deutscher Sprache. Reuters gilt als größte Nachrichtenagentur weltweit, hat sich aber schwerpunktmäßig Wirtschaftsthemen verschrieben. Gegründet wurde Reuters sogar in Deutschland, 1850 in Aachen, und die ersten Informationskanäle waren – Brieftauben!

Vor der Glotze – Börsenmagazine im TV

Kein Fernsehabend vergeht, ohne dass Sie nicht über den Stand des DAX oder über die wichtigsten Unternehmensnachrichten informiert werden. Nachrichtensendungen und Wirtschaftsmagazine durchziehen (fast) sämtliche Programme. Die bekanntesten, reinen Börsenmagazine im Fernsehen sind

✔ Die Telebörse auf N-TV (mehrmals täglich)

✔ 3sat börse

✔ Make Money – Die Markus Frick Show auf N24

✔ Börse im Ersten

Der unbestreitbare Vorteil dieser Magazine ist, dass wohl jedermann einen Fernseher daheim hat – mit Ausnahme der beiden Autoren. Der Nachteil, die Magazine kommen meist lustig über den (Werk)Tag verteilt – wer hat da schon Zeit zum Fernsehen? Auch ziehen die Informationen schnell an uns vorbei, wer sitzt schon mit Block und Stift im Fernsehsessel, um sich Tipps aufzuschreiben? Dort helfen immerhin die Webseiten der Sender/Sendungen und Teletext weiter. Eine eigene Börsenwebseite bietet etwa das Erste an unter `www.ard-boerse.de`.

Klingt persönlich – Börsenbriefe

Um nicht wie alle anderen Anleger handeln zu müssen und damit nur im Trend mitschwimmen zu können, suchen viele Börsianer nach exklusiven Informationen. Eine solche exklusive Art, mehr zu wissen als andere, stellen zweifellos Börsenbriefe dar, denn schon ihr Preis schreckt viele ab. Auch wenn der Name etwas anderes vorgaukelt, Börsenbriefe werden nicht von den Börsen herausgegeben, sondern von eigenen, meist kleineren Finanzverlagen, Vermögensverwaltern oder auch Banken. Sie enthalten Analysen und oftmals sehr genaue Kauf- und Verkaufsempfehlungen für Aktien und andere Wertpapiere. Hier kommt es sehr darauf an, wie sehr Sie dem Herausgeber trauen, der Sie da mehr oder weniger persönlich im Brief anspricht. Es empfiehlt sich, einige der Kauf- und Verkauf-Tipps eine Zeit lang zu verfolgen – ohne sie tatsächlich zu tätigen –, um ihre Qualität bemessen zu können.

✔ **Bernecker & Cie.** von Hans A. Bernecker 1972 gegründet und im Web unter `www.bernecker.info` abrufbar. Nach eigenen Angaben erreichen die von Bernecker in Düsseldorf herausgegebenen Börsenbriefe, vor allem Die Actien-Börse (Standversion pro Monat für 61 Euro, Gold-Version für 66 Euro zu haben!) 40.000 Anleger. Mit dann immerhin 732 Euro pro Jahr müssen Sie allerdings satte Gewinne realisieren, um diese Kosten als Peanuts abtun zu können!

✔ **Geldanlage Report** bietet Aktientipps und Empfehlungen für Optionsscheine und Zertifikate. Gratis und via Internet, aber man muss sich anmelden, um bedient zu werden.

✔ **Platow Brief** ist der bekannteste und mit über 50 Jahren wohl auch älteste Börsenbrief in Deutschland. Inzwischen wurde das ursprünglich rein auf Aktien abzielende Produktangebot noch um Platow Börse, Platow Derivate, Emerging Markets, Immobilien und Specials erweitert. Drei mal wöchentlich erhalten Sie hier je vier Seiten mit drei Musterdepots zum Preis von 368 Euro für 12 Monate. Wie alle anderen Briefe können Sie den Platow Brief bequem per E-Mail als pdf-Datei erhalten.

✔ **Prior Börse** erscheint zweimal wöchentlich und wird von Egbert Prior als Chefredakteur betreut. Prior will nach eigenen Angaben »Pflichtlektüre in Banken, Unternehmen und Redaktionen der Wirtschaftspresse« sein. Für Prior Börse müssen Sie jährlich mit 390 Euro (via Internet) oder 460 Euro (per Post) rechnen, für den zusätzlich einmal die

Woche erscheinenden Prior Global noch einmal 290 Euro (Internet) beziehungsweise 345 Euro (postalisch), wobei es Kombiangebote schon ab 630 Euro gibt. 1998 sorgte Prior für unangenehmes Aufsehen, weil er in der 3Sat-Börse Aktien empfahl, die er kurz vorher gekauft und dann wieder mit Erfolg verkauft hatte. So was nennt man Insidergeschäfte, die Börsenaufsicht ermittelte, kam aber zu keinem Ergebnis.

✔ **TradersJournal.de,** kostenlos via PDF gibt es hier viel Wissenswertes rund um Börse & Trading. In durchaus lockerer Schreibe und sehr ansprechendem »Outfit« wird hier allerdings auch ziemlich harte Kost geboten, die schon auf leidenschaftliche Börsianer abzielt. Auch sollten Sie über einen schnellen Internetzugang verfügen, weil Sie immer erst herunterladen müssen, bevor Sie lesen können.

 Einen Überblick über die vielen Börsenbriefe können Sie sich über eigene Internetportale, wie etwa `www.boersenkiosk.de` verschaffen.

Börsengeflüster

Es wird nicht nur sehr viel über die Börsen berichtet, auch die Börsen selbst informieren ihre potenziellen und tatsächlichen Anleger durch verschiedene Publikationen und Newsletters:

✔ **Die Deutsche Börse** in Frankfurt gibt das _Business Journal 1585_ heraus (auch als PDF-Datei zum Downloaden) mit eher allgemeinen Informationen zu jeweils einem bestimmten Thema (etwa Energie) und das vierteljährlich erscheinende Anlegerjournal _vision+money_ mit aktuellen Kapitalmarktthemen. Sie können sich aber auch den _Business Newsletter_ per Mail auf den PC schicken lassen.

✔ **Die Börse Berlin** versendet alle zwei Monate einen Newsletter, kostenlos per Post oder per Mail (als PDF-Datei zum Downloaden), mit den jüngsten Trends und Handelsvolumina ihrer Börsen, zum Beispiel mit den Fonds-Umsatz-Top-Ten.

✔ **Die Börse Düsseldorf** bietet für die Mitglieder in ihrem Quality Trader Club einen regelmäßigen Newsletter mit Börsennachrichten an. Die Mitgliedschaft ist im Übrigen kostenlos und bringt noch weitere Vorteile, wie einen kostenlosen Eintritt in alle Börsenveranstaltungen und Vergünstigungen bei Anlegerseminaren mit sich.

✔ **Die Börsen Hamburg und Hannover** bieten vier Mal im Jahr das Magazin _Geld & Brief_ (auch zum Downloaden). Hier gibt es Informationen und Hintergründe zum Börsengeschehen, aber auch Unternehmens- und Aktienporträts oder das Neueste zu Fonds.

✔ **Die Börse München** bietet auf ihrer Webseite `www.boerse-muenchen.de` unter »news« einen umfangreichen Service für interessierte Anleger an: Von täglichen Ad-hoc-Meldungen im Minutentakt über Morning News, wo Sie sich schon vor Börsenbeginn mit Charts und Börsenberichten in Kurzform versorgen können, bis hin zu ausführlicheren Bonds Reports (jeweils donnerstags), Fonds Reports und täglichen Marktberichten. Seit neuesten sind die Informationen auch als RSS-Feeds zu empfangen. So sind Sie immer auf dem neuesten Stand.

✔ **Die Börse Stuttgart** gibt für ihre selbst erschaffenen Index-Zertifikate (S-BOX) alle 14 Tage das S-BOX-Journal mit den Themen »Trends – Märkte – Länder« und monatlich S-BOX-Reporting mit Kursentwicklung sowie Hintergründe heraus. Außerdem bietet die Börse Stuttgart eine eigene Börsen-Glotze an. Wer Kurse und Entwicklungen also lieber – etwas steif – vom Blatt vorgelesen haben möchte, ist hier bestens bedient.

Außerdem bieten alle Börsen auch Seminare für Anleger und solche, die es werden wollen, an. Die sind allerdings nicht umsonst, aber zu Preisen ab etwa 50 Euro für eine Abendveranstaltung zu haben. Informationen dazu und viele andere wichtige Erkenntnisse rund um das Thema Börse finden Sie auf den Webseiten der Börsen:

✔ www.deutsche-boerse.com für die Börse in Frankfurt

✔ www.berlinerboerse.de für die Börse Berlin

✔ www.boersenag.de und

✔ www.fondsboerse.de der Börsen Hamburg und Hannover

✔ www.boerse-duesseldorf.de

✔ www.boerse-muenchen.de

✔ www.boerse-stuttgart.de

Fundiert: Die Wirtschaftswissenschaft

Die Wirtschaftsforscher in Deutschland haben zumindest einmal im Jahr einen großen, auch medial genau beobachteten Auftritt: immer wenn im Herbst der »Sachverständigenrat zur Begutachtung der gesamtwirtschaftlichen Entwicklung« sein neuestes Gutachten vorlegt. Da dieser Name nicht wirklich medientauglich ist, wird das Jahresgutachten den fünf Wirtschaftsweisen untergeschoben, denn der Sachverständigenrat setzt sich aus fünf Mitgliedern zusammen: Derzeit die Professorin Beatrice Weder di Mauro und die Professoren Peter Bofinger, Wolfgang Franz und Wolfgang Wiegard sowie Bert Rürup als Vorsitzender. Diese fünf Weisen, die oftmals Waisenknaben und -mädchen gleichen, wenn sie einmal wieder feststellen müssen, dass die Bundesregierung ihre materialreichen und voluminösen Gutachten eifrig, aber kurz zur Kenntnis nimmt und dann in den tiefen Schubladen der Ministerien verschwinden lässt, agieren jedoch nicht im luftleeren Raum, sondern es gibt eine ganze Reihe von wichtigen Wirtschaftforschungsinstituten in Deutschland. Auch von diesen können Sie interessante Informationen erfahren.

Die führenden deutschen Wirtschaftsforschungsinstitute DIW Berlin, ifo München, Ifw Kiel, Institut für Wirtschaftsforschung Halle und RWI Essen geben zwei Mal im Jahr (im Frühling und im Herbst) eine umfangreiche Beurteilung über »Die Lage der Weltwirtschaft und der deutschen Wirtschaft« heraus, die auch in den Medien öffentlich gemacht werden, bei den Instituten aber auch direkt via Internet abgerufen werden können.

Wichtige Frühindikatoren zur Beurteilung der künftigen Wirtschaftsentwicklung bilden der monatlich erscheinende ifo-Geschäftsklimaindex und die ebenfalls monatlich herausgegebenen ZEW-Konjunkturerwartungen. Ein eigenes Konjunkturbarometer für Ostdeutschland gibt das IWH Institut für Wirtschaftsforschung in Halle heraus.

In Tabelle 12.1 sehen Sie die Institute in Deutschland und ihre Webseiten, für Hintergrund-informationen bieten sie immer ein reiches und interessantes Themenspektrum:

Institut Kurzform	Institut Langversion	Webseite
DIW Berlin	Deutsches Institut für Wirtschaftsforschung	`www.diw.de`
HWWI Hamburg	Hamburgisches WeltWirtschaftsinstitut	`www.hwwi.org`
Ifo München	Institut für Wirtschaftsforschung München	`www.ifo.de`
IW Köln	Institut der Deutschen Wirtschaft in Köln	`www.iwkoeln.de`
ZEW Mannheim	Zentrum für Europäische Wirtschaftsforschung	`www.zew.de`
IfW Kiel	Institut für Weltwirtschaft in Kiel	`www.ifw-kiel.de`
IWH Halle	Institut für Wirtschaftsforschung Halle	`www.iwh-halle.de`
RWI Essen	Rheinisch-Westfälisches Institut für Wirtschaftsfor-schung Essen	`www.rwi-essen.de`

Tabelle 12.1: Die wichtigsten Wirtschaftsforschungsinstitute in Deutschland

Zugedeckelt: Bücher

Es mag Sie vielleicht verblüffen, schließlich blättern und lesen Sie ja gerade in einem Buch, aber diese eignen sich für die Hektik und Geschwindigkeit des Börsengeschehens nur bedingt. Denn Bücher haben immer das Problem, dass sie einen relativ langen Produktionsprozess in Anspruch nehmen, insofern sind sie ideal für Hintergrundinformationen, allerdings schlecht für konkrete und aktuelle Handlungsanweisungen oder Aktienempfehlungen. Denken Sie nur an die vielen Publikationen, die während der Euphorie über das junge Frankfurter Börsenseg-ment des Neuen Marktes auf den Büchertisch geworfen wurden – die wecken heute, nachdem das Segment längst wieder aufgelöst worden ist und auch viele der hoch gelobten Unterneh-men wieder von der Bildfläche verschwunden sind, allenfalls noch historisches Interesse.

Trotzdem ist das Thema Börse viel zu interessant und auch viel zu vielseitig, um nicht eine ganze, gar nicht zu überschauende Reihe an Büchern hervorzubringen. Die vielen Experten, die sich auf den Brettern, die die Börse bedeuten, bewegen, wollen schließlich alle auch ihren Namen auf einem Buchdeckel prangen sehen und sich im nächsten Seminar als Autor präsen-tieren. Ganze Verlage haben sich dem Börsen- und Anlagethema verschrieben, kleine und große wie etwa der Rosenheimer Thomas Müller Börsenverlag (mit einem etwas unübersicht-lichen, aber informativen Internetauftritt unter `www.boersenverlag.de`) oder der Finanzbuch-verlag aus München mit der Börse Online Edition, der Werke von »Kostolanys Wunderland« bis zu »Clever Traden mit Erfolg« verlegt. Die Buch-Reihe »simplified« soll den Einstieg für vielerlei Themen vom Devisenhandel bis zur richtigen Finanzplanung erleichtern. Darüber hinaus gibt es noch viele andere Verlage, die sich wirtschaftlichen Themen verschrieben haben, vom renommierten Münchner Beck Verlag, über den Campus Verlag mit der Reihe »Bloom-berg bei Campus« bis zum in Berlin residierenden Econ Verlag mit seinen auf ein breiteres Publikum abzielenden Werken, der einst aus dem *Handelsblatt* hervorging und nach vielen Stationen inzwischen mit der Verlagsgruppe Ullstein-Heyne-List zur schwedischen Bonnier-Verlagsgruppe gehört.

Ein gesundes Maß an Skepsis sollten Sie Büchern gegenüber an den Tag legen, wie sie gerne und in großer Auflage erscheinen unter Titeln wie »Ich mache Sie reich«, »Top-Gewinne mit Aktien« oder »Erfolgreich an der Börse«. Denn garantieren kann Ihnen den Börsenerfolg niemand. Es reicht ja auch nicht aus, ein Buch über das richtige Elfmeterschießen zu lesen, um dann jeden Ball traumhaft zu verwandeln, und auch die Eiger-Nordwand würden Sie mit gutem Grund nicht ausschließlich nach der Lektüre eines Alpinisten-Buches zu besteigen wagen. Die richtige Literatur kann Ihnen das notwendige Rüstzeug zum Handeln vermitteln, entscheiden müssen – und wollen – Sie schließlich selbst.

Allen über Medien vermittelten Informationen, ob über das Internet, Zeitungen, Zeitschriften, das Fernsehen oder Büchern, ist eines gemeinsam: Die Vermittler, die Schreibenden und Sendenden, müssen davon auch leben! Deshalb empfiehlt es sich, bei den einzelnen Quellen kurz darüber nachzudenken, wie sie sich finanzieren (über Anzeigen oder direkte PR, das heißt mehr oder weniger gekaufte Artikel). Wenn Sie gegen den Strich etwas über Medien und Anlagetipps erfahren möchten, lesen Sie bei *Thomas Schuster: Die Geldfalle. Wie Medien und Banken die Anleger zu Verlierern machen,* nach. Natürlich sind seriöse Medienschaffende der journalistischen Sorgfaltspflicht verpflichtet, das heißt, es gibt natürlich nicht nur schwarze Schafe!

Informationen als Rohstoff

Sie kennen jetzt die wichtigsten Informationsträger, die Medien. Doch woher wissen die eigentlich Bescheid und können Sie sich nicht viel früher in den Informationsfluss einklinken? Hier schafft das Internet hervorragende Möglichkeiten, weil Sie jederzeit und vom heimischen Schreibtisch aus direkt an die Quellen gehen können. Es gibt inzwischen wohl keine Aktiengesellschaft mehr, die keinen eigenen Internetauftritt aufweist. Hier finden Sie unter der Rubrik »Investor Relations« wichtige Kennzahlen aufgelistet, aber auch Quartals- und Jahresberichte sowie Ad-hoc-Mitteilungen, also alle Mitteilungen, die den Aktienkurs beeinflussen könnten und deshalb veröffentlicht werden müssen.

Nur für Aktionäre

Als Aktionär erhalten Sie wesentliche Unterlagen über das Unternehmen, an dem Sie Anteilseigner sind:

✔ Quartalsberichte

✔ Geschäftsberichte

✔ Aktionärsbriefe

✔ Ad-hoc-Mitteilungen

✔ Emissionsprospekt (etwa bei einem Börsengang)

Der Nachteil: Sie müssen erst Aktionär sein, um die Infos zugesandt zu bekommen, aber eigentlich wollen Sie sich doch vorab informieren, von welchem Unternehmen Sie Aktien kaufen wollen. Hier hilft das Internet am besten weiter, denn fast alle Aktiengesellschaften bieten ihre Quartals- und Jahresberichte auf ihrer Webseite zum Download an. Ad-hoc-Mitteilungen können im Investor-Relations-Bereich mühelos abgefragt werden und meistens ist sogar der Pressebereich mit Pressemitteilungen und oft auch einem Pressespiegel selbst für Nicht-Journalisten frei zugänglich.

Somit halten Sie zwar Originalinformationen in den Händen oder können Sie sich auf Ihren Heim-PC laden, aber die Daten sind wenig aufbereitet, oftmals schwer verständlich und – natürlich – sie stammen von den Unternehmen selbst und sind dementsprechend »geschönt« und/oder mit vielen Fachwörtern »verbrämt«. Das klingt böse, ist aber die Wahrheit und auch nur zu verständlich, schließlich wollen die Unternehmen ja Ihr Geld in Form von Aktienkäufen und möchten sich deshalb selbstverständlich ins beste Licht stellen. Sie müssen die Informationen also als Rohstoffe verstehen, die Sie erst für sich selbst aufbereiten müssen, um sie nutzbringend anzuwenden. Das größte Problem aller wirtschaftlichen Zahlen, die Sie sich aus dem Internet beschaffen können oder die Sie vielleicht in Form eines Aktionärsbriefs zugeschickt bekommen haben: Sie betreffen die Vergangenheit des jeweiligen Unternehmens, Sie interessiert aber die Zukunft!

Verständliche News

Das Problem vieler Berichte direkt von den Unternehmen ist allerdings, dass es Texte von Fachleuten für Fachleute sind – und so sind sie meist geschrieben! Zahlenkolonnen marschieren da übers Papier, es wird mit Kennzahlen und Begriffen, Abkürzungen und jeder Menge Denglisch um sich geworfen. Kein wirkliches Lesevergnügen!

Das Verständnis steigt zwar, je mehr Sie sich mit der Welt der Wirtschaft und dem Geschehen an der Börse beschäftigen. Das ist tröstlich. Was brauchen Sie denn wirklich für Informationen, welche sind wichtig, um ein Unternehmen einzuschätzen?

Einige betriebswirtschaftliche Begriffe wie *EBIT* (Gewinn vor Zinsen und Steuern) und *Cash-flow*, *Gewinn pro Aktie* und *Kurs-Gewinn-Verhältnis* sollten Ihnen schon bekannt sein. Welche betriebswirtschaftlichen Kennzahlen Sie zur Analyse eines Unternehmens genau brauchen, können Sie in Kapitel 15, in dem es unter anderem um die Fundamentalanalyse geht, weiter vertiefen. Denn dabei werden Unternehmen auf Herz und Nieren gecheckt. Nur eines vorab: Diese Finanzkennzahlen entstammen den Werkstätten der Buchhalter und Controller und dienen vor allem dazu, Unternehmen miteinander zu vergleichen, indem so lange alles hin und her gerechnet wird, was für das einzelne Unternehmen spezifisch ist. Für die tatsächliche Bewertung des Unternehmens spielt aber die größte Rolle, »was hinten herauskommt«, um ein Wort des Ex-Kanzlers Helmut Kohl zu zitieren. Also, wie viel Gewinn nach Abzug aller zu zahlenden Beträge tatsächlich hinten rauskommt. Neben den reinen Zahlen aus der Bilanz oder der Gewinn-und-Verlust-Rechnung eines Unternehmens zählen für die künftige Entwicklung sehr viel mehr das Potenzial der Produkte und Innovationen. Können diese die nächsten Jahre und Jahrzehnte überzeugen? Sie ahnen schon, dies aus bunten Prospekten oder tumben Zahlenkolonnen zu entnehmen, ist ein Ding der Unmöglichkeit. Wie so oft, ist hier eher Intuition als Information gefragt!

In Deutschland gibt es seit dem 1. Juli 2005 ein neues Gesetz über Prospekte, das heißt Veröffentlichungen, die von den Unternehmen erstellt werden müssen, wenn sie an die Börse gehen, neue Aktien, Schuldverschreibungen, Zertifikate oder Optionsscheine herausgeben wollen. Das deutsche Gesetz beruht auf der EU-Prospektrichtlinie, die auch die grenzüberschreitende Ausgabe von Wertpapieren erleichtern und gleichzeitig den Anlegerschutz erhöhen soll. In den Prospekten muss in allgemein verständlicher Form über die Risiken und Chancen des Unternehmens berichtet werden! Diese Prospekte können Sie auf der Internetseite des Unternehmens oder – bis zu zwölf Monate nach der Herausgabe – auf der Webseite der Bundesanstalt für Finanzdienstleistungsaufsicht www.bafin.de abrufen.

Die vielen Informationen sollen Sie fit machen als Anleger an der Börse. Fit aber auch, um ein wachsamer und kreativer Partner in einem Beratungsgespräch mit Ihrer Bank oder Ihrem Vermögensberater zu sein. Es ist wie beim Autokauf – wenn Sie überhaupt keine Ahnung haben, was Sie wollen und brauchen, werden Sie große Schwierigkeiten haben, einen Wagen zu erhalten, der all Ihren Ansprüchen (möglichst) gerecht wird!

Nicht ohne Hintergedanken

Eines sollte Ihnen bei all diesen Informationen aber immer bewusst sein: Im Gegensatz zu Zeitungsartikeln oder Magazinbeiträgen versuchen die Unternehmen selbstverständlich immer, möglichst positive Nachrichten herauszugeben. Man kann getrost den Ausdruck »geschönt« verwenden – aber würden Sie in eine Kontaktanzeige schreiben, dass Sie eigentlich ein ausgemachter Looser sind, klein, dick, hässlich und furchtbar langweilig? Wohl kaum, Sie würden wahrscheinlich schreiben, dass Ihnen Geld nicht wichtig ist und dass Sie eher untersetzt, stämmig, markant und mit seltenen Interessen bestückt sind! Den Unternehmen geht es auch darum, sich im besten Licht zu zeigen.

Nicht nur bei den Unternehmen, auch bei den Emittenten von Derivaten und Zertifikaten, also den Banken, muss Ihnen bewusst sein, dass auch diese vordringlich die positiven Seiten ihrer Produkte hervorkehren möchten. Allerdings haben die Banken, wie die Unternehmen, auch gewisse Verpflichtungen, etwa auf das Risiko der jeweiligen Geldanlage hinzuweisen.

Versuche, Unternehmen möglichst objektiv und durch Fachleute zu bewerten, finden Sie bei den großen Banken in den Research-Abteilungen. Diese geben in gewisser Regelmäßigkeit Research-Berichte über Aktiengesellschaften heraus, in denen die wirtschaftliche Lage, die Chancen und Risiken analysiert werden. Damit Sie nicht bei allen Banken suchen müssen, gibt es Webseiten, die solche Research-Berichte sammeln, wie etwa www.aktienresearch.de!

Doch auch Medien sind leider nicht immer so objektiv, wie sie gerne den Anschein erwecken. Manche eifrige Börsenkundler im Fernsehen, in Zeitschriften oder auf Webseiten haben nebenher noch ihre eigenen Unternehmen. Außerdem, grundsätzlich sollten Wirtschaftsjournalisten eigentlich nicht selbst an der Börse handeln, zu groß ist die Versuchung, eigene Aktienkäufe durch Schönreden kurstechnisch nach oben zu katapultieren – und gerade mit der geballten Macht des Fernsehens etwa scheint hier doch einiges möglich zu sein.

Verbände und Verbraucherschutzorganisationen

Sie kennen das Bonmot: Wenn sich in Deutschland zwei Menschen treffen, gründen sie einen Verein, wenn Sie drei Menschen kennen, sind diese insgesamt mindestens in zehn Vereinen aktiv. Bei Unternehmen ist das nicht anders, wo zwei etwas Ähnliches produzieren oder anbieten, gibt es (mindestens) einen Verband, eher zwei oder drei!

Die meisten Verbände werden von den Profiteuren des Börsengeschehens dominiert, den Banken, Emittenten, Kapitalanlagegesellschaften. Einige Vereine widmen sich dezidiert den Interessen des kleinen, des privaten Anlegers.

Die Schutzgemeinschaft der Kapitalanleger e. V. (SdK)

Die Schutzgemeinschaft der Kapitalanleger e. V. (SdK) wurde bereits 1959, damals noch als Schutzgemeinschaft der Kleinaktionäre, gegründet, um die Rechte und Interessen der Minderheitsaktionäre, also derjenigen, die nur über ein minimales Aktienvolumen bei Unternehmen verfügen und so wenig Stimmrechte innehaben, zu vertreten. 2004 nannte er sich in Schutzgemeinschaft der Kapitalanleger um, weil das Tätigkeitsspektrum inzwischen stark angewachsen war und der SdK allgemein die Position der Anleger stärken möchte.

Im SdK sind etwa 12.000 Mitglieder vertreten, entweder direkt als Fördermitglieder oder indirekt über Investment- und Aktienclubs. Der Verein setzt sich aus sechs Vorstandsmitgliedern und fünfzig ehrenamtlichen Sprecherinnen und Sprechern zusammen. Die Geschäftsstelle des SdK befindet sich in München, außerdem verfügt der rührige Verein über ein eigenes Hauptstadtbüro in Berlin.

Tätigkeitsschwerpunkt des SdK ist neben dem Schutz der Minderheitsaktionäre das Engagement für eine (dringend benötigte) Verbesserung der Aktienkultur und des Anlegerschutzes in Deutschland. Die Unabhängigkeit des Vereins wird durch die weitgehende Ehrenamtlichkeit aller aktiven Personen gewährleistet. Allerdings nutzten in jüngster Zeit wohl einige der ehrenamtlichen Mitarbeiter ihr Amt keinesfalls ganz ehrenhaft aus und wurden der Insidergeschäfte bezichtigt.

Die Vertreter der SdK haben Sitz und Stimme in verschiedenen Gremien:

✔ Börsensachverständigenkommission (BSK)

✔ Börsenrat der Börse München

✔ Deutsche Prüfstelle für Rechnungslegung

✔ Deutsche Rechnungslegungs Standards Committee (DRSC)

✔ european corporate governance institute (ecgi)

✔ Übernahmebeirat und Widerspruchsausschuss der BaFin

✔ Vereinigung Baden-Württembergische Wertpapierbörse e. V.

Seit 2003 vertritt die SdK als einzige Anlegervereinigung im Verbraucherzentralen Bundesverband vzbv die Anlegerinteressen. Näheres unter www.sdk.org.

Die Deutsche Schutzvereinigung für Wertpapierbesitz (DSW)

Um in den Genuss der Leistungen der in Düsseldorf ansässigen Vereinigung zu kommen, müssen Sie einen Mitgliedsbeitrag beisteuern (95 Euro jährlich). Dafür erhalten Sie, ähnlich wie etwa bei einem Mieterverein, rechtliche Beratung, außerdem besucht die DSW in der Regel auch die wichtigsten Hauptversammlungen (etwa 800!) und meldet sich zu Wort, wenn irgendetwas nicht richtig läuft. Als kleine Draufgabe gibt es alle 14 Tage die Zeitschrift *Das Wertpapier* mit nützlichen Informationen rund um Aktien und andere Wertpapiere. Im Web finden Sie den Verein unter `www.dsw-info.de`.

Der Dachverband der kritischen Aktionärinnen und Aktionäre

In Köln sitzt ein Verband, der sich gegen das reine Gewinnstreben von Unternehmen und auch Aktionären richtet. Seine erklärten Hauptziele seit seiner Gründung 1986 sind mehr Umweltschutz und mehr soziale Gerechtigkeit. Auf Hauptversammlungen streiten sie für die Erhaltung von Arbeits- und Ausbildungsplätzen in den Unternehmen – wo doch die Börse Nachrichten über Restrukturierungsmaßnahmen und Massenentlassungen oftmals mit einem Kursgewinn goutiert. Sie gleichen ein wenig Don Quichottes Kampf gegen die Windmühlen, aber immerhin, sie sitzen in den Mühlen und sie kämpfen! Im Netz zu erreichen unter `www.kritischeaktionaere.de`.

Verbände rund um Aktien, Derivate oder Fonds

Die Verbände rund um Aktien, Derivate oder Fonds veröffentlichen interessante Statistiken und bringen so manche wichtige Informationen, aber sie agieren im Interesse derjenigen, die von Ihrer Geldanlage profitieren wollen.

✔ **Das Deutsche Aktieninstitut (DAI)** in Frankfurt und Brüssel ist der Verband für alle Unternehmen und Gesellschaften, die sich am Kapitalmarkt in Deutschland beteiligen. Es ist also, lassen Sie sich vom Namen nicht täuschen, kein wissenschaftliches Institut! Zu seinen Mitgliedern zählen die großen Banken (auch aus dem Ausland), Aktiengesellschaften, Beratungshäuser, Vermögensberatungsgesellschaften und auch die Börsen. Näheres unter `www.dai.de`.

✔ **Der Bundesverband Investment und Asset Management e. V. (BVI)** in Frankfurt vertritt die Investmentgesellschaften in Deutschland. Er gibt Statistiken rund um Fonds heraus, stellt die Branche auf Messen vor und gibt Statements und Interviews zu allen Themen rund um Fonds, Sparpläne und private Altersvorsorge. Mehr Details unter `www.bvi.de`.

✔ **Das 2003 gegründete Deutsche Derivate-Institut (DDI)** und das ein Jahr später ins Leben gerufene Derivate Forum schlossen sich 2008 zum Deutschen Derivate Verband (DDV) zusammen mit Geschäftsstellen in Frankfurt und Berlin. Der DDV vertritt 18 Emittenten, darunter die Banken (Emittenten) Commerzbank, BNP Paribas, Barclays Capital, Deutsche Bank, HSBC Trinkaus, LBBW, Societe Generale und Vontobel. Als Fördermitglieder sind die Baader-Bank, die Börse Stuttgart sowie onvista und ariva.de mit dabei. Hier finden Sie weitere Informationen unter `www.deutscher-derivate-verband.de`.

Eine alte, in der heutigen Hektik leider manchmal vernachlässigte Regel unter Journalisten lautet, für jede Nachricht möglichst mehrere Quellen zu Rate zu ziehen. Das sollten auch Sie vor jeder Entscheidung berücksichtigen.

Alles drin: Indizes für Märkte, Branchen und Ideen

13

In diesem Kapitel

▶ Wie und wozu man Indizes überhaupt berechnet

▶ Wie Ihnen Indizes bei der Anlagestrategie helfen können

▶ Wie Sie den Durchblick behalten

▶ Warum gewichtig nicht unbedingt wichtig ist

D as Geschehen an der Börse ist schwer vorherzusagen, die Kurse des einen Unternehmens klettern, die anderer AGs fallen, es gibt Verlierer und Gewinner, täglich, stündlich, heute sogar im Sekundentakt. Um auf einen Blick erkennen zu können, ob sich die Börse eines Landes insgesamt nach oben oder nach unten bewegt, wurden Indizes entwickelt, in denen mehrere Unternehmen zusammengefasst wurden und deren Kursausschläge insgesamt die Indexpunktzahl nach oben oder unten treiben. Am meisten Beachtung finden die (Leit)Indizes, in denen die gewichtigsten Unternehmen eines Marktes gebündelt sind. Fast jedes Land verfügt über so einen Blue-Chips-Index der größten Unternehmen, sei es der DAX in Deutschland, der Dow Jones oder S&P 500 in den USA, der Nikkei-Index in Japan oder der Euro STOXX für Westeuropa. Barometer nennt man diese Indizes gerne, weil sie das Börsenklima relativ gut wiedergeben. Mit der Zeit und immer neuen Anlageformen, Anlegermagazinen und Interessierten rund um das Thema Aktien wuchs auch die Zahl der Indizes sprunghaft an und bei manchen ist es schwer zu durchschauen, was sie eigentlich messen und wie sie messen. Wenn Sie morgens wissen wollen, wie warm es draußen schon ist und wie das Wetter wird, dann reicht Ihnen ja auch der Blick auf ein Thermometer und das Barometer, aber Sie montieren nicht gleich eine ganze Wetterstation vor dem Küchenfenster. Die Herausgeber von Indizes können aber gutes Geld mit ihnen verdienen, wenn sich Derivate, Zertifikate oder Fonds auf sie beziehen (wie Sie in den Kapiteln 6, 7 und 10 nachlesen können). Wo gutes Geld zu verdienen ist, da sprießen schnell immer neue Ideen wie die Pilze aus dem Boden, und wie bei den echten Pilzen gibt es einige gute, einige geschmacklose und einige ziemlich giftige darunter. Denn bei Indizes kommt es darauf an, wer sie herausgibt, und vor allem, wie sie aufgebaut sind, also wie sie berechnet werden. Also welche Werte (Aktien, Rentenpapiere, Rohstoffe zum Beispiel) aufgrund welcher Eigenschaften ausgewählt wurden und in welcher Gewichtung zueinander. Es kommt darauf an, das Prinzip zu verstehen, schließlich wollen Sie ja kaum selbst Indizes bauen!

Im Index-Dschungel

Nicht nur die Börsen selbst veröffentlichen Indizes, sondern auch Zeitungen, Anlegermagazine, Aktionärsbriefe und Wertpapieremittenten sind auf diesem Gebiet überaus kreativ. Sie sind nach Firmengröße oder Branchen, nach Märkten oder ethischen Grundsätzen sortiert, manchmal wegweisend, manchmal auch zum Wegwerfen. Allein in der *Frankfurter Allgemeinen Zeitung* (FAZ) kann sich, wer will, über 42 in- und ausländische Aktien-Indizes, 32 eigene FAZ-Indizes (nach Branchen und Deutschland und Europa sortiert) sowie 45 Welt-Länderindizes von Australien bis Ungarn und 18 weitere Prime-Branchenindizes informieren. Es gibt, da lässt unser Ornithologe mal wieder grüßen, jede Menge von Indexarten und Indextypen.

Warum Indizes in immer größerer Zahl aus dem offensichtlich nahrhaften Börsenboden sprießen? Vielleicht auch, weil die Herausgeber, in Deutschland insbesondere die Frankfurter Börse als einer der weltweit größten Indexanbieter, an ihnen ordentlich Lizenzgebühren verdienen. Allein auf den DAX wurden mehr als 36.000 Produkte aufgelegt, allein 11.000 Discount Zertifikate! Für die unbegrenzte Nutzung aller ihrer Indizes verlangt die Deutsche Börse pro Jahr und Emittent 350.000 Euro! 2010 hat sich die Deutsche Börse mit der SIX Group aus der Schweiz zusammengetan und vermarktet seitdem unter STOXX Ltd. über 5.000 Indizes der »Marken« STOXX und DAX. Die Dow Jones Gruppe hat dagegen mehr als 130.000 Indizes im Angebot. Die Kosten der Emittenten, der Herausgeber von Finanzprodukten wie Zertifikaten oder ETFs, werden auf 0,1 Prozent bis 0,3 Prozent des Emissionsvolumens geschätzt. Da sich dieses im Milliardenbereich bewegt, ist es ein lukratives Geschäft für die Index-Konstrukteure.

Indizes wurden aber nicht entwickelt, damit Zertifikate um sie herum gebastelt werden, sondern sie sollten in erster Linie Erkenntnisse über die Entwicklung der Kurse in einem Land oder für eine Branche auf den Punkt bringen: übersichtlich, aktuell und repräsentativ. Weil in den großen Markt-Indizes der einzelnen Länder die Werte der jeweils besten, kapitalkräftigsten börsennotierten Unternehmen wiedergegeben sind, spiegeln sie das gesamtwirtschaftliche Geschehen relativ genau wider. Geht es diesen Blue Chips gut, dann dampft auch die Wirtschaft insgesamt voran, entwickeln sie sich schlecht, fallen die Kurse, dann sieht es eher schlecht aus mit der Wirtschaft. Indizes schreiben also auch konjunkturelle Zyklen nach. Wie in Kapitel 4 ausgeführt, hängen Kurse allerdings nicht nur von der Konjunktur ab, sondern es gibt auch viele andere Einflussfaktoren. So können politische Ereignisse, wie Wahlen, die Kurse kurzfristig sinken und steigen lassen, oder einzelne Ereignisse, wie etwa Terroranschläge. Eine Analyse von Thomson Financial Datastream von 2005 zeigt etwa, dass es signifikante Unterschiede zwischen dem DAX und dem Vergleichsindex MSCI-Europa von Morgan Stanley (ohne Deutschland) in Wahljahren gab. Bemerkenswert: In den Wahljahren ohne Regierungswechsel (sechs von zehn) schnitt der DAX negativ ab, während er 1969, 1972, 1983 und 1998, als ein Regierungswechsel eintrat beziehungsweise der Wechsel 1983 bestätigt wurde, positiv abschnitt, im Durchschnitt mit einer Performance von 23 Prozent! Solche externen Einflussfaktoren könnten ohne Indizes nur sehr schwer nachvollzogen werden. Sie können als Anleger also entscheiden, ob Sie in einem Wahljahr mit einem Regierungswechsel rechnen und damit auf steigende Indizes setzen. Pech, wenn es dann doch nicht reicht für einen Wechsel.

So repräsentativ die großen Indizes für das Börsengeschehen eines Landes auch sein mögen, wenn der DAX wieder um einige Dutzend Punkte nach oben klettert, bedeutet das keinesfalls, dass alle in ihm gelisteten Unternehmen auch Kurssteigerungen zu verzeichnen haben. Wenn der Index steigt, kann es durchaus sein, dass ausgerechnet »Ihre Aktie« aufgrund von negativen Unternehmensmeldungen gerade abgerutscht ist!

Ein weltweiter Schock – auch für die Börse

Die Terror-Anschläge des 11. September 2001 auf das World Trade Center in New York führten international zu deutlichen Kursausschlägen an den Börsen. Verstärkt wurde dies noch, weil im Jahr 2001 seit etwa Mitte August die Kurse bereits im Fallen begriffen waren nach dem Platzen der Dotcom-Blase. Dass dies keinesfalls auf Amerika beschränkt blieb, bewies der DAX, der von Mitte September 2001 bis März 2003 fast die Hälfte seines Wertes einbüßte. Noch heftiger verlief der Ausschlag am 11. September selbst: Am Vorabend hatte der DAX noch mit 4.670 Punkten geschlossen und begann am Tag danach ganz zuversichtlich mit 4.680 Punkten. Doch als dann die zweite Maschine in den Südturm raste, war endgültig klar geworden, dass es sich um einen Terroranschlag handelte, und so verlor der DAX innerhalb weniger Minuten über 400 Punkte und bremste erst bei 4.247 Punkten. Die Wall Street in New York konnte überhaupt keine Kurse melden, weil der gesamte Finanzbereich evakuiert wurde. Viele weitere Börsen mussten an diesem Tag den größten Kursverlust ihrer Geschichte vermelden. Am Ende des Tages – die Frankfurter Börse schloss aufgrund einer Bombendrohung um 19.15 Uhr – stand der DAX bei 4.273 Punkten. Insgesamt hatte der DAX innerhalb eines Tages 8,5 Prozent eingebüßt – etwa 53 Milliarden Euro an Marktkapitalisierung!

Auch an den folgenden Tagen meldete die Börse in New York keine Kurse, die Indizes Dow Jones oder S&P 500, die wichtigsten Gradmesser für die US-amerikanischen Börsen, wurden nicht berechnet oder gemeldet. Erst am Montag, den 17. September 2001, öffnete die Börse in New York wieder. Die US-Notenbank FED hatte extra die Zinsen auf drei Prozent gesenkt, die Unternehmen veröffentlichten keine irgendwie negativ angehauchten Meldungen und die Analysten hielten sich mit Prognosen oder Ratings vornehm zurück – wie auch, es wusste ja niemand, wie es weiterging. Der Dow Jones stürzte so zwar nach der Eröffnung rapide ab, aber doch nicht so schlimm wie erwartet. Nichts ist besser an der Börse, als wenn etwas besser als erwartet läuft! Der Unterschied zwischen dem 10. September und dem 17. September belief sich auf nur 685 Punkte oder minus sieben Prozent. Vor allem die Aktien von Airlines, der Reisebranche insgesamt und des Finanzsektors brachen ein, nur Unternehmen, die Sicherheitslösungen anboten, konnten Kursgewinne verzeichnen. Doch auch in den nächsten Tagen und Wochen nach dem 11. September, als das ganze Ausmaß der Katastrophe und die Ohnmacht der Welt darauf immer deutlicher wurde, fielen die wichtigsten Leitindizes auf Rekordtiefs, der Dow Jones etwa auf 8.235 – vor dem 11. September hatte er noch bei 9.605 notiert. Das bedeutete einen Kapitalverlust (Marktkapitalisierung) von etwa 1,4 Billionen US-Dollar! Der DAX sank auf 3.787 Punkte, der NEMAX All Share, also der Index des damals bejubelten und heute eingestellten Neuen Marktes, fristete bei 724 Punkten ein Schattendasein seiner selbst! Bis zum Jahresende erholte sich der Dow Jones auf über 10.000 Punkte (ein Plus von 24 Prozent seit dem September-Crash), der DAX auf 5.160 Punkte (etwa 45 Prozent Plus) und der NEMAX-All-Share auf 1.095 Punkte (fast 60 Prozent Plus). Immerhin einen nachhaltigen Effekt hatte der 11. September auf die Kurse: Nach einer Untersuchung des Deutschen Instituts für Wirtschaftsforschung in Berlin (DIW) reagieren Aktien von Fluggesellschaften seit diesem Termin wesentlich volatiler, die Ausschläge der Kurse sind also heftiger, die Papiere gelten nicht mehr als defensiv, also als Portfolio-unterstützend.

Indizes bilden einen beliebten Vergleichsmaßstab, eine *Benchmark*. Sie können also überprüfen, um wie viel Ihre Aktie im Verhältnis zum Index tatsächlich verloren hat oder ob Sie besonders gewitzt waren und in eine Aktie investiert haben, die weit über dem Vergleichsindex liegt. Es können also einzelne Aktien mit dem Indexverlauf verglichen werden, egal ob sie tatsächlich zum Index gehören oder nicht, oder verschiedene Indizes miteinander in Beziehung gesetzt werden. Nicht nur Unternehmer und das Management können so feststellen, wie ihr Unternehmen sich behauptet, auch Investoren können überprüfen, ob ihre Anlageform eine bessere Performance, eine höhere Kurssteigerung, aufweisen kann als etwa der DAX für Deutschland oder der Euro STOXX für Europa. Oftmals gilt ein solches Übertreffen der Benchmark auch als Erfolgsmaßstab und damit Basis für die Entlohnung eines Fondsmanagers.

Ein typisches Verhalten bei einer Presse- oder Analystenkonferenz: Ein Vorstand, der einen eher miserablen Kursverlauf der eigenen Aktie erläutern muss, kramt so lange unter den Indizes, bis er einen gefunden hat, der sich noch schlechter entwickelt hat als der Kurs der eigenen Aktien. Schnell ein Chart gebastelt und den eigenen Kurs mutig über den Index gelegt, schon ergibt sich ein schönes Bild! Ein Bild sagte eben mehr als tausend Worte – aber es täuscht manchmal auch genauso heftig!

Der DAX und seine Brüder

Der DAX ist in Deutschland der Index schlechthin, schließlich bedeutet seine Abkürzung auch nichts anderes als Deutscher Aktienindex. Er versammelt die wichtigsten dreißig deutschen Unternehmen, die Blue Chips, und gilt als der Maßstab für die Entwicklung des Börsengeschehens in Deutschland. Die Deutsche Börse selbst formuliert es etwas blumiger: Der DAX besitzt Leuchtturm-Funktion für den deutschen Kapitalmarkt! Aber wie wählt die Deutsche Börse die wichtigsten Unternehmen aus? Im Prinzip wählt die Börse ganz einfach die Aktiengesellschaften aus, die den höchsten Wert an der Börse besitzen und deren Aktien gleichzeitig am meisten gehandelt werden, also auf die höchste Nachfrage stoßen. Auf Börsendeutsch heißt das dann, dass die Auswahlkriterien die Marktkapitalisierung (der Kurswert der Aktien mal die Anzahl der Aktien) und die Börsenumsätze sind. Die Basis bilden dabei fünfunddreißig Unternehmen, aus denen dann die dreißig ausgewählt werden, bei denen beide Kriterien zutreffen (so genannte 35/35-Regel, dazu später mehr).

Gemeinsam mit der Arbeitsgemeinschaft der Deutschen Wertpapierbörsen und der Börsen-Zeitung entwickelte die Frankfurter Börse im Januar 1988 den DAX. Somit kann der DAX schon auf eine – relativ – lange Geschichte zurückblicken. Da er außerdem den Index der Börsen-Zeitung fortsetzt, kann man ihn sogar bis ins Jahr 1959 zurückschreiben. Das ist auch für heutige Anleger nicht uninteressant, weil viele Analysetechniken und Anlagestrategien die zukünftige Kursentwicklung aus der Vergangenheit ablesen (wie Kapitel 14 und 15 zeigen), und über je mehr historische Daten Sie verfügen, desto besser können Sie in die Zukunft blicken.

Die Punktzahl des DAX verändert sich börsentäglich mehrmals, inzwischen wird er sogar jede Sekunde während der Börsenhandelszeit getaktet, das heißt ab Beginn des Börsenhandels um neun Uhr wird jede Sekunde der Kurs auf der Basis des elektronischen Handelssystems der Frankfurter Börse, XETRA, festgestellt.

Seit 1988 hat die deutsche Börse die Bedingungen für die Aufnahme in den DAX ständig verfeinert. Die letzte »Verfeinerung« für das gesamte DAX-Regelwerk fand 2006 statt, seitdem können auch Unternehmen, die zwar in Deutschland ihr Geld verdienen, also operativ tätig sind, aber ihren juristischen Firmensitz im Ausland haben, sich für eine Aufnahme qualifizieren. Schon seit 2003 dürfen ausschließlich Unternehmen, die im Frankfurter Qualitätssegment Prime Standard der Deutschen Börse AG gelistet sind, in den DAX und seine Familie (MDAX, SDAX, TecDAX) aufgenommen werden. Das bedeutete das Ende der MDAX-Karriere von Porsche, denn das schwäbische Vorzeigeunternehmen weigert sich konsequent, Quartalszahlen zu veröffentlichen, und die sind eine der Zulassungsvoraussetzungen für den Prime Standard.

Die Kriterien für die Auswahl der Unternehmen sind für alle Mitglieder der DAX-Familie die gleichen, hier noch einmal in der Übersicht:

✔ der Handels- oder Orderbuchumsatz (die Anzahl der täglich gehandelten Aktien) und

✔ die Marktkapitalisierung (Anzahl der frei gehandelten Aktien x Börsenkurs)

Seit Juni 2000 berücksichtigt die Deutsche Börse für ihre DAX-Familie bei der Marktkapitalisierung nur die frei gehandelten Aktien, den so genannten *Free Float* oder Streubesitz. Nicht zum Free Float gehören Aktienpakete von über fünf Prozent im Besitz eines einzelnen, ob einer Familie, einem anderen Unternehmen, einem Finanzinvestor oder dem Staat, spielt dabei keine Rolle. Mit dieser Beschränkung auf den Free Float kam die Börse den Investmentbankern und Fondsmanagern entgegen, also ihren Hauptkunden, denn die setzen naturgemäß lieber in Werte, deren Aktien sie auch tatsächlich bekommen können. Denn was nützt die schönste Kurs-Rallye, wenn es die Papiere kaum zu kaufen gibt? Für die Unternehmen bedeutet dies, dass sie für einen möglichst hohen Free Float sorgen müssen, um in den DAX und seine Brüder aufgenommen zu werden oder darin bleiben zu können. Andererseits sind Unternehmen, bei denen einzelne, etwa die Gründerfamilie, einen hohen Anteil halten, wiederum besser gegen feindliche Übernahmen geschützt.

Zu den dreißig DAX-Werten zählen Unternehmen von Adidas bis Metro, von Allianz bis Siemens, von BASF bis Bayer und BMW bis Daimler. Alle Werte samt Börsenkapitalisierung und Basiskurs von 1987 als Gründungszeitpunkt, auf den sich der DAX bezieht, können Sie in Tabelle 13.1 nachlesen. Insgesamt bietet der DAX einen Mix mit Unternehmen aus der Automobil-, Chemie- und Pharma-, Finanz-, Logistik-, Maschinen- und Anlagenbau- sowie der Internet- und Telekommunikationsbranche, außerdem Handel, Touristik und Versicherungen. Er entspricht damit dem geballten Wirtschaftspotenzial von Deutschland.

Gewichtige Probleme

»Der DAX erreicht höchstes Niveau seit sieben Jahren, mit zeitweise 7.739 Punkten«, so stand es etwa am 24. Mai 2007 in der *FAZ* zu lesen. Aber wie wird der Index-Kurs, die geheimnisvolle Punktzahl, eigentlich ermittelt? Die Deutsche Börse berücksichtigt dabei die Kursentwicklung und die Dividendenzahlung der einzelnen Unternehmen, denn beim DAX handelt es sich um einen Performance-Index. Beim Performance-Index fließen die ausgeschütteten Dividenden mit in die Kursbewertung ein, denn sie geben ja auch Ausdruck über die Gewinnsituation der Unternehmen. Reine Kursindizes berücksichtigen ausschließlich Kursveränderungen. Die Deutsche Börse berechnet zwar auch den DAX als Kursindex, aber der repräsentative, weitaus stärker beachtete DAX ist der Performance-Index. Weil es auch innerhalb eines Index wie des DAX Unternehmen mit einer sehr hohen Marktkapitalisierung gibt und welche mit sehr viel niedrigerem Börsenwert, werden die Unternehmen noch gewichtet. Genauer bemisst sich das Gewicht einer Aktie nach dem Anteil, den sie an der gesamten Kapitalisierung der im Index enthaltenen Werte einnimmt. Damit schwer kapitalisierte Unternehmen den Kursverlauf nicht unangemessen stark beeinflussen, hat die Börse bei den Indizes der DAX-Familie die Anzahl der Aktien einzelner Unternehmen verringert – gekappt –, so dass ihr Gewicht im Index nur noch begrenzt ist. Wenn etwa die Aktie der Deutsche Börse AG selbst, die mit 2,25 Prozent (siehe Tabelle 13.1) im DAX vertreten ist, an einem Börsentag um 10 Prozent steigt, wirkt sich das auf den DAX-Punktestand mit 0,225 Prozentpunkten aus, beim Dickschiff Allianz mit einer Bewertung von 9,13 Prozent aber mit 0,913 Prozentpunkten, das heißt, der DAX gewinnt fast einen ganzen Prozentpunkt!

Die Indexbasis des DAX, also der Ur-DAX, lag bei 1.000 Punkten, bewertet zum 31. Dezember 1987. Schon beim Start am 1. Juli 1988 lag der DAX bei 1.163,52 Punkten. Der Index wurde, wie erwähnt, rückwirkend bis 1960 gerechnet, um ein aussagekräftigeres Datenmaterial zu erhalten. Am 8. Juli 1997 überwand der DAX erstmals die Marke von 4.000 Punkten, schon am 20. März 1998 folgte die 5.000er-Schwelle und am 8. Juli 1998 übersprang er die 6.000. Zum Vergleich: Er hatte von Juni 1960 bis Juni 1985 gebraucht, also 25 Jahre, um von 500 Punkten auf 1.000 zu kommen! Am 7. März kletterte er auf 8.064,97 Punkte, und am 8. März 2000 feierte er mit 8.136 Punkten sein bisher unerreichtes Allzeithoch. Bis zum 12. März 2003 sank er dann allerdings wieder auf 2.202,96 Punkte (siehe Abbildung 13.1)!

In der folgenden Tabelle 13.1 sind alle DAX-Werte zum Stand 30.05.2007 aufgeführt. Verzeichnet ist der erste Kurs auf der Basis vom 30.12.1987 oder zum Zeitpunkt des Börsengangs, wenn dieser später erfolgte. Außerdem zeigt die Tabelle den Kurs nach zwanzig Jahren, am 30.05.2007, die Marktkapitalisierung (Kurs mal Anzahl Aktien des Free Float) und die Anzahl der Aktien. Der DAX (Performance-DAX) schloss an diesem Tag bei 7.764,97 Punkten. Dass die Kurse mancher DAX-Werte im Gegensatz zum ersten Basiskurs von 1987 niedriger ausfallen, liegt daran, dass fast alle Aktiengesellschaften durch Kapitalerhöhungen oder Aktiensplitting die Anzahl der Aktien ganz erheblich erhöht haben. So verzehnfachte sich etwa die Zahl der Aktien bei der BASF und den meisten anderen Unternehmen, BMW bringt inzwischen sogar 40 Mal so viele Aktien ins Depot, um nur zwei Beispiele zu nennen. Der Börsenwert insgesamt hat also bei allen Unternehmen stark zugenommen.

Doch selbst die Zusammensetzung des DAX mit seinen Blue Chips ändert sich kontinuierlich. Von den dreißig Werten des historischen Vergleichs aus dem Jahr 2007 haben aus verschiedenen Gründen die Unternehmen Continental (Übernahme durch Schaeffler und damit zu geringer Free Float), Deutsche Postbank (wegen geringerer Kapitalisierung infolge der Finanzkrise, inzwischen von der Deutschen Bank übernommen), Hypo Real Estate (aufgrund der Finanzkrise zwangsverstaatlicht) und TUI (geringere Marktkapitalisierung aufgrund sinkender Kurse) den DAX verlassen (müssen). Profitiert haben davon Beiersdorf, Fresenius, HeidelbergCement und K+S. Infineon hatte die DAX-Kriterien zeitweise nicht mehr erfüllt, kam jedoch zum 21. September 2009 wieder in die erste Klasse der deutschen Aktiengesellschaf-

*Abbildung 13.1: Die Entwicklung des DAX in den ersten 20 Jahren seit 1987
(Quelle: Deutsche Bundesbank und Deutsche Börse AG)*

ten, im Tausch zur Hannover Rück, die aufgrund fehlender Umsätze aus dem DAX rutschte. Einen kurzen DAX-Aufenthalt hatte etwa auch die Salzgitter AG.

 Sie können leicht über die Webseite der Deutschen Börse, entweder über www.deutsche-boerse.com oder www.exchange.de bei »Market Data & Analytics« unter »Indizes« die neuesten Informationen über Zusammensetzung, Gewichtung und Ähnliches abrufen.

Wundersame DAX-Vermehrung

Wie es in den besten Familien vorkommt, vermehrt sich auch die DAX-Familie stetig. So berechnet die Deutsche Börse seit 2005 unter anderem den DivDAX, den Dividendenindex. Er besteht aus den 15 DAX-Unternehmen mit der höchsten Dividendenrendite. Diese berechnet sich aus der gezahlten Dividende, geteilt durch den Schlusskurs der Aktie am Tag vor der Ausschüttung. Der DivDAX wird jährlich neu zusammengesetzt und zeigt auf einem Blick, welche Unternehmen ihre Aktionäre mit besonders hohen Ausschüttungen beglücken. Er ist also besonders interessant für Anleger, die direkt in Aktien investieren und dabei hohe Dividendenausschüttungen als zusätzlichen Gewinn mitnehmen wollen. In der Ausschüttungsperiode 2010 sind hier etwa METRO, Siemens, Linde, die Münchner Rück und überraschenderweise auch die Deutsche Telekom zu finden, deren Aktionäre sonst ja nicht gerade mit Erfolgsmeldungen überschüttet werden.

DAX-Wert	1. Kurs 30.05.87	Kurs 30.05.07	Markt- kapitalisierung	Anzahl Aktien	Gewichtung im DAX
Adidas	37,94	46,77	9.610.650.000	203.567.060	1,19 %
Allianz	584,92	162,10	71.685.610.000	432.150.000	8,85 %
Altana*	155,94	18,29	1.424.050.000	140.400.000	0,18 %
BASF	130,64	89,99	46.718.700.000	501.550.000	5,77 %
BMW	228,55	49,88	16.259.530.000	601.995.196	2,01 %
Bayer	134,88	52,39	40.846.190.000	764.341.920	5,04 %
Commerzbank	109,42	36,49	22.369.400.000	657.168.541	2,76 %
Continental	104,92	103,66	15.498.830.000	146.537.627	1,91 %
DaimlerChrysler	293,99	67,58	66.245.570.000	1.029.266.721	8,18 %
Deutsche Bank	198,38	112,44	58.129.950.000	525.422.840	7,17 %
Deutsche Börse	357,00	174,95	18.212.310.000	102.000.000	2,25 %
Deutsche Post	21,40	23,28	20.056.710.000	1.203.812.363	2,48 %
Dt. Postbank	29,00	65,59	5.477.450.000	164.000.000	0,68 %
Dt. Telekom	16,97	13,71	40.378.090.000	4.361.175.555	4,98 %
E.ON	132,99	117,35	83.647.100.000	692.000.000	10,32 %
Fresenius Medical Care	65,45	107,96	6.735.350.000	97.149.891	0,83 %
Henkel	248,49	114,27	6.875.950.000	59.387.625	0,85 %
Hypo Real Estate	11,25	50,63	6.992.040.000	134.072.175	0,86 %
Infineon	70,20	11,18	8.370.850.000	748.734.491	1,03 %
Linde	266,89	80,40	9.437.660.000	160.799.780	1,16 %
Lufthansa	69,28	21,20	10.020.770.000	457.920.000	1,24 %
MAN	71,07	105,58	10.638.560.000	140.974.350	1,31 %
METRO	213,31	59,80	9.833.400.000	324.109.563	1,21 %
Münchner Rück	577,76	138,50	32.892.040.000	229.580.233	4,06 %
RWE	107,12	81,78	39.738.890.000	523.405.000	4,90 %
SAP	654,45	35,10	31.555.080.000	1.267.546.076	3,89 %
Siemens	183,55	97,47	82.471.690.000	896.127.733	10,18 %
ThyssenKrupp	53,43	42,71	16.458.400.000	514.489.044	2,03 %
TUI	57,52	20,22	4.562.980.000	251.019.855	0,56 %
VW	114,79	112,56	17.105.920.000	287.201.867	2,11 %
Summe			810.249.730.000		100 %

*Altana wurde mit Wirkung zum 15. Juni 2007 aus dem DAX genommen und durch Merck ersetzt.

Tabelle 13.1: Historischer Vergleich: 20 Jahre DAX – Die DAX-Werte mit Stand 30.05.2007. Quelle: Deutsche Börse AG. Info Operations.

Im sportlichen Vergleich wird beim DAX gerne von der Ersten Bundesliga gesprochen, während die Brüder im Geiste, der MDAX und der SDAX, dann mit der Zweiten und der Regionalliga gleichgesetzt werden. Ähnlich wie beim Fußball kämpfen tatsächlich auch in diesen wichtigsten deutschen Indizes die Unternehmen um ihren Platz, da es Auf- und Absteiger gibt. Denn über Index-Unternehmen wird in den Medien, gerade auch in den Anlagemagazinen, mehr berichtet und sie erfreuen sich mit ihrer Geschäftspolitik einer erhöhten Aufmerksamkeit, die sich durchaus auch in den Kursen und im Handelsvolumen niederschlägt. Heute kommt jedoch noch ein zweites hinzu: Da viele Zertifikate und Derivate und Fonds wie die börsennotierten Index-Fonds (ETFs) an Indizes gebunden sind, fallen Kurse oftmals rapide, wenn ein Unternehmen aus seinem Index herausfällt. Die Börse wäre aber nicht die Börse, wenn nicht auch das Gegenteil eintreten könnte: Als beispielsweise im Dezember 2006 die Deutsche Börse bekannt gab, dass der Brillenhersteller Fielmann im MDAX von der neu an die Börse gekommenen Wohnungsbaugesellschaft Gagfah verdrängt würde, waren die Investoren so erleichtert, dass das lange erwartete Übel endlich eingetroffen war, dass die Kurse von Fielmann um 2,5 Prozent zulegten! Die Gagfah konnte ihren Indexeinstand am gleichen Tag, dem 18. Dezember, nur mit einem Plus von 1,5 Prozent feiern! Wir kennen das ja, die Erwartung und Furcht vor einer schlechten Nachricht ist oftmals größer als die Nachricht selbst.

Unterhalb des DAX, also in der Zweiten Bundes- und in der Regionalliga, ermittelt die Deutsche Börse seit 1996 den MDAX und in der heutigen Form seit 2003 den SDAX für die klassischen Branchen sowie ebenfalls seit 2003 den TecDAX für technologiebasierte Unternehmen.

Der MDAX enthält seit 2003 nur noch 50 Unternehmen – bis dahin waren es noch 70 gewesen –, die im Prime Standard gelistet sein müssen und hinsichtlich der Börsenkapitalisierung und des Handelsumsatzes auf die 30 DAX-Unternehmen folgen. Vorwiegend sind im MDAX Midcaps (mittlere Unternehmen) gelistet aus den Branchen Pharma (mit zum Beispiel Celesio, Stada Arzneimittel), Chemie (die ehemalige Chemiesparte von Bayer, Lanxess, Symrise und Wacker Chemie), Maschinenbau (mit Demag Cranes, GEA, Gildemeister, Heidelberger Druckmaschinen, Tognum oder Krones) und Finanzen (mit der Aareal Bank und der Hannover Rück) sowie die Konsumgüterhersteller Douglas, Hugo Boss oder Puma. Als Einzelkämpfer ihrer Branche finden sich auch Unternehmen wie der Stahlproduzent Salzgitter, der Fernsehbezahlsender Sky Deutschland, die BayWa und das Reiseunternehmen TUI. Wichtige Automobilzulieferer wie Leoni und Continental und Luftfahrtkonzerne wie EADS und MTU Aero Engines sowie die Baukonzerne Bilfinger Berger und Hochtief runden das sehr vielfältige Angebot ab.

Der SDAX umfasst die kleineren Unternehmen (Small Caps) und schließt direkt an den MDAX an. Er enthält 50 Werte der klassischen Branchen von der Fluglinie Air Berlin bis Ströer, einem Spezialisten für großflächige Außenwerbung. Zu den bekanntesten Unternehmen des SDAX dürften Sixt, Deutz, Comdirect Bank und vielleicht die GfK aus Nürnberg zählen. Wobei das »Small« relativ zu sehen ist, denn hier sind durchaus Umsätze in Höhe von mehreren Milliarden Euro bei einigen Unternehmen zu verzeichnen.

In den kleineren Indizes MDAX und SDAX ist wesentlich mehr Bewegung als im DAX zu verzeichnen. Sehr viel öfter als im DAX rücken hier Unternehmen nach, die neu an die Börse gekommen sind. Solche Börsenneulinge verzeichnen aber überwiegend überproportionale Kursverläufe und drücken den Index somit nach oben. So ist es nicht verwunderlich, dass MDAX und SDAX meist besser abschneiden als der trägere DAX. So knackte der MDAX als Erster der DAX-Familie die 10.000-Punkte-Marke – wenigstens zeitweilig.

Aus dem NEMAX wird der NIXMAX

1997 lag es in der Luft: Der Optimismus schien grenzenlos, die Welt des Internets versprach völlig neue, märchenhafte Möglichkeiten und vor allem sagenhafte Geschäftsmodelle mit wahnsinnigen Gewinnchancen. Die Anleger sollten allerdings noch schmerzlich erfahren, was es mit den Märchen und Sagen auf sich hatte: Es war zum Wahnsinnig-Werden! New Economy nannten sich die neuen Unternehmen, die aus heißer Luft harte Euros stampfen wollten. Die Deutsche Börse schuf, in Anlehnung an die amerikanische Technologiebörse NASDAQ, deren Index in immer schwindelerregendere Höhe kletterte, den Neuen Markt als neues Börsensegment. Hier sollten junge, innovative Unternehmen für wenig Geld und mit noch weniger bürokratischem Reglement schnell an die Börse gehen können, um mit neuem Kapital wirtschaften zu können. Schnell war dazu auch ein eigener Index gefunden, der NEMAX50. Insgesamt waren auf dem Höhepunkt der allgemeinen Börseneuphorie 300 Unternehmen am neuen Markt gelistet (NEMAX All Share), die 50 besten sollten dem NEMAX zu Glanz verhelfen. Schon am 10. März 2000 war der NEMAX50 auf 9.666 Punkte geklettert und hatte den DAX damit rechts überholt. Im Boomjahr 2000 wagten sich allein 134 Unternehmen neu an die Börse, an den Neuen Markt. Doch in diesem März des Höhepunkts platzte die Internetblase, die so genannte Dot.com-Blase international, die Pleitekandidaten machten die Runde. Erstaunlich war die lang anhaltende Kontinuität, mit der sich der NEMAX50 von ganz oben nach sehr weit unten bewegte: Vom Allzeithoch im März 2000 fiel er bis Anfang April 2001 um fast 90 Prozent, ohne sich davon wieder zu erholen. Trotzdem wagten noch 2001 sieben weitere Unternehmen den Gang an die Börse. Nach ersten Konkursen versuchte die Deutsche Börse, durch ein Delisting alle Penny-Stocks, also alle Aktien, deren Kurs unter einen Euro gefallen war, vom Parkett zu kehren. Erste betrügerische Handlungen wurden offenbar, so hatte der NEMAX-Kandidat ComRoad ausschließlich Scheinumsätze mit Scheinunternehmen getätigt, ohne dass es dem Heer an Analysten aufgefallen wäre, da diese nur in die Bücher blickten, aber nie hinter die Kulissen. Im März 2003 verzeichnete der NEMAX nur noch gute 300 Punkte, manche Aktien waren statt 100 Euro zur Boomzeit nur noch ein paar Cent wert.

Einen nicht geringen Teil dieses fulminanten Börsen-Hypes mit anschließendem Totalabsturz wird den Börsen-Gurus zugerechnet, selbsternannten Fachleuten, die damals noch jede fünftklassige Aktie anpriesen und damit die Kurse nach oben trieben – auch zum eigenen Gewinn. Im Juni 2003 löste die Deutsche Börse den NEMAX50 auf und gründete den TecDAX, der nur noch aus 30 statt 50 Werten bestand.

Der TecDAX spiegelt die 30 größten Technologieunternehmen im Prime Standard unterhalb des DAX ab, hier sind zum Teil also auch kapitalkräftigere Unternehmen als im MDAX versammelt. So richtig passt der TecDAX nicht in das Schema der Fußball-Ligen hinein, aber jeder Vergleich weist irgendwo ein Hinkebein auf. Der TecDAX verdankt seine Geburt mehr oder weniger dem Sterben des Neuen Marktes und des NEMAX50. Das große Vorbild für ihn bildet der technologielastige amerikanische NASDAQ-Index. Technologieunternehmen gelten nun einmal als besonders zukunftsträchtig und innovativ, was aber nicht bedeutet, dass dieser Index automatisch besser performt als seine konservativen Brüder: 2006 reihte er sich zwar vor den DAX, aber hinter MDAX und SDAX in Sachen Zugewinn ein, wie Tabelle 13.2 zeigt. Neben vielen Biotechnologiefirmen wie der Schweizer BB Biotech AG, MorphoSys sowie Qiagen und

Medizintechnikherstellern wie Carl Zeiss Meditec und Drägerwerk werden hier Solar- und Windkraft-Unternehmen wie Centrotherm, Conergy, Nordex, Phoenix Solar, Q-Cells, Roth & Rau und Solon gelistet. Reine Internetwerte sind eher eine Seltenheit, vertreten ist aber unter anderem die Software AG, United Internet und Wirecard.

In Europa und der ganzen Welt

Der wichtigste Index für das westliche Europa ist der von dem US-Verlagshaus Dow Jones herausgegebene Euro STOXX 50, der also in etwa die Champions League im Fußball vertritt. In ihm sind deutsche Großunternehmen wie Allianz, BASF und Bayer vertreten, aber auch unsere europäischen Nachbarn wie ING Groep, Royal Philips und Unilever aus den Niederlanden; BNP Paribas, Danone, Alstom oder L'Oreal aus Frankreich; Generali, Enel, Eni, Unicredit und Telecom Italia aus Italien; Iberdrola und Telefonica aus Spanien und so weiter. Sie merken, es fehlt zum Beispiel die britische Insel. Gesellschaften aus dem Vereinigten Königreich sind nur im ebenfalls von Dow Jones herausgegebenem STOXX 50, wo außerdem noch Schweizer und ein schwedisches (Ericsson) Unternehmen vertreten sind, während die finnische Nokia wiederum im Euro STOXX gelistet ist. Wo bleibt da die Logik? Fragen wir Dow Jones:

Das US-amerikanische Verlagshaus Dow Jones & Company gibt neben dem berühmten *The Wall Street Journal* noch gemeinsam mit STOXX Ltd. eine ganze Reihe an Aktien-Indizes heraus, wobei neben dem Euro STOXX noch die Global Titans, der Industrial Average (kurz Dow-Jones-Index) für die USA und, relativ jung, der Sustainability Index zählen. Weltweit haben 700 Unternehmen Indizes von Dow Jones lizenziert, das heißt, sie können sie für ihre Finanzprodukte benutzen. Aber zurück zur Frage, vielleicht ahnen Sie schon die Antwort? Der Euro STOXX 50 bezieht sich auf die Eurozone, bildet alle Unternehmen ab, die in Euro bilanzieren und ihre Geschäftszahlen veröffentlichen. Das erleichtert die Vergleichbarkeit und erspart komplizierte Umrechnungen auf eine einheitliche Währung. Für ganz Europa hat Dow Jones den Index Euro STOXX 600 geschaffen, der allerdings wesentlich unbekannter ist. Ansonsten gelten auch beim Euro STOXX 50 die Börsenumsätze und die Marktkapitalisierung als Aufnahmekriterium, außerdem existiert eine Gewichtung von zehn Prozent pro Wert.

Good old America

Auch wenn die nationalen Börsen riesige Fusionen über die Kontinente hinweg eingehen und die asiatischen Märkte brummen, noch immer prägt das US-Börsengeschehen die Börsen der Welt. In den USA kämpfen zwei Indizes um den Rang, die amerikanische Wirtschaft repräsentativ einzufangen: Der altwehrwürdige Dow Jones Industrial Average und der S&P 500. Die größere Aufmerksamkeit genießt noch immer der bereits 1896 von Charles Henry Dow und Edward David Jones gegründete Dow-Jones-Index. Er setzt sich aus den 30 größten US-Unternehmen zusammen. Bei Indexbeginn stand der Dow Jones bei 40,94 Punkten, zwei Monate sank er sogar auf 28,48 Punkte, sein Allzeittief. Beim Schwarzen Freitag, dem berühmten Börsenkrach vom 1929, der sich aber über mehrere Jahre in abenteuerlicher Talfahrt fortsetzte – stürzte der Dow Jones von 381,17 Punkten am 3. September 1929 auf 41,22 Punkte am 8. Juli 1932. Er brauchte bis 1954, um wieder auf über 380 Punkte zu klettern. Die 1.000er-Hürde schaffte der Dow Jones 1966, in den 90er Jahren kletterte er rasant auf über 10.000 Punkte bis zum zwischenzeitlichen Höchststand am 14. Januar 2000 mit 11.722,98 Punkten. Am 20. April 2003 konnte der Dow Jones, nach einem zwischenzeitlichen Rückgang auf etwa

7.200 Punkte, zum ersten Mal 13.000 Punkte übersteigen und erlebt seitdem einen weiteren Höhenflug – so kitzelte er im Juli 2007 die 14.000-Punkte-Marke – um nach rasantem Einbruch im August auf unter 13.000 bis Ende 2007 wieder auf fast 13.400 Punkte zu klettern. Auf dem Tiefstand im Zeichen der Finanzkrise sank der Dow Jones im März 2009 auf 6.500 Punkte, um bis November 2010 auf respektable fast 11.500 Punkte zu klettern. In das Jahr 2008 startete der Dow Jones hoffnungsvoll mit 13.043,96 Punkten – und beendete das annus horribile mit 8.776,39 Punkten – das ist eine negative Performance von über 32,72 Prozent!

Der eigentliche Name des Dow Jones, Industrial Average, täuscht ein wenig über die tatsächliche Zusammensetzung hinweg. Denn heute dominieren vor allem Computer-, Software- und Telekommunikationsunternehmen wie AT&T, Cisco, Hewlett-Packard, Intel Corp., IBM oder Microsoft. Allerdings gibt es auch noch die industriellen Schlachtrosse wie Boeing, Caterpillar oder General Electric, Chemie- und Pharmariesen wie DuPont, Johnson & Johnson, Merck & Co. oder Pfizer. Natürlich dürfen auch Unternehmen wie Coca-Cola, McDonald's, Procter & Gamble oder Walt Disney nicht fehlen.

Ein Problem des Dow Jones ist, trotz seiner weltweiten Bekanntheit und großen Bedeutung, dass er von einem Verlagshaus und nicht von einer Börse herausgegeben wird. Das hat Folgen für die Aktualität der Kursberechnung. Weil die Handelszeiten für die einzelnen Unternehmen zu verschiedenen Zeiten beginnen, besteht kein allgemeiner erster Indexwert, es müssen von manchen Werten die Schlusskurse des Vortages genommen werden. Da der Index preisgewichtet ist, spielen Aktien mit einem hohen Kurswert eine größere Rolle als etwa Aktien mit niedrigeren Werten, aber einer höheren Kapitalisierung. Außerdem ist der Dow Jones ein reiner Kursindex, das heißt, die ausgezahlten Dividenden fließen nicht mit in die Berechnung ein.

Vergängliche Börsenwelt

Von den ursprünglich zwölf Aktienwerten, die 1896 im Dow Jones gelistet waren, hat nur ein einziges Unternehmen die über 110 Jahre bis heute überstanden: General Electric, der inzwischen weltweit agierende Elektronikkonzern, Konkurrent von Siemens und Philips und in fast allen Branchen – mit Ausnahme der Nahrungsmittelindustrie – tätig. Die anderen elf Werte gingen in andere Unternehmen über wie die American Cotton Oil Company, die heute ein Teil von Unilever ist, oder die Tennessee Coal, Iron and Railroad Company, die bereits 1907 von U. S. Steel aufgekauft wurde, oder die U. S. Rubber Company, die erst 1990 von Michelin geschluckt wurde. Andere wechselten ihren Namen, wie die American Sugar Company, heute Amstar Holdings, die Chicago Gas Company, heute Peoples Energy Corporation, die Distilling & Cattle Feeding Company, heute Millennium Chemicals, die Laclede Gas Light Company, die heute The Laclede Group heißt oder die National Lead Company, die heute NL Industries genannt wird. Ihr Leben ganz ausgehaucht haben schließlich die American Tobacco Company (1911), die North American Company (1955) sowie die U. S. Leather Company (1952).

Aber weder die aufgekauften noch die Unternehmen mit geänderten Namen finden sich heute im Dow-Jones-Index wieder.

Nicht immer gewinnt der Bessere

Den S&P 500 entwickelte das Research-Unternehmen Standard & Poor's 1957, auch als Gegengewicht zum Dow Jones. Im wahrsten Sinne des Wortes, denn er gewichtet nach der Börsenkapitalisierung wie der DAX. Obwohl er die US-amerikanische Wirtschaft sicherlich besser nachzeichnet als der Dow Jones, bleibt er in der öffentlichen Aufmerksamkeit, wenigstens bei der breiten Masse, nur der zweite Sieger, aber ist es nicht auch so im Sport, wo wir den alten Heros mehr bewundern als den jungen Sprinter, der an ihm vorbeihastet? Sein langjähriges Hoch hatte der S&P-Index während des Börsenbooms am 24.3.2003 mit 1.527,46 Zählern erreicht. Dieser Gipfel wurde – nach einem ausgedehnten Kurstal – Anfang Juni 2007 übertroffen. In den Krisenjahren 2008 und 2009 sank er auf bis zu 752 Punkte ab, um sich im Laufe des Jahres 2010 auf 1.100 Punkten einzupendeln.

Es mag an der gleichen Gewichtung liegen und beweist die Abhängigkeit des Exportweltmeisters Deutschland von den USA: Der DAX reagiert ganz besonders sensibel gegenüber seinem sehr viel größeren Bruder S&P. Steigen dort die Kurse, wie gegenwärtig, steigt auch der DAX, und umgekehrt. Typisch kleiner Bruder: Fallen die Kurse im S&P, fallen die DAX-Kurse meist sehr viel tiefer als der US-Leitindex.

Der dritte bedeutende Index in den USA ist der NASDAQ Composite, der alle (über 3.100) an der Technologiebörse Nasdaq in New York gelisteten Unternehmen beinhaltet. Auf dem Höhepunkt der Interneteuphorie kletterte der Nasdaq im März 2000 auf 5.048,62 Punkte und fiel dann noch im gleichen Jahr auf bis zu 2.288,16 Punkte und zwischenzeitlich – 2002 – sogar bis auf 1.108,49 Punkte. Momentan hat er sich wieder einigermaßen gefangen und bewegt sich bei um die 2.300 Punkten, also immer noch nur halb so hoch wie während der Boomzeiten. Während der Finanzkrise brachen auch die Technologiewerte ein auf ein Jahrestief 2009 von 1.268 Punkte.

Willkommen im Kapitalismus

Da Anleger über den nationalen Tellerrand des »Heimatliebe-Depots« DAX hinausschauen und ihre Investments möglichst international diversifizieren sollen, um das Risiko zu senken und die Chancen zu erhöhen, sollten die Börsen im boomenden Asien ebenfalls ins Auge gefasst werden. Inzwischen sind die Kapitalmärkte eng vernetzt, denn hier spielt sich die wahre Globalisierung ab. Kapital ist frei, agiert über die Landesgrenzen hinweg, entscheidet nach den besten Möglichkeiten und nicht nach nationalen Usancen. Wichtige Barometer für das zum Teil tropische asiatische Börsenklima sind die Indizes Nikkei 225 (Japan), KOSPI (Südkorea) und der TAIEX (Taiwan).

Neben Japan – wo die Kurse nach einem langen Dornröschenschlaf 2003 ebenfalls wieder nach oben drehten – und den schon fast etablierten Märkten in Südkorea und Taiwan bildet China längst eine feste Größe im Weltbörsengeschehen. Kaum ein anderes Volk scheint börsensüchtiger zu sein als viele Chinesen – mit der latenten Gefahr einer Überhitzung oder Überreaktion. Dies belegten die beiden Kursrutsche Ende Mai/Anfang Juni 2007 aufgrund von Ankündigungen der Regierung, die Aktiensteuer zu erhöhen, eindrucksvoll. Als wichtigster Leitindex gilt hier der Shanghai Composite Index, aber auch die Börse in Shenzhen im Süden Chinas, mit dem dortigen Composite Index, gewinnt immer mehr an Bedeutung. Der Hang Seng China Enterprise Index (HSCEI) der Börse Hongkong schließlich ist mit aktuell 38 Blue-Chips-Unternehmen insbesondere aus der Rohstoff- und Transportbranche ein gewichtiges Barometer für die asiatische Börsenlandschaft, und das schon seit 1964. Dass China aber immer noch in der Regelwut des Kommunismus steckt, beweist das etwas merkwürdige Aktien-ABC, das an den chinesischen Börsen herrscht. Denn in China werden A-, B- und H-Aktien gehandelt. Für ausländische Investoren spielen – wenigstens bis jetzt – hauptsächlich H-Aktien eine Rolle, die wiederum Chinesen nicht kaufen dürfen, insofern sind der HSCEI von Hongkong und der Shanghai-H-Index für ausländische Anleger relevant. China ist also, wenigstens in Sachen Börse, längst im Kapitalismus angekommen, mit allen Vor- und Nachteilen und gewissen Reminiszenzen an die kommunistische Überverwaltung.

Doch ein Anleger muss nicht so weit in die Ferne schweifen bei der Suche nach interessanten Investments, auch unsere europäischen Nachbarn bieten reichlich Chancen und geben per Index einen Überblick über ihr Börsengeschehen: etwa mit dem ATX für Österreich, dem AEX für die Niederlande, dem CAC40 für Frankreich, dem FTSE für Großbritannien und dem IBEX für Spanien und den beiden eidgenössischen Indizes SMI (Schweizer Blue Chips) und SPI (Schweizer Small- und Midcaps). Neu ins Visier von Börsianern sind aber vor allem auch die Länder Osteuropas getreten, weil hier große Gewinnchancen vermutet werden. Hier sind die bekanntesten Indizes der BUX aus Budapest, der WIG-20 aus Warschau oder der PX50 aus Prag.

Inzwischen werden für jedes Land der Erde, das so etwas wie eine Börse und einige kapitalkräftige Unternehmen besitzt, meist mehrere Indizes angeboten. Großer Beliebtheit erfreuen sich auch hier die so genannten Schwellenländer oder Emerging Markets. Hier gibt es zum Beispiel den MSCI Emerging Markets, herausgegeben vom US-Finanzdienstleister Morgan Stanley Capital International, oder aus den Börsen der einzelnen Länder der RTS für Russland, IPC für Mexiko, Sensex30 für Indien oder Bovespa für Brasilien. Wie volatil diese Indizes allerdings sein können, wie heftig die Ausschläge, zeigte der russische RTS: Von einem Kurs von 2.487,9 Punkten am 21. Mai 2008 taumelte er bis zum 24. Oktober auf gerade einmal noch 549,43 Punkte!

Ein Index für die ganze Welt

Wer die ganze Welt im Index gebannt finden möchte, der ist mit dem MSCI-World richtig bedient, der mehr als 1.500 Aktien aus – dann doch nur – 23 Ländern der Welt mit einer Abdeckung von etwa 85 Prozent der jeweiligen Marktkapitalisierung enthält. Fast 50 Prozent der Unternehmen stammen aus den USA, insofern büßte der Index, der im Jahr 2000 schon einmal einen Höchststand von 1.448,76 Punkten erreichen konnte, aufgrund der Dot.com-Blase und der Anschläge des 11. September besonders viele Punkte ein und verlor etwa die Hälfte seines Wertes. Im Mai 2006 hatte er aber wieder die alte Stärke gefunden und erreichte eine Punktzahl von über 1.600, 2009 allerdings fiel er auf bis zu 688 Punkte, um inzwischen (November 2010) wieder die 1.300-Schallgrenze anzustreben.

Einen kleinen Überblick über zehn wichtige Indizes gibt Tabelle 13.2, ihre besten und schlechtesten Tage, wobei der beste Tag bei vielen in der Kurs-Rallye von Mai 2007 überboten wurde. Wichtig für den Vergleich ist die allgemeine Performance im Jahr 2009, bei der zu berücksichtigen ist, dass das Vorjahr (2008) eine meist hohe negative Performance aufwies, von einer schwachen Basis aus wächst es sich einfacher. So hatte der DAX zum Beispiel 2008 eine »Performance« von minus 40 Prozent und war damit nicht allein geblieben.

Index	Allzeithoch/Datum		Allzeittief/Datum		Performance 2009
DAX	8.105,69	16.07.2007	931,18	1988	24 %
MDAX	11.365,20	16.07.2007	2.646,89	12.03.2003	34 %
SDAX	6.659,19	09.07.2007	1.621,59	17.03.2003	27 %
TecDAX	9.631,53	10.03.2000	309,55	12.03.2003	61 %
Hang-Seng-China-Enterprises-Index	20.609,10	29.10.2007	1.684,46	20.10.2001	60 %
RTS/Russland	2.487,92	19.05.2008	38,53	05.10.1998	11 %
Dow Jones/USA	14.164,53	09.10.2007	28,43	8.08.1896	20 %
Nikkei 225/Japan	38.515,87	29.12.1989	7.870	11.03.2003	20 %
Euro STOXX/Europa	4.556,97	01.06.2007	1.920	11.03.2003	230 %
MSCI World/Euro	123,72	15.06.2007	74,75	1974	85 %

Tabelle 13.2: Zehn ausgewählte Indizes und ihre Performance

Unübersichtliche Vielzahl

Allein das US-Verlagshaus Dow Jones berechnet etwa 3.000 Indizes, 1.000 davon sind erst in den vergangenen zehn Jahren entstanden. Die Deutsche Börse in Frankfurt, genauer der Bereich Market Data & Analytics, Unterbereich Issue Data & Analytics, gibt Indizes für die Anlageklassen Aktien, Anleihen, Volatilität und Rohstoffe heraus, insgesamt etwa 2.000! Dabei verläuft die Entwicklung zweigleisig: Einerseits kommen immer neue Länder-Indizes von sich rasch entwickelnden Schwellenländern hinzu, die auf das große Interesse vieler Anleger stoßen, andererseits werden immer neue Indizes zu immer neuen Themen produziert, nicht zuletzt um die Nachfrage der Derivate-Emittenten befriedigen zu können.

Zusätzlich wird heute zu vielen reinen Kursindizes noch ein eigener Performance-Index geschaffen, in den auch die Dividendenzahlungen der Unternehmen mit eingehen. Bei der DAX-Familie ist es, wie bereits erwähnt, eher umgekehrt, sie sind eigentliche Performance-Indizes, es wird aber jeweils auch ein Kursindex berechnet.

Mit Strategie oder Rohstoffen – die Deutsche Börse baut Indizes

Den Trend zu immer neuen Indizes will auch die Deutsche Börse auf keinen Fall verschlafen. Zu den neuesten Kreationen der Frankfurter zählt eine Produktfamilie mit Strategie-Indizes. Diese sollen verschiedene Anlagestrategien nachzeichnen und für den Anleger transparent, regelbasiert und kostengünstig abbilden, wie die Börse schreibt. Allerdings ist die Zusammensetzung eher kompliziert als transparent und kostet vor allem Zeit, sie zu verstehen. Doch die Frankfurter Börse sieht sich längst als eine Weltbörse, da lag es nahe, auch das Börsengeschehen anderer Länder zu beleuchten: Unter dem Label DAXglobal bietet die Börse etwa einen BRIC(Brasilien, Russland, Indien und China)-Index oder einen Russland-Index an. Dieser DAXglobal-Russia-EUR-Index zeichnet die 30 liquidesten Titel aus Russland ab, die an den Börsen London und New York gehandelt werden – der Bezug zur Frankfurter Börse scheint also eher gering. Auch auf der Welle der Öko-Anlagen schwimmt die Deutsche Börse eifrig mit. Mit dem DAXglobal Alternative Energy kann ein Investor auf die weltgrößten Unternehmen im Bereich der regenerativen Energien setzen und mit dem jüngsten Spross der Familie, dem Oeko-DAX, auf die größten in Deutschland. Erst 2006 schuf die Deutsche Börse eigene Rohstoff-Indizes (CX-Indizes für Commodities) in den fünf Klassen von Agrarprodukten bis zur Viehwirtschaft. Denn auch Rohstoffe liegen voll im Trend der Börsenanleger und so finden auch die passenden Indizes raschen Absatz.

Mit dem GEX, dem German Entrepreneurial Index, erfand die Deutsche Börse jüngst noch einen Index für familiengeführte Unternehmen. Einzige Gemeinsamkeit der GEX-Mitglieder ist ihre Aktionärsstruktur: Alle gelisteten Unternehmen sind eigentümergeführt, mindestens 25 und maximal 75 Prozent ihrer stimmberechtigten Anteile sind im Besitz von Vorständen, Aufsichtsräten oder deren Familien. Dabei handelt es sich um einen *All-Share-Index*, das heißt, jedes Unternehmen, das die GEX-Bedingungen erfüllt, findet Aufnahme, im Gegensatz zu Auswahlindizes wie dem DAX, der von vorneherein auf 30 Werte begrenzt ist. Doch der GEX findet im Markt wenig Akzeptanz und bietet erheblichen Anlass für Diskussionen. Vor allem der Mechanismus seiner Zusammensetzung ist umstritten. Besonders vehement kritisieren die GEX-Skeptiker die so genannte »Zehn-Jahres-Regel«. Nur Unternehmen, deren Börsengang nicht länger als zehn Jahre zurückliegt, können in den GEX. Ist diese Altersgrenze erreicht, fliegen sie wieder hinaus. Einige der erfolgreichsten Konzerne, die von Eigentümerfamilien mit großen Anteilspaketen geführt werden, schaffen den Sprung in den neuen Index so nicht. Deshalb wurde von Hauck & Aufhäuser Privatbankiers der HaFix entwickelt, der keine Zehn-Jahresregel beinhaltet und gerade auf die Nachhaltigkeit, Stetigkeit und – nicht zuletzt – hervorragende Performance von Inhaber-geführten Aktiengesellschaften setzt. Anfang 2010 nun zog die Deutsche Börse nach und entwickelte einen »eigenen« DAXplus Family 20-Index.

Auf der Webseite der Deutschen Börsen finden sich noch 18 Branchenindizes, die den Prime Standard differenzieren von »Automobile«, »Banks« und »Basic Resources« (im rohstoffarmen Deutschland eher knapp mit nur fünf Werten ausgestattet) bis hin zu »Retail«, »Software« und »Transportation & Logistics«. Wer noch feiner justieren möchte, der ist bei den 62 Industriegruppen, die innerhalb der Prime-Standard-Branchenindizes angesiedelt sind, gut aufgehoben. Da gibt es dann zum Beispiel den Prime IG Broadcasting Performance-Index mit den zwei Unternehmen Premiere AG und ProSiebenSat.1 Media AG oder den sehr merkwürdigen Prime IG Retail Catalog Performance-Index mit den zwei Unternehmen Beate Uhse AG und TAKKT AG.

Wer nicht zahlen will, baut sich lieber selber einen

Ein weiterer Grund für die stetige Zunahme der Indizes: Viele Emittenten von Zertifikaten verzichten auf die bekannten, aber teuren Indizes, weil sie sich die Lizenzgebühren sparen möchten, und bauen lustig selbst welche. Da nichts umsonst ist auf der Welt, berechnen sie lieber die Kosten für ihre Indexmühen in Form von Ausgabeaufschlägen und Management-gebühren für ihre Zertifikate ein.

Die Schwankungen messen, Index für die Achterbahn

Neu und ein wenig kompliziert sind Volatilitätsindizes. So gibt die Deutsche Börse den VDAX-NEW heraus, der die vom Terminmarkt erwartete Schwankungsbreite des DAX ausdrückt. Der VDAX-NEW gibt an, welche *Volatilität*, welche Schwankungsbreite in den kommenden 30 Tagen für den DAX zu erwarten ist, und dies in Prozentpunkten. Wie das die Deutsche Börse weiß? Nicht aus dem Kaffeesatz, sondern aufgrund der DAX-Optionskontrakte, die am Geld oder aus dem Geld notieren. Es ist schon merkwürdig, die Volatilität misst die Unsicherheit der künftigen Marktentwicklung, berechnen kann man aber natürlich nur die Vergangenheit, indem man die Standardabweichungen ermittelt. Als Anleger können Sie daraus immerhin herauslesen, welche Papiere besonders hohe Ausschläge bei ihren Kursen verzeichnen.

Renten wollen auch in den Index

Nicht nur Aktien, sondern auch festverzinsliche Wertpapiere unterliegen Kursschwankungen und können somit in ihrer Entwicklung mittels Indizes nachgezeichnet werden. Die wichtigsten Rentenindizes der Deutschen Börse sind der eb.rexx Gov.Germany, der eb.rexx Jumbo Pfandbriefe, der RDAX (als Kurs- und Performance-Index) und der REX. Die ersteren beiden basieren auf den tatsächlich gehandelten festverzinslichen Anleihen mit öffentlich zugäng-lichen Preisen. Der RDAX gehört gewissermaßen als Verwandter zweiten Grades zur DAX-Familie, denn er bildet die Anleihen der 30 DAX-Unternehmen ab. Der REX ist kein Index für Schäferhunde, sondern bietet einen Ausschnitt aus den deutschen Staatsanleihen mit fes-ter Verzinsung und einer Restlaufzeit zwischen 0,5 und 10,5 Jahren. Der als repräsentativ geltende Index wird dreimal täglich berechnet.

Auch ein gutes Gewissen braucht Orientierung

Weil sich nachhaltiges Investieren und eine Anlage mit gutem Gewissen einer immer größeren Beliebtheit erfreuen, wollen viele davon profitieren und mit immer neuen Indizes diese Anlage-philosophie nachzeichnen. Zu den bekanntesten und repräsentativsten Indizes für nachhaltige oder alternative Anlageformen zählen

✔ der NAI – Natur-Aktien-Index der Öko-Rating-Agentur imug mit dreißig Unternehmen aus aller Welt

✔ der RENIXX mit 20 Unternehmen aus der ganzen Welt, die im Sektor erneuerbare Energien tätig sind, herausgegeben vom Internationalen Wirtschaftsforum Regenerative Energien (IWR) in Münster

✔ der ERIX – European-Renewable-Energy-Index von der Société Générale mit zehn Unter-nehmen aus den Bereichen Solar, Wind, Wasser und Bioenergie

✔ der DAX-Global-Alternative-Energy-Index, denn auch die Deutsche Börse wollte vom Öko-Boom profitieren. Hier sind 15 Unternehmen versammelt, davon sechs aus den USA, der Rest aus Europa und Asien (vor allem Japan).

Es geht noch exotischer

Hier ein paar doch relativ exotische, von Emittenten (fast im wahrsten Sinne des Wortes) erfundene Indizes, für die es selbstverständlich immer mindestens ein tolles Zertifikat gibt:

✔ **ABN AMRO Kasachstan Total Return Index**, soll das Boomland Kasachstan (wenigstes soll es in den nächsten zehn Jahren dort boomen) abbilden – mit acht Unternehmen – aber ohne Borat.

✔ **S-BOX Sportwetten Index** der Börse Stuttgart bildet die Kursentwicklung internationaler Firmen ab, die in Sportwetten machen (also Buchmacher und Online-Portale). Der deutsche Gesetzgeber hält nicht viel von Sportwetten und geht gegen sie vor. In Zeiten bestochener Schiedsrichter und gedopter Radfahrer sollte man von Sportwetten als Anlageform allerdings besser absehen, denn es hat nicht immer gewonnen, wer gewonnen hat!

✔ **S-BOX Bionahrung Index.** Die Börse Stuttgart lässt nun wirklich keinen Trend aus. Hier geht es aber nicht um Bionahrungsesser, sondern selbstverständlich um Hersteller. Da der Index eigentlich Organic Food Performance-Index heißt, sind in ihm überwiegend Unternehmen aus USA gelistet – insgesamt immerhin sieben!

✔ **Der World Nuclear Energy Index,** entwickelt von der Deutschen Börse für den Emittenten JP Morgan und exklusiv für diesen realtime berechnet, dürfte Geschmackssache sein. In ihm sind zwanzig globale Unternehmen gelistet, die mit über 20 Prozent ihres Umsatzes in der Nuklearindustrie tätig sind. In den letzten drei Jahren entwickelte sich dieser Index im Übrigen prächtig, von etwa 85 Punkten auf über 145.

Schwergewichte können täuschen

Ein nur schwer zu lösendes Problem vieler Indizes liegt in der Auswahl der Unternehmen: Die Größe der dort versammelten Gesellschaften ist oftmals sehr unterschiedlich. So verfügt etwa das DAX-Unternehmen Siemens über eine Marktkapitalisierung oder einen Börsenwert von 76 Milliarden Euro, das bis Juni 2007 ebenfalls im DAX gelistete Chemieunternehmen Altana, das durch den Pharmawert Merck abgelöst wurde, aber nur über einen Börsenwert von 1,4 Milliarden Euro (vergleiche Tabelle 13.1). Nur sieben Unternehmen bringen einen Börsenwert von etwa 45 bis 75 Milliarden Euro auf (neben Siemens noch BASF, Bayer, E.on, Daimler, Deutsche Telekom und SAP) und damit in Summe etwa 359 Milliarden Euro von insgesamt 703 Milliarden Euro Marktkapitalisierung (Stand November 2010). Allein zehn Unternehmen weisen eine Kapitalisierung von unter jeweils 10 Milliarden Euro auf, sind also insgesamt nicht einmal so kapitalkräftig wie Siemens allein (Stand November 2010)! Was das bedeutet? Dass die vielleicht fünf größten Titel etwa ein Drittel des ganzen Index ausmachen und wenn einer der Großen strauchelt, der Index in seiner Aussagekraft erheblich einbüßt. Als die VW-Aktie zum Beispiel kurzfristig zum Höhenflug ansetzte während des missglückten Übernahmeversuchs durch Porsche, riss diese einzelne Aktie den ganzen Index mit. Allerdings steuert die Deutsche Börse durch eine Gewichtung der Gesellschaften (jedes Unternehmen darf nur einen Anteil von zehn Prozent am Gesamtindex aufweisen) dem bei, aber das ist nicht bei jedem Index so garantiert und wird auch nicht so transparent gepflegt wie bei der Deutschen Börse.

Ein besonders krasses Beispiel für Klumpenbildung, so analysierte das Finanzportal finanzen.de, stellt der OMX Tallinn Index, der die Performance des aufstrebenden Baltenstaates Estland nachzeichnen soll, dar. Der von der schwedischen Börse OMX berechnete Index, der in den vergangenen fünf Jahren um sagenhafte 500 Prozent zulegte, beinhaltet nur fünfzehn Unternehmen, von denen die größten drei rund 60 Prozent des Index auf sich vereinen. Ein näher liegendes Beispiel: Im deutschen TecDAX bestreiten Solarwerte einen Großteil der Marktkapitalisierung – allein auf Solarworld entfällt rund ein Zehntel.

Eine Klumpenbildung ist besonders für Zertifikate-Anleger, die auf einen solchen Index setzen, gefährlich. Denn strauchelt auch nur eines dieser Schwergewichte, dann stürzt der gesamte Index und das Zertifikat ist vielleicht nichts mehr wert.

Index ist nicht gleich Index – wie ein Index gebaut wird

Der DAX ist sekündlich getaktet, das heißt neu berechnet. Fragt sich nur, wie berechnet die Deutsche Börse – und mir ihr die vielen anderen Index-Anbieter – eigentlich ihre Indizes, wie wird so ein Index überhaupt gebaut? Bleiben wir beim Beispiel DAX. Hauptauswahlkriterium für den DAX ist also die Börsenkapitalisierung, basierend auf dem Free Float. Zur eigentlichen Berechnung gibt es, wen wundert es, eine Formel, wir versuchen, es mit Worten verständlich zu machen: Es wird die Summe der Tageskurse aller im Index enthaltenen Aktien durch die Summe aller Index-Unternehmen am Basis-Stichtag, einem vom Indexherausgeber festgelegten Termin, geteilt und mit hundert multipliziert. Dabei müssen allerdings noch die einzelnen Unternehmen nach ihrer Marktkapitalisierung gewichtet werden, außerdem fließen auch noch bei Performance-Indizes Dividenden- und Bonuszahlungen mit ein. Da empfiehlt sich ein Computer samt entsprechendem Programm! Index-Stichtag der Deutschen Börse ist der 30. Dezember 1987.

Indizes sind keine unumstößlich feste Größe, sondern müssen angepasst werden, wenn Unternehmen verschmelzen, verschwinden, von der Börse genommen werden oder wenn sich die beiden Kriterien Börsenumsatz und Marktkapitalisierung verschlechtern. Beim DAX findet einmal pro Jahr eine ordentliche Anpassung an, die so genannte *Regular-Exit-40/40-* und die *Regular-Entry-30/30-Regel*. Es finden aber darüber hinaus übers Jahr verteilt (März, Juni, September, Dezember) weitere Anpassungen, die *Fast Exit (45/45)* und *Fast Entry (25/25)* genannt werden, statt. Es geht also noch viel härter zu als beim Fußball, weil die Entscheidungen über Auf- und Abstieg nicht nur einmal pro Jahr fallen.

Die merkwürdigen Regeln sind leicht zu erklären:

Regular Exit 40/40

Ein Indexwert wird immer dann herausgeworfen, wenn er in einem der beiden Bereiche, Börsenumsatz oder Marktkapitalisierung, hinter Rang 40 fällt, und wenn gleichzeitig ein Aufsteiger existiert, der in beiden Kriterien Rang 35 oder besser ist. Logischerweise müsste die Regel also eher 40/35 heißen, aber mit reiner Logik gewinnt man an der Börse keinen Blumentopf.

Regular Entry 30/30

Ein DAX-Kandidat wird dann aufgenommen, wenn er in beiden Kriterien Rang 30 oder besser aufweist, sofern ein Indexwert in beiden Kriterien unter die 35 gerutscht ist.

Fast Exit 45/45

Ein Indexwert wird immer dann ersetzt, wenn in einem dieser beiden Kriterien ein Kandidat über Rang 45 abrutscht und ein Aufsteiger in beiden Kriterien auf Rang 35 oder besser positioniert ist.

Fast Entry 25/25

Ein Nichtindex-Wert wird außerdem aufgenommen, wenn er in beiden Kriterien auf Rang 25 oder besser ist. Dann wird für ihn derjenige Indexwert herauskatapultiert, der in einem Kriterium einen Rang höher als 35 aufweist und die niedrigste Marktkapitalisierung hat. Existiert kein solcher Wert, wird der Indexwert mit der niedrigsten Börsenkapitalisierung herausgenommen. Insofern schielen gelistete Unternehmen mit geringer Börsenkapitalisierung besonders auf Börsengänge großer Gesellschaften, die sie quasi überholen könnten. Nun passiert das im DAX eher selten, aber in den analog ermittelten Indizes aus der DAX-Familie kommt dies durchaus vor. So kegelten die Wohnungsbaugesellschaft Gagfah, der Baumaschinenhersteller Klöckner & Co. sowie die Immobiliengesellschaft Patrizia und das Chemieunternehmen Symrise, die alle erst 2006 ihren Börsengang durchführten, wieder andere Gesellschaften aus dem MDAX: Degussa (die ganz von dem Energieunternehmen RAG AG aus Essen übernommen wurde) sowie Fielmann, Medion, MPC Capital und Schwarz Pharma, die in den SDAX abrutschten. Der Deutschen Postbank hingegen gelang der Aufstieg aus dem MDAX in den DAX (für Schering, das ja an Bayer verkauft wurde) und der Motorenhersteller Deutz aus Köln schaffte aus eigener Kraft den Aufstieg vom SDAX in den MDAX. Es ist also durchaus Bewegung in den Indizes, denn im SDAX rückten damit natürlich auch wieder eine ganze Menge Unternehmen nach.

 Wer sich genau über die Indizes der Deutschen Börse informieren will, die Frankfurter bringen regelmäßig einen sehr detaillierten Leitfaden zu den Aktienindizes der Deutschen Börse heraus, momentan Version 6.5 vom März 2008 mit immerhin 50 Seiten. Es kann als PDF jederzeit von der Webseite geladen und zu Hause gemütlich – aber wenig genüsslich – studiert werden.

Von gewichtig bis unwichtig

Um zu bewerten, wie aussagekräftig Indizes wirklich sind, müssen wir erst einmal klären, wozu sie überhaupt benötigt werden. Keine Nachrichtensendung kommt heute mehr ohne die neuesten DAX- und Dow-Jones- und Nikkei-Stände aus. Aber warum? Wer wirklich Aktien besitzt, will doch sehen, wie sein ganz persönliches Papier steht, was interessieren ihn abstrakte Index-Kurse?

Fassen wir noch einmal kurz zusammen, wofür Indizes gebraucht werden:

✔ Sie machen das Marktgeschehen auf einen Blick anschaulich, zeigen die Tendenz einer Börse nach oben oder unten an.

✔ Sie werden von den Emittenten als Basis für eine stark wachsende Zahl von Derivaten und Zertifikaten sowie Fonds verwendet.

✔ Sie dienen als Messlatte, als Benchmark für Investoren und Anleger für die eigene Anlagewahl.

✔ Sie dienen als Benchmark für Unternehmer und Management zur Kontrolle des eigenen Aktienkurses im Verhältnis zum jeweils passenden Branchenindex.

Je mehr Indizes auf den Markt geworfen werden, desto weniger können sie Punkt 1 genüge tun, also das Marktgeschehen auf einen Blick veranschaulichen. Wer weiß bei den vielen Indizes etwa für Russland noch, welche aussagekräftig sind und die Realität des Landes tatsächlich abbilden? Indizes sollen ja gerade den Nicht-Spezialisten helfen, bestimmte Länder oder Branchen auf ihre Performance hin zu beobachten.

Warum es so viele Indizes gibt? Hier stellt sich ein wenig die Frage nach der Henne und dem Ei. Weil es bei vielen Anlegern immer beliebter wird, auf Indizes zu setzen, werden immer neue Indizes geschaffen, um weitere Anleger locken zu können. So galten noch in den 90er Jahren ETFs, indexbasierte, an der Börse gehandelte Fonds, als Außenseiter. Heute schätzt man das Volumen auf über 500 Milliarden US-Dollar!

Statt des Blicks in die Kristallkugel: Analyse von Kursen und Entwicklungen

14

In diesem Kapitel

▶ Wie Sie mit den richtigen Informationen ein solides Fundament für Ihre Anlagestrategie schaffen

▶ Was Sie von Statistiken halten sollen, die Sie nicht selbst gefälscht haben

▶ Wie Sie mit Zirkel und Lineal lustige Kurven für die Zukunft malen

▶ Wie Sie sicher durch die Wellen der Aktiensee schippern

M it dem Börsengeschehen verhält es sich wie beim Sport: Wenn von Anfang an klar ist, wer gewinnt, dann macht das Zuschauen wenig Spaß. Wenn ein Underdog mit 1:0 gegen den FC Bayern gewinnt, ein Regionalligaclub im Pokal etwa, dann ist das sehr viel interessanter, als wenn die Bayern 11:0 siegen. Wenn bei einem Autorennen automatisch immer der gewinnt, der die Poleposition inne hat, dann werden Sie sich mit Recht fragen, warum Sie einen Nachmittag vor der Glotze verbringen sollen, um zuzusehen, wie Autos lautstark ihre Kreise ziehen. Dass Börsenkurse grundsätzlich nicht vorhergesagt werden können, ist für Fachleute und Anlageberater, die Sie davon überzeugen wollen, in das oder jenes Papier zu investieren, wenig erfreulich. Also wird mit hohem wissenschaftlichen Aufwand und großer Fantasie versucht, aus vergangenen Zeitreihen und jeder Menge an aktuellen Einflussfaktoren und Indikatoren mittels mathematischer oder grafischer Modelle, die Zukunft vorherzusehen. Im Grunde gibt es drei Analysetechniken, die sich nicht ausschließen und gerne auch nebeneinander betrieben werden:

✔ Die Suche nach den fundamental wichtigen Wirtschafts- und Unternehmensdaten für den Kauf einer bestimmten Aktie (Fundamentalanalyse)

✔ Die Untersuchung der bisherigen Kursverläufe der Aktie und der Branche und einer daraus resultierenden Projektion in die Zukunft (Chartanalyse)

✔ Die Einbeziehung weiterer Indikatoren und auch psychologischer Faktoren in die Chartanalyse mit Hilfe der Markttechnik

Keine renommierte Bank kommt heute ohne einen Stab von technischen Analysten aus, Börsen und Anlegermagazine bieten Seminare an und eigene Software soll Ihnen daheim am Bildschirm das Analysieren erleichtern. Ob die daraus resultierenden Empfehlungen treffsicherer sind als der Blick in die Kristallkugel, das Lesen aus dem Kaffeesatz oder die Beobachtung des Taubenflugs – das weiß man, wie bei allen Prognoseversuchen, leider immer erst hinterher!

Mal so, mal so

Eines sollte Ihnen bewusst sein: Sie werden nicht mit einem einzigen Buch zu einem technischen Analysten, genauso wenig wie man Ihnen eine Mathematik-Professur anbieten wird, nur weil Sie einmal ein Algebra-Buch gelesen haben. Doch wir wollen Ihnen so einfach wie möglich und so präzise wie nötig kurz vorstellen, welche grundlegenden Analyse-Instrumente es gibt. Ob Sie dann danach handeln und sich in die eine oder andere Technik tiefer einarbeiten wollen, das liegt ganz bei Ihnen. Wir können Ihnen hier – leider – nicht einmal garantieren, dass sich das dann auch wirklich positiv auf Ihr Depot auswirkt. Was wir vielleicht – unter Vorbehalt – zusichern können, ist, dass Sie Ihre Verluste durch gezielte Analysetechniken einschränken können. Das ist vor allem bei Geldanlagevarianten, die auch zum Totalverlust führen können, ja nicht das Schlechteste.

Im Übrigen, es wurde schon alles untersucht, was irgendwie Einfluss auf die Börsenkurse haben oder in irgendeiner Weise in Korrelation zu sinkenden und steigenden Kursen gebracht werden könnte: Mondzyklen und Sonnenflecken, Dart-werfende Affen usw.

Es gibt Indizien – keine Gewissheiten –, dass Analyseformen wie die *fundamentale und technische Wertpapieranalyse* wertvolle Hinweise auf die künftigen Kursentwicklungen geben können. Hier gilt, je mehr Methoden angewandt werden, desto eher könnte das Ergebnis zutreffend sein, gerade wenn mehrere Methoden auch tatsächlich zum gleichen Ergebnis kommen! Es ist also immer besser, mehrere Methoden miteinander zu kombinieren, als sich blind für eine zu entscheiden und alle anderen zu verteufeln! Mit keiner Methode, und scheint sie noch so wissenschaftlich fundiert, lassen sich aber Verluste völlig vermeiden und Gewinne garantieren! Sie sollten bei allen angewandten Methoden nie Ihren gesunden Menschenverstand außer Acht lassen, der Ihnen manchmal zuflüstern wird, ob Sie auf diese Kaufidee nicht auch sehr viel schneller gekommen wären, ohne einen riesigen Research-Apparat zu bedienen.

Fundamentalanalyse zum Start

Die Fundamentalanalyse konzentriert sich ganz auf einen Punkt: Auf die Aktie und das dahinterstehende Unternehmen! Sie will dem eigentlichen, dem inneren Wert einer Aktie auf den Grund gehen. Die Idee dahinter ist, wenn der tatsächliche innere Wert einer Aktie höher ist als der Kurswert, dann müssen irgendwann auch die Kurse steigen, und umgekehrt. Nur, wie lässt sich ein solcher innerer Wert ermitteln, vor allem, wenn das Ermitteln auch noch »von außen« stattfindet?

Wie also vorgehen? Um es kurz zu sagen: Um den inneren Wert einer Aktie definieren zu können, müssen Sie den gesamten Wert der Aktiengesellschaft ermitteln und durch die Anzahl der ausgegebenen Aktien teilen. An erster Stelle steht bei der Fundamentalanalyse daher die Informationsbeschaffung, die sich in immer engeren Kreisen um das Unternehmen zieht: Sie beginnen mit den gesamtwirtschaftlichen Daten, der Globalanalyse, arbeiten sich dann zu branchenspezifischen Informationen vor und enden schließlich beim Unternehmen selbst, das Sie mit Hilfe einer Einzelanalyse dann richtig einschätzen können. Auf jeder Informationsstufe gilt es, zwischen Daten, die den Kurs direkt beeinflussen können, und Daten, die nur das Umfeld betreffen, selbstredend aber zu späteren Kursänderungen führen können, zu unterscheiden. Da braucht man ja mindestens ein Betriebswirtschafts- und ein Volkswirtschaftsstudium, werden Sie jetzt vielleicht denken. Aber an viele Informationen kommen Sie ziemlich leicht heran, viele werden Ihnen auf dem Präsentierteller angeboten und Sie brauchen nur zuzugreifen.

Sehen wir's global

Beginnen wir mit Stufe 1, den gesamtwirtschaftlichen Daten. Hier gibt es einige wichtige Ereignisse, die insgesamt einen guten Eindruck davon vermitteln können, wie sich die Wirtschaft eines Landes gerade entwickelt:

✔ Auftragseingänge der Unternehmen

✔ Kapazitätsauslastung der Unternehmen

✔ Konjunkturphase

✔ Zinsen und Geldmenge

✔ Investitionen

✔ Arbeitsmarkt

✔ Konsumneigung

✔ Wechselkurse

✔ Preise

Schauen wir erst mal auf die Konjunktur

Sie wollen ja vor allem wissen, wie sich die Wirtschaft und speziell die Aktiengesellschaft, an der Sie interessiert sind, in der Zukunft entwickelt. Deshalb spielen die *Konjunkturfrühindikatoren*, wie die Auftragseingänge und die Kapazitätsauslastung, eine besonders wichtige Rolle, denn sie zeigen sehr früh den Trend auf, in welche Richtung es geht mit der Konjunkturlokomotive. Aber auch etwa der ifo-Geschäftsklimaindex des Instituts für Wirtschaftsforschung in München kann als wichtiger Indikator für die Stimmung in der Wirtschaft zu Rate gezogen werden. Diese Frühindikatoren beeinflussen die Börse gleich auf zweierlei Art: Zeigen sie nach oben, entwickelt sich die Wirtschaft und die Unternehmen gut, also steigen auch die Aktienkurse. Außerdem schlagen sich gut verlaufende Frühindikatoren positiv auf die Stimmung nieder, und die führt wieder dazu, dass vermehrt Aktien gekauft werden und die Kurse steigen.

Betrachten wir dann das Unternehmen

Als wichtigster Frühindikator können die *Auftragseingänge* der Unternehmen gelten, die monatlich von Destatis, dem Statistischen Bundesamt veröffentlicht werden. Sie brauchen dafür aber gar nicht auf der Webseite des Amtes (unter `www.destatis.de`) nachzusehen, denn alle großen Tageszeitungen berichten über diesen wichtigen Indikator und die *Frankfurter Allgemeine Zeitung* bringt zum Beispiel regelmäßig einen eigenen FAZ-Konjunkturindikator. Je höher die Auftragseingänge, desto besser für die Unternehmen, desto schöner für die Börse. Auftragseingänge sind ein zukunftsgerichteter Wert, denn die Aufträge, die heute hereinkommen, führen zu den Gewinnen von morgen. Oder, fehlende Auftragseingänge sind ein untrügliches Zeichen für eine heraufziehende Krise, zumindest eine konjunkturelle Delle.

Ein weiterer Frühindikator für die wirtschaftliche Entwicklung ist die *Kapazitätsauslastung* der Unternehmen. Ist diese relativ hoch, weil die Konjunktur bereits seit längerer Zeit gut läuft, dann bedeuten Produktionssteigerungen aufgrund hoher Auftragseingänge zusätzliche Kosten, es muss in neue Maschinen und Anlagen investiert werden. Das kurbelt die Konjunktur weiter an. Ist die Auslastung dagegen auf einem niedrigen Niveau, können Steigerungen leicht aufgefangen werden, was sich direkt auf die Unternehmensgewinne durchschlägt. Geht die Auslastung dagegen deutlich zurück, mindern sich oftmals die Gewinne überproportional, weil Kostenvorteile aufgrund hoher Stückzahlen entfallen. Das erlebte zum Beispiel der deutsche Maschinenbau und die Autozuliefererindustrie in der Finanzkrise: Von einem relativ hohen Sockel an Auslastung stürzten diese Branchen plötzlich ins Bodenlose, Unternehmen verloren zwischen 50 bis 80 Prozent ihrer Aufträge. Das schlug voll auf die Gewinne durch, die sich in null Komma nichts in Verluste verwandelten.

Wie bereits in Kapitel 2 beschrieben, bilden *konjunkturelle Wellenbewegungen* von starkem oder weniger starkem Wirtschaftswachstum – von schönfärberisch Nullwachstum genannter Stagnation und Wirtschaftsabschwüngen – die Basis der Marktwirtschaft. Warum das so ist, dafür gibt es viele Erklärungsmodelle, aber eben nur Modelle, denn so ganz genau weiß das auch die Wirtschaftswissenschaft nicht. Das Wirtschaftsleben ist nun einmal sehr komplex und zudem treffen viele verschiedene Zielvorstellungen aufeinander. Selbst der besten Wirtschaftspolitik gelingt es nicht, alle Zielkonflikte zu lösen und Vollbeschäftigung, Preisstabilität, außenwirtschaftliches Gleichgewicht und stabiles Wachstum gleichzeitig zu garantieren. Es ist wie bei einem guten Drink: Es kommt auf das richtige Verhältnis der Zutaten an.

Die Zinsen dürfen wir auch nicht aus den Augen verlieren

Auch die *Zinsen* bilden eine wichtige Einflussgröße für die gesamtwirtschaftliche Lage und für die Aktienkurse (vergleiche auch Kapitel 8). Niedrige Zinsen unterstützen die Konjunktur, bedeuten sie doch für Unternehmen billiges Geld, um zu investieren und ihre Produktionsprozesse zu modernisieren. Niedrige Zinsen werden von den Notenbanken allerdings in schlechten Konjunkturphasen festgelegt, während in Wachstumsphasen die Zinsschraube nach oben gedreht wird, um eine Inflation zu verhindern, was wiederum konjunkturbremsend wirkt. Die Faustformel lautet: Herrscht eine hohe Liquidität vor, ist viel Geld im Umlauf, dreht die Notenbank die Zinsschraube nach oben. Ist wenig Liquidität vorhanden, ist die Geldmenge gering, dann gehen auch die Zinsen nach unten. Einen wichtigen Anhaltspunkt zur Bewertung der Geldmenge – denn woher sollen Sie wissen, wie viel Geld gerade im Umlauf ist – gibt die Europäische Zentralbank. Sie nennt regelmäßig einen Referenzwert für den von ihr angestrebten Zuwachs der Geldmenge. Wobei es heißen müsste, sollte regelmäßig kommunizieren, denn der Referenzwert liegt seit Beginn der Europäischen Währungsunion bei 4,5 Prozent, und seit 2003 hat die EZB ihn mit keinem Wort mehr erwähnt, geschweige denn überprüft. Im Jahresbericht 2009 führt die EZB noch einmal die 4,5 Prozent auf, kommt aber zu dem Schluss, dass die Geldmenge im Jahresverlauf nach über 12 Prozent 2007 und 9 Prozent 2008 in den negativen Bereich abgerutscht sei. Der Grund: Es wurden weniger Kredite ausbezahlt und die Zinsen waren (und sind auch 2010) extrem niedrig. Wen es genauer interessiert, wie viel Geld zwar vorhanden, aber einfach nicht im eigenen Geldbeutel ist: Die Europäische Zentralbank berichtet monatlich über die tatsächlich vorhandene Geldmenge. Einfach und in deutscher Sprache kommen Sie an diese Informationen unter www.bundesbank.de im Statistik-Bereich (EWU, Geldmengenaggregate).

Investieren in die Zukunft und neue Mitarbeiter

Investitionen von Unternehmen beeinflussen die Konjunktur und die Börse positiv. Die Investitionsbereitschaft von Unternehmen ist ein weiterer wichtiger Zukunftswert und Frühindikator. Ermittelt wird diese Bereitschaft beispielsweise in den Gutachten der Wirtschaftsforschungsinstitute oder Befragungen der Industrie- und Handelskammern (DIHT). Vermittelt werden diese Daten von den Unternehmen selbst, die dann gerne über zu viel statistischen Verwaltungsaufwand klagen.

Weil jedes Unternehmen gute Mitarbeiter und kaufkräftige Kunden benötigt, bestehen auch Zusammenhänge zwischen dem *Arbeitsmarkt* eines Landes und der Börsenentwicklung. Eine stark steigende Arbeitslosigkeit oder auch eine hohe, so genannte Sockelarbeitslosigkeit wie in Deutschland wirken sich verständlicherweise nicht positiv auf die Börse aus. Viele Haushalte haben nur geringe Einkommen zur Verfügung, können nur wenig konsumieren und insofern die Konjunktur nicht ankurbeln. Doch auch das Gegenteil – in Deutschland ist das ziemlich lange her, in manchen Branchen ist es bei Fachkräften aber wieder sehr akut – kann negative Folgen mit sich bringen, denn aufgrund fehlender Arbeitskräfte können Unternehmen dann nicht so expandieren, wie sie es gerne täten. Stark verunsichert reagiert die Börse auf bevorstehende Tarifverhandlungen, weil nicht klar ist, wie hoch die Löhne steigen und damit die Produktivität der Unternehmen sinken wird. Stehen etwa lange Streiks mit hohen finanziellen Auswirkungen vor der Tür? Nichts ist der Börse ein größerer Gräuel als Unsicherheit!

Der Nachbar von nebenan hat auch Einfluss

Der *private Konsum*, wenn er denn hoch ist, wirkt sich auf die Konjunktur positiv aus. Die Gesellschaft für Konsumentenforschung, besser bekannt unter dem Kürzel GfK, meldet aus Nürnberg regelmäßig das Neueste rund um die Konsumneigung der Konsumenten, der Privatleute. So meldete die GfK beispielsweise am 23. November 2010, dass sich das Konsumklima noch einmal deutlich verbessert habe, nach 5,0 Punkten im Oktober auf 5,1 Punkte im November und erwarteten 5,5 Punkten im Dezember. Doch wie bemisst die GfK das Konsumklima? Als Hauptindikatoren nennt die Nürnberger Gesellschaft die Einkommenserwartung und als gegenläufige Pendelbewegungen die Anschaffungs- und die Sparneigung. Eher indirekt nimmt außerdem die Konjunkturerwartung Einfluss auf die Konsumneigung. Die GfK führt im Auftrag der EU-Kommission zur Datenerhebung monatlich 2.000 Interviews mit Verbrauchern durch und veröffentlicht die Ergebnisse jeweils um den 20. eines Monats.

Und das Ausland redet auch noch mit

Deutschland zeichnet sich seit Jahren als Exportweltmeister aus. Das heißt, es verkauft mehr Waren ins Ausland, als es einführt. Bei Ausfuhren jenseits der Eurozone spielen hier die _Wechselkurse_ eine große Rolle. Dumm nur, dass sie in beide Richtungen wirken. Deutschland ist zwar Exportweltmeister, um diese Exporte aber auf den Weg bringen, die Produkte herstellen zu können, muss es auch jede Menge Rohstoffe, Halbfertigwaren und andere Güter einführen. Ein steigender Kurs des Euro verbilligt so zum Beispiel die eingeführten und meist in US-Dollar gehandelten Rohstoffe, verteuert aber gleichzeitig die deutschen Fertigwaren im Ausland. Ein deutsches Unternehmen, das viele Rohstoffe einführen muss, sie weiterverarbeitet und überwiegend in der Eurozone wieder absetzt, profitiert also von einem solchen Kursanstieg überproportional. Insgesamt gilt jedoch die Faustformel: Ist der Euro relativ weniger wert, kurbelt das die Konjunktur an, die Gewinne der Unternehmen steigen.

Ein letzter, aber keinesfalls unwichtiger Wert, um die konjunkturelle Lage zu beurteilen, ist die Frage, was die Produkte eigentlich kosten, ob sie insgesamt eher teuer oder günstig zu haben sind – also die _Inflation_. Steigen die Preise rapide an, wird die Notenbank auf die Kreditbremse drücken und die Zinsen erhöhen. Doch viele Preise, etwa für das notwendige Erdöl, werden nicht im eigenen Lande gemacht. Je höher der Ölpreis auf dem Weltmarkt, desto schlechter für die Industrie, die (noch) immer stark abhängig vom Ölpreis ist, der aber wohl langfristig kaum mehr sinken dürfte.

Ran an die Aktien (–Bewertung)

Nach so vielen Informationen rund um die Gesamtwirtschaft wird es nun Zeit, sich der Aktie und dem Unternehmen selbst zu widmen. Um ein Unternehmen und seine wirtschaftliche Leistung zu beurteilen, können Sie allerdings die gesamte Buchführung – oder das Controlling – rauf und runter analysieren. Beschränken wir uns auf einige wenige, aber wichtige Informationen.

Bevor Sie jedoch ein einzelnes Unternehmen, dessen Aktie Sie für vielversprechend halten, genauer analysieren können, haben Sie noch einmal zwei Möglichkeiten, wie Sie den inneren Wert eines Unternehmens bestimmen wollen: Sie können sich für den Substanzwert oder den Ertragswert entscheiden.

Wie viel wirft das Unternehmen ab?

Der _Ertragswert_ eines Unternehmens setzt sich ganz einfach aus den Gewinnen zusammen, die es in Zukunft abwerfen wird – oder soll, oder könnte, oder vielleicht doch müsste? Schließlich ist die Gewinnerzielung ja der Hauptzweck eines jeden Unternehmens, wie es in jedem betriebswirtschaftlichen Lehrbuch als Entree vermerkt ist. Der Ertragswert wird also definiert als der heutige Wert aller für die Zukunft erwarteten Auszahlungen. Das heißt, die zukünftigen Ergebnisse müssen auf ihren heutigen Wert hin abgezinst werden. Der Zinssatz muss außerdem zum Ausdruck bringen, dass Sie Ihr Geld in eine eher riskante Sache wie Aktien stecken und nicht in festverzinsliche Staatspapiere. Also muss der Zinssatz, der zum Abzinsen verwendet wird, um eine Risikoprämie erhöht werden, die wiederum je nach Branche und je nach Unternehmen unterschiedlich ausfällt.

Eigentlich müssen Sie beim Ertragswert also nur das kleine Problem lösen, wie Sie die Gewinne der Zukunft eines Unternehmens über mehrere Jahre hinweg voraussehen wollen, die noch nicht einmal das Management des betreffenden Unternehmens beziffern könnte. Kein Vorstandssprecher erzählt auf der Bilanzpressekonferenz, in welcher genauen Höhe die Gewinne der nächsten Jahre ausfallen werden, das kann er auch gar nicht. Schon das nächste Jahr hüllen die allermeisten Manager in nebulöse Wortkaskaden wie »nicht schlechter als in diesem Jahr«, »erwarten wir ein weiteres stabiles Wachstum, wenn nicht ...« oder »rechnen wir mit einem spürbar verminderten Gewinn, der jedoch innerhalb einer Schwankungsbreite mit einem beträchtlichen Ausmaß ausfallen kann«. Mit einer mehrköpfigen Research-Abteilung und modernster Computertechnik ist sicher viel zu erreichen, damit aber einen wirklichen und exakten Ertragswert zu ermitteln, ist reine Illusion!

Hat das Unternehmen Substanz?

Der *Substanzwert* gibt im Gegenzug die Summe aller aktuellen Vermögenswerte eines Unternehmens an, bewertet zu Marktpreisen und verringert um die Schulden. Er umfasst also alle Immobilien, Maschinen und sonstigen Anlagen, Beteiligungen an anderen Unternehmen, Warenvorräte, Kundenforderungen, liquiden Mittel ... die ganze Bilanz rauf und runter. Die Bilanz bildet aber nur den Ausgangspunkt, denn die einzelnen Positionen sind in der Bilanz oftmals niedriger bewertet als mit ihrem eigentlichen Wert. Gerade Immobilien sind oftmals viel zu niedrig bewertet, weil Wertsteigerungen über die Jahrzehnte hinweg nicht angemessen mit einbezogen wurden. Mit dem Substanzwert kalkulieren beispielsweise Käufer von Unternehmen, die nicht gewillt sind, es weiterzuführen, sondern es zerschlagen und in Teilen veräußern wollen. Aber auch bei Liquidationen ist es natürlich wichtig, was das Unternehmen gerade wirklich wert ist. Man könnte also eher von einem Bestandswert als von einem Substanzwert sprechen.

Da zur realistischen Berechnung des Substanzwertes eines Unternehmens ein ganzer Stab von Analysten benötigt würde, wird als Faustformel für den Substanzwert das Eigenkapital eines Unternehmens, also das gezeichnete Kapital vermehrt um die Rücklagen, genommen und durch die Anzahl der Aktien geteilt. Dieses so genannte Nettovermögen pro Aktie (auch Buchwert je Aktie oder Bilanzkurs) bietet zumindest einen Anhaltspunkt dafür, welche Substanz hinter der Aktie steckt, und vor allem, es lässt sich berechnen. Der Bilanzkurs markiert den theoretischen Tiefstkurs bei normalen Börsenzeiten, er gibt also Aufschlüsse über das Kursrisiko, nicht aber über die mögliche Kurs-Rallye. Sinkt der Kurs eines an sich gesunden Unternehmens unter diesen Bilanzkurs, sollten Sie die Aktie keinesfalls verkaufen, sondern halten, denn er wird sich über kurz oder lang wieder erholen – ganz so, wie es Kultinvestoren wie Warren Buffett vormachen!

Welche Daten wichtig sind

Ob Substanzwert oder Ertragswert, um ein Unternehmen, in das Sie investieren wollen, genauer zu analysieren, brauchen Sie Informationen als Basis. Die wichtigste Quelle für alle betriebswirtschaftlichen Daten einer Aktiengesellschaft stellt der Geschäftsbericht dar. Egal ob Analyst oder Journalist, Aktionär oder Kunde, Mitarbeiter oder möglicher Aufkäufer, diese von den Aktiengesellschaften jährlich erstellten Dokumente sind unverzichtbar. Früher war es nicht so einfach, an einen Geschäftsbericht zu kommen, heute ist nichts leichter als das, denn fast jede Aktiengesellschaft bietet ihren Geschäftsbericht im Internet zum Herunterladen an.

Die wesentlichsten Bestandteile eines Geschäftsberichts sind der Bericht zur Lage des Unternehmens und oft der gesamten Branche und volkswirtschaftlichen Entwicklung, meist vom Aufsichtsrat und vom Vorstand verfasst, die Bilanz, die Gewinn-und-Verlust-Rechnung und ein umfangreicher Anhang mit detaillierten Erläuterungen. Da die Zeiten schnelllebig geworden sind – die Zeit fährt Auto, wie es bei Erich Kästner heißt –, veröffentlichen die meisten Aktiengesellschaften auch Quartalsberichte (die größeren müssen das sogar) oder bringen monatliche Zwischenberichte heraus.

Welche Informationen stecken aber wirklich drin, in der Bilanz und der Gewinn-und-Verlust-Rechnung? Wir wollen hier kein betriebswirtschaftliches Seminar abhalten, aber einige Kennzahlen sollten Sie schon einmal gelesen haben und sie zumindest einordnen können.

Ziehen wir Bilanz

Wenden wir uns erst der Bilanz zu, die sämtliche Vermögenswerte und Verbindlichkeiten eines Unternehmens zum Stichtag umfasst. Normalerweise ist dies der 31.12., aber es gibt einige Aktiengesellschaften, deren Geschäftsjahr nicht mit dem Kalenderjahr übereinstimmt, wie etwa der Siemenskonzern sowie die ausgegliederten Töchter Infineon und Epcos und die noch gehegte Tochter Osram, bei denen das Geschäftsjahr jeweils am 30.09. endet.

Die wichtigsten Positionen sind auf der Aktivseite das Anlagevermögen, das aus Sachanlagen (also Immobilien, Anlagen, Maschinen), immateriellen Vermögensgegenständen (Rechte, Patente, Konzessionen, auch der Firmen- oder Markennamen) sowie Finanzanlagen (Beteiligungen an anderen Unternehmen, Wertpapiere, Forderungen) besteht. Außerdem das Umlaufvermögen, also alles, was zum Betrieb des Unternehmens notwendig ist, wie Vorräte, Forderungen aus Lieferungen und Leistungen. Auf der Passivseite summieren sich das Eigen- und das Fremdkapital. Zu Ersterem zählen zum Beispiel das gezeichnete Kapital, Rücklagen und Rückstellungen, zu Zweitem Verbindlichkeiten, Finanzschulden, Verbindlichkeiten aus Lieferungen und Leistungen sowie, wenn vorhanden, der Konzerngewinn. Alle Aktiva bilden die Bilanzsumme und auch alle Passiva.

Im Folgenden stellen wir Ihnen als Beispiel die Bilanz der BMW AG vor. In Reminiszenz an die Erstauflage dieses Buches (2006) und ein wenig aus Scheu, lange Zahlenreihen zu verändern, haben wir sie so stehen gelassen. Auch, weil ein Blick in die Bilanz 2009 samt Vergleichsjahr 2008 zeigt: Die Finanzkrise hat in der Bilanz von BMW keine Spuren hinterlassen, die Bilanzsumme hat sich auf 101,95 Milliarden Euro erhöht, fast kontinuierlich über alle Posten der Bilanz hinweg (siehe Tabelle 14.1).

Aktiva in Millionen Euro	2007	2006
Immaterielle Vermögenswerte	5.670	5.312
Sachanlagen	11.108	11.285
Vermietete Gegenstände	17.013	13.642
At-Equity bewertete Beteiligungen	63	60
Sonstige Finanzanlagen	209	401

Aktiva in Millionen Euro	2007	2006
Forderungen aus Finanzdienstleistungen	20.248	17.865
Finanzforderungen	1.173	816
Latente Ertragsteuern	720	755
Sonstige Vermögenswerte	415	378
Langfristige Vermögenswerte	**56.619**	**50.514**
Vorräte	7.349	6.794
Forderungen aus Lieferungen und Leistungen	2.672	2.258
Forderungen aus Finanzdienstleistungen	13.996	12.503
Finanzforderungen	3.622	3.134
Laufende Ertragsteuern	237	246
Sonstige Vermögenswerte	2.109	2.272
Flüssige Mittel	2.393	1.336
Kurzfristige Vermögenswerte	32.378	28.543
Bilanzsumme	**88.997**	**79.057**
Passiva in Millionen Euro	2007	2006
Gezeichnetes Kapital	654	684
Kapitalrücklage	1.911	1.911
Gewinnrücklagen	20.789	18.121
Kumuliertes übriges Eigenkapital	−1.621	−1.560
Eigene Anteile	−	−
Anteile anderer Gesellschafter	11	4
Eigenkapital	**21.744**	**19.130**
Rückstellungen für Pensionen	4.627	5.017
Sonstige Rückstellungen	2.676	2.865
Latente Ertragsteuern	2.714	2.758
Finanzverbindlichkeiten	21.428	18.800
Sonstige Verbindlichkeiten	2.024	1.932
Langfristige Rückstellungen und Verbindlichkeiten	**33.469**	**31.372**
Sonstige Rückstellungen	2.826	2.671
Laufende Ertragsteuern	808	567
Finanzverbindlichkeiten	22.493	17.656
Verbindlichkeiten aus Lieferungen und Leistungen	3.551	3.737
Sonstige Verbindlichkeiten	4.106	3.924
Kurzfristige Rückstellungen und Verbindlichkeiten	**33.784**	**28.555**
Bilanzsumme	**88.997**	**79.057**

Tabelle 14.1: Bilanz des BMW-Konzerns 2007. Quelle: Geschäftsbericht 2007

Und rechnen wir den Gewinn und den Verlust aus

Die Gewinn-und-Verlust-Rechnung (siehe Tabelle 14.2) ist dynamischer aufgestellt als die Bilanz und zeigt auf, welche Erträge das Unternehmen im Laufe des Geschäftsjahres erwirtschaftet hat und welche Aufwendungen dem entgegenstehen. Am Ende zeigt die Gewinn-und-Verlust-Rechnung auf, welcher Jahresüberschuss oder -fehlbetrag als wichtige Kennziffer für den Unternehmenserfolg erzielt wurde.

Gewinn-und-Verlustrechnung BMW-Konzern in Millionen Euro	2007	2006
Umsatzerlöse	56.018	48.999
Umsatzkosten	–43.832	–37.660
Bruttoergebnis vom Umsatz	**12.186**	**11.339**
Vertriebskosten und allgemeine Verwaltungskosten	–5.254	–4.972
Forschungs- und Entwicklungskosten	–2.920	–2.544
Sonstige betriebliche Erträge und Aufwendungen	200	227
Ergebnis vor Finanzergebnis	**4.212**	**4.050**
Ergebnis aus Equity-Bewertung	11	–25
Übriges Finanzergebnis	–350	99
Finanzergebnis	–339	74
Ergebnis vor Steuern	**3.873**	**4.124**
Ertragsteuern	–739	–1.250
Jahresüberschuss	**3.134**	**2.874**
Ergebnisanteil fremder Gesellschafter	8	6
Ergebnisanteil der Aktionäre der BMW AG	**3.126**	**2.868**

Tabelle 14.2: Gewinn-und-Verlust-Rechnung BMW-Konzern. Quelle: Bilanz 2007

Bei der Gewinn- und Verlustrechnung von BMW schlug die Finanzkrise sehr wohl durch, die Abwrackprämie kam wohl kaum beim Premium-Hersteller aus München an. Der Jahresüberschuss sank 2008 auf 330 Millionen Euro – statt 3,1 Milliarden Euro – und 2009 auf nur noch 210 Millionen Euro. Hauptgrund: Die Umsatzerlöse waren auf 50 Milliarden Euro im Jahr 2009 gefallen – von 56 Milliarden im Jahr 2007 –, während die Umsatzkosten fast gleich geblieben waren.

Meist spannender zu lesen als die trockenen Zahlenkolonnen aus Bilanz und Gewinn-und-Verlust-Rechnung ist der Lagebericht des Managements. Hier wird über die künftige Strategie berichtet, mögliche Unternehmenskäufe oder Teilverkäufe werden – oftmals verklausuliert – angekündigt und über die Entwicklung und Vermarktungschancen neuer Produkte philosophiert. Hier finden Sie auch Begründungen des Managements, wenn im vergangenen Geschäftsjahr ein Verlust eingefahren wurde und vielleicht auch eine Ankündigung, wann die Gewinnschwelle (Break-even) wieder erreicht wird, also der Punkt, an dem die Einnahmen wieder die Ausgabenhöhe erreichen.

Um die Zahlen in der Bilanz und der Gewinn-und-Verlust-Rechnung zum Sprechen zu bringen, entwickelten findige Controller – für den Eigengebrauch des Unternehmens – und Analysten – zur Bewertung von außen – eine ganze Reihe von Kennzahlen. Eine Reihe, die immer größer, aber keinesfalls immer aussagekräftiger wird. Tabelle 14.3 zeigt wichtige Kennzahlen aus Bilanz und Gewinn-und-Verlust-Rechnung und ihre Bedeutung kurz auf, ohne Anspruch auf Vollständigkeit.

Neben diesen Kennzahlen gibt es noch einige Versuche, den tatsächlichen Gewinn oder Verlust eines Unternehmens genauer zu fassen, als dies der Jahresüberschuss zulässt. Die Deutsche Vereinigung für Finanzanalyse und Asset Management (DVFA) entwickelte ein eigenes Verfahren, um außerordentliche oder nicht in die Periode passende Aufwendungen und Erträge herauszurechnen. Das ist ähnlich wie bei Ihrem Gehalt: Wenn in diesem Monat nicht die Waschmaschine kaputtgegangen wäre und auch noch der Hochzeitstag sich rundete, dann hätte das Geld wirklich gereicht. Dieses DVFA-Ergebnis hat sich zur wichtigen Bewertung für Erfolg oder Misserfolg eines Unternehmens entwickelt. Viele Unternehmen veröffentlichen dieses DVFA-Ergebnis in ihrem Geschäftsbericht.

Um das Ergebnis noch weiter zu verfeinern, haben sich in den letzten Jahren auch noch die aus dem Angelsächsischen kommenden Begriffe *EBIT* (Earnings Before Interest and Taxes) und *EBITDA* (Earnings Before Interest, Taxes, Depreciation and Amortisation) herauskristallisiert. Im Fokus soll hier die tatsächliche operative Ertragskraft eines Unternehmens stehen. Auch wenn diese Zahlen heutzutage inflationär gebraucht werden, eigentlich wurden sie einmal entwickelt, um die Ergebnisse verschiedener Unternehmen besser miteinander vergleichen zu können, unabhängig von der jeweiligen Steuerquote oder Zinsbelastung für aufgenommenes Fremdkapital. Für das Unternehmen im Einzelnen sind sie nicht wirklich aussagekräftig – denn die Steuern, Zinsen und Abschreibungen müssen ja gezahlt werden!

Als letzte aus der Reihe der unverzichtbaren betriebswirtschaftlichen Zahlen zur Unternehmensanalyse soll der *Cashflow* kurz skizziert werden. Er resultiert aus der so genannten Kapitalflussrechnung und umfasst den Jahresüberschuss, die Abschreibungen auf Sach- und Finanzanlagen sowie die Erhöhung der langfristigen Rückstellungen. Seine Aussage: Wie viel Liquidität wurde im Untersuchungszeitraum im Unternehmen aus der laufenden Geschäftstätigkeit geschaffen? Wenn der Gewinn in einem Jahr gesunken, der Cashflow aber gestiegen ist, bedeutet dies im Allgemeinen, dass das Unternehmen mehr investiert hat und so für die Zukunft gut gerüstet ist.

Die meisten der angeführten Kennzahlen wurden vor allem zum Zweck der besseren Vergleichbarkeit verschiedener Unternehmen geschaffen. Trotzdem sollten Sie nur Unternehmen der gleichen Branchen direkt miteinander in Beziehung setzen. Eine Bank hat zum Beispiel eine ganz andere Eigenkapitalausstattung (gesetzlich vorgeschriebene acht Prozent, schließlich leben Banken ja vom Fremdkapital) als ein Automobilproduzent oder ein Pharmahersteller.

Jetzt haben Sie eine ganze Reihe von Kennzahlen und Einschätzungen des Unternehmens eingeholt, doch welche Aktien sollen Sie denn jetzt konkret kaufen? Denn all diese Zahlen, so aufschlussreich sie auch sein mögen, geben fast ausschließlich Auskunft über die Vergangenheit, nicht über die Zukunft. Die entscheidet aber über den Kursverlauf. Sie müssen also noch die Unternehmensstrategie erkennen und bewerten.

Kennziffer	Berechnung	Bedeutung
Eigenkapitalquote	Eigenkapital geteilt durch Bilanzsumme	Die Eigenkapitalquote liegt meist zwischen 20 und 50 Prozent und gilt in Deutschland – gerade bei kleineren Aktiengesellschaften – als chronisch niedrig. Je höher das Eigenkapital, desto krisensicherer das Unternehmen.
Deckungsgrad	Eigenkapital durch Anlagevermögen	Das Anlagevermögen samt langfristigen Forderungen und Beteiligungen sollte im Wesentlichen durch Eigenkapital gedeckt sein (Anlagendeckung I) oder durch Eigenkapital plus langfristiges Fremdkapital (Anlagendeckung II).
Liquiditätsgrad	Flüssige Mittel und kurzfristige Forderungen durch kurzfristiges Fremdkapital	Der Liquiditätsgrad gibt Auskunft darüber, ob fällige Zahlungen termingerecht geleistet werden können. Hier geht es darum, ob kurzfristige Verbindlichkeiten kurzfristig bezahlt werden können.
Kurs-Gewinn-Verhältnis (KGV)	Aktienkurs geteilt durch DVFA*-Ergebnis je Aktie	Das KGV ist eine der beliebtesten Kennziffern bei der Bewertung von Unternehmen, gerade hinsichtlich ihres Kurses. In vielen Zeitungen wird das KGV im Kursteil mit angegeben. Die KGVs unterscheiden sich von Branche zu Branche erheblich.
Ausschüttungsquote	Dividende geteilt durch DVFA*-Ergebnis je Aktie	Gibt an, welchen Anteil vom Gewinn je Aktie das Unternehmen als Dividende ausschüttet. Unternehmen brauchen aber Rücklagen, um in der Zukunft und für die Zukunft investieren zu können. Sind die Rücklagen bereits hoch, kann eine hohe Ausschüttungsquote erfolgen.
Dividendenrendite	Dividende durch Aktienkurs	Gibt eine Art Verzinsung der Aktie in Form der Dividendenzahlung an.
Total Return	Dividende plus Kursveränderung geteilt durch Anfangskurs	Gibt die »Verzinsung« einer Aktie insgesamt an.
Gesamtkapitalrendite	Ergebnis plus Zinsaufwand geteilt durch Bilanzsumme	Eigenkapitalrendite und Fremdkapitalverzinsung geben Auskunft über die Ertragskraft des im Unternehmen investierten Eigen- und Fremdkapitals.
Eigenkapitalrendite	Ergebnis geteilt durch Eigenkapital	Ausschließlich auf eigene Mittel bezogen. Achtung, je geringer die Eigenkapitalquote, desto höher automatisch die Eigenkapitalrendite!
Umsatzrendite	Ergebnis (Jahresüberschuss) durch Umsatzerlöse	Gibt an, wie viel von jedem Euro Umsatz in den Gewinn fließt. Der Durchschnitt liegt in Deutschland bei 2,5 Prozent.

* DVFA = Deutsche Vereinigung für Finanzanalyse und Asset Management – siehe auch nächster Abschnitt

Tabelle 14.3: Wichtige Kennzahlen für die Unternehmensanalyse. Quelle: DAI

Als Zukunftswert können die Aufwendungen für Forschung und Entwicklung gelten, aber auch sie können nur ein Richtwert sein, denn wer sagt Ihnen, dass das Unternehmen nicht für viel Geld am Bedarf vorbeiforscht? Die Investitionspläne geben Auskunft, wo und wie das Unternehmen wachsen will. Da muss es nicht nur um neue Maschinen gehen, da können auch ganze Unternehmensbereiche oder Unternehmen zugekauft werden, um sich breiter aufzustellen und somit Konjunkturrisiken auszugleichen. So kaufte etwa Anfang 2007 der Stahlhersteller Salzgitter AG den über seine Tochter KHS auf Verpackungsmaschinen spezialisierten Klöckner-Konzern auf, um sich unabhängiger von den oft heftigen Pendelschlägen der Stahlkonjunktur zu machen. Mit dem Erfolg, dass die Salzgitter AG in den DAX aufgenommen wurde, nur um in Folge der Finanzkrise prompt wieder »abzusteigen«.

Hier noch eine kleine Checkliste, mit welchen Informationen Sie sich ein besseres Bild über die Lage und vor allem auch die Zukunft eines Unternehmens machen können:

✔ **Vergangenheit:** Wie hat sich das Unternehmen über die letzten Jahre entwickelt, seit wann ist es bereits an der Börse?

✔ **Zukunftschancen:** Wird in neue Märkte investiert, werden Partnerschaften oder Kooperationen eingegangen, stehen Fusionen bevor oder Verkäufe?

✔ **Produktpipeline:** Haben die Produkte ein Alleinstellungsmerkmal? Kommen neue Produkte nach? Dies ist beispielsweise bei Pharmafirmen essenziell!

✔ **Konkurrenzsituation:** Wie hoch sind die Marktanteile, haben sie in den letzten Jahren zu- oder abgenommen? Gibt es viele kleine oder wenige große Konkurrenten?

✔ **Management:** Ist das Management kompetent, altgedient, auskunftsfreudig?

✔ **Marke:** Verfügt das Unternehmen über eine bekannte, wertvolle Marke oder Markenprodukte?

Methodenkritik

✔ Die meisten Daten aus der Fundamentalanalyse sind Bewertungen der Vergangenheit und nicht in die Zukunft gerichtet. Falls sie sich tatsächlich mit zukünftigen Entwicklungen befassen, sind sie keinesfalls so objektiv, wie sie vorgeben.

✔ Die beste Fundamentalanalyse nützt nichts, wenn sich die Börsen generell stark nach oben oder nach unten bewegen, denn dann ziehen sie auch schwächere Titel mit nach oben oder stärkere nach unten.

✔ Viele Einflussfaktoren, wie etwa die Qualität des Managements oder auch die Absatzchancen neuer Produkte, lassen sich nicht in Zahlen berechnen und auch schwer abschätzen. Erst hinterher ist man schlauer, aber dann ist es meist zu spät.

✔ Da Sie Aktie für Aktie und Unternehmen für Unternehmen untersuchen müssen, ist die Fundamentalanalyse sehr zeitaufwendig. Da Sie aber langfristig in Aktien investieren sollten und immer so, als würden Sie das gesamte Unternehmen kaufen wollen, wie es Kostolany empfiehlt, ist die Zeit vielleicht doch sinnvoll genutzt.

✔ Die Fundamentalanalyse geht davon aus, dass das Geschehen an der Börse ganz überwiegend rational vonstatten geht und die Psychologie eine nur untergeordnete Rolle spielt. Darüber kann man geteilter Meinung sein, wie insbesondere auch die Behavioral Finance geltend macht.

✔ Das Sie-sehen-den-Wald-vor-lauter-Bäumen-nicht-Syndrom. Durch eine seriös durchgeführte Fundamentalanalyse, auch noch bezogen auf vielleicht mehrere Aktien, erhalten Sie eine solche Datenfülle, dass Sie sie kaum noch beherrschen, geschweige denn eine Entscheidung treffen können. Das liegt aber nicht an Ihnen, sondern an den Daten, viele sind wichtig, manche widersprechen sich, es ist also gar nicht auszuschließen, dass Sie letzten Endes dann die Kaufentscheidung doch aus dem Bauch heraus treffen.

Chartanalyse – Wenn die Kurse Widerstand bieten

An der Börse ist es wie überall im Leben: Es gibt Anhänger der einen und Anhänger der anderen Methode, und über die jeweils andere urteilen die jeweiligen Vertreter eher abschätzig. Bei der Aktienbewertung bildet die Chartanalyse gewissermaßen den Gegenpol zur Fundamentalanalyse. Denn hier stürzen und stützen sich die Analysten nicht auf Informationen aus und zu den Aktiengesellschaften, sondern rein auf die Aktien und ihre Kursverläufe selbst, dargestellt mit Hilfe von Charts. Eigentlich gibt es gar keine einzige, wahre und selig machende Chartanalyse, denn es haben sich inzwischen viele Methoden durchgesetzt, die Charts zu analysieren und zu deuten, die Charts fungieren nur als Basis. Entstanden sind daraus komplexe und komplizierte, nachvollziehbare, aber auch weniger begründbare, tiefsinnige und schiefstimmige Methoden und es werden sicher immer wieder neue hinzukommen, die dann mittels Literatur und Seminaren verbreitet mit Sicherheit zu Geldflüssen führen – fragt sich nur, bei wem.

Wie überall: Was sagt der Trend?

Eines haben alle Methoden der Charttechnik gemeinsam, es geht ihnen um das Erfassen des Trends, denn letzten Endes operieren sie ja ausschließlich mit Zahlen aus der Vergangenheit, die sie dann in die Zukunft fortschreiben, oder malen, wenn wir auf die Charts zielen! Ein wenig erinnert dies an Roulette-Spieler, die genau mitschreiben, welche Zahlen bereits gekommen sind, wie oft Schwarz oder Rot dran war und daraus ihre Entscheidungen für das nächste Spiel treffen. Alle sind zutiefst davon überzeugt, die einzig richtige und wahre Methode erfunden zu haben, und präsentieren stolz säuberlich vermerkte Zahlenkolonnen. Tatsächlich, mal gewinnen sie ihr Spiel, mal verlieren sie wieder. Rien ne va plus, kann man da bloß sagen!

 Aber: Oft funktionieren die Methoden auch schlicht und einfach deshalb, weil sich viele Marktteilnehmer an der Regel orientieren und so die Kurse in die entsprechende Richtung treiben (»Self fullfilling Prophecy«).

Nun kann ein Trend in verschiedene Richtungen laufen – ähnlich wie bei der Mode die Rocklänge, mal rauf, mal runter, mal bleibt sie gleich. Bei der Börse spricht man hier von Aufwärts-, Abwärts- oder Seitwärts-Trend.

✔ Beim *Aufwärtstrend* muss jeder Kursbalken höher als das jeweilige Hoch des vorhergehenden Kursbalkens und jedes Tief ebenfalls höher als das vorherige sein.

✔ Beim *Abwärtstrend* liegt jedes Tief noch unterhalb des vorherigen und jedes Hoch ebenfalls unter dem vorherigen.

✔ Beim *Seitwärtstrend* schwankt der Kurs zwischen einem Hoch und einem Tief einer Gruppe von Kursbalken. Sollte der aktuelle Kurs über oder unter diese Bandbreite geraten, ist mit einem Trendwechsel zu rechnen.

Der Vorteil der Charttechnik: Sie verschafft einen schnellen Überblick, ob es nach oben oder nach unten geht. Diese vordergründige Einfachheit ummantelt sie allerdings mit einem ganzen Wust an Begriffen, wie das Techniker generell gerne tun: Trendkanal, Unterstützungs- und Widerstandslinien, M- und W-Formationen, Bären- und Bullenfalle, Doppeltop, Keil- oder Kopf-Schulter-Formation, Rosshaken ... Wir haben ja schon öfter über die Fantasie von Börsianern reflektiert, hier scheinen sich viele Analysten von der eigenen Begeisterung in immer sinnfreiere Regionen fortzubewegen, wobei es doch um nichts anderes geht, als zickige Zacken von Kurscharts zu benennen.

Was Charles Dow und Murphy verbindet

Als Begründer oder wahrscheinlich besser Erfinder der Chartanalyse gilt Charles Dow, der Initiator des Dow-Jones-Index und Mitherausgeber des *Wall Street Journals*. In dieser Zeitung schrieb er bereits ab 1884 über die Trends auf den Aktienmärkten, die er in drei Gruppen einteilte: primäre Trends, zu vergleichen den Tiden des Ozean, sekundäre Trends, die den eigentlichen Wellen entsprechen, und unbedeutende, die er mit dem Gekräusel auf den Wellen gleichsetzte. Dow wollte dies nicht als Theorie verstanden wissen, sondern eher als eine Art Rüstzeug für den Analysten. Eine eigene Dow-Theorie wurde erst daraus, als seine Artikel nach seinem Tod in einem Buch zusammengefasst wurden. Bis heute bildet diese Dow-Theorie aber die Basis für jeden technischen Analysten, aufgrund seiner anhaltenden Wirkung wird Dow gerne als der Sigmund Freud der Aktienanalyse bezeichnet.

Weil die Chartanalyse strikt Trends verfolgt, die sie aus der Vergangenheit ableitet, kann man ihr unterstellen, dass sie auch das irrationale menschliche Verhalten, die Psychologie an der Börse, mehr oder weniger fast automatisch mit einrechnet. Denn dieses psychologische Verhalten hat sich ja in der Vergangenheit bereits in den Kursen niedergeschlagen und soll durch die Chartanalyse dingfest gemacht werden. Der Papst, um das Wort Guru einmal zu vermeiden, der technischen Analyse, John D. Murphy, erkennt so auch drei Grundprämissen, an die jeder bedingungslos glauben muss (darum Papst und nicht Guru), wenn er sich der technischen Analyse verschreiben will:

✔ Alle relevanten Informationen zu einem Wertpapier stecken bereits im Kurs.

✔ Kurse bewegen sich in Trends.

✔ Geschichte wiederholt sich.

Murphy stellt neben den Kursen auch noch die Börsenumsätze dar, um in den Charts ein wahres Bild von Angebot und Nachfrage nachzuzeichnen. Ohne die Annahme, dass Kurse Trends verfolgen, wäre jede Vorhersage sinnlos und die Annahme von Trends impliziert eigentlich bereits, dass sich die Geschichte, wenigstens auf dem Börsenparkett (ansonsten ist dieses Diktum unter Historikern ja umstritten) wiederholt.

Charts en gros

Aber sehen wir uns jetzt ein solch geheimnisvolles Chart, in dem die gesamte Börse der Vergangenheit drinsteckt, um uns etwas über die Zukunft zu flüstern, doch einmal genauer an. Charts können Tages-, Wochen-, Monats oder Jahreszeiten umfassen und entweder Indexverläufe oder einzelne Aktien darstellen. Auf der Horizontalen dieser Diagramme zeichnet der Charttechniker die Zeitachse, auf der Vertikalen die Aktienkurse ein. Die gängigsten Charts arbeiten dabei mit Linien, die sich je nach Kursverlauf zu Zacken ausbilden. Die Chartisten greifen aber auch zu Wellen, Strichen oder Pfeilen. In letzter Zeit erfreut sich das aus Japan stammende Candlestick-Chart wachsender Beliebtheit, bei dem schwarze und weiße Kerzen die Kursverläufe darstellen. Beim Candlestick-Chart stellen die weißen Kerzen die Aufwärts-, die schwarzen die Abwärtsbewegungen dar. Der obere Docht gibt den Höchststand, der untere den Tiefstand an. Der Kerzenboden bildet den Eröffnungs-, die Kerzenspitze den Schlusskurs ab. Das sieht hübsch aus und viele halten diese Charts für übersichtlicher und aussagekräftiger. Allerdings muss man sich erst ein wenig an sie gewöhnen.

 Charts, also Kursverläufe aus der Vergangenheit, seien es schlichte Linien oder die aufwendigeren Kerzencharts (Candlestick-Charts), erfreuen sich großer Beliebtheit. Unabhängig davon, ob einem persönlich die Kurvendeuterei oder die fundamentale Zahlenakrobatik mehr liegen, sollten Sie daher – quasi als zusätzliche Entscheidungshilfe – stets einen Blick auf die Charts werfen.

Generell nützlich sind Charts vor allem für den Vergleich, und wir vergleichen ja Dinge grundsätzlich, um die einzelnen besser zu verstehen: Zwei Aktien von Unternehmen einer Branche etwa, oder eine Aktie in Bezug auf einen Index, oder die Indizes mehrerer Länder können über einen längeren Zeitraum hinweg miteinander in Beziehung gesetzt werden. Je nachdem, ob die Ausschläge der Einzelaktie über oder unter dem Index liegen, sie besser performt – um das beliebte Unwort zu gebrauchen –, sie sich abkoppeln konnte, gegen den Trend stieg, heftiger fiel, liefern die Charts wichtige Informationen für Sie. Sie können so herausfiltern, ob eine einzelne Aktie innerhalb eines Index eher zu den Gewinnern oder zu den lahmen Enten zählt und so Ihre Kaufentscheidung überprüfen. Denn was nützt es Ihnen, wenn der DAX kontinuierlich steigt, Sie aber ausgerechnet auf einen DAX-Wert gesetzt haben, der eine gegenläufige Entwicklung nimmt!

Neben den einfach-linearen Charts, Charttechniker sprechen da eher geringschätzig von Lineal-Chartismus, hat sich die Chartanalyse längst in ein undurchschaubares Dickicht an Analysen aufgefächert. Wir versuchen hier einmal eine Art Übersicht, ohne alle Techniken explizit weiter ausführen zu können.

✔ Klassische Chartanalyse

✔ Trend(kanal)analyse

✔ Formationsanalyse

✔ Bewegungsanalyse

✔ Methode der gemessenen Bewegung (measured moving)

✔ Closing-Gap-Analyse

✔ Zyklenanalyse

✔ Mit Fibonacci-Zahlen

✔ Hursts Envelope Cycles

✔ Elliots-Wave-Theorie

✔ Indikatorgestützte Analyse

✔ Mit Trendbestimmungsindikatoren

✔ Mit Trendfolgeindikatoren

✔ Mit Oszillatoren

✔ Mit Volumenindikatoren

✔ Mit gleitenden Durchschnitten (moving averages)

✔ Moving Average Convergence Divergence

✔ Intermarket-Analyse

Diese Liste ist nicht annähernd vollständig und auch nicht exakt abgegrenzt zur markttechnischen Analyse (wie im nächsten Punkt beschrieben), die der Charttechnik benachbart ist. Wir können hier nicht auf alle Analyseformen eingehen, zum Einstieg genügt ein kurzer Überblick über die wichtigsten Techniken.

Im Prinzip geht es bei all diesen Methoden darum, aus den wiederkehrenden Ereignissen, die auf dem Chart oder aus Kennzahlen erkannt werden, Trends für die Zukunft herauszulesen. Dabei dienen die extremen Ausschläge sozusagen als Haltegriffe für Trendlinien. Zur weiteren Erklärung merkwürdiger Ausschläge greifen die einen zu Zirkel und Geodreieck und konzentrieren sich auf geometrische Muster, die anderen zum Taschenrechner und versuchen, die dargestellten Zahlen zu qualifizieren und zu quantifizieren.

Wir wollen und können hier nicht in die Details der Techniken einsteigen, aber ein paar der wesentlichsten Begriffe helfen Ihnen dabei, einen Einstieg in das Thema zu finden und sich ein wenig in Chartchinesisch unterhalten zu können!

Hilfreiche Hilfslinien

Sie als Anleger interessiert in erster Linie, *welche Aktien* Sie kaufen sollen, und in zweiter Linie, *wann* Sie kaufen sollen. Im Gegenzug natürlich auch, wann Sie wieder aussteigen, wann Sie welche Aktien verkaufen sollen. Man kann es auch umgekehrt sehen: *Wann* sollen Sie *was* kaufen oder verkaufen? Auskünfte über den richtigen Ein- und Ausstiegskurs sollen Ihnen in

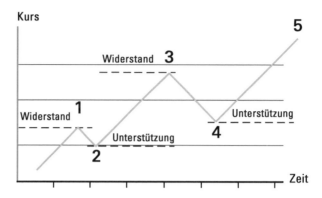

Abbildung 14.1: Widerstands- und Unterstützungslinie

der Chartanalyse die Unterstützungs- und Widerstandslinien geben (siehe Abbildung 14.1). Aussagekräftig sind diese aber nur, wenn sie auch über einen längeren Zeitraum geführt werden.

Unterstützungslinie: Diese Linie wird in einem Chart durch mindestens zwei, besser aber mehrere, Tiefpunkte gezogen (siehe Abbildung 14.2). Sie gibt damit die Linie vor, bei der in der Vergangenheit der Kursverfall der Aktie jeweils gestoppt werden konnte. Man könnte also sagen, dass ein Kurssturz bis zu dieser Linie mehr oder weniger »normal« sei. Je häufiger der Kurs bisher vor dieser Linie halt machte, desto wahrscheinlicher wird er dies auch in der Zukunft tun.

 Nähert sich der Kurs einer Aktie der Unterstützungslinie, ohne sie zu durchbrechen, bedeutet dies ein Kaufsignal. Die Aktie ist gerade preiswert zu kaufen und die Wahrscheinlichkeit, dass die Kurse wieder steigen, ist hoch.

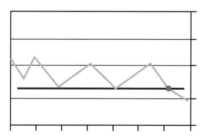

Abbildung 14.2: Unterstützungslinie

 Durchbricht der Kurs die Unterstützungslinie, ist die Wahrscheinlichkeit eines weiteren Kursrutsches hoch. Hier sollte ein Verkauf ernsthaft erwogen werden, um die Verluste zu begrenzen.

Widerstandslinie: Während die Unterstützungslinie angibt, wann eine Abwärtsbewegung aufgefangen wird, weist die Widerstandslinie darauf hin, wann eine Aufwärtsbewegung gestoppt wird (siehe Abbildung 14.3). Diese Linie wird durch mindestens zwei Kurshochpunkte gezogen (nicht Höhepunkte – auch wenn einem leidenschaftlichen Anleger ein solcher Punkt so erscheinen könnte). Hier machte in der Vergangenheit der Kurs meist wieder kehrt, weil viele Anlieger ausstiegen, um Gewinne mitzunehmen, und sich kaum noch welche bereitfinden, zu einem so hohen Preis einzusteigen. Das Angebot übersteigt also plötzlich die Nachfrage, die Kurse sinken.

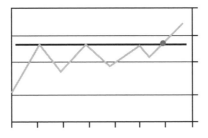

Abbildung 14.3: Widerstandslinie

 Wenn diese Linie tatsächlich einmal nach oben durchstoßen wird, dann kann das zu einer Kurs-Rallye führen. Schön, wenn Sie die Aktie bereits besitzen, ansonsten können Sie dann Aktien kaufen, um noch Gewinne mitzunehmen.

 Nähert sich der Kurs der Widerstandslinie, ohne sie zu durchbrechen, sollten Sie – besonders wenn das öfter passiert – verkaufen, denn ein baldiger Kursrutsch ist abzusehen.

Trendkanal: Er macht sich die Weisheit zunutze, dass eine Bewegung sehr viel wahrscheinlicher fortgeschrieben wird, als dass sie eine plötzliche Wendung unternimmt (siehe Abbildung 14.4). Bei den parallel geführten Trendlinien bedeuten eine enge Führung kurzfristige Kursänderungen und ein breiter Kanal längere Kurszyklen. Die obere und untere Grenze eines Trendkanals können wichtige Hinweise auf die Kursniveaus geben, bei denen Sie beispielsweise Ihre Kauf- oder Verkauf-Limits oder Stop-Loss-Marken setzen. Trends sind aber keine zähe Masse, die sich nur in eine Richtung bewegen, sondern flexibel, mit Ausschlägen nach oben wie nach unten lustig springend wie eben fließendes Wasser innerhalb eines Kanals.

 Wenn innerhalb eines längerfristigen und stabilen Aufwärtstrends ein kurzer Abwärtstrend stattfindet, dann ist dies ein guter Zeitpunkt für Kauforders, da Sie zu günstigeren Kursen auf einen bald wieder wacker fahrenden Zug aufspringen können. Er hat für Sie gewissermaßen einen kurzen Stopp eingelegt, damit Sie einsteigen können. Wenn umgekehrt in einem stabilen Abwärtstrend die Notierungen kurzzeitig steigen, kann das eine günstige Möglichkeit sein, Kasse zu machen ...

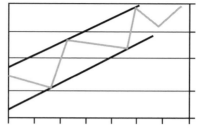

Abbildung 14.4: Trendkanal

Wie viele Punkte nötig sind, um vorhersehbare Trendlinien einzuzeichnen, darüber gibt es leider keine Einigkeit. Klar, auch die Neigung der Trendachsen ist wichtig, weil sie darüber Auskunft geben, wie dynamisch der Trend verlaufen wird. Aber diesen Neigungswinkel richtig zu setzen, ist alles andere als einfach und schon gar nicht wirklich exakt zu berechnen.

Bekannte, bewährte Muster

W-Formation: Hier bilden die Zacken des Charts ein großes W (siehe Abbildung 14.5), das heißt, die Kurse sind erst stark gesunken, dann wieder leichter gestiegen, dann wieder leicht gesunken, um dann prompt stark zu steigen. Die W-Formation gilt als Kaufsignal.

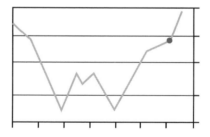

Abbildung 14.5: W-Formation

M-Formation: Wie bei der W-Formation, nur umgekehrt, darum auch als Verkaufssignal interpretiert (siehe Abbildung 14.6)

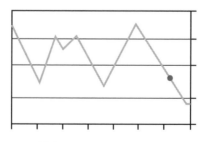

Abbildung 14.6: M-Formation

Schulter-Kopf-Schulter-Formation: wird aus einem kleinen, einem großen und wieder einem kleinen Zacken gebildet und wird als deutliches Zeichen für eine Trendumkehr interpretiert. Je nachdem, ob es sich um das Ende eines Aufwärtstrends handelt, gibt die Schulter-Kopf-Schulter-Formation ein Verkaufssignal, beim Ende eines Abwärtstrends ein Kaufsignal (Abbildung 14.7).

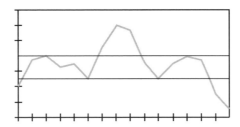

Abbildung 14.7: Schulter-Kopf-Schulter-Formation

Diese Formationen lassen sich selbstverständlich immer weiter verfeinern, so kann eine Schulter-Kopf-Schulter-Formation auch invers verlaufen, und sich gleichzeitig weiter ausbauen, zu Dreifach-Spitzen oder -Böden, symmetrischen oder ansteigenden Dreiecken, Flaggen und Wimpeln, Keil- und Rechteckformationen ... Alle wurden entwickelt, um Ihnen mitzuteilen, wann Sie kaufen oder verkaufen sollen und bei ausgewählten Beispielen immer überzeugend – aber auch genau bei Ihrer Aktie?

Weil Sie immer wieder durch Magazin- und Zeitungsartikel geistern, wollen wir uns noch kurz der Elliot-Wave-Theorie und den Fibonacci-Zahlen zuwenden.

Große Welle: Die Elliot-Wave-Theorie

Der amerikanische Mathematiker Ralph Nelson Elliot untersuchte in den 30er und 40er Jahren des 20. Jahrhunderts die US-Aktienmärkte, um Informationen über das Verhalten der Finanzmärkte zu erhalten. Im Nachbeben des Börsencrashs von 1929 galt es herauszufinden, ob solche Kurstürze nicht irgendwie voraussagbar seien und sich hinter dem scheinbaren Chaos der Börse nicht feste Regeln verbargen. Elliot identifizierte bei seiner historisch-mathematischen Untersuchung insgesamt 13 verschiedene Wellenbewegungen im Kursverlauf. Als Hauptgrund für die Wellenbewegungen identifizierte schon Elliot die Psychologie, die Massenpsychologie. Er wollte wissen, in welchem Trend die Kurse sich gerade bewegen und wann es zu einer Trendumkehr kommen könnte. Elliot entdeckte in den Wellenbewegungen, dass sich eine große Formation immer wieder in kleineren wiederholt. Später identifizierten Wissenschaftler – nicht zufällig Chaos-Theoretiker – darin die mathematische Struktur von Fraktalen, die sich auf einer immer kleiner werdenden Skala immer wieder wiederholen. Wenn die Wellenbewegung mit dem Trend geht, Elliot spricht dann von Impulswellen, besteht eine Welle aus fünf Einzelwellen. Betrachtet man nun eine Einzelwelle von diesen fünf genauer, so besteht diese wieder aus fünf Wellen.

Elliot ging davon aus, dass physikalisch gesehen jede Aktion eine Reaktion erfordert. Er unterschied in langfristige Trends, die er Impulswellen nannte, und kurzfristige Korrekturen, Seitwärtsbewegungen, die er Korrekturwellen hieß. Eine Impulswelle besteht aus fünf Ausschlägen, drei folgen dem Trend, zwei korrigieren ihn. Innerhalb dieser fünf Ausschläge finden sich wieder fünf bei den Impulswellen und drei bei den Korrekturwellen. Damit eine Welle auch wirklich eine Impulswelle genannt werden darf, muss sie wieder eine ganze Reihe von Eigenschaften erfüllen. Alles in allem ist Elliots Theorie kompliziert genug, dass sie nicht jeder ganz leicht nachvollziehen und vor allem anwenden kann – und eignet sich insofern ideal dazu, damit Geld und Zeit hinein investiert wird, um an der Börse besser zu fahren.

Größere Bekanntheit erreichten die Elliot-Wellen aber erst in den 70er Jahren des 20. Jahrhunderts, als die Amerikaner A. J. Frost und Robert Prechter ihr Buch *Elliot Wave Principle. Key to stock market profits* veröffentlichten. In der damaligen Zeit einer nicht zuletzt durch die Ölkrise hervorgerufenen Baisse sorgte ein Buch, das den Schlüssel für Gewinne versprach, selbstredend für große Aufmerksamkeit. Heute gibt es eigene Software-Programme, die auf der Basis der Elliot-Wellen Handlungsanweisungen für das richtige Kaufen und Verkaufen von Aktien, das Trading, geben.

Schön aufgereiht nach Fibonacci

Das mathematische Grundgerüst der Elliot-Wellen – Sie erinnern sich, Elliot war von Berufs wegen Mathematiker – bilden die Fibonacci-Zahlen, und diese liegen auch bei den heutigen Analysten wieder voll im Trend. Sollten Sie zufällig gefehlt haben, als diese spannenden Zahlen durch Ihren Mathematik-Unterricht geisterten, hier noch einmal eine kleine Zusammenfassung: Es handelt sich dabei um eine Zahlenreihe, bei der die jeweils nächste Zahl sich aus der Summe der beiden vorangegangenen ergibt. Nach der Mathematik nähern sich die Verhältnisse dieser Zahlen (ab den Zahlen größer fünf) dem Goldenen Schnitt an, der eine Strecke in zwei Teile von 61,8 Prozent und 38,2 Prozent teilt.

Die Fibonacci-Zahlenreihe beginnt mit 0 und geht dann weiter mit 1, 1, 2, 3, 5, 8, 13, 21, 34, 55, 89, 144, 233, 377.

Jetzt werden Sie sich nicht zu Unrecht fragen, was diese komischen Fibonacci-Zahlen mit den Börsenkursen oder Trendanalysen zu tun haben. Stimmt. Wie bereits erwähnt, spielen die beiden, mathematisch »irrationalen Zahlen« 0,618 und 0,382 bei den Fibonacci-Zahlen eine große Rolle. Diese werden nun genommen, um Belege zu finden, wann tatsächliche Marktwendepunkte eintreten und wann bloße Korrekturen. Denn innerhalb der Wellenbewegungen treten durchaus auch längerfristige, über Monate anhaltende und sich auch im zweistelligen Prozentbereich bewegende Korrekturen auf, die noch keine Wendepunkte darstellen. Es ist also wichtig, zu verstehen, wann ein Wendepunkt vorliegt, der sich zum Kaufen oder Verkaufen eignet, und wann nur eine einfache Korrektur, die der Anleger aussitzen kann, stattfindet. Dazu dienen die so genannten Fibonacci-Retracements oder Fibonacci-Niveaus, bei denen die beiden Zahlen 0,618 und 0,382 gesetzt sind. Erfahrene Analysten bedienen sich allerdings noch weiterer Retracement-Niveaus, wie etwa 0,23, 0,50 oder 0,76. Warum? Das ist schwer zu sagen und erinnert auch ein bisschen an Astrologie: Übersetzt in die Analyse bedeuten solche Retracements, dass bei 50 Prozent die Hälfte der vorangegangenen Wellenbewegung korrigiert wurde. Betrug die Welle also 400 Punkte, wurden 200 korrigiert. Interpretiert werden die Retracements so:

✔ **23 Prozent:** Minikorrektur des Trends, auf den auf jeden Fall weiterhin gesetzt werden soll

✔ **38 Prozent:** Minimalkorrektur, der Trend ist aber stark und es ist mit weiteren Zwischenhochs, aber auch -tiefs zu rechnen

✔ **50 Prozent:** Gilt immer noch als normale Korrektur, eine Fortsetzung des Trends ist also möglich

✔ **62 Prozent:** Maximalkorrektur, der Trend kann sich fortsetzen

✔ **76 Prozent:** Maxikorrektur, der Trend ist sehr schwach und seine Fortsetzung nicht sehr wahrscheinlich, eher muss von einer Trendwende ausgegangen werden

Sie sehen es selbst: Da steckt jede Menge müsste, könnte, sollte, dürfte drin – für die exakte Analyse mit daraus folgenden direkten Handlungsanweisungen (kaufen – verkaufen) scheint das etwas dürftig zu sein.

Damit sind die Fibonacci-Zahlen für die Analysten noch keinesfalls erschöpfend abgehandelt: Sie nutzen sie auch noch für so genannte Extensions (to extend – ausdehnen). Hierbei geht es um das Aufspüren möglicher Kurszielbereiche von beginnenden Bewegungen. Grundlage bieten hier die Größen ab 62 Prozent und bis 261 Prozent. Je höher die Prozentzahl, desto stärker wird der Markt eingeschätzt und desto höher liegen die zu erwartenden neuen Hochs (oder, im umgekehrten Fall, Tiefs).

Die Aktienanalyse mit Hilfe von Fibonacci-Zahlen, die aus den Charts herausgelesen werden, liegt voll im Trend. Ob sich mit deren Hilfe allerdings Ihr Geld tatsächlich so vermehren lässt, wie die Hasen des Herrn Fibonacci, bleibt sehr zu bezweifeln. Gewissheit erhalten Sie darüber aber erst, wenn Sie es auch ausprobiert haben. Robert Prechter, den wir bereits erwähnt haben mit seinem Buch über das Elliot Wave Principle, gründete die Analysefirma Elliot Wave International, und deren Geschäft läuft wenigstens hervorragend und die Prognosen ihrer hoch bezahlten Analysten trafen bisher ein – oder auch nicht.

Was Aktien mit Kaninchen verbindet

Zurückgeführt werden die Zahlen auf den italienischen Mathematiker Leonardo da Pisa, genannt Fibonacci (»figlio di Bonacci«, also Sohn des Bonacci), der am Hof des Stauferkaisers Friedrich II. weilte. Damals, im frühen 13. Jahrhundert, nahmen gerade die westlichen Gelehrten, in erster Linie aus Italien, das reichhaltige Wissen der arabischen Mathematiker an, das sich Fibonacci auf Reisen mit seinem Vater durch Nordafrika angeeignet hatte. Entstehungshintergrund der Zahlenreihe war im Übrigen die Frage, wie viele Kaninchen ein Kaninchenpaar zeugen kann, wenn jedes Paar in einem Monat zeugungsfähig wird und dann jeden Monat ein neues Paar zeugt.

Methodenkritik

✔ So richtig schön können Charttechniker Trendlinien und Trendkanäle erst zeichnen, wenn sie schon fast wieder vorbei sind. Dann stimmen sie perfekt, die Kanäle, nur schade, dass Sie als Anleger nicht mehr davon profitieren können.

✔ Die schönsten Beispiele der Charttechnik mit ihren geometrischen Mustern lassen sich nicht immer so ganz einfach auf die Aktie übertragen, die Sie gerade im Portfolio haben und untersuchen wollen.

✔ Keiner weiß, ob die Charttechnik stimmt, weil sie die Psychologie so gut mit einbezieht oder einfach weil sich die Anleger genau so verhalten, wie die Theorie es von ihnen verlangt. Sie folgen dem Trend und schaffen so den Trend.

✔ Trotz des gesamten mathematischen Gerüsts (etwa der Fibonacci-Zahlen) bauen viele Grundannahmen eher auf subjektive Einschätzungen statt auf knallharte Fakten. Eine Ähnlichkeit zur Astrologie ist nicht abzustreiten, und auch da glauben die einen daran, die anderen eher nicht.

✔ Die konkreten Kauf- und Verkaufssignale kommen relativ spät, das heißt, der Kurs bewegt sich bereits ein ganzes Stück weg von dem gedachten idealen Verkaufs- oder Kaufkurs. Ob dafür der ganze technische Apparat erforderlich ist?

Markttechnische Analyse – Mit Formeln zum Ziel

Die markttechnische Analyse könnte als eine Art wissenschaftlicher Weiterentwicklung der Charttechnik definiert werden, wobei das mit dem wissenschaftlich relativ gesehen werden kann. Sie bezieht in ihre Methodik zusätzliche Indikatoren mit ein, die unter anderem auch das Verhalten der Marktteilnehmer transparent machen sollen. Auf der theoretischen Basis der Behavioral Finance (wie in Kapitel 4 beschrieben) fließen auch psychologische Daten mit in die Analyse ein. Der Tenor liegt insgesamt nicht nur in der Analyse der Kursverläufe einzelner Aktien oder Indizes, sondern die Bandbreite des gesamten Marktes soll mit Hilfe von Indikatoren mit einbezogen werden. Also, noch mehr Daten, noch mehr Informationen, noch mehr Verwirrung? Beliebt ist die Markttechnik heute vor allem auch deshalb, weil es – wie für die Charttechnik auch – Software-Programme gibt, die ein einfaches Anwenden dieser Analyseform auch für den Privatanleger suggerieren. Warum allerdings all diese Software-Anwender es nicht zum Börsenreichtum eines Warren Buffett gebracht haben, beantworten die einen damit, dass sie die Programme falsch anwenden würden, die anderen damit, dass die Methoden eben nichts nützen.

Beliebte Indikatoren zur Unterstützung der Markttechnik sind die Anzahl der fallenden und steigenden Aktien eines Tages, die Anzahl der Aktien, die ein neues Hoch eingefahren hatten, und jene, die ein neues Tief vermelden mussten. Außerdem der so genannte Closing Tick, also die Aktien, deren letzter Tageskurs höher war als der vorletzte, minus der Aktien, deren letzter Tageskurs unter dem vorletzten lag. Viele dieser Zahlen finden Sie in den Kursteilen der Tageszeitungen oder Tabellen in Anlegermagazinen oder im Internet aufgeführt.

Dürfen es ein paar Indikatoren mehr sein?

Die markttechnische Analyse erfreut sich, wie ihre Kollegen der Charttechnik und der Fundamentalanalyse, immer neuer Ansätze, die sich vor allem auf die Entdeckung immer neuer Indikatoren stützen. Was alles könnte, quantifizierbar, die Kurse der Zukunft bestimmen? Unterschieden die Analysten vormals vor allem in Trendfolgeindikatoren und Oszillatoren, so kommen heute – mindestens – noch Trendbestimmungs- und Volatilitätsindikatoren hinzu. Gemeinsam ist diesen Indikatoren eine ziemlich wilde Abkürzungswut, hinter der sich geschlossene Insider-Zirkel ja immer gerne verschanzen: GD, MACD, Trix und CCI, CMO, TD-REI und DSS, DMI, RAVI, ADX und AROON, Chaikin Vola, VHF oder Bollinger Bands.

Es würde in jedem Sinne zu weit führen, hier näher auf all diese Indikatoren einzugehen. Hier nur einige wenige in aller Kürze, die Ihnen ein ungefähres Bild liefern sollen, wie die Markttechnik gestrickt ist. Es geht eher um das Grundmuster – um beim Stricken zu bleiben – als um jede einzelne Masche!

Gleitende Durchschnitte

Die gleitenden Durchschnitte zählen zu den so genannten Trendfolge- oder absoluten Indikatoren. Sie zeigen Trends auf, im Gegensatz zu Oszillatoren oder relativen Indikatoren, die Ihnen bei der Chartanalyse vielleicht auch noch in das Blickfeld geraten. Diese zeigen, ob die Aktie jeweils überkauft oder überverkauft ist. Wir werden bei der Monumentum-Analyse im nächsten Kapitel darauf noch näher eingehen. Der gleitende Durchschnitt berechnet sich aus dem Durchschnitt einer ganzen Anzahl – meist zwischen 20 und 200 Tagen – von Kursen (Tagesschlusskursen). Dadurch wollen die Chartexperten unliebsame Ausschläge in den Kursbewegungen herausfiltern, das so genannte Rauschen abstellen. So können mittel- bis langfristige Trends besser sichtbar gemacht werden. Eine genauere Erkenntnis über exakte(re) Ein- und Ausstiegssignale geben die gleitenden Durchschnitte allerdings nicht und in Seitwärtsphasen führen sie sogar zu Fehlsignalen. Sie sollten stets nur zusätzlich zu anderen Indikatoren zu Rate gezogen werden.

Average Directional Movement Index oder ADX

Zu den *trendbestimmenden Faktoren* zählt der *Average Directional Movement Index* oder *ADX*. Dahinter steht das Directional-Movement-Index- oder DMI-Konzept, das da lautet, dass in Märkten, die dem Trend folgen, das jeweilige Hoch des heutigen Tages über den Hochs des gestrigen Tages liegt, und bei den Tiefs darunter. Die Differenz zwischen den beiden Hochs wird *Directional Movement* genannt. Das Directional Movement gliedert sich in das DIplus als Summe der positiven und in das DIminus als Summe der negativen Differenzen. Bildet man daraus eine Linie, so liefern die Schnittpunkte der beiden Linien Aufwärts- oder Abwärtstrendinformationen. Je weiter die beiden Linien auseinandergehen, desto höher ist die Trendstärke. Aus der Differenz der DIplus- und der DIminus-Werte wird der Directional Index berechnet, und ermittelt man dann noch die gleitenden Durchschnitte, dann erhält man den ADX. Ganz einfach, oder nicht? Ohne PC-Programme sind diese interessanten Zahlen also nicht zu bekommen, doch was sagen sie überhaupt aus? Der ADX soll Sie über die Trendintensität informieren: Bei hohen Beträgen liegt ein Trend vor. Steigt der ADX, so ist der Markt im Begriff, einen Trend zu bilden, fällt er, schwächt sich der Trend ab.

Verschaukelt?

Da technische Analysten gerne mit *Oszillatoren* arbeiten, sollte dieser in der Alltagssprache doch eher selten verwendete Begriff hier von uns kurz erläutert werden. Er stammt einmal nicht aus dem Englischen, sondern leitet sich aus dem Lateinischen für Schaukeln ab und wurde als Oszillationstheorie für die Untersuchung der Bewegungen der Erdkruste und als Oszillator in der Physik als Schwingungserzeuger eingeführt. In der Aktienanalyse ist der Oszillator ein Hilfsmittel für Märkte, die keinem Trend folgen, sich also etwa in einer Seitwärtsbewegung befinden. Wenn Sie sich ein Chart vor Augen halten, können Sie (müssen aber nicht) Oszillatoren sitzen sehen, die bescheiden am unteren Chartrand in einem flachen, horizontalen Band aufgereiht sind. Seine Gipfel und Täler, über die er auch verfügt, stimmen mit den Kursen überein. Aussagekräftig ist ein Oszillator, wenn sein Wert einem Extrempunkt nahe der oberen oder unteren Bandgrenze kommt. Dann wird der Markt als überkauft (oben) oder überverkauft (unten) bezeichnet. Wir werden in Kapitel 15, bei der Beschreibung des Momentum, noch einmal auf die Wirkung der Oszillatoren eingehen.

Zu den markttechnischen Faktoren zählen aber auch noch marktpsychologische Stimmungsindikatoren. Diese sind mit reinen Formeln eher schlecht zu greifen, aber mit ihrer Hilfe soll die jeweilige Börsengroßwetterlage, das Börsensentiment, aufgeklärt werden. Also ob es an der Börse gerade bullish, bearish, euphorisch oder panisch zugeht, wie die vier Gemütszustände der Börsianer gerne umschrieben werden.

Zu den wichtigsten *Stimmungsindikatoren* gehören:

✔ das Put/Call-Ratio, also das Verhältnis der Anleger, die am Terminmarkt auf fallende Kurse setzen, zu den Anlegern, die auf steigende Kurse setzen

✔ die optimistische oder pessimistische Haltung der Börsenbrief-Schreiber

✔ die Auswertung der Medienberichte und ihr Tenor über Aktien und andere Wertpapiere

✔ die aktuellen Mittelzuflüsse und Cashbestände von großen Fonds

Methodenkritik

✔ Für den Privatanleger ist die markttechnische Analyse kaum zu bewältigen – zu üppig ist das Datenmaterial, zu unübersichtlich die Datenflut. Ohne die entsprechende Software und die nicht immer einfache Aneignung ist sie kaum durchzuführen. Einige hundert bis knapp tausend Euro müssen Sie für die Software allerdings allemal hinlegen, das will auch an der Börse erst wieder verdient werden.

✔ Mit der Fundamentalanalyse und der Charttechnik gemein hat die markttechnische Analyse das Problem, dass sie keine Auskunft darüber gibt, welche Aktien Sie jetzt tatsächlich kaufen sollen. Vielmehr können Sie nur einzelne Aktien, die Sie bereits selbst ausgewählt haben, auf das mögliche Potenzial abklopfen.

Einzelanalyse – Quantität und Qualität

Alle bisher vorgestellten Analyseformen sollen ja eigentlich nur eines: Ihnen eine genauere Kenntnis über das Unternehmen und seine Aktie vermitteln, in das Sie investieren wollen. Allerdings geben einige nur Rückschlüsse auf den Gesamtmarkt und können nur schwer auf eine einzelne Aktie heruntergebrochen werden. Um genau die von Ihnen ins Auge gefasste Aktie intensiver untersuchen zu können, bietet Ihnen die technische Einzelanalyse noch zwei weitergehende Untersuchungen an: Die Volatilität und den Beta-Faktor.

Wenn die Kurse schwanken – Volatilität

Die *Volatilität*, davon war schon in Kapitel 5 die Rede, beschreibt die Schwankungsbreite eines Aktienkurses, die Pendelschwünge gewissermaßen. Aktien mit einer hohen Volatilität weisen hohe Kursausschläge auf, sind deshalb riskanter, aber natürlich auch interessanter, weil chancenreicher für den Anleger. Ein wichtiger Grund für eine hohe Volatilität bildet ein oftmals nur geringes Handelsvolumen der Aktie, so dass sich schon geringe Änderungen bei Angebot und Nachfrage deutlich auf den Kurs bemerkbar machen. Bei diesen Aktien kommt es ganz besonders auf das richtige Timing beim Kauf oder Verkauf an, denn der Kurs kann sich ja schnell wieder ändern.

Gemessen wird die Volatilität in Prozent und Sie brauchen sie auch nicht selbst zu berechnen, denn in vielen Kursteilen wird sie ausdrücklich genannt. Wie Sie mit der Zahl umgehen? Ein leicht anwendbares Beispiel bietet die Zwei-Drittel-Regel: Verspricht eine Aktie eine Rendite von 10 Prozent und liegt die Volatilität bei 15 Prozent, so liegt die tatsächliche Rendite mit einer Wahrscheinlichkeit von zwei Dritteln zwischen minus 5 Prozent (10 Prozent Rendite minus 15 Prozent Volatilität) und 25 Prozent (10 Prozent Rendite plus 15 Prozent Volatilität).

Alpha, Beta – Beta-Faktor

Der *Beta-Faktor* informiert Sie über die Rendite einer einzelnen Aktie im Vergleich zur Rendite auf dem Gesamtmarkt. Er ist ein Maß für die Renditeschwankung einer Aktie in Bezug zum Marktgeschehen. Liegt der Beta-Faktor bei 1, bedeutet dies, dass die Aktie bisher genauso stark wie der Gesamtmarkt gestiegen oder gefallen ist. Bei einem Beta-Faktor größer 1 steigt und fällt die Aktie stärker, bei einem Beta-Faktor kleiner 1 schwächer als der Gesamtmarkt. Bei einem Betafaktor von 1,5 würde eine Aktie, wenn der Kursanstieg allgemein 20 Prozent beträgt, um 30 Prozent steigen.

Neben diesen beiden Zahlen gibt es noch eine ganze Reihe weiterer quantitativer, aber auch qualitativer Fragen, die Sie an ein Unternehmen stellen sollten, wenn Sie darin investieren möchten. Viele wurden schon innerhalb der Fundamentalanalyse abgedeckt. Erstere sind meist eindeutiger zu beantworten, letztere bieten dafür aber oftmals die aussagekräftigeren Argumente.

Welche Informationen wichtig sind

Die quantitative Analyse eines Unternehmens umfasst etwa:

✔ Über welche Marktanteile in welchen Regionen verfügen die Produkte oder Dienstleistungen des Unternehmens?

✔ Wie entwickelte sich das Unternehmen in den letzten Jahren, gewann es Marktanteile hinzu, in welchen Regionen besonders stark?

✔ Wie viele der Produkte sind innovativ (sind nicht länger als fünf Jahre auf dem Markt)?

✔ Wie ist die Entwicklung des Aktienkurses bisher verlaufen?

✔ Welche Ausschüttungspolitik (Dividenden-Rendite) verfolgte das Unternehmen bis jetzt?

✔ Wie sehen die wichtigsten Ertragszahlen aus (vgl. Fundamentalanalyse)?

✔ Wie entwickelten sich die wichtigsten Kennzahlen (vgl. Fundamentalanalyse)?

Die qualitative Analyse bezieht sich auf:

✔ Welche Erwartungen haben Sie an die künftige Politik des Unternehmens?

✔ Ist ein schnelles Umsatzwachstum oder eine langfristige Ertragssteigerung zu erwarten?

✔ Wie hat sich das Unternehmen im Hinblick auf die Konkurrenten entwickelt? Wie stark sind die Konkurrenten?

✔ Welche Zukunftsaussichten gibt es? Sind neue Dienstleistungen und/oder Produkte in der Pipeline?

✔ Wie setzt sich die Unternehmensführung zusammen, über welche Erfahrung verfügt sie, wie lange ist sie bereits im Amt?

✔ Bestehen durch anhängige Prozesse rechtliche Risiken?

✔ Gibt es zur Sicherung der Wettbewerbsvorteile Patente oder andere Schutzrechte?

✔ In welchen Märkten ist das Unternehmen aktiv?

✔ An welcher Börse und in welchem Marktsegment werden die Wertpapiere gehandelt?

✔ Gibt es auf die Wertpapiere Optionsscheine?

Taschenrechner, Kopf oder Bauch?

Das Problem der gesamten Finanzanalyse (Fundamental-, Charttechnik und markttechnische Analyse) ist leider sehr weitreichend: Es gibt keinen wirklich wissenschaftlichen Beleg darüber, dass sie überhaupt so aussagekräftig ist, um mit einem beruhigenden Buy oder Sell das Vermögen des Anlegers zu mehren. Es gibt aber eine ganze Reihe von Wissenschaftlern, die glauben beweisen zu können, dass die Finanzanalyse letztlich nicht greift, wie die Vertreter der klassischen Finanzmarkttheorien, wie der Effizienzmarkt-Hypothese oder Random-Walk-Theorie, die rein auf Angebot und Nachfrage zur Preisbildung setzen.

Quantitative Untersuchungen setzen sich schon seit mehr als zwanzig Jahren damit auseinander, wie aussagekräftig die technischen Prognosemodelle überhaupt sind, kommen aber
zu keinem eindeutigen Ergebnis. Wobei Anzahl und Qualität der Untersuchungen nicht so
überzeugend sind, dass diese fehlende Eindeutigkeit schon als Beweis gegen die technische
Analyse herangezogen werden könnte.

Im Prinzip gehen sich die technischen Analysen alle ein wenig selbst auf den Leim: Je po-
pulärer sie werden – und kein Anlegermagazin und keine noch so seriöse Tageszeitung kommt
heute ohne Charts und Chartanalysen aus –, desto mehr Anleger halten sich daran und bewegen die Kurse genau in die Richtung, in die sie geschickt werden. Die Prophezeiungen des
Propheten erfüllen sich aus sich selbst heraus. Wenn nach Friedrich Schlegel der Historiker ein rückwärtsgewandter Prophet ist, dann kann dem quirligen Philosophen der Analyst
beruhigt über die Schulter blicken – leider in dieselbe Richtung!

In dem 2007 erschienenen Buch *Bauchentscheidungen. Die Intelligenz des Un-
bewussten und die Macht der Intuition* kommt der Autor Gerd Gigerenzer zu
dem Ergebnis, dass beim Aktienkauf die Entscheidung aus dem Bauch heraus
im Prinzip ein besseres Resultat erzielt als die Konsultation eines Finanzexperten. Der Wissenschaftler am Max-Planck-Institut belegt dies mit einem einfachen
Feldversuch: Er befragte 100 willkürlich ausgewählte Passanten in Berlin, welche
Aktie sie ihm zum Kauf empfehlen würden. Er verglich die Ratschläge mit einem gleichzeitig laufenden Börsenspiel des Anlegermagazins Capital und kam zu
dem Schluss, dass sein Aktienpaket besser abschnitt als 88 Prozent der von den
Fachleuten zusammengestellten Portfolios. Der Autor beließ es aber nicht bei der
Theorie, sondern legte selbst 50.000 Euro an, ausschließlich in Aktien, die ihm die
am schlechtesten informierten Befragten empfahlen. Nach sechs Monaten wies
das Aktienpaket eine Wertsteigerung von 47 Prozent auf! Er plädiert deshalb für
die Macht der Intuition – ein Trost allen, die sich nicht durch Analyseungetüme
rechnen wollen!

Immer schön strategisch vorgehen – Anlagestrategien im Überblick

15

In diesem Kapitel

▶ Wie sich ein optimales Anlageportfolio zusammensetzen könnte

▶ Was ein römischer Brunnen mit der Börse zu tun hat

▶ Wie Strategien vor den typischen Fehlern an der Börse schützen können

▶ Warum man vielleicht auch mal gegen den Strom schwimmen sollte

---

Die eigentlich einzig wichtige Frage bei der Vermögensanlage lautet, wie man das Geld so investiert, dass eine möglichst hohe Rendite dabei herauskommt, ohne das Risiko unvernünftig zu erhöhen. Keine Sorge, wir werden Ihnen hier nicht diese oder jene Aktie empfehlen oder ein spezielles Zertifikat zum Zeichnen vorschlagen. Solche konkreten Handlungsanweisungen sind wie Eintagsfliegen: Heute summen sie noch fröhlich umher, morgen schon liegen sie als schmutzige Pünktchen auf dem Fensterbrett. (Diese Eintagsfliegen – Ephemeroptera – leben schon seit 200 Millionen Jahren auf der Erde, wenn auch nur kurz. Aktienempfehlungen wird es wohl genauso lang wie Börsen geben, denn das Gedächtnis der Anleger ist kurz.) Wir möchten Ihnen vielmehr Handlungsanweisungen mit aufs Börsenparkett geben, damit Sie dort nicht sofort ausrutschen und in die erste beste Psychofalle tappen. Mit Hilfe eines solchen Rüstzeuges macht es sehr viel mehr Spaß, selbst nach interessanten Anlageobjekten zu suchen und sich vor allem über deren Entdeckung zu freuen, als merkwürdigen Tipps und dubiosen Empfehlungen zu gehorchen. Wir handeln damit nach Kostolanys Spruch: »Wenn du einen Freund hast, schenke ihm einen Fisch. Wenn es ein wirklich guter Freund ist, lehre ihn fischen.«

In diesem Kapitel lesen Sie noch einmal über grundsätzliche Gedanken, die Sie sich vor Ihrem Investment machen sollten, nämlich wie viel Sie anlegen können und über welchen Zeitraum hinweg Sie investieren wollen. Sind diese Fragen geklärt, stehen Überlegungen, auf welche Anlageobjekte Sie Ihr Vermögen verteilen, wie breit sie diversifizieren, im Vordergrund. Nachdem Sie damit ein Grundgerüst der Geldanlage gebildet haben, können Sie mit Hilfe von Anlagestrategien nach einzelnen lukrativen Titeln suchen. Sie brauchen sich nicht sklavisch einer bestimmten Strategie zu unterwerfen, wichtig dabei ist aber, dass Sie sich eine Zeit lang genau danach richten, wenn Sie sich einmal für eine Strategie entschieden haben. Der Grund: Viele Ansätze an der Börse funktionieren nur, wenn man ihnen etwas Zeit gibt und nicht zwischendurch die Parameter ändert. Das entbindet Sie selbstverständlich nicht davon, von Zeit zu Zeit den Erfolg der Strategie zu überprüfen und wenn nötig, diese zu ändern.

Verschiedene Wege zum Ziel

Es rentiert sich im wahrsten Sinne des Wortes, sich vor der Geldanlage genügend Zeit zu nehmen und sich ein paar Gedanken in Sachen Strategie zu machen. Denken Sie an einen Feldherrn wie Hannibal: Er gewann zwar viele Schlachten aufgrund seiner taktischen Brillanz, weil die Römer ihm aber strategisch überlegen waren, verlor er schließlich den Krieg und in letzter Konsequenz wurde seine Heimatstadt Karthago von den Römern vernichtet. Beim Vermögen ist es leider ähnlich: Sie können durch eine gewiefte Taktik zeitweise tolle Gewinne einfahren und am Ende durch ein oder zwei Fehlentscheidungen alles verlieren – nicht nur die Gewinne, auch die Substanz!

 Also ein kurzer Rekurs auf das Grundgesetz der Geldanlage: Diese kreist um die drei Ziele Rendite, Sicherheit und Liquidität. Ferner sollten in Ihre strategischen Überlegungen die Dauer der Anlage und die Menge des zur Verfügung stehenden Kapitals mit einfließen. Dazu später mehr.

Damit Sie nach fleißigem Investieren am Ende nicht auf dem Trockenen sitzen, haben findige Analysten und Praktiker an der Börse Handelsstrategien entwickelt. Das einzige und ursächliche Ziel aller Handelsstrategien ist es, Ihnen die bestmögliche Rendite auf Ihre Anlage zu gewährleisten, bei einem möglichst geringen Risiko. Hier ist also definitiv nicht der Weg das Ziel, es geht auch nicht darum, eine möglichst komplizierte und wissenschaftlich bis ins Detail abgesicherte Theorie zu konstruieren, sondern es geht einzig und allein um das, was hinten raus kommt. Das Problem bei der Auswahl der richtigen Handelsstrategie ist nur, dass Sie auch erst am Ende wissen, ob Ihre Rendite tatsächlich besser ist als der Durchschnitt – es nützt Ihnen ja nichts, dass findige Anlageberater immer einen abseitigen Index als Durchschnitt finden, der schlechter gelaufen ist als ihre eigenen Empfehlungen!

Lassen Sie sich durch tolle Namen und eine angeblich seit Jahrzehnten bewiesene, herausragende Rendite nicht die Augen verwischen. Damit Handelsstrategien etwas taugen, sollten sie gewisse Anforderungen erfüllen. Die wichtigsten sind:

✔ Sie müssen sie einfach und leicht anwenden können, damit Sie vor typischen (Psycho-) Fehlern an der Börse geschützt sind.

✔ Die anvisierten Renditen sollten so hoch sein, dass sie im Hinblick auf das eingegangene Risiko und die Transaktionskosten auch interessant sind.

✔ Es sollte statistisch abgesichert sein, dass die erzielten Renditen mit Strategie auch tatsächlich höher sind als ohne Strategie.

✔ Die Strategie sollte sich bereits über einen längeren Zeitraum (und nicht nur etwa während einer Hausse-Phase) bewährt haben.

✔ Die Strategie sollte nicht nur bei einer einzigen Aktie, einer Branche, einem Land funktionieren, sondern auch bei einem breit(er) diversifizierten (gestreuten) Portfolio anwendbar sein.

✔ Es sollte so etwas wie eine theoretische Reflexion über die eingesetzte Strategie existieren.

Trotz aller ausgefeilter Analysemethoden (Kapitel 14) und der besten aller möglichen Anlagestrategien, es wird nie gelingen, für jedes einzelne Wertpapier den bestmöglichen Ein- und

Ausstiegspunkt zu finden – eigentlich Grundvoraussetzung, um an der Börse einen optimalen Gewinn zu erzielen. Dass dazu nicht einmal die Meister des Börsengeschehens, die trotz alledem ihr Vermögen an der Börse gemacht haben, in der Lage waren, sollen diese Zitate belegen. Vielleicht helfen Ihnen diese Worte auch über einen möglichen Verlust hinweg, denn vor allem eines ist wichtig für den Börsenerfolg: Gelassenheit!

Ich mache eine Menge unsinniger Dinge. Zum Beispiel erweist sich ein Drittel der Anlageentscheidungen regelmäßig als falsch.

Sir John Templeton

Gewinnen kann man, verlieren muss man.

André Kostolany

Man sollte in verschiedene Aktien investieren, denn von fünf Aktien ist eine super, eine absolut schlecht und drei sind okay.

Peter Lynch

Zwischen Sicherheit und Wachstum

Schon in Kapitel 4 gingen wir auf das persönliche Chancen-Risiko-Profil ein, das jeder Anleger im Hinterkopf behalten sollte und das ganz abhängig ist von der individuellen Situation, in der Sie sich gerade befinden. Die generelle Zuordnung in konservativ (risikoscheu), neutral (chancenorientiert) und spekulativ (risikobewusst) muss also nicht in jeder Lebenslage gleichermaßen zutreffen und wird sicher auch innerhalb Ihrer Vermögensteile variieren. Der triviale Satz, dass je höher die Risiken, desto höher auch die Chancen auf Geldvermehrung sind, stimmt aber nur bedingt. Denn wer mit abenteuerlichen Chancen lockt, bei dem steckt oft nur heiße Luft dahinter, und das Risiko auf die Vernichtung des eingesetzten Kapitals ist geradezu sicher. Wir werden in diesem Kapitel nach und nach eine Reihe altbewährter Börsensprüche einfließen lassen, die nicht dazu gedacht sind, in einem Poesiealbum zu glänzen, sondern die aus der langjährigen Erfahrung der Handelnden resultieren und Ihnen an der Börse unnötige Verluste ersparen sollen. Hier also der Rat:

Glauben Sie keinen Angeboten mit Traumrenditen.

Wer in argentinische Staatsanleihen investierte, weil sie mit herausragenden Zinsen warben, bei dem hätten die Alarmglocken von Beginn an schrillen müssen, und er hätte wenn überhaupt nur einen sehr kleinen Anteil seines Portfolios einsetzen dürfen. Aber hier behauptet sich einer der wesentlichsten Börsensprüche:

Gier macht blind!

Schließlich zählt die Habsucht nicht ganz zu Unrecht zu den sieben Todsünden. Bei der Geldanlage ist sie auf jeden Fall eine der wichtigsten Ursachen für den Misserfolg! Für Argentinien könnte man jetzt Griechenland setzen oder die vielen »innovativen Finanzprodukte« mit traumhaften Renditen, die in US-Hauskredite investierten und heute nur noch den Papierpreis wert sind.

Risiken dürfen bei der Geldanlage nicht verschwiegen oder kleingeredet werden – wozu jeder Mensch neigt –, sondern sie müssen erkannt und nach Möglichkeit eingedämmt werden. Leider lauern an der Börse einige Gefahren, die Sie nicht beeinflussen können, wie etwa ein plötzlicher Kursrutsch an einem Auslandsmarkt – wie Anfang des Jahres 2007 in China – mit all seinen Einflüssen auf die restliche Börsenwelt (auch wenn es natürlich immer Stimmen gibt, die genau dies vorausgesagt haben – hinterher), darum gilt es, wenigstens nicht noch durch eigenes riskantes Vorgehen zusätzliche Verluste zu provozieren. Eine grundsätzliche Vermeidungsstrategie für diese Gefahren besteht in einer klugen Diversifizierung der eigenen Geldanlage: Niemals nur in ein Unternehmen, eine Anlagenklasse (Aktien, Fonds, Optionsscheine, Zertifikate), eine Branche, ein Land investieren, sondern breit streuen. Auch dazu gibt es einen altbewährten Börsenspruch:

Nicht alle Eier in einen Korb legen.

Breit streuen soll aber auch nicht heißen, dass Sie in viel zu viele Anlageobjekte viel zu wenig Geld stecken und den Überblick verlieren, in was Sie eigentlich investiert haben. Denn nur wenn Sie Ihre Anlage auch im Auge haben, können Sie schnell genug reagieren und gegensteuern, wenn es angebracht erscheint. Wenn Sie zu wenig Geld in einzelne Objekte stecken, können Sie oftmals nicht wirklich von Kursgewinnen profitieren und das Verhältnis zwischen Einsatz (einschließlich der Gebühren) und Ergebnis ist zu schlecht. Zwischen Diversifikation und Konzentration sollten Sie also einen Mittelweg finden.

Bevor wir genauer auf die Diversifizierungsmöglichkeiten eingehen, soll noch an zwei weitere, trivial klingende, aber essenzielle Gesichtspunkte jeder Vermögensbildung erinnert werden:

✔ Die Anlagehöhe

✔ Der Anlagehorizont

Ein perfektes Anlage-Portfolio soll zwischen Sicherheit und Wachstum ausbalanciert sein, ganz nach der individuellen Lebenslage des Anlegers. Dazu ist aber eine gewisse Mindestanlagesumme notwendig, sonst kann gar nicht breit genug gestreut werden. Nur eine einzige Aktie zu kaufen gibt Ihnen zwar das Recht, auf der Hauptversammlung der Gesellschaft hemmungslos Würstchen zu futtern, aber die Kursgewinne können kaum so exorbitant sein, dass nach Abzug der Kosten noch etwas für Sie übrig bleibt. Natürlich brauchen Sie auch nicht auf einen Sitz eine große Summe, um sie anzulegen, sondern können auch über monatliche Sparpläne zu Vermögen kommen, wie bereits in Kapitel 11 vorgestellt. Mit Mischfonds können Sie schon mit kleinen Einsätzen gleichzeitig auf Aktien, Anleihen, Immobilien und manchmal sogar Rohstoffe setzen. Um herauszufinden, wie viel Geld Sie tatsächlich Monat für Monat zurücklegen können, gibt es verschiedene Modelle. Eine leicht nachvollziehbare Variante stellt das so genannte *Terrassenmodell* der Anlage dar. Das Angenehme: Hier wird Anlagehöhe und -horizont gleich miteinander verknüpft, weil es vom kurzfristigen Geldeingang zum langfristigen Vermögensaufbau anleiten soll.

Von Terrasse zu Terrasse oder Der Römische Brunnen

Das *Terrassenmodell* können Sie sich am besten als eine Folge von Terrassen oder vielleicht noch besser als Brunnenschalen vorstellen, die allerdings in umgekehrter Reihenfolge von oben nach unten immer kleiner werden: Das Geld (man spricht ja auch gerne von Geldströmen, auch wenn diese bei vielen Privatanlegern doch eher Rinnsalen gleichen) fließt von der kurzfristigen Anlage, dem Girokonto, in immer langfristigere Anlagen. Also von der Girokontoschale aus strömt das Geld, das Sie nicht für Miete, Versicherungen und tägliche Ausgaben benötigen, auf ein Tagesgeldkonto, von dort in kurz- und mittelfristige Anlagen wie offene Immobilienfonds, Bundesanleihen oder Rentenfonds und erst am Ende, wenn es immer noch ersprießlich plätschert, in langfristige Formen wie Direktinvestitionen in Aktien, Fonds, Immobilien oder Rentenversicherungen. Sollten Sie sich also mit Ihrem Aktienpaket einmal verspekulieren, sichern Sie die wohl gefüllten Schalen weiter oben ab und Sie müssen nicht verdursten.

Ihr Vermögen sollte also ganz nach Conrad Ferdinand Meyers kurzem Gedicht *Der Römische Brunnen* fließen. Auch wenn's bekannt sein mag, hier ein kleiner Ausflug zur Literatur:

Aufsteigt der Strahl und fallend gießt

Er voll der Marmorschale Rund,

Die, sich verschleiernd, überfließt

In einer zweiten Schale Grund;

Die zweite gibt, sie wird zu reich,

Der dritten wallend ihre Flut,

Und jede nimmt und gibt zugleich

Und strömt und ruht.

Wichtig beim Terrassenmodell: Es gibt Ihnen auch Warnhinweise, wenn die Abflüsse an die Substanz gehen. Es sollte immer eine Notfallreserve von zwei bis drei Monatsgehältern vorhanden sein. Was Sie auf jeden Fall immer beherzigen sollten, denn es gehört zu den Zehn Geboten der Geldanlage an der Börse, selbst wenn Ihre Brunnenschalen gerade trocken, Ihre Geldterrassen leergefegt sind und Sie »aus sicherer Quelle« einen garantiert todsicheren Tipp für eine Börsenspekulation erhalten:

Kaufen Sie nie Aktien auf Kredit!

Denn wenn dann der versprochene Erfolg doch nicht eintritt, müssen Sie, ohne eine Barschaft zu besitzen, auch noch einen Kredit zurückzahlen, und das ist alles andere als eine angenehme Situation! Wenn Sie Ihren Traumsportwagen auf Kredit finanzierten und nach zwei Wochen aus eigener Schuld ungebremst gegen einen Baum fuhren, können Sie wenigstens noch von den zwei Wochen zehren – und auf die Versicherung hoffen, aber so ...

 Allein für eine ausreichende Altersvorsorge wäre es wünschenswert und ratsam, dass Angestellte etwa 10 Prozent, Selbstständige sogar etwa 20 Prozent monatlich zurücklegen und in sichere Anlageformen investieren (Renten oder Altersvorsorge-Fonds)! In der Realität fällt dieser Anteil jedoch deutlich geringer aus.

Zeit ist Geld

Der zweite wichtige Faktor bei der Geldanlage ist der Faktor Zeit: Sie definiert sich zu einem guten Teil aus Ihrer gegenwärtigen Lebenssituation, verknüpft mit der Frage, wofür Sie wann wie viel Geld gewinnen möchten. Schon in Kapitel 4 haben wir persönliche Risikomodelle vorgestellt und wie abhängig sie von unterschiedlichen Lebensphasen sind. Hier noch einmal kurz zur Erinnerung das 4-Lebensphasenmodell:

✔ Existenzsicherung (bis um die 30)

✔ Vermögensaufbau (bis um die 45)

✔ Vermögensoptimierung (bis um die 60)

✔ Ruhestand (ab 60)

Etwas wissenschaftlicher (Financial Planning nach Schäfer/Unkel von der Universität Siegen) wird in Kindheit/Jugend, Post-Adoleszenz, Etablierung, Familienphase und Alter unterschieden und etwas realistischer die jeweilige Geldanlage mit den Geldausgängen in Beziehung gebracht. Denn gerade zwischen Mitte 40 und bis etwa 70 Jahren wird nicht nur am meisten Geld für die Absicherung des Lebensstandards und die Altersvorsorge angelegt, sondern auch sehr viel Geld etwa für Renovierung, Modernisierung und Ausbau von Immobilien beispielsweise ausgegeben. Abbildung 15.1 zeigt das Modell im Detail.

Die konkreten Jahresangaben können bei allen Modellen allerdings sehr divergieren: Bei einem Studenten der Philosophie, der nach Auslandsaufenthalt, Promotion und mehreren Praxisjahren beschließt, auf Taxifahrer umzusatteln, beginnt die Phase des Vermögensaufbaus deutlich später als bei einem Kfz-Lehrling, der mit 19 Jahren seine Gesellenprüfung ablegt!

Egal in welcher Lebensphase Sie sich gerade befinden, eine strategische Geldanlage, ein planmäßiger Vermögensaufbau, benötigt vor allem eines: Zeit! Zehn Jahre erscheinen einem Anleger bei Beginn schlichtweg unvorstellbar lang. Was könnte er in der Zwischenzeit alles unternehmen mit dem schönen Geld? Damit ein Vermögen aber wirklich nachhaltig wächst, sind zehn Jahre ein eher überschaubarer Zeitraum. Das Deutsche Aktieninstitut veröffentlicht zum Beispiel »Renditedreiecke« mit den jährlichen Renditen bei einer Anlage in deutsche DAX-Aktien und in den Euro-STOXX-50-Index mit den europäischen Blue Chips. Wer zehn Jahre in DAX-Werte investierte, zum Beispiel von 1996 bis 2006, konnte mit einer jährlichen Rendite von 8,6 Prozent aufwarten, wenn er sie 2006 abstieß. Kaufte er erst 2001 und verkaufte wieder 2006, waren es nur 5 Prozent jährlich. Beim Euro STOXX lauten die betreffenden jährlichen Renditen 10,5 Prozent nach zehn Jahren und 4 Prozent nach fünf Jahren. Schlecht, wer nur ein Jahr herauspickt – zum Beispiel 2008. Da performte der DAX mit einem satten Minus von 40,37 Prozent und keiner der dreißig Werte, keines der dort gelisteten Großunternehmen Deutschlands konnte eine positive Entwicklung vorweisen. Doch schon ein Jahr später drehte der DAX auf ein Plus von fast 24 Prozent, und nur noch drei Aktien wiesen eine negative Performance auf. Und immerhin neun Unternehmen wiesen eine höhere positive Performance auf als im Vorjahr eine negative, hatten also das Minus schon wieder voll reingeholt.

Wenn Sie sich Gedanken über Höhe und Dauer Ihrer Investitionen gemacht haben, können Sie sich detaillierter damit befassen, in welche Anlageobjekte Sie Ihr Geld stecken wollen und wie breit Sie Ihr Geld streuen wollen.

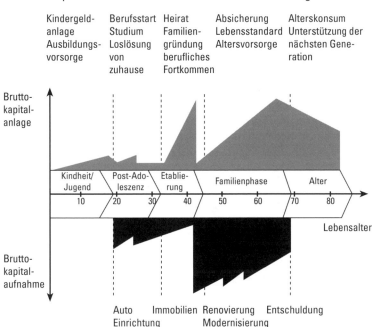

Lebensphasenmodell im Kontext des Finanz- und Anlagebedarfs

Abbildung 15.1: Lebensphasenmodell nach Schäfer/Unkel 2000

Die Mischung macht's

Sie können mit Hilfe einer ganz einfachen Rechnung leicht nachvollziehen, wie wichtig es ist, nicht alles auf eine Karte zu setzen: Die Rendite eines durchschnittlich gemischten Aktienportfolios liegt in der Regel im Mittelwert der Einzelaktien, das Risiko jedoch befindet sich weit unter dem Durchschnitt der Einzelaktien.

Das Deutsche Aktieninstitut (DAI) empfiehlt dem Anleger – für Aktien – folgende Streuung:

✔ Das Aktiendepot sollte Werte aus unterschiedlichen Branchen enthalten.

✔ Fünf bis acht Aktien verschiedener Unternehmen sind die Mindestzahl.

✔ Es können Nebenwerte beigemischt werden; dann erhöht sich die Mindestzahl der Aktien auf acht bis zehn.

✔ Spekulativere Aktien werden mit solchen Aktien zusammengefasst, die eine hohe Dividendenrendite abwerfen.

✔ Der Aktienmix kann Titel mit einem engeren und solche mit einem breiteren Markt enthalten.

Wohlgemerkt, dies bezieht sich ausschließlich auf ein Aktiendepot, das aber nur einen Teil Ihrer gesamten Anlage ausmachen sollte. Dazu rät selbst das Deutsche Aktieninstitut, dessen Hauptaufgabe doch eigentlich ist, das noch immer zarte Pflänzchen der deutschen Aktienkultur zu gießen und zum Sprießen zu bringen! In einem ausgewogenen Depot sollten auch festverzinsliche Wertpapiere oder Termingelder enthalten sein. Schließlich wollen Sie auch einen kurzfristigen, unvorhergesehenen Geldbedarf abdecken können, ohne Ihre Aktien zu einem vielleicht ungünstigen Zeitpunkt abstoßen zu müssen. Generell tabu sollte ein Mindestvolumen für die Altersvorsorge sein, damit diese auch dann garantiert ist, wenn die Kurse in den Keller rutschen. Schließlich können Sie noch wählen, ob Sie aktiv handeln und Ihr Portfolio immer wieder in neue potenzielle Gewinner umschichten wollen oder ob Sie lieber auf eine wetterfeste Auswahl der Positionen setzen und Ihre Anlageobjekte für sich arbeiten lassen. Dazu mehr im nächsten Punkt.

Aktiv oder passiv

Nun ist die Feststellung, dass Sie Ihre Vermögensanlage möglichst breit streuen sollen, sehr viel leichter zu treffen als die Frage zu beantworten, wie genau denn eine solche Streuung aussehen soll. Selbstverständlich drehen sich um diese zentrale Forderung der Geldanlage verschiedene Anlagestrategien. Im Mittelpunkt dieser Strategien steht die *Asset Allocation*, wie es unter Fachleuten heißt. Hier geht es ganz einfach darum, welchen prozentualen Anteil die einzelnen Anlageobjekte – neudeutsch Assets – einnehmen sollen, um ein optimales Portfolio zu erhalten. Ein solches Optimal-Portfolio ist aber kein unveränderliches, statisches, für jeden Anleger exakt gleich aussehendes Produkt. Vielmehr muss es immer die richtige Balance zwischen den besten Renditechancen und Risiko-Relationen der Anlageobjekte und den Wünschen und der finanziellen Situation des Anlegers halten. Für die persönliche Situation greift die Asset Allocation auf die Anlegerklassifizierung je nach Risiko(selbst)einschätzung, die wir in Kapitel 4 vorgestellt haben, zurück. Die eigentliche Anlagestrategie, die sich mit der optimalen Asset Allocation befasst, wird als *Portfolio-Selection-Theorie* bezeichnet, nach einem Buchtitel von Harry M. Markowitz aus dem Jahr 1952. Es bildet praktisch Ausgangspunkt und Basis einer jeden Portfolio-Strategie und Markowitz erhielt dafür 1990 den Nobelpreis für Wirtschaftswissenschaften – also auch bei Forschungsarbeiten empfiehlt sich offensichtlich ein langer Atem!

Bei dieser Portfolio-Selektion wird in die strategische oder passive Asset Allocation und in die taktische oder aktive Asset Allocation unterschieden.

Strategen an die Front

Bei der strategischen Auswahl wird mittels mathematischer Verfahren genau ermittelt, wie viel Prozent Ihres Gesamtvermögens Sie in welche Anlageklassen (Aktien, Renten, Zertifikate, Immobilien, Rohstoffe, Cash etc.) investieren sollen. Innerhalb dieser Klassen wird dann noch feiner justiert nach Ländern, Branchen und Währungen. Damit die Diversifizierung auch wirklich Ihr Risiko minimiert, sollten die einzelnen Klassen noch eine möglichst geringe Korrelation oder eine umgekehrt proportionale ausweisen. Also wenn eine Klasse nach unten geht, wie beispielsweise Aktien, sollte die andere davon gar nicht oder kaum berührt werden, wie etwa Immobilien. Oder wenn die Aktienkurse sinken, dann steigen zum Beispiel in der Regel die Rentenpapiere und Sie können die Verluste der Aktien wieder ausgleichen. Diese Art der Streuung gilt es dann auch bei der Auswahl der Branchen und Einzeltitel einzuhalten, also zum Beispiel nicht ausschließlich in besonders zyklische Aktien zu investieren oder nur in Auto-Aktien.

Im Prinzip müssen Sie dann das Gerüst nur noch mit den passenden Aktien und Wertpapieren füllen und schon können Sie es ganz nach Kostolany handhaben: Aktien kaufen, Schlaftabletten nehmen und nach zehn Jahren reich aufwachen. Fragt sich allerdings, welcher Prinz respektive Prinzessin Sie dann wachküsst – und wie reich Sie damit tatsächlich geworden sind!

Von Yale lernen hieß Geld vermehren

Amerikanische Universitäten verfügen im Gegensatz zu den deutschen Unis über hohe Stiftungsvermögen, Gelder, die ihnen von Privatleuten oder Unternehmen vermacht wurden. Mit diesem Kapital müssen sie wichtige Forschungsvorhaben, Stellen für Professoren oder auch die Pflege ihrer Immobilien finanzieren. Deutsche Unis setzen lieber auf den Staat, kürzen die Mittel für ihre Professoren und lassen ihre Gemäuer verkommen – so sind von den 370 deutschen Hochschulen nur 14 als Stiftungen organisiert. Das private Stiftungsvermögen der US-Universitäten will bestmöglich angelegt sein, gewinnbringend und sicher. Praktisch, dass Universitäten über hervorragende Fachleute, Wirtschaftswissenschaftler etwa, verfügen, insofern kann es nicht schaden, einmal zu sehen, wie die renommierte US-Uni Yale, die fast regelmäßig Performance-Rekorde bricht, ihr Stiftungsvermögen anlegt.

2006 erzielte Yale unter Manager David Swensen eine Rendite von 22,9 Prozent, knapp geschlagen nur vom Massachusetts Institute of Technology (MIT) mit 23 Prozent; die große Konkurrenz-Uni Harvard erreichte »nur« 16,7 Prozent und der US-Aktienindex S&P 500 nur 8,63 Prozent. Ähnlich gestaltete sich die Performance der vergangenen zehn Jahre (1997 bis 2006): Yale erreichte 17,18 Prozent, Harvard 15,23 Prozent und der S&P 500 8,32 Prozent! Wie nun also sieht die ideale Asset Allocation von Yale aus? Klassische US-Aktien belegen nur noch einen Anteil von gerade einmal 12 Prozent – nach noch 65 Prozent im Jahr 1985! Den größten Brocken innerhalb der Vermögensgegenstände nehmen jetzt so genannte Real Assets (darunter versteht man Immobilien, aber auch Öl, Gas und Holz) mit 27 Prozent und Hedgefonds (25 Prozent) ein, gefolgt von Private-Equity mit 17 Prozent und ausländischen Aktien mit 15 Prozent. Eine verschwindende Rolle spielen, trotz aller Sicherheitsgedanken, US-Renten, die es auf 4 Prozent bringen. Yale selbst gibt im Bericht für 2006 (The Yale Endowment) übrigens zu, dass die Wahl und Zusammensetzung des Portfolios »aus genauso viel Kunst wie Wissenschaft besteht«! Ach ja, das gesamte Stiftungsvermögen von Yale beziffert sich auf 18 Milliarden US-Dollar! (Quelle: Deutsche Bank, Bloomberg und Yale University) 2007 war die Welt für Yale wieder in Ordnung, die Rendite betrug satte 28 Prozent, das MIT schaffte hingegen nur 22,1 Prozent.

Dann kam die Finanzkrise und die Profis versagten – zum ersten Mal. Nicht die Internetblase und nicht der 11. September hatten bei den Universitäten Spuren hinterlassen, aber jetzt verzeichnete Yale plötzlich eine Rendite von mageren 4,5 Prozent (2008) und minus

24,6 Prozent 2009! Gehälter mussten gekürzt, Projekte verschoben, Baumaßnahmen storniert werden, denn US-Universitäten leben zum großen Teil vom Stiftungsvermögen (das zwischen 40 und 60 Prozent des Bedarfs decken muss). In Yale schrumpfte das Vermögen von 22,8 Milliarden US-Dollar 2008 auf 16,3 Milliarden US-Dollar ein Jahr später. Einziger Trost: Den anderen ging es auch nicht besser und Harvard büßte beispielsweise 27,3 Prozent ein, das Stiftungsvermögen schrumpfte von 36,9 Milliarden US-Dollar auf 26 Milliarden US-Dollar.

Fragen Sie einen Fachmann

Die Theorie der Asset Selection kann sehr weit getrieben werden, hinter der Berechnung eines effizienten Portfolios (es gibt also keine andere Zusammensetzung, die bei gleichem Risiko eine bessere Rendite erwirtschaftet) steckt jede Menge Formelsalat. Es heißt, dass für die Untersuchung von 100 Wertpapieren mehr als 5.000 Werte erhoben und 100 Gleichungen durchgeführt werden müssen! Da Sie normalerweise keine eigenen Analysten im Keller sitzen haben, die ihren Computer mit Formeln füttern, lohnt es sich, Fachleuten (mit großen Kellern) über die Schulter zu blicken. Dass es sich tatsächlich lohnt, das belegen Studien: Zwischen zwei Drittel und 90 Prozent der eingefahrenen Rendite sind einer intelligenten Asset Selection zu verdanken! Ein recht detailliertes Portfolio empfiehlt der Chef-Anlagenberater der Deutschen Bank, Klaus Martini. Er nennt es ein ausgewogenes, risikoadjustiertes Portfolio speziell auch für den – gerne vermögenden – Privatanleger.

Tabelle 15.1 zeigt die Zusammensetzung eines ausgewogenen Portfolios:

Asset-Klassen	Anteil	Feinjustierung	Anteil
Aktien	35 Prozent	US	10 Prozent
Europe (ex UK)	19 Prozent		
Japan	4 Prozent		
Asien/Emerging Markets	2 Prozent		
Lateinamerika	1 Prozent		
Renten	38 Prozent	Unternehmensanleihen	4 Prozent
Staatsanleihen	32 Prozent		
Emerging Markets Anleihen (Schwellenländer-Anleihen)	2 Prozent		
Alternative Investments	13 Prozent	Hedgefonds	9 Prozent
Rohstoffe	4 Prozent		
Immobilien	4 Prozent		
Liquidität	10 Prozent		

Tabelle 15.1: Ausgewogenes Portfolio nach Private Asset Management der Deutschen Bank

Die strategische Asset Allocation gibt Ihnen zwar ein Grundgerüst vor, doch Sie müssen es mit Leben erfüllen und auch entsprechend agieren. Je nach Marktlage können plötzlich Emerging-Anleihen dramatisch einbrechen, die heimischen Aktien einen steilen Höhenflug hinlegen und die Renditen festverzinslicher Renten absacken. Dann müssen Sie handeln und können nicht einfach passiv zusehen, wie die Rendite Ihres Portfolios in den Keller oder gar ins Minus rutscht, trotz aller durchdachten Diversifizierung. Dabei hilft Ihnen die taktische Asset Allocation, mit der Sie kurzfristige Chancen einer Anlageklasse aktiv wahrnehmen, aber auch neu auftretende Risiken ausschließen können. Mit diesem aktiven Umschichten sollen Sie eine bessere Performance erzielen als mit den Schlaftabletten. Aber auch für dieses aktive Verwalten gibt es eine einfache Börsenregel, die sich in der Praxis bewährt hat:

Hin und Her macht Taschen leer.

Hin und Her macht Taschen leer

Denn jede Transaktion kostet Geld, egal ob Sie verkaufen oder kaufen. Da verlangt die Depot-verwaltende Bank oder Sparkasse Gebühren, der Kursmakler an der Börse fordert seinen Obolus ein und die Banken gelüstet noch nach einer Mindestgebühr pro Wertpapierauftrag. Wie bereits in Kapitel 5 ausgeführt, kostet Handeln Geld, das sich schnell aufsummiert. Auch wenn Sie über Discount-Broker Geld sparen können, ganz vermeiden lassen sich diese Kosten nicht. Zusätzlich kommen steuerliche Aspekte hinzu, denn wenn Sie Wertpapiere kürzer als ein Jahr in Ihrem Depot halten, müssen Sie auf die erzielten Gewinne Spekulationssteuern berappen. Also auch beim aktiven oder passiven Managen gilt es, eine ausgewogene Balance zwischen Handeln und Ausharren zu finden.

 Auch wenn *Trading*, also das schnelle, tageweise Handeln an der Börse, Spaß machen kann und als eine Art Sport betrieben werden mag, zur Geldanlage eignet es sich in der Regel nicht!

Es gibt jedoch Situationen, da ist es auf jeden Fall sinnvoll, Ihr Vermögen umzuschichten. Nach einer längeren Aktien-Rallye Teilgewinne zu realisieren, um diese neu anzulegen, gehört zum Beispiel zu den Grundregeln der Börse. Vielleicht wollen Sie Gewinne in sicherere Anlageformen umschichten, weil sich Ihre persönliche Lebenssituation der Rente zuneigt und es Ihnen nun weniger darauf ankommt, möglichst viel Geld unter hohem Risiko zu erwirtschaften, als vielmehr möglichst sicher genügend Geld zur Verfügung zu haben.

Selbstverständlich müssen Sie auch immer wieder Ihr Depot auf Verlustpositionen hin untersuchen und sich von diesen rechtzeitig trennen. Setzt sich bei einer Aktie eine Talfahrt trotz eines allgemein guten Börsenklimas fort, sollten Sie das Unternehmen – etwa mit Hilfe der Fundamentalanalyse – genauer überprüfen und sich, wenn keine Hoffnung auf Besserung auszumachen ist, von dem Papier trennen, auch wenn Sie damit Verluste einfahren. Lieber mit Verlust raus und das noch vorhandene Geld wieder in neue Chancen investieren!

Verluste begrenzen und Gewinne laufen lassen

wäre hier ein zu beherzigender Börsenspruch. Leider tendieren Anleger und ganz besonders Börsenneulinge dazu, Verluste aussitzen zu wollen in der – leider meist irrigen – Annahme, irgendwann muss sich das Papier doch erholen und seine Talfahrt beenden. Außerdem gibt niemand gerne eigene Fehler zu, und unter Verlusten aus einer Aktie auszusteigen, bedeutet, sich einzugestehen, dass man falsch gelegen hatte! Gerade Börsenneulinge, deren erste Aktienkäufe sich als Gewinner erwiesen, halten sich schnell für unfehlbar und beharren dann zu lange auf ihren einmal getroffenen Entscheidungen. Gute Unternehmen allerdings, bei denen keine fundamentalen Gründe für einen Verkauf sprechen, sollten Anleger bei zwischenzeitlichen Rückschlägen nicht verkaufen.

 Eine gute Methode, nötige Verkäufe automatisch auszuführen, sind so genannte *Stop-Loss-Orders*. Dabei legen Sie im Voraus fest, zu welchem Kurs Ihre Bank verkaufen soll. Sacken die Kurse tatsächlich unter diesen Wert, veräußert die Bank automatisch Ihre Wertpapiere und Sie können ohne teures Zaudern Ihre Verluste begrenzen. Aber: Sie profitieren dann nicht, wenn die Kurse nach einer nur kurzfristigen Schwächephase wieder anziehen.

Weil selbst mit einem gut vorbereiteten und breit diversifizierten Portfolio die Risiken noch immer hoch sind, auch Verluste einzufahren, können Sie selbstverständlich auch auf den Rat und die Hilfe von Experten setzen. Sie können Ihr Depot – auch Teile – von Spezialisten managen lassen. Bei gemanagten Depots – etwa im komplizierten und schnelle Reaktionen erfordernden Markt der Futures – können Sie in Anlageklassen investieren und von deren Gewinnchancen profitieren, auch wenn Sie selbst (noch) nicht über die notwendige Expertise verfügen. In die gleiche Richtung gehen auch aktiv gemanagte Fonds. Natürlich gibt es diese Expertise nicht umsonst, doch kann sie sich am Ende trotzdem auszahlen.

Während die bisher aufgeführten Ansätze eher die Basis für jede Form der Geldanlage bilden, entwickelten sich im Laufe der Zeit jede Menge Strategien, mit deren Hilfe Sie Entscheidungen treffen können, wie und wann Sie und vor allem welche Aktien Sie kaufen oder verkaufen sollen. Es geht nun also darum, das theoretische Gerüst mit frisch gebrannten Ziegeln zu füllen und daraus ein Haus zu bauen, das Ihren Erwartungen entspricht.

Dividendenstrategie

Die Dividendenstrategie wird oft als eine Form der Anlage für Risikoscheue und ganz Vorsichtige belächelt. Aber fühlten Sie sich schon einmal ausgelacht, wenn Sie lieber in ein Restaurant gehen, in dem frische und gute Produkte lecker zubereitet aufgetischt werden, als in einer Fast-Food-Kette unanschaulich Unverdauliches zu konsumieren? Anders gefragt, was gibt es an Qualität auszusetzen? Die Dividendenstrategie macht aber nichts anderes, als strikt auf Qualität zu setzen! Denn wer eine hohe Dividende zahlen kann, der hat gut gewirtschaftet und verfügt über die entsprechenden flüssigen Mittel – wenigstens in der Regel. Manchmal ist das Ausschütten einer hohen Dividende allerdings auch ein Indiz für fehlende Wachstumsperspektive, weil das Unternehmen nicht weiß, in was es sein Geld investieren soll.

Bei der Dividendenstrategie wählen Sie die Aktien mit der höchsten Dividendenrendite aus. So simpel das auch klingt, diese Strategie hat sich tatsächlich über die Jahre hinweg bewährt. Um die Dividendenrendite zu erhalten, nehmen Sie die zuletzt gezahlte Dividende und teilen sie durch einen monatlich aktualisierten Kurs. Sonderdividenden oder einmalige Ausschüttungen – so zahlte etwa Altana Anlegern nach dem Verkauf ihrer Pharma-Sparte eine einmalige Sonderausschüttung von 33 Euro pro Aktie – dürfen nicht berücksichtigt werden, weil sie das Bild verzeichnen würden. Sie brauchen aber gar nicht zum Taschenrechner zu greifen, denn in den meisten Kurstabellen der großen Zeitungen oder Online-Portalen wird die Dividendenrendite gleich mit geliefert. (www.onvista.de bietet zum Beispiel als Fundamentalkennzahlen pro Aktie die Dividendenrendite in Prozent und in Euro an, außerdem das Kurs-Gewinn-Verhältnis und das Ergebnis pro Aktie.)

Stur nach Schema F

Bei Strategien geht es immer darum, möglichst mechanisch vorzugehen, um nicht auf dem psychologischen Parkett auszurutschen und aufgrund persönlicher Fehleinschätzungen falsch, zu früh oder zu spät zu verkaufen oder zu kaufen. Die Dividendenstrategie sagt Ihnen, einfach blind die Aktien mit der höchsten Dividendenrendite zu kaufen und erst nach einem Jahr den Erfolg zu überprüfen. Sie können mit der Top-10-Strategie in die zehn Aktien (aus einem Index) mit der höchsten Dividendenrendite investieren. Nach einem Jahr schauen Sie auf Ihr Depot, wie die Rendite und die Dividenden ausgefallen sind, und schichten Ihr Portfolio – wenn nötig – in die dann ausschüttungsstärksten Werte um. Die Gewinne und Dividenden investieren Sie gleich wieder mit. Entwickelt hat diese Auswahl Benjamin Graham mit seiner »Dogs of the Dow« genannten Strategie, bei der er die zehn renditestärksten Aktien aus dem Dow Jones auswählte. Nach statistischen Untersuchungen konnten sich Anleger mit dieser Auswahl zwischen 1971 und 1997 über jährliche Durchschnittsrenditen von 17 Prozent freuen, der Dow Jones selbst erzielte in diesem Zeitraum nur eine Durchschnittsrendite von 12 Prozent!

Sie können aber auch mit der »Low-5-Strategie« zuerst die zehn Aktien mit der besten Dividendenrendite auswählen und sich von diesen dann nur die fünf mit dem nominal niedrigsten Kurs herauspicken. Auch hier überprüfen Sie erst wieder nach einem Jahr die Anlage. Warum die langen Fristen von einem Jahr? Damit Sie gegen die typischen Psychofallen der Börsen gewappnet sind und nicht aus Gier oder Angst falsche, kurzfristige und unüberlegte Entscheidungen treffen, wenn sich Ihr Portfolio zwischenzeitlich einmal anders entwickeln sollte, als Sie es erwarten. Und, weil eben in puncto Dividende die Favoriten nach einem Jahr wechseln können.

Die Deutsche Börse hilft Ihnen sogar bei der Auswahl der Aktien, denn mit ihrem Div-DAX-Index führt sie die jeweils ausschüttungsfreudigsten Unternehmen auf. Bei einem Vergleich der Rendite für 2006 zwischen DAX und Div-DAX erzielte der Div-DAX 25,54 Prozent und der DAX 21,98 Prozent! Ähnlich wie der Div-DAX ist der Euro STOXX Select Dividend 30 Index zusammengesetzt, der es auf eine Performance von etwa 20 Prozent jährlich bringt – der Euro STOXX hatte 2006 eine von 15 Prozent. 2009 erzielte der Div-DAX eine Performance von 26,56 Prozent, der DAX nur eine von 23,8 Prozent.

Die Dividendenstrategie auf dem Prüfstand

Versuchen wir einen kurzen und völlig unwissenschaftlichen Test zur Überprüfung der Dividendenstrategie und wählen auf der Basis der *Börsenzeitung* vom 30. Dezember 2006 (letzte Ausgabe des Jahres) – denn schließlich war 2006 ein gutes, aber auch ganz »normales« Börsenjahr – die Aktien mit der jeweils höchsten Dividendenrendite dieses Jahres aus dem DAX und dem europäisch ausgerichteten Euro STOXX aus und vergleichen sie mit den Aktien mit der besten Kurs-Performance dieser beiden Indizes.

Tabelle 15.2 mit den drei besten Aktien bei der Dividendenrendite und den drei besten Aktien bei der Performance im Jahr 2006.

Das Ergebnis für den DAX ist für Anhänger der Dividendenstrategie eher niederschmetternd: Von den drei Aktien mit der besten Dividendenrendite zählte keine zu den Spitzengewinnern des Jahres bei der Performance. Weit entfernt, alle Dividendenrenner lagen eindeutig unter dem DAX-Durchschnitt von 21,98 Prozent und die Deutsche Telekom fuhr sogar einen Verlust ein! Die wirklichen Performance-Gewinner hingegen legten eine überwiegend durchschnittliche Dividendenrendite an den Tag. Traurig aber wahr, für den DAX des Jahres 2006 sagt die Dividendenstrategie aus, dass die Kursgewinner eine eher durchschnittliche Dividendenrendite aufweisen und dass diejenigen Aktien mit der höchsten Dividendenrendite eher zu den Loosern zählten. Allerdings profitieren Sie als Anleger selbstverständlich direkt von den hohen ausgeschütteten Dividenden – so zahlte E.on eine Dividende von sieben Euro –, die Ihnen insofern den schlechteren Kursverlauf etwas versüßten.

Aktie	Dividenden-rendite in %	Performance in %	Aktie	Performance in %	Dividenden-rendite in %	Index
E.on	6,81	17,67	Thyssen Krupp	102,55	2,80	DAX
Deutsche Telekom	5,20	−1,70	Volkswagen	92,54	1,34	DAX
Daimler Chrysler	3,21	8,48	Lufthansa	66,67	2,40	DAX
Enel	5,62	18,14	Endesa	60,98	Keine	Euro STOXX
Vivendi	3,36	12,43	Suez	49,24	2,25	Euro STOXX
Unicredito	3,30	14,49	Lafarge	49,08	2,55	Euro STOXX

Tabelle 15.2: DAX- und Euro-STOXX-Aktien mit bester Dividendenrendite und bester Kurs-Performance

Machen wir die Probe aufs Exempel bei den europäischen Werten unter Ausschluss der deutschen (sonst wären wieder E.on und die Telekom bei der Dividendenrendite im Rennen!). Auch hier finden sich keine direkten Übereinstimmungen bei den jeweils besten drei Aktien, aber immerhin liegt die Performance der drei Aktien mit der besten Dividendenrendite relativ nahe an der Durchschnitts-Performance des Euro STOXX von 15,38 Prozent. Darüber bewegte sich aber nur der italienische Energieversorger Enel.

Alles in allem, 2006 war kein wirklich überzeugendes Jahr für die Dividendenstrategie, wenigstens bei den beiden ausgewählten Indizes! Der Grund für das relative Versagen der Dividendenstrategie: Das Jahr 2006 war ein gutes Börsenjahr mit einem insgesamt positiven Kursverlauf, und da schneidet die Dividendenstrategie meist unterdurchschnittlich ab. Aber, und das mag die Anhänger wieder tröstlich stimmen, bei dieser Form einer vereinfachten und auf nur drei Aktien reduzierten Dividendenstrategie hätten die Anleger auf jeden Fall am Jahresende ein Plus erzielt. Bei der Wahl von gleich zehn Aktien würden sich DAX-Performance und Dividendenstrategie-Performance mehr und mehr angleichen. Dass die schönste Strategie nichts nützt, um wahre »Perlen« zu finden, beweist auch das Jahr 2009: Da schnitt der Wieder-DAX-Aufsteiger Infineon mit einer Performance von 304 Prozent (!) ab, laut Dividendenstrategie hätten Sie sich aber für die Aktien von RWE (9 Prozent Dividendenrendite und eine Performance von mageren 6,69 Prozent), MAN (8,8 Prozent Rendite und immerhin 40,6 Prozent Performance) und Deutsche Bank (8,7 Prozent Rendite und 77,5 Prozent Performance) entschieden! Neben Infineon wären die besten Performance-Werte tatsächlich die von der Deutschen Bank und Volkswagen gewesen – Sie hätten also immerhin mit Ihrer Strategie einmal ins Schwarze getroffen – oder, wie beim Pferderennen, einmal »Platz« gewonnen.

Die Experten des Deutschen Aktieninstituts empfehlen die Dividendenstrategie vor allem konservativen Anlegern, die langfristig investieren wollen und so ganz gezielt nach Titeln suchen, die Ihnen Jahr für Jahr eine vergleichsweise sichere Dividende einbringen, um damit auch etwaige Kursverluste ausgleichen zu können. Im Schnitt erzielen deutsche Aktien eine Dividendenrendite von 3,45 Prozent – das ist mehr, als es derzeit auf dem Sparbuch an Zinsen gibt!

Vielleicht können weitere Zahlen die Dividendenstrategie in ein etwas besseres Licht rücken: Die 30 deutschen DAX-Unternehmen schütteten 2006 insgesamt 27,9 Milliarden Euro an Dividenden aus – 2007 dürfte es noch wesentlich mehr sein. Das *Handelsblatt* machte am 7. Mai 2007 eine andere Rechnung auf: Wer 1980 nur 5.000 Euro in BASF-Aktien investiert hat, einem Unternehmen, das traditionell hohe Dividenden ausschüttet, kann 2007 stolz auf ein Aktienpaket im Wert von 63.000 Euro verweisen und hat über die Jahre Dividenden in Höhe von 15.800 Euro eingesammelt! Wer die Dividenden gleich wieder in die Aktien investiert hat, wie das Fonds zum Teil machen, der besitzt nun BASF-Aktien im Wert von 164.000 Euro! Also doch auf Dividenden setzen?

Besonders beliebt ist die Dividendenstrategie in unklaren Börsenzeiten mit seitwärts tendierenden Märkten und insgesamt geringen Kursgewinnen. In Boomzeiten – wie unsere kleine Analyse ergab – hinken die Werte oftmals den hohen Kurssteigerungen anderer Aktien hinterher.

Ein großer Vorteil der Dividendenstrategie ist ihre leichte Anwendung, auch und gerade für Anleger, die ihre Zeit nicht ausschließlich mit der Lektüre von Börsenberichten und dem Studium von Charts verbringen möchten. Mit der Dividendenstrategie sind sicherlich auf kurze Sicht nicht die optimalen Renditen zu erzielen, aber auf lange Sicht bietet sie überdurchschnittliches Potenzial.

Momentumstrategie

Im Grunde stehen sich an den Börsen zwei Parteien gegenüber, deren Ansichten über den Verlauf der Kurse einfach nicht auf einen Nenner zu bringen sind: Auf der einen Seite glauben viele Anleger daran, dass Aktienkurse nicht wahllos verlaufen, sondern bestimmte Trends nachzeichnen und dass man bei der Anlage auf diesen Trendzug unbedingt aufspringen soll. Das heißt, wenn die Kurse steigen und alle kaufen, dann gilt es auch zu kaufen. Dafür gibt es den bekannten Börsenspruch:

The Trend is your friend.

Wie in Kapitel 14 ausgeführt, sind vor allem die Meister (und auch Gesellen) der technischen Analyse dieser Ansicht, denn sonst stünden sie mit ihren Zirkeln und Winkeln und Rechnern ziemlich nutzlos da. Eine Anlagestrategie, die den Trend im Auge behält, ja geradezu auf den Augenblick in die Zukunft fortschreiben möchte, ist die Momentumstrategie.

Die Momentumstrategie wurde von dem Amerikaner Robert Levy Ende der 60er Jahre entwickelt. In seiner Dissertation »An evaluation of selected applications of stock market timing techniques, trading tactics, and trend analysis« ging er der Frage der Fragen nach, nämlich wie der Anleger die richtigen Aktien mit der besten Rendite herausfinden könnte. Die Richtschnur gaben ihm dabei die bisherigen Kursverläufe in Korrelation zum Durchschnittskurs. Empfehlenswert waren die Aktien, die über dem Durchschnitt abgeschnitten hatten. Das Ergebnis seiner Untersuchung war das _Konzept der relativen Stärke_. Levy berechnete dafür 260 Wochenschlusskurse von 200 US-Aktien und teilte sie durch 26, um den Durchschnittsschlusskurs zu ermitteln. Dann dividierte er den je aktuellen Schlusskurs durch diesen Durchschnittsschlusskurs. War die Zahl größer als eins, lag der aktuelle Kurs damit über dem Durchschnitt und die Aktie sollte in Kaufüberlegungen einbezogen werden, lag sie unter eins, hatte sich die Aktie unterdurchschnittlich entwickelt und sollte eher verkauft werden. Nach Levys Analysen gab der Kursvergleich über die vergangenen sechs Monate hinweg die besten Ergebnisse.

Die Momentumformel

Wie können Sie diese Strategie am einfachsten, also möglichst mechanisch, anwenden? Die Basis bildet eine simple Formel, mit der Sie die _relative Stärke_ von Aktien leicht ausrechnen können:

Aktueller Wochenschlusskurs geteilt durch den Durchschnitt der vergangenen Wochenschlusskurse plus aktueller Wochenschlusskurs.

Das Ergebnis schwankt immer um die Zahl eins.

 Am besten berechnen Sie die Relative-Stärke-Kennziffer mittels einer Excel-Tabelle, weil Sie dann gleich noch die Ergebnisse sortieren können. Sie brauchen aber auch gar nicht selbst zu rechnen oder rechnen zu lassen, sondern können die Zahlen auch direkt aus dem Internet ziehen. Unter `www.onvista.de` können Sie unter »Analyse der Einzelaktien«, »Technische Analyse«, »Kennzahlen«, das Momentum für 30 Tage und für 250 Tage problemlos abrufen.

In einem zweiten Schritt sortierte Levy die Aktien nach der Höhe der relativen Stärke. Die jeweils zwei besten Aktien eines Index (sieben bis acht Prozent, beim DAX wären das zwei) werden ins Portfolio übernommen und dann in regelmäßigen Abständen – innerhalb von Wochen – überprüft. Sobald eine der beiden Aktien eine bestimmte Platzierung innerhalb der Rangliste unterschreitet, muss sie sofort verkauft werden. Diese Grenze oder Cast-out-Rank beträgt nach Levy 31 Prozent der schwächsten Aktien, laut DAX also die letzten zehn. Das Geld aus dem Verkauf der Aktie wird sofort wieder in die beste oder zweitbeste Aktie investiert und so weiter und so fort.

 Eine so häufige, wöchentliche, Überprüfung zieht natürlich ein ziemlich hektisches Handeln mit allen damit verbundenen Kosten einschließlich der Spekulationssteuer mit sich.

Die Grundbedingung der Momentumstrategie besteht darin, dass die Kurse so weiterlaufen wie bisher angenommen, dass sie dem Trend folgen. Außerdem untersuchte Levy den Dow Jones der Jahre 1960 bis 1965, der in diesem Zeitraum um fast 65 Prozent stieg, also in einer starken Wachstumsphase begriffen war. Aber viele Untersuchungen, die auch längere Zeiträume überprüften, unterstützten die Ergebnisse von Levy. 1999 legte die Behavioral Finance Group der Universität Mannheim eine Studie über »Reichtum durch Momentum und Zyklen« vor, in der die Verfasser zu dem Schluss gelangten, dass Momentumstrategien für den deutschen Markt einen eindrucksvollen Anfangserfolg lieferten. Sie empfahlen dabei eine Strategie auf der Basis der letzten sechs Monate für die Aktienauswahl. Es soll aber nicht verschwiegen werden, dass andere Untersuchungen auch zu dem Gegenteil kamen und die Momentumstrategie als unterdurchschnittlich in Sachen Rendite einstuften.

Momentum über den Fonds-Umweg

Gerade bei Fonds zeigt die Momentumstrategie große Erfolge. Mit dem Finter Fund European Equities und Invesco European Core waren im Jahr 2006 zwei Fonds an der Spitze aller 323 europäischen Standardwertefonds, die sich unter anderem dieser Theorie bedienten. Eine Kursentwicklung von 35,74 Prozent schaffte Placido Albanese, Fondsmanager beim Schweizer Bankhaus Finter, bei Michael Fraikins Invesco-Fonds waren es 33,48 Prozent. Albanese erreichte dieses Ergebnis mit einem Mix aus Momentumstrategie und der Auswertung von Fundamentaldaten aus den Unternehmen. Ähnlich geht Michael Fraikin vor: »Für jede Aktie des Anlageuniversums wird ein Attraktivitätswert anhand der vier Indikatoren Gewinnrevision, relative Stärke, Management-Verhalten und Bewertung ermittelt«, sagt er (Quelle: Handelsblatt-Zertifikate-News 7/2007 vom 17. April 2007).

Momentum in der Kritik

✔ Die Momentumstrategie greift als trendfolgende Strategie besonders dann, wenn es an den Börsen gut läuft, wenn sie in eine Hausse-Phase eingetreten sind.

✔ Die Momentumstrategie gibt – wie schon der Name sagt – immer nur den aktuellen Trend zur Stunde wieder. Wie sich die Märkte entwickeln werden, sagt sie nicht aus.

✔ Die Momentumstrategie rät zum Kauf von Gewinner-Aktien. Das bedeutet, dass Sie oftmals zu bereits hohen Kursen einsteigen müssen, was die Gewinnmöglichkeiten wieder ein wenig reduziert.

Gegen die Masse anlegen

Genau umgekehrt wie die Trendfolger legt eine andere Gruppe an der Börse Geld an. Für sie laufen nur die Lemminge dem Trend hinterher und fallen dann auf viel zu hohe Kurse herein und müssen mit winzigen Gewinnen vorlieb nehmen. Die Anhänger dieser Lehre wollen gegen den Strom schwimmen, denn nur so erreiche man die Quelle des sprudelnden Geldes! Für sie ist das antizyklische Investieren (oder *contrarian*, wie Freunde der Anglizismen und sicher auch Ihr zum Private Banker mutierter Bankberater gerne sagen) angesagt und kann die Umkehrstrategie gute Dienste leisten.

Anhänger des antizyklischen Investierens glauben nicht daran, dass der Trend dein Freund sein soll, ganz und gar nicht. Sie bauen vielmehr auf ein antizyklisches Handeln, also entgegen dem Herdentrieb. Das setzt Mut und ein hohes Risikobewusstsein voraus. Wer ausgerechnet dann verkauft, wenn sich alle voller Euphorie und Gier aufs Parkett drängen, oder kauft, wenn Angst und Panik regieren, der braucht ein gerüttelt Maß an Selbstbewusstsein und -vertrauen.

Kaufen, wenn die Kanonen donnern

heißt der dazu passende Börsenspruch. Das Martialische ist kein Zufall, denn früher ging es tatsächlich darum, Aktien zu kaufen, wenn ein Krieg ausgebrochen und die Aktienkurse kurzfristig in den Keller gefallen waren. Da aber viele Unternehmen dann gerade vom Krieg profitierten, konnten coole Anleger eine Menge Geld verdienen. Kleine Bedingung am Rande war natürlich, dass der Krieg auch gewonnen wurde.

Die Umkehrstrategie setzt darauf, dass Aktien, die sich über einen gewissen Zeitraum ganz besonders schlecht entwickelt haben, irgendwann auch einmal wieder nach oben gehen (müssen). Allerdings sollten die gewählten Aktien einem Index angehören, der schon etwas über die generelle Qualität der darin versammelten Unternehmen aussagt. Ansonsten ist die Gefahr zu groß, keine temporären, sondern dauerhafte Looser ins Portfolio zu nehmen. Es empfiehlt sich also gerade bei der Umkehrstrategie, die Fundamentalanalyse mit einzubeziehen, statt blind in eine Aktie zu investieren, nur weil deren Kurs besonders stark gefallen ist. Die Börse hat auch dafür eine Warnung parat:

Greife nie in ein fallendes Messer.

Nach solch eindringlicher Warnung zurück zur Umkehrstrategie: Sie wählen also eine Anzahl von Aktien aus einem Index, zum Beispiel fünf Aktien aus dem DAX, aus. Diese sollen im letzten Jahr die höchsten Kursrückgänge zu verzeichnen haben, also die höchste negative Performance aufweisen! Sie können natürlich auch einen kürzeren Zeitraum, etwa einen Monat wählen, aber das empfiehlt sich nicht wirklich, weil das Depot dann viel öfter verändert werden muss, und Sie erinnern sich, Hin und Her macht Taschen leer!

Die Umkehrstrategie auf dem Prüfstand

Machen wir auch hier kurz und ohne Anspruch auf Vollständigkeit die Probe aufs Exempel: Im Jahr 2005 hatten die schlechteste Performance die Deutsche Telekom (minus 12,41 Prozent), der Reiseveranstalter TUI (minus 1,85 Prozent) und der Münchner Halbleiterhersteller und ehemalige Siemens-Bereich Infineon (plus 2,78 Prozent) aufs Parkett gelegt. Egal ob mit Dividendenstrategie oder mit Umkehrstrategie, die Aktien der Deutschen Telekom wären im Jahr 2006 also in die engere Auswahl gekommen. Wie bereits oben aufgeführt, die Telekom verzeichnete 2006 eine negative Performance von 1,7 Prozent, die TUI lag um 12,5 Prozent niedriger als noch im Vorjahr, während die Aktie des häufig gebeutelten Halbleiterherstellers Infineon um immerhin 14 Prozent zugewann. Der DAX legte, wir erinnern uns, eine Performance von 21,98 Prozent hin! Also, nach einen Jahr Wartezeit gilt für den Anleger nach der Umkehrstrategie: Ziemlich heftig verloren! Das Tröstliche: Bei diesen negativen Zahlen dürften TUI und Telekom wieder ganz oben auf der Wunschliste von Anhängern der Umkehrstrategie für 2007 stehen, und vielleicht schaffen diese beiden Unternehmen dann ja die Trendwende! Das wäre wieder ein Fall für die Fundamentalanalyse, wobei beide Firmen vor großen strategischen und schwer einzuschätzenden Herausforderungen stehen. Wiederholen wir das Exempel zur Sicherheit zwei Jahre später: Sie erinnern sich, im Jahr 2008 hatten alle DAX-Werte negativ abgeschnitten, wir müssen also die schlechtesten aus lauter schlechten heraussuchen und wählen Infineon mit einem Minus von 88,1 Prozent, die Commerzbank mit minus 74,71 Prozent und HeidelbergCement mit 70,09 Prozent Performance. Wenn Sie gut aufgepasst haben beim Lesen und nicht mit gutem Recht vor lauter Performance- und Rendite-Prozentzahlen im Geiste zu Promille-Zahlen gewechselt sind, die Sie jetzt gerne noch zunehmen würden, dann wissen Sie, dass Sie in dieser Betrachtung wieder einmal ins Schwarze getroffen haben: Denn 2009 sahnte Infineon mächtig ab und legte eine Performance von 304,17 Prozent hin. Die Commerzbank blieb allerdings als eine der wenigen Werte auch 2009 mit 11,37 Prozent im Minus – sie verdaute schwer an der Übernahme der Dresdner Bank und den Folgen der Finanzkrise. HeidelbergCement schließlich profitierte von der wieder anziehenden Baukonjunktur und performte mit immerhin 52,15 Prozent als sechstbester DAX-Wert des Jahres 2009. Natürlich entbehrt die Umkehrstrategie nicht einer gewissen Logik: Von einer geringen, schlechten Ausgangslage wächst es sich im Verhältnis gesehen deutlich schneller.

 Die Stiftung Warentest, genauer ihr Ableger *Finanztest*, untersucht seit Ende 2003 vier verschiedene Aktienstrategien auf ihre Performance: die Dividenden-, Schwergewichts-, Trendfolge- und Umkehrstrategie. Finanztest veröffentlicht jeden Monat die Ergebnisse dieses Dauertests.

Strategischer Wirrwarr

Selbstverständlich haben sich mehr Strategien unter den Anlegern und vor allem ihren Beratern eingebürgert, als wir hier vorstellen konnten. Gemeinsam ist allen der Versuch, über die eigene Psyche zu siegen und sich an einigermaßen feste Spielregeln zu halten – in der Hoffnung, dass die Börse dies honoriert. Hier noch einige weitere Strategien, die alle nach ganz ähnlichen Prinzipien funktionieren, sich aber vor allem in den Kriterien zur Aktienauswahl unterscheiden:

✔ *Die Schwergewichtsstrategie* setzt auf Aktien mit dem größten Börsenwert, ähnlich wie bei der Dividendenstrategie, nur dass Sie hier auf die Börsenkapitalisierung schauen.

✔ *Die Value-Strategie* ist eher defensiv ausgerichtet, nach ihr investierte Warren Buffett ausschließlich in Substanzwerte. Viele Fonds verfolgen diese Value-orientierte Anlagestrategie, bei der unterbewertete Aktien mit Substanz und hoher Dividendenrendite ausgewählt werden. Die Value-Strategie wird auch einfach als Wertpapier-Analyse bezeichnet, geht es doch vor allem darum, auf intelligente Weise die Aktien mit dem höchsten Potenzial auszuwählen (so auch *The Intelligent Investor* von Benjamin Graham von 1949, dem Urvater der Wertpapieranalyse und Lehrer von Warren Buffett).

✔ *Die Growth-Strategie* konzentriert sich auf innovative Wachstumswerte, aber die gilt es erst einmal zu erkennen.

✔ _Bei der Indexstrategie_ vertrauen Sie der Auswahl der Indexgestalter und investieren in die entsprechend zusammengefassten Produkte, am einfachsten über die börsengehandelten Index-Fonds (ETFs).

✔ _Bei Averaging-Strategien_ wird Ihnen empfohlen, jede Aktie gezielt über das Jahr hinweg immer wieder (nach) zu kaufen, um vom daraus resultierenden günstigen Durchschnittskurs zu profitieren. Erinnert an den Cost-Average-Effekt bei Fonds und kann im Prinzip gemeinsam mit jeder anderen Anlagestrategie gefahren werden.

Zusammenfassend über Sinn und Unsinn oder besser Erfolg und Misserfolg von Anlagestrategien erteilen wir Altmeister André Kostolany noch einmal das Wort:

An der Börse ist alles möglich, auch das Gegenteil.

Teil VI

Der Top-Ten-Teil

The 5th Wave — By Rich Tennant

»Die richtige Investmentstrategie zu wählen ist wie die richtige Kopfbedeckung auszusuchen. Sie finden die, die am besten zu Ihnen passt und bleiben dabei.«

In diesem Teil ...

Komprimiert und verdichtet für den Eiligen wie den Vergessli-
chen fassen wir hier noch einmal die wichtigsten Börsenweisheiten zusammen, stellen typische Psychofehler vor, stellen
die bekanntesten Börsen-Gurus vor und versuchen uns an ein
paar Steuertipps. Motto: Prinzip Hoffnung!

Zehn Börsenweisheiten, die zwar oft, aber leider nicht immer stimmen

16

In diesem Kapitel

▶ Wie Sie Verluste begrenzen

▶ Wie Sie Gewinne maximieren

▶ Wie Sie an der Börse überleben

Nachfolgend finden Sie zehn goldene Regeln, die Ihnen dabei helfen, an der Börse einen klaren Kopf zu behalten.

Regel 1: Verlieren Sie nie Ihren gesunden Menschenverstand!

Börsenweisheiten fassen kurz und prägnant die oft schmerzvollen Erfahrungen von Anlegern zusammen. Weil das Börsengeschehen aber nach keiner rationalen, genau ausrechenbaren Formel funktioniert, sondern von vielfältigen Meinungen, Stimmungen und Gerüchten beherrscht wird, gilt für jede Weisheit auch das Gegenteil! Vergessen Sie deshalb auch beim Lesen der folgenden Regeln nie die Börsenweisheit Nummer eins und setzen Sie vor jeder Anlageentscheidung vor allem auf Ihren gesunden Menschenverstand!

Regel 2: The Trend is your friend

Aktienkurse folgen einem Trend. Das heißt, wenn sie erst einmal in eine Richtung dampfen, dann sind sie nur schwer zu stoppen. Es empfiehlt sich also, von einem Trend zu profitieren und mit einzusteigen, wenn er nach oben weist. Oder rechtzeitig auszusteigen, wenn es nach unten geht. Aber: Warnsignale für eine mögliche Trendumkehr, wie sie etwa die technische Analyse bieten kann, müssen beachtet werden, um den rechtzeitigen Ausstieg (um Verluste zu vermeiden) oder Einstieg (um Gewinne nicht zu verpassen) nicht zu versäumen.

Regel 3: Hin und Her macht Taschen leer

Das Investment in Aktien ist eine langfristige Geldanlage, auch wenn plötzliche Kurssprünge noch so sehr zum kurzfristigen Kaufen oder Verkaufen verleiten. Aber je öfter das Depot umgeschichtet wird, desto höher ist das Risiko, dass fehlinvestiert wird. Außerdem kostet jeder Handel Gebühren, die von den möglichen Renditen wieder abgezogen werden müssen, und Steuern, wenn innerhalb einer Jahresfrist Gewinne erzielt werden. Es gibt eine einge-schworene Trader-Community, die fast schon börsenstündlich handeln muss. Wie viele davon tatsächlich reich geworden sind, entzieht sich unserer Kenntnis – die Regel ist es nicht!

Regel 4: Nicht alle Eier in einen Korb legen

Setzen Sie bei Ihrer Vermögensanlage niemals alles auf nur ein Pferd! Auch beim Pferderennen gewinnen Sie zwar weniger pro Rennen, wenn Sie auf die ersten drei setzen, dafür sind die Chancen aber größer. Diversifizieren Sie intelligent, Strategien und Muster-Portfolios werden Ihnen zur Genüge angeboten. Streuen Sie in unterschiedliche Anlageklassen (Aktien, Renten, Immobilien, Derivate und Zertifikate etc.) genauso wie in unterschiedliche Länder, Branchen, Währungen, Aktiengesellschaften.

Regel 5: Verluste begrenzen und Gewinne laufen lassen

Die Börse wird vielleicht nicht zu unrecht auch Parkett genannt, denn es ist wie beim Tanzen: Mal geht es linksherum, mal geht es rechtsherum, mal geht es vor und mal geht es zurück. Das heißt, auch die Kurse sind in ständiger Bewegung, mal nach unten, mal nach oben, mal im Kreise. Normalerweise also gar kein Grund, in Hektik oder Panik zu verfallen. Bleiben Sie Ihren Aktien lange genug treu, um langfristige Kursgewinne über Einbrüche und Korrekturen hinweg mitnehmen zu können. Ziehen Sie aber rechtzeitig die Notbremse, wenn Ihre Aktien eine Talfahrt ohne Ende hinlegen, manchmal passen eben die Tänzer einfach nicht zusammen! Lieber zu früh aussteigen und mögliche Gewinne verlieren, als zu spät zu verkaufen und tatsächliche Verluste einzufahren. Aber: Ein Blick in die Fundamentalanalyse hilft Ihnen bei der Entscheidung, ob sich die Kurse möglicherweise doch wieder erholen könnten, weil im Unternehmen viel Substanz und Zukunft steckt!

Regel 6: Kaufen, wenn die Kanonen donnern

Hier eine typische Börsenweisheit, die genau das Gegenteil von dem besagt, was etwa Regel 2, *The trend is your friend*, meint. Kaufen, wenn die Kanonen donnern, bedeutet nämlich, immer dann zu kaufen, wenn die Kurse purzeln. Verfechter dieser Weisheit vertrauen als unverbesserliche Optimisten darauf, dass schon alles wieder gut werden wird. Sie hoffen, dass das Kurstal bald erreicht wird oder schon wurde und die Aktien das Zeug zum Steigen in sich haben. So heißt der Spruch auf vornehm-angelsächsisch und nicht gar so preußisch-kriegerisch: *Buy on bad news, sell on good news*, denn es muss ja nicht gleich ein Krieg ausgebrochen sein, damit Kurse fallen. Aber: Nicht jede Aktie erholt sich nach einem langen und tiefen Fall wieder, manche bleiben als Penny-Stocks auf der Strecke.

Regel 7: Greife nie in ein fallendes Messer

Diese Börsenweisheit warnt davor, auf einen Trendzug aufzuspringen, wenn er sich in die falsche Richtung, also nach unten, bewegt. Die Hoffnung, von günstigen Kursen profitieren zu können und reihenweise Aktien zum Aldi-Preis in Gucci-Qualität zu ersteigern, ist weit verbreitet, leider aber meist trügerisch. Hier empfiehlt sich oftmals abwarten, das Messer also ganz fallen zu lassen. Aber: Auch Aktien von zukunftsversprechenden Unternehmen können einmal zur Talfahrt ansetzen, es besteht immer die Hoffnung, tatsächlich einmal gute Gewinne mitzunehmen – vergleiche Regel Nummer 5!

Regel 8: Die Hausse nährt die Hausse

Aktienkurse folgen einem Trend, und wenn dieser nach oben weist, klettern die Kurse kontinuierlich. Aktionäre aber folgen Aktionären, und wenn aufgrund der optimistischen Stimmung und der stetig steigenden Kurse immer mehr Mediatoren, Kommentatoren und Auguren empfehlen, zu kaufen, dann kaufen immer mehr. Wie bei einem Schneeballsystem gibt jedermann Tipps weiter und alle wollen auf den vollen Zug aufspringen. Nur, je voller ein Zug, der nach oben fährt, desto schwerer und langsamer wird er. Bis er stehen bleibt und wieder zurückrollt. Also: Die Hausse nährt die Hausse – aber nur, bis sich alle überfressen haben! Denn diese Marktphase ist ganz typisch für das baldige Ende einer Bullenzeit und es gilt, Warnsignale, wie sie etwa die technischen Analysten ausstreuen, zu beherzigen.

Regel 9: Die Hausse stirbt mit der Euphorie

Jede Börsen-Hausse, also jeder Bullenmarkt, lässt sich grob in drei Phasen unterteilen: Erst geht es den Unternehmen noch schlecht, kaum jemand will etwas von der Börse wissen, doch institutionelle Anleger und gewiefte Spekulanten beginnen bereits, in Aktien zu investieren. Dann geht es den Unternehmen besser, sie fahren Gewinne ein, die Nachrichten verbessern sich, mehr und mehr Privatanleger greifen zu Aktien. Schließlich ist die Euphorie allgemein, die Gewinne steigen weiter und immer mehr Unternehmen wollen sich durch spektakuläre Übernahmen vergrößern, was die Kurse zusätzlich in die Höhe treibt. Erreicht die Euphorie ihren Höhepunkt, fangen normalerweise die Kurse wieder zu purzeln an – wie bereits im Jahr 2000 erlebt. Kurz nachdem Anfang März die Indizes ihren Gipfel erreicht hatten, begann ab Mitte März die Talfahrt. Aber: Niemand weiß, wann die Euphorie an den Börsen ihren Gipfelpunkt erreicht hat, schließlich handelt es sich dabei um keinen exakt messbaren Faktor, und meist verhallen die Warnrufe der technischen Analysten, vergleiche Regel Nummer 7!

Regel 10: Sell in May and go away

Eine sehr merkwürdige, aber aus der Statistik gestützte Regel, heißt, dass im Mai die Kurse drehen, der Monat ein schlechter Börsenmonat sei. Diese Weisheit wird regelmäßig im Mai ausgekramt und auf ihre weitere Geltung hin überprüft. Es gilt, im Mai zu verkaufen, weil die

Aktien nach Monaten des Wachstums noch auf einem relativen Höchststand sind, Gewinne also mitzunehmen, und der Börse erst einmal den Rücken zu kehren. Denn dann kommen die für viele Dinge des Lebens, aber nicht für die Börse schönen Sommermonate. In der Regel verläuft der Börsenhandel, untermauert in Umsatzzahlen, in diesen Monaten geruhsamer ab, die Kurse fallen. Erst im November, so der zweite Teil dieser Weisheit, sollte wieder in neue Aktien investiert werden – wenn nicht die ganzen Gewinne für den Urlaub draufgingen! Schon allein besagte Weisheit führt als selbsterfüllende Prophezeiung dazu, dass im Mai mehr Aktien verkauft als gekauft werden und damit die Kurse sinken. Aber: Im Mai 2007 stieg beispielsweise der DAX um 7,8 Prozent, der Euro STOXX um 3,75 Prozent und der Dow Jones um 4,05 Prozent. Im Mai 2009 allerdings stagnierte der DAX fast mit einem winzigen Plus von 0,675 Prozent – während er auf das Gesamtjahr mit einem deutlichen Plus von knapp 24 Prozent abschnitt. Ein ähnliches Bild ergibt sich beim Euro STOXX: Während dieser Index übers Jahr um über 23 Prozent zulegte, waren es im Mai nur mickrige 1,75 Prozent. Regel bestätigt? Jein – denn die Kurse der Indizes gingen nicht kontinuierlich nach oben, sondern der DAX ebenso wie der Euro STOXX hatten neben Mai weitere Einbrüche im Februar, Juni, Juli und September.

Zehn Psychofehler an der Börse, die Geld kosten können

In diesem Kapitel

▶ Warum Gier auch an der Börse eine Sünde ist

▶ Wie wichtig es ist, sich selbst zu kennen

▶ Warum Aldi und die Heimat nicht immer gut sind

H aben wir Ihnen im vorigen Kapitel die zehn goldenen Regeln genannt, finden Sie nun hier die zehn Fehler, die Sie meiden sollten wie die Pest oder wie der Teufel das Weihwasser oder wie ... wie auch immer, vermeiden Sie diese Fehler!

Gier

Kein Mensch investiert an der Börse aus Altruismus oder aus purer Leidenschaft. Jeder will reich werden, am besten schnell und am besten gleich so reich wie Warren Buffett. Der Spekulant ist in Deutschland zwar nicht wirklich angesehen, aber Geldverdienen an der Börse ist in Ordnung, dazu ist sie da: Die Unternehmen wollen verdienen, die Banken wollen verdienen, die Börsen wollen verdienen und die Anleger sollen verdienen. Doch die Sucht, immer die höchste Rendite einzufahren, und die Gier, jedem Tipp hinterherzulaufen, führt in den allermeisten Fällen nicht zu Reichtum, sondern zu Misserfolg. Das lehrte die Finanzkrise besonders anschaulich und für viele schmerzlich – bis zur nächsten Blase wenigstens! Denn Gier macht blind, blind für drohende Warnsignale und blind für mögliche Chancen. Gier vernebelt außerdem den gesunden Menschenverstand, und der ist das höchste Gut (nicht nur) an der Börse!

Angst

Das Investieren und Spekulieren an der Börse ist mit Risiken verbunden. Das ist trivial, aber das bedeutet eben auch, dass den Gewinnen, die an der Börse erzielt werden können, auch Verluste entgegenstehen können. Wer bei fallenden Kursen gleich in Panik gerät und sein Depot räumt, der sollte sein Geld lieber in festverzinslichen Papieren anlegen. Es empfiehlt sich, eine Zeit lang nur auf dem Papier zu investieren und das virtuelle Aktienkonto zu beobachten, dann können Sie bald eine gewisse Tendenz erkennen, über kurzfristige Kursausschläge hinweg. Und sich in Gelassenheit üben!

Selbstüberschätzung

Wenn es eine Zeit lang besonders gut gelaufen ist mit der Aktienanlage und einige Papiere gar überdurchschnittliche Gewinne abgeworfen haben, neigen viele Anleger dazu, ihr Können zu überschätzen und in immer riskantere Anlageformen zu investieren. Wichtige Börsenregeln und alt bewährte Börsenweisheiten werden dann über den Haufen geworfen und ignoriert. Die Wahrscheinlichkeit, Geld zu verlieren, statt zu gewinnen, ist allerdings sehr viel höher, wenn man sich für den besten hält, als tatsächlich Geld zu gewinnen!

Trotzreaktion

Obwohl die Kurse fallen, der Markt gegen die eigenen Annahmen läuft, halten viele Anleger hartnäckig an ihren Entscheidungen fest. Sie glauben mit Bestimmtheit daran, dass sich »ihre« Aktien wieder erholen werden und kaufen sogar noch nach, weil sie sich spektakuläre Kursgewinne davon versprechen. Sie werfen also schlecht investiertem Geld gutes hinterher. Spektakulär sind dann leider meistens nur die Verluste.

Vogel-Strauß-Prinzip

Niemand gibt gerne zu, einen Fehler gemacht zu haben. An der Börse ist es aber überlebenswichtig, eigene Fehler schnell zu erkennen, zu analysieren und auch danach zu handeln! Viele Anleger lassen Verluste aber einfach laufen, stecken den Kopf in den Sand und hoffen auf Besserung in weiter Ferne. Langfristige Engagements sind zwar prinzipiell gut, aber nicht unbedingt bei hoch spekulativen Werten.

Ungeduld

Vor lauter Begeisterung über die ersten Gewinne, die die neu gekauften Aktien abwerfen, verkaufen viele Anleger viel zu früh. Sie verpassen damit hohe Gewinnmöglichkeiten, wenn ihre Aktien gerade voll im Trend liegen. Viele kleine Gewinne werden aber oftmals später von einem dicken Verlust, der immer möglich ist, aufgefressen.

Wahrnehmungsknick

Es geht leider jedem so: Wir nehmen Warnungen oftmals nicht wahr, hören nicht, was wir nicht hören wollen, sehen nicht, was wir nicht sehen wollen. So geht es auch den Anlegern: Sie hören nicht auf eindeutige Alarmsignale und lesen und hören nur das, was sie in ihrer Meinung bestätigt, und halten somit zu lange an einem Papier fest oder verkaufen zu früh.

Aldi-Reflex

Sind die Kurse von Aktien in den Keller gerutscht, können viele Anleger nicht widerstehen: Zu günstig scheinen die Preise für Aktien zu sein, so manches Schnäppchen springt ihnen in die Augen. Aber oft stecken hinter einem plötzlichen Kursverfall fundamentale Gründe, Unternehmenskrisen, verpasste Marktchancen, veraltete Produkte. Doch die Anleger halten an ihren billig erstandenen Aktien fest, in der Hoffnung, große Gewinne zu erzielen.

Rosa Brille

Verluste schmerzen erst, wenn sie auch tatsächlich realisiert wurden. Erst dann muss sich der Spekulant eingestehen, dass er Geld verloren hat. Also lässt er den Markt lieber gewähren, schaut den weiter fallenden Kursen hinterher und denkt sich, steht ja alles bloß auf dem Papier, sind ja alles nur reine Buchverluste. Leider aber erholen sich viele Buchverluste auch in der Realität nicht wieder und ein früherer Ausstieg hätte die Verluste wenigstens begrenzen können.

Heimatliebe

Die Liebe zur Heimat ist wirklich nichts Verwerfliches, aber mit Maßen. An der Börse verlieren Sie durch die reine Fokussierung auf das Depot Heimatliebe wertvolle Rendite-Chancen. Schließlich gibt es auch in anderen Ländern gute Unternehmen, oft expandieren andere Märkte weitaus rascher als der deutsche. Noch immer dominieren im typischen Depot eines Privatanlegers Aktien der Deutschen Telekom – trotz einer miserablen Performance über die vergangenen beiden Jahre – oder von Daimler, Siemens und der Allianz. Nichts gegen diese Werte, aber in Sachen Performance werden sie von ausländischen Blue Chips oft geschlagen!

Vorsicht! Guru am Werk

18

In diesem Kapitel

▶ Was Sie von Gurus lernen können

▶ Welche schrägen Vögel es gibt

▶ Welche echten Weisen es gibt

▶ Wo Sie weiterlesen können

*E*s ist doch völlig klar, ein neuer Gedanke findet eine ganz andere Verbreitung, ein wesentlich größeres Medienecho und regt eine intensivere Diskussion an, wenn er von der Bundeskanzlerin oder dem Vizekanzler ausgesprochen wurde, als wenn sich ein völlig unbekannter Hinterbänkler zu Wort gemeldet hätte. Bei Börsenempfehlungen und Einschätzungen von Unternehmen oder Anlageformen ist das auch nicht anders. Gerade Männer – und ganz wenige Frauen –, die selbst ein Vermögen an der Börse verdient oder verspekuliert haben, gelten schnell als ausgemachte Vorbilder. Wenn sie dann noch, oftmals in wolkigem oder blumigem Stil, ihre Erfahrungen als generelle Weisheiten publik machen, dann gelten sie schnell als Gurus. Darunter stellt man sich originär eher einen asketischen älteren Weisen im langen Gewande, unbesockt und in Sandalen vor, lässig unaufdringlich auf einen Stock gelehnt, Wahrheiten verkündend, die schnöden Genüsse und materialistischen Gelüste der Welt strikt ablehnend. Tatsächlich stammt das Wort Guru aus dem Indischen, genauer dem Sanskrit, und bedeutet schwer, gewichtig. Nichts mit Askese, denken Sie, aber das Gewichtige bezieht sich auf das Geistig-Spirituelle, die Substanz. Eines bleibt vielleicht bedenkenswert gerade im Hinblick auf Börsen-Gurus: Im Indischen bedeutet der Guru als Lehrer für seinen Schüler sehr viel, denn er hilft ihm bei der Suche nach Wissen und weist ihm den Weg zur Erleuchtung! Börsen-Gurus wollen Sie nicht erleuchten oder erlösen – keine Sorge –, aber sie wollen Sie im besten Falle mit dem notwendigen Wissen versorgen, damit Sie mehr erlösen!

Man könnte auch Gurus in mehrere Arten unterteilen, ornithologisch zählen sie wahrscheinlich unisono zu den schrägen Vögeln, aber es bereitet keine großen Mühen, einen Zins-Guru aufzuspüren (Alan Greenspan) oder einen Fonds-Guru (Peter Lynch) oder noch einen zweiten (Sir John Templeton) oder einen Hedgefonds-Guru (George Soros); Aktien-Gurus wie Warren Buffett oder Bernard M. Baruch drängen sich ins Bewusstsein oder der Berufsoptimisten-Guru Heiko Thieme oder der Crash-Prophet Roland Leuschel und schließlich der Börsen-Guru schlechthin, der Über-Guru sozusagen, André Kostolany.

Mit den religiösen Gurus haben die Börsen-Gurus noch eines gemein: Es gibt echte und weniger echte und gerade die letzteren sorgen zwar für jede Menge Wirbel, verschwinden aber sehr schnell wieder von der Bildfläche. Wir stellen neun ganz unterschiedliche Börsen-Gurus und ihre Hauptthesen kurz vor, ohne Anspruch auf Vollständigkeit, aber doch in der Hoffnung, dass es sich um Gurus eher aus der ersteren Kategorie handelt. Und damit es zehn Punkte werden, wie es sich für einen ordentlichen Top-Ten-Teil gehört, folgt noch eine Literaturliste dieser Gurus.

André Kostolany

André Kostolany (1906 bis 1999) ließen wir bereits häufiger zu Wort kommen in diesem Buch, und mit Recht, denn kein anderer Börsianer kann eine so lange und so erfolgreiche Karriere an der Börse vorweisen wie der gebürtige Ungar mit amerikanischer Staatsangehörigkeit, der aber an den Börsen der Welt zu Hause war – und das seit dem Börsencrash von 1929! Wir wollen hier nicht sein Leben nachzeichnen, sondern nur kurz seine vielleicht wichtigsten Theorien, die immer direkt aus der Praxis entstammen und in leicht verständlicher Manier und auf den Punkt gebracht von ihm vorgetragen wurden. Daraus sind eine ganze Menge Bücher – insgesamt 13 – geworden, die seinen Ruf verfestigten, auch wenn er selbst sich nicht gerne als Börsen-Guru titulieren lassen wollte.

Kostolany nahm immer im besonderen Maße auf die Masse und ihre Psychologie (auch gerne mal Hysterie) Rücksicht, nicht zuletzt aus der Erfahrung von 1929 heraus. Ein Wirtschaftsstudium hielt Kostolany, der direkt in Paris bei einem Börsenmakler gelernt hatte und eigentlich lieber Kunstgeschichte oder Philosophie studieren wollte, eher für hinderlich für einen Erfolg an der Börse. Für den Privatanleger dürfte Kostolanys Börsenkarriere allerdings nicht wirklich vorbildlich sein, denn er ging mehrmals Bankrott und war hochverschuldet. Er selbst meinte, dass er bei seinen Spekulationen zu 49 Prozent verloren und zu 51 Prozent gewonnen und von der Differenz gut gelebt habe. Wobei er wahrscheinlich oftmals von seinen Büchern und Kolumnen besser gelebt hat als von seinen Börsenspekulationen.

Der meist zitierte Satz von André Kostolany lautet, in vielen Varianten:

Kaufe eine Aktie und nehme Schlaftabletten. Wache nach zehn Jahren reich wieder auf.

Warren Edward Buffett

Über Warren Edward Buffett lässt sich viel berichten, eines ist aber sicher, er hat an der Börse ein Vermögen gemacht! Seit Jahren hält er regelmäßig eine der ersten Positionen in der Forbes-Liste der reichsten Männer der Welt, momentan (2010) ist er auf Platz drei hinter dem Mexikaner Carlos Slim Heu und Microsoft-Gründer Bill Gates »abgerutscht«, wird aber noch immer auf ein Vermögen von 47 Milliarden US-Dollar geschätzt.

Der 1930 in Omaha, Nebraska, geborene Buffett gilt als der erfolgreichste Anleger – siehe Forbes – der Welt, obwohl ihn die mögliche Entwicklung der Börse insgesamt nie interessierte. Er setzte grundsätzlich auf Aktien erfolgreicher Unternehmen, die er lange genug im Portfolio hielt, um sie dann mit hohen Gewinnen wieder verkaufen zu können. Schon kurz nach seinem Studium an der University of Pennsylvania führte Buffett die Buffett Partnership Ltd., eine Investmentgesellschaft, in die Verwandte und Bekannte einzahlten, während Buffett das Geld managte. Schon nach fünf Jahren konnte er eine Rendite von 250 Prozent vorweisen, der US-Index Dow Jones erreichte im gleichen Zeitraum nur 74 Prozent. So wurden aus 105.000 US-Dollar bis 1956 schon 35 Millionen US-Dollar und damals kaufte Buffett die Textilfirma Berkshire Hathaway, die er zu einer Holding umbaute mit Versicherungsunternehmen (Geico und General Re). Der Kurs der Berkshire-Hathaway-Aktie stieg innerhalb von 33 Jahren von 7,50 US-Dollar auf 80.000 US-Dollar, 2006 lag die Aktie bei etwa 92.000 US-Dollar, 2007 bereits bei 95.000 US-Dollar, um dann Ende 2008 auf 67.900 abzufallen. 2010 kletterte sie wieder munter auf über 88.000 US-Dollar.

Privat lebt Warren Buffett übrigens außerordentlich bescheiden in einer kleinen Villa in Omaha, an seinem 76. Geburtstag heiratete er seine langjährige Lebensgefährtin Astrid Menks. So meint Buffett über Geld: Es ist einfacher, Geld zu verdienen, als es auszugeben!

Bei seiner Anlagestrategie verzichtet Buffett auf abstrakte Theorien und setzt vielmehr auf (seinen) gesunden Menschenverstand. Er setzt grundsätzlich nicht auf Technologieunternehmen und wendet sich gegen den Trend, weil man mit der Mehrheitsmeinung an der Börse kein Geld verdienen könne. Das ist das Problem mit den Gurus: Folgen ihnen viele Jünger, ist auch kein Geschäft zu machen an der Börse. Einziger Trost: Es gibt so viele Gurus mit verschiedenen Meinungen, dass auch die Jünger in die unterschiedlichsten Richtungen laufen! Buffett investiert ausschließlich in Aktien und nur in solche Unternehmen, deren Tätigkeiten leicht zu verstehen sind. Er hält nichts von Diversifizierung, sondern beschränkt sich auf wenige Gesellschaften, die er genau kennt, deren Management er vertraut. Mit Erfolg!

Jetzt werden Sie sich noch fragen, in welche Unternehmen Buffett investiert hat. Hier einige der wichtigsten: American Express, Coca-Cola, Gillette, Walt Disney, Wells Fargo oder in den Rückversicherer General Re.

Das Credo von Waren Buffett lautet:

Das Aktiengeschäft ist einfach. Alles, was man tun muss, ist, Anteile an einem fantastischen Unternehmen mit äußerst fähigen und integren Managern zu kaufen, und zwar für weniger Geld, als das Unternehmen eigentlich wert ist. Dann bleibt man für immer Besitzer dieser Anteile.

Bernard M. Baruch

Ähnlich wie Warren Buffett, aber schon lange vor ihm setzte auch der Amerikaner Bernard M. Baruch (1870 bis 1965) auf den Kauf von Aktien und berücksichtigte dabei, ähnlich wie Kostolany, die Massenpsychologie. Auch Baruch setzte auf einige wenige Investments und empfahl, die Unternehmen genau zu kennen, in die man investiere. Genau, Sie sollten nach Baruch nicht in Aktien, sondern in Unternehmen investieren, und das bedeutet, dass Sie voll dahinter stehen müssen! Verluste lassen sich allerdings trotzdem nicht vermeiden, Sie sollten diese aber möglichst schnell vergessen, außerdem riet Baruch dazu, einen guten Teil des eigenen Kapitals in bar als Reserve zu behalten. Allerdings blieb Amerika auch von heftigen Inflationen verschont, denn dieser Tipp hätte in Deutschland während seiner Lebenszeit zu zwei Totalverlusten geführt!

Sein kritischer Rat an Börsenanleger:

Versuchen Sie nicht beim niedrigsten Kurs zu kaufen und beim höchsten zu verkaufen. Das kann nicht gelingen, außer Lügnern.

Peter Lynch

Der Fondsmanager Peter Lynch (1944 geboren) beweist, wie wichtig Informationen aus erster Hand sind: Als Student jobbte er als Golf-Caddie und hörte interessiert zu, wenn sich Banker und Manager unterhielten. So entpuppte sich schon sein erstes Investment als Volltreffer: Er kaufte Aktien des Luftfrachtunternehmens Flying Tiger, und der profitierte vom Vietnam-Krieg. Lynch steckte eine Rendite von 1.000 Prozent ein und finanzierte sein Studium an der Wharton School of Finance.

Berühmt und bekannt wurde Lynch als Fondsmanager bei der US-Fondsgesellschaft Fidelity, wo er mit seinem Magellan-Fonds traumhafte Renditen erzielte. Auch Lynch setzt auf Unternehmen, die einfache Produkte für den täglichen Bedarf produzieren, und nützt für die Auswahl vor allem seinen gesunden Menschenverstand. Analysieren durch Gucken, könnte man seine Strategie benennen, er selbst sprach von »Eyes-and-Ears-Investing«. Sein größter Unterschied zu Warren Buffett ist, dass Lynch nicht auf die ganz großen, internationalen Konzerne setzt, sondern auf kleinere, wachstumsstarke Unternehmen.

Sein Fazit passt vielleicht nicht wirklich (oder doch gerade) in ein Börsenbuch:

Das Leben bietet mehr als Aktien und Renten.

Sir John Templeton

Sir John Templeton (1912 in Tennessee geboren, 2008 in Nassau, Bahamas gestorben) liefert den Beweis, dass man auch als Börsenfachmann geadelt werden kann. Man sollte allerdings in Großbritannien sozialisiert sein, wo John Templeton 1987 von Queen Elisabeth II. zum Ritter geschlagen wurde. Der gebürtige Amerikaner lebte allerdings längst in Nassau auf den Bahamas, als ihm diese Ehre zuteil wurde. Noch heute zählen die Templeton-Fonds zu den besten ihrer Art, auch wenn sich Sir John 1992, als er seine Anteile für 25 Milliarden US-Dollar verkaufte, zurückgezogen hatte. Bis zu seinem Tod widmete sich Templeton ganz der Förderung des geistigen Fortschritts der Menschheit – ob er diesen an der Börse schmerzlich vermisste?

Seinen ersten Fonds gründete Templeton 1954 (den Templeton Growth Fonds). Schon damals setzte er auf eine weltweite Geldanlage und investierte beispielsweise bereits in den 60er Jahren in Japan. Er fasste seine Anlagestrategie in zehn Maximen zusammen, die größtenteils nicht nur für die richtige Geldanlage gelten können:

Streben Sie nach dem höchstmöglichen Gewinn.

Seien Sie offen für Neues.

Folgen Sie nicht der breiten Masse.

Alles verändert sich.

Meiden Sie das Populäre.

Lernen Sie aus Ihren Fehlern.

Kaufen Sie in pessimistischen Phasen.

Suchen Sie nach Werten und Chancen.

Suchen Sie weltweit.

Niemand weiß alles.

George Soros

Wie Kostolany stammt auch George Soros ehemals aus Ungarn (1930 in Budapest geboren), entwickelte aber ein völlig anderes Anlagekonzept. Er setzte nicht auf langfristige Aktien, geradezu auf eine Beteiligung an Unternehmen, sondern gilt als ein »Short-Seller«. Soros setzt also auch auf fallende Kurse und greift dabei vor allem zum Mittel der Leerverkäufe. Das heißt, er verkauft Aktien und Währungen auf Termin, die er gar nicht besitzt, sondern sich gegen eine Gebühr geliehen hat, in der Hoffnung, die Kurse fallen und die Papiere sind am Stichtag billiger. Mit seinem Quantum-Fonds, einem hoch spekulativen Hedgefonds, konnte Soros zum Beispiel einmal bei einer Spekulation gegen das britische Pfund an einem Tag eine Milliarde US-Dollar Gewinn erzielen!

Soros' pessimistisches Resümee – er gilt inzwischen als ein ausgeprägter Kritiker des derzeitigen Kapitalismus, den er als Hinderungsgrund einer offenen Gesellschaft erkennt, lautet simpel:

Nicht Wissen, sondern Vorurteile liegen den Handlungen der Marktteilnehmer zugrunde.

Roland Leuschel

Roland Leuschel gilt eher als nüchterner Analyst – er war immerhin lange Chefstratege der Banque Bruxelles Lambert –, der sich eher in der Börsenbaisse zu Hause fühlt als bei üppigen Kursgewinnen. Er gilt als konsequenter Warner vor dem nächsten Crash und hatte damit zumindest 1987 auch Recht. Aber es geht ihm ein wenig wie den Propheten aus dem alten Testament oder der Kassandra aus der Ilias: Die negativen Voraussagen möchte niemand gerne hören und sie werden gerne verdrängt. Erweisen sich die Vorhersagen als richtig, möchte man umso weniger daran erinnert werden, dass da jemand gewarnt hatte. Treten sie nicht ein, fühlt sich jeder klüger.

In den Jahren vor der Finanzkrise warnte Leuschel vor dem Platzen einer zweiten, weltweiten Blase. Er untermauerte seine Warnung mit der Behavioural-Finance-Theorie (vergleiche Kapitel 4), die davon ausgeht, dass auf das Platzen einer Blase (wie 2000 geschehen), sich die Kurse eine Zeit lang erholen (Echo-Blase) und dann umso heftiger crashen. Die Ursache dafür sah Leuschel in der vom langjährigen amerikanischen Notenbankchef Alan Greenspan betriebenen Politik des billigen Geldes (niedrige Zinsen) die Basis oder vielmehr fehlende Basis der Weltwirtschaft. Und schon 2008 sollte Leuschel wieder einmal Recht behalten. Wer lange genug vor einer Krise warnt, wird irgendwann bestätigt. Leuschel befürchtet heute eine Währungsreform.

Immerhin, Berufspessimist ist Leuschel nicht, obwohl er meint, dass ein Pessimist ein Optimist aus Erfahrung ist, denn er nutzt den Aktien-Crash zum Einkaufen! »Ich kaufe Aktien, wenn es richtig gekracht hat«, so Leuschel. Wobei er vordringlich auf Rohstoffe setzt, in denen er noch das größte Potenzial erkennt – vor allem auf Gold.

Heiko Thieme

Heiko Thieme ist Anlagestratege und Portfoliomanager und sitzt – hier täuscht der deutsche Name – in New York. Der gebürtige Leipziger (1943) begann seine Karriere bei der britischen Brokerfirma Wood MacKenzie zuerst als Analyst. 1979 wechselte er nach New York, wo er für die Deutsche Bank arbeitete. Schon 1989 verließ er die Deutsche Bank und machte sich als Fondsmanager selbstständig. Doch wirklich von Glück war Thieme damit nicht gesegnet: Der Thieme Fonds International musste 2003 wegen einer unterirdischen Performance eingestellt werde. Die beiden anderen Fonds, die Thieme managt, sind nur in Amerika zugelassen. The American Heritage Fonds erzielte in zehn Jahren eine negative Performance von im Durchschnitt über 18 Prozent pro Jahr und über den American Heritage Growth Fund urteilten die Analysten von Morningstar-Research im Mai 2007, es handle sich um »the very worst in its category«! Aber, wie bei anderen Gurus auch, der Erfolg wird nicht nach den Tatsachen, sondern nach dem Auftreten gemessen! Seine Lehre aus der Finanzkrise: »Aus jedem Chaos ergeben sich neue Chancen«. Und so setzte der weißbärtige Fondsmanager schon 2008 ausgerechnet auf die Aktien der Verursacher der Finanzkrise – auf Bankpapiere.

Thiemes Ratschläge: Möglichst nur Geld verwenden, das man übrig hat. Wer auf ihn setzte, dürfte davon aber nicht mehr viel haben, denn das *manager-magazin* schrieb einmal über ihn, er sei der größte Geldvernichter der Fondsindustrie und gehöre in die Hall of shame.

Wolfgang Gerke

Es gibt aber auch einige deutsche Börsen-Gurus, das wollen wir hier nicht unterschlagen. Der heute vielleicht bekannteste ist Wolfgang Gerke (geboren 1944), deutscher Börsenexperte, Präsident des Bayerischen Finanz-Zentrums und früherer Leiter des Lehrstuhls für Bank- und Börsenwesen an der Uni Erlangen-Nürnberg und einer der eifrigsten Wetterer gegen die Börsenmacht der Gurus.

In den Jahren vor der Finanzkrise warnte Gerke eindrücklich vor einem Einbruch auf den Börsenmärkten, der allerdings, so tröstete er, nicht so heftig ausfallen sollte wie der Crash von 2000. Damit lag er nicht ganz richtig, wie wir heute wissen.

Im Blick auf die gegenwärtige Entwicklung fällt Gerke allerdings auch nur ein:

Wer hohe Renditen haben will, muss auch hohe Risiken eingehen.

Ehrlich, das hatten wir schon immer geahnt!

Gurus schriftlich

Zum Schluss eine kleine Literaturliste der Gurus in alphabetischer Reihenfolge, als kleine Anregung, wer sich weiter in ihre Strategien vertiefen will:

✔ Bernard M. Baruch: My own Story, 2 Bände, 1956

✔ Warren Buffett: Die Essays von Warren Buffett, 2003

✔ Wolfgang Gerke: Börsen Lexikon, 2002

✔ André Kostolany: Das ist die Börse, 1961

✔ André Kostolany: Geld, das große Abenteuer, 1972

✔ André Kostolany: Kostolanys Börsenpsychologie, 1991

✔ André Kostolany: Die Kunst über Geld nachzudenken, 2000

✔ Roland Leuschel: Sonntags nie – am liebsten im Oktober. Mit Strategie zum Börsenerfolg, 1996

✔ Peter Lynch: Aktien für alle, 1992

✔ Peter Lynch: Der Börse einen Schritt voraus, 1997

✔ Peter Lynch: Lynch drei. Der Weg zum Börsenerfolg, 1996

✔ George Soros: Die offene Gesellschaft, 1998

✔ George Soros: Die Alchemie der Finanzen, 1998

✔ George Soros: Die Vorherrschaft der USA – eine Seifenblase, 2004

✔ John Templeton: Faithful Finances 101: From the Poverty Of Fear And Greed To The Riches Of Spiritual Investing, 2005

Überlassen wir am Schluss des Guru-Abschnitts dem Guru-Guru André Kostolany das Wort:

Ich mache das Gegenteil von dem, was der Guru rät.

Zehn Aspekte, die Anleger in puncto Steuer immer beachten sollten

19

In diesem Kapitel

▷ Die Abgeltungsteuer bittet alle gleichermaßen zur Kasse

▷ Manches ist dann doch besser

▷ Oder auch nicht

*I*n diesem Kapitel stellen wie Ihnen kurz vor, wo und wie Vater Staat seit der Einführung der Abgeltungsteuer zum 1. Januar 2009 jetzt die Hand aufhält. Jetzt soll alles einfacher und gerechter sein. Wir sind hoffnungsfroh.

So gut wir auch recherchiert haben, Steuergesetze sind von Steuerfachleuten für Steuerfachleute gemacht – was täte sonst der Berufsstand der Steuerberater? Außerdem wird nirgendwo so schnell geändert wie im Steuergesetz, mit schönen Durchführungsverordnungen und Bestimmungen zur Verordnung der Durchführung einer Bestimmung. Das passiert häufiger, als wir neue Auflagen drucken. Insofern können wir keine Garantien übernehmen, dass unsere Darstellung auf dem jeweils aktuellsten Stand ist.

Zur Quelle

Die Abgeltungsteuer wird als Quellensteuer direkt von den Banken und Sparkassen oder sonstigen Depotverwaltern für alle Einkünfte aus Kapitalvermögen, also Zinsen, Dividenden und Veräußerungsgewinnen abgezogen und direkt ans Finanzamt überwiesen. Der Steuersatz liegt generell bei 25 Prozent, darauf kommen jedoch noch Kirchensteuer (8 Prozent oder 9 Prozent von der Abgeltungsteuer) und der Soli (5 Prozent von der Abgeltungsteuer). Dieser Steuersatz gilt völlig unabhängig vom persönlichen Einkommensteuersatz der Anleger – zum großen Unterschied aller bisherigen Regelungen. Sollte Ihr persönlicher Steuersatz tatsächlich unter 25 Prozent liegen, können Sie beantragen, nach diesem besteuert zu werden.

Simpel

Der Vorteil dieser neuen Regelung: Sie brauchen keine aufwändige Steuererklärung abzugeben und wissen von vornherein, dass ein Viertel Ihrer Einnahmen ohne Hin und Her an den Staat geht. Die Regelung ist insofern auch interessant, weil die meisten Anleger erfahrungsgemäß einen höheren Steuersatz als 25 Prozent für sich beanspruchen »dürfen«. Allerdings, bisher blieben Veräußerungsgewinne aus Kursänderungen unversteuert, wenn die Wertpapiere länger als ein Jahr gehalten wurden (die so genannte Spekulationsfrist). Schnelleres Verkaufen galt als schnödes Spekulieren und wurde schon immer mit Steuern bestraft!

Gnadenfrist

Die Abgeltungsteuer gilt erst seit 1. Januar 2009, das heißt, alle Wertpapiere, die vor diesem Stichpunkt erworben wurden, unterliegen noch der alten Besteuerung. Das heißt, dass insbesondere Gewinne aus Kurssteigerungen, die über ein Jahr gehalten werden, steuerfrei bleiben. Das hat den Börsen im Übrigen Ende 2008 noch eine hübsche Jahresendrallye beschert.

Grundlage

Die Bemessungsgrundlage für die Abgeltungsteuer stellen die Bruttoerträge dar. Von diesen kann aber ein Sparer-Pauschbetrag (Sparer-Freibetrag plus Werbungskosten-Pauschbetrag) abgezogen werden. Der Pauschbetrag liegt derzeit (2009) bei 801 Euro, bei Ehegatten bei 1.602 Euro. Irgendwelche zusätzlichen Werbungskosten können dann aber nicht mehr geltend gemacht werden (etwa auf Hauptversammlungen Belege einzusammeln oder den Bankberater zum Abendessen einzuladen lohnt dann nicht mehr – wenigstens steuerlich!). Auch die Depotgebühren können nicht als Werbungskosten angerechnet werden.

Auf den Paragraf genau

Die Abgeltungsteuer trifft alle Finanzanlageprodukte gleichermaßen. Egal, ob Sie eine Aktie, eine so genannte Finanzinnovation (Derivat oder Zertifikat) oder ein reines Spekulationspapier erwerben, Sie zahlen die 25 Prozent. Genauer (aber ein wenig gekürzt) sind nach Paragraf 20 Abs. 2 Einkommensteuergesetz steuerpflichtig:

✔ die Veräußerung von Anteilen an Körperschaften (Aktie oder Geschäftsanteil)

✔ die Veräußerung von Kupons (Dividenden oder Zinsscheine)

✔ die Gewinne aus Termingeschäften (mit Ausnahme, es erfolgt eine physikalische Lieferung von Währung im Zuge der Ausübung)

✔ die Veräußerung eines Anteils an einer stillen Gesellschaft

✔ die Rechtsübertragung bei Hypotheken, Grundschulden und Renten

✔ die Veräußerung einer Kapitallebensversicherung

✔ die Veräußerung von sonstigen Kapitalforderungen

Fondsallerlei

Die Einlösung der jeweiligen Kapitalforderung, das heißt der Ertrag bei Endfälligkeit, ist steuerpflichtig. Ausnahme bilden Dachfonds, also Fonds, die aus weiteren Fonds, den Zielfonds, bestehen. Wenn hier ein einzelner Fonds fällig wird, müssen seine Veräußerungsgewinne nicht versteuert werden. Dieser Fall tritt erst ein, wenn der Dachfonds selbst fällig und veräußert wird. Steuerpflichtig sind allerdings die innerhalb des Dachfonds bei den einzelnen Zielfonds anfallenden Zinsen und Dividenden, auch wenn sie im Dachfonds verbleiben (thesauriert werden).

Verluste

Leider muss der Verkauf von Wertpapieren nicht zwangsweise mit Gewinnen verbunden sein. Wenn Verluste anfallen, kann die ausführende Bank die Verluste mit Gewinnen gegenrechnen, aber es dürfen zum Beispiel nur Verluste aus Aktienverkäufen mit Gewinnen aus Aktienverkäufen verrechnet werden. Bleibt ein Verlust bestehen, kann dieser entweder ins nächste Jahr hinübergenommen werden oder auf Antrag des Anlegers bei der Bank mit Gewinnen aus anderen Kapitaleinkünften bei anderen Banken oder auch zukünftiger Jahre verrechnet werden – nicht jedoch mit anderen Einkunftsarten! Auch eine Verrechnung mit Zinseinkünften oder Dividendenerträgen ist nicht möglich.

Fürs Alter

Auf alle Anlageformen, die ausschließlich der privaten Altersvorsorge dienen, wird grundsätzlich keine Abgeltungsteuer erhoben. Also zum Beispiel Riester-Fondssparpläne, Rürup-Renten und betriebliche Vorsorgepläne bleiben von der Abgeltungsteuer ausgenommen. Aber auch private Renten- und Kapitallebensversicherungen, wenn diese Verträge vor dem 1. Januar 2005 abgeschlossen wurden und die Haltedauer mindestens zwölf Jahre beträgt, sind von der Steuer ausgenommen.

Nicht allein

Deutschland ist im Übrigen in Europa nicht allein – die meisten anderen Staaten erheben ebenfalls eine Abgeltungsteuer. Allerdings verlangen manche Länder nur Steuern auf die Zinsen und/oder Dividenden, nicht auf die Kursgewinne. Andere bieten wiederum auch die Option, auf die Einkommensteuerveranlagung für die Zinsen zurückzugreifen. Die Steuersätze schwanken zwischen 10 Prozent (Griechenland und Luxemburg) bis 35 Prozent (Schweiz, die allerdings keine Kursgewinne versteuert).

Besser oder nicht?

Ziel der Abgeltungsteuer war eine Vereinfachung der Besteuerung von Kapitaleinkünften und eine Entlastung der Unternehmen. Bei den Aktionären kann allerdings nicht wirklich von einer Entlastung gesprochen werden. Gleich gut oder gleich schlecht wie bisher kommt laut Schutzgemeinschaft der Kapitalanleger nur ein Aktionär weg, dessen Gesellschaft ausschließlich in Deutschland tätig ist, den Gewinn voll ausschüttet und der persönlich dem Spitzensteuersatz unterliegt, alle anderen – also im Prinzip fast alle – fahren zum Teil deutlich schlechter. Direkte Vorteile haben aber Anleger, die verstärkt auf Zinseinnahmen bauen und einen hohen persönlichen Steuersatz haben.

 Wer es ganz genau wissen will, der sei auf die Webseite des Bundesministeriums für Finanzen www.bundesfinanzministerium.de verwiesen. Mit etwas Glück des Börsenfuchses findet man dort das BMF-Schreiben zu »Einzelfragen zur Abgeltungssteuer« vom 22. Dezember 2009 (am einfachsten per Suchbefehl auf der Suchmaske der Seite). Darin erläutert Minister Schäuble die Details zur Abgeltungssteuer – auf 105 Seiten! Schließlich bemühen wir uns ja alle um ein vereinfachtes Steuerrecht.

Stichwortverzeichnis

EU und Wirtschaft geht uns alle an!

ISBN 978-3-527-70171-1

ISBN 978-3-527-70213-8

Wofür ist die Europäische Union eigentlich
zuständig? Und was tun die da in Brüssel den
ganzen Tag? Was sind die Folgen der EU-
Erweiterung?
Dieses Buch geht auf alle Fragen rund um die
EU ein: die verschiedenen Institutionen, der
Alltag der Beamten und Politiker in Brüssel und
alles Wissenswerte rund um die neuen Mitglieds-
staaten.

Angebot und Nachfrage, Rezession und Inflation – was sich hinter diesen Begriffen verbirgt,
was man unter Makroökonomie und Mikroöko-
nomie versteht und was die Ökonomen sonst
so beschäftigt, das findet sich – verständlich
erklärt – in diesem Buch.

ISBN 978-3-527-70437-8

ISBN 978-3-527-70375-3

»BWL für Dummies« ist eine kompetente, präg-
nante und umfassende Einführung in die Betriebswirtschaftslehre. Dabei stellen die Autoren
die wesentlichen Elemente und Grundbegriffe
der Betriebswirtschaftslehre vor und zeigen die
Bezüge zur Unternehmenspraxis auf.

»Wirtschaftsmathematik für Dummies« vermittelt die Mathematikgrundlagen, die für
Wirtschaftswissenschaftler von Belang sind:
Algebra, Analysis, Lineare Algebra, Wahrschein-
lichkeitsrechnung und Finanzmathematik. Mit
vielen Praxisbeispielen.

FÜR DUMMIES®

FÜR EINEN ERFOLGREICHEN EINSTIEG

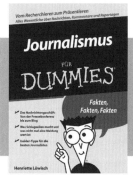

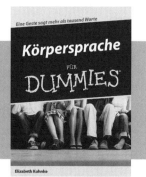

Business-Knigge für Dummies
ISBN 978-3-527-70651-8

Businessplan für Dummies
ISBN 978-3-527-70568-9

Erfolgreich bewerben für Dummies
ISBN 978-3-527-70325-8

Existenzgründung für Dummies
ISBN 978-3-527-70341-8

GMAT für Dummies
ISBN 978-3-527-70557-3

Journalismus für Dummies
ISBN 978-3-527-70415-6

Knigge für Dummies
ISBN 978-3-527-70540-5

Körpersprache für Dummies
ISBN 978-3-527-70449-1

Neue deutsche Rechtschreibung
für Dummies
ISBN 978-3-527-70351-7

Online bewerben für Dummies
ISBN978-3-527-70539-9

Top-Antworten im Bewerbungsgespräch
für Dummies
ISBN 978-3-527-70422-4

FÜR DUMMIES®

KUNDEN FINDEN UND BINDEN

Beratung und Consulting für Dummies
ISBN 978-3-527-70516-0

Call Center für Dummies
ISBN 978-3-527-70339-5

Dialogmarketing für Dummies
ISBN 978-3-527-70327-2

Erfolgreich Verhandeln für Dummies
ISBN 978-3-527-70410-1

Erfolgreich Verkaufen für Dummies
ISBN 978-3-527-70435-4

Fundraising, Sponsoring und Spenden
für Dummies
ISBN 978-3-527-70391-3

Guerilla Marketing für Dummies
ISBN 978-3-527-70549-8

Kundenservice für Dummies
ISBN 978-3-527-70305-0

Marketing für Dummies
ISBN 978-3-527-70640-2

Modernes Verkaufen für Dummies
ISBN 978-3-527-70448-4

PR für Dummies
ISBN 978-3-527-70296-1

Pressearbeit für Dummies
ISBN 978-3-527-70503-0

FÜR
DUMMIES®

ZUFRIEDENE KUNDEN UND KOLLEGEN

AGG für Dummies
ISBN 978-3-527-70380-7

Betriebsrat für Dummies
ISBN 978-3-527-70418-7

Coaching für Dummies
ISBN 978-3-527-70360-9

Erfolgreich führen für Dummies
ISBN 978-3-527-70090-5

Erfolgreich Teams leiten für Dummies
ISBN 978-3-527-70326-5

Kurse und Seminare erfolgreich
durchführen für Dummies
ISBN 978-3-527-70428-6

Management für Dummies
ISBN 978-3-527-70240-4

Meetings und Events organisieren
für Dummies
ISBN 978-3-527-70389-0

Mitarbeiter motivieren für Dummies
ISBN 978-3-527-70071-4

NLP im Beruf für Dummies
ISBN 978-3-527-70542-9

Qualitätssicherung für Dummies
ISBN 978-3-527-70429-3

FÜR DUMMIES®

JETZT GIBT'S ETWAS FÜR DIE OHREN! HÖRBÜCHER FÜR PROFIS

Erfolgreiche Verkaufsabschlüsse
für Dummies
ISBN 978-3-527-70433-0

Führen mit Zielen für Dummies
ISBN 978-3-527-70355-5

Grundlagen der Börse
für Dummies
ISBN 978-3-527-70495-8

Grundlagen des Projektmanage-
ments für Dummies
ISBN 978-3-527-70494-1

Neu in der Führungsrolle
für Dummies
ISBN 978-3-527-70357-9

Stressmanagement-Grundlagen
für Dummies
ISBN 978-3-527-70403-3

Verhandlungstaktiken
für Dummies
ISBN 978-3-527-70434-7

Zeitmanagement für Dummies
ISBN 978-3-527-70356-2

FÜR DUMMIES®

ES GEHT UNS GUT!

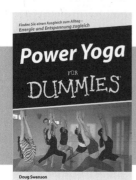

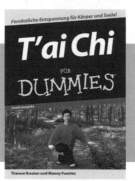